都柏林
沧桑与活力之城
DUBLIN
THE MAKING OF A CAPITAL CITY

〔爱〕大卫·迪克森 著
于国宽 巩咏梅 译

上海文艺出版社
Shanghai Literature & Art Publishing House

献给查理和汤姆

目 录

001　前言

001　序言：都柏林镇与起初的一千年

001　都城初现：1600—1647

033　王室属下的城市：1647—1690

081　受伤的女士：1690—1750

139　现在这是一座大都市了：1750—1780

199　爱国之城：1780—1798

267　天启被推迟：1798—1830

323　四城记：1830—1880

407　谁的都柏林：1880—1913

463　战争爆发：1913—1919

507　再次成为首都：1920—1940

553　转入现代：1940—1972

593　千禧年之城：1972—2000

前言

都柏林诗人兼记者詹姆斯·斯蒂芬斯（James Stephens）在1923年写道："没有哪一座城市能够横空出世却一成不变，她必是先祖遗传的积累，这些积累起来的传统反过来又深刻影响现在的城市居民。居民年轻的时候，城是老城；城中居民变老的时候，城却再次显得年轻起来，青春绚丽，令人称奇。"亨利·列斐伏尔（Henri Lefebvre）是更近代一些的文化评论家，他的看法似乎不那么乐观："过去建造的城市今日不复存在，也没人能真正了解。"对我们大多数人来说，过去确实已经消逝，线索再难寻觅。而大约处于1995—2007年爱尔兰之虎（Celtic Tiger）[①]时代的都柏林，则如青春四溢的年轻人一样，活在当下才是人们所热衷追求的。然而，将这座城市架构起来的，却是其寂静无声的历史。就是现在，其悠久历史也是该城商业名片不可分割的一部分。都柏林的历史从未被如此包装和商业化过。可爱的导游们在"美妙的旧时光"[②]上大做文章，更有水准的文旅商人会唤醒乔伊斯笔下利奥波德·布鲁姆（Leopold Bloom）[③]的世界以吸引游客，而市政府会组织一些城市历史庆典活动，大力宣传其物质和非物质"文化遗产"。

然而，这座城市到底是由什么构成的呢？都柏林单单就是市政管辖下的那块地域吗？那样的话，从19世纪中叶以来就已经完全都市化的很多区域就被排除在外了，而20世纪另外一些城市化的地区就

[①] 也叫凯尔特虎，指爱尔兰共和国在1995—2007年期间经济持续增长的状况。
[②] 《美妙的旧时光》（The rare ould times），缅怀都柏林历史的一首爱尔兰歌曲。
[③] 詹姆斯·乔伊斯小说《尤利西斯》里的主人公。

更不用说了。就目前而言,从都柏林北部的马拉海德郡到威克洛郡的布雷(Bray),向西到基尔代尔郡的莱克斯利普,都柏林指的就是所有这些城市化的地区吗?

从政治角度讲,这个过百万人口的"城市",其内部是各自为政,目前总共有六个郡议会。而如果从都市与周边可通勤地区的角度看,还存在着一个更大的都柏林;人们每天都在其间往来、工作、求学、娱乐。

老都柏林人的身份鉴定则涉及完全不同的一些问题——不是关于都柏林在哪里,而是关于都柏林是什么的问题。这座城市曾被冠以非常多的标签,维京人[①]、诺曼人、英国人、新教徒[②]、乔治王(时代)[③]的人、民族主义者和共和派。这些标签几乎都是过于简单化了。毫无疑问,自爱尔兰海以西出现城镇以来,在这个深陷纷争的岛屿上,都柏林一直是最大的城市化地区。七个世纪以来,这里是英国影响力向外扩散的震中地带,是那一时期大部分时间里周边民族英国化的主要渠道。但是对于反对英国的各种势力来说,这里是为他们提供喘息机会的避难所。所以,在不同时期,都柏林都是殖民者的堡垒,也是充满纷争的地方。在欧洲和地中海也有很多纷争不断的城市,其中有些地方经历的残酷遭遇,比都柏林更甚(如布拉格、哥尼斯堡/加里宁格勒、士麦纳/伊兹密尔和阿尔及尔)。都柏林与英国和西欧的许多城市不同,几乎完全逃脱了20世纪工业革命引发的战争所带来的毁灭性影响。但是往更久远的历史追溯,都柏林历史上发生的间歇和倒退,其严重性却是任何其他欧洲都城无法比拟的——有历史烙印为证。但有一点,像所有的大都市一样,都柏林也有文化融合的现象。虽然文化差异有时会导致矛盾和冲突,但是这种融合使城市历史拥有

---

① Viking,北欧海盗。
② Protestant,即基督教新教,16世纪抗议天主教回归基督基本教义的宗派。
③ 英国乔治一世至乔治四世在位时间(1714—1830)。

了富含创造性的特点。

都柏林在阶级和财富方面极端分化并以此著称，拿破仑式的奢华与难以名状的贫困在此共存。就这一点而言，原因同样极其复杂。都柏林是爱尔兰全国范围内社会和经济创新的中心，但每当发生变革的时候，这里便成为经济利益争夺的战场；而拥有大城市的身份并得以在城里工作的优势却又是贫困产生的原因。一个世纪以前，这里有世界上最大的啤酒厂，该厂为其员工提供相当优厚的福利待遇；在那个时候，城中劳动阶层的住房难题却是国际上人尽皆知的丑闻；并且，当地人的酗酒问题已经是极为普遍的现象。

在1916至1922年世纪性动荡的岁月里，人们思想意识上的混乱和前后矛盾空前突出。1916年4月的复活节起义①宛若晴空霹雳，百孔千疮的城市再次陷入惊恐之中。这次起义一开始并没有得到很多人支持；但是在不到一年的时间里，舆论开始转向，很多市民转而支持激进的分裂运动。

不到三年，主张分裂的新芬党②竟然在市长官邸的附楼里召开了全国代表大会（第一届爱尔兰议会）。随后发生在农村各地的游击战以及英军所进行的相应抵抗，虽然大部分都发生在都柏林以外，但无论其激烈程度如何，源头都在城里。1921年围绕《英－爱停战协定》或《英－爱条约》所进行的大部分政治角力，主要发生在都柏林市内。

然后，在1922年1月，到了移交都柏林堡③的时刻。这座城堡是12世纪以来英国统治爱尔兰的标志。从12世纪到20世纪，都柏林的命运与英国统治共沉浮。那么，在1922年的这个时候，当这座城市首次作为'爱尔兰人的爱尔兰'的首都时，她能够再造新生吗？政

---

① 复活节起义，1916年爱尔兰共和派在都柏林举行反英起义。
② 爱尔兰语：Sinn Féin，中文译为"我们"，是北爱尔兰社会主义政党，由前爱尔兰共和国总统亚瑟·格里菲思在1905年建立的。新芬党也是爱尔兰共和军的官方政治组织；新芬党主张建立一个全爱尔兰共和国。
③ Dublin Castle，统治爱尔兰七百多年的不列颠政权的核心就位于都柏林堡。

权正式交接之后五个月，内战爆发。首次冲突虽短但异常激烈，位于都柏林码头旁的爱尔兰公共档案馆的四法院大楼遭到轰炸之后被毁。拥有七百年历史的爱尔兰英辖中心档案馆，在几小时之内灰飞烟灭。

1922年还见证了一部独特的文学作品的诞生。詹姆斯·乔伊斯[①]用七年时间写成"一天中的小故事"[②]。这部小说以第一次世界大战前的都柏林为背景，却与《荷马史诗》[③]中的《奥德赛》遥相呼应。该书在巴黎出版。都柏林本地人对这本书的态度并不明朗，甚至持反对意见，其国际影响力也迟迟打不开局面。可远在20世纪结束之前，《尤利西斯》就已成为广为人知的现代主义作品范本之一。可以想见，都柏林历史上的这一年，因此成为每一位当代英语文学研究者熟知的时刻，而都柏林则成为世界文化园林中与众不同的角落。这一年，乔伊斯使这座城市广为人知；但也正是这一年，公共档案馆的一场大火却将探索城市深层历史的潜在资源毁于一旦。这真是一件具有讽刺意义的事情。

当时曾有两个旨在挖掘都柏林历史的项目。第一个是《都柏林古代纪录年表》（*Calendar of ancient records of Dublin*）的出版，这项工作早在1889年就开始了，最后一卷，也就是第19卷，于1944年出版。该书由约翰·吉尔伯特爵士（Sir John Gilbert）及其遗孀编辑完成，是1447年至1840年政府重组之前城市管理部门发布官方政令合集的评述版。这些珍贵资料同其他重要市政档案一起并没有受到公共档案馆大火的影响；这套书记录了城市深层的、错综复杂的历史，能够得到

---

① James Joyce（1882—1941），爱尔兰作家、诗人，二十世纪最伟大的作家之一，后现代文学的奠基者之一，其作品及"意识流"思想对世界文坛影响巨大。
② 指的是乔伊斯的《尤利西斯》这本书。
③ *Homer's Epic*，相传是由古希腊盲诗人荷马创作的两部长篇史诗——《伊利亚特》和《奥德赛》的统称，是他根据民间流传的短歌综合编写而成，是古希腊最伟大的作品，也是西方文学中最伟大的作品。西方学者将其作为史料去研究公元前11世纪到公元前9世纪的社会和迈锡尼文明。该书不仅具有文学艺术上的重要价值，也在历史、地理、考古学和民俗学方面给后世提供很多值得研究的东西。

当时民族主义地方政府的认可，得以完整出版，实属不易。吉尔伯特在19世纪50年代曾写过一本关于都柏林城市发展历史的著作，颇具创新意义。他终其一生致力于档案搜集、整理、保护和出版工作。他是倡导对城市档案进行专业保护以及爱尔兰公共档案馆建设的主要发起者。另一个"政权末"(fin de régime)项目则完全是非官方的——成立于1908年的"爱尔兰乔治王朝学会"(Irish Georgian Society)是一群业余爱好者组织的，政治倾向主要是统一党派，公开的使命就是整理和出版都柏林的建筑和装潢历史，即18世纪漫长的"古典"时期的建筑史。到1922年的时候，已经出版五卷，包括1916年复活节起义和1922年内战时毁坏的很多建筑和档案的详细图片和文字记录。到了这个时候，使命的初衷已经不知不觉被放弃了。

这些事件之后，人们对都柏林历史的学术研究收效甚微。事实上，在很多方面，老都城融入新爱尔兰的过程颇为艰难。其特别的英系历史经历使其无法轻易适应民族主义为主导的大环境。对新政权来说，公民道德建设完全排不上议事日程。无论是位于城中的民族文化机构，还是当地政府，即都柏林市政厅，都没有资源和远见支持和发展都柏林文化遗产的保护和研究。由个人爱好者管理的一所城市博物馆于1944年开馆，一直低调运作。国立博物馆对都柏林历史的处理态度（至少到20世纪90年代为止）仅限于庆祝一下复活节起义[①]而已。"老都柏林学会"成立于1934年，几十年来，一直是学会的业余爱好者将都柏林的过去展现在大家面前、让人们熟知。他们偶尔也会发表演说、呼吁对其进行保护。通过回顾，我们看到1952年出版的莫里斯·克雷格（Maurice Craig）的著作《都柏林社会和建筑史》(*Dublin:*

---

① Easter Rising，是爱尔兰在1916年复活节周期间发生的一场暴动。这场起义是一次由武装的爱尔兰共和派以武力发动的为从英国获得独立的尝试。它是自从1798年起义以来爱尔兰最重大的起义。起义在六天之后遭到镇压，起义领袖被交送军事法庭并被处死刑。尽管军事上是失败的，起义可以被认为是通往爱尔兰共和国的最终成立道路上的一块重要的里程碑。

A social and architectural history），这是对都柏林历史进行严谨学术研究的开始。这本书对都柏林两百年来的自然历史所做的讲述，文字优美、描写细腻，不仅高超的学术水平贯穿始终，其说理过程也是透彻、深刻，入木三分。克雷格认为，由奥蒙德伯爵提供保护的"复辟之城"是"乔治王"时期都城的仿制品。其全盛时期是在18世纪晚期，社会和政治领域由新教统治阶层全面掌控，到1801年英－爱议会联盟成立之后便基本失去了存在的意义。克雷格的这份研究很有价值、一版再版。最近三十年里也出版了很多关于都柏林历史的书籍，数量大为可观，前所未有，部分可做典藏，其他则是面向普通读者的普及读物。再就是贯穿20世纪70年代的一场旷日持久的公开论战：当时，在伍德码头（Wood Quay）和基督大教堂（Christ Church Cathedral）之间发现了维京时代的文物宝藏。公众对这座中世纪小城产生了极大的兴趣。由于一个考古研究项目一直处于进行当中，并且以《中世纪的都柏林》为名出版了系列专著，借着这样的东风，遗址得以保存下来。无论在考古、建筑还是文献方面，对中世纪后的研究，虽然水平参差不齐，但著述颇丰。

写作本书的目的，是要在当代研究项目和学术出版物的诸多成果上添加一笔，呈现我们对都柏林城市演变的综合理解。这些研究项目和书籍的出版与最近公众和市民对该城的过去逐渐增加兴趣有一定关系。所描绘出的历史画卷，史学家在部分画卷上花费的精力要多一些。但是，自1988年都柏林千年庆典以来，对城市历史所进行的研究、思考和著书比之前一千年间所做的都更多。想到这一点，会让人颇感欣慰。所以，本书是（很多人）不断改进中的工作报告。在您读完本书之后，我真诚希望您能明显看出我对研究都柏林以及都柏林人的那一小群人所欠的巨债！

一位詹姆斯·乔伊斯的同时代人在1902年写道："都柏林就是一座大村落，一个肮脏的村落，谣言是这里的最高统治者。"几乎一个世纪以后，一位颇有见地的外乡人对都柏林的特点做了这样的概括：

"社区内的居民关系密切，这在如此规模的城市里并不多见，人们聚在一起谈天说地，各个阶层都不乏文韬武略、机智应对之士……"乔伊斯在《都柏林人》和《尤利西斯》中，捕捉到这种市井谈天的情景。自那以后，很多写作高手对此都有成功尝试。历史文献很少能够捕捉到口语语言的力量，而有实体的手工艺术品则完全不能。现在有关现代都柏林的声像资料极为丰富，但从史学家能够采用的角度讲，时间上不够久远不说，内容也过于繁杂。所以，文字记载的历史只能建基于文献、历史图片、建筑、考古以及物质文化上。我在这里的目标是尝试理解过去，而不是再造。但是在历史的大舞台上，有些演员却将同台人挤进了阴影，因为那些有能力、富有的成年男性主导了20世纪前所有形式的历史记录，这一点不可避免地反映在任何一篇常规的历史分析中。退一步讲，如果我在这里的目的是理解都柏林的演变史，那么焦点就应该仍然特别停留在确实有影响力的人群当中。小人物的声音，即使是在20世纪也无人听到——就是那些囚犯、无人收留的病人，以及受欺凌、虐待的人们——他们在历史记录中寂静无声，因为他们对自己的命运毫无办法，对城市的发展也毫无影响力。唯有非常事件、自然灾害、爆炸和恶性犯罪才构成都柏林人的杂史，这些杂史只会被正常历史隐藏；在可能的情况下，这类能说明问题真相的配角人物才会被善加利用。

故此，本书的重点放在中世纪预备期以后诞生的有文字记载的都柏林城市历史。一开始回顾的，是中世纪时期修建城墙之后的城镇历史，先是挪威人的小型王国，然后是英帝国属下的皇家自治市。政治上，都柏林从九世纪以来开始凸显其重要性，但是前七百年在经济上对爱尔兰以及其他地区的影响却非常有限。到16世纪末英国对整个爱尔兰岛实现有效统治，情况突然发生改变。随后的12章探讨的，是都柏林成为首都的四个世纪，直到2000年的历史。

写到2000年为止，我们与最近的历史事件已经距离很近了。但是我非常清楚，历史学家所做的评断（以及历史学界的思潮）会受所处时代的影响。以写作本书对都柏林历史进行探究，这个想法酝酿于当该城正以"凯尔特虎"的名字吸引全球注意的时候。但是，本书成形的时候却处于经济萧条的阴影笼罩当中。当时很多人对过去的事情在进行质疑和反思。不管怎样，我很幸运在自己周围有一群与自己拥有同样理念的历史研究学者。我们都相信应该用长远的眼光看问题，或者会发现延续数代却未被总结出来的传统模式，也有可能就是再次证明"日光之下并无新事"①。无论是哪种可能，深入挖掘都是改善当前不足的好办法。

在我写作此书过程当中深受如下机构支持，特表真挚谢意：都柏林市图书馆（特别是玛丽·克拉克和梅丽·肯尼迪）、早期印刷物管理系、都柏林三一学院（尤其是前任负责人查尔斯·本森和已故的文森特·其内尼）、爱尔兰国家图书馆、爱尔兰皇家研究院图书馆、北爱尔兰公共档案馆，最后，但同样重要的是，现已彻底完成的"爱尔兰传记字典"项目（由詹姆斯·麦奎尔主持）。在众多帮助过我的学者中，我愿意将自己的感谢献给：Juliana Adelman, Johanna Archbold, Sarah Arndt, Toby Barnard, Tom Bartlett, Charles Benson, Andy Bielenberg, Sparky Booker, Ciaran Brady, Maurice Bric, Terence Brown, Andrew Carpenter, Lydia Carroll, Christine Casey, Aidan Clarke, Howard Clarke, Catherine Cox, the late Maurice Craig, Anne Crookshank, Catriona Crowe, Louis Cullen, Bernadette Cunningham, Mary Daly, Anne Dolan, Rowena Dudley, Seán Duffy, Anastasia Dukova, Myles Dungan, Tony Farmar, Paul Ferguson, the late Desmond FitzGerald, Susan Galavan, Larry Geary, Patrick Geoghegan, Raymond Gillespie, Lisa-Marie Griffith, Peter Harbison, Richard Harrison, David Hayton, Brian Henry, Kevin Herlihy, Jacqueline Hill, Susan Hood, John Horne, Arnold Horner, Stefanie Jones, Dáire Keogh, James Kelly, Colm Lennon, Magda and Rolf Loeber,

---

① "there is nothing new under the sun"，源自《圣经·传道书》1章9节。

Breandán MacSuibhne、Eve McAulay、Ian McBride、Ruth McManus、Edward McParland、Ivar Magrath、Martin Maguire、Anthony Malcomson、Patrick Maume、Kenneth Milne、Gerald Mills、John Montague、Fergus Mulligan、Timothy Murtagh、Aidan O'Boyle、Gillian O'Brien、Niall ó Ciosáin、Mary O'Doherty、Cormac ó Gráda、Eunan O'Halpin、Jane Ohlmeyer、Séamus ó Maitiú、Ciaran O'Neill、Micheál ó Siochrú、Jacinta Prunty、Peter Rigney、Ian Ross、Edel Sheridan-Quantz、Alan Smyth、Bill Vaughan、Kevin Whelan、Ciaran Wallace、Patrick Walsh and Christopher Woods。我还愿意将感谢献给一届又一届与我多年一同致力于都柏林历史研究的研究生和本科生，他们的想法已经以各种方式融入这部作品。为马修·斯多特制作的专业地图，以及乔治娜·莱拉琪提供的丰富图片资源，我要献上感谢。我还要感谢以下人员，他们或者慷慨地提供图像资料，或者是帮忙查找本书所采用的图片：Michael Barry、Brian Crowley、Chalkie Davies、Glenn Dunne、Paul Ferguson、Kieran Glennon、Thérèse Gorry、Tony Kinlan、William Laffan、Gordon Leadbetter、John McCullen、Raymond Refaussé、Angela Rolfe、Derek Spiers and Irene Stevenson。

最诚挚的谢意还要归于 Profile 的专业团队，他们是最具耐心的出版商，尤其是编辑潘妮·丹尼尔（Penny Daniel）和编审简·罗伯特森（Jane Robertson），还有已故的皮特·卡森（Peter Carson），写作此书正是他的创意。在他富有感染力的鼓励下，这个项目得以顺利推进。一切的一切仍然历历在目。我同样还要感谢前爱尔兰人文与社会科学研究理事会在本项目早期所给予的大量支持，都柏林三一学院艺术与社会科学慈善基金、劳利斯·李慈善基金，以及本人所在的都柏林三一学院历史系也以不同方式给予了大量的支持。最后，我要衷心感谢我的家人们，尤其是我妻子布里吉特（Bridget）在《都柏林》一书漫长的成书过程当中的种种付出，个中滋味只有她自己才清楚。

序言

都柏林镇与起初的一千年

如果罗马军团当初到达了海伯尼亚[①]，并且占领了爱尔兰低地，他们最可能的着陆点应该是威克洛山区和库利半岛山区之间六十英里长的怡人海岸线。即使博因河和利菲河只有海岸附近的几英里能通航，但起码提供了进出内陆的天然通道。北边的博因河与爱尔兰海很自然地连在一起；唯有利菲河流入如巨大圆形剧场的都柏林湾，成为水手的魔咒之湾。与他们恶作剧的有沙洲、隐形浅滩和暗流。但两千年前罗马帝国统治英国时，各条海上通道挤满各种船只，不论是博因河谷还是利菲河口，那时候的船长们想要进入，麻烦都还不算大。趁着涨潮的时候渡过都柏林内河的泥沙浅滩，眼前看到的是高出水面的砂砾山脊，其对面是向西绵延一英里多的南岸。对于罗马军长来说，这个山脊是修筑堡垒的好地方。但是罗马士兵根本就没到过霍利黑德[②]以外的地方，因此在利菲和博因沿岸也就不可能存在什么缩小版的伦敦城了。

从历史上看，这座山脊最早的作用不是堡垒，而是旅行者、渔夫和农夫的聚集地。有人从新石器时代开始就在南边定居并开垦土地；在都柏林周边的森林中，就是地平线上绵延的威克洛山区里，隐藏着非常丰富的史前遗迹。

---

① Hibernia，爱尔兰的拉丁名。
② Holyhead，英国威尔士西部港口。

向北望去是利菲和陶卡（Tolka）谷地带，这里是东爱尔兰的两个主要王国的边界地区，一个是莱金王国（Laigin）（伦斯特省[Leinster]），靠西南方向，以基尔库伦附近唐艾琳（Dún Ailinne）的山上要塞（hill-forts）为中心；另外一个是布雷加王国，与南面的乌伊·内尔相连，中心位于现在米斯郡的那奥斯（Knowth）和拉高珥（Lagore）。布雷加王国包括塔拉山，据推测这里是史前所有爱尔兰王国共享并相聚的地方，但是到六世纪时，这个地方似乎被废弃了。在这些王国的夹缝中还存在着大量阶段性附属国，其中之一的西界位于利菲河和佳美克河（Camac river）之间，南界是多德河谷，与乌伊·福尔古萨王国[①]相连。这片土地包括了所有起初的城市定居地，但是有关乌伊福尔古萨部落，我们几乎一无所知。

这座山脊是来自爱尔兰内陆并延伸到东海岸的几条交通要道的最终会合点，一条来自东阿尔斯特[②]，一条来自爱尔兰中部地区，还有两条来自南部。这些交通要道的古迹并不确定，其精确的路线还存有争议。但是，在都柏林小镇存在之前它们在都柏林的汇合地点还是可以寻到蛛丝马迹的。小山脊高出河面最高的地方有50多英尺，这就是涨大潮时所达到的高度。两千年前，这样的大潮将利菲河的水道拓宽到200多米，很浅，但是险象环生。一次退大潮会把水流缩小成一条水沟，可能不到五米宽。有几处地方水位低到可以涉水过河，但渡河的最佳地点在上游厄舍岛（Usher's Island）附近，那里的水下装了踏板，再也不用在泥泞的河床上渡河，涉水的挑战容易多了。至于踏板是何许人所为却查无可考。因此，附近山上的居民点就有了第一个名字，"阿斯克莱阿斯"（*Áth Cliath*），即"跳板浅滩"的意思。然而，根据爱尔兰的历史记载，尽管有了这些跳板，还是有一队共770人的士兵被潮水挡住，很多人在横渡的时候淹死了，他们可是得胜凯旋呢！

---

① Uí Fergusa，中世纪早期爱尔兰的一个小王国，紧挨都柏林西部。
② Ulster，爱尔兰北部地区的旧称。

小渔船从泥泞的河岸冒险出发到爱尔兰海，或者打鱼，或者渡海去威尔士。罗马商人或许早已知晓这里并都柏林湾和沿岸向北至博因河的其他靠岸地点，从罗马传来的基督教信仰肯定也在很早的时候就深入了这一地区。

到八世纪的时候，山上可能已经有了两座小教堂，其中之一就是从中世纪存留到现在的圣奥迪安教堂（St Audeon's church）的前身。稍往下游一点便是波多河汇入利菲河的河口。时至今日，这条往东北方向走的河道作为城市发展的标记已经安静地掩身地下，无法为人所见；然而在当时却是一条生机勃勃的水道，比利菲河更利于航行，当然受洪水困扰是在所难免。河口不远就是黑潭，爱尔兰语就是"林都柏（Linn Duib）"，后来称为"都柏林（Dubh Linn）"，这里是支流和主干之间的缓冲地带。在离黑潭很近的地方似乎曾在七世纪修建起一座教堂，可能就是史书里提到的都柏林修道院（Dubh Linn monastery），但考古界对具体位置一直没有定论：最早证实的基督徒墓地在大船街（Great Ship Street）/法庭巷（Chancery Lane）附近，人们在那里发现272座坟墓，是以早期爱尔兰基督徒的方式安葬的，年代是在八到十一世纪。考古学家认为这些坟墓与附近的圣马丁·勒·波尔（St Martin le Pole）教堂遗址有关，可能那里就是修道院原址。这本有关都柏林历史的书，第一章所述内容有很多都模棱两可，但可以明确认定的是，当时存在着几个聚居点，一个在小山上，一个横跨波多河。正像霍华德·克拉克（Howard Clarke）所说的那样，在欧洲的黑暗时期①，这种两可之间的事情在很多处于雏形阶段的城镇很常见。可以确定的是，那时没有街道规划、没有市场。事实上，也没有任何使用货币的线索，除了满足神职人员和旅人的基本物质需求之外，再没有发现商业活动的迹象。不管具体位置如何，都柏林修道院的富裕程度

---

① Dark Ages，指欧洲史上476—1000年的阶段，从西罗马帝国灭亡之后中世纪的早期阶段。

和名气当然不能与基尔代尔修道院相比。后者与伦斯特诸王关系密切；它也不能与北边的索兹（Swords）修道院相比。然而，从整体看，集中在利菲河南岸的城镇群正逐渐成为繁忙的集散地，这里同样可能是相对安全的地方。

挪威国

野蛮海盗在797年占领了教堂岛（Church Island）上的修道院，位于利菲河口往北大约二十英里处，离现在的斯科列很近。自此，北部边界出现野蛮海盗的恐怖故事首次开始流传。随后的几十年发生了一连串类似事件，包括821年在霍斯[①]"一大群妇女被掳"。

到9世纪30年代后期，有更大规模的船队开始在博因河和利菲河河口附近的岸边登陆，全是维京长船。都柏林和克劳道金（Clondalkin）修道院并当地其他教堂像是给维京人这些来访者提供了第一批掠物。他们沿河搭建了季节性的营地，这些营地又大又气派，比以前任何一批定居者的都好。根据爱尔兰史料记载，这些挪威人从841年开始在利菲河沿岸过冬。他们建起圆形的棚屋，还修建了栅栏，即朗弗特（longphort），用以保护他们的船只。只是具体地点存在争议，有几个可能的地方是大家公认的。林芝·辛普森（Linzi Simpson）是改变我们对挪威人和挪威城镇认知的城市考古学家之一，她设想说最早的维京殖民地有可能不在利菲河沿岸，而是在黑潭的东南边（现在南大乔治街的西边），判断依据是在那里发现了很早期战士的坟墓，她据此推测一开始所建的朗弗特就在这里。但正如安德烈·哈尔平（Andrew Halpin）所说，总的来说，维京自9世纪50年代以来修有堡垒的基地很可能是在小山脊的东头，可以俯瞰波多河和利菲河的汇合点，即从都柏林堡向北延伸入河，在威尔堡街（Werburgh Street）和费珊堡街（Fishamble Street）沿线的东部地段，这里到处可

---

① Howth，位于都柏林北郊的小渔村。

见九世纪后半叶维京殖民地的痕迹。只是，不管最初的基地设在哪里，这些新殖民者的影响却是立竿见影。就是在首批殖民者入侵的一代人的时间内，他们已经掌控了一小块内陆区域，可能是从南部多尼布鲁克（Donnybrook）到西部的克劳道金（Clondalkin），一直向北到芬格拉斯（Finglas）①的区域，他们可能还在拉斯科（Lusk）②以北的达尔基（Dalkey）起首的岸边建立了殖民地。该地区的原住民，尤其是教徒们，似乎受到挪威人一定程度的保护，仍在原地居住。

根据爱尔兰方面的记载，多年来有大量的维京长船装载着掠物停靠在都柏林。在 871 年有不下于 200 艘。整个九世纪，这块殖民地是海盗去周围爱尔兰海其他地方劫掠的主要跳板，深入到爱尔兰和不列颠低地的腹地，范围之广超乎寻常：在 9 世纪 60 和 70 年代，与都柏林伊瓦尔（ivarr）和哈弗迪恩（Hálfdann）有密切关系的武装团伙在不列颠领土范围内的大片地区（比维京人在爱尔兰所占领土要大得多）取得军事上的优势，并在 867 年夺取约克。在大卫·杜姆威尔（David Dumville）最近的评估中，到 878 年"都柏林人从克莱德河到威尔士中部的领土实施统治或直辖，在占领全部英格兰的行动中也得了很大的实惠"。

但是，随着韦塞克斯③国王阿尔弗雷德（Alfred）的兴起，他们的越洋进程明显受到遏制。正像所有弱肉强食的社会一样，强者会很正常地败落在彼此的争斗之中，时候一到他们的对手就占了上风。902 年都柏林被袭击的事件就是这种情况，伦斯特王与布雷加王（King of Brega）联手行动，将整个市镇和周边地区毁灭殆尽。结果像是大多数居民被驱散，很多人去了安格尔西岛④和威勒尔半岛⑤，想从那里占

---

① 位于都柏林西北郊几公里处。
② 位于都柏林以北 20 多公里。
③ Wessex，英国历史上的一个王国。
④ Anglesey，英国威尔士西北部一岛。
⑤ Wirral，英格兰西北部一个半岛。

领萨克森人控制的切斯特（Saxon Chester），但并未成功。

爱尔兰的挪威勇士们并没有忘记利菲河以及这条河对他们的意义，十年后他们退出在英国的战争和在约克的主要军事基地，回到这里。撤回的军队种族成分可能更复杂，他们后来被描述成具有东方人或奥斯特曼人[①]（Ostmen）特征，就是明证。他们于914—917年间在东南部发起系列陆海战役，攻取（也可能是再次攻取）了沃特福德[②]，并于三年后重新占领了都柏林。斯堪的纳维亚人这个回马枪产生了冲击性效果，可以从爱尔兰人的反应中看得很清楚：由乌伊·内尔大领主内尔·哥伦达布（Niall Glúndub mac áedo）率领一支超大规模的作战军团，战士来自北爱各个王国；他们于919年9月份向挪威人发起全面进攻，却在城外一两英里的艾兰德大桥之战中遭到顽强反击。内尔和与他并肩作战的北爱领主们尽皆被杀。这次血腥惨败成为一种标志，表明都柏林开始拥有真正的挪威人城市社区，也确定了他们在海上和陆地的强权地位。的确如此，他们紧跟着就试图占领爱尔兰内陆更多的地区，并在北爱尔兰海、西南苏格兰、西部群岛和北部各个海域，直到奥克尼群岛周围的大片海域展开作战行动；他们还在西部与已经成型的新都柏林殖民地维京人的利默里克（Viking Limerick）保持联系。这股军事力量以都柏林为基地，在随后的二十年里带着明确的目的性，试图在东阿尔斯特以约克为中心的地区，按着在英国北部已占领土的界线开拓出一个斯堪的纳维亚王国。但是阿尔艾德（Ulaid）和乌伊内尔的抵抗让这个计划破产。不久，斯堪的纳人甚至连约克地区也保不住了。然而，挪威人掌控下的都柏林却一直凭借实力保持着强势地位，其各个领主还一次次地陷入争夺爱尔兰王朝的冲突中，以持久战的姿态企图徐徐图之。自951年起，挪威人在爱尔兰岛内再没有发动任何进攻性袭击，而其掌控下的都柏林

---

① Ostmen，来到爱尔兰的盖尔人和挪威人混杂的后裔。
② Waterford，爱尔兰东南部海滨城市。

却在 936 至 1015 年间至少七次遭到欧洲大陆的攻击,其中两次损失惨重。尽管如此,这里再也不会成为被人遗忘的角落了。在十世纪后半叶战争间歇期,这里的海上贸易繁荣起来,都柏林成为越来越坚固的城池。

按照当时的技术水平,修筑的堡垒就是砌起三米高坚固的土墙而已,再在上面用木桩和板条做篱笆。在哈尔平(Halpin)模型中,这个九世纪开始兴建的城镇沿着山脊向西扩张,疆界一直延伸到后来南北走向的温塔文大街(Winetavern Street)和尼古拉斯大街一线。这里修有起保障作用的土墙,另外三面由利菲河和波多河环绕。根据对城北的考古挖掘,可以确定城池曾在 950 年和 1000 年左右,其防御能力有两次加固过程,每次都是遭受军事进攻的结果。这里似乎在起初是有正式规划的,有城堡街(Castle Street)、费珊堡街(Fishamble Street)、威尔堡街(Werburgh Street)和斯金纳街(Skinner's Row)的雏形——现在这一地区位于基督大教堂东端很近的地方。之后,在 11 世纪的某个时期,城墙再次向西扩展,就是沿着后来的繁华大街一线,并入设想中当时称为"阿斯克莱阿斯"的都柏林地界。城墙内的街道边界线直接沿用了军事防御通道以及老街道的分界线,这些道路甚至可能是史前时期保留下来的。但是坐落在波多河以东,古都柏林(黑潭)范围内的教会建筑却不在堡垒范围以内。而迪孚林(*Dyflinn*),这是挪威人/奥斯特曼人的资料所记载的称呼这里的名字,这座三十多平方英里[①]范围的堡垒要塞,却成为费珊堡街和河边北坡一带最稠密的殖民地。

在 952 至 1036 年的八十多年时间里,这一地区由一个挪威家族统治着:奥拉夫·库阿兰(Olaf Cuarán)及其两个儿子。奥拉夫的野心是占有维京人的约克和都柏林,成为这一地区的军事首领,从周边的各个小国收取供奉。但是,在他们统治时期,虽然都柏林的经济实

---

① 0.12 平方公里。

力在加强，但是其政治地位在爱尔兰的政治棋盘上却是在降低。塔拉之战（980年）标志着他们在都柏林区域性统治的结束，对后来称为基尔代尔和米斯郡的掌控也是如此。不久，当迈德国国王（king of Mide），也做过大领主的马伊尔·塞克内尔（Máel Sechnaill）经过三天的围困夺取堡垒并释放大量奴隶和囚犯之后，奥拉夫的统治戛然而止。马伊尔·塞克内尔后来有两次围攻该城，并在989年得到永久纳贡的承诺；在995年又摘取了"托尔的戒指[①]"并将其他公共财富占为己有。但是在997年，根据全岛范围利益均沾的做法，他将该城的霸主地位让与芒斯特曼国王布莱恩·博鲁玛（Brian Bóruma）。

都柏林对此坚决抵抗，但是布莱恩于999年击败了挪威主力军团，将该城洗劫一空，获得大量赔款。著名的12世纪早期文献《盖尔人[②]与外国人的战争》（*Cogad Gaedel re Gallaib*）说到芒斯特获胜之后的劫掠和迫使本地平民沦为奴隶的事，认为这仅仅是对维京人之前的所作所为施行报复——但这个说法是有严重偏见的。都柏林人很快又恢复了元气，并于1013年，与伦斯特人一起再一次挑战布莱恩的统治。由来自曼岛[③]、赫布里底群岛和奥克尼群岛的挪威军队协助，迪孚林/伦斯特的军队于次年春天在克朗塔夫与布莱恩的军队交战。他们在都柏林湾旁的大型受难节[④]战役中被击败。不管后代人怎么想，这并非一次伟大的爱尔兰民族战胜维京人的胜利，而是强盛的地区领主之间一场史无前例的血腥争斗，也是利菲河旁镇民下了大赌注却不知结果如何的一场博弈。虽然他们是失败的一方，但他们的强敌布莱恩·博鲁玛（Brian Bóruma）的阵亡却使得伦斯特和都柏林的自主统治暂时得到了恢复。

正像霍华德·克拉克所强调的，在迪孚林历史上最了不起的幸存

---

① Ring of Thor，托尔，北欧神话中司雷、战争和农业的神。此处指占领都柏林。
② Gael，盖尔人，苏格兰高地的居民。
③ the Isle of Man，英国属地，位于欧洲。
④ Good Friday，耶稣受难日。

者可能就是希特里尤克·希尔克必尔德（Sitriuc Silkbeard）了。他是奥拉夫能活下来的儿子，由马伊尔·塞克内尔在 989 年立为国王。但是他在随后的四十年里成功地改弦更张，最终转投他人门下。他先后靠联姻成为马伊尔·塞克内尔和布莱恩·博鲁玛的家族成员；他的城邦在一次次的劫掠中得以劫后余生，成为爱尔兰海地区的贸易中心；他与威尔士、盎格鲁-撒克逊英格兰以及遥远北方的维京人都保持非常密切的友好关系。这一切都说明他是一位少见的智勇双全的人物。他在 997 年铸造了最初的爱尔兰钱币（SIHTRIC REX DYFLINN），在布莱恩于 1000 年洗劫城堡之后，他亲自监督城堡的加固工程。对他的臣民来说，有象征意义的地标是庭墨特（Thingmót）。这是殖民聚居地东边的一个高地，在涨潮最高点附近（现在的学院绿地公园①一带）。在那里，"国王主持仪式，法律制定者发布命令"；或许，那里曾经有过建筑物，就是后来成为霍根格林（Hoggen Green）的地方。虽然我们没有明确的文字记载管理是如何进行的，以及所辖区域是哪里，但事实上，这里很有可能就是市政管理部门的原始所在地。受该堡垒管辖的更广的地区称为"费恩高尔"②，爱尔兰语就是外国人的居住地，挪威语是"迪孚林纳尔思齐里"。这一地区在都柏林以北到斯克列，以西到莱克斯利普。对于嗷嗷待哺的城堡来说，这里就是面包篮子和渔夫的养鱼池。

尽管财富和知名度都在增长，但这个城邦仍被角逐大领主地位的区域性领主所掌控。在 11 世纪不同时期的四十年里，都柏林的王位由伦斯特诸王、陶蒙德③的乌阿布莱艾恩（Ua Briain）诸王或者他们的儿子占据。最初的都柏林皇族和爱尔兰-挪威人的麦克·拉格内尔王朝（mac Ragnaill dynasty）的后代在沃特福德的激烈分化给外来

---

① College Green，都柏林政治集会的主要场地，有时也用作爱尔兰官方立场的代名词，位于都柏林圣三一学院、爱尔兰银行大厦和爱尔兰议会大厦之间。
② Fine Gall，爱尔兰语，外国人部落的意思。现为爱尔兰的一个郡。
③ Thomond，盖尔人的一个王国。

统治敞开了大门。最长的外来统治始于 1052 年。那一年，伦斯特王迪阿麦特·麦克·麦尔·纳·姆博赶走艾克马克西·麦克·拉格内尔（Echmarcach mac Ragnaill），留下他自己的儿子施行管理——这似乎不是一个少见或者不得民心的做法，并且这个任命持续有效将近二十年。

带有国王头衔的人到底拥有多大权利我们并不清楚，9 世纪 80 年代爱尔兰语称其为"达伯盖尔"（Dubgaill）的奥拉夫尔（ólafr）和埃瓦尔这个始创王朝，其后代在 10 世纪 90 年代和 12 世纪 40 年代之间可能共有五次复辟。只是，这个处于持续扩张中的爱尔兰－挪威国的内部史料遗失殆尽，即使是有些国王的身份，也只能靠推测来确认。

与以上情形形成鲜明对照的是，20 世纪 60 年代以来的现代考古学提供了大量有关这一社会形态物质文化方面的信息。实际上，大部分我们了解到的岛民维京人的历史都来源于对都柏林的挖掘工作：现在在英国和爱尔兰发现的所有维京时代墓葬几乎有一半是出自都柏林地区。这些墓主人中，有的是无宗教信仰者，有的是基督徒。城镇的街道系统非常简单，房子都是单层平房，用木桩和板条建成，样式风格非常统一。大多数的房子都是 40 平米左右的户型，室内地面很有特点。屋顶是茅草搭的，通常不探出到街上。大量城市生活用品中，有盎格鲁－撒克逊硬币、金属和骨制的纪念品，还有纺织用品和日常废品。布兰登·奥莱尔登（Brendan O'Riordan）、帕特里克·华莱士（Patrick Wallace）以及他们的后继者通过五十余年的调查研究，终于使以上情况公诸于世。植物学证据显示出非常多有关食品结构的信息（小麦和燕麦制作的面包、粥、榛子、果子和麦芽酒，还有牛肉、贝类和青鱼）。种种迹象表明，这里的食品多样性是城外普通人的饮食所不及的。还能说明的一点是，镇民对附近植被的需求非常大，他们既要给壁炉供暖，还要进行房屋建设（到处都能见到用榛子树枝砌的墙或者做的篱笆，大量的水曲柳树干用做木桩）。

1

一艘维京长船的木制模型,温妮特维文街出土了两个,这是其中之一。那里离伍德码头很近。该码头的历史可以追溯到 12 世纪。这件文物很可能是一件儿童玩具。应该还有一个桅杆以及可调方形船帆,这是挪威人在城里曾经拥有的成百上千的长船原型的标准样式。

在维京人之前，城里物质文化遗产发现很少，但这可能仅反映的是截至目前的调查结果。在伍德码头和费珊堡街附近的区域以及波多河下游沿岸出土的大量文物，显示出这个规模虽小但却足够军事化的贸易社区所具有的多样性的物质文化特点。在三百多年的时间当中，其规模和商业网都在日渐发展当中。华莱士根据考古文物的情况总结出一定程度上的职业隔离现象：商人和小康之家住在费珊堡街的旧址附近，"都柏林的木梳匠人集中在繁华大街、金属匠人在基督教堂的位置（Christchurch Place）、补鞋匠在繁华大街……"，有一些职业，像铁匠和造船的则可能住在堡垒以外。一些挖掘出的带有九世纪和十世纪日期的街道布局图上标出财产分割标志。让人不能忽略的是，这种情况一直延续到现代。

当20世纪70年代对维京时代的都柏林进行沿河岸挖掘的时候，最惊人的一个发现是伍德码头遗址。这里有10世纪和11世纪出现在该城的很多外国奢侈品：亚洲丝绸、金链子、琥珀珠宝（都柏林造）、海象牙、金条银条以及可能是来自遥远地方的硬币，比如撒马尔罕。[1] 看起来，这里既是一个商品集散地，也是当地人追逐奢侈品的地方。在11世纪前半叶，都柏林本地造银币的数量在增长，这暗示批发业务的增长。

但是，根据出土硬币来判断，盎格鲁-撒克逊硬币（切斯特、伦敦和其他地方）比本地产硬币更多。在10世纪和11世纪的大部分时间里，切斯特一直是商业交流的重要地点。有证据证明都柏林定居者曾在这里居住过，并且爱尔兰的挪威人参与过北威尔士海岸的安全防务工事，包括码头堡垒的修筑以及导航辅助工作。从那个时代起初看，通过爱尔兰境内硬币存量在各个地区的分布，我们可以清楚地判断出，实际上所有的硬币在现代伦斯特省的北部都有发现——没有别的地方是这样——这提示我们存在着一种特别的内陆贸易模式，以及

---

[1] Samarkand，乌兹别克斯坦的城市。

支付供奉的特别流向。该城自有的船队虽然小，但却异常活跃，有规律地参与穿越海峡的活动，实力稳定。由于能够获得高质量的威克洛橡树造船材料，这可能是该城与挪威人统治地区其他城镇相比具有更强竞争优势的原因。能帮助理解都柏林商业统治地位的关键，却是考古学无法体现的东西，那就是奴隶贸易。在第一个千年当中，这一直是爱尔兰海上贸易的一部分，但是达到顶峰是在 11 世纪——都柏林成了国际贩奴市场：包括在爱尔兰海两边卖来买去的战俘、爱尔兰内战冲突中获胜方在都柏林销售的俘虏，还有来自威尔士、英格兰、诺曼，甚至有可能西欧以外（考虑到有船队提及"黑人"的情况）的奴隶。波尔·霍尔姆（Poul Holm）认为将战俘大规模交易到奴隶市场可能发端于挪威人，到十世纪晚期开始广泛采用这一做法，因为这时在爱尔兰诸国之间，尤其是东爱尔兰经常有不断升级的武装冲突。这时的奴隶们都是在都柏林被卖掉的，包括青年男女。奴隶交易的规模不得而知，但是在 12 世纪早期，因为诺曼人禁止奴隶制，同时也因为英格兰处于相对安宁的时期，供应和需求都降低下来，致使奴隶贸易趋于平静。在都柏林被卖掉的一代代奴隶的命运几乎无人知晓，但就推测来看，他们的主人都是富裕人家，他们的工作是以居家劳作为主。

希特里尤克在晚年的时候模仿克努特大帝的做法去了罗马。他与布雷加王携伴同往（当他俩不在的时候，他们各自的继承者之间发生了战争）。即使基督教自九世纪以来在都柏林已经非常普遍，但希特里尤克本人却是一位初信者。他还做过一项重要捐赠，就是在堡垒西端小山脊最高点附近修建了一座大教堂——圣三一基督教堂。这座教堂大约在 1030 年建成，实际上应该成为城市防御西扩的催化剂。原来似乎是木结构，是城中最大的私人教堂。但是在 11 世纪变成一座巨大的石制殿宇，这可能是因为当时它成为主教大教堂，第一任主教是杜南（Dúnán）。杜南和几乎他的所有继任者都是生活在爱尔兰的盖尔人，所以基督大教堂一直与英国的坎特伯雷[①]保持联系[②]。那里的大主教从1074年开始为都柏林主教祝圣[③]。不仅如此，这里与英国教堂一样执行的是本笃会[④]的规则，从其早期遗迹也能看出其崇拜取向，即主要是英国和欧洲大陆式的，最明显的就是整个斯堪的纳维亚半岛都熟知的海员的守护圣徒，他们的骸骨都要供奉起来。由于来自海那边的这些影响，城里发展出地方性教区，这与爱尔兰农村的基督教方式非常不同。都柏林的这种文化融合——挪威人、爱尔兰人和英国人——在宗教方面非常突出，贸易和手工业的情况也同样如此。这一点从少部分的英国手艺人的来来往往以及撒克逊各个王国不断增长的经济实力上可以反映出来。尽管如此，该城以及周边内陆地区的通用语言仍是古挪威语，当然，商人们还需懂一些伦斯特爱尔兰语。

11世纪，随着城市范围向西扩展，繁华大街、尼古拉斯街和后街附近新圈进来的地区也逐渐兴旺起来。这里建筑手段成熟，教会地产星罗棋布，说明城区成形过程中人口众多。到1100年，小山脊上保护新城区的城墙采用毛石工程进行了再次维修。此时，这里不仅有一个为国王预备的王室会堂或者叫仪式中心（虽然还没有证据证明这

[①] Canterbury，坎特伯雷位于英国东南部，属于有"英格兰花园"之称的肯特郡，是座人口不到四万的古城。公元597年，传教士奥古斯丁受教皇的委派，从罗马赴英国传教。他在四十名修士的陪伴下，来到作为撒克逊人的肯特王国都城的坎特伯雷。当时的国王是个异教徒，但王后原是法兰克公主，信仰基督教。在王后的帮助下，奥古斯丁在这里站稳了脚跟，成为第一位坎特伯雷大主教，并把基督教传播到整个英格兰。因此，在英格兰，坎特伯雷被人们形象地比喻为基督教信仰的摇篮。

[②] 盖尔人是凯尔特人的一支，而凯尔特人是现在英国人的祖先之一。所以作为盖尔人的杜南及其继任者自然情愿与英国保持联系。

[③] 据天主教《圣经》里旧约所记，"祝圣"是上帝定下的一种给人或物上上帝标记（使人或物成为圣物或归于天主名下）或传授神权的方式，"你祝圣过的，都成了至圣之物……"（出30∶29）。主耶稣赐给神职人员的权柄，主要是通过这样自上而下的传授传承下去的，权柄就像导电一样一级级地向下传递。

[④] Benedictine，中世纪欧洲一个著名的天主教修会。

一点），应该还有三个固定城门和一个城堡主楼。随着居住区域向城外扩大，常住人口超过了 4000 人。12 世纪早期，周边地区建起大量教堂，尤其在波多河对岸的东南方向最多，在其他爱尔兰挪威市镇中并未见到这种扩大郊区面积的模式。到 1170 年，城区内部至少有八座教堂，临近的城外大约有七座，都是在南边和东边的区域。在河的北边，由一个木桥（其年代仍然无从查考）连接，有两座教会建筑和一个教区教堂。

尽管如此，虽然都柏林的财富在增加，还有上述信仰方面的发展，但仍然是处于从属地位。虽然它在挪威地方分封王的统治下享有自治，也对海岸地区拥有掌控权，但是在以伦斯特和芒斯特为首的争夺爱尔兰大领主地位（high-kingship）的大环境下，该城及其船队常常就像是一枚随时会被吃掉的棋子。但这可能是低估了本地的功能：都柏林的海上力量通常可以作为讨价还价的筹码，因为爱尔兰、曼岛、威尔士或者是撒克逊的国王们在寻求军事支持时需要雇佣这股力量，有时在交易中可以获得牛或者奴隶作为支付方式。爱尔兰－挪威人的势力范围中，本质上仍是以海上活动为主，范围很广，也需要经常因着来自陆地上各个王国的军事压力而不断调整自己。甚至到 12 世纪的时候，都柏林曾短期被迫压缩在赫布里底群岛的范围以内，因为那时艾尔斯群岛（the Isles）的奥塔尔[①]抢夺了王位。

12 世纪争夺都柏林教区主教的战役说明出现了政治矛盾：当爱尔兰的主教们于 1111 年的宗教大会上一致同意区域主教教区改革方案的时候，都柏林被纳入大主教辖区所管的卡谢尔暨埃姆利总教区。但是，在任命都柏林主教的问题上，坎特伯雷的权威放在哪里了呢？城里多数人（不是所有人）都希望保持与英国的联系，但是在 1121 年，阿尔马[②]施压要占据都柏林的大主教位置，并实际上开始付诸行

---

① Óttar，中世纪挪威－盖尔人的国王。
② Armagh，位于北爱尔兰的自治区。

动。其结果是，前者成功，后者铩羽而归。不争的事实是，都柏林现在在所有国事中举足轻重。即使是康诺特人也需要借用都柏林的名声：如1166年鲁拉里·乌阿·康考拜尔（Ruaidrí Ua Conchobair）组织其大领主的公开就职典礼，地点就选在该城的东岸。都柏林——而不是塔拉——现在不仅仅是经济上强盛，也成了具有象征意义的地方。

英格兰王的市镇

在此期间，盎格鲁-撒克逊人和丹麦人的英国在1066年落入法国的挪威人，即诺曼人手中。在相邻岛国最发达地区发生的这种突然之间的权利转换，让都柏林人感到备受威胁，好像他们也要被拉入其中。伦斯特的乌伊·凯恩赛拉格（Uí Chennselaig）诸王的大本营就在现在的维克斯福德郡，他们与英国西南部的韦塞克斯之间的关系从上一代人开始越来越密切；国王哈罗德·葛温森还没获得英国王位之前，在11世纪50年代期间都是在爱尔兰度过的。

这种友好关系加强了他们各自所辖范围内的贸易联系，即都柏林和布里斯托[①]。布里斯托是通过与爱尔兰之间的奴隶贸易发展起来的撒克逊小城，而那时都柏林的航运业务已经遍布爱尔兰海及周边地区，在搅动英格兰和北海诸国的浪潮中乘风破浪。都柏林的这段历史在20世纪60年代重见天日，因为在丹麦水域罗斯基勒（Roskilde）附近发现了五艘挪威"斯库勒莱乌"（skuldelev vessels）海盗船的船骸，其中的一艘是三十米长的战船。这艘船所用的橡木材料后来得以证实是爱尔兰产的，年代大概在11世纪40年代。人们设想这艘大船是都柏林制造。这是一艘可以容纳六十名桨手的战争利器。据猜测这艘船在航行到很远的海域之前是在爱尔兰海服役的，并且，它可能参与了

---

① Bristol，英国西部的港口。

1066 年的事件。①

哈罗德在黑斯廷斯战役阵亡之后，他的两个儿子逃到伦斯特，从伦斯特王迪阿麦特·麦克·麦尔·纳·姆博那里商讨租用都柏林船只的事宜。1068 年，这只船队沿埃文河②上行攻打布里斯托（温彻斯特尔③史料记述有五十二艘船参战，这个数据可能有夸张成分），但是被击退了。之后，爱尔兰军队在萨默塞特成功登陆并大肆抢掠；在随后的一年里，对德文④所做的更大规模远征则毁誉参半，但最终被诺曼军队击退了。这之后，哈罗德的儿子们离开爱尔兰，到他们的叔叔丹麦国王的宫廷寻求好处。人们认为"斯库勒莱乌 2 号"就是他们的逃亡工具。不管怎样，这些故事之所以引人注意，不仅仅因为它们是诺曼人征服英格兰带来的强大冲击波，也是因为这基本就是挪威人的都柏林在英国历史上最后一次产生的影响。直到 12 世纪 60 年代，都柏林的船队和雇佣兵却继续时常参与北威尔士的行动，既做过威尔士诸王抵抗诺曼扩张的同盟军，又在 1164 年成为英国军团的援军，作为受雇的桨手战斗到最后。

诺曼政权为了巩固在英格兰的统治，采取了积极的军事策略，很多方面在都柏林都有体现，在教堂事务上尤其如此。在利菲河北岸，1139 年兴建起第一批与欧洲大陆改革运动有关的宗教场所，位置就在大桥下游不远的地方：宏伟的圣马利亚修道院的雏形。几年以后，这座修道院成为西多会⑤的附属修道院，并由什罗普男修道院照管。继续往下游走，在利菲河南边的开阔处，一个女修道院和一个奥古斯

---

① 1066 年 9 月 28 日，诺曼公爵威廉率领六千余人的法国军队乘坐五百余艘船横渡英吉利海峡，并于圣诞节在伦敦威斯敏斯特教堂被加冕为英国国王。此次历史事件被称为诺曼征服。
② the Avon，英国西南部一河流。
③ Winchester，英格兰南部城市。
④ Devon，英国地名。
⑤ Cistercian order，天主教隐修院修会之一。

丁小修道院分别在 1146 年和 1162 年修建起来。它们的出资人非常有名，是迪阿麦特·麦克·穆尔札达。他是哈罗德在爱尔兰的同盟，其曾祖做伦斯特国王约有四十年之久。他的领土扩张野心以及与本地区竞争对手之间的冲突在爱尔兰历史上声名狼藉。但是这一切的背后，我们看到的是一个冒险家和诡计多端的幸存者，也是一名军事上的战术家和政治上的改革者。他成功地招募都柏林人：在 12 世纪 30 年代帮助他实现扩张的野心，在 12 世纪 40 年代协助他阻挠该城与赫布里底岛恢复联系，在大约 1162 年助他提升掌控权。那时有一个文献称他为"都柏林之王"(rex Dubliniae)。除了将城堡内外的土地批准建立新的宗教场所，他还策划将其妹夫劳尔坎·乌阿·图阿泰尔（Lorcán Ua Tuathail）提升为主教教区的主教（这位随后就对主教教堂进行了改革，将其变成奥古斯丁修会的机构）。但是他最了不起的功绩却可能是在凯尔斯宗教大会上（synod of Kells，1152 年）保住了必要的政治权力，以确保提升都柏林的教区地位，使其成为爱尔兰四个主教教区之一（与 1111 年建立的那两个教区地位同等，即卡谢尔和阿尔马）。这个新的宗教性行省①与迪阿麦特的伦斯特王国的边界多多少少相类似。但一码是一码，理论上必须这么论清楚。

1166 年，迪阿麦特省外的敌人由康诺特国王如艾德里·乌阿·康考拜尔率领，抓住了先机：都柏林人，或者至少是上层家族的人与迪阿麦特脱离关系，不再效忠于他。他不得不向南方逃离，随后被驱逐出国，如艾德里升为大领主。迪阿麦特向远至法国的盎格鲁法国帝国的建立者亨利二世求助。第二年，他带着亨利国王允许他招募诺曼威尔士士兵的命令返回爱尔兰东南地区。利用这些雇佣兵，他于 1169 年攻占了韦克斯福德。接下来，他在 1170 年又接到更大规

---

① ecclesiastical province，基督教的教会管区制度中的一种行政区划，位阶在教区之上，通常由数个教区组成。目前有罗马天主教会、东方正教会、圣公会等教派实行此制度。

模、拥有新式训练的兵团,开始了一系列夺回王位的战役。新上任的军事将领们经过前所未有的激烈战斗、夺取了挪威人的沃特福德城。从那一次开始,他们逐渐获得主动权。迪阿麦特的敌人组成联军,在都柏林准备迎接他混合军队的进攻。但是他们没料到,他那年秋天所选择的进军路线是威克洛山区的丛林和山路。当他率领小军团突袭都柏林的时候,他的亲戚大主教乌阿·图阿泰尔希望通过谈判解决问题。经过三天的讨价还价,几位年轻的诺曼骑士掌控了局面,他们凭借先进的武器占领都柏林。大功告成之后,他们并没有将掌控权交给迪阿麦特,而是给了诺曼骑士的首领,现已成为迪阿麦特女婿的理查德·德·克莱尔(Richard de Clare),人称"强弓"(Strong bow)。在都柏林早期历史中,这是一次不那么暴力的政变,但它改变了一切。

迪阿麦特继续向米斯发动军事进攻,很显然他是自己存着成为大领主的野心。只是他好像早已病入膏肓,并于1170年春天去世。他的爱尔兰敌人对都柏林一直都没有放手,他们相信关键在于必须打败这些诺曼入侵者。他们下定决心要夺回都柏林。但是诺曼骑士箭术高超,在获得一些当地爱尔兰人的帮助之后,他们打算坚守到下一年底。最后一位都柏林分封王挪威人/奥斯特曼人艾斯卡尔·马克·图尔凯尔(Ascall Mac Turcaill),带着约六十艘船在第二年春天回来了。他从东边(达姆门,Dame's Gate)攻城,但并未成功。艾斯卡尔被俘并被砍头示众。夏天的时候,如艾德里(Ruaidri)和其他五个爱尔兰国王联合围城,他们坐拥三省的军队,在西边、北边和南边扎营。河上还有来自曼岛和赫布里底群岛的挪威船只作为援军。他们的共同目标就是要用饥饿迫使守军投降。两个月中守军在饥饿中度过,一直没有得到来自英格兰的支持。于是他们尝试与如艾德里谈判,但是如艾德里条件太高,致使一小股诺曼军团冒死从城里偷袭出来,给了驻扎在卡索诺科附近的爱尔兰兵营一个突然袭击,其结果竟然是致命的:合城之围因此被解。

"强弓"只领导少量雇佣军就取得了惊人的胜利,这让人相信,只要控制住都柏林，便可以在爱尔兰国土上建立一座伟大的坎波罗-诺曼人领地。在迪阿麦特死后留下权利真空的情况下，也正是这一假想，把亨利二世①的注意力从其他诸多地方被吸引到了这里。他之所以要关注都柏林，是为了防止产生爱尔兰自治的情况，以免从中出现他未来可能的对手。于是，史上第一次，一位全权的英国统治者来到爱尔兰。他带着400艘船组成的舰队，以及大约4000名战士在沃特福德附近登陆，然后通过卡谢尔直奔都柏林。亨利二世一到，便命人在霍根格林搭起板条帐篷，以备鱼贯而来的爱尔兰诸王欢度圣诞节之用。他们是向"皇帝"表忠来的。

在此过程中，战败的都柏林人怎么样了呢？根据吉拉尔德斯（Giraldus）的记述，部分人"登上船，带上他们的贵重细软，启程驶向北部岛屿"。有些甚至去了更远的挪威属地。都柏林当然不再拥有海上优势。但是挪威人/奥斯特曼人中拥有土地的家族在都柏林内陆地区存活下来（像哈罗德和阿奇博尔德那样的家族都很好地融入了新政权的统治体系当中）。我们可以猜测多数的非精英市民也存活了下来——商人、神职人员②、手工业者和船员——即使他们中很多人，也许是大多数，好像是离开有城墙保护的堡垒，把自己安置在圣米尚教堂（St Michan's church）周围的大河北岸。圣米尚教堂成为后来广为人知的休斯特曼尼比（Houstemanebi）（后来的英语名称：奥克斯曼顿），两世纪以来吸引着早已在北岸定居的人们。在考古学的记载

---

① Henry II Curmantle，短斗篷亨利二世（1133年—1189年）是英格兰国王（1154年—1189年在位），他也是法国的诺曼公爵（1150年起）、安茹伯爵（1151年起）和阿基坦公爵（1152年起）。他所创立的金雀花王朝是英格兰中世纪最强大的一个封建王朝。该王朝本名叫安茹王朝。但是因为纹章用金雀花的小枝做装饰，所以通常人们叫它金雀花王朝。从他开始的几位国王也被称作安哲文国王，因为英格兰只是他们那没有多少实际统一性的巨大领地的一部分。他与同时期的德皇腓特烈一世及罗马教皇亚历山大三世，并称为当时全欧洲最有权力的三个人。

② Clergy，又称"圣品"，立在天主教当中，包括主教、神父和执事，与"俗品"（Laity）相对应。"俗品"是无祭司职分的普通信徒，通常称平信徒。

中，有足够的证据能够证明都柏林建造技术的连续性，提醒人们不必猜测无论是工艺方法还是从业人口方面曾经产生过什么重大变化；最明显的方面就是，为人称道的造船业继续兴旺着。针对城区内挪威人和中世纪墓葬中发现的骨骼残骸（特别是126具尸骨的头盖骨），巴拉·奥·多纳伯海恩（Barra ó Donnabháin）和贝内迪克特·豪尔格里姆森（Hallgrímsson, Benedikt）进行了比较研究。其结果指向同样的方面：他们的研究很明显地说明挪威人城镇范围内的遗传多样性是非常广泛的，这种多样性的模式与附近所发现的13和14世纪的骸骨有惊人的相似之处。由于早期挪威入侵者中几乎完全没有妇女，所以基因融合和可能的文化影响从9世纪以后才出现——即使一开始是奴隶关系和强迫的结果；但后来在信仰生活方面的重点逐渐发生改变，从北欧的神托尔转向基督信仰的神这个过程，很有可能是通过女性伴侣的影响实现的。但是我们现在有科学证据证明挪威人的都柏林一直是高度融合的种族，尽管未来要产生巨大变化，但是这种情况会一直持续下去，因为在这里，人们在街上常能听到挪威人、法国人、爱尔兰人、威尔士人和英格兰的撒克逊人所有这些种族的口音。

在亨利二世于1171年和1172年之间的冬天在都柏林访问六个月之后，新秩序的轮廓更加清晰了。都柏林及其沿海地区（包括沃特福德和维克斯福德）成为王室领地，伦斯特人王国的其余部分留给了强弓。米斯王国（包括原来的布雷加）划给了休·德·莱西，他是亨利派在都柏林的监护人和秩序维护者（实际上就是第一任总督）；不久之后，德·莱西在其广大领地上的博因河口附近建起了德罗赫达城。由于强弓手下的很多人取得了都柏林以南的土地，莱西的部下获得米斯和北都柏林的土地，那些在都柏林附近拥有土地的爱尔兰人和挪威人，尽管不是全部，也是大多数，彻底变得一无所有。只有都柏林和威克洛（范围非常广大）的宗教地产和大主教区仍然保持原状，令人称奇地维持着土地持有权。都柏林本身的行政边界，即六平方英里的"自由区"①，就是在这个时候界定的：包括城镇及其周边地区；加上东南方向多德和波多河的下游对岸的黑石开始一直到艾兰德大桥（Islandbridge），就是利菲河的潮水界限所构成的一圈郊野地带；东北方向穿过奥克斯曼顿的陡坡到陶卡河口，包括一条沿都柏林湾北边延伸而出的银色海岸线。皇家国库也设在都柏林。所以，这里要以国王的名义做好防御工作；其居民也要尽可能地与王室关系密切。但已经存在的宗教机构和主教教区所有的地产仍然获准归他们所有。基督教堂毫发未损，即使是诺曼化进程已经开始的情况下，主教图阿泰尔（Ua Tuathail）仍然继续执政。他是1175年温莎条约得以签订的至关重要的奠基人，那个条约认可如艾德里·乌阿·康考拜尔（Ruaidrí Ua Conchobair）为爱尔兰境内诺曼人掌控领土之外部分的大领主地位。面对来自王室与日俱增的压力，图阿泰尔还在保护地方教会财产和权利方面一直不遗余力。但是大主教在1180年暴亡。于是英王安排将巴思②人约翰·卡明神父选举出来取代了他的位置。卡明属于皇家党羽。

　　1171年该城签发了第一张"特许令"（那张小小的羊皮卷保留至今）。亨利在这个特许证中将都柏林向布里斯托的居民开放。他将都柏林说成是送给他们的一个礼物：西疆城镇的自由民曾于上世纪被都柏林雇佣兵打到家门口；现在他们得到应许，可以将当时享有的一切城市特权转到都柏林——他们得到特许，可以迁居那里。但是这种实际上的特许能走多远还是未知。对于短距离移民来说，这个特许可能会有一定效果，而且也仅限于与塞文谷③有关联的姓氏家族，因为这些姓氏非常集中地出现在13世纪都柏林自由民的名录（freemen rolls）中。只是，这种联系早已存在。然而，正像肖恩·达菲所指出的那

---

① the Liberties，都柏林市中心的一个地区，偏西南方向，具有悠久历史，现在仍是商贸中心。
② Bath，英国地名。
③ Severn Valley，英国西南部河流。

2

都柏林第一枚城市公章的铜质模型。1229年亨利三世签发特许令，这枚公章就是那段时间开始使用的。该特许令第一次允许都柏林市民选举管理自己城市的市长。以城市的名义颁布正式文件需要一枚特殊的印章。这枚印章的一面刻画的是大海中的一艘小型商船，另外一面是都柏林堡的前门，还刻有乐者、弓箭手和爱尔兰仇敌的头颅。

样,都柏林的第一份真正的特许令签发于1192年,"这是包含特别慷慨的让步内容的特许证",几乎没有提到布里斯托。在这份特许中,现存居民的所有权,只要获得市政一般认可,对"无论是城墙之内还是之外的土地"都算为有效。

如此一来,开垦荒地受到鼓励,出租这些土地带来的税收随之大幅增加。由于后来的约翰王①为巩固其王位而采取各样措施,这个特许令在那个时候得以保持下来。后来,在1215年,大宪章(Magna Carta)签订之后,约翰允许市民耕种都柏林的付费农场,这意味着他们不再受郡执政官的管辖,根据自己选举出来的官吏所做的评估进行纳税即可。1229年,都柏林市民还拥有了选举市长的权利。当时,似乎有二十四位"要人"组成的地方议会有定期聚会。这种财力的增长和法律特权的增加,是针对所有拥有人身自由的市民,不包括外来者。发生这种变化并不是偶然的,而是从深陷困境的君主政权那里成功获得特许和让步的结果,通常也是要付出代价的。

决定将"王之城都柏林"变成爱尔兰诺曼人统治下的都城,其实际影响很快凸显出来。城墙马上得到加固,一座坚固的"新城门"也在托马斯大街东端建起来了。圣多马修道院(St Thomas's abbey),即奥古斯丁修道院于1177年在该城门以西稍远一点的地方建立起来。这里成为皇家特别眷顾的地方,是诺曼显贵们的墓地。从其规模和政治重要性上讲,这里成为位于都柏林远端繁华的圣马利亚修道院的一个平衡地标。被称为"新大街"的托马斯大街,是12世纪的产物。它

---

① King John(1167—1216),英格兰国王 King of England(1199—1216),生于牛津,为亨利二世第五子。由于他的父王将英格兰在法国的领地全部分封给约翰的几位兄长,到约翰已经无地可封,因此被称为"无地王"(John Lackland)。英国历史上最不得人心的国王之一。他曾试图在理查一世(狮心王)被囚禁在德国(1193—1194)期间夺取王位,但因其积极筹措赎金,归来的理查宽恕了他并指定他为继承人。英国以及人类历史上堪称宪政之母的《自由大宪章》就是由他和当时的贵族代表签定的。

向西直指佳美克河外强弓的宗教建筑，就是他于1174年左右在克曼汉姆兴建的医院骑士团（Knights Hospitallers）分部，成为利菲河沿岸和克朗塔夫的一景。

在北面，城墙以外，修出一系列大街小巷，其中有皮尔巷和宽街（Broad Street）（后来的玛利巷）。这些街道的布局异常规整，遍布于奥克斯曼顿格林西面和圣马利修道院东边的区域当中，由奥克斯曼顿（即，教堂）街一分为二。到13世纪末，北部地区集中出现数量较多的市场、屠宰场和铁加工工厂。此时，这一地区即使在人口上还无法与城内相比，但面积上已经没什么分别了。不幸的是，1304年一场起于大桥街并向北蔓延过桥的大火将这里的大多数旧式建筑吞噬殆尽。其中遭殃的一座建筑是圣救世主修道院（St Saviour's priory），这是位于靠近大桥下游于13世纪20年代沿河修建的多明我修道院。这里的"黑衣修士"是爱尔兰第一批托钵修会成员，早于几年后由方济会在城外西南建立的男修道院。都柏林这两所修道院对后来活跃于整个13世纪的僧侣和旅行传道士具有重要影响。

不管怎样，南部总是与众不同。约翰王于1204年决定在原来仅仅是挪威小镇一隅的地方建起一座全新的皇家坚固堡垒，使其真正名副其实。长期服务于约翰王的大主教亨利·德·隆德莱斯负责修建都柏林堡的监工工作。这组建筑的主体是几座巨大的圆形角塔，与以往国内任何建筑不同。他还可能独创性地对波多河道进行了重新规划，使四边形的堡垒三面由水环绕。施工费用看起来是由市民和皇家国库共同分担的。该城所受军事威胁在早期挪威时代减少很多。唯一一次骇人听闻的警告是在1209年复活节后的星期一，在城外南面的库伦森林（Cullenswood）休闲的大批民众被杀。这次由威克洛爱尔兰剑客发起的攻击，其背景暧昧不清。事件之后不久，在东南方向进城的路上修了个大门，就是圣凯文门，用以保护南部郊区的安全。而库伦森林则直到17世纪后期仍被人们纪念着，以提醒人们来自山区的外部威胁。然而事实上，早期基本没什么危险可言。在都柏林南部

地图 1

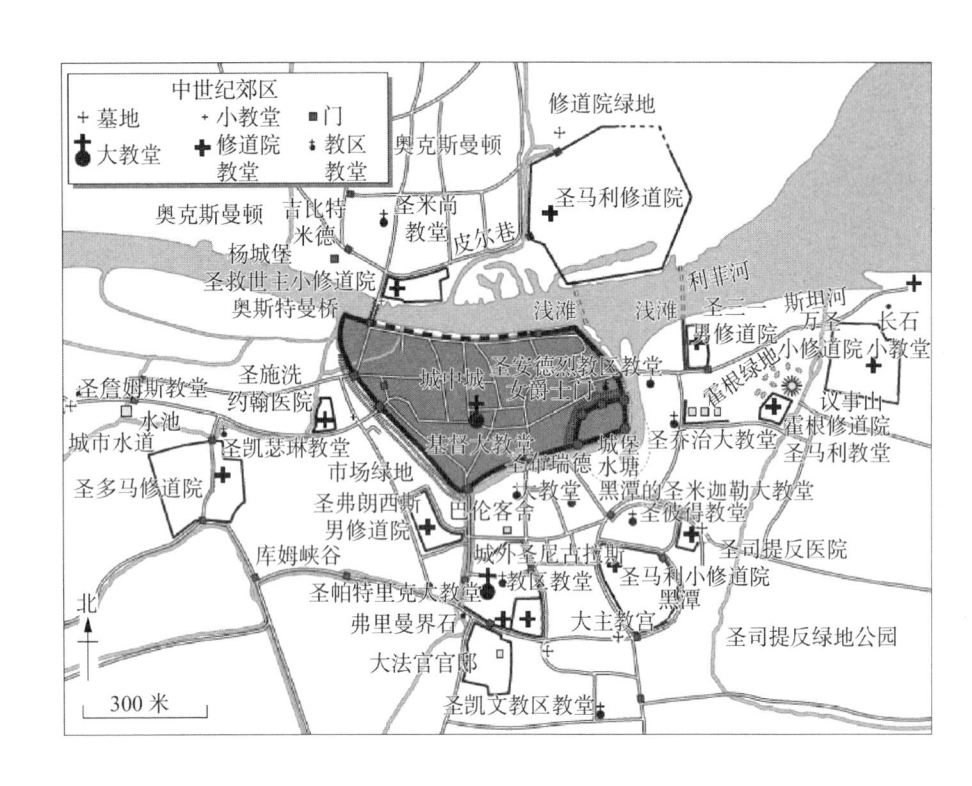

1250 年前后的都柏林城及郊区

和威克洛丛林山谷对面的诺曼人、爱尔兰人和东方人的土地拥有者之间有大约一百年的和平时期。到13世纪中叶,紧挨城区的土地价值,即使按英国人的标准也是非常之高。但是从13世纪70年代起,居住在威克洛高地的爱尔兰王朝与都柏林诺曼执政者之间开始了三百年之久的间歇性武装冲突和混战。

大主教亨利·德·隆德莱斯继续其前任的工作,对城外波多河上的圣帕特里克教堂进行了改造,将其彻底改变。一开始的想法是建立一个牧师会主持的教堂,以训练英国牧师可以在爱尔兰进行事工,但是亨利在大约1214年的时候签发许可令,将该教堂升格为大教堂。圣帕特里克教堂与圣三一基督堂的架构形成鲜明对照。后者曾是奥古斯丁修会的小修道院(很长时间内由爱尔兰神职人员主导),而圣帕特里克教堂旨在成为正统的英国大教堂,其教牧人员都是在家教士。亨利设计的是一座全新的建筑,似乎深受索尔兹伯里风格影响,他还在整个殖民地范围内组织了筹款活动。但真正负责建筑工程的,是其继任者大主教路加(1228至1255年在任)。

豪伍德·克拉克总结这座建筑的特点为殖民者"创新精神"在教堂建筑上"最优雅、最豪华的"体现。这座教堂九十多米长,是中世纪都柏林建筑中最了不起的代表。这项数十年的工程似乎增加了石匠移民的数量,因为从布里斯托附近的顿德里(Dundry)运来的黄色石灰岩需要大量石匠对其进行成型处理。木匠可能也是移民过来的,但至少教堂里一些巨大橡树梁木是来自周边地区(即使一个多世纪以后,唱诗台顶部在14世纪60年代重建,所用橡木从北爱尔兰,可能是安特里姆,运来。这说明或者是当地供应匮乏,或者是那时威克洛森林并不太平)。这座矗立在波多河边的建筑给大家带来很多麻烦,但是为了维护其安全性,即便是在经济最困难的时期,也从未停止修缮过。

大教堂的高层神职人员成为皇家政府很多朝代的主要管理者,而都柏林大主教从1221年至1503年间至少六次行使最高司法官的职能

（即总督）。大教堂与城堡当局的关系一直比他们与常住居民的关系更密切。大主教毕柯诺（Archbishop Bicknor）在任多年（1317—1349），是一位颇具争议的人物。他支持为大教堂开办附属高等学府的计划，模仿牛津的模式设立神学院和教会法学院，但是开办都柏林第一所大学的蓝图能否付诸实施尚无定论。大教堂周围的土地成为都柏林第一批拥有特殊私人司法权的地方之一，是都柏林城市辖区内的"自由特区"，拥有独立的审判和施刑法庭，不受市长法规和民事法庭的约束（建立起这样的特权体系，很有可能是大主教亨利所为）。紧接大教堂自由区的南部是大主教府，即圣塞普克①宫，建于12世纪80年代，附属领地占据了周围乡村很大面积。

至此，都柏林可以被称为"城市"了，因为到13世纪后期的时候，人口几乎是1170年高峰期的三倍。从种族上讲，这里更加英国化，与英国城市切斯特、考文垂、布里斯托以及伦敦的往来非常密切。挪威姓氏在早期城市史料中确有出现，也有盖尔族爱尔兰人存在的迹象，但是给人留下的整体印象却是一伙全新的城市精英在掌管一切，包括经济、政治和文化。新的司法体系和法学理论都与外来的盎格鲁-诺曼世界相一致，与本土的司法传统毫无关联。

商人和手工业者全部都是一个共同协会的成员，即"商业公会"（Guild Merchant），始建于12世纪晚期，是当时从布里斯托取经学到的很多做法之一。这个公会不久就在温塔文大街有了自己的议事大厅，并在基督教堂有了一个侧堂。这个公会到中世纪后期的历史我们知之甚少；但是1190年前后到1265年的花名册保存下来，让我们看到在这个城市的商业领域中出现了大量新的姓氏。甚至在1250年前后，至少有一半新注册的姓氏来自外地，并且大多数是来自海那边。②然而，有线索提示我们，"海外来人"所组成的公会和"爱尔兰

---

① Sepulchre，意为"坟墓""圣体安息所"。
② 指爱尔兰对岸，即英国。

人"的公会可能在那个世纪的中期隐隐约约地平行存在着。都柏林的城市活动在15世纪之前没有定期记载，或者至少没有文件保存下来。但是13世纪时存在着一个"法律平民执行庭"。这个执行庭在大约14世纪的时候被一个修建在山脊中心十字路口旁的"新托塞尔"①所取代。这个场所后来与"商业公会"共用。

在早期挪威人统治时期，堡垒城的面积迅速扩大，后来达到四十四英亩。②这包括利菲河边位于旧挪威城北城墙与最高潮水线之间的沼泽地带和现在的库克街和埃塞克斯街以北的地区。这些地方在1200年左右得到全面、系统地开垦和利用，形成了伍德码头和商人码头。似乎这两个码头总是对河上往来船只开放，水边并未建有任何防御工事。上游的旧桥很可能原来只有人和牲畜可以通过，此时由更坚固的设施所取代。约翰·德·库尔西（John de Courcy）认为那座新桥是石头做基础，其上是木制结构，大概有十二个拱相连，与伦敦桥不无相似之处。这座桥一直使用到1385年。老式的木桩和板条房慢慢地让位于更成熟的木工工艺，橡木代替了水曲柳，建起的是两层楼房，部分是木材，部分是石材。这种房子可以在码头附近看到（可能其他地方也有），所用石头一般是就地取材。但是，体现都柏林新财富的是两座大教堂的规模和建筑艺术，反映其商业新规模的是围绕城墙以内的中心城区北部、南部、东部的修道院场所发展起来的各个郊外社区。南边有两条小河，波多河和多德河。这两条河在13世纪40年代水道有过改变，之后成为城市的水源，满足日益增加的用水需要。煤（可能来自附近的切斯特）开始从外地运进来，因为当地用于壁炉的木材第一次发生短缺问题。离城较近的地方出现水磨，数量多，规模大，很多是在利菲河支流上，也有的是在城中新修的修道院

---

① tholsel，爱尔兰城镇现存的以前的公共建筑，比如市政厅、法院、城门、监狱、市场管理室、会议厅、海关、会馆、收费站等。
② 相当于一万八千平米左右。

中。这些水磨主要用于磨小麦和燕麦。墨菲和伯特顿估计城中修道院所属地块中，有不少于100,000英亩[①]的耕地用于提供吃喝所用原料。陶瓷制品原来全部靠进口。从12世纪晚期开始，使用当地陶土开始生产，主要在西门外的克罗克斯街（Crockers Street）（一开始生产的是初级制品，但是13世纪晚期和14世纪的涂釉瓷器被挖掘出来，城里和乡下都有）。

1204年，在西墙旁边开始了每年一度的城市大集，是在5月（后来是7月）份，持续十五天。外国商人也云集于此购买羊毛和兽皮。这个集市成为商业网络的贸易集散地，比挪威人时代任何的贸易体系都更成熟，规模更大。在诺曼人统治时代的第一个世纪里，新的集市、市场、道路、桥梁在兰斯特低地一个个兴起，其中有一些成为后来城镇的中心。14世纪前后，沃特福德和新罗斯成为爱尔兰的主要出口港口，都柏林在出口额上只排名第五。但在下一个世纪里，都柏林成为法国葡萄酒的最大进口港，并一直保持全国范围内原材料需求主要中心的位置。这里有人数最多的手工艺者，反映出这里存在着发展良好的修道院和教堂体系。小麦现在成为做面包的优选原料，燕麦用于酿造麦芽酒。有些年份，还有粮食出口到切斯特或者发往苏格兰和法国供给英王军队。都柏林作为港口是有其局限性的，码头小，水道又浅又危险。这些特点开始阻碍其发展。当需要接受大型商船时，东南方那些港口更受青睐。到15世纪，在布里斯托看到的来自都柏林的船只，与来自韦克斯福德、新罗斯和南部的芒斯特诸城相比，实在逊色。而在切斯特，参与盎格鲁-爱尔兰贸易的很多小船都是以拉什、马拉海德和霍斯为基地，而不仅仅是都柏林。

第一届贵族"议会"于1279年举行。虽然这类有国王或者最高司法官参加的会议常常在各省召开，但是在随后的两个世纪里有超过一半的时候是在都柏林举行，通常是在圣三一基督教堂的餐厅里（虽然

---

① 约四百零五平方公里。

圣帕特里克的教士们在实际的会议议程中有更多参与)。我们不了解各个行业各自对教堂和国家的支持程度,但是皇家官员和富有神职人员的日常社交使他们对各种服务和工艺品的需求长盛不衰。我们对城中妇女的情况了解更少,只知道她们享有一些法律权利(她们可以拥有财产,下遗嘱,可以打官司,还可以在其丈夫去世之后成为同业公会成员),她们看起来在非正式的经济领域非常活跃,例如麦芽作坊、酿酒作坊和旅馆业。即使如此,考古学的证据却让人感觉不那么轻松:所分析的中世纪的女性骸骨,其中有些能让人看出繁重体力劳动以及长期负重的迹象,这实在让人心酸!但总而言之,对于都柏林市民来讲,这是长期和平和城市巩固发展的时期。除了威克洛的部分地区偶尔发生骚乱,多数地方都很太平。其结果就是,城市的防御设施衰败不堪。自从1170年诺曼征服之后(除了库伦森林大屠杀以外)的一个多世纪的时间里,没有发生什么严重事件。

然而,到13世纪90年代,人们甚至在都柏林范围以内的不安全感都在增长。于是,那段时间建立起一套全民轮值系统。然而,彻底结束都柏林这轮长期扩张的却是1315—1317年苏格兰对爱尔兰的入侵。巧合的是,此后全世界发生很多极端气候灾害,粮食严重减产、饥荒不断。爱德华·布鲁斯(Edward Bruce)于1316年在邓多克[①]加冕成为爱尔兰国王,他与兄长罗伯特在第二年春天向都柏林进发,准备围攻。都柏林一片恐慌,强攻后圣帕特里克大教堂被占领。为了坚壁清野取得先手,市长采取极端措施:拆除了西部容易烧毁的郊区(包括托马斯街),毁掉了桥北的圣救世主修道院,一切都是为了加强城防工事。围攻很快解除,损失却很惨重。经伯纳黛特·威廉姆斯确认,多年担任圣救世主修道院主要负责人的约翰·德·彭布

---

① 爱尔兰东北港市,滨爱尔兰海,南距首都都柏林约80公里。人口约2.6万(1981)。捕鱼业发达。是全国皮鞋工业最大中心,并有酿酒、腌肉、烟草和面粉等食品加工业。又是牲畜和农产品集散中心。铁路南通首都,北连英国。

里奇（John de Pembridge）是《1162年爱尔兰和基督教年鉴》（*Annales Hiberniae ab anno Christi 1162*）的主要作者。这本历史书对都柏林14世纪的生活进行了生动描述。彭布里奇是一位（非常敬虔的）布道修士，他对那些与他同教派的慷慨资助人大加赞扬，也对作恶者应得的骇人结局做了记录，其中最有名的是阿杜克·杜伯·奥图尔（Adducc Dubh O'Toole），他因宣称《圣经》只是寓言故事而受到指控，并在定罪后于1328年复活节后的周一在霍根格林的火刑柱上被处死。（罪名似乎是圣帕特里克修道院院长给费尔库林[①]和伊玛尔[②]的奥图尔家族[O'Tooles]领袖捏造的）。布鲁斯的入侵[③]以及权力人物的命运逆转，不论是发生在都柏林还是更远的地方，都成为彭布里奇的关注对象。但是他对自然灾害也有描述：有关1315—1317年的严重饥荒（影响了大部分欧洲地区），他记录道，人们会为了寻找食物而盗墓，母亲吃自己死去的孩子；有关1338—1339年那个极端寒冷的冬天，他写道，利菲河结冰，人们在上面跳舞、宴饮、打球。他自己很可能是下一次灾难的受害者——黑死病[④]，因为当鼠疫于1348年肆虐都柏林的时候，他的笔息声了。

彭布里奇所处的年代见证了盎格鲁-诺曼统治漫长的萎缩过程。殖民地中心地带的人口起码从1300前后开始下降，这种低潮期对都柏林产生尤其显著的影响。布鲁斯入侵之前的人口可能已经达到12000，比布里斯托的人口没少多少，有可能几乎达到整个爱尔兰在中世纪人口最高峰时的百分之一。这个数字对都柏林来说将有三百年无法超越。随着王室影响力及国库税收的不断减少、内陆地区的

---

① Fercullen，位于威克洛山区北部、都柏林城南的地区。
② Imaal，位于威克洛山脉西边山脚。
③ 由苏格兰国王罗伯特之弟爱德华·布鲁斯对爱尔兰发动的为时三年的战争。这场战争以他的战死而告终。
④ 从1347至1353年，席卷整个欧洲的鼠疫，夺走2500万欧洲人的性命，占当时欧洲总人口的1/3。

经济衰退、数十年饥荒和瘟疫带来的灾难性后果，都柏林的人口降到六千，比挪威人统治时期的最大值高不了多少。约翰·克林（John Clyn）是基尔肯林的一位当代方济会史学家，他认为1348年8月在黑死病到达都柏林和德罗赫达之后的四个月时间里，仅在都柏林就有1.4万人死亡，都柏林和德罗赫达几乎完全被毁，再无人烟。大主教和市长都在死难者之列。

　　当地并没有确凿的数量上的证据用以评估灾难的规模。克林对都柏林非常了解，但他所给出的数据貌似并非基于人口普查。表面看去，这意味着城市人口全部除尽。虽然都柏林有可能是整个国家受灾最严重的地区之一，但当然并未发生所有人都死光的事情。阿尔马的大主教费茨拉尔夫在瘟疫发生之前一年曾回到爱尔兰（据推测应该是德罗赫达）。他一年后报告教皇克里蒙六世说死亡人数最多的是住在海边的人，尤其是水手和渔夫。正像所有工业革命之前的人口危机一样，在传染病开始之前就有很大数量的人口逃离城市这是很正常的事情。这种情况下的这种反应完全合理，因为瘟疫所产生的影响在狭窄、拥挤的环境中更为严重，老鼠（或者无论任何鼠疫杆菌的携带者）在那里繁衍、自由地四处乱窜。所以，存在暂时清城的状况是可能的。

　　从更长期的角度看，黑死病之后的生活很显然与一个世纪之前完全不同了。都柏林城里和内陆地区的人口在灾难之后很长时间仍在持续下降，这里有1361年（以及后来的年份里）黑死病死灰复燃的原因，也有战争的因素。到14世纪末，都柏林从法国进口葡萄酒的业务量直线下降（虽然也有百年战争①的因素），城墙以外的南部以及大河以北各个郊区大幅收缩，因为这些曾经繁忙出租的地块又恢复成农业用地。其他爱尔兰沿岸市镇在规模上也在缩小，但是都柏林的衰落似乎更明显。与都柏林堡当局以及皇家政府减弱的保护相比，其中

---

① Hundred Years War，发生于1337年—1453年，交战双方是英格兰和法国之间，后来又加入勃艮地等。它乃世界最长的战争之一，断续长达116年。

居民的生计开始更加依靠修道院机构及其产业。到现在,其他盎格鲁－诺曼的市镇已经很少求助于都柏林的王室宫廷。据说,利菲河桥于1385年倒塌以后,又用了四十三年才重建起来,而最终负责监督建起这座纯粹石桥的,不是最高司法官,也不是商人,而是圣马利修道院的院长。圣马利修道院一直牢记其在皇权下所拥有的各项特权,在15世纪期间一直致力于扩大其已有的巨额财产,最终在都柏林地区的产业达1.7万英亩、在米斯地区达三千七百英亩。事实上,教会机构对都柏林城市的生存问题来说至关重要:大教堂、教区以及处于其间的宗教场所拥有都柏林地区非常大比例的农用耕地。无论气候如何,负责城市食品供应至关重要的人物,正是租用这些房产的谷物生产租户。都柏林成为英国国王的敌人进攻的桥头堡,需要由纯英国家族加以保护的这一特点,就是从这个时候开始形成的。但是实际上,在15世纪的都柏林,还有一定数量的盖尔自由民。他们在有限的规模上被同化并通婚,即使是在内陆的劳动人口,即使他们的穿着是英国式的,说的是双语,其中大部分是盖尔人。然而,缺少劳动力是显而易见的,这便使带有爱尔兰姓氏和行为举止看起来更像爱尔兰人的手工业者和城市劳工的人数得以增加,英国人则不在其列。

从15世纪50年代开始,曾有过几次尝试,将爱尔兰人从各种职业及联姻中排除在外。产生这种限制背后的动机错综复杂,其后果也不得而知,但利菲河口附近的爱尔兰村镇因1454年颁布的条例而稳固建立起来。无论事实有多么让人眼花缭乱,都柏林仍是12世纪开始定居于此的诺曼/英国家族所组成的纯粹社区。他们内部联姻,遵守英国的法律、习俗和正统宗教。这样的印象深入人心、不易改变。到15世纪中叶,市区人口当然已经完全都说英语了,这时的市政厅开始用英语做官方记录。

但是,到此时,有些文化观念正在发生改变。那就是平信徒[①]开

[①] Layman,天主教中凡没有授予神职或圣品的一般信徒,被称为平信徒。

始更多地参与教区教堂以及兄弟会的管理，宗教机构不再经营自己的产业，教堂基本上将塑造城市社区生活的功能让位给市民机构。市民的庆典仪式虽然仍然很大程度上与宗教日历关联密切，但已经独具特色了。事实上，已经任命了一位"牛环市长"①作为公民道德官员，负责监督他们。基督圣体节的游行活动中，行驶在各条街道的手推车上会有圣剧表演，这对看热闹的人们来说是夏天里深具吸引力的一件事。但这一活动已经更多由世俗领袖进行安排和管理（忏悔星期二以及圣乔治日的庆祝活动也交由世俗管理者负责）。这些游行的组织者其实是修道士兄弟会或者手工业者公会。这样的公会共有十七个。有关游行的规则于1498年制定。缝纫者协会很显然是独立于商业公会成立起来的第一个手工业者协会。列在1498年条例里的其他公会，例如"在圣乔治日②和基督圣体节上负责推车、修车"的"穷人和农夫"仅仅是临时团体，而在基督圣体节的游行行列中有将近十多个手工业者协会，这些团体从那时开始以及后来都成为特许团体，是市政管理不可分割的一部分。商业团体管理之下的这种区分，反映了黑死病瘟疫之后的那个世纪里，与财产所有者有关的手工业者经济地位的大幅提升。这种变化在整个西欧几乎成为人口骤减的普遍后果，至少在经济发达地区使生活水平得到改善，但也增加了新型经济矛盾产生的可能性。

但是在都柏林，山区的危险因素逐渐增多、市民周期性地集体出征所带来的侵扰一定又构成一股抵消的力量，促使人们加强社区团结、巩固凝聚力。

中世纪晚期经济恢复的迹象无从查考。因为12世纪以后的土层在17和18世纪挖地窖时被毁了，所以我们从考古学文献中找不到什

---

① the Mayor of the Bull Ring，当时流行的斗牛场有栓牛环。负责单身汉操行的道德官员在他们结婚的时候会带他们亲吻牛环，借此仪式表明他们的良好操行。
② St George's Day，通常在4月23日，是为纪念圣徒乔治而设的纪念日。他在公元303年罗马帝国最后，也是最惨烈的一次对基督徒的大迫害中丧生。

么物质文化的记录。但是，石料被大量使用，尤其是各个码头上，这一点十分清楚，阿伦岛码头尤其如此。在那里，艾伦·海登还发现了中世纪晚期加工深海鱼类（鳕鱼）的大量证据。据猜测这些鱼是在当地消费了。与切斯特之间的贸易有可能是整个15世纪最重要的生意渠道。来自都柏林的船只与德罗赫达在东部地区竞争兽皮和生鱼方面的生意，在回返本城的航线上竞争盐和布匹。商人同业工会协会在这个世纪里更直接参与大宗买卖。在15世纪60年代期间，本地商人与居住在都柏林的英国（据推测主要是切斯特人）商人之间存在严重摩擦。英国人寻求皇家支持，试图制定一个将爱尔兰船只从海峡运输业中排挤出去的方案。但是那个时期都柏林人在另外一方的阵营里是有稳固位置的：1474年，加入切斯特商业公会的十七个商人中至少有六个来自都柏林。15世纪中叶，在切斯特很明显占有相对突出地位的爱尔兰船队突然失势。无论是什么原因，英格兰和威尔士船队到1500年时对通往爱尔兰东岸的海上航线取得控制权，将都柏林地区一些小港口也带动起来。事实上，都柏林在中世纪晚期的商业繁荣情况，证据不在城里，而是在城外。在达尔基和附近的布洛克，都柏林商人建起林立的仓库和城堡，长途海运来的贵重货物都是在这些地方卸货。商业成功的标志还可以在更大范围内、在土地占有方面的零碎证据中找到。这些证据说明商人家庭在异地投资土地呈增长趋势，大教堂地产和皇家庄园尤其受欢迎。他们经常会来到这里住上一段时间，因此出现很多城堡，使整个内地构成城堡式风景。

同北部欧洲其他地方一样，整个15世纪的人口水平一直很低。重建都柏林郊区的过程非常缓慢。甚至城外几个巨型城门（大约1470年在北边的奥克斯曼顿有两座，约1485年在西边圣詹姆斯门有一座）也不能作为该城有所发展的正面证据，而只能说是居住在城墙附近现存郊区的人们对夜间危险的恐惧所致。到中世纪末，城墙本身却被突出出来：在约翰·佩罗特爵士于1585年所作的调查中，大部分城墙都是16—22英尺高，南边的有些部分会更高一些。山区并不遥远,对于镇民来说,一旦他们从卡里克曼(Carrickmines)到赛格尔特(Saggart)的弧形地带穿过,所见到的就是不毛之地了。整个15世纪,公民组织起来接受训练,然后支援首席政法官(justiciar)与英国国王的敌人征战,战场有时在本地,有时在外省。詹姆斯·莱登认为创建于1472年的圣乔治五百勇士团是"中世纪爱尔兰的第一个真正的常规军团"。但是英国国王的政令只在很小的一片飞地①上有效,就是沿海岸约有三十英里、向内延伸不到二十英里、不受侵扰的一块内地,就是"佩尔前哨"('the Pale'),一个仅在15世纪90年代使用的词语——那时"被围在爱尔兰人中的"地主们依法必须堆出一条长长的土堤,阻止外人进入英国国王的领土或者阻止牲畜走到外面去。根据墨菲和伯特顿的推断,"这条界线的重要路段都完工了,只是一直未能实现所预想的整体工程的合龙"。在修建佩尔长堤之前,人们在山脚地带和利菲河上游已经建起很多具有防御作用的城堡、修道院和教堂。

  这就是说,纵观中世纪晚期,英国皇家势力大部分时间式微,这本身成为都柏林经济停滞的一个因素。唯一安全的交通线是在海上,就是东南沿海一带和爱尔兰海对面的区域。议会成立了,很少有国王的使者来来往往。英国势力最有力的显示则是基尔代尔的菲茨杰拉德家族(FitzGeralds)的发迹史。这个家族在14世纪还处于相对卑微的地位,后来在城市事务和都柏林堡当局都上位成为显赫人物,到最后,竟获得副总督的职务(Lord Deputyship)。然而,亨利·格兰道尔②于1485年在博斯沃思原野③改写了英国历史。而此时基尔代尔的

---

① Enclave,指在本国境内隶属于另一国的一块土地。
② Henry Glendower,指英开斯特王朝后来成为英王的亨利七世。
③ Battle of Bosworth Field,代表约克家族的英王理查三世被杀,结束了玫瑰战争(15世纪后半叶爆发的英国内战,战争在同为金雀花王朝的两个旁支兰开斯特家族和约克家族之间进行。战争命名是因两个家族的家徽上都有一朵玫瑰,约克家族是白色,兰开斯特家族是红色)。

第八位公爵加勒特·莫尔①却与战败方约克王朝来往密切。两年后，他在基督大教堂主持了假冒国王的兰伯特·希姆内尔②成为英王的加冕典礼。

加勒特最终与亨利七世和解，菲茨杰拉德家族的势力在那次惨败之后继续存在了半个世纪，这说明都铎王朝③并无多大兴趣将有限的资源投入到爱尔兰以重振皇家势力。至此，即使是按英国贵族标准，以梅奴斯为基地发展起来的菲茨杰拉德家族的财富也堪称一流。但是当败落到来的时候，也是具有极端的戏剧性。九世公爵盖勒特·摩尔在宫廷中长大，从1513至1519年担任副总督，并在此后连任两届。在皇家对他时好时坏的态度中，他还指挥着与另外一个王朝家族之间的代理人战争④，那就是巴特勒家族。他是文艺复兴时期的当权者，对银器、金器以及印刷的书籍都很有品味。都柏林人怕他，伦敦人恨他，因为他阻碍皇家势力在本地更多发挥作用。1534年，他多次收到法院的传票，很不情愿地回到伦敦，将其尚且年幼的继承人"丝

---

① Garret Mór，亦称 Gerald FitzGerald, 8th Earl of Kildare（约1456—约1513），亦称"伟大的加勒特"是爱尔兰的首批贵族。他从1477年至1494年，以及1496年直至去世两次任爱尔兰总督。他权倾朝野，被称为"爱尔兰的无冕之王"。
② Lambert Simnel（约1477—约1525），1787年十岁左右的时候被约克王朝的支持者推举为国王，以反对兰开斯特王朝亨利七世的统治。后被亨利七世赦免，成为皇宫差役。
③ 都铎王朝（Tudor dynasty）（1485年—1603年），是在亨利七世1485年入主英格兰、威尔士和爱尔兰后，所开创的一个王朝。亨利·都铎于1485年8月，在法国援助下杀死理查三世，夺取王位，建立都铎王朝，史称亨利七世。都铎王朝统治英格兰王国直到1603年伊丽莎白一世去世为止，历经120余年，共经历了五代君主。都铎王朝处于英国从封建主义向资本主义过渡时期，被认为是英国君主专制历史上的黄金时期。
④ Proxy war，代理人战争是两个对立方不直接参加的战争，他们利用外部冲突以某种方式打击另一方的利益或是领地。通常包含一方打击对立方的盟友和帮助自己的盟友打击敌人的手段。

绒"托马斯①，即奥法利勋爵（Lord Offaly），留下代行其责。做儿子的既担忧父亲的性命，又决意大显身手，于是就在圣马利修道院召开的枢密院会议上宣布脱离联盟，并于几周后带着大军团返回，企图攻占都柏林堡。这是都柏林堡历史上第一次遭受攻击。他用的轻型火炮，而都柏林堡反击所用的是一枝"大口径铜制火枪"，也有轻武器和炸弹（各种火器）。受其父在伦敦塔遭到监禁（后被处死）这一消息的刺激，"丝绒"托马斯从佩尔前哨内外纠集众多支持者，将其追随者留在都柏林堡继续攻城，他则赶往别处去作战。但是，当市政厅改变原来默认菲茨杰拉德在城堡内军事行动的态度，转而反对他的时候，他才折返回来，发起对城堡的全面进攻。这场围攻总共持续三个月。供水被切断，西南郊野被付之一炬。到9月份的时候，托马斯的盟军控制了大部分地区，其中包括佩尔前哨。然而，当英国援军最后在10月份到达的时候，反叛被平息，托马斯及其支持者分崩瓦解。但是直到冲突又持续了一年之后，他才投降，并作为囚徒被遣送到伦敦。在那里，他与其五个叔叔一起于1537年被处死。他们的失败一直被当做分野标志存在在都柏林的历史上。

全面改革

圣帕特里克大教堂的大主教在1541年6月基督圣体节的周日像往常一样在赞美中做庄严的弥撒。然后，"在两千人面前，伴着感恩诗颂"公布了爱尔兰议会在一周前通过的有关亨利八世任爱尔兰国王

---

① "Silken" Thomas（1513年—1537），本名Thomas FitzGerald，基尔代尔第十位伯爵，因其随从的铠甲上配有丝绒流苏而得"丝绒托马斯"之名，是十六世纪爱尔兰历史上的著名人物。他生于伦敦，是第九位基尔代尔伯爵杰拉德·菲茨杰拉德和其第一任妻子伊丽莎白·苏支（Elizabeth Zouche）的儿子。后者是亨利七世的远方亲戚。因谣传其父在伦敦被害，他在爱尔兰起兵反抗英国统治。行动失败后在英国被处死。这次军事反叛引起英王亨利三世对爱尔兰事务的重视，成为1542年成立爱尔兰王国（由英王统治的名义上的王国，持续到1800年）的诱因之一。

的法案。基督圣体节因而变成庆祝这则消息的狂欢，监狱大赦囚徒。在不可一世的菲茨杰拉德家族败落七年之后，在都柏林议会承认都铎国王为"爱尔兰所有教会之首"五年之后，在宣布皇家对修道院财产拥有掌控权四年之后，在开始清除所有教堂中的纪念物、神像和神龛两年之后，爱尔兰从一个领地升格为一个王国。

只是，第一波改革措施主要针对财产，而不是教义。所采取的解散的手段，先是针对部分，接着是所有的大、小、男、女修道院和神殿，各自拥有的大量物质财富也一同都处理掉了。这项改革做得并不那么十分妥帖，但到1540年的时候都柏林已经基本完成改革。城中很多宗教机构之前的状况就不是很好，其成员也愿意安静离开。修道院的辉煌时刻开始成为遥远的记忆，像圣多马和圣马利这样的修道院也不例外。虽然圣马利修道院的院长一再劝说托马斯·克伦威尔①，都柏林却没有任何一家修道院对于解散的命令进行抗争。圣施洗约翰医院（St John the Baptist's）位于新门（New Gate）外，是一个由克拉奇修道院（Crutched Friars）掌管的医疗机构，现在唯有靠自己的能力提供慈善服务，给患病的穷人提供大概五十个床位。爱德蒙·莱德曼医

---

① Thomas Cromwell (1485—1540)，是英国近代社会转型时期的政治家，英王亨利八世的首席国务大臣。他1485年出生于平民之家，1529年当选议会议员，1531年经由亨利八世的提援进入枢密院。在其后近十年时间里，他历任财政大臣、掌玺大臣、首席国务大臣，获封艾萨克斯伯爵，成为亨利八世身边第一权臣。然而，他的节节高升也引发了世袭贵族的仇视，在他们的构陷下，1540年他被亨利八世判处斩首死刑。辅佐亨利八世的十年，是英国经历改革阵痛的十年。此前的英国，虽然拥有领土和王权的独立，但是在宗教事务上要听命于罗马天主教教廷。正是由克伦威尔主持与草拟，亨利八世发布了《至尊法案》(1534)（Acts of Supremacy）等一系列法令，宣布英王是英国宗教的最高领袖，使英国成为具有独立主权的新型君主制国家。同时，克伦威尔推动了威廉·廷代尔所翻译的《英语《圣经》》在英国的合法出版，将阅读《圣经》的权利从懂得拉丁文的教士与上层人士手中移交给了普通民众，促进了新教在英国落地生根。此后，克伦威尔还主持解散了修道院，将修道院的土地拍卖，一方面充实了亨利八世的国库；另一方面，大批拍卖的土地落入新兴资产阶级士绅之手，巩固和加强了他们的经济实力，为未来的资产阶级革命埋下了伏笔。

根据霍华德·克拉克的推测，由丹·奥布里安所做的1500年前后的都柏林模型，从中可以看出都柏林中世纪晚期城墙之内的部分是多么窄小、拥挤。最高的那个建筑是古老的圣三一基督教堂。这座教堂不论是实际上，还是象征意义上都是都柏林城市的焦点。左侧的都柏林堡是城市要塞。

生已经租赁该医院，只是他能提供的慈善服务似乎越来越少。

皇家以特别优惠的条件出售修道院的大量优质财产，让平信徒们看到了希望，觊觎之心大大削弱了他们反对解散修道院的态度：圣马利修道院一处就得到五倍于市政财政的收入。于是情况变成这样：这个土地资源充足、幅员辽阔的王国又活跃起来，都柏林的商人们也在都柏林当地和北部内陆地区的土地市场上忙碌起来。在皇家拥有一官半职的大得便利，财政副部长威廉·布拉巴赞尤其如此，他就是个空手套白狼的投机分子。他收购的众多地块包括圣多马·考特（Thomas Court）和多诺的土地与庄园（Donore manor）。这些地方供水方便，适合修建民居（就是后来都柏林人普遍所知的"自由区"）。但是针对基督大教堂的何去何从问题，却产生了公开分歧：第一方案是，只要基督大教堂还是奥古斯丁修会的教堂，就要将其解散。

倘若都柏林没了基督大教堂这座母教堂，"肯定会让都柏林城荒芜、成为废墟、残缺不全"，想到这样的境况，公众便一力反对拆除的方案。最后证明产生了效果，这里最终变为一座修会外的普通教堂，而且在1562年教堂内殿有很大一部分坍塌的时候，虽然市参议员对教改各怀己见，他们仍然非常慷慨地捐资修建，甚至在后来的几十年时间里一直坚持进行维修。这座教堂曾经是，并且以后会继续是市政教堂。与此同时，官方注意力又转向圣帕特里克大教堂。

作为该主教教区满负盛名的中心标志性建筑，圣帕特里克大教堂解散案唯一的前提就是，倘若让基督大教堂留存，都柏林有一座大教堂足矣。然而，众所周知，圣帕特里克大教堂得到的奉献特别优厚，所以，在国王宣布公告[①]五年之后，才被最新任命的院长关闭，分堂也被取消，所属土地被让渡他人。但是，这座修道院远非其他任何建筑所能比肩，它一直是英国主权在爱尔兰的重要象征，是值得纪念和炫耀的地方，也是一座具有观光价值的建筑。虽然该教堂的大主教一

---

① 指的是《至尊法案》。

定要英国本土出生，分堂的教士和替补教士却来自内陆各家族，都是佩尔前哨的名门之后。解散圣帕特里克大教堂如果算不上是第一个步骤，也称得上是解开当地社区与都柏林堡英国国王追随者之间纽带的主要因素。

后来的事实是，圣帕特里克教堂复活了：在玛丽女王执政的五年里，天主教也开始恢复，1555年推翻了1546年的决议案，分堂和属于教堂的土地得以收回，赢得了大主教柯温（Curwen）赞许的眼神。当1558年钟摆再次摆起，伊丽莎白女王登基的时候，发生的事情似乎使时间停滞：柯温要继续留任，圣帕特里克教堂也一样，只是下面的各个分堂仍处于地下状态。只有在十年之后少壮派的新教大主教亚当·罗夫特斯掌权的时候，各种情况才开始发生变化。但是无论在都柏林还是其他地方，国家一味坚持利用流传下来的主教区架构和早期教会的法律形式，致使教区核心内容的改革非常缓慢，以至于圣帕特里克的各个分堂从16世纪70年代晚期才开始作为新教机构运作。正像詹姆斯·穆雷所说，兹事体大。首先是要强力解散圣帕特里克这个修道院组织，然后在伊丽莎白时代又勉强保留，这都大大影响都柏林及其内陆地区对宗教改革的接受程度。出身正统的主教区牧师为他们的会众设立了基调，会众就是那些住在佩尔前哨的"旧英格兰人"（虽然这个词那时还没流行），他们对于在都柏林天主教会规范化、文明化和秩序化方面做出的成就感到深深的自豪，这种情绪附带着对刚刚形成的盖尔部族根深蒂固的敌视，以及对从英国传来的、改变了的教会管理和信仰教义所产生的新反感。在理查德·史丹尼赫斯特（Richard Stanihurst）的早期作品，创作于16世纪70年代前期的《描述爱尔兰》（*Description of Ireland*）中，这种情绪记录得再清楚不过了。从这本书可以看到他对在都柏林的纯粹旧英格兰人世界的详尽了解，以及他们对爱尔兰人的爱尔兰在历史上的优越感。该书还将都柏林描述成在很多方面都优越于其他市镇的城市，例如其"骑士精神、顺服和忠诚、富有、好客、优雅和重视礼仪"。

圣帕特里克的离奇历史在另外一个方面也影响了都柏林的宗教改革。从16世纪40年代第一次谈论将其解散开始，宗教改革家们就将这里选为建立一所"敬虔学院"的理想地点，使其成为改革事工的教育中心。换句话说，这里将成为一所大学，以实现两个世纪以前大主教毕柯诺（Bicknor）在当时没能落实的提议。

16世纪70年代，利用教会资源建一所学院的计划在总督西德尼（Sidney）勋爵的支持下再次浮出水面，然而主要是来自教会内部的反对意见却使其胎死腹中。事实上，给皇家"爱尔兰圣公会"提供教牧人员所需的培训基地，竟整整拖延了半个世纪。这期间，富家子弟和佩尔前哨上层社会的公子小姐出国留学的老传统又承载了新的意义。然而，为了适应本地需要而印刷出版新的祷告文倒是雷厉风行：都柏林印刷的第一本书是爱德华时代的《英格兰国教公祷书》（Book of Common Prayer），是由一位叫做汉弗莱·鲍威尔的侨民印刷工于1551年奉英国枢密院的指令在位于温塔文街的自己家中完成的。这只是一个意向性的标志，更为重要的是，英国皇家全程赞助了新约《圣经》爱尔兰语版本的翻译、印刷出版。这件事的进展却不迅速，从获得赞助到1602年印刷出500本，这中间经过了多灾多难的三十六年，根本谈不上产生什么战略性影响。

培养新教教牧人员的神学院迟迟建不起来，对待当地精英教牧人员的态度又颇为失当，再加上更多微妙的原因，使得宗教改革停滞不前。修道院的解散使都柏林城里及周边富有的平信徒决定了教区的收入水平，这样的掌控权前所未有，他们甚至开始自由决定支出情况。出人意料的是，教会解散的操作并未触及城中一些有产的宗教公会和兄弟会。以上两个因素所产生的效果，一方面弱化了国家在都城建设宗教基础结构的能力，一方面增加了给予影子牧师（Shadow Clergy）经济支持的可能性。位于圣奥迪安教堂的圣安妮公会（Guild of St Anne）就是个突出的例子：用尽各种合法手段都未能将其解散，却一直平安地存留到1695年，一同存留的还有公会附属于教区教堂的小教堂和看起来如同牧师一样带领大家违命抵抗的"唱诗班",以及用作天主教会其他用途的财产所带来的收入。

伊丽莎白时代的都柏林存在着一种奇怪的矛盾现象:一方面都柏林市民对相对温和的国教新教的反对态度慢慢成熟;另一方面,英国皇家政府和都柏林市政管理机构通过多年的战争以及对战争威胁的恐惧建立了坚固的伙伴关系。这种伙伴关系包括紧急贷款、用于城防建设的经常性地方投资、积极参加军事行动并提供后勤援助,九年战争①(1594—1603年)期间尤其如此。战场虽然远在芒斯特和阿尔斯特,但是对都柏林人来说,战争就意味着城里要驻扎空前数量的英国士兵,市民就得为他们提供食物和住处。其他地方旷日持久的战事也严重打击了都柏林与内陆地区的贸易。但若是一分为二地看,市民权利得到大大提升。自1548年的特许令开始(这个特许令将都柏林这座城市设立为自治市,明确了市长和治安官的法律权利,加强了他们维持公共市场治安的职能)。接着,1577年又出台了具有特别优惠条件的修正令(确认三一公会的各项独家特权),还有1582年的"黄金"特许令("golden" charter,确定从斯克列到阿克洛漫长海岸线的海上法庭管辖权,取消了通过切斯特和利物浦最终到都柏林货物的收费。在切斯特与都柏林之间的贸易交往中,给予都柏林商人前所未有的优先权)。

加强市政厅的权力的结果之一就是扩大了社会差别,主要体现在由二十四位市参议员组成、市长任主席的市政委员会与年轻商人和各行业公会代言人组成的下议院之间的差别,前者每周五开会,后者是一季度一碰头。人们此时的期望是市长可以礼贤下士,广纳天下客:帕特里克·撒斯菲尔德在他1554—1555年的任期内,成了被人们纪念的殷勤好客的典范。"他的家(位于繁华大街)门户常开,一早

---

① 爱尔兰九年战争,以区别于发生在欧洲大陆的奥格斯堡同盟战争(1688—1697)。盖尔人联盟与英国派驻的爱尔兰统治者之间的战争。

上从五点开始直到晚上十点,他家的餐厅和酒窖总有一拨一拨的人们光顾……"。大概在他任市长的一年里,总共消费了三谷仓的粮食、二十桶葡萄酒。正像克鲁姆·列侬所述,提高城市法律地位的做法有利于在富裕商人及其家族中间实行权力集中制,市参议员就是从他们当中招集来的。换言之,曾经于15世纪在市政管理中参与很多的手工艺者公会,到16世纪晚期的时候对政府以及决策的影响力大大减弱。虽然他们仍然是错综复杂的政体架构中不可分割的一部分,但在众议院中声音很弱。至于参议员,列侬发现在1550—1620年间,只有四分之一是纯粹血统的城市人,有46%来自四个佩尔前哨诸郡,其中多数人来自有产阶级。但是,很明显地,将近一半的参议员夫人,其父亲都是参议员。

然而这些城市领袖们却在信仰问题上存在严重分歧。1560年英国国教徒[①]聚居区要求臣服英国皇家的所有人都要与现有教会明确保持一致。不过,仍有证据证明,即使在效忠英国皇家是认同公民身份重要依据的城里,当时的情况也是混乱得让人尴尬,即便到了16世纪40年代,人们对诸多的事情仍然模糊不清,摸不到头脑,包括是否拆除城里教堂的神龛和偶像、是否可以在教堂的墙上作画,敬拜神讲道时是否可以使用本地语言、讲新确立的中心内容。列侬认为,到伊丽莎白时代早期,城中有几个主要家族非常热衷改革(尤其是鲍尔

---

① Anglican,安立甘宗,是新教主要宗派之一,与信义宗、归正宗合称新教三大流派,中国常称圣公会。该宗在英格兰为国教,称英国圣公会。大概情况是,英国17世纪经历了很多战争、斗争,国王与国会之间的斗争。在16世纪,亨利八世因不满意教皇不批准他和他的西班牙妻子离婚,因为她没有生育,英国王位的继承权可能旁落到其对手西班牙王室的手中,所以在英国发起宗教改革,英圣公会脱离罗马教会,成为英国的安立甘宗,英国国王把自己封为教会的最高领导人。圣公会是和天主教差别最少的一种新教,除了和其他新教教派一样不崇拜偶像、不陈列耶稣受难像以外,使用的《《圣经》》(不适用于大中华地区)、教职人员服装、宗教仪式等都和天主教一样,圣公会或圣公会教会并不自认为属于新教(Protestant),认为自己也是大公教会(即天主教),称教宗为"罗马主教",不过教宗认为只要不承认教宗地位的西方教派,都属于新教。

3

多尼布鲁克堡，这是 1759 年被毁之前不久由托马斯·阿什沃斯画的。这座城堡是 16 世纪厄谢尔家族[①]的一处府邸，位于城墙外一英里处，靠近多德河。其未设防的外表和不可忽视的庞大规模说明存在着一种新的安全意识，也能从中看出厄谢尔家族的显赫和富有。他们是当时的望族之一，租用[②]的是基尔代尔伯爵[③]的地产。

---

① 这个家族的成员之一 James Ussher（1581—1656）是阿尔马爱尔兰圣公会大主教，并在 1625 至 1656 年间任全爱尔兰大主教。
② 爱尔兰当时只有有地的才是贵族。所以即便厄谢尔家族声名显赫，但仍属没有地的平民。
③ 1169 年来到爱尔兰的威尔士 - 诺曼人血统的菲茨杰拉德家族，被授予基尔代尔伯爵的爵位。

家族、查洛纳家族、福斯特家族和厄谢尔家族），也有几家以同样的热情反对宗教上的改变（尤以布朗恩家族、费茨西蒙家族、希尔顿家族和塞德格拉夫家族为主）。大多数人则先是有样学样，等到他们发现和先前一样的神职人员在先前的教区教会主持宗教仪式，差不多继续守和以前一样的宗教节期，甚至在礼拜仪式上照样使用一些拉丁文，便会在表面上服从改革。但是宗教忠诚度较高的家族却只愿意与持有相同观点的群体通婚。这是新型社会分化中一种典型的分化标志。与此同时，那些中间派，就是与市政关系密切的家族，渐渐地与新教派疏远。产生这种倾向，主要是受他们居住在佩尔前哨的同宗同族兄弟的影响。至于城市人口中更广泛人群的态度，仅有几点线索可寻。毫无疑问，取消宗教节日会激起民愤，最突出的事件发生在16世纪60年代，当时要取消基督圣体节狂欢活动。针对正在发生的变革，在精英阶层却鲜有迹象表明他们存在些微的敌意。可以确定的是，一些因修道院解体退下来的修士和修女，以及在1560年拒绝必要宣誓的教区牧师们，他们都在城里各处忙着做教师或者自由牧师。有几个重要事件肯定在公众当中产生过很大影响。最著名的莫过于阿尔马地区天主教大主教理查德·克雷（Creagh）经历的五年牢狱之灾。他在16世纪70年代被囚于城堡监狱（后来在伦敦塔囚禁了十二年）。再有就是卡谢尔大主教德莫特·奥赫尔利（O'Hurley），他刚刚从欧洲大陆到达此地不久，政治上也采取了妥协态度，却在1583—1584年期间遭受到九个月的监禁和折磨，最终竟在霍根格林被秘密处决。他的悲惨命运并没有引来任何公开反应，他在圣凯文教堂庭院（St Kevin's churchyard）里的坟墓却马上成为人们前来瞻仰的地方。这两位大主教在都柏林都没有什么裙带关系，但是他们的出现似乎产生很大的影响力，很多人开始积极效法他们。奥赫尔利遭此厄运，是因为之前西班牙和罗马教皇支持芒斯特，还有似乎是在佩尔前哨发生的反叛事件——鲍庭格拉斯（Baltinglass）子爵詹姆斯·尤斯塔斯，一位在蒙克斯顿（Monkstown）拥有一座城堡的牛津精英，他在那个地区的威克洛山脉发动了不合时宜的宗教十字军征讨行动,高举罗马教皇的大旗,反对新兴起的异端。他曾经在罗马住过很长时间,那段经历对他影响很大。早期反宗教改革思潮激起他极大的热情。但是他所领导的反叛很大程度上是威克洛内部事务,是一场爱尔兰国内战争。他"宗教狂热"的角色"……成了盖尔人以天主教的名义释放对政府敌对态度的出口"。但是总督格雷勋爵(Henry Grey)不这么看,他认为在佩尔前哨存在着蓄谋已久的阴谋,随后就发起一场政治迫害运动,这场运动在1582年的行动中达到顶点。有二十名"旧英格兰"人包括上层贵族被处决,其中包括民事诉讼庭的前审判长尼古拉斯·纽金特(Nicholas Nugent)。对于纽金特,几乎找不到什么起诉他的证据。但是该城的宪政残余力量在随后的一年大显神威。有两名市参议员(其中之一是克里斯多夫·塞德格拉夫[Christopher Sedgrave]的儿子,穆斯塔法是英国国王在爱尔兰最大的债权人)因为涉嫌参与鲍庭格拉斯反叛而被捕入狱。虽然他们在皇家法庭面临反叛的起诉,但是都柏林堡当局却将他们移交到市政手里,并且不久之后他们就获得了自由。

格雷是伊丽莎白时代既拥有激进的新教信仰,又崇尚职业军人杀一儆百作风的几位总督之一。他的秘书,年轻的爱德蒙·斯宾塞[1],也是16世纪80年代刚刚来到爱尔兰。有关他的这一特点,爱德蒙多有记录。他利用自己在都柏林的时间,在《仙后》[2]中以寓言的形式描绘了仙后格罗丽亚娜统治下充满美德的基督化王国(在他想象的"克莱奥普勒斯"城中就有与都柏林相似的地方)。这是一个由受过良好教育的骑士们所保卫的王国,如果允许他们没有限制地自由采取行动,他们必会以正义战胜邪恶。这里所描绘的色彩比格雷对事物的看法更加敏感、细腻。然而他们二人以及其他越来越能够掌控都柏林

---

[1] Edmund Spencer,1552/1553—1599,是文艺复兴时期英国诗坛的伟大先驱之一,享有"诗人之诗人"的美誉。
[2] The Faerie Queene,斯宾塞未完成的第一部斯宾塞体英文诗作,最长的诗之一。

堡的"新英格兰人"发现,他们的极端化想象,等转化为现实的时候,却成为那个世纪里的血腥岁月。

这样的情况引导我们再次回头探究,为什么由国家支持的宗教改革,其进展竟如此缓慢呢?最基本的原因在于:即使为了赢得对这个国家的有效掌控,在实行过程中进行过很多政策上的调整,佩尔前哨的英裔爱尔兰人对都铎王朝及其采取的政治和财政策略仍然越来越反感。更广阔的背景是,都铎王朝统治下英格兰的经济实力和军事能力都在迅猛增长,而爱尔兰的存在,既构成军事上的威胁,也是对方实力实际应用的最佳机会。但要实现这一点,必须首先拥有来自统治中心更加严密的掌控。所存在的紧张关系可以追溯到菲茨杰拉德时代以及1520年萨里伯爵短暂的代管时期(那是七十年以来英国王室第一次直接参与对爱尔兰的政府管理):针对巴特勒家族和菲茨杰拉德家族无处不在的爱尔兰化影响,萨里建议实行新的英国殖民浪潮,对爱尔兰进行一次新征服。这种激进想法在当时并没有实现,但是萨里确实加强了都柏林堡的防御,恰巧给1534年发生的一系列事件做了预备。就在那次反叛之前,托马斯·克伦威尔在爱尔兰的特使威廉·布拉巴宗也有类似想法,就是从伦斯特和殖民地军事管理区中清除所有属盖尔人的爱尔兰部族(Gaelic Irish clans)。但这些想法仍属少数派。只是到16世纪60年代开始,当盎格鲁-西班牙之间的紧张关系正式爆发的时候,爱尔兰松散的政体管理才真正引起白厅[①]的注意。这在苏塞克斯和西德尼作为政府代表所制定的特殊战略中可见一斑。虽然没有持续性的改革政策,但是不同的战略计划都有更多调整的内容,并且在都柏林堡安插新人的时候,不必考虑当地效忠者或者当地赞助人,因为他们在服务国王的同时理所当然地要捉摸如何中饱私囊。必然的结果就是英王自古以来的合作伙伴渐渐退出历史舞台——他们曾共同努力对爱尔兰,包括都柏林市民以及佩尔前哨居民进行文明化

---

① Whitehall,英国政府。

改革——这个过程在宗教归属感成为议题之前就存在了,并在下一个世纪里越来越广泛地被人忽视,其主要原因就是他们拒绝接受新的国教。

但是,城市精英分子中总是有少数人的想法异于常人;也正是由于他们一时的努力,才使市政厅于1591年同意将以前的万圣殿修道院租赁给一个新的教育创新项目。该修道院是都柏林市政半个世纪以前为杰拉德叛乱带来的损失而做出的补偿。然后,在霍根格林东边的这块地方进行了一次全新的尝试,就是创建一所大学,而且得偿所愿。都柏林三一学院最终建校,并于1592年获得办学许可证。其首席名誉赞助人及首任名誉副校长就是盛名一时的爱尔兰圣公会大主教亚当·洛夫特斯(Adam Loftus)。他当时也是上议院大法官,有时还担任上诉法院法官。城中这个项目的主要支持者,不管是世俗的,还是教会牧者,都深信这所学院至少能够实现两个有价值的作用:一个是人道主义的目的,可以将爱尔兰带入欧洲学术主流;另外一个是宗教目的,希望能够恢复失地,通过培养无论是"旧英格兰人"还是盖尔人的爱尔兰本土教牧人员在本国重续宗教改革大业。但是,要阻止反宗教改革势力的行动,是不是太晚了呢?洛夫特斯私下认为是晚了。

与四个世纪以前盎格鲁-诺曼对低地爱尔兰的征服相比,都铎王朝此次重新占领此地,使用了多得多的军事力量,从地缘政治①的角度,其情况更加复杂,最终也就具有更加深远的意义。这轮再次征服的最高潮是在16世纪90年代晚期,当时全欧洲范围内发生了食物短缺,这可能是自14世纪中叶以来最严重的食物危机。到1597年,致命的流行病加上饥饿开始在都柏林盛行。就在这些艰难困苦当中,伍德码头存放的一百四十桶炸药,由于疏于管理,在那一年3月运往阿尔斯特战场的运输途中爆炸,炸死一百二十六人,其中七十六人是都

---

① Geo-politics,运用地理学为政治目的寻求指导方针的思维方式。

柏林居民，五十人"不明身份"。从河边富商府第到繁华大街山脊上的普通民宅，大概有二十到四十所房屋全部夷为平地。重建费用耗资巨大，但必须由本城承担。

正是在如此艰难的形势下，宗教实践在当地产生的冲突才得到最终解决。皇家与城市社区之间的这种两极分化，在当时是个新现象。并且，虽然在随后的若干个世纪里时代背景变迁，但这种冷战状态将会一再重演。只是列侬却提出，16世纪90年代在另一方面成为一个巨大断代的标志：码头大爆炸标志着都柏林城市中心东移的开始，不论是贸易还是上层居民都开始向波多河东部寻找更宜居的处所。这包括尚未开垦的土地，也包括河口以上的山坡地带。七个世纪以前，诺曼人将他们的贵族埋葬在这里。有关港口的问题，在停滞了一个多世纪以后，现在要采取行动的第一个迹象很明显，就是制定了疏通渠道，扩建码头的计划。大约1585年前后，在林森德港口入口处三角洲地带建起了一座具有地标性质的高塔。这标志着未来两个世纪当中将进行的一系列大规模建筑项目的开始，来自海上的自然灾害最终得到了控制。但是市中心东移，终结了城市城墙的历史；在一个世纪多一点的时间里，巨大的石制屏障几乎完全消失，或者不如说是悄然、不露痕迹地被重新编织进城市的新布局当中。

在17世纪，小城都柏林虽然在欧洲城市化进程中，并不显山露水，但最终在全世界说英语城市当中占据了名列第二的位置，并具有世界影响力，此刻即是起点。在这个城市的第一个千年当中，或者因为战争，或者自然灾害，导致其数次成为空城，但后来又重新有人回来居住。总的来说，城市历史是一直连贯下来的。这里一直是外来者试图影响或者占据一部分甚至全部爱尔兰岛的主要入口，这些外来者包括挪威人、诺曼人和英国人。这里对商人、手工业者，以及内地来客来说，也是深具吸引力的地方。所以这里从早自挪威时代开始，在基因和文化两方面便成了一座大熔炉。这种混杂程度，比爱尔兰任何其他地方更甚。在中世纪晚期，曾经做过阻止这种混杂的尝试，但是，却反而加剧了这个过程。然而，从长期的角度看，在都柏林的第一个千年历史当中，存在着周期性变化。在爱尔兰－挪威时代，在潮起潮落的复杂情景当中还看得不那么清楚。不过到了盎格鲁－诺曼人统治下的都柏林，13世纪时突飞猛进的发展与下一世纪的停滞和战乱状况，形成了鲜明对照。每一次高潮过后，都会在此地留下令人难忘的印记，无论在外观上还是文化上都是如此。在17世纪之后的年代里，都柏林的规模和社会结构发生了非常大的变化，即便其中有些旧的模式和特征在未来更大的历史背景下是否还能再现值得存疑，但这些印记仍然可见。

第一章

都城初现：1600—1647

  1611年，伦敦出版了一份小小的地图，这就是都柏林的鸟瞰图，还包括了城郊地区。约翰·斯皮德（John Speed）编辑了一本精致的地图册，名为《大不列颠帝国全景图》(The theatre of the empire of Great Britain)，这幅地图被收录其中。都柏林地图是四个爱尔兰城市平面图之一，附在更大一些的伦斯特省地图中。斯皮德的巨著收集了英格兰和威尔士差不多七十座城市的平面图。这部书在庆祝三个王国[①]联合在苏格兰王詹姆士六世（他同时也是英格兰王詹姆斯一世[②]）旗下的典礼上曾经展示过。斯皮德所绘的城市地图，几乎都是以上一世纪的地图和调查为基础，然后大部分又经他亲自考察并对内容进行充实而成。但是针对都柏林，却没有之前的地图做蓝本，并且据我们所知，生于柴郡的斯皮德从未去过都柏林。这幅地图包含丰富的地形地貌细节，南北方向校对准确，是都柏林文献史上一个飞跃性的进步，也是关键历史时刻的一个抓拍。但是，这幅地图的来源和作者仍然有点令人感到蹊跷。地图上能看到的证据是，绘制地图的现场工作应该是在出版之前五至六年进行的，也是在城墙以东波多河口泥泞的河岸被重

[①] 指英格兰、苏格兰、爱尔兰。
[②] 詹姆斯一世（英文名James I，1566年—1625年），英国国王，1603年—1625年在位，同时也是苏格兰国王詹姆斯六世（英文名James VI），1567年—1625年在位。

新开垦之前，因为这片土地在图中没有显示。很有可能最开始进行的绘图工作始于1605年，在爱尔兰首席检察官约翰·戴维斯爵士的指导下进行的。他当时是都柏林政府的重要人物，冉冉升起的后起之秀。我想无论负责人是谁，看起来都会很像是一个新到此地的人对这个城市的观察，时间应该是爱尔兰九年战争结束之后一到两年的时候，甚至和平的好处尚未显现出来。距1597年大爆炸事件很近的地区，可以明显看到战争创伤：在伍德码头周围，街景图中可以清楚看见几道沟痕。图中有些房子可能因1604年的瘟疫黑死病而空无一人。这种瘟疫一直让人闻风丧胆，其实毫不奇怪。1575年都柏林遭其侵害时，就可能有将近三分之一的人口死亡。1604年的这次结果要轻得多。

斯皮德的地图描绘了城墙以内总计大约二百五十四座房屋，城墙外大约四百座。这些房屋都是两层楼结构，前脸呈三角形。但是在1605年，实际的房屋总高度应该是更高些：约翰·安德鲁斯认为这幅地图可以作为确定街区位置很好的指南，至于各条街上的房屋数量在图上无法看到；如果城墙之内的房屋宽度通常在十五至二十英尺之间（最新的考古学调查清楚证实了这一点），则说明城内实际上有大约760栋房屋，郊区从北到南大概有一千两百栋。这说明17世纪早期的社区拥有八千到一万名长住居民。

从1300年而来的时空穿越者会非常熟悉斯皮德绘制的都柏林布局。1605年的建筑，尤其是位于郊区的那些，有可能是新近才建的，但大多数比较集中的和位于遗址上的房屋都是三百多年以前修建的。位于北边教堂街以东，以及城墙西边和西南的街区属于老旧的郊区，与改造过的那些新郊区不同。但是斯皮德所绘都柏林给人最深印象的，是它给人一种开放城市的感觉，稠密，但是并无防御措施的沿街（尤其是大教堂、圣帕特里克修道院、弗朗西斯和托马斯大街一带）带状发展形态，并有一些旧城墙以及一个缺少配套防御工事的城堡。不容忽视的是，有几座外城城门仍然矗立在郊外的大路上，但是由于缺少其他配套防御工事，说明这些建筑的功能是阻挡不受欢迎的人进入，和向外来商人收费。

这种开放城镇的形象一定程度上是与现实相符的。尽管16世纪90年代的时候对城防问题有所关注，并且市民自卫队有常规编制，但都柏林仍然是一个不设防的城市。围住城堡的古墙抵御不了现代攻城武器，而城墙虽然在都铎时代进行过加固，但也好不到哪儿去。

除此之外，在城墙以外还有新建起的一大堆不设防建筑——大学、布莱德维尔感化院/监狱以及在圣救世主修道院原址上建起的律师客舍和南部通道上的不设防地标——圣帕特里克大教堂。所有以上特点都说明在斯皮德的《全景图》中，都柏林所展示的，是礼仪和秩序的形象，而不是一座堡垒城市或者是爱尔兰版的加来[1]。这个形象所显示的，没有任何严重的内部不和谐，也看不出托塞尔的城堡政府与市政当权者之间，就有关城市自治问题正在进行着大规模政治斗争的丝毫迹象。这种矛盾冲突将演变为旷日持久的一场看不见的围攻，其中城墙和防御工事毫无作用。

奇切斯特的前景

斯皮德地图上有个公共建筑非常突出，那就是位于霍根格林的大学附近、靠近大河的一所"医院"。这座建筑由芒斯特省长乔治·卡鲁爵士（Sir George Carew）资助，是爱尔兰九年战争接近尾声的时候建起来的，显然是为了接收一些受伤或患病的士兵。但是随着和平的到来，这里改变了用途，成为国王四法院的临时办公场所。后来他们般到基督大教堂的外院、在那里永久安顿下来。医院的建筑便移交到亚瑟·奇切斯特爵士（Sir Arthur Chichester）手里。从1605年被任命为爱尔兰副总督直至1616年离任为止，爵士一直是爱尔兰政坛强人。他是杰出的"新英格兰人"，经过16世纪80年代得以存活；也是老兵出身的投机商人，成为1610年前后阿尔斯特大量土地充公时的最

---

[1] Calais，法国北部港口城市。

大受益者。在那段时间里，他从城堡里的宜居寓所搬到霍根格林的"那座大宅子里，有门房、花园和种植园"，就是后来的"奇府"，成为奇切斯特任副总督期间爱尔兰政治舞台的中心，实际上就是都柏林堡政治的延伸，这里也常常是典雅娱乐的中心，"如果总督大人抽身离开此地到国家别的地方，不用两年，都柏林市民中绝大部分人就得准备讨饭了……"

奇切斯特给城市生活没带来什么持久性的贡献，但是他漫长的任职经历，竟对都柏林的未来产生了巨大影响。如果说他还算不上是建筑师，但至少应该是"阿尔斯特种植园殖民计划"①的策划者。他的做法在大规模殖民过程中被发扬光大，对都柏林日后的历史产生深远影响。奇切斯特还致力于在郡县实行英国皇家司法巡回审判制度，推广到三十二个郡县；这一做法加强了都柏林作为中心城市和实行这一系统引领者的地位。该城一直是爱尔兰高等法院所在地，也是皇家审判官别无选择的居住地。司法行为得以扩大的一个标志就是大法官法院发布的法令数量以及三个普通法法院庭审的案子数量都急剧增加。在1613年至1615年间，奇切斯特负责监督当时爱尔兰议会的前几届会议，所有这些会议都是在都柏林举行的——就是在城堡内的皇家和市民会议室里。然而，如果他在都柏林能够被人们纪念，那是因为他对天主教所持的态度。奇切斯特任职期间从头至尾，他和同伴一直追求一种极端的激进宗教政策，大部分时间都在与保守势力斗争，同时抵抗来自伦敦的压力。都柏林各个"旧英格兰人"家族与城堡当局之间的矛盾从16世纪70年代开始逐渐激化，现在达到顶点。奇切斯特下定决心摧毁天主教教会的架构，至少有一次，他的声势震撼了都柏林的大街小巷。

---

① Ulster Plantation，英国1609年的阿尔斯特种植园殖民计划，该计划没收当地人所有的土地，以英格兰和苏格兰新教徒"种植者"移民阿尔斯特。当地天主教徒和殖民者之间的对抗导致了1641—1653年和1689—1691年两者之间两场血腥的民族-宗教冲突。

第一章 | 都城初现：1600—1647

他追求宗教统一的决定性时刻是在1612年的1月下旬，对康纳·奥代瓦尼（Conor O'Devany）[1]这位年过八旬的唐和康纳天主教教区[2]的主教[3]，以及一位比他年轻些的牧师帕特里克·奥洛克伦（Patrick O'Loughran）进行了审判。奥代瓦尼来自多尼哥郡，战争期间以及以后与阿尔斯特各个领主关系密切，但与都柏林城内的任何人却没什么特别联系。他一直在北方过着逃亡生活，直到前一年被抓。即使平安无事地度过了将近十年的时间，这两位牧师最终按叛国罪被起诉，经审判为有罪，被判决处以绞刑，挂于北郊对面的乔治山上。通过施行这种警告式的刑罚，奇切斯特希望将"旧英格兰人"中那些不顺服者都归顺到他的门下。然而，

> 当主教经过的时候，有各界市民（这其中有出身名门、装扮入时的）跪在土里祈求他的祝福……市民们连男带女蜂拥追随他，也不仅仅是底层社会，还包括富裕阶层。妇女当中还有都柏林市精英分子的妻子，他们尖声呼叫、抽泣、群情激奋，就好像是圣帕特里克[4]正在走向绞刑架一样。他们哀伤、痛苦的情绪无以言表。

对受人尊敬的阿尔斯特牧师施以绞刑并且分尸，并没有打击城中公众对天主教的支持，反而似乎是激起人们立刻英勇献身的行为：

> 就在死刑当天晚上，市民们无论男女再度聚集起来，带着

---

[1] Conor O'Devany（约1532—1612），爱尔兰天主教殉道者。
[2] Down and Connor，罗马天主教在北爱尔兰的一个教区。至今仍被罗马天主教会延用，但爱尔兰圣公会已将其归入其他教区。
[3] The Bishop of Down and Connor，是天主教的主教头衔，根据北爱尔兰的两个地名而得名。
[4] St. Patric，五世纪来自罗马和英国的传教士、主教，世称"爱尔兰的使徒"。他是爱尔兰的主要守护圣者。

圣水和蜡烛：他们在圣洁的绞刑架前集合、就是行刑的地方，前半夜的时候发自内心地哭号，并举行了各样天主教纪念仪式。过了午夜，也就是到了圣烛节的早晨，当牧师预备好之后，他们开始做弥撒，就像有人说的那样，一遍遍地做弥撒……

这是城中第一次公开集体支持旧宗教，与1584年公众对大主教奥赫尔利被处决的麻木反应形成鲜明对照。1612年的死刑事件在很多人看来其实与政治有关。说明奇切斯特及其同伙对天主教教牧人员在他们家门口所表现出的敌对情绪存在着严重的挫败感，因此他们决心在推迟已久的议会选举之前削弱天主教上层阶级的士气。但是有关这次事件最突出的事情可能是公众反响所产生的力量。"旧英格兰人"家族明显与来自另一文化传统的哭丧女人站在同一立场上。死刑事件是将近十年来该城公开宗教迫害的高峰——或者不如说是奇切斯特及其同盟与显赫的天主教枢密院之间的一场斗争。政府原来的目标是使未来的市政府公务人员牢记在"王国穹顶"内强化宗教一致性的浪潮会对外部甚至遥远地方起到威吓作用。但是对于市政机关内部的天主教徒来说，政府的行为被视作是副总督对该城自由、财政特权，以及普通市民个人良知自由的扩大化打击。在这场斗争中，受过外国教育的天主教牧师在鼓励市民壮胆上起到重要作用——即使是在隐蔽状态下进行的。比如，在公众对奥代瓦尼死刑的反应中，牧师安排和操纵的情况可不是一星半点。

这些接受过欧洲大陆培训的牧师都是"佩尔前哨"出生的人，16世纪90年代中期在都柏林开始活动，很有社会交往面的耶稣会[①]成

[①] Jesuits，耶稣会，天主教修会。1534年由圣罗耀拉在巴黎大学创立，1540年经教皇保禄三世批准。该会不再奉行中世纪宗教生活的许多规矩，如必须苦修和斋戒、穿统一制服等，而主张军队式的机动灵活，并知所变通。其组织特色是中央集权，在发最后的誓愿之前需经过多年的考验，并对宗座绝对忠诚。耶稣会会士主要从事传教、教育，并组成传教团，积极宣传反宗教改革，1556年圣罗耀拉去世后，其会士已遍布全世界。耶稣会为天主教最大的男修会。

员最为突出。他们的特点是精力充沛、充满自信。其中最有名的是亨利·菲茨西蒙（Henry Fitzsimon），他是一位学者、辩论家，都柏林市议员的儿子。用伯纳黛特·坎宁安[①]的话说：

> 作为一名牧师，他以能言善辩著称。他主持事工的方式开放又外向，在1598年举办了后来在都柏林持续四十年之久的第一次大弥撒。他为会众追求敬虔生活打下坚实的基础。鼓励人们参与带有忏悔性质的圣餐仪式，并积极寻求各种方法吸引人归向天主教……他服侍的人群似乎主要是在社会精英当中。据说他每餐必有六至八个陪客，在乡下出行也总有三、四个人陪同。

他在1599年被捕，囚于都柏林堡，在后期的战争岁月忙于著书，直到1604年被驱逐到西班牙。但是还有其他人同菲茨西蒙一样热情，却是时时警惕那些反宗教改革者。他们积极投入教育、讲解经文教理；对在会众中推广神学应用、提供教牧援助这些事上乐此不疲且游刃有余。在战争期间，市政厅在政治上是否忠心对英王来说至关重要，这主要是因为组织城防和为大量的准备上战场的英国士兵提供补给的重担都是靠都柏林市民承担的。然而，和平协议尚未签署的时候，七位市议员由于拒绝参加公共敬拜而被捕入狱，被关押七个星期；1604年，侯任市长、天主教徒约翰·谢尔顿由于拒绝进行主权

[①] Bernadette Cunningham，伯纳黛特·坎宁安博士毕业于高威大学和都柏林大学，是都柏林皇家爱尔兰科学院的图书馆副馆长，著有《杰弗里·基廷的世界》（都柏林，2000年）；《四位大师的年鉴：十七世纪初爱尔兰的历史、王权与社会》（都柏林，2010年）；《克拉尼卡德和托蒙德：1540—1640：省政与社会转型》（都柏林，2012年），现在是爱尔兰历史在线的编辑，该在线目录是关于爱尔兰历史著作的全国在线目录（www.iho.ie）。她曾任2010—2013年爱尔兰历史住区研究小组主席，2013—2015年爱尔兰图书馆协会珍稀图书小组主席。

宣誓①而被以大法官洛夫特斯大主教为首的委员会罢免，并被罚300英镑巨款；随后政府监督选举出一位级别更低却是信奉国教的市议员作为市长。这种做法为都柏林堡时不时地干涉都柏林城的大小事务创造了先例，尤其是在市长人选的决定上。虽然不是每次都能如愿，但政府一直是尽力让圣公会信徒当选，尤其是那些愿意参加正式圣公会敬拜仪式的官员，至少他们愿意对外表明自己认同的态度。

但是，詹姆斯一世时期的宗教政策却绝不仅仅是保持一致即可。在1605年，就是"火药谋杀案"②发生的那一年，所有的天主教牧师都接到英国王室公告，命令他们退出英国，同时命令所有天主教平信徒参加官方教会的圣礼敬拜。奇切斯特紧跟这项公告的精神，向每一个都柏林市政领导成员发布命令，要求他们必须参加圣礼敬拜，否则会受到重罚。因为不参加而遭受拘留或者罚款成为普遍现象。但是在天主教民间领袖当中存在着越来越高涨的"集体精神（esprit de corps）"。有一位市议员，叫帕特里克·布朗（Patrick Browne），他拒绝为了一份赏钱而归顺，坚持"不收钱，免得自己无分于这次迫害"的观点。大多数市议员都持有这种团结一致、积极抵抗的态度。他们这种行为得到伦敦"旧英格兰人"演说家的支持，并进而促使白厅释放减压命令，最终结束了这场运动。但总的来说，奇切斯特执政时期政府和多数市议员的关系严重恶化，导致市议员很自然地远离市民公共生活的旧中心，远离了大片的基督大教堂社区。新教市议员和公会会员当然遵守那里的市民礼仪，但他们是市民当中的少数分子，并且，与半个世纪之前的模式不同，出身贵族家庭的都柏林商人，在当前越来越混乱的情况下，没有多少改变信仰并归顺国教的。老兵巴纳比·里奇带着嘲讽的口吻这样嘲笑那些脚踩两只船的人：

---

① The Oath of Supremacy，要求获得公共和教会职务的任何人都要宣誓效忠英国国教，拒绝这样做的会被判处叛国罪。
② Gunpowder Plot，1605年英国天主教徒由于詹姆斯拒绝给予天主教徒同等权利而大失所望，在国会地下室放置炸药企图炸死国王。

第一章 | 都城初现：1600—1647

> 有一种人我绝不相信会是诚实人，他先是发誓要顺服国王，然后又向教皇尽忠；他公开参加教会聚会，然后暗地去听弥撒；他会在教堂里略略听道，但绝不领圣餐。

奇切斯特对天主教徒的活动所采取的正面进攻并没有得到伦敦方面的全力支持，甚至因为对奥代瓦尼处以死刑的事情还遭到批评。在这种不稳定的气候之下，拒绝服从宗教规定需要非常谨慎，但还不至于完全隐蔽。繁华大街及其周围的富裕家庭的私人房间和仓库会被改做举行弥撒的固定场所。到1620年，城中甚至有人认真尝试重建一个天主教教区。于是，自1624年开始做圣奥迪安教堂教区牧师的神父路加·罗克福德（Luke Rochford），使用他外甥市议员托马斯·普伦基特（Thomas Plunket）在大桥街的家里的一个大房间做弥撒，并在附近开了一间古典学校。这成为后来一所神学院的雏形。罗克福德是城中的著名人物，印刷福音单张鞭挞道德败坏和宗教惰性等问题，他还是一位教区制度权威的勇敢捍卫者，他认为自由派修道士在挑战这种权威——这些人对他所出身的"旧英格兰人"世界似乎缺少尊重。

随着查理一世[①]及其天主教王后亨丽埃塔·玛利亚于1625年登基，人们迫切希望宗教融合快快到来。于是，在随后的数年当中，"旧英格兰人"中的要员与国王开展深入的谈判并达成协议，国王拟采取系列的宗教妥协（"恩典条款"[②]）政策换取对王室的特别献款。城中的富户贵胄，很多都是混血、宗教信仰并不明确，但都向往着过上

[①] Charles I，（1600—1649），英格兰斯图亚特王朝国王，詹姆斯一世和丹麦公主安妮次女，英国历史上唯一被公开处死的国王，欧洲史上第一个被公开处死的君主，在位24年。
[②] 1625年查理一世在英国继位。1628年，拟议中的各项宗教改革统列为"恩典（the Graces）"，其原理是查尔斯将行使恩典，允许忠诚的天主教徒充分参与政治生活，并确保他们的土地所有权。查尔斯原则上同意根据法律要求进行改革。

平静的生活。这是耶稣会大展宏图的好时机。罗伯特·纽金特神父从他外甥女吉尔达尔女伯爵那里紧挨着城墙的后街租到一个很大的场地,并在那里很快就建起一所学院。其中的标志性建筑是一座华丽的小教堂,有些人将其比做一座大教堂,也有人认为它是"白厅里的一个宴会厅"。始建时是作为耶稣会大学的雏形,并在随后的两年时间里的确是发挥了这个作用。人们心知肚明,牧师们"穿的是世俗的外衣,走在外面就像是商人或者医生。有些人身上佩剑,看起来颇有贵族派头"但是对爱尔兰枢密院里的新英格兰强硬派分子来说,他们对"恩典条款"的政策极端仇视,认为出现这种局面简直就是对他们的严重挑衅。爱尔兰政府在1629年4月从伦敦获得清除令,对所有天主教场所施行控制,城内城外都是如此,必须要在萌芽状态铲除这种敌对势力。在那一年的圣司提反日[①],发生了一场冲突,当时市长在爱尔兰国教大主教和上院大法官的陪同下,对库克街的方济会教堂进行搜查。但是当他们搬出画像和其他设施以后,遭到一些会众的攻击,因而不得不暂时撤退。有证据证明,这种"镇压"的目的是要激起民众的反应,好促使市政厅不得不接受让市民安排士兵住宿这个条件,这一动议之前一直遭到拒绝,因为都柏林很久以来一直享受来自王室的豁免,其市民不必为士兵提供住宿。这次事件中,十六个城市的宗教场所被迫关闭,有些建筑(包括方济会[②]小教堂)都被夷为平地,漂亮的耶稣会"大学"被解散。

开设这样一间教育机构的动机仅仅是来自城堡当局的一声枪响,

[①] St Stephen's Day,在每年的12月26日,为纪念基督教中的第一位殉道者。通常就是圣诞节的第二天。

[②] 方济会是天主教托钵修会之一,一译法兰西斯派,是拉丁语小兄弟会的意思,因其会士着灰色会服,故又称灰衣修士。1209年意大利阿西城富家子弟方济各(Franciso Javier 1182—1226)得教皇英诺森三世的批准成立该会。1223年教皇洪诺留三世批准其会规。方济会提倡过清贫生活,衣麻跣足,托钵行乞,会士间互称"小兄弟"。他们效忠教皇,反对异端。

第一章｜都城初现：1600—1647

这有点令人费解。自从16世纪90年代以来，城里很多家庭的子弟长途跋涉到欧洲大陆上大学，或者去西班牙、西属尼德兰和法国读新成立的圣公会教育学院。后者主要是服务于爱尔兰宣教事工的神学院，前者是在满是天主教徒的欧洲大陆开始职业生涯的铺路石。

所有这些移民活动在1610年成为非法，但因无法强制实行而成为一纸空文。当然，在利菲河边有新建的大学，并慢慢正规起来。其赞助者和早期校友都是出于赞同奇切斯特及其伙伴奉行的激进加尔文主义[①]，所以对市政厅里仍然信奉天主教的家族子弟来说并不具有吸引力。三一学院具有非常浓的清教徒气氛，这意味着它对当地人所具有的吸引力只局限于小部分忠于国教的爱尔兰家族。这种宗教气氛在威廉·坦普尔（William Temple）当政期间得到加强。他曾在剑桥受训，于1609年至1627年任院长，是一位有才干的哲学家、机敏的政治家和杰出的管理者。他成功地为三一学院保住了大片能够带来收益的地产，成为这片学术社区保持生机的必要资源。这里产生的最伟大学者是詹姆斯·乌瑟尔（James Ussher），他是第一批毕业生之一，其职业生涯揭示了很多早期三一学院的情况：他是纯粹的本地人，亲属多数都是天主教徒，但从学生时代开始他就成为信仰改革的急先锋。他也是一位杰出的《圣经》学者和神学家，热衷于建立一个一流图书馆，将这所学院变成学术实验室。这个愿望得到他岳父路加·查洛纳（Luke Challoner）的支持，后者是建院初期的第一副院长。到17世纪20年代，乌瑟尔在欧洲获得极大声誉，甚至连他的宗教对手都对他

[①] 加尔文主义（Calvinism），即加尔文宗、加尔文教，是德国著名宗教改革家、神学家约翰·加尔文的许多主张的统称，在不同的讨论中有不同的意义，在现代神学论述习惯中，加尔文主义的意思是指"救赎预定论"跟"救恩独作说"。加尔文支持马丁·路德的"因信称义说"，主张人类不能透过正义的行为获得救赎、恢复逐渐被天主教所遗弃的奥古斯丁学说"救恩独作说"、反对逐渐成为天主教神学主流的"神人合作说"，因此加尔文建立的教会命名为"归正教会"，发展出来的神学称为归正神学。

充满敬意。由于爱屋及乌,对于培养他的三一学院这个学术机构也是如此。在三一学院成立的头三十年当中,拥有盖尔姓氏的学生人数比拥有"旧英格兰人"姓氏的学生更多,这两者的人数又被来自全国各地以及跨海而来的"新英格兰人"的子弟超过。虽然学院的人数在17世纪20年代还不到100人,但对城市的影响却是深远的。不管怎样,作为享受政府和官方教会全额赞助的唯一一家地方性教育机构,三一学院的未来似乎可以高枕无忧了。

支持和赞助它的市政厅却与之形成鲜明对照,它当时正处于困难时期,因为此时英国王室及其代理人正在设法破坏传承下来的固有模式、减少市民的特权。这仅是全豹之一斑,不管是对爱尔兰人还是英格兰人,斯图亚特王朝①一直在琢磨如何削减各个自治市镇所得到的经济和司法自由,无论城镇规模的大小。他们对爱尔兰的想法比这更复杂,常常可以看到施压给枢密院(在各个自治市仍被"旧英格兰人"天主教家族掌控的局面下,如何打造出一个新教徒为主导、比较听话的下议院),又强力推进私下对策(如何钻法律漏洞从"有钱人"身上获利)。都柏林的情况是,国家打击地方特权当然是要市参议员和行政官员在宗教事务上归顺。但是,情况还不只这么简单,因为早期针对城防和公会特权所投入的法律和政治上的努力都是来自当地"新教"市参议员。斗争的中心点在于,即使城市所征税收和海关关税在前几个世纪是分配给当地使用,但城堡当局认为这些收入理应属于王室。与这项要求相关的一个声明是,都柏林原来的商人团体三一公会(以前的商人公会)滥用职权,现在无权管理都柏林的贸易。针对恢复关税以及取消三一公会垄断地位的威胁,市政厅竭力抵制。理由当然很多。其中最重要的是,市政收入会大大减少,自由民在对外贸易上与外地人相比一直享受的宝贵税收豁免会骤然失去。

---

① 斯图亚特王朝(The House of Stuart),是1371年至1714年间统治苏格兰和1603年至1714年间统治英格兰和爱尔兰的英国王朝。

都柏林和伦敦两地经过为期六年的合法论证以及细致、谨慎的辩论，最终都柏林及其他爱尔兰市政厅在 1612 年收获的，是一系列的惨败，几乎涉及所有方面——斯科列（Skerries）到阿克洛（Arklow）① 的海上司法特权被取消、都柏林港于 1613 年开始被纳入第一批国家海关征税计划之中——致使自由民享受的特权和豁免受到严重影响。强制恢复收取关税，没有什么事件比这更能清楚表明"旧英格兰人"市镇与国家之间的关系已经发生了变化。为了保护和扩大英国的利益，曾经是其战略盟友的商人群体，现在被国家当做不听话的海绵以宗教和王室特权的名义强力挤压。实行新的规定，就意味着商人和市政的收入被足足地转移到王室及其税收部门。虽然来自爱尔兰的税收在后来的七十年当中都是外包给不同的（主要是英国的）辛迪加② 负责，海上贸易的税收所得仍然对维持爱尔兰财政起到决定性作用。实际上，在后来的二十年中，这些税款成为王室在爱尔兰的主要收入来源。想让这部分收入最大化，就意味着尤其与垄断行业相关的本地原有特权及惯有做法，再得不到都柏林堡的什么支持了，因为垄断行业就是排除外人凭自身实力进入的。

旧财富，新财富

在 16 世纪 90 年代的动荡时期，奢侈品需求下降，都柏林与欧洲大陆之间具有若干世纪之悠久历史的贸易往来也减少。本地货币严重贬值，王室强制发行债券，大量缺乏后勤供应的士兵在城里四处游荡。贸易恢复需要时间，但是一旦恢复了，老牌贵族商人似乎又继续卷土重来，投资海上贸易，虽然仍然时常发生宗教骚扰事件。数代人以来，由二十四个议员组成的都柏林市议会和由商人组成的三一公会以及二三十个最活跃的商号之间存在明显的重叠现象。似乎像

---

① 这两个地方都是都柏林附近的海边小镇。
② Syndicate，企业联合组织。

詹姆斯·卡罗尔爵士（Sir James Carroll）或者理查德·巴里（Richard Barry）那样信奉国教的市议员与天主教徒市议员帕特里克·布朗或者爱德华·亚瑟（Edward Arthur）之间的业务活动没有什么区别，或者至少看不出有什么不同。他们所从事的都是常规类型的贸易，出口羊毛、咸鱼、牛脂和牛皮到切斯特、布里斯托或者英格兰南部港口以及进行17世纪10年代开始成型，到20年代飞速发展的活牛活羊生意。到1626年，大约有1.22万头瘦肉牛每年会从都柏林横渡爱尔兰海，在敞开的单桅杆船上经过一路的惊涛骇浪，最终到达迪伊河口、切斯特市场以及其他类似的地方。这只是由屠宰场而非商人组织的一种粗放型生意，与之相关的更复杂的出口贸易如牛脂、牛皮、桶装牛肉和羊毛则被较大的贸易商掌控（牛脂制作蜡烛的加工业一再膨胀，相应的蜡烛和肥皂生产似乎就是因为新资金的注入，第一波涌入的是荷兰商人）。来自伦斯特内地东部的谷物在丰年的时候也会出口到欧洲港口或者还会运到远至加纳利群岛①之类的地方。

1611年，新海关法的制定者之一，罗伯特·科根（Robert Cogan）公布说都柏林的出口总值至少每年可达2万英镑。这个数字与科克郡②相同，稍高于其他"旧英格兰人"要塞的出口额，比如德罗赫达、沃特福德、利默里克和戈尔韦。进口情况则完全不同：据科根估计，每年约有8万英镑商品进入都柏林，与其他省份相比这个数字大了很多。他的推理很说明问题："王国的国家机关一直常驻于此，作为王国上下度假的首选地，这一切都意味着这里的贸易量比任何其他港口都要大得多……"这是夸大了爱尔兰在1611年的魅力，但是趋势确实是朝着那个方向发展。各种令人眼花缭乱的消费品各按时节从伦敦和切斯特的市场运来，有上好的针织品、异国口味的食品和香料、精

---

① Canary Islands，是西班牙的一个自治区，位于大西洋，由七个小岛组成。在航海时代，这里是重要的海上交通枢纽，现在因其温暖的气候，明媚的阳光，成为著名的冬季度假胜地。
② Cork，位于爱尔兰南部芒斯特省。

工打造的金属和皮革制品、图书，以及从更远的地方（主要是法国）运来的葡萄酒和盐，还有歉收年份从波兰的波罗的海沿岸运来的谷物。一批为数不多却不断壮大的批发零售店的老板（其中有些还是伦敦一些大商号的代理）控制这些商品的零售和批发，尤其是对外地来都柏林的批发商采用授信额度控制。都柏林商人已经在内陆贸易上起到主要的沟通和衔接作用，与屠宰业的情形相同。他们也会给上门采购的小商户提供短期赊账业务。

　　至于这些商人的资本来源，情况各不相同。尼古拉斯·威思顿（Nicholas Weston）是一个极好的例子，他从小生意做起，最后却发展成为1596—1597年在任的市长。那段时间里，政府对他与敌方（既有西班牙，又和休·奥内尔①）进行贸易的行为完全放任自流，他还在战争期间给在阿尔斯特驻扎的英军提供丰富的补给。海上贸易范围从但泽②一直到纽芬兰③的鳕鱼海岸。然而后来的一系列灾难性打击使他走到破产边缘：无常的气候、肆虐的海盗、1603年的货币贬值，也证明贸易做到如此规模就是在赌博。在市政厅中他是一名新教徒，也是一位颇有争议的人物。他长久以来的愿望是在阿尔斯特进行大规模土地投机，这引起了奇切斯特的极度反感。不管历经何等患难，他去世时似乎仍然非常富有。在1600年后的很长时间里，没人会妄想超过他，当地也没人拥有远洋船只。有一份进口登记显示，在1614年10月后的十二个月里进口到爱尔兰各个港口的葡萄酒，是在都柏林从十八条船上卸的货（主要来自法国和荷兰港口），其中仅有一条是都柏林本地船只。与之相对照的，那一年运往沃特福德的葡萄酒有五分之四用的是沃特福德船只。差不多十年以后，一位居住在伦敦的

---

① Hugh O'Neill（约1550—1616），是一位爱尔兰盖尔裔领主。由于都铎王朝占领爱尔兰，他失去领主地位。九年战争期间他领导抵抗运动，成为继"丝绒托马斯"反叛之后爱尔兰对英国统治的最大威胁。
② Danzig，波兰港口。
③ Newfoundland，加拿大东部岛屿。

爱尔兰人写道"都柏林,那个岛屿上的龙头城市,竟然没人甘冒财产损失的风险多造几条船",抱怨"当地商人懒惰成性,不敢到伦敦以外的地方销售自己的货物"。

自从 1613 年开始实行新的海关税法,都柏林的收入远远大于整个国家的其他地方,该城的海关收入在 1615 至 1619 年期间差一点就占爱尔兰的 20%。二十年之后,1634/1635 年度到 1639/1640 年度期间,这个份额翻了一倍还多,达到全国收入的 41%。即使算上因收税方法改变而造成数据统计上较大的误差,这也仍然能够说明都柏林的商业地位已经是今非昔比。在那个世纪晚期,该城的关税税收持续增长,未来任何时候都没有哪一个地方能与都柏林的外贸份额相比的。而且更令人瞩目的是,这是在整体海关税收收入大幅增长的情况下发生的。都柏林贸易地位上升是因为海峡两岸和其他东部和东南沿岸港口对外贸易相对减少,其中主要是德罗赫达和沃特福德。到 17 世纪 30 年代,内陆贸易还出现结构性变化的迹象。住在都柏林的商人现在开始在传统的佩尔前哨和北伦斯特这些区域之外进行贸易;与此同时,所有四个省的富人越来越多地把都柏林当做常住之地,本地商人因此获益匪浅。从 1641 年众多的王室记录中仅拿出两个例子,约翰·埃迪斯(John Eddis),一位城里的商人,他能够提供一长串小笔金额的商业欠债名单,这些人分布在所有四个省不下三十个郡县中;而文具商兼印刷商约翰·克鲁克(John Crook)以及理查德·塞吉尔(Richard Sergier),当他们在都柏林做了五年生意之后,"整个王国范围内从大臣到各行各业的其他客户"都对他们负有债务。该市的《大宗业务法》(statute staple)是古代的一套管理制度,本质上是对城市批发贷款业务的一个登记制度。我们根据其中所记录的交易也可以了解一些都柏林的情况。作为商业中心,其重要性在不断提升。通过都柏林《大宗业务法》借出的钱,从 1597 年到 1636 年金额几乎翻了四倍,经常使用这些款项的人包括地主、官员和商人。《大宗业务法》比私人银行和本票的出现要早很多,允许那些有积累盈余的人在确实安

第一章｜都城初现：1600—1647

全的情况下出借资金；政府官员和都柏林商人是出名的债权人。但是有整整五分之二的以债券形式借贷的人在都柏林以外有住处，很多是来自海那边的英国。在商人中间，没有几个能与市议员罗伯特·亚瑟（Robert Arthur）相比的。根据《大宗业务法》的实施记载，到1637年，他在二十二笔交易中一共贷出1.5万英镑。

这只是仍在增长的冰山的一角。在四十年的和平年代中，所有旧港口城镇中的生意人都深深地卷入其所在内陆的地产投资中：罗伯特·亚瑟因在伦斯特和康诺特至少六个郡县都有地产而名声在外。产生这种行为的主要原因在于，大多数拥有土地的原有家族和很多新兴家族负债越来越多，这使他们通常不得不将地产抵押给他们在大城市认识的有钱人。在物价上涨、地产增值，并且更重要的是，法律制度可以保障合同履行的时代里，这种很有保障的贷款方式对手里有闲钱可供支配的人来说极具吸引力。就都柏林的情况来说，大多数市议员家庭以及很多小商人和手工业者都拥有城外土地租赁和保有而带来的收益，通常在借贷有效期内拥有使用权，这常常会导致债主直接买下抵押品。对有些人来说，乡下的土地不一定在什么时候就会成为切实有效的资源："都柏林没有一个市民（就是拥有任何值得一提的才能的）是在乡下没有土地的。那里出产的玉米，既可以做食物也可以酿啤酒，足够拥有（即养得起）一大家子人"。这是巴纳比·里奇在1610年记录的情况。但是对更有想法的人来说，购买土地（land acquisitions）是一项低风险的投资，还可能给配偶留下遗产，或者当孩子签订婚约的时候能够成为讨价还价的筹码。城里人参与购买农村土地这当然不是新鲜事，但是都柏林人投资的规模和地理意义上的范围到1640年的时候，达到了一个前所未有的水平："这里王国范围内所有城市的商人，当他们富裕起来之后，会归隐田园、定居在农场而不再关心曾供给他们养生的商品贸易"。

这也许说得过于简单化了。即使在购置的土地上盖了豪华住宅的（例如曾连任四届市长的詹姆斯·卡罗尔爵士，他在1635年最后一任的时候在弗恩斯①附近的斯蓝尼河②上完成了一座"富丽堂皇的住宅"),还是能够将城里的生意和乡下的休养结合得很好。农村土地投资如此诱人,都柏林商人非常清楚到哪里去砍价投资。在这种情况下,与投资海运业相比,他们首选到乡下投资地产,而拒绝海上投资的诱惑,就应该是非常理性的表现了。

这种商业变化的实际证据早已经遗失殆尽。第一座皇家海关大楼于1621年开始办公,持续不到四十年,建在达姆街和河边一个新建码头之间106英尺宽的地块上。选址波多河西但又是城外的地方,说明下游的商业活动非常活跃。但是,商人们仍然喜欢将店铺和仓库安排在库克大街,这里是繁华大街和码头这条旧命脉的中段位置。其他广为看好的中心地段包括离四法院很近的斯金纳街、托塞尔和市长官邸以及城堡街及其向东的延伸地带,这里通道虽然仍是狭窄,但因习俗上属于富裕区域并靠近城堡的入口处而广受追捧。在这里的拐角处,就在托塞尔旁边,是城中最引人注目的私人府邸,卡尔波利府(Carbery House),即基尔代尔伯爵的老宅子,在17世纪30年代的时候被罗伯特·亚瑟和另外一位来自布朗家族的富裕天主教商人分割买下。但是政府官员和"新英格兰人"富商更倾向于将住宅安置在更往东部一些的地方。到17世纪30年代,沿达姆门一直到霍根格林一带的地方,星罗棋布地分散着一些贵族府院。后来的达姆大街将成为都柏林和伦敦斯特兰德大街③一样的街道。城墙以内的建筑大部分在结构上仍然是半框架的,但在城里和郊区的建筑中都已经出现砖和石,先是在烟筒上(1612年规定使用其他材料都不合法),随后是在新建房屋的承重墙里。木匠的数量曾经远远超出其他建筑手工业者的数量。但是现在,拥有行业协会会员资格的石匠、瓦工和玻璃工的数量

---

① Ferns,爱尔兰韦克斯福德郡(Wexford)北部古城。
② the Slaney,爱尔兰东南部河流,意为"健康之河"。
③ London's Strand,伦敦市中心的主要通道。位于泰晤士河以北,富人区。

第一章｜都城初现：1600—1647

在明显增长。

种种迹象表明，1610 年至 1640 年的人口在飞速增长。从 1620 年左右开始，市政厅记载了多次投诉，抱怨对外来人员管理失控的问题。有从乡下来的、渗透进零售业的小商人，他们开起了"室外或者室内店铺"、酒馆或者车马出租行；还有那些没有市民权的面包师傅，他们"一周中的每一天都会派帮工带着面包送到城中的各家各户"。对于来自英格兰和低地国家（荷兰、比利时、卢森堡）的移民，商业公会对他们非常不满。原因是他们以"极高的利息"借钱给人，或者是以逃避市政收费的方式进行欺骗，最严重的是一小撮住在大主教修道院和托马斯考特自由区内的荷兰商人。1632 年，有人带着稍有夸张的口气评价荷兰人，"他们蜂拥而至……将我们当地的商人和水手都（已经）吞吃殆尽了"。到 1639 年，有大约二十五名荷兰人或者弗兰德①商人在城内或者城市周边从事贸易。似乎他们都是新教徒，很多人都是荷兰本地贸易公司在都柏林的暂住代理商。但是，其中有些人开始在这里落地生根，最有名的是克里斯丁·波尔（Christian Borr）。他因联姻成为某市议员的家族成员，在巴特巷（现在的主教大街）定居，并于 1618 年入籍。他参与多个海上合资项目并在威克洛建起一个制革厂。市政厅和由波尔领导的荷兰商人之间进行过一场旷日持久的法律战。所面对的问题是，作为"不享受市民权"的商人，他们是否应该支付市政收费，而所有享受市民权的自由民则可以豁免。这场官司一直打到英国枢密院。荷兰人最终败诉，但是他们不久将在更大的一场战争中有所作为。他们因为在家乡荷兰拥有贸易和人际关系上的优势，在都柏林取得了独有的经济地位，似乎已经主导了与伦敦、阿姆斯特丹等国际主要结算中心之间的类似期票交易的新兴贸易形式。

与之形成鲜明对照的，是来到这里成为新都柏林人的人们。他们

---

① Flanders，比利时的一个地区。

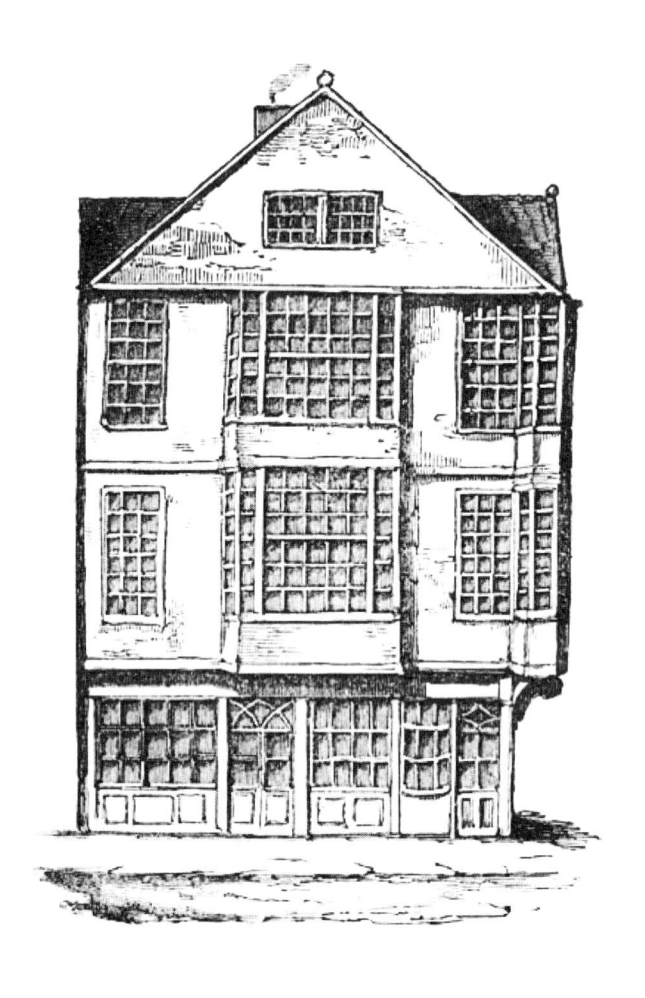

5

位于城堡街和威尔堡街街角的地标性建筑，于1812年被毁。中世纪晚期和16世纪期间曾经非常流行的透孔式建筑形式，为富裕商人和政府官员几代人所青睐。这是保留到最后的一个标本性建筑。

绝大多数没什么财产；与荷兰人相比，对成为自由市民的前景更是没什么想法。有人猜测，到17世纪30年代中叶，每个家庭里没有市民权的人数第一次达到城市总人口的大多数：

然而，这并不是宗教迫害的产物，因为从构成上看，贸易公会仍然以天主教徒为主。这其实反映出公会在空前发展的时候，如何为保住传统的学徒和佣工制度所做的最大努力。他们既有来自爱尔兰以外能够比当地人提供更长久信用的人；也有来自各省的学徒和商人。这些流入人口，以更低廉的人工威胁到原来一贯流行的计件工资制度。

在和平年代的最后十年里，向城内移民的特点发生了变化。可能是由于17世纪20年代粮食歉收，或者是都柏林内地的部分地区"牧羊场"所产生的破坏性效果，导致城区边缘出现越来越多临时占居[①]的迹象。由于1629年"在王国的各个地方出现了大量的乞丐"，人们讨论要在奥克斯曼顿建一所拘留中心（houses of correction），或称"感化院"。与此同时，上议院大法官（Lords Justices）将库克街以前的小教堂改为容留城外乞丐的地方，但收效甚微。1634年，市政厅注意到，流浪人口"在公共土地和城外郊区的大路上大肆建起农舍，在那里生养、繁衍……这些农舍有很多是建在主教的自由区内或者其他假冒自由区的地方"。人们寻求总督施行权利捣毁这些乞丐聚居区和盗贼窝点。虽然没有后续记录，但是在1635年的议会会议上通过了一项法案，在每一个郡县都要设立感化院。针对日益增长的犯罪现象，

---

① 指的是未经房主或地主的允许，擅自占据他人空房或土地的行为。如果是没有使用破坏手段"进入"无人居住的空房"蜗居"，则不违反现行的英国法律，这就是所谓的"占居权"（squatter's right）。法律明文保护占居行为（squatting）。如果空房的主人没有察觉房子被占，占居者在里面住上十年，就可以拿着水电账单等证据，证明自己不但把你的房子当作他自己的房子照料，而且相信他应该是房子的主人而提出更改房主的申请。如果三个月内没有人提出异议打官司，房地产将自动转到占居者名下。这是政府合理调节资源的一种手段。

人们还想出了各种其他行政手段。这种情况达到高峰是在1641年，政府做出决定，给予所有市参议员以地位和执法权力以维持秩序和安全。

在和平时期的最后几年来到以前，新移民对都柏林城市宗教人群的构成没产生什么影响。巴纳比·里奇1610年记录道，城中的天主教徒是英国国教圣公会皈依者的十倍。二十年之后，爱尔兰大教堂的大主教做了一个调查，显示了城中教区会众组成。他发现除了两个教区，其他教区天主教徒都占了大多数；例外的地方包括圣威尔堡教区，在城堡的北面和西面一带；圣约翰教区，在正北方向，基督大教堂和海关之间；以及在城中最好，或者至少是最新的商业街道的位置。

温特沃斯在任

奇切斯特任期之后的时间里，历任总督的所作所为并没有对城市产生冲击性影响，直到1633年托马斯，即拜伦·温特沃斯（Thomas, Baron Wentworth）作为总督到任的时候这种状况才结束。与和平年代那些对城堡当局产生极大影响的新英格兰人种植园主[①]不同，这位来自约克郡的新科宫廷政治家比他同时代的很多其他人抱有"更长期的政治观点"。无论是针对"新英格兰人"还是"旧英格兰人"，他是带着净化个人利益的决心来到都柏林的。在他看来，王室、教会和军队都被这种个人利益至上的风气给削弱了。能够这么做，是因为他既不想在增加个人财富上费心，也不在乎职业生涯是否继续晋升。在随后的六年里，他立足都柏林，制定出一套复杂的政治战略，排除政敌干扰，提高了王室总督的地位。他让自己以贵族形象示人。这意味着城堡的公开形象不仅需要精心设计还需要挥金如土的花销："我坚信这里能够尽其所能地变得更宜居、更令人赏心悦目。然而现在，它却是

---

① 也称"殖民者"，英国王室将爱尔兰土地充公，租给大不列颠人种植。

个比监狱好不到哪去的地方。"他组成了一个狂欢专家办公室（Master of the Revels），负责城堡的娱乐活动，并支持其负责人开发了城市第一个公共剧院的项目。这个剧院于1637年在威尔堡街，城堡旁边开张营业。温特沃斯还在基尔代尔郡的纳斯修建了一个宫殿式的总督休息寓所（新鲜空气休养所），但那个工程并没有完工。约翰·豪威尔是一位游历过很多地方的威尔士人。他1639年来到温特沃斯当政的都柏林，被所看到的惊呆了：

> 城堡里存留的王宫极其豪华，除了那不勒斯总督府，我在基督教国家里没见过能与之相比的了。从荣誉这一点来说，这里的副总督做得太过了，他可以授勋、颁布骑士称号，这是总督都无权做的事情……这里的流通（即贸易）很好，人们内心富于冒险精神，外面是各种风格的建筑。

根据不断上升的海关收入判定，温特沃斯时代的经济实力极其强盛。1634年在爱尔兰海和南部通道对海盗采取了坚决打击，这一定对经济发展有所帮助；但英格兰对牲畜、羊毛和鱼类的旺盛需求却是那些年经济繁荣的根本基础。

温特沃斯在这繁荣景象中获利颇丰，他总收入中有将近五分之二是来自那些年与爱尔兰海关所签的一份合同。他为此所做的解释是，他花自己的钱，却是奉国王的名义才慷慨消费的。他前任的马队有四十匹马；而他有一百匹，他在城堡有一个能容下六十匹马的"华丽马厩"。与宫廷生活有关的花销越来越大，并且由于议会会议1634年、1635年以及1640年参会人数众多而迅速增长。温特沃斯年间城市自由民在奢侈品行业（例如金匠、马具商和绸缎商）登记的人数急剧增加，而且裁缝、粉刷工和制砖工的增多也确实不是偶然的。温特沃斯还夸耀他是如何将城中新教徒的人数增加了三倍。但是游客却抱怨说正因为这种急速发展，导致"所有商品都变得那么贵"。

温特沃斯的强硬管理方式以及傲慢的举止为他树敌很多——其中最有名的是科克的伯爵理查德·波伊尔（Richard Boyle）。作为"新英格兰人"中最有钱的暴发户，他被迫交出大量财产用于修建教堂；有一件令他难堪的事情是，他为了纪念妻子，在基督大教堂的圣坛处刚刚建起的一座巨型纪念碑，被温特沃斯勒令拆除。詹姆斯·卡罗尔爵士1635年第四次任都柏林市市长，他被温特沃斯关进监狱，不得继续任职，原因是他曾在一桩煤炭合同中获利。即使一般来讲不存在宗教迫害，但是天主教徒所拥有的利益还是与温特沃斯在对待"恩典法令"（the Graces, 王室所提供的权益性妥协政策）模棱两可的态度相抵触；他向市政厅施加压力，给新安顿在都柏林的新教商人和手工业者以公民自由的做法也同样引起争议。在1638年至1640年间批准的自由公民数量飞速增长，其中最显著的特点是多数是手工业公会会员，很多人是新近才来都柏林的。他们中间有第一批成为自由公民的荷兰人，包括一名商人和一名金匠。他们于1638年成为公民，这离第一批荷兰商人在伍德码头出现之后已经整整二十年了。

报复

温特沃斯晚年回到伦敦，成为查理一世的顾问，也因此得以参与英国这个大舞台的演出。国王广受诟病，这位人称"黑汤姆暴君"的温特沃斯则成为其替罪羊，并于1641年以接受死刑的方式走完了一生。而之前好久，都柏林的情况已经急转直下。苏格兰的盟约危机（covenanting crisis）影响到阿尔斯特，于此同时还出现了罕见的粮食歉收、萧条的贸易状况以及租金下降，这一切都暴露出都柏林的繁荣基础是不稳固的。然而，这些与接下来要发生的危机相比，却不值一提。1641年10月23日，仅在事发几个小时前，上院大法官收到可靠消息，阿尔斯特天主教徒图谋攻占都柏林堡。出现这种特别预谋，其背景是英格兰发生宪法危机、王室权利被大大弱化、到处流传着三个王国①之间马上要爆发宗教冲突的消息。进攻都柏林堡的这个计划是一个先发制人的行动。直接原因是天主教徒害怕威斯敏斯特②那些国王的敌对者因为带着反天主教情绪会破坏天主教徒一直依靠的剩余自由区，他们也相信只有通过暴力才能阻止这件事情发生。这是个玩命的决定。从长远看，爱尔兰天主教徒的利益因此受到严重影响。

城堡会遭到攻击，这完全出乎人们的意料。虽然里面有大量火药和军械，但仍是一个必须打击的军事目标，因为从大炮的射程看，这座古塔的顶端清晰可见。但是，既然城堡是自古以来英国王室权力在爱尔兰的绝对象征，那么占领城堡，其价值应该是具有政治意义的。更大的计划是，紧随这次都柏林政变之后，阿尔斯特的爱尔兰贵族（包括地主、军官和议会议员）会对阿尔斯特的"新英格兰人"权力机构发动军事打击。但表面上是以国王的名义反对英格兰议会中的倒行逆施者。虽然事先拦截到图谋都柏林的消息，但是北方的起义在那个星期之内还是爆发了，而且叛乱很快失控，不久就成了一场大规模浩劫。阿尔斯特农场的设施还有省内成千上万的英国和苏格兰定居者都成为受害者。第一批反叛者所做的公开宣言可能是给外部人看的，他们向困境中的国王发出了表忠言辞；都柏林政府对天主教徒持坚决的反对态度。伦斯特的"旧英格兰人"贵族与阿尔斯特的爱尔兰领袖因此决定商议讲和。五个星期过去了，危机还在继续，阿尔斯特叛军在朱利安斯通镇（Julianstown）博因河以南向都柏林进军的途中获得意外胜利，迫使佩尔前哨摇摆不定的"旧英格兰人"确信他们唯一的选择就是拿起武器，为宗教自由而战，为反对国王在都柏林堡里的"邪

---

① 指查理一世时期的英格兰、苏格兰和爱尔兰。
② Westminster，伦敦的一个行政区，议会和英王以及行政部门都集中在这里。故成为英国权力机构的代名词。

塔拉特①附近的旧鲍恩遗址，由领班神父威廉·巴尔克利于1635年主持修建，是反叛事件发生前在都柏林附近修建的几十座庄园之一，有花园、林地，也许还有一个鹿苑（就像这里）。旧鲍恩遗址在叛乱期间遭到严重破坏，但是随后完全修复。在1900年前后被废弃之前不久，里面原有的壁炉和橡木楼梯捐赠给了国立博物馆。

---

① Tallaght，南都柏林最大的郊区市镇。

恶"代表而战。

城中天主教市民只有有限的军事资源，陷入城堡当局恐怖又混乱的管理当中。而新教定居者社区的本地代表现在则面对来自全国范围内的攻击。1641 至 1642 年间的冬天是那个世纪最寒冷的冬天。都柏林的情况与陷入三十年战争①恐惧的德国城镇不无相似之处。起义的头几周，成千上万的新教徒涌进城里避难。他们拖着病体、挨着饿，逢人便讲各人刚刚经历过的恐怖事件。在都柏林的印刷厂上班后，这些故事很快就被重新编排（甚至进一步夸张）。伦敦的情况更是如此。约翰·坦普尔爵士②是三一学院院长的儿子，他目睹了这一切并言辞激烈地记录下这次起义（首次出版于 1646 年）。他回忆道：

> 每天都有成群结队的英国人从北边过来涌进（都柏林），个个衣衫褴褛，被抢得一无所有，长途跋涉后全都疲惫不堪，有些人脚走烂了，只好爬行，膝盖都磨烂了；还有一些人冻僵了，倒毙在路旁等待灵魂归西；另有一些人由于无法面对失去一切的窘境，过度悲伤以致神经失常。这就是叛乱爆发几天之后城里的情况，到处弥漫着痛苦和哀伤，大量的流浪人口在城市各个角落踯躅，孤独无依……像鬼魂一样在每条街上飘来荡去。

他说很多人在谷仓、马厩、外屋和前厅找到栖身之处，还有些"卑鄙小人"会挤进教堂。但是他说天主教市民并未伸出援手，致使城中"绝大部分"为逃难妇女儿童预备的庇护所没有产生作用。

对于都柏林极端状况的描写，坦普尔愤怒的描写虽然有些夸张，

---

① Thirty Years War，1618 至 1648 年在中部欧洲发生的一系列宗教战争。
② Sir John Temple（1600—1677），爱尔兰律师、朝臣、政治家。自 1641 年至 1677 年屡次获选爱尔兰下议院议员，自 1646 年至 1648 年担任英国下议院议员，曾任爱尔兰大法官法庭掌卷法官（Master of the Rolls）。

但并非杜撰。有一个官方统计提到，1642年夏天，城里估计有不下七千五百名难民，这是可信的。对于居民人口总量可能不到二万（已经考虑到有些都柏林市民会提前离开）的城市，涌入的人潮对食品供应和卫生问题必然带来极大的破坏性影响。很多能够承担旅费的难民（或者在海峡对岸有亲戚朋友的）不再逗留，剩下的大多数难民继续留在城里（很多显然是来自阿尔斯特的英国人）。坦普尔笔下的"鬼魂"继续出没于大街小巷，死亡率在一至两年的时间里一直保持很高水平。

亨利·琼斯是爱尔兰圣公会的一位年轻牧师，是一位主教的儿子，也是詹姆斯·厄谢尔（此时的大主教）的外甥。由于他的提议，一项准法律程序启动，人们开始系统地收集与难民有关的情况报告，包括天主教徒的暴行，以及难民、其家庭、房子、财产如何受到损失等。这项事工背后的目的绝对具有政治意义，但是是在不同层面上运作的。暴力事件很快传到爱尔兰海对面，而且马上见报了。这些文章挑起人们对爱尔兰天主教各个方面的不满和愤怒。但还有更深一层的目的：将新教徒的损失记录在案以备将来补偿之用。建立的档案等复盘的时候可以知道谁应该负责补偿。还有更基本的目的，即说明反叛是针对爱尔兰新教徒的一次严重的屠杀阴谋，这在将来是要算为种族灭绝行径的。这些证言是在不同时间、不同地点收集的，但是大量重要内容都是1642年至1644年在都柏林记录下来的，对以后人们如何解读1641年民族起义产生了深远影响。

有人曾希望起义爆发之后在还没扩展到伦斯特的时候就立刻攻占阿尔斯特。这些人中最有名的是保皇党爱尔兰军队的指挥官，年轻的奥蒙德伯爵（事实确实如此）。但是他在都柏林堡里更有清教徒倾向的同僚们却宁愿往后拖一拖。他们特别希望伦斯特的"旧英格兰人"领袖们将其背信弃义的行径充分暴露出来（像他们所认为的那样）。高级法院法官威廉·帕森斯爵士将保护都柏林置于其他地方之上，他把各省的防卫军团都召回都柏林。当伦斯特领主（于1641年12月）

投出阿尔斯特爱尔兰领袖这枚骰子,这时的政府显然已经势单力薄,只好等待来自英格兰的军事援助。第一批增援军团在12月底才到达都柏林湾,距离起义爆发已经九个多星期了。接下来,在1642年头几个月里,驻扎在都柏林的军队(主要是英格兰人)出动兵力,将所属都柏林的大部分内陆地区重新夺回——人员损失惨重。在一开始的小型战役中,政府军士兵烧毁了都柏林郡范围内的村庄(包括克朗塔夫、桑特里和索兹[Swords]),还不断接到报告说有对天主教平民的集体屠杀事件,其中最恶劣的是,基尔代尔郡纳斯附近对妇女和儿童难民营的焚毁事件以及在攻占南都柏林郡卡里克曼城堡之后对大概成百上千名市民的屠杀。这些事件仅仅在琼斯有关保皇派的受难口供中含混不清地记录了一些。

在起义的头几个月,都柏林在军事上处于孤立无援的状态。"天主教军队"已经包围了德罗赫达,攻取了蓝贝岛,严重威胁到海峡两岸的运输安全。但是忠于都柏林市政府的军队并不妥协,他们从德罗赫达突围,并在1642年夏天的时候重新夺回东伦斯特的大部分土地。自起义开始都柏林城便丧失了首都功能,一直也没能恢复。王室宫廷无人问津、贸易活动滞留在陆地和海上、信贷和货币流通完全中断。城中的公共秩序无人管理,但潜在威胁一再出现。军队缺乏粮饷、装备老旧,市民怨声载道,难民痛苦不堪,这一切严重威胁城中的公共安全。在起初的几个月里,食品供应成为特别的难题,政府试图从方圆十英里半径的地方征粮,但是并未成功。1642年食品短缺问题一直非常严重,最终靠着从布洛克码头运来的大量鱼类,从威尔士、英格兰南部和荷兰进口的粮食才部分缓解了灾情。当时在城墙以外建起很多房子,1642年(和1317年一样),为了紧急情况的需要,郊区一些低矮建筑,尤其是位于米斯郡伯爵自由区之内的,被拆除的建筑垃圾用以在城市四围堆起一圈保护围墙。在大河南边建起土墙围出一个两倍于城墙内城区大小的范围。在河的背面,从教堂街以西开始,横穿圣玛利亚修道院的地产范围划出面积稍小一点的一个区域作为保护区。对于参加过欧洲大陆包围战的老兵（同盟军中有很多这样的老兵）来说，都柏林新建的围墙实在微不足道，所起的作用不过就是保护古城墙和濒临倒塌的城门楼不被城外敌军的大炮轰到。

在危机发生的前几个月，很多在英国有亲戚朋友的市民离开本地，穿过爱尔兰海投奔切斯特和更远的地方，很多天主教商人和绅士则加入了军队。1642年4月，有两位市议员和九位三一公会的商人，由于人们认为他们参加了反叛行动而被驱逐出市议会。然而，至少在战争早期阶段，大多数商界天主教徒都留在了城里，似乎要尽力在市政厅保留一席之地。在宗教仇恨的不良氛围中，他们成为众矢之的，很多人被软禁在家或投进监狱，即使首富罗伯特·亚瑟也不例外。除了天主教徒，新教徒的财富也在这场内战中大量缩水。无论是实际上的还是名义上的，都是如此。这场起起伏伏的内战一直持续到1643年秋天才结束。"停战"的原因之一是都柏林"飞地"中的状态实在苦不堪言。

纵观第一次英国内战，都柏林一直处于王室统治之下，虽然一开始并不明朗，但由于詹姆斯·巴特勒（James Butler）权力的扩大而更加确定。他坚定地维护英王查理在都柏林的统治，甚至导致清教徒大法官的失势，最终被囚于都柏林堡。具有极大讽刺意味的事情是，天主教同盟最高委员会（the Supreme Council of Confederate Catholics）这个敌方的权力中心，就在奥蒙德的家乡基尔肯尼。因为国中权力双方都无法在各自范围内施行有效管理，基尔肯尼经过七年努力要把自身变成战时爱尔兰岛国优于都柏林的首都城市。但是，众所周知，五百年来人们对都柏林的武力占有和征服从未实现过，这一直是最值得这座城市骄傲的事情。

奥蒙德及其党羽在城中掌权达数年之久；从1642年初开始他们控制了米斯和劳斯郡的大部分地方。那里的经济复苏比基尔代尔郡和威克洛郡更快。奥蒙德还为在更大范围内实现和平而努力。通过与同盟主要负责人进行的一系列小心、微妙的斡旋，他将1643年的停战演变成1646年的全面和平。但这样的结果还是来得太晚了。保皇党人势力在英国日渐衰弱，欧文·罗·奥内尔（Owen Roe O'Neill）在伦斯特省实行军事管制，天主教同盟的态度越来越激进。这些都对奥蒙德营造的和平景象带来负面影响。相应的，他的地位也受到威胁。相反的力量是，同盟者下决心要对都柏林发动战争，攻占这座王室堡垒，以免任其落入议会手里。奥蒙德在1646年对此做出回应，迅速加固城防。面对包括奥内尔属下的一万多人同盟军到达城西，城中组织了大约四千人的防卫队。似乎心里清楚新的防御工事经不起炮火轰击。装载议会军士兵的十六艘船只正在东海岸待命上岸，都柏林看起来马上要成为战场了。就在此时，奥蒙德的运气来了：同盟军的供给跟不上了——"绞刑"解除。

第二年年初，亨利的弟弟、陆军上校迈克尔·琼斯[①]由英格兰议会安排成为都柏林执政官。他于1647年6月初到达都柏林湾，带着大约二千名英格兰和威尔士人组成的军队。琼斯是三一学院的毕业生，与奥蒙德及其圈子内的人都很熟悉。他以勇敢、机敏著称，先是在爱尔兰，后来到英格兰做切斯特执政官。现在，他以英格兰议会的名义，强迫奥蒙德交出都柏林的管理权。这种移交颇受城中一些新教老兵的欢迎。对保皇派来说这是真理彰显的一刻，更重要的是，对留下来的天主教市民也是如此。

[①] Michael Jones，爱尔兰士兵琼斯1649年12月逝世的时候持中将军衔。在爱尔兰南部邦联战争中曾为英王查理一世征战，但在1642—1651年英格兰内战中又积极投入到议会派阵营对抗保皇派。他从骑兵指挥官做起，很快就声名鹊起。在1645年9月18日，琼斯与副官罗辛一起猛攻切斯特（Chester）近郊，并在六天后协同波因茨（Poyntz）取得了罗顿希斯战斗的胜利。1645年11月1日琼斯上校和梅顿（Mytton）上校一起在登比城（Denbigh）打败了前来为切斯特解围作增援的保皇派军队。1646年2月6日切斯特合城投降，英格兰议会任命琼斯为切斯特城的执政官。他在爱尔兰的东干山（Dungan's Hill）之战（1647）、拉斯敏斯之战（1649）中带领英军与爱尔兰邦联作战大获全胜，两场战斗的胜利也为克伦威尔再次征服爱尔兰打下了坚实基础。

第二章

王室属下的城市:1647—1690

邦联统治

奥蒙德侯爵1647年将都柏林以匪夷所思的方式交在清教徒手中,这可以说是该城二十年后成为上流社会表演舞台的开始,也是奥蒙德作为该城第一位伟大的保护者回归的开始。身在都柏林的迈克尔·琼斯执政官为克伦威尔[①]打下再次征服爱尔兰的基础,随后在17世纪整个50年代持续进行了农村产权结构革命,而且革命的幸存者将都柏林建成了自己的阵地和乐园。

这样的前景在1647年夏季的时候是人们难以想象的。战前的繁荣成了往日的回忆,在伦斯特内陆大部分地区开展任何形式的贸易仍不安全,船只能否横渡爱尔兰海完全靠海盗船能否网开一面,尤其是处在盘踞于韦克斯福德的同盟水手的淫威之下。税收、诉讼这些工作,实际上所有曾经促使都柏林近期得以发展的政府职能几乎完全搁

[①] 奥利佛·克伦威尔(Oliver Cromwell),英国资产阶级革命家、政治家、军事家、宗教领袖。在17世纪英国资产阶级革命中,是资产阶级——新贵族集团的代表人物、独立派的首领。克伦威尔生于亨廷登,曾就读剑桥大学的雪梨苏塞克斯学院,信奉清教思想。在1642年—1648年两次内战中,先后统率"铁骑军"和新模范军,战胜了保皇派的军队。1649年,在城市平民和自耕农压力下,处死国王查理一世,宣布成立共和国。1653年,建立军事独裁统治,自任"护国主"。

浅。1647年的海关收入还不到战前高峰期的3%；和平时期的很多市民消失了，有一些则永久不能再见了。

唯有都柏林作为军事中心的地位没有改变。这个城市逃脱了17世纪40年代的毁灭性打击，这要归功于其坚强的杂牌军，而不是因为其堡垒有多么坚固。1642年以后，为了抵挡外来的突袭并镇压内部的颠覆活动，这里建立起一股足够强大的军事力量。这给城中存留下来的人们增加了很大压力。他们不得不再次将士兵请进家门，与城防军团争抢食物和燃料。身体健康的无业人员在起义一开始的日子里应征入伍。1646年危机的时候，所有男性公民都被招到军事单位以服役于市长。大量军人的出现导致贸易滞缓。但是当士兵们的收入增加时，情况会有所改善。有几位留在城里并可以获得英格兰或者荷兰商业信贷的大商人为王室军队提供给养，这成了他们的主要业务。

1647年，市民当中很少人喜欢琼斯上校的统治。依据爱尔兰圣公会的规定进行的公开敬拜立即遭到禁止，虽有极力反对，但还是引进了长老会①形式的敬拜和教会管教制度。对于天主教居民来说，情况尤其糟糕；在奥蒙德将城市易手之前，有关留下的天主教人口的安全问题，他从琼斯那里获得过各项保证，但是这些保证很快就被搁置一旁。1647年9月，不少于15名商人和13名公会成员从市议会被驱逐——原因是他们缺席议会会议，有人假定他们是与起义反叛者有牵连；他们中有一半人都有着"旧英格兰人"的姓氏，其中大多数人一直享受奥蒙德的特别保护。清洗议会事件是琼斯在特里姆附近的邓根山（Dungan's Hill）对伦斯特天主教同盟（Catholic Confederates）军团取得意外空前的胜利之后几周发生的。那次战役使敌方军队血流成河，也立刻改变了那一地区的军事力量平衡。只

---

① Presbyterian，长老会即长老宗，也称归正宗。归正宗是新教主要宗派之一，以加尔文的宗教思想为依据，亦称加尔文宗，"归正"为经过改革复归正确之意。在英语国家里，该宗因其教政特点又称长老宗。

是在清教徒控制下的都柏林面对来自北爱的进攻，仍然处于恐惧当中。1647年11月份，欧文·罗·奥内尔驰骋于都柏林的主要粮食供应地芬戈（Fingal）的郊野，以旋风般的毁灭方式对琼斯进行报复。一天晚上，有人从都柏林的圣奥迪安教堂的尖塔上观察到北部农村大约有200处起火点。

战争给城市的宗教构成带来巨变。1642年6月，威斯敏斯特曾公布在都柏林仍有一万名天主教徒。这么高的数字令人难以置信，在反叛刚开始的几个星期天主教徒的人数优势就开始下降了。有可能在1644年8月或者更晚些时候，有过一次人口调查，新教徒第一次在当时城市人口缩减的情况下占了大多数：在成人居民总数8159人当中占68%（不包括士兵，士兵人数会将新教徒所占比例提升得更高）。都柏林和平时期的原居民显然流失很多，但是从17世纪40年代中叶以来，天主教徒大批离去是各类居民构成不断变化的原因，甚至像圣约翰修道院那样富裕的教区，这种情况也很明显。尽管1647年一些天主教商人被成批驱逐，大量拥有同样信仰却没有市民权的人仍然坚持留了下来。

琼斯在都柏林地区巩固了他的军事地位，但无论是从伦敦（有独立教会①和新模范军②的兴起、对威斯特敏斯特宗教温和派的清洗以及对查理一世的审判）还是爱尔兰（奥蒙德和同盟派多数人之间签订的新协定）1648年的局势看未来，一切仍在不确定之中。根据这些新情况，奥蒙德决心将一年前他交出的城市再重新夺回来。1649年6月对琼斯所属飞地的新一轮进攻进入高潮，大约八千人的联合军队由侯爵带领在都柏林城外扎营。他们的意图是通过截断海上和陆地交通，并使城里的马匹和牛群无法到城外草场牧放，从而迫使敌方投

---

① 独立教会是基督教教会概念，也就是一个独立的宗派，与其他教会存在不同的起源和继承，包括共融的教会。
② New Model Army，英国内战时期组建的代表议会而战的专业军人队伍，领导人为奥利弗·克伦威尔。组建于1645年，于1660年斯图亚特王朝复辟后解散。

当克伦威尔及其军队于 1649 年 8 月在林森德登陆时,与其他保皇党或者同盟派掌控下的城市完全不同,他们在本城受到非常热烈的欢迎。彼得·斯滕特的版画作品作为首页出现在《爱尔兰主要战争史或者简史》上,这种记载是表示官方认可克伦威尔在爱尔兰取得的军事胜利,即使当时战争尚未结束。

降、交出城池。这个计谋是否成功取决于琼斯是否在死期降临之前得到来自英格兰实实在在的军事援助。人们听说为了确保议会对爱尔兰的掌控权,有一队装备精良的远征军正在预备当中,其指挥官奥利弗·克伦威尔正在待命。所以,对围城军队来说他们是在与时间赛跑。

但是,几周之前,费了很大工夫将都柏林自开战以来保持隔离状态的韦克斯福德的海盗船被议会海军制服。其结果就是,英国军队和供给可以不冒风险地穿梭在爱尔兰海之上。与此同时,琼斯将都柏林置于战时紧急状态,他对城墙以内的都柏林进行清洗,将"一切"有嫌疑的居民赶走。这样,"大量的罗马天主教徒,其中多数是老年人、妇女和孩子",在毫无警告的情况下被赶出城门。他们在芬格拉斯教区建起范围很大的临时营地。于是琼斯命令将1646年建起的防御工事外面的所有郊区房屋全部拆毁。现在,围城的奥蒙德则将主要军团调遣至城南和西南(从德里姆纳[Drimnagh]延伸至拉斯敏斯)一线,并且(像"丝绒托马斯"一样)切断城市水源。凭着大概两倍于琼斯的兵力,都柏林似乎笃定落入保皇党/同盟派(royalist/Confederate)的掌控中。

离现在巴格特街大桥(Baggot Street bridge)很近的地方有座巴格特拉斯城堡,奥蒙德针对其防御问题制定了一套秘密行动方案,预备给已经很坚固的城堡修筑城防,要求一夜之内完成这项工程。意图要向北挖掘若干战壕,越过湿地直到利菲河,防止琼斯的军队在林森德和都柏林城之间从陆地或水上往来行动。这个计划看起来很有创意,既把守住进出都柏林的要道,且不至破坏其基础设施。但并未成功——原因很复杂,既有同盟军在巴格特拉斯的无能表现,也由于琼斯敏捷的反应——围攻变成第二天早晨在城南通道的追击战,花园、草坪和耕地都变成了战场。最终的结果是,奥蒙德与同盟军狼狈败退,很多人降服了迈克尔·琼斯。这次战斗被称作"1649年8月2日拉斯敏斯战役",成为直到1916年战役之前,都柏林周边发生的最后一场军事冲突。从伤亡人数看，这次比后来的冲突损失更大——琼斯声称（有些夸张）那天有四千名敌人战死，他抓获很多有身份的俘虏，还有大约两百头牛和五百顶帐篷。

这次阶段性特别事件为奥利弗·克伦威尔预备了道路。他的小型商船、一万二千名英军以及大量的给养和辎重大炮在两周后到达林森德。考虑到奥蒙德及其军队仍在周围地区驻扎，克伦威尔决定在都柏林重新发起他的占领爱尔兰计划。在都城附近打一场漂亮的仗再适合这位英国将军不过了。整个过程中，克伦威尔没有多停留几天就开始在两个省的范围内进行了四十周的征战。这次战争以围城和佯攻为主。克伦威尔在保皇党/同盟派所属城邑德罗赫达和韦克斯福德采用比琼斯更甚的极端残酷手段。倘若都柏林也是奥蒙德在克伦威尔到达之前成功收复的话，也会遭受如《圣经》里所描述的惨绝人寰的平民大屠杀。

在新模范军开始对爱尔兰进行为期三年的重新征服的过程中，都柏林一片混乱。到处可见衣衫褴褛的士兵和无家可归的市民，现在又增加了一样现在几近忘却的危害——黑死病。都柏林五年当中三次受到这种瘟疫的袭击；发生在1650年夏天的第一次瘟疫最致命，后来公布的数字是高峰期每周有一千三百居民死亡。有关市区内的死亡率，存在着非常不同的估计数字，当代最保守的一个估计是单单在1650年都柏林就有大约10%人口死于瘟疫或者热病（这比14世纪和1575年的死亡率仍然低很多）。连续两个让人难过的冬天——克伦威尔战争期间，军人的卫生状况非常糟糕，食品供应说断就断，各阶层市民的死亡率飞涨，有位三一学院的院长也在那一年不幸罹难。市政厅不得不寻求紧急状况贷款以解决贫民救济和支付埋葬死人的费用。

虽然都柏林的墓地供不应求，但由于所遭受的围攻并不严重，所以这里并未发生爱尔兰南部和西部发生的末世般毁灭和大规模死亡事件。一位都柏林议员在1651年6月的季度总结大会上发言说，十年的战争和瘟疫意味着"至少有一半的房子被推倒和破坏,而剩下的也都破败不堪……"。市议会将这个说法进行了修改,用更保守的语气说"有接近一半的房屋被推倒、毁坏,或者破坏……",这暗示说有些人可能更愿意夸大自己的损失。尽管如此,1641年以来的财产损失是巨大的,城墙附近以及郊区的大多数木屋和砖房在动乱年代的不同时期都葬送掉了。

1649年以后,虽然仍有很多新教徒的市民应征加入议会军队,但主要战区已经远离都柏林和东伦斯特。其实,因为战争期间都柏林常常没有武装军团保护,便经常传出山里有人要来攻击的传言。这些传言的来源是1651年9月,在南部堡垒目力所及的草原上有一百匹都柏林战马在发出神秘的瑟瑟声。但是,争夺都柏林的战争的确都结束了。说到是什么事件标志着这种结束,那应该是1653年的悲剧人物费利姆·奥内尔爵士①的到来,1641年时,他是阿尔斯特盖尔人领主的代表。他到后不久立刻受到审判,被处决并肢解分尸。到这时候,英联邦在全国范围内牢牢掌握了政权,以极高的代价废除了天主教徒和保皇派的军事力量。都柏林现在完全变成英国的天下,比伊丽莎白统治时期更激进更野心勃勃。他们的任务是没收岛上所有反对议会派军队的天主教徒和保皇派地主的财产。最引起争议的事情是,将香农河对岸的伦斯特和芒斯特的所有天主教人口赶尽杀绝,从而摧毁以救济机构为主的天主教会,建立起敬虔的英联邦。

都柏林人中的新教徒,无论是原来就信的还是新信的,对英联邦的这些革命性计划不无赞同,只是具体安排都是英式的,其发展势头的动力实际上也是来自英国。

有关宗教政策、军事战略以及对议会敌人财产没收的实际决定,反映了伦敦政治上维持平衡时的变化。但是工作落实则在于都柏林

---

① Sir Phelim O'Neill,奥内尔爵士是1641年阿尔斯特起义的领导人之一,1653年被害。

土地上的英国官员。不得不承认，17世纪40年代的几位有影响力的都柏林人——尤其是威廉·帕森斯爵士（Sir William Parsons）和约翰·坦普尔爵士（Sir John Temple）——更使伦敦方面相信所有爱尔兰天主教徒都有血债要还，既然（假定）他们在1641年有屠杀所有新教徒的企图，所以他们理应进行集体偿还。但是这项在混乱当中不断改进的偿还计划主要是英国人一厢情愿的想法，不适合都柏林的情况。考虑到都柏林政治权利缺失的问题，1653年形成了一个决议。决议认为应该组成一个具有实际意义的原三国联盟，爱尔兰应该派三十个代表参加威斯敏斯特的议会扩大会议。但是就像在其他事务上一样，很多在17世纪40年代曾经支持或者至少甘心忍受英格兰议会的爱尔兰土生土长的新教徒现在却受到本来在他们后面的模范军领导层和宗教激进派的排挤。

对都柏林市政厅来说，这是场换汤不换药的把戏。1649年9月，在城区范围内十年来第一次举行"公民权游行"（riding of the franchises）仪式，但是作为治安官之一、主持这次游行的是荷兰商人及金匠彼得·凡·登·霍芬（Peter van den Hoven）。由韦布莱恩特家族（the Wybrants）、韦考尔家族（Verschoyles）、韦斯特恩拉家族（Westenras）和法国荷兰混血迪斯米尼埃尔家族（Desminières）组成了在都柏林的这一小群荷兰人。他就在这群人中。他们曾经是战前市政厅的仇人，但是现在在市议员委员会中形成了一股势力。在未来的二十年中，有四位荷兰裔被选为市长。家族关系以及国际信用使他们与刚刚站稳脚跟的新教家族相比，具有更加决定性的优势。还有几位英格兰商人，他们在战前并不是议会圈子里的人，但是现在开始崭露头角：理查德·泰伊（Richard Tighe），1647年之前是支持奥蒙德作战的商人之一，是17世纪50年代及那以后一位重要的放债人，在50年代做过两任市长，1656—1658年期间曾任都柏林国会议员。他在商海中是一位精明的说客。丹尼尔·哈钦森（Daniel Hutchinson），泰伊的伙伴，他的故事稍长一点：17世纪30年代时他

第二章 | 王室属下的城市：1647—1690

是一位油脂蜡烛商人，在都柏林极端艰苦时期他参与提供食品等生活必需品；到17世纪50年代，他在温塔文街成为一方富商，也是市政厅的主要债权人。他与泰伊一样，在信仰方面属于独立教会，曾任市长（1652—1653）和国会议员（1653—1654），也做过市财政次长和税收专员。哈钦森做市长后接续他的是来自斯金纳街的约翰·普勒斯顿（John Preston）。这一位更应算是暴发户，但却是克伦威尔土地买卖的最大经销商。这些人以及他们的同道克伦威尔政府的议员们选择居住的地方，正是他们取而代之的市政官员曾经的居所——大桥街、繁华大街和伍德码头一带。

克伦威尔政府的政策是，在驱逐大部分的天主教徒商人和手工业者之后，向信奉新教的外地人开放所有爱尔兰市镇的城市自由居民权。1651年，都柏林市政厅向来自英格兰并且是新教徒的"制造业人才"正式开放市民自由权三年，他们只需付很少的一笔费用即可申请落户，"用有能力和适合的居民补充这座城市"。同样毫不奇怪的是，对于公民权利扩大化的政策是存在着不同观点的。现有的自由民仍然支持行业公会的权力，也珍视他们对公民自由权准入的控制权。结果，开放政策产生的影响很有限；新加入自由民的最多人数是在1649年，早于政府实际提供的政策。并且克伦威尔政府中的领导人在都柏林很少是陌生面孔，这种情况与"曾被清洗过的"科克和沃特福德大量涌入的人潮相比，形成鲜明对照。

在英联邦管辖下的都柏林，真正不同的是宗教氛围的改变。从琼斯1647年占领都柏林开始，不同的教会社区带着相互抵触的教会管理模式——长老会、独立教会、浸信会以及后来的辉格会——争相维护自己的地位，前三个在随后的十年里，分别在不同时期享有市民和军事支持。主教制度的支持者并没有销声匿迹，但是他们的敬拜地点、大教堂以及原来的教区教堂在这次新的改革中被接管。17世纪50年代最杰出的牧师是撒母耳·温特斯（Samuel Winters），他是议会指定的专员中最早的专职牧师：作为（位于托塞尔旁边）圣尼古拉斯教堂的独立教会牧师,他赢得来自哈钦森周围新任市议员的坚决支持。温特斯还在1652年成为学校的院长,是那里的改革中坚。他恢复教学,引进正规医学研究,并推动在市内建立第二所学院。约翰·罗杰斯(John Rogers)是来自伦敦的最激进的牧师之一。他在基督大教堂里吸引了众多的会众:其追随者大多数是初来乍到,但是有一些是1641年的老兵。几乎所有这些克伦威尔时期的牧师都普遍怀着救世主式的热情,要通过讲道和教育让未接受教改的群众改信。换句话说,他们要让爱尔兰实现英国圣公会在上一个世纪都没能实现的主教制度。在这方面,他们有国家做后盾:1652至1655年的爱尔兰副总督查尔斯·弗利特伍德(Charles Fleetwood)支持浸信会;英国护国政府期间的1655至1659年之间克伦威尔的儿子亨利实际上担任爱尔兰总督,他先是支持独立教会,后来转而支持不那么激进的长老会。

17世纪50年代期间几乎听不到都柏林天主教徒的声音。1653年公布的一个告示更是将所有天主教牧师列为非法,似乎他们在城市所辖范围内的教会里无论如何是不起任何作用了。这一地区的大量牧师被囚禁起来。提到被囚在都柏林的那些人,人们说他们被遣送到西班牙,之后又去了巴巴多斯。然而,即使经过这样的清洗,普通天主教徒仍然为数众多——尽管曾有尝试要剥夺公会中非新教徒的权利,但在市场上、郊区,甚至在自由公民中间都有。尽管如此,克伦威尔政权仍然紧张不安,并于1655年禁止"爱尔兰人"在离城两英里以内居住,发出公告称要在城市范围清理"天主教徒、闲散爱尔兰人、(以及)棚屋和其他嘈杂场所"。这样的命令很少能真正落实,可能与正常的劳作阶层的市民也并无多大关系。两年以后有一个发给城市管理部门的请愿书投诉说"仍然到处能听见说爱尔兰语的人,在街上看到的这些穿着爱尔兰风格服饰的人不只是生活在乡下在赶集日进城的,而且还有一些就住在城里人家里……"市政厅的回应并不那么热烈:市场总得有人供货。但是对于捉到的在城里流浪的天主教徒,则是不同的对待方式。被遣送的人数未知,与其他从城外带来的囚犯一起,他们被送到加勒比岛屿——这是当地船只进行的一项贸易,由当地商人组织。

弗利特伍德(Fleetwood)是向内陆大规模移民计划的主要策划人。这对信奉天主教的都柏林人来说凶多吉少。但是,无论别的地方情况怎样,在都柏林没产生什么影响,宗教人口构成的比例,无论是城里还是乡下都没什么改变。然而,对"旧英格兰人"地产的大规模没收——作为1641年事件的惩罚——却事关重大。对佩尔前哨贵族精英和城市土地所有者财产的剥夺几乎对每一个天主教家庭产生了实质性影响。

所有与同盟运动有瓜葛的人,财产都被充公,这项繁重的工作始于1653年,在随后的六年中公众的生活一直被各样行政手续主导。从中大大受益的人包括都柏林本地的土地测量员、律师、钱庄、一小撮土地投机商人(由于英联邦无法向它的士兵发饷金,它就把爱尔兰的土地分给士兵,而有的士兵却不想保留)以及买债券的人。威廉·佩蒂(William Petty)原来是一位军医,后来成为土地测量员。他是这一过程中的主要人物之一,也是一位很大的受益者。在他背后还有一群公务员,在这次爱尔兰历史上最集中的地契转移中发了财。但是,都柏林郡因此受到的影响却很小,因为1641年的时候英国圣公会是郡里主要的地主,而且无论在哪种情况下,所没收的土地是归国家所有。但是在米斯、吉尔达尔和劳斯郡,当共和国统治迅速进入的时候,当地土地所有权随之发生了很大的改变。

从17世纪50年代中期开始,随着经济的缓慢复苏,都柏林的商业活动又现生机,开始享受各样的和平红利。这与摇摆不定的政治状况恰巧吻合。弗利特伍德和激进派无论在政治上还是行政管理上都做得极为过火。到1655年,有迹象表明社区的道德监管开始失控。那些小酒馆为了生存而"无法无天",严重挑战人们是否遵守安息日的底线;大学生的街头表现使得公共场合礼仪大打折扣,他们中有些人对"神职"大加嘲讽,各种亵渎的行为频有报道。在林森德竖起了五月节花柱①,这说明在宗教改革的华丽辞藻之下,世俗文化活动仍在大行其道。

到17世纪50年代结束的时候,共和政府解体。之后在1660年夏天开展的一个调查中,我们能够得到一幅都柏林宗教面貌更清晰的画面。这个保存下来的摘要列出了大多数爱尔兰郡县的成人居民数,并将他们分类为"英格兰人"和"爱尔兰人"。所显示的都柏林的情况是这样,以"爱尔兰人"(意思是爱尔兰出生的天主教徒)为户主的家庭在都柏林各个教区都存在。在有些地方占总人数的少数比例(五分之一或者更少)。紧靠东边城墙之内的教区以及圣安德鲁修道院就是这样。在其他教区,他们形成一个聚居区——城墙的南边和西边的教区。在西南自由区,他们占了家庭总数的三分之一。在河北,但仅限于奥蒙德土堡垒阵地以内的圣米尚教区,已经是接近半数。在林森德、爱尔兰镇、巴格特拉斯和克曼汉姆周围的村庄里,"爱尔兰人"占了大多数。所以,克伦威尔统治时期的都柏林,是一个一定比官方记录更具混合成分的城市。

克伦威尔于1658年去世之后,英联邦失去来自三个王国的支持。1659年间发生了几次宪政危机,1660年春天政体开始缓慢瓦解,期间并无暴力事件发生。爱尔兰与这个过程有关的事情很多都是发生在都柏林,掌握大权的"老新教教徒"(Old Protestants)和新近进城获得土地和官职的人们相互抗衡、制约。在亨利·克伦威尔任副总督期间,很多战前在这一地区已经成为地主的人又回来占据显赫位置。但是1659年间,英国势力反扑,先是针对尾闾议会②,然后又进入军队,他们的地位因此再次受到威胁。一伙爱尔兰军官(包括西奥菲勒斯·琼斯、迈克尔的小弟弟及其随从)的回应是,他

---

① Maypole,欧洲一些国家迎接夏天到来时,在节日庆祝活动中竖起的木制花柱。
② Rump Parliament,从1648年到1653经过普莱德清洗后,残存的长期议会。

们于1659年12月13日占领了都柏林堡，将英格兰议会指定的专员们因禁起来。与此同时，他们的同伙还控制了各省的卫戍军团。然而，这仅仅是一个历时两小时的简短故事，是都柏林堡历史上第一次，也是唯一一次成功的政变。都柏林市议员知道了这个计划之后，市政厅立即调动两个共有二千人的国民自卫团。表面上是为了防止天主教徒利用"现在的不安定局势"采取任何行动，但主要是为了消灭反政变的激进势力。虽然军队不同派系存在激烈的内部分歧，但是他们仍然在12月下旬成立了一个军官管理委员会并召开了一个全国大会（national convention）。据说都柏林的市长和市议员商议出一份计划。

有一百三十八位代表于1660年3月初参加了这个议会风格的会议，地点是在基督大教堂旁边的四法院大楼。超过三分之二的人是"先前的新教徒"，其他的是新晋会众，他们在目标上高度一致，表示支持恢复1648年被清洗的威斯敏斯特国会代表，并向英格兰议会重申英格兰议会没有权利向爱尔兰征税（"在爱尔兰举行议会会议的权利，从公义和法律角度上讲，仍然属于爱尔兰"）。这种说法是源于摄政议会强制征税所产生的人们在经济上的不满，都柏林人税赋负担过重，这一主张尤其合他们的口味。然而，在爱尔兰海的对面，事态的发展之快却超出这次大会的节奏，致使这次会议在英国随后发生的一系列事件中并没有产生什么影响。威斯敏斯特完全重组的议会在情感上更加倾向于保皇党，导致1660年5月正式恢复了君主制。

曾经参加过都柏林大会的人普遍关心的事情是，无论是否恢复斯图亚特王朝，保住克伦威尔时期的土地分配模式最重要——无论是从法律上，还是必要的话，采取军事行动。有些人对恢复君主制的前景充满渴望，另外一些人则对他们在过去的几十年里的所作所为感到备受压制。但是大家都一致认为，应该阻止对最近土地交易进一步说长道短。天主教徒当然无权参加会议，但他们提出反对意见而且态度坚决。他们希望他们对斯图亚特王朝的尽忠——这在查理二世①长期流放期间广为人知——能够得到奖赏和回报,那就是取消克伦威尔执政期间没收财产的做法,并且得到宗教信仰上的彻底自由(即,宗教宽容政策)——这是查理在恢复王位之前承诺的。有人该感到失望了。

国王无条件恢复王位,这个消息在都柏林得到确认之后,人们举行了一场盛大的街头表演。表演高潮是"被人们叫做'英联邦'的一个怪兽的葬礼。这个丑陋的怪兽拥有一个变形的身体,没有头颅,却肚大无比,巨臀惊人。这是一具变形的尸体……被抬到墓地,永无生还可能。"

多数人以为对爱尔兰进行土地改革的关键掌握在那位伟大的幸存者并受人爱戴的朝臣詹姆斯手中。他日后不久成为第一代奥蒙德公爵。虽然奥蒙德1647年将都柏林交给敌人,1649年在众目睽睽之下也没能夺回,在流亡的那些年中他的名望却与日俱增,与他妻子伊丽莎白的知名度不无关系。后者在战争期间住在都柏林,一直到1647年。她于1654年再次回到爱尔兰,住在基尔肯尼郡。议会指定的专员们1659年传唤奥蒙德夫人进行审讯,她进城时却受到人们的热烈欢迎,据说有六十辆车迎接她,在她被拘都柏林堡期间各个店铺拒绝营业,显然在首都存在着一个奥蒙德党。

市议员们都很会见风使舵,一度与英联邦政府关系密切的前途

---

① Charles II,(1630—1685),苏格兰及英格兰、爱尔兰国王,生前获得多数英国人的喜爱,以"欢乐王""快活王"闻名。早年父亲查理一世被克伦威尔处死,查理二世被迫流亡外国。1658年克伦威尔去世。理查无力镇压反叛的贵族与军官,英国政坛混乱,国会遂声明由君主制复辟,查理二世因此得以于1660年在多佛登陆,回到伦敦即位。1679年,查理二世签署国会制定的"人权保护法",以后政治人物即使身处风暴,仍有一定的人权保障。1681年后查理掌握主动,打败政敌并大幅提升王权,重建了其父的绝对君主制(专制王权)。他为了顺应民心,长期保持英国公教的信仰;但生前一向同情天主教,临死前皈依天主教。他死后,弟弟詹姆斯二世继位。

实在堪忧,只是其中大多数人还是尽量做到与时俱进,深度参与了1659年政变和预备国民大会的市民显然有很多反戈一击的机会。有几位是从未想到与英联邦媾和的人物,像金匠兼原银行家丹尼尔·贝灵汉姆(Daniel Bellingham),他在流亡期间甚至与斯图亚特王朝保持联系;还有伍德码头的威廉·史密斯(William Smith),他在17世纪40年代曾三次担任战时市长,是都柏林选派参加查理二世正式入主伦敦仪式的代表之一。对于本来就支持奥蒙德的人来说,英雄回归却是经过了两年漫长的时间——奥蒙德最终复职成为爱尔兰总督。

奥蒙德的城市

这位伟大的幸存者于1662年7月到达都柏林,在未来的七年当中他成为爱尔兰政治和都柏林发展的主导力量。经过一段时间的离开,他于1677年再次归来,第三次担任总督一职,一直到查理二世1685年去世。奥蒙德作为国王的宫内大臣及其密友,通过自己身处都柏林的事实将有形有体的王室声望带到这里。但是他的影响力可能是被夸大了。需要记住的很重要的一点是,他的政治兴衰与伦敦的宫廷政治状况以及(17世纪60年代)克拉兰敦伯爵[①]的处境紧密相关。后者1667年的蒙羞事件可以使人预想到奥蒙德自己身上的阴影。不仅如此,在17世纪60年代和80年代,他经常不在都柏林,让他的某位儿子,比如奥所雷伯爵或者阿伦伯爵做他的代理人。最重要的是,他所拥有的财富并不像表面看到的那样多。家族财政在战时遭受严重损失,又由于他的奢侈生活方式而益发捉襟见肘。当他1662年7月荣入都柏林的时候,好像不得不向人借钱、借马、借衣服。

到此时,爱尔兰王朝复辟的特点开始明朗起来。当国王本人的宗

[①] The earl of Clarendon,1658—1667,任英王查理二世的首席大法官。1667年被弹劾并被迫逃亡。

教偏好浮出水面，国民大会领导层希望建立圣公会广教派教会①的动议开始加速实行。爱尔兰圣公会的全部权力和特权得以恢复，不合乎规定的新教徒受到排挤，天主教徒一直寻求的宗教宽容政策被正式否决。但在实际生活中，这些政策的意义并不那么明确。奥蒙德在回到爱尔兰之前的两年当中，也一直对构建爱尔兰宗教政策起着决定作用。新的秩序以1661年1月那场戏剧性仪式正式开始。有不下十名的主教和两名大主教在基督大教堂集合，然后从那里走到圣帕特里克教堂。他们在那里集体接受圣职。爱尔兰圣公会现在成为重新振兴的教会，至少在城区范围内拥有了全新意义的使命。

倘若能保证17世纪50年代的土地交割不会遭到过激取缔，大多数新教徒是有付代价的预备的，可以明确接受英国圣公会正统。当然适度调整是存在的，但没有从根本上改变。因王朝复辟所做的调整方案，是经过爱尔兰议会两次非常艰难的会议之后取得的（写在1662年的《殖民法案》和1665年的《殖民法案解释》里）。其中所包含的妥协成分非常不均衡，造成政治光谱②中各个派别日后不满情绪的反弹。最后，克伦威尔时期政府的土地让与政策仅在很少人当中兑现，面积则减少了三分之一。"无辜"的或者由于其他原因应得土地的天主教徒业主也获得承诺，从没收土地中将应给他们的那部分分配给他们。为了收拾这项法律上的烂摊子，有必要成立两个起诉法庭。这两个法庭于1663年至1669年期间在国王律师公会③举行马拉松似的庭审，裁定成千上万个案子，"与其说这是公义问题还不如说是政策

---

① Broad Church，广教派教会，英国基督教圣公会的一个教派，支持对圣公会教条和仪式进行广泛自由的解释，反对神学中的固有解释。
② political spectrum，这是把物理学中的知识应用在政治学当中，把它当作政治学当中分析政治现象的一种方法。政治学中，一般把意识形态分为左、中和右三极。这三级意识形态投影在政治的光谱上，也是分为左、中、右三级，于是形成了左翼政党、中派、右派政党。这种分析方法就叫政治光谱分析法。
③ King's Inns，成立于1541年的该协会是爱尔兰律师进入司法系统的专门监管机构。

问题"。法庭诉讼的第一年中,"全国范围内的很多人汇集"到都柏林,旅馆生意反倒火了起来。

土地交割政策在本地产生重大影响,很多东伦斯特"旧英格兰人"家族的实力得以部分恢复,比在全国范围内的其他地方程度更深。17世纪50年代,都柏林附近天主教徒的很多上好的地产让与或租赁给了与克伦威尔家族关系密切的人或其他政府官员。这些人到现在要么去世,要么失宠。所以取消当年对这类土地的让与,将之还给原主并没有什么难度。然而大多数省的情况却不这么容易,因为很多土地被冒险家或者退伍军人占据着。不仅如此,都柏林郡的逃亡者构成了一个特别活跃的关系网,他们与斯图亚特宫廷和奥蒙德及其在欧洲大陆的圈子都曾保持密切联系,现在可以请求白厅和都柏林有权势的赞助人帮助以获得赔偿。也有几家天主教土地拥有者,最著名的是梅里恩的费茨威廉姆斯家族(Fitzwilliams of Merrion),他们成功地与英联邦政府交好,并没有丧失祖上留下来的遗产。但是,总的来说,即使是在城里和都柏林郡,17世纪60年代经历的是部分的复辟,其中的一点是传统的产业拥有者比没什么影响力的小人物获得的待遇更优厚。不包括教会地产以及其他慈善机构的产业,都柏林郡1641年前有69%的土地掌握在天主教徒手中;这个数字到1670年变成48%。具有讽刺意义的是,克伦威尔政府让与土地时的受让人中,在复辟过程中受到不利影响的竟然有西奥菲勒斯·琼斯(Theophilus Jones)。他抱怨说"爱尔兰人都复辟到他们在都柏林西边的地产上去了"。虽然他得到了全部补偿,但毕竟得从卢坎的萨斯菲尔德产业搬出来。所做的判决,尤其出自索赔法庭第一厅的,激怒了很多克伦威尔时期的老兵。1663年5月发生的攻占都柏林堡的尝试正说明了这一点。那是前克伦威尔军官和长老会牧师的一次草率的联合行动。他们得到至少八名国会议员的支持,对外宣称的目标是恢复"宗教自由"和"新教信仰纯正"以及维持克伦威尔1659年的政府土地让与状况。由于事先收到报告,奥蒙德对此严阵以待。报信的是陆军上校爱德华·弗农（Colonel Edward Vernon），他得到的奖赏是将克朗塔夫的小块地产以他的头衔命名。

土地分配的复辟运动是一些人群走向衰落的最后事件，其中包括底层天主教地主、本地传统家族。他们中很多人的祖先是都柏林附近郡县的盖尔人。显赫一时的新教精英阶层手里的自由保有地产权更加稳固。他们的财富和未来社会地位的基础就是都柏林议会通过的两个"土地分配法案"。这两个法案在某种意义上讲是他们的"大宪章"（magna carta）。他们和他们的后代所关注的焦点以及他们的社会舞台，全仰赖于都柏林的法庭和议会及其社会和文化体制。总而言之，土地重新分配为都柏林成为贵族之都提供了所有条件，奥蒙德则成为第一任有些凑合味道的亲王。

奥蒙德到达以后三个月，剧院恢复了营业。战前的演出经理人约翰·奥格尔比（John Ogilby）带着王室特许回来，在离河边很近的罩衫巷（Smock Alley）修建了这个城市第一家专业剧场，配有画廊、包厢和乐师用的阁楼。这个剧院于1662年10月开业，来观看首演的观众包括克伦威尔时代的士兵、王室绅士以及上层妇女。这是宫廷礼仪和欧洲大陆风格最显而易见的符号。罩衫巷早期取得的成功与来自总督的支持紧密相关，所起的作用就是"大众参加的宫廷剧院"，其顾客绝大多数是上层人士和贵族。剧目以莎士比亚剧为主，但也有法国剧和一些当地剧本的演出空间。其中引人注目的一出戏，是那一年冬天上演的高乃依①的悲剧《庞培》（Pompey），由诗人凯瑟琳·菲利普（Katherine Philips）翻译并改编（她也是久留都柏林的人员之一，主要是与诉讼法院有关）。她的戏剧在当时的反响并不太好，在戏剧方面与其争锋的还有奥雷里伯爵（the earl of Orrery）。

罩衫巷这个选址非常好，位于大型私人住宅区的中心。1663年

---

① Pierre Corneille，皮埃尔·高乃依(1606—1684)，法国悲剧作家。被称为十七世纪法国三大戏剧家之一，另外两位是莫里哀（Molière）和拉辛（Racine）。

第二章 | 王室属下的城市：1647—1690

城中有六十三栋每栋配有十多个壁炉的住宅，其中一多半集中在圣约翰大教堂、圣威尔堡教堂和圣安德鲁教堂所属的教区中。老城的风俗依然存在，这些大房子仍然起着私人娱乐场所的作用。封爵的贵族住在其中的十栋房子里，官员和其他业主占据了余下的三十多栋。艾伯特·鲁汶（Albert Jouvin）是1666年左右来访此地的法国人，他观察到沿"商人码头和伍德码头"一带是城中"最漂亮的地方"（les plus beaux palais），但是东边城外的街区（达姆街附近）正在形成很好的城区，成为大都柏林的一部分。相对而言，鲁汶对河北的发展并无深刻印象，但那时"水那边"的郊区正逐渐成为上层居所的候选地，例如著名的邓甘嫩子爵马库斯·特雷弗（奥蒙德的同僚，后来成为爱尔兰军队的元帅），他1661年在圣米尚买了一栋带有十个壁炉的房子。还有年轻的罗斯康芒伯爵，他是温特沃斯的外甥，也是奥蒙德的门徒（凯瑟琳·菲利普戏剧的序曲由其谱写）。罗斯康芒是军人兼诗人，他和漫画里描绘的骑士没什么两样，以赌博、决斗和无所事事的旺盛精力闻名。他在北边的居所里配有十四个壁炉，他的一个近邻是梅塞林子爵约翰·克洛特沃斯（John Clotworthy, Viscount of Masserene）。后者是资深长老会政治家、安特里姆富豪。他有一处房产有十五个壁炉。在诸多盛名中，他是二十年前促使罗斯康芒的叔叔温特沃斯被判刑和处以死刑的主要见证人之一。

人们对北部产生新兴趣的焦点位置是在奥克斯曼顿，特别是从教堂街往西的大片尚未开发的地块，那里仍属市政厅管辖。那附近一般用于牛市、军事训练和大型公众集会。但是1660年后不久就做出决定要将其中一部分通过栽树的方式围起来修建草地保龄球场和宴会厅。这说明人们在消费方面产生了新需求。和在剧院里不同，这个"可能是欧洲最好的"草地保龄球场成为人们开展社交活动的安全场所。这里"男男女女的社会名流和精英阶层每天趋之若鹜，没人觉得闷热是折磨，血脉贲张有什么难以忍受"。这个创意当年得到了理查德·泰伊（Richard Tighe）的采纳。他是克伦威尔统治时期的市长，因此获得的财力完全能补偿他当时政治影响力上的不足。到1665年，这附近已经非常明显成为社会上层家庭的聚居区。那一时期，市政厅决定在东头圈出一个丁字型地块，将其分成九十六个建筑群，专门安置自由民居住。大多数建筑群都有通道可以到达"国王"或者"王后"街以及一个新开的集市。那里是买卖牛、马的地方，叫做史密斯菲尔德。与这个项目相关的，还有一个决定，就是在奥克斯曼顿的西头将一块七英亩的预留地送给奥蒙德，市议员们希望他在城边建一座宫殿式别墅。而奥蒙德呢，由于他经常出入不定，倒是愿意把这些公屋让给自己的广大随从住，只是他并没有开工的兴建。

尽管如此，公爵对总督职位光明磊落的设想确实给都柏林带来一份大礼。在城墙西北两公里处所建的都柏林皇家公园是奥蒙德直接负责修建的。从16世纪以来，爱尔兰的总督们都喜欢使用横跨利菲河两岸的前克曼汉姆修道院的属地运动和餐饮。1610年左右，王室将这里隔离起来，当在利菲河岸边的一个陡崖上建起"凤凰屋"（Phoenix House）这个大房子之后，这些土地于1618年再次被征用。这座房子可以俯瞰都柏林全景，成为执政官和大法官们的夏天避暑胜地，这种情况一直持续到1641年。从福克兰子爵（他从1622年至1631年担任副总督）时期开始，有一群鹿喜欢上了这里的环境。这座房子在战争中幸存下来，福利特伍德和亨利·克伦威尔都曾在这里下榻并对其进行扩建。奥蒙德返回都柏林的时候，决定对这所拥有三十个壁炉的房子重新翻修，好使周围环境配得上英王代表来居住，这就涉及往东和往西大规模征地的计划。到1669年，王室账上大约收购了一千二百英亩的土地，虽然后来河南大约二百英亩的土地被切割出建设方案，但是主花园仍不失为独特的开阔场地，周围有绵延七英里的围墙将数量繁多的鹿圈在其中。完全不计成本，到1670年这个项目已经投入了超过四万英镑，这给总督的敌人以大量攻击他的把柄。奥蒙德失去对凤凰屋的兴趣，将热情转到刚刚买下的查波里佐德会所（Chapelizod Lodge）。这座建筑位于利菲河岸边，前述鹿苑的边缘地带，他做了扩建和翻新。这里成为历任总督都很喜欢的乡下休闲之地，直到18世纪中叶。尽管存在浪费和管理不善这些问题，但是凤凰公园最终成为奥蒙德给都柏林留下的伟大遗产。很难想象在城市历史当中任何其他时期能够成功建成这样一座公园。这需要诸多巧合碰在一起，例如萧条的地产市场、获得土地手续极为简便、在位的是一位大手大脚，可以从王室拿钱并且酷爱狩猎的总督，所有这些因素在复辟时期的都柏林仅短暂存在过。

那些年对城市的其他改动是在城东南：将名为中世纪麻风教堂的圣司提反教堂的属地围了起来。没有直接的证据证明总督插手这个项目。确实，促成这件事完全是出于经济原因——战争期间和为维持和平的军备花销给城市带来沉重的债务压力。从17世纪50年代开始，城市通过发行远期债券给租客进行集资，以获得一次性资金收入（其实是将未来租赁价值提升的收益从土地所有者转给租客）。1665年，市政会议同意采取进一步措施：对使用城市供水管道的市民引进收费制度，并将普通市民居住区分割成各个住宅开发区。首批选出的是圣司提反居民区，紧随其后的是奥克斯曼顿。与距离最近的同时代市场，伦敦的布鲁姆斯博里广场相比，圣司提反绿地的面积更大。但是起初对这里的开发意向就是个"广场"。圣詹姆斯宫旁边新建的玛尔林荫道（Mall）可能是受其影响而产生的更直接的产物，因为两旁有树的漫步街道突然之间流行起来。整理城边这块荒地的想法已经有了，因为那时候在都柏林西边的洼地正在进行景观美化，沿水边修了一条很漂亮的小路。

圣司提反绿地项目占地约有六十英亩。外缘分成九十个建筑街区，几乎所有房子的前面都有很大的六十英尺宽的绿地。大型独立建筑也在计划当中。但是与奥克斯曼顿和早期伦敦广场不同，这里缺少了一座定调的贵族化住宅。第一批居住者都是城市自由民，都是有社会地位的人士：他们中有四分之一的人曾经或者后来成为这个城市的市长。丹尼尔·贝灵汉姆是奥蒙德在城堡街的金融界朋友，也是第一位拥有市长大人头衔的人。他有可能是这项计划的幕后推手。他是这座城市的债权人,到1667年一共购得十四个地块,但开发进度十分缓慢。十二年过去了,只有三分之一的房屋竣工,而承租人却频繁更换。而一些像弗朗西斯·布鲁斯特(Francis Brewster)的人,会将房子很快建好,很快卖掉。有几栋早期建好的房屋,结构非常雄伟,配有十个甚至更多的壁炉;而有些则非常低调,西边的更是用来开小酒馆。17世纪60年代以后,市政厅就抽身一旁不再参与房屋开发了。承租人享受九十九年的租期,几乎没有什么限制条件。但是市政厅还保留着对公园的管理权,并在1680年之前将其用粗石料围起来,建起一条有景观相配的鹅卵石小路,这里成为阅兵游行的地方。从1675年开始又引进了一年一度全城人都参加的五一节[①]娱乐活动,也成了年度狂欢活动(源于库伦森林,雇主在每年复活节后的星期一为雇工举办宴席,主食是青豆制品;后发展为年度狂欢节)的前奏,从17世纪90年代开始则完全将其取代。尽管如此,公园的未来却是为上流社会预备的"闲人免进"场所,而不是普通大众都可以轻易享受的城市游乐场。

"绿地"上房屋的建筑材料必须用砖、石头或者是二者混合使用,这项规定是因为1666年伦敦的那场大火,超过一万三千栋房屋在三天内全部烧毁,大多数是易燃建筑材料建造的。而都柏林则在1660年西郊那场"悲惨至极"的大火之后,任何新建筑若使用茅草即属于非法。十年之后的一份公告更是强调,城中所有现存茅草屋要在一年之内拆除,并特别说明新建房屋只能用砖或者石头,房顶要用石片或者瓦片,外立面要垂直,窗户不得探出墙外,"既是防止火灾造成的危险,也为了美观"。

起初,大多数事件发生在"绿地"的西边,这里是城市历史上第一批私人投资的房产,第一代朗福德公爵弗朗西斯·昂吉尔(Francis

---

[①] May Day,阳历5月1日,北半球很多国家庆祝春天的节日。

Aungier, 1st earl of Longford）是主要角色。他是奥蒙德的盟友，也是拥有实权的政府官员。他通过强行收购地产所有权将现有的白衣修士区地产（Whitefriars estate）向城堡的西南方向展开。在一片二十英亩的地块上，他设计出一系列新的街道，拓宽现有道路（最有名的就是更名为昂吉尔的街），并将通往新街区框架的城门尽行拆毁。他将大量建设用地租赁给建筑行业的能工巧匠和其他小商人。这些人在房屋建完之后将租赁权益转给最终的承租人。由于朗福德的名气及社会关系，再加上那些房产的地理位置离城堡很近，因此成为那个期间非常热门的街区。

像复辟时期都柏林的一些重要人物一样，朗福德成为土地分配扩大化的主要受益者，于17世纪50年代在中部地区的北边积累了非常大量的不动资产。很多第一批"绿地"人的情况都是类似：丹尼尔·贝灵汉姆在劳斯郡获得大量土地，约翰·普勒斯顿是在米斯和皇后诸郡（Queen's counties），丹尼尔·哈钦森在唐和国王郡（King's County），理查德·泰伊在卡罗、韦斯特米斯、国王和王后诸郡。另外一位"绿地"豪租客是弗朗西斯·布鲁斯特爵士（Sir Francis Brewster）。他在克里北部获得很多土地，是威廉·霍金的年轻合伙人。后者在17世纪40年代是一位伦敦商人，是爱尔兰金融借贷业的重要"投机者"，成为17世纪50年代最受益的人之一。霍金曾短时间做过克伦威尔入侵军团的军需官，继而开始在芒斯特和阿尔斯特大举敛财行动。他在复辟分地中仅在唐郡南部就获得超过二万英亩的掌控权。霍金在都柏林之所以成为重要人物，是因为他成为达姆街和利菲河之间河边土地开发的背后推手。他手握与三一学院和市政厅分别签订的租约协定，出资在海关大楼以东的河边修建了两道大约450米的围墙。这个项目是为了保护霍根格林和学院免遭潮水侵蚀，同时也新增了可开发的土地面积。这里首先出现的工程是在雷泽山（Lazers Hill，未来的汤森街）脚下，修出一条通往林森德海滨的道路。在那里新近开垦的一部分地块上，有一片17世纪80年代建成的面对河口

"荷兰比利"式建筑，公元1700年左右，大朗福德街。随着那个世纪早期的潮流采用砖做建筑材料，"荷兰比利"成为很普遍的房屋类型，外立面呈三角型，屋脊呈十字型，窗口较浅，没有装饰，楼梯间窄小，厅也不大，墙面是从地到顶棚的镶板，更精致的房子上会看到前外立面上有雕刻或者阶梯式曲线。18世纪20年代的时尚和设计有所变化：线性墙和平行的屋脊成为新的建筑模式。

的带状房屋，建筑质量很好，住着贸易商人、普通酿酒商和麦芽制造商。霍金、布鲁斯特、亚历山大·本斯爵士以及其他伦敦老相识互相合作，充分利用向城东开发的潜力，已经很大程度上超出市政厅法律管辖所及。在下游建一座横跨利菲河的桥梁，可行性首先是他们提出来的（1671年），在离目前的桥很远的下游"雷泽山"附近。布鲁斯特（这伙人中唯一一位进入政界，于1674年担任市长职务）雇佣了英国测量员安德鲁·亚兰顿（Andrew Yarranton），让他设计一个全新的港口区，将雷泽山以及位于林森德的学院和多德河口之间的沼泽地都包括在内，建成一个干船坞、一条运河和一座迁移过来的海关大楼。这里将会建成微缩版的阿姆斯特丹。这些想法在一个多世纪以前就有了。

对下游地区的商业炒作是奥蒙德政府中一些没什么分量的人运作的。到17世纪70年代，奥蒙德不在都柏林，他们的影响力相对扩大，就在利菲河北岸和奥克斯曼顿以东开始了那个世纪最令人瞩目的地产开发项目。这个项目的主要推动者是汉弗莱·杰维斯（Humphrey Jervis），他是克伦威尔时期因为娶了市议员罗伯特·沃尔什（Alderman Robert Walsh）的女儿而移民至此，并成为17世纪60年代都柏林最大的海外商人之一，他以多样方式进行城市地产开发，此地前所未见。他从蒂龙伯爵那里获得原圣马利修道院所属二十英亩地产（上面居住的主要是贫困人口）的长期租用权，又从市政厅租到利菲河以北一千二百米长的潮汐沼泽带，就在霍金新获取的地块对面；杰维斯投入大量资金开垦未来的上阿比街和大河之间的土地。开垦完成之后，他开始清理修道院属地并拓宽现有街道，将一系列街区设计成对称网格式格局，其中还有一个"大型广场或市场"（圣马利教堂后来就建在那里）。最大最宽的街道由庇护他的艾塞克斯伯爵总督亚瑟·卡博尔的姓氏命名——由于杰维斯树敌颇多，这样做表现出他谨慎的一面。他的新地产分成二十八个大型地块，出租给公寓建筑商（他们中很多人本身就是高超的工匠）。这个项目的成功似乎对西边市政厅所属奥克斯曼顿项目产生了不良影响。(然而,市政厅确实成功地吸引到一位富有开拓精神的租赁者威廉·埃利斯(William Ellis),他于1682年同意对奥克斯曼顿绿地和大河之间的土地进行开垦和开发——这是他在成为泰隆内尔政府主要官员之前做的事,其后他在法国流亡很长时间。)

杰维斯的王牌是将他的地产及其上新修建的主要街道在一头与北边马路相连,另一头通过一座新桥与城市南部相连。任何新的跨河通道都会威胁并改变城市现有的格局,影响特权阶层的利益。但是,即使是在战前,"旧桥"(Old Bridge)已经很明显过于拥挤又破败不堪,轮渡也有诸多条件限制。复辟运动之后不久,市政厅就认识到城东的地产新主人(政府对其几乎无法控制)会选择在利菲河下游架一座桥,这传递出一种危险信号,将会影响贸易方式,降低地产价值。然而,新建的桥却在上游,一座架在大河狭窄处的木结构桥,目的是连接奥克斯曼顿和城西。市议会承认建这座桥"与市民的一般想法相违背,而市民因所怀的认识曾引发过几起严重恶性事件";当然,这座桥的确是严重影响了一处摆渡船的收入。一些年轻人和学徒受不知姓名的人唆使曾在1671年夏天两度试图拆毁这座桥。他们与守桥的卫兵发生冲突,有人被捕,营救被捕之人的时候又有四人丧命。桥是保住了,但是市政厅对所产生的骚乱深感不安。这也许可以解释同年晚些时候霍金财团提交的雷泽山大桥方案并未经过公开竞赛的原因。

汉弗莱·杰维斯及其计划就是另一回事了。他的项目是在卡博尔大街向南直到海关大楼之间修一座桥,通过狭窄水道上的吊桥建起一个通往城市那些老码头的水上通道。虽然一开始的伙伴撤资,但是靠着七年的过路费,杰维斯的工程得以继续,并于1678年完成了这座部分采用石料建起的大桥。桥上刻的是艾克塞斯的名字,但是那时的总督已经换成了奥蒙德,这是他第三次回到都柏林任总督。

与此同时,在利菲河北岸艾克塞斯桥头的东西两边,杰维斯进行改造并抬高,建成了457米长的码头。他是将"圣马利修道院的旧围墙、石头和建筑垃圾"用马车以最短的距离运来，围住河堤、让水道变窄，建成的奥蒙德码头——老骑士奥蒙德曾表达过他的特别喜好，要在河边建一条宽敞的大街，大街靠陆地一边要有建筑，使其"成为这座城市的最大美景和装饰"，那么起"奥蒙德码头"这个名字就再恰当不过了。奥蒙德支持杰维斯的野心和抱负，认可了他1681和1682年当选市长的事实。杰维斯所建的第二座桥是一座规模稍小的木结构桥，将温塔文街和皮尔巷以及他的地产连接起来。但是，尽管"奥蒙德桥"是献给总督的，却并没有获得市政投资，并被其对手称为是妨碍公共秩序的"万人嫌"。这些人真正反对的，似乎是他全盘开发计划对旧城所产生的破坏性影响，"因为担心他们会失去从城里来的绅士们租房所付的租金收入"。杰维斯两任市长期间，与他有关的三个其他开发北部的计划是：将河对岸的费珊堡街和托马斯街的一些露天市场搬迁到后来的奥蒙德市场（部分计划已经实现）；第二个，将高级法院从基督大教堂搬到河北不确定的地方（这个动议因遭到人们铺天盖地的批评而不了了之）；第三个，这项计划甚至对于他的支持者来说似乎也不那么靠谱：开垦他新地产以东的大面积冲积平原，就是后来成为"北海滨"（North Strand）的地方。在1682年他任市长期间，这块地经过丈量，由市政分割成一百五十二块向自由民出售，获得一小笔收入。这是第二次采用抽签的方式出让土地。正像亚兰顿计划对于南部海滨所做的一样，"北部抽签"计划（'North Lotts' scheme）过于超前。这个项目由于分配时产生"巨大分歧"于1686年被迫放弃。最后，奥蒙德于1685年离职。杰维斯的各项计划几乎在同时遇到麻烦，这并非巧合。他卷入一场与都柏林市政的官司当中，是有关艾克塞斯吊桥及其附近房屋的案子。该案由枢密院审理。杰维斯蔑视枢密院，被短期囚禁。也由于虚假传言，他在生意上的名声严重受损。他的晚年厄运连连，只是城北的庞大工程仍在继续。

宗教上，杰维斯是一位不属于圣公会的新教徒。这似乎并未使他的政治生涯增色，却使他成为宗教信仰方面的赞助人，他曾为都柏林城最初的两个长老会教会提供聚会场地。英联邦在都柏林领导的起义后果之一就是城中出现了严重混乱局面。人们分属不同的教派,忠诚度支离破碎,但是对王室复辟所采取的宗教政策存有共同的敌意,并都坚持出席城市公会和市议会会议。除了杰维斯,至少还有另外两位复辟时期持不同政见的市长以及更多拉帮结伙的市议员。激进保皇派怀疑他们的政治忠诚度,认为他们在这一点上并未说实话。有关城中悬而未决的天主教徒的地位问题,新教反对者通常比奥蒙德同党(Ormondites)的姿态更加严厉。而奥蒙德派由于家族或者派别原因则支持非正式场合下的容忍态度,这些不同态度在伯克利勋爵(Lord Berkeley)任总督的短暂时期(1670—1672)突然表现出来。很明显可以看得出来他是一位私底下的天主教徒,而其秘书则公开承认自己的天主教信仰。伯克利在市长任命上试图加强政府掌控,并且对天主教自由民进行有限提拔,这些引起了都柏林市政厅内部的不安。这其实与国王的个人愿望相一致,但是由于伯克利的过多干预,市长大人开始采取行动,对不信奉国教的人进行错误的清洗,包括将市政书记员(主要司法官员)和七位资深市议员免职。据推测这些议员组成了一个长老会帮派,其中包括哈钦森、泰伊和布鲁斯特。对他们的驱逐,在伯克利的继任者埃塞克斯伯爵到任以后不久就从法律上给予平反,但是议会内部的纷争状态又持续了好几年。宗教上、政治上和个人之间的紧张关系反映了当时英国政治上分裂主义盛行的状态以及市政厅高层当中破裂的人际关系。这种现象不经意间却给不那么富裕的公会成员一个参与城市政治的机会,也给下级臣仆和商人在城市范围内以更多空间,使他们更方便地追求个人发展。

有一群完全被排除在政治生活之外不奉国教的反对者,他们在奥蒙德统治下的都柏林成为被反复骚扰的对象:那就是辉格会。这个由信徒组成的激进网络在共和期间的宗教动乱中初次出现,并于17世纪50年代在军队和城市移民中赢得广泛支持。辉格会,就是"朋友会",他们没有正式的管理结构,痛恨国有教会,甚至拒绝进行十一奉献。在 17 世纪 60 年代,他们面临的是骚扰和监禁。但是,他们成员之间纪律严明、彼此支持异常稳固,并且他们相信个人要谦卑,在物质上应该节制,这些都非常有效地使他们作为值得信任的社会团体实现特立独行。 在都柏林,"朋友会"于 17 世纪 60 年代在"布莱德大街"(Bride Street)设立了一个聚会地点,还在圣司提反绿地公园以西的地方专门给他们的成员选出墓地。他们在都柏林的规模一直不大,但却是非常与众不同的一群人。在生意上有创新精神,但并不关心外界事务。都柏林被确定为他们每半年一次的全国大会的地点,他们的第一栋专门会议厅于 1684 年在米斯街落成。

安东尼·夏普是 1669 年从格洛斯特郡来到此地的年轻移民,他在都柏林贸易领域为辉格会的成功开了先河。在他将近四十年的职业生涯和苦难中,他利用西英格兰的家族关系成为在羊毛、毛线和织布行业的成功商人。他在生产加工和出口贸易方面也游刃有余。到 1680 年,他在城中雇佣大约五百人从事纺纱和编织。他一生大部分时间都是在新罗道(New Row)的城墙以西度过的,但是他在自由区内留下的印记却令人瞩目。他与一群商人和建设者一起积极参与托马斯大街、弗朗西斯大街以及布拉巴宗 / 米斯地产上的库姆峡谷和皮姆利科(Pimlico)所围出的托马斯考特区、开阔地以及花园的开发建设工程。这个地方是工厂和车间所在地,因为这里有适合工业加工的方便水源以及相对较低的地方税收和对公会规则的部分豁免。这个地区与污染严重的工业的历史由来已久:在波多河附近一个中世纪的制革厂里,有几乎二百个坑井(其中一半到 17 世纪还在使用当中)。这个遗址最近在"新街"(New Street)旁边挖掘出土,就在名副其实的"黑坑"附近。托马斯大街附近有一个小型酿酒厂,也是中世纪的产物。整个地区的手工业特点在 1641 年之前就已开始确立。但是在复辟时期由于米斯地产业更积极的地产政策以及 1674 年特许兴建新的集市和市场,"自由区"作为引人注目的手工业区开始成型。这既要归功于布拉巴宗积极的房地产管理方式,也源于像夏普那样定居在这里的重要租房客的积极创新。到 17 世纪 80 年代中叶，夏普一个人就拥有大约三十栋房产，大多数出租给纺织工人、梳棉工和染色工，间或还有皮革工人、蜡烛制作工以及麦芽生产者。当时这些人的信仰大多数是新教。像一些其他的辉格会成员一样，夏普在那时全心投入到城市的结构发展中，先是作为城市自由民，然后成为行业公会的活跃分子——他对行会生活的盛宴和喧闹的气氛还是情有独钟的。

开发面积继续扩大

王朝复辟时期都柏林对绿色空间的大肆开发利用，建设托马斯考特和多诺的各个花园、奥克斯曼顿的草地、圣司提反绿地公园的平民广场、大河河口处的三角洲泥地，前所未有的举措彻底改变了都柏林战前的那种蜗居状态，最远可追溯到 13 世纪的城郊也焕然一新。扩张的第一个标志就是众多卫星村组成的一个半圆形，就是北边高地上的芬格拉斯和拉姆康德拉、西边的克曼汉姆以及那里的诸多磨坊还有东边的林森德及其海员村落。这种空间上扩张的围度看起来非常清楚，但是人口增长的规模却一直模糊不清。17 世纪 50 年代到 80 年代之间人口增长很快，这是毫无疑问的。但是，尽管各种教区范围内的统计数据（房屋数量、壁炉、洗礼统计、葬礼统计，为后代记录下的这些，主要是由于威廉·佩蒂本人的好奇心所致）存留下来，都柏林人口的发展趋势和相应的时间节点仍然有待考察。巴特林（R. A. Butlin）很多年前估计 1663 年的都柏林人口总数应该在二万二千与二万八千之间，1692 年的数字在五万五千到七万四千之间。保守的估计应该是接受 1663 年的最高数值和 1682 年的最低数值，然后到 1686 年应该有更高的增长空间。但是，还有一种较有说服力的推算，认为 17 世纪 60 年代早期的城市人口远远超过三万人（这是设想从 1650 年的最低点以来存在一个强烈反弹），并且在 17 世纪 80 年代中期产生一个六万到六万五千之间的高峰，尽管这是从更高的基数算起，显然仍然是成倍的增长。但是，佩蒂的统计无论如何是不足为据的。

在工业化以前的世界里，城市的人口趋势总是依赖于移民人数的多寡——或者来自附近的农村，或者就皇家法院驻城市和地区首府而言，人口会从更远的地方迁徙而来。移民之所以一直起决定作用，是因为城市社区内人口替换率①太低，这反映出与农村相比较，城里有多半的成年人单身（或者说尚未结婚）；同时，婴儿和孩子的死亡率也非常高：城中 1683—1684 年的下葬记录中有 57% 低于十六岁。都柏林的人口来源地一向是佩尔诸郡；到 17 世纪早期，威克洛第一次成为新的底层移民的来源地，到 1660 年（奥）伯恩（[O']Byrne）已是城中最普遍的爱尔兰姓氏。从那时开始，促使都柏林人口不断膨胀的，一共有几个移民来源。有的是短期的，有的是常年的，有的在历史记录中清楚记载，有的则不被人知。有记载并且以短期居住为主的，是较为富裕的郡县精英阶层人士。他们会考虑在开庭期留在都柏林住上一段时间，因为这对他们的社会地位和政治地位提升以及在法律上获得安全保障至关重要。一些人在城里的旅馆住下，或者是租房子，更富裕一些的则开始在城市周围安顿家属、修建临时住所。情况不太明朗的是那些军方和拥有官职的行政人员及其家属的情况。再就是一小部分还没有安定下来的年轻商人，他们是考虑到城市环境比较有秩序才来碰碰运气。跟在这些人后面的，是来自内地更大一股受过教育的年轻人移民潮。他们在贸易和手工艺行业获得学徒机会，赶上城市发展的第一班车。战争之后这类移民大多数是新教徒。很多人都是第一代移民，从英国来的人数最多。我们无法确定有多少人是渡海之后直接来到都柏林的。但是似乎绝大多数"英国"移民事实上并

---

① Replacement Rate，人口替代率是为使一个国家或某个区域在人口上出生与死亡达到某种相对的平衡而产生的一个比率，即每个妇女平均生小孩的个数，去扭转失调或保持平衡状态。联合国推算指出，标准的人口替代率为 2.1。

不是从英国直接到达都柏林，这与大多数来自低地国家（荷兰、比利时、卢森堡）和法国的移民不同，那些国家的移民可能是先到都城都柏林。

似乎17世纪后半叶这股充实城市的后来者是自从12世纪末期以来最大的一次民族融合（相对而言）。在历史记录中甚少看见天主教徒和伦斯特人流入情况的记载。他们男男女女，带着很少的家当来到复辟时代的都城。有些人前来定居是因为在新兴的贸易和手工艺行业找到了工作机会，更多的人们则挤进不那么正规的行业——小商贩、搬运工、苦力和家政服务。威廉·佩蒂认为（按他粗略的计算方式），1671年和1682年间天主教徒的人数增长了一倍还多。现在出现在人们眼前的都柏林，是上层社会的重要度假胜地，是不断扩大的出口贸易的重要商业集散地。因此，传统行业对技术雇工的需求飞速增长，比如烘焙行业、酿酒、裁缝以及皮革加工。新型职业也明显涌现出来。新兴行业如时装、上层人士生活奢侈品以及与贵族生活相关的业务成了发展的催化剂，包括家具制造、香水和假发制造以及布匹精纺和布纹装饰还有玻璃制品制造等。这些行业是由来自荷兰、意大利、英国和法国的专家类移民支撑起来的。印刷业，特别是图书出版业，在战前属于边缘行业，在17世纪70年代以后才迅速发展起来。

公会为了适应经济发展也开始调整自己：制桶工人于1666年从原来的木工公会分离出来，制毡工人和制帽工人在同一年组成了自己的公会。砖瓦工和泥水粉刷工于1670年脱离木工公会，圣路加公会（St Luke's guild）（包括刀剪匠、油漆匠、纸张染色工、文具匠和印刷工）在同一年获得许可资格。以前的脂油制蜡工和与之相关的行业公会于1674年重组，马具商公会在1677年与马车制造商和家具商联合。这些新公会具有法律地位，反映出都柏林堡所持的认可态度——即使不是积极的支持——这些公会的组建反过来给手工业者带来更高的声望。公会到17世纪60年代一直接纳天主教弟兄，但是当国家政策不再宽容的时候，这些人的地位则变得岌岌可危。在很多公会中

（尤其是新成立的那些），天主教和辉格会的工匠只能如"异父异母兄弟"①那样拥有二等地位，为了享受公会的一些自由特权他们需要长期付费。在较大规模的"织工公会"（Weavers Guild），天主教和辉格会弟兄的人数在17世纪70年代末期似乎是超过了完全自由民的人数，虽然17世纪80年代中叶情况发生了翻转。就整个市政厅而言，约有成百上千的本地天主教商人和手工业者在17世纪60年代恢复了全部的公民自由权，但是那之后新的天主教自由民的数目似乎没有什么增加。所以，尽管1671年和1672年有些希望，但是进入议会和城市管理部门的机会仍然渺茫。

自由权反映的既是地位和家庭声誉的政治问题，同时也是经济问题：虽然天主教和辉格会的兄弟成员能够保有作为法人团体一员的一些利益（例如，自由贸易和减少道路收费），但是只有完全的自由民才能享受城市水费涨价后50%的折扣。这个优惠在1675年废止，从那时开始，所有连到供水管道的三百栋临时房屋都必须按一年一英镑的收费严格执行。供水是一直由市政厅独家经营的公共设施系统（虽然管理和税收常年实行分包）。供水管网的发展可以看作是城市向更广大区域发展的指示灯：

1680年至1705年之间民宅与管网连接的年增长率是4%，考虑到这期间发生的政治危机，这个增长相当显著。到1705年，在五十二条街道上一共有七百五十八户连接了管网，还存在着暂时严重供水不足的问题。自由区的供水相对便宜，这成为米斯伯爵和二房东吸引租客的王牌，而圣司反对绿地因为1700年之前一直没有供水，其开发受到阻碍。杰维斯在17世纪80年代将水网送过利菲河。到他去世的时候，河北的房屋（大多数是他曾经的地产）贡献城市水费收入的四分之一还多。

---

① Quarter brother，比如A男与B女结合生儿子C，如何二人离婚；A男与D女生儿子E，B女与F男生儿子G；则因C的缘故，E和G即是异父异母的亲兄弟。

供水是市政厅相当谨慎对待的一项工作。由市政监督建成的两个复辟时期的项目,将公民认同感更多地表现出来。都柏林现在的市政厅窄小、破旧,已经不再适合市长使用。世界贸易中心阿姆斯特丹的豪华市政厅(Stadhuis)刚刚竣工,这座建筑六层楼高,外墙立面上有将近150个窗户。都柏林的财务状况则捉襟见肘,意味着想东施效颦的可能性都没有。但是,在1676至1685年间新建了一个托塞尔,两层,选址不错,位于旧城墙以里,在尼古拉斯大街和斯金纳街(Skinners Row)的交叉口。这是个巴洛克风格①的公共场所,一楼是"所有商人和陌生人进行公开聚会和交往的地方",这里也是市政法庭开庭的地方;楼上是议会和市政官员的政府职能区域。但是这座大楼的建造大大削弱了都柏林的财政实力,并且人们很快认识到其局限性。伦敦书商约翰·邓顿(John Dunton)在1698年认为"空间实在不够大,来此聚会还总得与别人轮流使用。十二点后人们聚会只能限定半小时一次"。但其作为商人的贸易中心和批发业务的交流平台则延续了将近一个世纪。

视觉上看起来更能抓人眼球的是新建的市政学校和国王医院中学(1670—1673年),这些是在奥克斯曼顿开发项目上修建的。这两个项目的开启颇有蹊跷:在17世纪60年代公开集资的初衷是要为城中弱势群体建一个避难所(从而阻止城外乞丐的涌入)。那时,在后街有一所为自由民子弟建的又小又简陋的学校。但是,由于奥蒙德的继承人奥所雷伯爵的热心支持,一所规模很大的学校项目首先启动,同时也包括了医院的建设。拥有小教堂、大厅和"四个大教室",这里

---

① 这个词最早来源于葡萄牙语(BARROCO),意为"不圆的珍珠",最初特指形状怪异的珍珠。而在意大利语(BAROCCO)中有"奇特,古怪,变形"等解释。在法语中,"Baroque"成为形容词,有"俗丽凌乱"之意。欧洲人最初用这个词指"缺乏古典主义均衡性的作品",其原本是18世纪崇尚古典艺术的人们对17世纪不同于文艺复兴风格的一个带贬义的称呼。而现在,这个词已失去原有的贬义,仅指17世纪风行于欧洲的一种艺术风格。

14世纪简陋的市民大厅在1676年拆除前一直发挥很大作用。取代它的建筑是一楼供商人交易之用，楼上处理市政事务的大楼。到詹姆斯·马尔顿（James Malton）1791年为其作画时，这里已经非常破败，塔楼不见了，其古老的设计风格也为后来的新古典主义[①]鉴赏家所不齿。

---

① 新古典主义时期开始于18世纪50年代，出于对洛可可风格轻快和感伤特性的一种反抗，也有对古代罗马城考古挖掘的再现，体现出人们对古代希腊罗马艺术的兴趣。这一风格运用曲线曲面，追求动态变化，到了18世纪90年代以后，这一风格变得更加单纯和朴素庄重。

在人们眼中已经是自由民子弟当之无愧的学府了。这所学校于1675年正式开学，容纳六十个孩子，其中包括四名女孩。(最终)学校如愿以偿取得市政厅充足的财政支持。从奥克斯曼顿和圣司提反绿地的大部分头租金[①]永久性地转拨给学校使用。

再往城西方向，一个更大的建筑项目也在起步当中：一家养老院，也是老兵之家兼国王医院中学（1680—1686）在克曼汉姆附近，凤凰屋对面的南岸山脊上闪亮奠基。这个项目耗资二万三千五百英镑，主要融资来源于士兵津贴提留。虽然这个项目起初并不是奥蒙德的想法，但是由于他的缘故得到皇家支持，并由于他追求奢华的品味，这里的规模之大像宫殿，其装修效果宛如剧院。对于奥蒙德这位成为朝臣之前曾经做过军官的人来说，将爱尔兰军队重建成保皇军队并且令人信赖成为他17世纪60年代的主要成就之一。他与城中一千二百多名警卫团（Regiment of Guards）士兵一直保持着几乎是统领的关系。这个精英军团始建于1662年，由奥蒙德的家族成员和旧盟友管理，驻扎在城区各处从雷泽山到托马斯大街不同的岗位上，在旧岗楼、旅馆、酒馆里。在未来梅里恩广场的沼泽地上建一座巨大的星型堡垒的计划（1673年德·戈姆的设计方案，所占面积比城墙内城还大），本来能容纳700士兵，但由于英荷战争[②]的结束，这个想法没能实现。从此都柏林再也没有专建兵营的提法了。所以，受巴黎"荣军院"（Les Invalides）的启发，建立一个全国范围的大型军团疗养院的想法，既符合实际需要——以保证军人病有所养也不至于影响现役军团士气的方式，将拥有军衔的病残军人剥离出来——也表明王室所属的爱尔兰军队的重要性。同时，这也是军队在都柏林事务中处于中心位置的强有力彰显。由总测量师威廉·罗宾逊（William

---

① Head rent，二地主向地主交的土地租金，或二房东向房东交的房屋租金。
② Anglo-Dutch hostilities，17世纪50—70年代，英国为了打败日益发展的商业竞争对手荷兰，并力求保住开始建立的海上优势和争夺殖民地，曾三次挑起对荷兰的战争，并最终获胜，双方实力均受到不同程度伤害，而荷兰丧失了海上霸主地位。

Robinson）设计，与学院相仿的四角型结构在西部拔地而起。其外部和内部的细节处理上，质量超群。尤其引人注目的是小教堂里由胡格诺派[①]移民詹姆斯·塔巴里（James Tabary）制作的木雕，使这里立刻成为公众的关注对象。但是，对于国王医院中学的巨大空间和容量（可以很舒服地容纳大约三百名老兵），这里在开张后不久（就像其他世代的救济院一样），就被排山倒海的灾难给淹没了——爱尔兰又打仗了。

和平大结局

1684年4月的一个深夜，都柏林被城堡里发生的大火和多起爆炸惊醒。大火从南边的国宴厅开始，并向整个建筑群蔓延。奥蒙德的二儿子阿伦伯爵正住在这里。他担心1597年的事件重演，就命令建一道防火屏障，以保护城堡建筑群东北角的弹药库。这难免需要拆毁几套房子，其中还包括那条"雕梁画栋的露天"长廊，是17世纪20年代建造的，也是古典艺术形式第一次进入这座中世纪堡垒。阿伦以其果敢、无私受到赞扬（奥蒙德由此损失了大量昂贵的家具、油画和挂饰）。事实上历任总督早已非常不喜欢这座城堡，这次大火可能更有利于重建。这些建筑里摆满了新旧掺杂的家具，拥挤不堪；福克兰、温特沃斯、艾克塞斯以及奥蒙德本人都会添一些东西进去。城堡的功能也在改变：这座四边型建筑的西边是议会会议厅，于1671年被烧毁，之后未再重建。枢密院定期在城堡外埃塞克斯街的一栋"大房子"里举行会议，后来在17世纪60年代挨着海关大楼旁边建造了

[①] 胡格诺派（法语：Huguenot 法语京诺派，基督教新教加尔文教派在法国的称谓。"Huguenots"原意"日内瓦宗教改革的追随者"）。将教育作为与天主教争夺教派势力、扩张宗教影响的重要工具。在法国创立大批初级学校，32所学院和8所大学，教育信徒子弟，训练本教派的传教士。以本国语教学，设圣史、祈祷、教义问答、读、写、算和诗歌等课程。成为法国16世纪末至17世纪中期推行初等教育的重要力量之一。

议事厅。在 1684 年大火以前，奥蒙德和阿伦曾经有过念头，利用王室的支持，完全废弃城堡，在别的地方重建一个，或者，在现有城堡周围多买地，拆毁围墙，"引四条美丽的大道通进城堡"。这场大火将城堡的未来置于更广泛的讨论议题之中，但是整体重建的机会却很渺茫。

事实证明，对城堡的修缮非常缓慢，用了二十五年，也就是四分之一个世纪的时间。进度如此时断时续，反映出更广泛范围内的动荡局面，有政治上的，也有军事上的。都柏林这座城市再一次遭受劫难。按常规说法，这一时期开始于 1685 年 2 月，就是都柏林公布查理的兄弟詹姆斯二世①成为英王消息的时候。奥蒙德辞职，并在几周后永远地离开了爱尔兰。英国政治局面自从 17 世纪 70 年代初开始就一直处于极度动荡的状态。在公开确认詹姆斯信奉天主教这件事之后，人们的关注点主要集中在王储的宗教归属问题上。这件事在都柏林的影响却略显迟钝，因为 1666 年以后就没有召开过爱尔兰议会会议，奥蒙德和艾塞克斯在英国动荡期的影响也越来越小。英国那些反对天主教国王继位的人引起 1678—1680 年间的"天主教阴谋案"②，与此有关的反天主教浪潮在都柏林当地引起恐慌，并迫使奥蒙德保护自己不至因秘密同情天主教的罪名被起诉。于是，对天主教主教和修道

---

① 詹姆斯二世（1633—1701），从 1685 年到 1688 年是英格兰、苏格兰和爱尔兰的国王。他是最后一位信奉天主教的英格兰国王兼苏格兰国王。他是查理一世的次子，查理二世的同母弟。他的臣民不信任他的宗教政策，反对他的专权，在光荣革命中被剥夺王位。王位落到了他新教的女儿玛丽二世和女婿威廉三世手中。詹姆斯二世退位后受到法国国王路易十四的保护。路易、他的儿子詹姆斯·弗朗西斯·爱德华和孙子查尔斯·爱德华·斯图亚特还继续策划恢复詹姆斯派的王位，但最后也没有成功。

② Popish Plot, 1660—1688 年复辟时期，在议会和国王的斗争中，英国的宗教言论极不自由。天主教阴谋案就发生于这一时期。1678 年，一位名叫泰特斯·奥茨（1649—1705）的人捏造了一个谣言，宣称天主教信徒正在策划一次针对国王查理二世的暗杀行动，然后让其弟詹姆斯取而代之。虽然这只是个谣言，却导致英国陷入了长达 3 年的恐慌，并最终推动了全英国反天主教运动的发展，有多人因此而丧命。

士的突然打击开始了。都柏林大主教彼得·塔尔伯特（Peter Talbot）因莫须有的罪名被捕入狱。尽管奥蒙德个人认为塔尔伯特无罪，但后者仍然被都柏林堡关押了两年，并于1680年在狱中去世。杰维斯的赞助人艾塞克斯伯爵是另一名受害者：他从都柏林返回英国政坛，成为反对派领袖，被囚禁在伦敦塔，并于1683年自杀身亡。很显然他害怕被牵连进反对国王的黑麦屋阴谋案①中。

这一出出精彩的戏剧性事件对都柏林产生的影响有多快呢？1685年7月在弗朗西斯大街当众焚烧蒙默斯公爵（the duke of Monmouth）的肖像事件提供了很清楚的答案：蒙默斯是查理二世的亲生儿子，是王位的新教继承人。他在英国西南部各郡发动反对他叔父的起义，但是最终以失败告终。现在庆祝他在战斗中的失败，就是天主教徒在本地所发出的第一个信号。因局势发生了反转，他们是喜出望外啊！选择弗朗西斯大街本身就意味深长。这条街位于城墙和米斯伯爵自由区之间，是天主教颇具影响力的居民区；旁边的弗朗西斯教堂建于1680年前后，是天主教徒在复辟时期四个敬拜场所之一，而天主教大主教帕特里克·拉塞尔（"是个好人，但……算不上是政治家"）就住在这条街上。城中牧师人数的多寡随官方宽容程度的改变而变化。可能最好的时候有五十人。他们中绝大多数是僧侣，或是多明我会的，或者是方济会的，流动性很强，都是在欧洲大陆接受过训练、非常好的传道人。弗朗西斯大街似乎特别是修道士集中的地方。在复辟时期的宗教宽容政策导致天主教教会在有些时候回光返照，这对新教观察家来说是一种强烈刺激。其实在宽容政策期间，天主教徒中会产生严重的教牧上的分歧。有政治观念的人急于将教会和国家之间的关系规范化，而另外一些人则将教皇权威的一点点削弱看做是神学意义上的堕落。拉塞尔于1682年上任，但是等到詹姆斯二世登基以后才开始公开活动。他于1685年7月举行伦斯特主教大会

---

① Rye House plot，1683年刺杀英王查理二世及其兄弟约克公爵詹姆斯的计划。

(council of Leinster bishops),并在随后的四年当中主持了一连串的宗教大会和会议。这些会议的主要目的是希望贯彻特伦托宗教会议[①]决议,以解决分裂和混乱的教会状况,使城市中的天主教运动在这方面起引领作用。

　　来自官方的全面宗教宽容政策一直到1687年4月才下达,那之前很长时间早已扫除了对反对派和天主教徒的市民约束。城市管理在詹姆斯统治时期的头两年仍然掌握在新教徒的手中。但是,早在1685年11月的时候,由海外富商托马斯·哈克特(Thomas Hackett)领导的一群天主教商人就提出过要获得自由民资格。市政厅错过了给天主教徒重新打开大门的机会。最后,在次年夏天,在奥蒙德的继任者克拉兰敦伯爵(the earl of Clarendon)以总督的身份的强迫下,才得以实行。天主教自由民的人数虽然有迅猛增长的趋势,但仍占少数。接着,克拉兰敦在1687年年初被泰隆内尔勋爵理查德·塔尔伯特(Richard Talbot, Lord Tyrconnel)取代。后者的兄弟是新近故去的大主教,其本人是新国王的长期密友。

　　泰隆内尔对爱尔兰军队实现了有效控制,将其中大部分的新教人员解雇,鼓励天主教军官从全国征募新兵。乡下人潮水般涌入并散居城市各处,很快引起新教市民的鄙视——也许是受了满街流行的"利利布莱罗"[②]民谣的感染——并引发了流血事件。然而,泰隆内尔一旦掌握了城市管理的大权,天主教化进程立刻加速,并扩展到地方行政职位和司法机关。泰隆内尔下决心要让所有的地区都忠心遵行新的宗教政策,便劝说国王同意了一个后来引起很大争议的规定,即取消所

[①] 特伦托会议(The Council of Trent),是指罗马教廷于1545至1563年期间在北意大利的天特城召开的大公会议,是次会议乃罗马教廷的内部觉醒运动之一,也是天主教反改教运动中的重要工具,用以抗衡马丁·路德的宗教改革所带来的冲击。

[②] Lillibulero,流行于爱尔兰和英国很久的民歌,在不同时期有不同歌词填入。此时填词针对理查德·塔尔伯特的反新教立场。

第二章 | 王室属下的城市:1647—1690

有爱尔兰自治市镇现存的特许权。对于都柏林来说,国王的这个武断举措是对该城几个世纪以来忠于王室立场的粗暴否定。市政厅请求行将就木的奥蒙德拯救该城的自由权,但是风向已经完全变了。新的特许证和新的市政班子生效了,二十四位市议员中有十五位是天主教徒,另加了零星的几个反对派(包括安东尼·夏普)。这些人在1687年11月正式上任。从那时起,一直到1690年的博因河战役①,天主教徒掌控着托塞尔。哈克特一雪前耻,成为新特许状颁布之后的第一任总督,为自己讨回了公道。

尽管人们对未来忧心忡忡,新教对爱尔兰詹姆斯党人政权的威胁只是在缓慢酝酿中,等到信奉天主教的詹姆斯二世生下儿子②以后,这种对抗最终付诸武力——有传言说奥兰治的威廉(William of Orange)③准备入侵英国。这件事的起源是在阿尔斯特而不是都柏林。

---

① Battle of the Boyne,詹姆斯党人叛乱期间在爱尔兰进行的一次大规模战斗。在1688年"光荣革命"中被迫逊位的詹姆斯二世(James Ⅱ)企图夺回英格兰王位。1690年,詹姆斯二世在博因河南岸地区集结军队。英王威廉三世(William Ⅲ)率领军队前去征伐。尽管双方的伤亡均不惨重,威廉也谈不上是大获全胜,但两位国王在爱尔兰为争夺王位而交战一事却令人瞩目。每年7月12日爱尔兰人庆祝博因和奥赫里姆两大战役。
② 1688年6月10日王后为詹姆斯二世产下一子,起名叫"詹姆斯·弗朗西斯·爱德华",后来被称为"老觊觎王位者"。
③ 威廉三世(William Ⅲ,1650—1702),即苏格兰的威廉二世、奥兰治的威廉亲王、奥兰治亲王、荷兰执政、英国国王。他是荷兰执政威廉二世之子,母亲玛丽公主是英国国王查理一世之女,被废黜的詹姆斯二世则是威廉三世的岳父。1688年,英国国王詹姆斯二世置国内大多数人为新教徒的国情于不顾,企图重新将天主教定为国教,而且强行镇压反对派,解散议会。威廉三世看准时机,亲率万余大军在英国登陆,英国人纷纷倒戈,使他轻而易举地攻下了伦敦。威廉三世与其妻玛丽一起被接受为英国国王,但条件是必须接受议会通过的《权利法案》。其主要内容是国王未经议会同意不能停止任何法律的效力,不经议会同意不能征收赋税等,这一事件,对英国而言意味着自1640年革命以来,由革命引起的阵痛的结束,建立起了世界上第一个长期稳定的君主立宪制,这就是"光荣革命"。威廉三世成为"荷兰执政兼英国国王"。1701年,威廉又接受了英格兰议会通过的《嗣位法》,除了规定他的妻妹安妮为继承人外,还规定今后任何天主教徒不能继承英国王位,任何英国国王不得与罗马天主教徒结婚等。威廉三世被列入世界最有影响的帝王之中主要因为两点,一是他使荷兰度过了被英法两国夹击的艰难岁月,维持了"海上马车夫"的独立和强盛;二是他接受了《权利法案》,使英国跨入了君主立宪制。而后者对世界历史更为重要。

与17世纪40年代的严重危机不同,都城发生的经济危机是个缓慢的过程——事实上,那是自1689年夏天开始的一场因战争而引发的经济危机——并且,同样是与17世纪40年代不同,危机当中的军事事件(对都柏林而言)却是速战速决。确实如此,从1686年开始就不断流传着屠杀和阴谋的谣言,但新教都柏林的衰落却是持久的过程,大量市民也热衷横渡海峡离开本地。自从克拉兰敦复职、泰隆内尔擢升,信仰新教的市民开始深感不安,将资产尽可能转移到英国,并开始琢磨自己的去留问题。到1688年12月——几乎是两年以后——就是威廉一党掌控英国的时候,这股潮流变成了洪水。头天晚上有传言说要对新教徒进行全国范围的大屠杀,之后一连三天的时间里,有大约三十艘船驶离林森德,将妇女、孩子和物品急速运往北威尔士。当这一阵恐慌过去之后,大量的人口外流——主要是向北逃往"自由的"威廉领土的男人们——持续了好几个月。但是,城里似乎有大约三分之二战前的新教人口,主要是老人和穷人,留了下来。

都柏林这座处于天主教国家,却为新教徒聚居的城市现在拥有一个天主教政府,形势极为尴尬。泰隆内尔总是疲于奔命,在都柏林他似乎总没有消停的时候。1688年7月,为庆祝詹姆斯二世儿子的诞生,他举办了一个一整天的庆祝活动——从国王医院中学到城堡大弥撒的大规模游行,一路都有葡萄酒供人们享用。在查波里佐德会所举办国宴,在托塞尔还有晚餐。与此同时,河面上还有焰火发射——这些描述其实有夸张的成分。在他看来到处都有像"第五纵队"[1]那样的敌对分子,甚至到1690年1月份他仍然认为城中马上要发生新教徒起义。然而,爱尔兰圣公会具有深厚的君主传统(monarchist

---

[1] 在二战前夕,西班牙叛军首领佛朗哥在纳粹德国的支持下进攻马德里。相传,当记者问佛朗哥哪支军团会首先攻占马德里时,他手下一位司令得意地说是"第五纵队",其实他当时只有四个纵队的兵力,"第五纵队"指的是潜伏于马德里市区的内奸。此后,"第五纵队"成为内奸或内线的代名词。

instincts），他们绝想不到詹姆斯王朝下辖的爱尔兰总督会有什么造次，在对待这场危机的态度上，也存在严重分歧。圣公会教区教堂一直开放，也确实没受到什么干扰，这种情况持续到詹姆斯统治的最后几个星期。只有国王医院中学的小礼拜堂被征用做天主教堂；在城堡、托塞尔和老国王律师公会也时不时举行弥撒。具有代表性的重新开始的祝圣活动发生在基督大教堂，这座教堂在1689年9月被强行征用进行天主教敬拜活动。三一学院在同一时间关闭，原址被当成军营和关押新教囚犯的拘留所。但是，在另外一边，尽管圣帕特里克修道院院长威廉·金由于涉嫌（后来得以证实）做威廉宫廷的内应，按政治犯被囚禁，英国圣公会的敬拜活动无论公开或者不公开仍在继续中。新教教堂真正关闭仅仅是在博因河之战的前十天："人们听不到钟声，只有弥撒的铃声，那个礼拜天，所有人都待在家里"。无论怎样，詹姆斯二世政府一直不断地对新教市民进行干扰，搜查他们的家、教会，甚至坟墓，间或将他们的马匹充公。最后，对所有新教徒实行宵禁，致使很多人被捕，"甚至乞丐也不放过"。很多时候这样做是出于军事上的需要，但是强行拘禁、强迫新教徒将武器交给天主教市民这些措施对城市安全几乎没带来什么益处。

1689年对都柏林这座城市来说，从好几个方面讲都是"重要之年"。这一年，自1399年以来第一次有在位的英国君王莅临；这一年，大部分成员都是天主教徒的爱尔兰议会违背英国王室意愿，废止了1662年的《土地分配法案》，并因此停止了中世纪的大规模土地充公行为；这一年，都柏林成为泰隆内尔新天主教军队活动的中枢和聚集点。

詹姆斯二世在1689年的圣枝主日[①]来到都柏林：他从金塞尔一路高歌猛进，在圣詹姆斯门受到市长和市政厅官员的欢迎；

---

① Palm Sunday，复活节前的星期日。

临时搭建的舞台覆着地毯，有两个人在弹威尔士竖琴，舞台下面有很多修道士在赞美唱诗，还有一个很大的十字架。约有四十个卖牡蛎、家禽、药草的姑娘身穿白色衣服……载歌载舞，一路来到城堡，围在国王身边，随处撒下鲜花。有人将花毯挂在阳台外面；其他人便模仿他们，将土耳其椅子罩和硬布毯子缝在一起，挂在街道两旁……
　　当国王徐徐前行，几个乐队的笛子手吹奏"我王再次欢畅"①的曲子，人们高声呼喊"愿神拯救我王"。如果看到哪位新教徒没有表现出如此热情，马上就对他进行攻击、谩骂……

　　在城堡门，国王跪下来接受天主教大主教的祝福。大主教由四位手捧圣餐的主教陪同，一同站在华盖之下。"排成长列的修道士们高歌伴唱"。与国王同行的，首先是一大群法国外交官和军人。他们对爱尔兰同行以及对都柏林这座城市的傲慢态度很快引起人们的强烈反感。

　　詹姆斯二世的爱尔兰议会主要由"旧英格兰人"里的天主教徒组成，那年夏天在国王律师公会行使职能两个多月。在迎接他的仪式上詹姆斯谈到宗教自由、贸易促进、因《土地分配法案》遭受损失的补偿问题。但是泰隆内尔及其同盟却把焦点集中在更激进的目标上：彻底取消复辟时期的土地分配政策。人们一直在争论这是否会成为将新教徒推向威廉一边，转而明确支持他的最后一张多米诺骨牌。但是，城里那些从1660年起买入或赢回地产的大量天主教徒家庭肯定满心焦虑地盼望能有一个新的索赔法院②。

---

① The king enjoys his own again，写于英国内战（1642—1651）期间的一首保皇党人唱的歌曲。
② Court of Claims，专门负责审理对政府的申诉案件。

第二章 | 王室属下的城市:1647—1690

发生在爱尔兰领土上的战争始于该年夏天,历时近两年,对都柏林产生直接影响的时间却不到一年。虽然从1689年8月起就有威廉的大批军队驻扎在爱尔兰北部,而法国增援詹姆斯的军队也从1690年3月开始登陆爱尔兰,两军之间的主要冲突却发生在次年夏天。泰隆内尔从1686年开始逐渐解除新教军官的武装创建爱尔兰军,于1689年成型达到一定规模。就那一年晚些时候驻扎在都柏林及其周围的士兵人数,有各种不同说法,最多的估计是三万人。新教市民的很多投诉与加诸他们身上的经济负担有关,包括强征食品和商品出口以及滥收税导致的财产损失。市议员拉姆(Alderman Ram)在圣司提反绿地公园获赠的房产在1689年9月被翻得乱七八糟,书籍和钱财被洗劫一空,仆人们被撵出家门。到秋天的时候食品供应更是时断时续,大量铜和其他基础金属被用来铸币,造成物价飞涨,更加剧了食品短缺。整个冬季坎伯兰运煤船都遭到封锁,燃料供应受到严重影响。结果,士兵将城里城外的树木、篱笆,甚至无人居住房屋的木料掠夺净尽。

然而,在这极不正常的年代里,对都柏林的历史记载却给人得过且过的感觉。约翰·史蒂文森是詹姆斯一党的英格兰人,他以厌恶的口吻回忆那里的酗酒现象:

> 发誓、诅咒和诽谤占了人们普遍谈论话题的一半……这是最适合女人的时光,她们更喜欢勾引男人行放荡之事,而不愿脸上挂住一点点谦卑之相。总而言之,都柏林就像是一个研究邪恶的神学院,学习奢华的研究院,或者也可以说,其道德沦丧正是索多玛[①]活生生的象征。

[①] Sodom,《圣经》中记述的邪恶之地,因城中罪恶满盈,被神烧灭。

他说，甚至大斋节①也没人过了。同样让人吃惊的是，与17世纪40年代相比，詹姆斯政权对城防的投入少之又少。郊区的四野已经远远超过奥蒙德时期的壁垒范围，也许这使得城防工程无法实现；但是对各个桥梁的防卫工程也只是象征性地做了一点，这实在匪夷所思。在战争早期人们普遍的观点是，威廉的军队在伦斯特就会被击败，都柏林根本不存在任何危险。当1690年春威廉带着更多军团君临爱尔兰的时候，情况变得明朗起来。前述观点根本不成立。威廉的军队势不可挡，于1690年6月离开伦斯特南下，都柏林受到极大的威胁。但是正像泰隆内尔对詹姆斯的王后所说，这意味着城北将有一场激战，"因为如果我们被赶出都柏林，那么这个省也就失守了，长期保住其他地区也就没有指望了"。但是，就在博因河战役②的前十天，一贯前后矛盾的他似乎已经预备好牺牲都柏林了。因为这样的话，就不至于让他落到在一棵树上吊死的田地。但是对于普通市民来说，无论是天主教徒还是新教徒，一想到詹姆斯国王会突然撤退或者直接失败，他们马上陷入了惶恐之中。几个月以来已经有传言说，如果詹姆斯政权离开都柏林，那么都城被烧毁的过程会是这样："城市会被已经预备好的火球烧尽，如果大火燃烧四、五天的话，整个城市会被烧成灰烬"。

1690年7月1日博因河大战开始数小时之后，詹姆斯先于其败退的军队回到城里，宣布说詹姆斯政权在都柏林的统治就此结束，并命令其向西撤退的军队不要破坏这座城市。但是，在詹姆斯迅速逃往

---

① 大斋节始于圣灰节，后者位于复活节前的第七周。在旧约中时常提到人们把灰撒在自己的头和衣服上，以表明悔改或懊悔。大斋节被看作是一段悔改的时期，因此蒙灰被看作是内在懊悔的一种恰当的外在表现。因此，在教会史的早期阶段，尤其是在中世纪，大斋节的第一天以在教士或人们身上撒灰开始。自近代以来，在大斋节期间的棕榈节，燃烧棕榈十字架替代了撒灰。悔改的主题在某些教会也由这段时间教士的紫色服装来代表。节期内教堂祭台上不供花，教徒不举行婚配，也停止娱乐等。新教多数宗派已不守此节。
② 1689年7月，詹姆斯二世在博因河南岸地区集结了一支主要由法国、爱尔兰和英格兰天主教徒组成的二万一千人的军队。与英王威廉三世对阵，最终兵败。

法国之后几乎一天的时间里,他的骑兵军团持续不断地溃败到城里。城堡就这样悄无声息地变成空城,所有监狱无人把守。基尔代尔伯爵的小儿子罗伯特·菲茨杰拉德"带着他可怜的新教卫兵",费尽心机拿到城门和城堡的钥匙,释放了囚徒,看管好了储存的物资。接着,"在其他上流人士的帮助之下",他成功地实现了对城市以及郊区的掌控,阻止了"那些抢夺罗马天主教徒武器的暴民"。奥蒙德的孙子兼继承人在开战两天以后带着一小股骑兵先遣队到达城里。这是出现的第一批得胜军队。一位新教的日记作者这样回忆道,"我们从自己家中慢慢走出来,发现了一个焕然一新的世界。"但是惊吓中的天主教市民却担心威廉的军队一来,"他们就会做剑下鬼"。这座城市免遭一场屠杀,竟与行动迟缓的奥兰治的威廉毫无关系。城市景观毫发未损地躲过了又一场战争。

第三章

受伤的女士：1690—1750

在 1688 年冬天，惊恐中成群地逃离都柏林的新教徒当中有两位年轻人，一位叫圣乔治·阿西亚（St George Ashe），新近被任命为三一学院的数学教授；另一位叫乔纳森·斯威夫特[①]，是前者个别辅导的学生，刚刚毕业。阿西亚是克伦威尔时期在罗斯康芒[②]定居的一户人家的小儿子。他在都柏林哲学学会已经小有名气。这个学会是 1683 年发起的新兴知识分子沙龙，成员不多，兴趣却很广泛，并共同致力于以培根[③]的方法进行科学探究，"不是用说辞和空洞的推测……而是实物和实验"。阿西亚有一本记录天气情况的日记，包括每天的气压数据，整整两年的。他还弄到一架望远镜，并成立了一个小型的校园天文台（这个天文台似乎在詹姆斯党人占领校园时被毁）。流亡期间，他有两年多时间做英国驻维也纳大使的牧师；回都柏林前他的科学视野得以大大拓宽，并在后来成为三一学院的院长。

斯威夫特的成长经历则完全不同，他于 1667 年生于圣威尔堡教

[①] Jonathan Swift（1667—1745），爱尔兰籍英国作家，政论家，讽刺文学大师，以著名的《格列佛游记》和《一只桶的故事》等作品闻名于世。
[②] Roscommon，爱尔兰地名。
[③] 弗朗西斯·培根（Francis Bacon，1561—1626），英国文艺复兴时期最重要的散文家、哲学家。

区，拥有更坎坷的童年。由于父亲早亡，他早年在坎布里亚与一位保姆生活在一起，后来被送到基尔肯尼的寄宿学校。他似乎是逃到英国以后才平生第一次见到母亲。他第一次文学尝试是《国王出行爱尔兰颂》（*Ode to the king on his Irish expedition*）（1691年），从中看不出有什么才华可以在将来显露出来。他于1694年承接圣职，十年之间在伦敦和都柏林的赞助人之间游走。最后为其不安分的才华在作为政治温床的安妮皇后统治下的伦敦找到了归宿。他与托利党①议员打得火热，也非常支持他们为国教代言的立场，成为他那个时代最成功的文学急先锋。他的第一部伟大作品是《一只木桶的故事》（*A tale of a tub*）（1704年），其中收录了非常有名的讽刺随笔"书的战争"，讨论古代智慧和现代学识孰优孰劣。与阿西亚不同，斯威夫特对那个时代知识上自以为是的态度表现出具有颠覆性的深刻观点。

在为自己谋得利益方面他好像太过才华横溢，在伦敦寻求擢升的过程中被挤了出来，仅仅在圣帕特里克保住了大教堂牧师的职位，并在托利党失败之前的1713年正式入职。他带着对其赞助人的极度失望回到家乡都柏林，认为他们"没有能力保护自己的支持者，也没能为汉诺威王朝②的未来做准备。他还对其政治敌人，无论是辉格派、反对派还是更糟糕的那些人，对他们道德上的败坏极其蔑视"。这种

---

① Tory，英国政党。产生于17世纪末。19世纪中叶演变为英国保守党。"托利"一词起源于爱尔兰语，意为不法之徒。在1679年议会讨论詹姆斯公爵是否有权继承王位时，赞成的人则被政敌称为"托利"。托利党人参加了1688年的"光荣革命"。
② 汉诺威王朝（House of Hanover），是1692—1866年间统治德国汉诺威地区和在1714—1901年间统治英国的王朝。由于在英国本土，最后三位斯图亚特君主均无子嗣成活至成年，但斯图亚特家族一位公主嫁到了德国汉诺威，她的汉诺威后裔因此拥有了英国王位继承权。1714年，安妮女王驾崩。在安妮女王长子夭折后，英国国会为避免英国王位再次落入天主教徒手上，根据《1701嗣位法》，汉诺威选帝侯乔治一世·路易继承大不列颠和爱尔兰的王位，是为英王乔治一世。大不列颠和爱尔兰王国由斯图亚特家族女儿后裔的汉诺威王朝统治。

反乌托邦的世界观①会在十年后的《格利佛游记》中得到再创造,并对其以寓言的形式进行多层面的展现。

在跨越博因河之后五十年的都柏林历史上,斯威夫特及其非凡的职业生涯可以说是对这一时期的连贯性见证。这种说法的基础在于,斯威夫特晚年在都柏林所拥有的极大声誉,以及他在城市公共事业发展方面所发挥的影响力。但他的早期作品却给我们介绍了可以应用在更广阔领域的另外的写作手法。《受伤女士的故事》(The story of the injured lady)写成于1710年,但是直到他去世以后才出版。这是他第一部评论英-爱关系的作品。在这个寓言中,爱尔兰以一位女性形象出现,因为英格兰更倾心于苏格兰的魅力而拒绝了爱尔兰。在这样的比喻里,新教爱尔兰的地位以及威廉重新征服的隐喻却无法阐述清楚。但重要的是,贯穿整个故事的情感元素——失望、背信、弱势群体遭离弃——成为渗透在爱尔兰一代人身上的公共话题中的普遍内容。1688年及光荣革命之后在伦敦发生权利重组,这在都柏林不同派别身上留下不同的伤痕,他们各自心怀不满、愤愤不平,虽然有时自相矛盾。事实上,怨声载道成为这个世代的重要特点,然而,这个世代却最终演变为完全的和平。

来来去去

王朝更迭、政局变幻,伦敦政治重心从君主到议会的变化以及越洋战争导致的开支增加,这一切构成1690年以后十年内都柏林公共生活的背景画面。奥兰治的威廉及其妻妹安妮都没有留下子嗣,直到1714年大多数人只是偶尔想想詹姆斯党死而复活的威胁,另外一些人则在之后很久一直怀着这样的盼望。这种不确定性,再加上无时

---

① 反乌托邦主义反映的是反面的理想社会。在这种社会中,物质文明泛滥并高于精神文明,精神依赖于物质,精神受控于物质,人类的精神在高度发达的技术社会并没有真正的自由。

不在的对法国军事力量的恐惧,构成爱尔兰国内和都柏林城市持续一代人之久的政治格局。仅在1697到1702年间发生了一个短暂的插曲,一场战争影响了都柏林的海上贸易及其地方政治,其实,是影响了社会生活的方方面面。欧洲陆地战场的压力越来越大,詹姆斯党领袖们火中取栗,于1691年在利默里克遭受围攻时从威廉的谈判代表那里得到了意想不到的有利条件。但是,随后条约中的民事条款以及对天主教徒大幅度落实宗教宽容政策的保证激起新教徒强烈的敌对情绪。他们自认为赢得了爱尔兰的战争,却让其他人以他们的名义丢掉了和平。这种软绵绵的和平条款使人们义愤填膺,满怀仇恨情绪的人们呼吁起草全面的反天主教立法,以便永久性地摧毁天主教势力的经济和政治基础——泰隆内尔统治时期天主教的反弹历史依然让人触目惊心。

这种膨胀的情绪在爱尔兰议会奇切斯特家庭聚会上找到出口。从1692年开始,议会聚会的时候多了起来,这是政府亟需让《利默里克条约》[①]通过并获得更多军事防御经费的结果。但是,随着在学院绿地公园举行的议会会议的增多,不管是爱尔兰枢密院以前规定的宽松且临时的措施,或者是采用原来的英国反天主教法,起草更加全面反天主教立法的巨大压力随之而来。1695年至1709年间,议会在学院绿地公园通过了若干五花八门的立法章程——这些章程仅仅在后来才被看作是统一的"刑法典"——限制所有天主教徒的权利,包括持有房地产、继承土地财产、从事律师行业、让孩子无论是在国外还是本国受教育或者持有武器(全国范围内有一小部分天主教精英分子在武装禁令上拥有个人豁免权,几乎30%是住在都柏林或者都柏林郡)。

[①] The Treaty of Limerick,因签订于利默里克而得名,结束了詹姆斯二世与奥兰治的威廉及其支持者之间在爱尔兰的"威廉战争"。条约内容刻在一块原来用作上马的石头上,被称为"条约石"。为了防止游人凿取纪念,该石现在有了基座,在利默里克向游人开放。由于该条约的签订,利默里克有时被称为条约之城。利默里克位于爱尔兰中西部,属伦斯特省。

制度健全的教会被1697年的《放逐法案》(Banishment Act)彻底摧毁，其目的就是要驱逐所有天主教神父、代理主教和宗教派别成员。最彻底的内容包括，这个法案禁止所有已经接受过国外教育（包括神学教育）的人再次入学。约翰·邓顿（John Dunton）是1698—1699年住在都柏林的伦敦书商，他单纯地相信这些法案的效力，写道："因着这些法律规定，天主教这个宗教在爱尔兰已经奄奄一息了，我认为这非常可以了……下一代人不会有多少人愿意对抗英国了。"

威廉政权的议会成员全是新教徒，下议院人数膨胀到三百名议员，绝大多数由农村乡绅及其社会关系构成，城里的议员当时也很容易掺杂其中。都柏林城1692—1713年间的六名议员中，三人是律师，另外三人是市议员（每一位都做过市长）。他们中不是所有但也算是大多数，都在乡下拥有大量地产。市议员大多在议会委员会非常活跃，他们中的一位成为下议院的发言人（约翰·福斯特，1710—1713年）；六人中有四人的政治立场属辉格派，所以他们对《利默里克条约》的通过（爱尔兰议会在1697年通过了简化了的条约）持反对态度，主张更严厉反天主教立法的支持者们也持相同态度。但是目前还没有找到实际证据证明都柏林支持过引进任何的刑法。

市政厅作为实体存在处于非常尴尬的地位：1690年通过的英国法律规定，自1683年以来批准的所有自治市镇的特许状（包括1687年颁布给都柏林的）都属无效。这个规定使博因河战役之后掌握管理权的前新教市议员的地位得以规范化，使都柏林恢复"其古老的新教统治"。很多天主教商人被扣押达数月之久——直到他们愿意吞下"效忠的药丸"为止。1690年9月，重组的市议会驱逐了所有"那些……联合在一起使得都柏林丧失了自治特许权，使得若干新教地方法官、行政官员和自由民失去地位和自由"的天主教派自由民。这个规定模棱两可，似乎允许少数天主教自由民保留自己的地位（有些人只保留了几年）。然而，市议会于1692年向以后的天主教申请者关上了大门，规定所有自由民申请者除了宣誓效忠国家，还要宣读新的威斯敏斯特信条[1],(特别是)宣告弥撒是拜偶像的仪式。17世纪90年代后期,雇佣天主教学徒的自由民一律受到严厉惩罚;1699年的市议会甚至规定,即使最底层的佣工也必须宣誓成为新教徒。当情况发生逆转时,天主教自由民当然更需要以自己的行动做出补偿:很多新教自由民的财产在1688年底大逃亡时被掠夺一空,有多份报告称至少有一位詹姆斯党议员说过,如果詹姆斯国王战败,应将都柏林城烧毁。

尽管如此,有些天主教商人仍然重新做起生意来。在有些行业,尤其是食品加工和酒类零售,天主教商人仍然统领市场。在海外贸易方面,他们逐渐萎缩,越来越占少数。关于是否继续使用科克会所的庭院而不是托塞尔作为商品交换的场所,商人们发生了争吵,1696年发生了一段颇具启发性的插曲:市议会的档案记录上登记了九个反抗市政厅的人的名字;其中六人是自由民(其中三位是胡格诺派[2]

---

[1] 自伊利沙白女王一世以来,英国圣公会成为主教制,就是由女王直接委任主教治理地方教会,并在公共崇拜中遗传许多天主教的礼仪,此举引起许多改革的新教徒的不满,这群忠于改革的人就是当时的清教徒。在1643年,查理士一政之时(1625—1649),当时议院的议员以清教徒居多,他们期盼以清教徒改革原则重整英圣公会,于是在韦斯敏斯特大教堂召开了一个大型的议会,在神学的立场上,大家则一致认同加尔文的观点,否定阿民念派及罗马天主教。经过三年的讨论,议会于1646年12月完成了《韦斯敏斯特信条》,供日后议院及议会之用。信条的内容完整、精确、简洁、平衡,每一个句子都经过小组的讨论及公开的辩论,参与者阵容之强也属罕见。信条于数个月后加入《圣经》的章节引证,是年6月得到议院的批准。虽然在英国此信条所获得的公认只到1660年,但它深受清教徒的爱戴,在苏格兰也为议会及议院所接纳;后来随着新大陆的移民而传入北美洲,是在英、美的长老派及北美的公理会与浸信会中最具影响力之信条。华腓德博士论到这信条说:"这是人所构思并写出有关我们所称'福音派信仰'中最齐全、最清楚,最周延、最完美,又最生动的信条;如果我们要福音派信仰延续不绝,就必须护卫这个信条和其他性质相同的各个信条。"

[2] Huguenots,16世纪欧洲宗教改革运动中,兴起于法国而曾经长期惨遭迫害的新教教派。17世纪以来,雨格诺派普遍被认定为"法国新教"。该派反对国王专政,曾于1562—1598年间与法国天主教派发生胡格诺战争,后因南特敕令而得到合法地位。后又遭迫害,直到1802年才得到国家正式承认。胡格诺派受到1530年代约翰·加尔文思想的影响,在政治上反对君主专制。

第三章｜受伤的女士：1690—1750

教徒），他们受到剥夺公民选举权的威胁，另外三人是没有市民权的天主教徒，他们则受到威胁送去王座法院①接受刑事诉讼。这几个互不相干的人据推测一直在进行期票交易（而市政厅发出的警告似乎已经使他们停止交易）。接下来是那些坚韧不屈的天主教徒书商，他们中间为首的是经历曲折的詹姆斯·马龙。这个人是拥有市民权的自由民，从1672年开始卖书，是詹姆斯党的市议员，也是国王印刷商。②他于1696年被剥夺公民选举权，但他不仅设法生存下来，还神不知鬼不觉地在几年以后通过公会恢复了自由民地位——虽然他一直在刑法空白的边缘徘徊（因为出版《英王詹姆斯二世回忆录》(Memoirs of King James II)而在1703年入狱；因为印刷天主教祷告手册而于1708至1709年再次入狱）。直到1718年退休以前，他一直在繁华大街雄霸一方。

天主教商人和手工业者在其他爱尔兰城市的地位和在都城一样，都是朝不保夕；考虑到都柏林对威廉国王表现的忠诚，似乎都城对天主教商人和手工业者更具敌意：从1690年开始每年为威廉国王办生日宴会；1692年为他在托塞尔竖碑；1697年定制又大又贵的金质官服项圈③颁发给市长；最有名的，是1700年献上的一尊国王的骑马雕像。后世对此的解释是，这象征着新教都柏林忠于国王并艰苦抵抗天主教的胜利，威廉在其统治的晚期已经不那么受新教爱尔兰

---

① King's Bench，王座法院的前身为"国王面前"的法院，它是英国王室中央法院中唯一享有国王亲临审判殊荣的法院。
② 英格兰在1504年设立"国王印刷商"(King's Printer)这一头衔，是图书行业第一次得到王室授予的特权，第一个获得该头衔的是威廉·法克(William Facques)。这种地位使他能够享有独家印刷王室通告、法令和其他官方文件的权利。
③ a livery collar，"官服项圈"。它象征市长的权力，就像中国清代官员戴的与其朝服匹配的朝珠一样。这种服饰最早出现在14世纪的法国，国王把象征王室的项圈赏赐给他的一些近臣。后来官服项圈传入英国，成为市长在其履行公职的正式场合必须佩戴的服饰。这种官服风俗很快传入爱尔兰、加拿大、澳大利亚和新西兰，这些国家的市长也都有了佩戴这种象征市长公署的项链。在这些国家里，市长一般实际上没有什么权力，只是一种摆设。

的欢迎了（一是因为所签条约的影响，二是由于他推崇自己对外国事物的偏爱）。他在英国也很明显不再那么受宠，既有繁重的战争负担的缘故，也因为他缺乏个人魅力，终其一生，未曾有哪一座英国城市以都柏林拥戴他的方式待过他。佩戴漂亮的金制官服项圈似乎是当时市长大人巴多罗买·凡·霍姆利（Bartholomew van Homrigh）首先提出的主意，他是都柏林最后一批荷兰富商之一。只是建雕像的事却更复杂些，这个决定几乎算是1700年1月市议会之后的补充内容，工程委托给伦敦的顶级雕刻工厂，即格林林·吉本斯（Grinling Gibbons）的雕刻工厂。起初计划安置在托马斯大街新开的"玉米市场"，但是同年7月又决定将这座金属雕像安装在奇切斯特府邸外面的大街上，配一个底座（所用石料取自废弃的城门）。一年后雕像公开亮相。在此期间，奇切斯特府邸不是爱尔兰议会的家，而是威斯敏斯特任命的议会专员们的居所。这些人的任务是将17世纪90年代詹姆斯执政时期没收并由国王赐给各色亲信和关系户的地产收回并卖掉。当初转卖的时候大多数的购买者是爱尔兰人——他们现在已经没有讨价还价的余地。英格兰议会先前独断专行地干涉爱尔兰事务已经引起众怒，现在这种挫败感更像是在伤口上撒的一把盐。我们可以假设，雕像的公开亮相，无论是设计好的，还是巧合，在奇切斯特府邸里想方设法将国王的慷慨赠与再行收回的那些英国大鳄，都会对此感到有些尴尬吧。

那些买了被没收的不动产的爱尔兰人现在受到威胁，有代表性的一个是托比·巴特勒爵士（Sir Toby Butler），他曾经是詹姆斯时期的副检察长，是《利默里克条约》的起草者，也是受益者。像其他受此条约保护的人一样，他在都柏林继续做律师，工作杰出而成功——一直到《1704年罗马天主教法案》（the Popery Act）不让他再在法院工作为止。对此法案，他一直在下议院请愿，而且坚持不懈地寻求将其废止。巴特勒这位富裕的天主教徒于1721年去世。但是，在他的社交圈中，尤其是训练有素的法律界人士，很多出于谨慎在1704年以后开始归顺圣公会教会(其中包括他的长子、梅里恩的菲茨威廉子爵、曾做过詹姆斯时期市长的迈克尔·克里奇爵士)。这些改信的律师们虽然自己成为新教徒,但是亲属中很多人还是天主教徒,而且他们在骨子里通常属于保守的托利党,这样的一批人成为18世纪都柏林非常突出的一股力量。

虽然1697年废除了高层神职人员,但似乎从1694年开始无论城里城外总是住着一位天主教的主教,只是他们抛头露面必须谨慎。大主教伯恩(Archbishop Byrn,1706—1723)至少有四次隐遁,两次被捕入狱。虽然个别时候生活会被搅扰,甚至有针对他阴谋的传言,让人恐惧,但是,大部分时间里他仍然"由随从陪伴,乘着马车公开访问、探视,并没有受到质疑和打扰"。城中的天主教会继续在教牧能力范围内发挥着作用,由几位知识渊博、接受过欧洲培训的神职人员负责。最有名的是科尼利厄斯·纳里(担任圣米尚的教区牧师达四十年)。他是宗教宽容政策的实际受益者,甚至与政界保持着联系。然而,天主教会及其高层神职人员的地位从1691年开始大大下降,因为他们坚决与已经被驱逐的詹姆斯朝廷为伍,而这种关系的存在,使国会至少到18世纪20年代,一直认为很有必要附加上额外的惩戒法。随着天主教商人、律师和绅士失去存在的土壤,或者改变了宗教信仰,城中平信徒资助人逐渐减少,城市教会基础因此受到更大损害。这方面最有名的例子是商人兼银行家托马斯·哈克特爵士,他在战前是最富有的天主教商人,也是1687—1688年的市长大人。他在1689年被剥夺政治权利,然后失去了所有个人财产和生意。他的地产跨越三个郡县,处理这庞大的产业颇为不易,但1708—1709年降价处理的时候仍然高达一万五千镑,从这件事可以看出他从前权势的端倪。

后詹姆斯时代的都柏林比17世纪50年代以来任何时候都更强调其新教特点。1688年逃走的难民似乎很快就回来了,当然同时还采取了其他措施强化这个城市的新教特征。首先,采取更加严格的歧视政策阻止天主教徒就业机会扩大，特别照顾外地新教家庭子弟成为行业学徒或者进入更高级的专业领域，尤其是城市经济中从上层资助者那里获益的行业。爱尔兰议会越频繁开会，法律业务量就越大；驻扎在城内的大量军人待遇相对优厚，因此对相关产品和服务的需求也是稳定增长，而这些产品和服务现在主要由新教商人和手艺人控制。

其次，现在有一个重新恢复活力的英国圣公会教会，由拿喀索斯·马什（Narcissus Marsh）领导。他是前三一学院院长，也是自1694年以来的都柏林大主教。马什非常了解英国存在的针对英国圣公会地位的诸多挑战及其在苏格兰的衰退形势，他是克伦威尔时代以来都柏林最强有力的教会领袖。由于他的缘故，1695年通过一项立法，加强人们守安息日的意识。他鼓励神职人员加大他们在城里的服侍力度，更频繁地带领崇拜仪式、更有规律地探访所有家庭、更积极地监督全体市民守安息日——尤其给面包房、酒馆及其顾客带来很多不便。他效法伦敦的做法，在几年里进行了一个类似道德十字军的行动，行动是由大约十个新教"团体"策划和组织的。于是他们便陷入了各种起诉案件变得忙碌起来，涉及的罪名有在公共场所说脏话、在安息日娱乐、奸淫。圣公会教徒和反对者都被卷入这股突如其来的改革潮流中，其实际效果却充满了战争色彩以及当事人急功近利的思想。但是当改革运动开始规范宗教思想时，各个宗派阵营中产生了分裂。最令人吃惊的例子是1703年托马斯·埃姆林遭迫害事件。他是伍德街长老会牧师，罪名是亵渎神明罪（普通法的罪名），原因是他以印刷物的形式质疑三位一体的教义。有两位大主教在王座法院参加了对他的审判，最终以一千英镑的罚款（后来免除）和大约两年的监禁了结此案。陪审团主席（被弄得狼狈不堪）是年长的长老会成员汉弗莱·杰维斯（Humphrey Jervis）。

再次，胡格诺派教徒蜂拥而至。几乎所有说法语和瓦隆语在都柏林定居的新教徒都是逃难而来。从17世纪80年代开始，他们是最后也是最大一批成千上万逃离路易十四政府的法国新教徒，因为那里的统治越来越令人感到压抑。刚开始来都柏林的胡格诺教徒稀稀拉拉如潺潺小溪，以商人和家属为主；到17世纪80年代则呈潮涌之势，手工业者也来了，他们通常是转道伦敦而来，能够享受公民自由让他们欢欣鼓舞。1691年后溪流变成了洪水，大量的退伍老兵带着家属，还有各行各业的技术工匠，从欧洲但大多是法国南部和西南部蜂拥而至个地方前来。博因河战役以后产生的移民潮，其原因大概有几个：威廉在爱尔兰的军队里有大量胡格诺教徒；1692年都柏林议会在法律上对敬拜自由的妥协政策（早于英国），即允许不属于圣公会的"新教陌生人""用他们自己的几种仪式"敬拜上帝；再有就是胡格诺将军德吕维尼侯爵亨利·马苏（Henri Massue, marquis de Ruvigny）的出现，他是威廉在爱尔兰战场上能征善战的英雄，是国王的法国密友。他于1692年被任命为爱尔兰总司令，1697年成为戈尔韦伯爵，然后成为（非名义上）事实上的爱尔兰总督。虽然戈尔韦伯爵的显赫地位并不能为这股移民潮的规模和多样性负责，但他在那个世纪最后几年的权力和影响力促进并保持了他同胞来此移民的态势。雷蒙德·希尔顿估计，都柏林吸引了大约一半的来爱尔兰定居的胡格诺教徒，战前城中最多时有大约四百多人，到1700年有二千多人，到1720年可能是三千六百人——这可以说明18世纪早期城中有远远超过5%的人口在文化上属法国人。与这次移民规模同样惊人的事实是，一切都发生得平平静静。战前的时候发生过冲突，尤其是1682年五一节，有三百名学徒聚集在城西想要"赶出法国新教徒"，被皇家卫队驱散。但在17世纪90年代没有证据证明发生过什么麻烦。一部分的原因就是移民的多样性：他们有的是处于高层的食利者和养老金持有者，也有的是食杂店主和钟表匠。同时，很明显这些讲法语的定居者严重不团结，尤其在圣公会和不属于圣公会的会众中分歧更大（到1700年的时候有四个派别）。现在人们认为都柏林的胡格诺教徒很可能都是纺丝工人，多数住在西南方向的自由区内，这两种猜测是错的：到1700年，胡格诺教徒分散在城市各个部分，以东南社区为最多，相对而言没有多少从事纺织制造业。相反，他们与金、银加工类关系更密切：1706年有超过五分之一的金匠行业公会的师傅拥有胡格诺教徒的姓氏。

胡格诺教徒的流入与六十年前温特沃斯时代新英格兰人的涌入有相似之处。尽管具体数字不同，但是两次移民潮都清楚地由两部分不同的人组成：高地位的家族和处于仆人地位的手工业者以及奢侈服务项目提供者。我们已经看到，在17世纪30年代第一次在都柏林留下脚踪的上层家庭在复辟时期的混乱中再次出现并扩展开来。但是17世纪90年代的新情况是，破落贵族们仍然在寻求他们已经习惯了的特别商品和服务，于是便产生集中的市场需求。这种贵族"重拳出击"式的消费能力，有来自于军队和王室的养老抚恤金以及各样（悄悄）汇入的房租（他们遗弃在法国的房产）收入，至少一开始的情况是这样。

那个时期欧洲的战争旷日持久，客观上坚固了都柏林的法国社区，他们中间有些人开始在都柏林社会产生实际影响力。埃利·博埃罗（Elie Bouhéreau）是一位来自拉罗谢尔①的胡格诺派牧师，也是戈尔韦伯爵的政治秘书。他之所以成为第一位在当地小有名气的人物，是因为他在1703年开始成为马什图书馆（Marsh's Library）的负责人，这是一个广为人知的著名机构，在圣帕特里克大教堂旁边刚刚完工。倡议并筹资建设一座"为大众所使用，每个人都可以自由进入"的图书馆是拿喀索斯·马什的创意，他的雄心是要培养受过更多教育的神职人员和新教平信徒。这座图书馆外观和设计灵感源于马什的母校牛津大学②。这座图书馆的成功建设，成为独立的研究中心，能够在欧洲大陆各门最新学科取得较强学术地位，成为纳里神父（Father Nary）

---

① La Rochelle，法国西部海港。
② University of Oxford，简称牛津（Oxford），是一所位于英国牛津市的世界著名公立研究型大学。牛津大学有记录的授课历史可追溯到1096年，为英语世界中最古老的大学，也是世界上现存第二古老的高等教育机构。

都可以在此安心工作的学术圣地,则要归功于博埃罗(Bouhéreau)的多方奔走、图书搜集及其卓越的组织能力。这座图书馆成为连接都柏林哲学学会最新研究课题的实际象征。

像大多数高层胡格诺教徒一样,博埃罗成为当地圣公会教会的中坚力量。大卫·迪格斯·拉·图什(David Digges La Touche, 1671—1745)是一个二流贵族家庭的小儿子,他的影响力表现在很多方面。短暂的军旅生涯之后他于1697年领了抚恤金退役,并在戈尔韦的资助下定居在都柏林。很快,他做起金融代理人,为胡格诺教派军官、胡格诺慈善机构以及带着财产来都柏林避难之人服务,他将财产或者转入,或者在爱尔兰境内流转,手法熟练。他的事业风生水起,为自己牢牢地建立起廉洁、正直和高效的好名声。与此同时,他还生产和批发丝布和毛料。到1708年,因为在这个领域的突出表现,他获得(也有权拒绝)纺织品行业公会的大师称号。他的业务范围后来扩大到制造业。而且,他似乎是从伦敦雇佣了胡格诺教派的缫丝工人。都柏林的丝绸工业深受法国影响,在新世纪的前十年迅猛发展,但是胡格诺教徒直接参与的时间并不长。拉·图什并非赖以丝绸行业的成就出名,他不菲的声望在于他是成功的银行家,在投机利用后半生财富方面很有一手。

贫困来敲门

弗朗西斯·普莱斯(Francis Place)是一位在地质制图和雕刻方面具有超群天分的约克郡绅士。他曾于1698—1699年在都柏林住过一段时间。他为这座城市的建筑所作的笔触清晰的墨水画,非常引人入胜;他为这座城市所作的系列全景描绘更让人对这里的天际线留下独一无二的印象。他画的风景包括南边(多尼布鲁克附近),西边(查波里佐德附近)和北边,"隐约可见的塔楼、尖顶、穹顶,构成中世纪和现代建筑交相辉映的混合画面"。约翰·韦尔东(John

Verdon）是英格兰诺福克①的牧师，在第二年夏天访问都柏林，他记录道："这里的建筑是用砖砌成的，看起来非常庄重。街道一般来说都比伦敦的宽"。他还说："能够[负担得起]常住的，都来这里，很多没别的地方可去的人也都来了"——这指的是胡格诺教徒大批涌入的情况。弗农对市长大人戈尔韦尤其印象深刻："虽然他是一个法国人，……不过他仍作为杰出的执政官而受人尊重。他每天听取诉讼，无需事先批准即可获得觐见，他的回复公正，绝无拖拉延迟……。"普莱斯一派安详的画作和韦尔东的评论没有记录下来的却是都柏林高度不稳定的政治气氛。爱尔兰议会刚刚解散，其未来无法确定。英格兰议会在王权问题上越来越激进，其后果之一就是在威斯敏斯特发号施令的英格兰议会越来越倾向于以附属地的眼光来看待都柏林事务。

政治上发生摩擦源于有关纺织品贸易的讨论：羊毛布料仍然是英国主要的出口收汇产品，但是17世纪90年代期间这个行业出现了麻烦。人们抱怨海外市场低迷，认为爱尔兰布料出口商（就是以都柏林和芒斯特诸港口为基地的出口商）抢了他们的饭碗。所以在英格兰议会中产生海啸般的意见，要限制爱尔兰出口贸易。当然，这种来自海峡对岸的立法干预的先例可以追溯到1642年和《投机商法案》(Adventurers Act)，以及1671年和1685年的《航海条例》(Navigation Acts)。这些法案和条例将爱尔兰（和苏格兰）通向英国新世界殖民地最盈利的贸易路线压缩殆尽；英国1663年、1667年和1680年的立法先是限制后来干脆停止进口爱尔兰活牛，这在当时对都柏林产生特别严重的影响。到17世纪90年代，爱尔兰商人对他们在国王领土范围内自由贸易权越来越遭到围猎的现象异常气愤，这种现象反映出伦敦那些英国政客凭一己之私高高在上的政治权势。彻底禁止爱尔兰羊毛出口已经成为迫在眉睫的威胁。勇敢趟进这股浑水的

---

① Norfolk，英格兰东部的郡名。

是威廉·莫利纽兹（1656—1698）。他是一位都柏林律师、自然科学家、"哲学学会"的创始人之一。他是政府官员，也是代表三一学院的国会议员，在学院绿地公园的政治村落中他属于内部知情者，也是最受人尊敬的代言人之一。但是他在都柏林出版的政治短文《爱尔兰受英格兰议会法案约束之判案陈述》（The case of Ireland's being bound by Acts of Parliament in England, stated）引起了广泛反响。文章以法律为基础进行论述，说明爱尔兰不是殖民地，而是英王管辖下的独立王国，这种制度古已有之。所以爱尔兰议会与位于威斯敏斯特的英格兰议会是平等的。这个观点在伦敦引起不满并被错误解读，也使他的朋友们感到非常尴尬。当年晚些时候他突然去世，但是所提出的观点并没有被遗忘。这篇文章在下一世纪先后九次再版印刷，使他的思想继续成为爱尔兰舆论界的主导支柱，那就是反对处于统治地位的英帝国对爱尔兰政治地位的解读。这也是第一个出自本土的范本，成为未来一百年甚至更久在政治论战时的标志形式。这种八开本或者十二开本小册子相对便宜，经常是可以随时付印，方便广泛流传。

短期内，伦敦限制爱尔兰羊毛出口的战役取得了很大胜利。英国和爱尔兰政府于1699年立法终止了这项贸易。从那以后，有关这次立法所带来影响的记录，都采用了近乎启示性的用语。但事实上，给都柏林的经济带来的影响甚小（遭到重创的地区是芒斯特南部市镇及那里的大批新教手工业者）。但是因为这些法案正是在整个爱尔兰经济低迷的那些年之前实施的，所以回顾那段历史的时候，人们相信是这些立法将战后的复苏机会给消灭了。那些年里，国外处于严重的食品短缺当中，苏格兰和法国最甚。而这对都柏林本地的食品价格产生连锁反应，大街上开始出现明显的贫困迹象。匮乏成了一种催化剂，在1704年成立了第一所为穷人供应食品的实体机构——城市济贫院。这座济贫院的建立成为一个世纪以来在解决贫困问题上零星实验积累起来的巅峰之作。

在17世纪都柏林起伏跌宕的发展史中，产生贫穷的原因各不相同，但是如霍布斯[①]所述，最终结果总是大同小异。

从富人的角度，人们更重视贫困的分类以及社会责任分级的不同：当自由民生活困难的时候，他们的寡妇和孩子会首先赢得市政厅的同情，这和处于困境的教区居民会优先获得同样信仰的信徒的慈善资助是一样的。而其他城市居民当受到疾病或者事故打击时，则不会激起富人良心上的更多同情。即使弃婴已经成为非常普遍的现象，但仍然归属于一个特殊关照的分类范畴。在本地居住的乞丐——包括体弱、年老和残疾的——也在慈善的范围以内。但是"外来"乞丐，无论他们是无家可归还是寄居在城郊结合部的临时住所，都被认为是贫困现象之中最阴暗、最可怕的一面，认为他们是轻微犯罪最可能的发源处，也是城里贫困时期疾病的真正来源。

除了全面战争和围城的时候，都柏林对本地贫困现象的处理非常得当。但是当农村食物短缺或者殖民安置发生混乱之后，"流浪者"如潮水般涌进城市，这些外来者让原住居民感到恐慌。在17世纪，每一个和平的十年里至少会发生一次突如其来的外来者涌入潮，每一次都会迫使慈善机构慌张应对。但是当危机过去，一切就又恢复到惯常的低调平稳状态。所采用的济贫方法各式各样：教堂礼拜的时候用盘子收上来的钱会分配给指定的当地穷人（这种做法与给已知乞丐许可并发给他们标牌的制度配合实行）；未经许可的乞丐不得行乞，有时会被逮捕或者拘留；成立了让"闲散"乞丐从事劳动的"感化院"；容留体弱贫病之人的小型收容所或者"医院"则一直形同虚设。在大多数前工业化城市都可以看到这类的慈善活动，但是都柏林的不同之处在于制定的政策（或者宁可说限制政策），很大程度上取决于乡村乞丐所带来的潜在压力的大小——在此时期，所指的是周围郡县的穷人以及内陆地区土地变更所产生的流离失所的人们。

[①] 托马斯·霍布斯（Thomas Hobbes，1588—1679）英国政治家、哲学家。

第三章 | 受伤的女士：1690—1750

第一波中世纪后流入都柏林的农村贫民似乎是发生在17世纪早期。在1603年至1608年之间，曾有几次为乞丐修建感化院和设立教区标牌制度的行动。接着，17世纪20年代粮食歉收，又一次引爆了大规模的慈善行动。在城里开办了三家，也可能是四家小型感化院，其中两家是在枢密院的提议下兴建的。1634年，第一个《爱尔兰穷人法》(Irish Poor Law)规定每个郡县都要建一所感化院，于是政府强烈提议设立一名"主事官"，配备十名武装助理，他们可以自由地在城乡巡行，拘留和驱赶乞丐。那时仍然有一所收养病困者的老庇护所，圣约翰庇护所，位于西城墙边，据猜测是私人捐赠。有关这些项目的实际运作没有什么现存的证据，而1641年所发生的起义则让之前所有的作为黯然失色。

一代人之后，为了解决城市乞丐问题，也为了阻止人们从农村涌入城市，奥索雷于1669年制定了一个宏伟计划：让市政厅在奥克斯曼顿建一所大型的教学医院。但是，正像我们看到的，从国王医院中学开张伊始，其作用就局限在教学范畴。位于后街的旧耶稣会学院在这时成为穷人医院。流浪者与其他罪犯一样拘留在城墙边上临时建起的新门监狱（Newgate）以及位于奥克斯曼顿的新拘留所（Oxmantown Bridewell）。1673—1674年粮食歉收，当时有报道称街上有成百上千的行乞者，很多人处于死亡的边缘，迫使老话重提。据说1680年的穷人"涌上街头，而且天天从乡下过来假装城市贫民"。于是在随后那一年汉弗莱·杰维斯做市长的时候，他提议找一个合适地点建城市感化院，并下令教区重新引入标牌制度。在1683年至1684年间的霜灾之后，市政厅同意建"一座济贫院和医疗所，以缓解城市里的行乞压力"。但是，从产生实效的角度看，将事情向前推进的是泰隆内尔政府。他们在詹姆斯大街以南为济贫院找到了一个地方。这个选址非常有战略眼光，就在进入都柏林的最繁忙的交通要道上。这是詹姆斯国王和利默里克伯爵送给都柏林的礼物。

因为曾经是没收的地产，项目场地的产权归属引发法律纠纷，在

17世纪90年代时项目建设变得不死不活；市议会则一再呼吁采取行动解决乞丐潮问题。终于在1703年得到议会拨款，在詹姆斯大街开工建设。授权法案的序文中说，"都柏林和自由区中穷人的数量很大并持续增加的势头……需要的生活必需品量也很大，负担沉重，需要一个济贫院，并且要有足够权威的机构监管"。新机构为本土身体健全的边缘群体服务，保证有500人的位置，并一切运作都有监管。这个项目的大多数资金是由总督的妻子——奥蒙德女公爵组织的慈善活动筹集的。这可能是第一个由妇女领导的大型慈善活动。城里各个教区、公会、贵族、高级神职人员以及"成百上千"的其他人士为该项目认捐了大约五千英镑。但是，当1706年部分房子建成开业的时候，却只能容下一百二十四个流浪者。一年以后又增加大约二百名"教区穷人"，有五岁以上的穷孩子，也有年老体弱的贫民，他们都是上了城市教区名单的人。

在应对贫困人口的问题上，爱尔兰圣公会各教区的作用虽没有济贫院那么耀眼，却更重要。因为一旦新教家庭从人口统计的角度在城里占多数，教区的各级组织（包括教区委员会、教会委员会、其他教区人员）则在市政厅的领导下原则上承担起权力和职能（通过教会"管片"运作）。成文法①加强了教区向所有家庭收税的权力。1665年，圣安德鲁东端教区获得法律权力对其辖区居民按等级收税，以满足穷人维持生计的需要。这是沿用了《英国贫困法》的核心内容。其他城市教区与圣安德鲁教区的做法类似，但没有立法。他们的"税收"收入加上所收费用：按罗威娜·达德利的计算，在1659年至1696年间圣约翰教区有38%的开销用于每周一次对穷人的救济上，18%用于弃婴护理，26%则是用于人员工资。在圣布莱德教区

---

① 成文法（Statute Law）主要是指国家机关根据法定程序制定发布的具体系统的法律文件。成文法是"不成文法"的对称。国家机关依立法程序制定的、以规范性文件的形式表现出来的法。我国历代律法以及当今的宪法、普通法律、行政法规、规章、地方性法规都是成文法。

(St Bride's parish)，教区委员会甚至建了一个小型救济所。1695年，所有城市教区联合起来，要将圣安德烈教区的法律推广到全国。尽管他们迫切请求，并有国会议员参与起草赋权法例，最终仍是胎死腹中。

至于教区福利有多"色盲"，或者捐赠款项和济贫院资助是否大多数都指向了新教穷人尚不清楚。在教区层面可能看起来像是贫穷新教徒比天主教徒受到更好的保护，但是在教区慈善和济贫院供给的问题上不存在正式的教派限制，而在某些教区穷困人口登记簿上信奉天主教的都柏林市民也很突出。并且，大多数教区收养的弃婴以及进入济贫院的孤儿都是天主教出身（虽然济贫院有一个附属宗教要求，让所收养的孩子与新教工匠一起工作）。

人们很快发现，詹姆斯大街的济贫院并不成功。刚开始的时候，收养的人员中身体健康的确占少数；只是慢慢地忘记了强制懒人工作的初衷，因而该机构在体弱穷乏之人中间有了臭名。为贫穷儿童和体弱老人提供安置地的需要非常紧迫，所以这里为健康流浪者提供吃住变得非常有限。当济贫院的容纳极限日趋明显的时候，教区与济贫院之间产生了很大矛盾，因为教区不能按时将应该付给济贫院的税收款付给他们。从18世纪20年代初开始，人们明显意识到，城市的主要干道已经被不管是本地的还是乡下来的乞丐给占据了。在那个十年期间，出台了一系列立法修正案，修缮济贫院并增加投入。但是1730年的一个激进法案取代了那些修正案，规定济贫院必须接受所有送来的婴儿，负责将这些婴儿交给奶妈，并负责照顾他们直到满了两周岁。之所以如此立法，是因为来自都柏林教区委员会的极大压力，他们一直为本地弃婴数量不断增加的问题所困扰。于是，育婴堂出现了。这种机构在其一个世纪的存在历史当中，大多数时间都处于经营不善、资金短缺的状态。在后半个世纪，送到这里照顾的成千上万的婴儿当中，有不下于四分之三的孩子或者死于育婴堂，或者死于与奶妈同住的时候。在婴儿死亡率非常高的世代里，尤其是城市环境下，机构照管之下仍然出现大量死亡的现象，并不像从现代的角度追溯时所感到的那样令人震惊。即使如此，18世纪末期针对孤儿院连篇累牍的批评，说明人们对城市当中无家可归的流浪儿的态度，已经开始不再那么听天由命了。

1730年在育婴堂的隔壁新建了一家感化院，收容成人流浪者，但是与被弃孤儿是分开的。教区捐赠（来自主日奉献或者专项慈善布道之后）的分发以及对本地乞丐进行标牌管理是当地久经考验的监管方式，依然得到支持，有时效果非常明显，就像发生在圣帕特里克自由区的情形，那里的主持牧师斯威夫特非常热心标牌制度。在城市行乞，尤其是女性行乞现象非常普遍的情况下，这一制度更经常用作权宜之计。但是，到18世纪中叶，老一些的教区承担任何一种社会责任的能力都在下降，因为（除了本地贫困人口迅速增长的因素之外）这些教区里富有的居民开始搬离本地，这些天主教教区的原有功能已成昨日黄花。

然而，到了这个阶段，在对穷困市民的医疗支持上，范围已经扩大很多。从1718年在库克大街上修建的慈善医务室开始，到1750年的时候已经有六家相对较大、由慈善款支持的机构全部落地生根：1733年斯蒂文斯医生医院在离济贫院不远处开张；1734年玛丽·默瑟医院（Mary Mercer's hospital）建成，专为患病穷人服务；交易所街的"临终"医院（hospital for "incurables"）建于1744年；莫斯医生妇产科医院（Dr Mosse's maternity hospital）建于1745年，位于乔治巷（George's Lane）；还有位于斯蒂文斯医生医院隔壁的圣帕特里克医院（St Patrick's Hospital），由斯威夫特出资，服务对象是精神病患者，建于1749年。城中拥有更多的可使用财富，人们也愿意追求美德和善行，普遍流行的圣公会信仰是慈善活动的中心支柱，同时人们对病痛的文化心态也发生了改变，这些都构成了这一时期慈善活动的历史。本地教区、市政以及议会层面的"公共"机构却没能很好地应对城里周期性发生的公共卫生危机，也未能有效处理成群结伙的流

斯蒂文斯医生医院的方形庭院。这所医院1733年开业，有87张床位，是18世纪都柏林最大的医疗医院。像那个时代城内几乎所有的医院一样，这也是一所用慈善款修建的医院。初始建筑费用靠的是理查德·斯蒂文斯的地产出租收入，他是17世纪晚期一位富裕的执业医生。[①]

[①] Dr Steevens' Hospital，斯蒂文斯医生有个妹妹叫格里塞尔达（1653—1746），终身未嫁。医生死前为妹妹留下巨额财富，每年可以带来606镑（相当于2019年的7.8万镑）的租金收入。他的愿望是在妹妹身后用这笔资金建设并维护一座医院的运营。结果，格里塞尔达在生前就开始了这项伟大的工程。

浪汉引起的社会矛盾，这让那些出于个人利益行善的小康人家倍感压力。

贸易主力军

济贫院的设计是由总测量师托马斯·伯格完成的。他是一位退伍军人，富有数学头脑。从1697年开始一直是威廉·罗宾逊爵士的助手。詹姆斯大街的这座建筑在外观上与国王医院中学有类似之处。伯格在随后不止二十五年的时间里成为城中几乎所有公共建筑项目的幕后策划人。他最大的工程，也是为他确立声誉的一项，是后来广为人知的皇家兵营[①]建筑群。这个项目是1703至1708年在二十英亩的地块上修建的，位于老保龄球场绿地的西侧，大部分土地是第一代奥蒙德公爵得到的赠地，现在被他的孙子，即现任总督转卖给国家财政部。这座新兵营有四个练兵场，其中三个面向大河——总共大约三百米长，用未经雕琢的方石砌成。这排建筑如庄严矗立的纪念碑，在城西北建起一道新界线。但是这些建筑与国王医院中学的建筑设想完全不同，其目的仅仅是为了驻扎两队骑兵和两队步兵，共约一千五百人。一眼看去，修建这种既朝向城市又面向大河的大型兵营的决定实在令人费解。在英格兰的任何一个城市都没有相同的设施；在欧洲大陆，专为军事目的修建的兵营也只是在堡垒里面。如果都柏林需要这么多的军事力量，那为什么不建防御设施呢？部分的解释是，确实曾有过修建防御设施的计划：1710年开始按沃顿伯爵所提议修建的星型堡垒，位于凤凰公园内，是一个占地二十七英亩的封闭场地，能够俯瞰西部各个路口的通道和兵营。似乎原始设想就是建一座坚固的火药库。这座巨大堡垒已经砌起土墙，但是这个项目在1711年由于成本原因中途放弃（1734年，那附近建起一座稍小的"弹药库堡垒"

[①] The Royal Barracks，起先只是简称"兵营"，后来称"皇家兵营"，1922年移交给爱尔兰自由邦的时候改称"柯林斯兵营"。

[Magazine Fort])。

然而，皇家兵营不设防的主要原因仅仅因为其目的从一开始就不是为了防御，而是起源于1697年威斯敏斯特、威廉国王与爱尔兰议会之间的协议，因为那时天下马上就要太平了。英国国内当时关于是否立即遣散军人（既有财政原因，也有政治原因）一事存在很大争议，国王对此主张坚决反对。妥协的结果就是1699年的《退伍法案》（Disbanding Act）。这个法案将大多数维持（英国）和平时期军队的负担交给了爱尔兰。所以，在未来的七十年里，爱尔兰所付税收用于支付大约七百名军官和总共一万二千名士兵的日常军备开销。这些军团部分属于"爱尔兰"，因为其内部管理是在爱尔兰籍上校们手中，但是这些所谓的爱尔兰军官中很多却是从爱尔兰以外招来的，尚且没有军衔等级。直到18世纪90年代，所有人在名义上都成了新教徒。除了战争时期，所有军事设施都布置在爱尔兰的土地上。因此，无论经济上还是安全上的益处都随之而来。正是因为有了这样的军事规划，才沉淀出大型兵营的建设项目，并且为了简化物流过程，多数工程要集中在大城市。都柏林是做得最好的：所承建的皇家兵营到18世纪中叶的时候，已经扩大到可以容纳一万二千名士兵中的三分之一，为了满足人员和马匹需要，在周边地区形成了一个新的微经济圈。这个兵营使史密斯菲尔德作为大型牲畜和草料市场的作用更加突出，还刺激了酒馆、威士忌商店和卖淫行业在圣保罗教区附近的飞速发展。但是，从长远角度看，兵营弱化了人们对城市西北地区为上流社会建设府邸的兴趣。斯托尼巴特尔[①]成为"罪恶的摇篮、娼妓的港湾"，甚至像蒙彼利埃山这样的优质地块也难免让人与兵营的混乱世界联系在一起。但是，驻扎在都柏林的军官，尤其是爱尔兰出生的本土军官，在公开和私下的娱乐活动中都与精英阶层保持友好关系，并留下他们的

---

① Stoneybatter，都柏林的一个区，位于城北利菲河附近。

记号：共济会[①]似乎是18世纪20年代由军方人士引入都柏林的，但其吸引力很快遍及四方。

托马斯·伯格这边忙着完成兵营建设，那边在市里也没闲着：税收专员委托他原址重建海关大楼，限于场地狭小，他建造的四层建筑物特别让人印象深刻，如同漂浮于附近拥挤的店铺和仓库之上，沿河望去，凸显在天际线之上的就是它了。南边紧挨着这座新楼的是雄伟的枢密院议事厅（总督和副总督在那里宣誓入职）和财政部的各个办公室（公共档案保存于此）。这座建筑（其外观形象，我们不得而知）于1711年4月被一场大火焚毁殆尽，损失了大量档案。人们马上请来伯格在都柏林堡内为枢密院和财政部修建新的处所。这样，埃塞克斯街便留给了生意人。

新的海关大楼也是税收专员们办公的地方。税收部门很大程度上是17世纪80年代停止外包税收以来政府最大的部门。税收专员们在这里一周开三次会。与城堡官员相比，他们对全国状况的监管程度更高。因此，他们掌控了超过千余岗位的庞大纳税网络。爱尔兰政府非常重视海关业务，因其构成国家财政的主要来源，比房地产带来的税收多得多，进口税收占比尤其突出。既然都柏林是爱尔兰进口商品的主要到货地点，对其港口和码头的监管便具有了战略重要性，第一时间对此负责的便是港口收税官。这个职位的重要性非同小可，甚至"朝中有人"的约翰·埃克尔斯爵士（John Eccles），作为都柏林富商、曾经的市长大人和收藏家，当他1720年在经济上发生困难的时候，也立马被税收专员解了职。当时，城中海关花名册上有近百人，在林森德还另有七十名办事员和船工（他们负责监督海湾里的船只动向以

[①] 现代共济会（Freemasonry）出现于18世纪西欧，基本宗旨为倡导博爱、自由、慈善，追求提升个人精神内在美德以促进人类社会完善。会员包括众多著名人士和政治家，有些要求申请者必须是有神论者，有些则接受无神论者申请。而反对者则认为，共济会主要是富人和权贵的阴谋组织，其有着不为人知的统治世界的秘密计划，比如世界新秩序等。

及货物在航海船和摆渡船之间转载的情况)。另外还有大约三十人在一直到达尔基的海岸线上工作。从姓氏上判断,除了船工以外所有人都是新教徒。

商人们促成了商业交通线,政府则因其收益获利(不过,都柏林的商人们当时并不特别富裕)。有一些人来自两代或更长时间经商的家族,但是大多数都是这里的第一代居民,在本地没有合作者,大部分生意都是依靠海外商人支撑,利润全靠采购或销售协议商品收取的佣金。但是,"商人们"从事海外批发贸易的特殊身份是得到广泛认可的:大多数都是"商人公会"(Guild of Merchants)的自由民,但是公会和市政厅再也不像从前那样以商人团体的名义行事了。产生这种分歧有两个原因:一是1692年以后,天主教商人被完全剥夺公会会员资格;二是在《1704年圣礼审查法》之后对长老会、浸信会[①]和辉格会商人实行逐渐排斥的政策。从事海外贸易的天主教商人人数在这个时候非常少,但是非圣公会商人的数量却如雨后春笋,迅速增长:约瑟·戴默(Joseph Damer)以及汉弗莱·杰维斯(Humphrey Jervis)仍然能看到他们长老会同宗的托马斯·贝尔(Thomas Bell)成为1702—1703年的市长大人,还看到他因为拒绝接受新的《圣礼审查法》(sacramental test)在一年后让出了都柏林财政局长和市议员的位置。本杰明·伯顿(Benjamin Burton),银行家,异教徒,1706—1707年的市长大人,他因类似原因于1709年遭到排挤。

伯格建的海关大楼刚刚开业的时候,大约有150—200名商人在那里有长期业务。到18世纪中叶,这个数字大概翻了一倍。这是一个庞大的群体,其中部分是专业人士,但是大规模的专业化贸易的年代尚未到来。一两个业务主管配备几名学徒和几个记账的,小商号的

---

① Baptist,浸礼宗,基督教新教主要宗派之一。起源时间有争议,一说起源于17世纪上半叶英国以及在荷兰的英国流亡者中。浸信会反对给婴儿行洗礼,主张得救的信徒方可受洗,且受洗者须全身浸入水中,称为"浸礼",故名。并主张独立自主、政教分离,反对英国国教和政府对地方教会的干涉。

标准配置一般如此。这些商号多数面临同样的问题：资金量有限，企业存活时间不长，对于不安定市场产生的巨大波动毫无招架力量，还有坏账、受骗以及意外损失。每一家商号都有他们自己在外贸某个领域内的专业化知识。更重要的是，在海外拥有值得信任的关系户，通常是亲戚、姻亲或者单单就是教友。恰逢其时，一个由商人专门组建的协会此时诞生了，就是"河乌号协会"（Ouzel Galley Society），协会的命名和组成源自一艘商船，非常有趣，其实也非常有道理（协会成立于1700年左右，意在解决一艘已投保却在地中海失踪的帆船所引起的纠纷。这艘船在保方赔付后过了几年，竟然又意外现身，引起很大麻烦）。该协会作为非正式机构存在了几乎两个世纪，专门解决商人社团里产生的纠纷。

商贸公司数量的增加与都柏林海外贸易规模的增长成正比。按十年计算平均值，有记录的18世纪40年代在都柏林卸载的船只吨位，甚至比18世纪头十年的数字多出不止一倍，即每年的增长率刚刚低于百分之二。这可能高于都柏林城市人口的增长。之所以在这个时期产生这样的增长，是因为爱尔兰其他港口正处于萧条期。《战争与复辟之后的航海条例》（这个条例禁止爱尔兰从殖民地直接进口烟草和食糖）对戈尔韦和贝尔法斯特这样的小港口产生歧视性影响，只有都柏林和科克在17世纪90年代至1750年间的海关税收保持持续增长。就科克的情况看，港口之所以繁荣，原因在于大量出口牛肉、黄油和粗纺毛纱，而都城的焦点则在于进口高档商品（包括时尚纺织品、酒类、烟草以及像丝线、硬木和粗糖这样的工业原料）。都柏林占有优势，正是这种以进口为主导的贸易活动使然。大多数高值进口商品现在经过短途运输，从英格兰和苏格兰的西海岸港口（格拉斯哥、利物浦、切斯特和布里斯托）来到这里。还有从怀特黑文和埃尔郡各个港口运来的大量煤炭，也是集中销售到都柏林以满足当地需要。海关收入的总和给了我们有关这些贸易过程的一个最好的长期视角：回到17世纪30年代，我们可以看到，都柏林的关税占全国海关收入份额上升到大约整个爱尔兰的40%；17世纪60年代，这个比例几乎没有变化；到1681—1682年，又有所下降。在詹姆斯二世带领下的战争之后，都柏林的主导地位更加突出：1700年，46%的海关关税来自都柏林，18世纪前二十五年平均值达到55%，随后的五十年当中一直处于稳定状态。

成为这样的商业主导，都柏林所迈出的第一步就是给自己树立了爱尔兰无可争议的国内交通中心的形象。这一点，从几个方面可以看出：17世纪60年代，初步的邮政服务建立起来。主要城镇的邮局形成一个互相联系的网络，而都柏林繁华大街的邮局则成为全国的中心。在17世纪后半叶，都柏林在提供金融批发业务方面取得几近垄断的地位，甚至提供了一个直通"伦敦"的期票市场。通过这种方式，可以把资金（例如租金）汇到伦敦及更远的地方，商务借贷可以进行国外结算。复辟时期的金匠、放债者以及投机商人，包括亚伯·拉姆、托马斯·哈克特、约瑟·戴默这些早期的重要人物。他们所做的业务到1700年却变成了"老古董"。他们的位置被专门的汇票交易人取代，也就是有些狭义的"银行家"。这些人首先出现于17世纪90年代（最早期的人物包括伯顿和哈里森，威廉和亚历山大·凯恩斯，以及托马斯·帕特兰德[Thomas Putland]）。虽然科克和伦敦之间也有单独的汇票贸易，但是都柏林-伦敦轴心从18世纪一开始就发展得更为强大。

从那时起，都柏林已经有多达八种银行业务，经常签发并兑付期票。这样，各省的商人和专门为外地炒客①服务的地产经纪人都认为都城都柏林（通过其与伦敦的密切联系）是目前为止在爱尔兰境内操作国内各地之间、英-爱之间、国外借贷等转移支付方式最可靠、成本最低的地方。18世纪早期的经济形势既动荡又常常处于萧条状态，但这反而巩固了都柏林的金融地位。"像本·伯顿一样安全"成为交易

---

① 原文 Absentee landowner，意为"在外土地业权人"。

活动中常见的恭维话——直到 1733 年他的银行破产为止。当时，在都柏林固定场所经营的各主要银行在期票贴现的时候，都在发行自己银行的本票。事实上，仅仅根据少数势力人物的个人信誉不断发行天量纸币，的确让有些人心惊胆战，比如斯威夫特和伯克利主教。斯威夫特不止一次对议会议员和银行家亚历山大·凯恩斯爵士大发雷霆。都柏林几乎所有的货币兑换商都强烈感到外界对他们产生的宗教对立情绪，却丝毫不影响他们对银行和金融业的看法。除了老约瑟·戴默，本·伯顿及其搭档弗朗西斯·哈里森也都是不奉国教者，胡格诺教徒大卫·拉·图什的搭档纳撒尼尔·凯恩同凯恩斯的兄弟亚历山大和威廉一样是长老会教徒，休·亨利是卡博尔大街教会牧师的儿子，约瑟·法德与他的银行合作伙伴们则都是辉格会成员。1728 年，一栋六开间的长老会礼拜堂在海关大楼附近的尤斯塔斯大街落成，造型非常漂亮。都柏林非国教信奉者的财富和实力一览无余，这座大楼明显带有北方特色。

城里急剧受到北方的影响，在 17 世纪 90 年代开始出现阿尔斯特商人势力集团。例如法国葡萄酒的进口业务，起主导作用的并不是胡格诺教徒也不是天主教徒，而是与阿尔斯特联系密切并与夏朗特人建立姻亲关系的新教商人。其实，北方势力产生影响的主要渠道是亚麻布贸易。从温特沃斯和第一代奥蒙德公爵开始直到一个世纪以后的各位总督，当需要考虑爱尔兰经济如何发展的时候，支持亚麻种植以及亚麻布生产是一成不变的理念。远在 17 世纪 60 年代曾经有一个极度雄心勃勃的计划，在都柏林附近建设亚麻生产基地。浸信会企业家、后来是奥蒙德密友的理查德·劳伦斯在查波里佐德建设了一座荷兰风格的工厂。然而，这只是完全依赖政府调控、保护的一种项目。在詹姆斯二世发动战争之前，有迹象表明阿尔斯特东面的农业地区已经新兴起具有出口前景、可持续发展的亚麻加工业。最重要的发展节点在 1696 年，当时英格兰取消了爱尔兰亚麻制品的进口关税（同时却提高了欧洲大陆亚麻制品的关税）。爱尔兰生产厂商在英国市场拥有了战略优势，为爱尔兰18世纪发展亚麻产业铺路开道。

在这个成功故事当中，都柏林在几个方面起到非常重要的作用：在17世纪90年代，都柏林是漂白亚麻布的国家级市场，这个地位无可取代，保持了几乎一个世纪。期间，都柏林出口量从每年不到五十万码[①]上升到18世纪90年代近两千两百万码。在"亚麻交易大厅"每天真情实景地上演着喧嚷的场面。这座交易大厅是伯格应亚麻业受托管理委员会[②]的委托于18世纪20年代建设的最后一个公共项目。该委员会成立于1711年，属于议会下面的机构，旨在鼓励和规范亚麻行业。伯格所建的这个巨大的四边形贸易大厅位于卡博尔大街外面城北边缘的一块预留地上，完工后拥有五百多个小房间，"像修道院里长廊两旁的小黑屋"。这座建筑在城北又培育出一个微经济圈，覆盖了由一批新建街道构成的大片社区。从街道的名字可以看出其地域特点：博尔顿和多塞特、利斯本和勒根、科尔雷因和德里[③]，蜂拥而至的商贩和马车夫在这里吃住，应有尽有。在郊区水源丰富的地方所建的亚麻漂染印花厂都得到了补贴（从博尔思布里奇桥到拉姆康德拉绕城的弧形地带里至少有十二家纺织印染厂）。其中有几家数十年保持良好运转，生产出专供爱尔兰市场的流行款式的布匹。与之相对照的，通过贸易大厅成交的成千上万匹纯白亚麻布却主要销往国外——切斯特、伦敦以及更远的各个殖民地。这项以都柏林为中心精心运作的贸易并非由于亚麻受托管理委员会，也与司法干预无关，而是由于都柏林的行业信誉以及都柏林商人在行业内各环节上付出的努力，包括亚麻籽进口商筛选、全国范围的亚麻线和本色亚麻布贸易（纺织厂商将其卖给阿尔斯特的漂染厂商）和漂白亚麻布贸易（卖给都柏林商人和出口商）。都柏林的中间商根据成熟经验按季节为阿尔斯

[①] Yard，英制中丈量长度单位，1码=3英尺。
[②] Linen Board Trustees，路易斯·克罗姆林1711年在爱尔兰依法成立的，重要工作是建立了亚麻布从粗到细的分类体系。
[③] 这几个街道名也是北爱尔兰（西）北部的地名。

特的漂染厂商提供贷款，使其能拿出现金在市场上采购本色亚麻布。这种贷款服务贯穿18世纪，都柏林因此对阿尔斯特经济起到重要的杠杆作用。话虽这么说，实际上大多数都柏林中间商本人就是北方各地出生的人，或者他们与北爱有紧密的个人关系网。亚麻贸易的成功故事让我们清楚为什么阿尔斯特对18世纪的都柏林拥有如此广泛的影响力。

争斗和阴影

另一位新教人物阿尔斯特人威廉·金（William King）控制了城里的另一片天地。之前他在德里做了十三年的爱尔兰圣公会主教，然后于1703年接续马什成为都柏林的大主教，在任二十五年之久。他是一位强势的管理者，也是政坛上一位了不起的风云人物，在上议院和枢密院拥有很大影响力，政治倾向趋于保守，而不是结党争竞。晚年在总督空缺时经常起到上诉法院法官的作用。他对都柏林的重要性体现在他坚定不移地努力稳固和加强国教在公众生活中的主导地位，并打击那些颠覆者，特别是长老会教徒、平信徒和牧师。他严于律己，完全没有个人发财致富的愿望，在教会和政府中他是一名无所畏惧的斗士。他领导了一项史无前例的建设项目，为他在都柏林的前十年赢得声誉——在主教区新建或重建了十七间教堂，而且也修缮了类似数量的教堂。城中的新教堂建设是随着新教区设立的节奏，第一座教堂建在1697年他的前任将北部的圣米尚教区分成三个部分之后（产生了西边的圣保罗教区，东边的圣马利教区），然后是十年之后的新自由教区、圣路加教区和从城东南圣彼得教区分割出来的两个新教区——圣安教区和圣马可教区。虽然这些教会单位也是市政单位，但是新教区的设立一直跟不上城市地理的发展和变化。金支持通过教区委员会依法加强教区内的公民权力（理论上讲，税收部门代表了所有纳税的教区居民）。同时，为了增加教会储备和全职神职人员的十一奉献[①]收入，他从未停止过筹资工作，既从私人手里，也从公共机构。

圣马利教堂1700年开堂，城北建了好几座新教堂，它是其中第一个，与大概1710年开堂的圣安教堂（就在圣司提反绿地附近）拥有一样的社会地位。在城里拥有较多地产的业主帮了大忙（主要也是有商业利益）：杰维斯之于圣马利教堂、约书亚·道森之于圣安教堂都是如此。缺乏地主支持的情况也有，像圣马可教区（横跨南部各个码头和围绕雷泽山地区），几乎用了半个世纪的时间才建成教区教堂。金还监督了两个最富盛名的老教区教堂的重建，就是圣米尚教堂和威尔堡教堂。托马斯·伯格负责的后一座，他设计了厚重的外立面，接近罗马的建筑风格，但高高的尖顶颇不协调。金特别在意其所建教堂达到高耸入云的效果，但是他"并不专业"，尽管已倾其全力，他建造的教堂有的似未完工，有的看起来极其不雅，与位于克曼汉姆那令人崇敬的小教堂根本没法比。

金担任大主教的时间很长，其间都柏林比任何时候都更受英国议会影响。英国女王安妮执政期间，威斯敏斯特的问题也成了都柏林的问题——如何保证新教王储即位？如何抵抗仍然虎视眈眈的詹姆斯党死灰复燃？接连不断的欧洲战争如何才能以让人受益的方式结束？三个王国内萧条的经济应该如何刺激？两党联盟中的哪一个，是宫廷青睐的托利党还是"爱国"的辉格党将会取得主导地位呢？高层政治的白热化状态对城中百废待兴的公共领域产生明显可见的影响。从1700年之后不久出现的几份具有派别立场的时事通讯小册子可以看出这一点。本地印刷品第一次将政治辩论从议会的狭窄范围带入各个新建的咖啡馆，报纸印刷商第一次需要保护自己免遭议会震怒。

[①] Tithe，什一税是源起于旧约时代，由欧洲基督教会向居民征收的一种主要用于神职人员薪俸和教堂日常经费以及赈济的宗教捐税，这种捐税要求信徒要按照教会当局的规定或法律的要求，捐纳本人收入的十分之一供宗教事业之用。

1710年以后的都柏林直接卷入"党争"当中，城堡当局处于托利党手中，下议院越来越倾向于辉格派，而都柏林市政厅情况也类似。上议院大法官康斯坦丁·菲普斯（Constantine Phipps）"如同吼叫的狮子，遍地游行，吞吃城市的自由和权利"[①]，试图使用法律手段让其辉格派对手息声。这对一些人来说，詹姆斯党时期的记忆复活了。矛盾激化于1711年，当时各派针对市长人选问题产生争议。之前（托利党控制下的）枢密院援引1672年政府法令和"新法规"，拒绝接受市议员提出来的人选。这是一场殊死之战，持续了将近三年。其间虽略有妥协，也是缘于伦敦的干预，最终导致1713—1714年市政府彻底倒台，托利党顺势按例续任一年。托塞尔的各个法庭休庭数月，市场无人监管，其他市政服务陷入瘫痪。接着，1713年秋天开始了一场普选，政府希望选出一个更具灵活性的下议院。对于都柏林来说，这可能是第一次公开竞争议员席位，其过程极其丑恶：投票期间在托塞尔发生暴力斗殴，辉格派治安官不得不请军队帮忙。有一人死亡。选举期间辉格党人画漫画讽刺政府支持者是天主教徒和詹姆斯党，而托利党人则咒骂对手为"宗派党人"、清教徒和英联邦派。有很多信奉天主教的自由地产所有者参加了投票登记，其中著名的一位是科克郡詹姆斯党人詹姆斯·科特尔（James Cotter），托塞尔暴乱的中心人物之一，但是天主教徒对选举产生的作用其实是夸张的。最后，即使政府各派联盟做出很多努力，本该卸任的辉格派候选人本·伯顿以及前议长约翰·福斯特却再次当选。

不管怎样，汉诺威的乔治于1714年顺利继位。都柏林市议员下对了赌注，在随后一代人的时间里，他们大体上享受着与议会和都柏林堡当局非常融洽的关系。市政厅支持新教君主制，并因为1688年光荣革命被称为自由派，在1722年安排制作了一尊乔治一世的骑马

[①] 此处是套用《圣经》彼得前书五章八节"仇敌魔鬼，如同吼叫的狮子，遍地游行，寻找可吞吃的人"的句式。

第三章｜受伤的女士：1690—1750

雕像，安置在利菲河中的石墩上，成为埃塞克斯大桥的一部分（这个选址"非常巧妙"，使国王的形象可以鸟瞰港区）。大多数关心此事的新教市民都能接受汉诺威人登基成为国王，但其中的托利党人有丢失官位的，也有面对更大打击的。与此同时，只有最具政治倾向的天主教徒才对流亡中的詹姆斯三世保持着一定程度的忠诚。但是在1715年传来一则消息，称刚刚离开总督职位的军事英雄第二代奥蒙德公爵逃离伦敦，加入了流亡中的詹姆斯朝廷，这一事件引起了轩然大波。他的长期流亡经历（卒于1745年）为其辉煌的家族史画上了一个令人伤感的句号。

汉诺威王朝早期的总督就像往来的候鸟，没有给都柏林留下什么印记。这个阶段里，国家的很多高位（如司法机关和爱尔兰圣公会中的职位）都安排给英国出生的人选，有的是从托利党势力范围内清理出来的辉格党人，有的是英格兰政治妥协的产物。随着王室垂直管理的各种职位移交给一个个新面孔，爱尔兰当地地主的代言人很快开始对伦敦加强任命爱尔兰官位的现象做出反应，表达他们的不满。然而，尽管如此，一个最引人注目的人物作为爱尔兰议会中的政治掮客而攀上了峰顶：威廉·康诺利（William Conolly），他是阿尔斯特人，拥有天主教背景，做过律师、土地投机商人，也做过四十年的国会议员。康诺利和大主教金一样是一位生来精力旺盛的"生意人"。他凭着自己的精明和勤勉成为18世纪20年代前农村最富有的地主之一。他一生大部分时间都是在都柏林及其附近度过，包括四法院大楼、奇切斯特宫以及他自己在卡博尔大街北端的豪华府邸。他与长老会走得很近，在城里这些人中颇有人缘，但他本人一直是一位国教徒。辉格党的沃顿伯爵（duke of Wharton）在都柏林堡掌权的时候（1709—1710）他的政治前途开始时来运转，成为税收专员以及下议院中最有权势的人之一。但也正因为这个原因，他最终成为菲普斯以及后来的托利党政府的敌人。1714年之后他再度出山（与科克出身的艾伦·布罗德里克一起），成为下议院中政府事务的首席

"承办人",所领导的是一班来自北方的国会议员。他既是下院的议长又是税收委员会的扛鼎人物。他所获得的各项产业中,包括城南的土地、罗斯法汉姆城堡及其西边位于塞尔布里奇(Celbridge)的卡斯尔顿宫。这是他在18世纪20年代兴建的堪称爱尔兰历史上最大的住房项目。

康诺利与他圈子里的很多人不同,他本人不涉足城市房地产投机业务。但是他在晚年的时候为新的议会大楼积极筹措资金并因此深刻改变了都柏林的城市外貌。鉴于奇切斯特宫的拥挤和破败状况,将其拆毁并清空学院绿地公园上成片房屋后面的地块,对这样的决定几乎没有任何人提出异议。但是工程的规模(最终耗资三万英镑)、设计以及所用材料确实非常惊人。人们所能联想到的市中心的建筑,无论是城堡、法庭还是王室建筑都完全无法比拟。爱德华·洛维特·皮尔斯(Edward Lovett Pearce)是一位半薪官员兼议员,既年轻又具有良好的社会关系。他能够取代年迈的托马斯·伯格得到这个项目,从他与康诺利拥有的友谊中获得的帮助可不是一星半点。这位新任总测绘师不同于前任,是一位石雕艺术家。有关他的传记我们尚需等待。我们只是知道他早些时候曾在意大利北部广泛游历,潜心研究过文艺复兴时期的一些经典建筑;回到爱尔兰,他便非常热切地想赢得议会大楼这个项目。在一位非常优秀的制图员和助手理查德·卡斯尔的辅佐下,他1729年立下基石,经过三十二个月大楼竣工。整个建筑过程中他雇佣的工匠不仅有本土的,也有英国的。准确地说,由于施工精心,加上建筑者通晓建筑理论,从美学意义上讲,这是一次革命性事件。正像爱德华·麦克帕兰所看到的:

这里,这座议会大楼,是一位爱尔兰建筑师的杰作,因其对维特鲁威①和帕拉迪奥②的偏好而使其设计无懈可击。

　　这是都柏林第一个无需支撑物的室外柱廊……也是(英国)波特兰石与(爱尔兰)花岗岩的第一次结合。这将成为一直到19世纪都柏林杰出建筑所使用的特色方法。

　　这的确是出自老年人的委托,年轻人负责建设的一项工程。其内部布局是以八角形下议院会议室为中心,可以容纳300名议员中90%的人数,主要通道一直通到议长的坐席处。上议院会议室相比之下则小很多,但却更私密一些。康诺利有权直接给下议院如此殊荣,实际上这也是对臭名昭著的《1720年英国宣言法案》的坚实反击(这个法案正式表明威斯敏斯特对爱尔兰有权立法,并作为爱尔兰民事诉讼的终审法院)。爱尔兰议会现在拥有了一处具有伟大象征意义的建筑,毫无疑问这是王国中最精美的不朽建筑。其规模、外观印象以及美学上的成功都静静地展现在学院绿地公园的大片露天场地上。从某种意义上说,这座建筑对孕育下一代市民爱国主义情绪中出现的以精英为主导的政治文化,起到一定作用。但是康诺利在新议会大楼1731年开始启用前就去世了;并且之前在大楼还没竣工的时候,其首功之臣皮尔斯才三十多岁便驾鹤西去。

　　这座新建筑曾一度饱受诟病,至少大家在议论国家大事的时候是如此。康诺利在都城中心位置建一个这样大的工程,其动机之一应该

---

① Vitruvius,是公元前1世纪一位罗马工程师的姓氏,他的全名叫马可·维特鲁威(Marcus Vitruvius Pollio)。维特鲁威出身富有家庭,受过良好的文化和工程技术方面的教育。先后为两代统治者恺撒和奥古斯都服务过,任建筑师和工程师。维特鲁威在总结了当时的建筑经验后写成关于建筑和工程的论著《建筑十书》。

② 帕拉迪奥(Andrea Palladio),1508年出生于意大利,常常被认为是西方最具影响力和最常被模仿的建筑师,他的创作灵感来源于古典建筑,对建筑的比例非常谨慎,而其创造的人字形建筑已经成为欧洲和美国豪华住宅和政府建筑的原型。1570年发表了《建筑四论》,系统地总结了古典建筑的经验和他本人的观点,这本书对欧洲建筑界的影响很大。

11

虽然这幅早期的议会大楼正面图被认为是建筑师爱德华·洛维特·皮尔斯所画，而实际情况似乎并非如此，因为有几处并不准确（尤其是威廉国王的雕像画错了位置）。但这幅画仍然提示皮尔斯的这座新建筑给人们带来的巨大影响，包括按当时的理解精确运用古典建筑规则以及本身所具有的纪念性意义。

是刺激经济发展,正像他在卡斯尔顿所建的大型府邸一样,被公认为是一项市政工程,显然是鼓励个人消费的一个举措。18世纪10年代都柏林享受了几年好时光,20年代却十分令人沮丧:信贷危机(1720年南海泡沫事件①的副作用)、时不时的农业歉收、1725—1726年的洪涝灾害、货币供应一再出问题、史无前例的失业阵痛,最明显地影响着城里成千上万的毛纺工人。现在有越来越多的证据表明,经济增长对农村收入分配反倒产生明显的退化作用。社会稳定越来越成问题,当时各派政治人物也存在清醒的认知,从他们当时写作的文字中略见一斑。毫无疑问这一时期最具影响力的作家是圣帕特里克教堂首席牧师乔纳森·斯威夫特。他写小册子发表政治短文,从1720年的《普遍使用爱尔兰产品的建议书》(Proposal for the universal use of Irish manufacture)到1729年的《小建议》(Modest proposal),对英国的商业立法、爱尔兰富人(男女都有)的愚蠢进行了既机智、自负,又辛辣讽刺并常常是毫不留情的抨击。他所针对的,其实就是所有权势之徒的罪恶行径。虽然斯威夫特的作品缺少经济洞见,但是其中的讽喻式语言却促成当时幽默文风的形成。

在针对小面额铜币制造的论战中,这一点最为突出。铜币制造是1723年由爱尔兰政府发起的,表面上是为了解决零钱严重短缺的问题,但是该举措却被批评家说成仅仅是为了伦敦的王室情妇利用爱尔兰公共支出进行渔利的聪明把戏。②爱尔兰人被迫使用伯明翰制铁商

---

① South Sea Bubble,是英国在1720年春天到秋天之间发生的经济泡沫,与同年的密西西比泡沫事件及1637年的郁金香狂热并称欧洲早期"三大经济泡沫"。
② 1723年英王的情妇肯德尔公爵夫人获得了在爱尔兰铸造半便士铜币的特许状,又把它卖给了英国商人威廉·伍德,赚了一万英镑。伍德只要用价值六万英镑的铜就可以铸造价值十万零八百英镑的半便士铜币,可获暴利四万英镑。斯威夫特就化名楚皮尔发表了几封公开信。他号召爱尔兰人民坚持斗争,一致拒绝使用半便士铜币。斯威夫特对爱尔兰人民说:"……你们要知道根据上帝的、自然的、各国的和你们本国的法律,你们是,也应该是和你们的英国弟兄一样的自由民。"爱尔兰人民在斯威夫特的领导和鼓舞下终于取得了胜利,英国当局被迫收回成命。

威廉·伍德提供的贬值小硬币,他为这项专利是花了大价钱的。随后的论战分化了支持政府的爱尔兰人,但是却将大多数议会成员联合起来。对都柏林来讲,至少从两个方面来看这是决定未来的重大时刻。这是我们第一次看到从都柏林散发出来进而吸引全国注意力的印刷品主导了公开辩论。科克郡的人们等待听到最新的进展情况,而都柏林报纸则成为大家翘首以待、不可或缺的消息来源。最引人注目的事件(如果从结果看也许不是像人们宣称的那样至关重要)源自于"楚皮尔那位经营呢绒的人",就是那位诚实的自由派布匹经销商。斯威夫特在其七封有关硬币的信件中[①]都是假借他的声音发言的。每封信印刷出来,都会引起人们的一阵兴奋;枢密院成员甚至屈尊向城堡内的小贩索取。很可能这是第一次由政府或者议会里的政治掮客(包括康诺利家族、布洛德里克家族及其同盟)以外的力量来决定有关政策的争论结局。像基础货币这样显而易见的事情,对其发动抗议活动当然是相对容易的事情。其实,直到18世纪50年代,议会之外的敌对力量才再一次兴起。

18世纪20到30年代,城里的印刷厂印发大量写有政治短文的小册子,作者都是议会圈子里的人,讨论有关经济困难和公共政策失误方面的话题。其中有几篇广为传阅,包括罗伯特·莫尔斯沃斯于1723年写的《关于发展农业以及雇佣穷人的几点考虑》(*Some considerations for the promoting of agriculture and employing the poor*),以及撒母耳·马登的《爱尔兰绅士该做的反思和决定》(*Reflections and resolutions proper for the gentlemen of Ireland*)(1738年)。流通领域里缺少硬币以及农村严重的贫困问题是辩论的主要议题。除了多数人相信底层人存在惰性以外,作者们还倾向于强调政治原因,即威斯

[①] 《楚皮尔书简》具有更为深广的意义,它发出了爱尔兰人民争取自由独立、摆脱英国殖民统治的呼声。斯威夫特在这一事件后受到广大人民群众的热烈爱戴,成为爱尔兰人民的英雄。

敏斯特的重商主义商业政策以及爱尔兰议会宪法功能的丧失。但也有指向掠夺佃农的地主的，这些地主从牛羊产品的大量出口中获利，但却是以牺牲佃农利益为代价；或者还有文章单单是针对远离自己地产不负责任的地主的。在这种论战情形之下，阿尔斯特南部的牧师马登认为，"如果我们将子孙后代考虑在内的话，甚至居住在都柏林都会带来很多恶果……有点钱的会全部糟蹋光，就算最有钱的也很难全身而退。"他说，虽然经济上不像在伦敦居住那么费钱，但在都柏林生活却存在着一切由于无作为和懈怠而产生的负面社会效果。任何形式的城市繁荣都是以负面结果呈现出来的。伯克利主教在这一点上反应最为激烈，他将奢华消费与贫困状况两厢对照，摆出进口食糖、丝绸、葡萄酒以及漂亮马车进入连基本食物供应都无法保证的国家的事实，而食物无法保证的原因竟然是大兴田园而减少农村人口的结果。虽然有几位作者指出由于英国产品进口明显激增而导致纺织工人失业率增长，但是城市贫困现象并不是舆论的主要焦点。市民取暖用煤和英国啤酒花完全依赖英国进口；为了满足下层社会的需要而日益增加英国啤酒进口量，这些似乎是不和谐社会的进一步明证。

在经过了18世纪20年代的严重歉收和食物短缺之后，这些观点开始具有实际意义。有十四个人专门组织了一个社团（其中六人是曾经或现任议会议员），目的是讨论农业和更大范围经济改革方面的具体思路，将这些思路公之于众并促成实施。这个社团成了后来广为人知的"都柏林学会"（Dublin Society），是一个非常活跃、但相对来说与政治无关的群体，擅长利用印刷品宣传自己的思想。这个社团得以存活并成为都柏林政治风景的一部分，很大原因在于核心团体的强烈自信和对自己理念的持守，最有名的是来自中部的一位小地主托马斯·普莱尔，还有撒母耳·马登（Samuel Madden）。尽管起初聚焦的是农村改革，团体的名称却不会误导：一直是以整个城市为基地，与议会关系密切并得到议会的支持。到第二代的时候，更直接地领导了城市经济发展，尤其在纺织业、酿酒业以及造型艺术方面。

　　由于18世纪20年代的萧条，采取了两个给都柏林带来长期影响的交通方面的举措。根据英国的先例，议会于1729年将公路修到基尔库伦和纳万，委托一些人负责收取过路费用以负责保养公路并改善路况。这是开头，随后一个世纪里，就有十几条公路开始收费。在主要公路上收费有助改善路况，有利于进出都柏林转运车载货物；这也标志着客运商品化的开始，第一个按固定行程运转的驿站马车服务始于18世纪30年代（每两周一次往返德罗赫达、金尼卡［Kinnegad］和基尔肯尼）。更重要的是，让整个国家，特别是都柏林不再依赖英格兰煤炭的想法现在成为国策。基尔肯尼北部、蒂龙东部以及安特里姆北部沿岸都可能成为城市消费者的潜在替补供应地，唯一的障碍似乎就是运费问题；其目的就是彻底不用怀特黑文的煤炭（是从旁边的坎布里亚海岸挖掘的），虽然这意味着要建设人工水道。如此一来，就诞生了从纽里修建运河到内伊湖①，将蒂龙的煤炭运到都柏林各家壁炉中的想法。此后不久，第一批计划出台，从城里向西南方向开挖一条运河，以利用人们预想中的卡色科迈高原②的矿藏。

　　阿尔斯特运河以国有出资的形式于1729—1742年如期建设。这个工程一开始由爱德华·皮尔斯主持，后来是理查德·卡斯尔，但是直到1756年才开始延伸到基尔肯尼的伦斯特运河计划，而卡色科迈的煤炭通过运河船只运到都柏林也已经是1780年左右了。这两个项目都没能实现起初的目标——结束都柏林对进口煤炭的依赖——这是因为基尔肯尼的无烟煤不适合家用壁炉使用，而蒂龙的煤矿不过是镜中花水中月。

　　那么，为什么数十年里都要把稀缺的公共资源投入到运河建设上呢？原因若干：现代人了解的有几种情况，突出的是在荷兰共和国以

---

① Lough Neagh，是英国最大的湖，位于北爱尔兰。面积为396平方公里。
② Castlecomer plateau，位于爱尔兰南部基尔肯尼郡的高地。

及后来的英国,运河建设带来非常显著的经济利益,在大宗货物运输和客运方面都是如此。人们认为,都柏林的繁荣受到阻碍,是因为其西部郊区以外的河流无法进行航运,而这可以通过人工开凿发展航运来弥补。并且,既然讨论的中心点是燃料供应,在18世纪20年代和30年代,人们普遍认为硬币短缺和英-爱汇率之间的高成本在某种程度上与首都用硬币支付过海而来的煤炭有关联。最后,就是那些整天喧嚷的小型运煤船船主,他们中没有一位是爱尔兰人,城中所有人都(合理不合理地)烦透了他们。为了控制码头上的煤炭价格,他们成为是否供货的操纵者以及囤积居奇的始作俑者。人们对他们的怨气在18世纪20年代晚期那几个寒冷的冬天达到顶点。如果爱尔兰有自己的煤炭供应渠道,势必会打破他们的垄断权势。

这些年中,有关经济新思潮思考最深刻的作者是伯克利主教,他见多识广,于1734年回到爱尔兰。虽然人们知道他在很多方面颇有才干,但是使他对都柏林产生实际影响的却是担任三一学院图书馆馆长的时候。他是安妮女王时期年轻有为的三一学院校友,负责管理图书馆以及詹姆斯党执政之后留存下来的各种图书。正是在他的监督之下,1711年做出决定在战后新学院南边的方形空地建设大型的图书馆楼,规模大大超出学院所需。对于这样一个大胆的项目,并无文字记载伯克利做出多少辩护和说服工作。托马斯·伯格从一开始就参与其中,实际上,这将是他所承担耗时最长的项目,也是他取得的最伟大成就。奠基的时候,这所学院享着其校长兼爱尔兰总督第二代奥蒙德公爵的赞助和支持。但是汉诺威王朝掌权以后,三一学院在人们眼中开始成为带有托利党,甚至是詹姆斯党倾向的危险堡垒。普拉特院长(Provost Pratt)1715年被新政府赶到北部的一个很小的学院;他的副手是一位坚定的辉格党员,叫理查德·鲍德温,受托对学院全权负责,在后来将近四十年的时间里一直主政。为了支持鲍德温行使权利,议会慷慨拨款以完成图书馆的建设,使"长廊"免于成为另外一个兵营似的建筑。其内部装饰非常精美,到

约瑟·都铎1752年所作全景画，从伯格的图书馆建筑群延伸至荒芜的林森德半岛和繁忙的都柏林湾。图书馆位置排水不畅，这可能正是因为其一楼多数都是露天拱廊的原因吧。旁边（右边）是伯格建造的解剖馆和实验室，是专为医学生提供有限的进行实践教学的地方。

1732年左右才完工。最终成本超过二万英镑，几乎是伯格1711年预算的三倍。

尽管三一学院如此强烈地宣称他们在学术和知识上的追求，当时却没什么实际影响，由于学校几位很有能力的研究员先后辞职，为图一时之利转而供职于爱尔兰圣公会，基本上没有出版什么有价值的学术著作。入学的学生人数在18世纪20年代的时候最多，每年大约一百名，但是在随后的三十年里下降了不止三分之一。到这时，与学院关系密切的"都柏林哲学学会"已经成为遥远的记忆。关于外面世界学术潮流的认知似乎更能在城里一些非正式的社交圈中找到，当然，其中很多都与学院毕业生有关。有两个这样的群体有详细历史记录：以斯威夫特为中心的朋友圈，老托马斯·谢里丹、德拉尼家族、乔治·福克纳及其出版商皮尔金顿（Pilkington）家族；以前外交官辉格派党羽思想家罗伯特·怀康特·莫尔斯沃思为中心的是另一个非常不同的圈子。他于1719年返回爱尔兰接管他在索兹的产业。他在不同时期支持过天主教建筑师、长老会牧师以及特立独行的自由思想家。本地长老会神职人员经常在《都柏林周报》（*Dublin Weekly Journal*）上发表哲学文章，那是一份出版七年都没有改头换面的周报，据称是都柏林第一个文学期刊。莫尔斯沃思朋友圈中一位在周报发表文章的人是法朗西斯·哈奇森，一位年轻的长老会牧师。他得到莫尔斯沃思的赞助，并在都柏林写成那篇富有生命力的哲理性著作《关于美丽与美德原始思维的探究》（*An inquiry into the original of our ideas of beauty and virtue*）（1725）。他还在拉姆康德拉巷用几乎十年的时间开办了一个专科学院，预备长老会的年轻信徒入读格拉斯哥大学（这个机构很快使他声名远播）。他对人性本质上拥有乐观的解读，并相信人类与生俱来的利他主义品质和公德心可以通过受教育激发出来。这个观点与同年同地完成的讽刺文学杰作《格利佛游记》作者那扭曲的世界观形成鲜明对照。

贵族空间

莫尔斯沃思是克伦威尔统治时期一个都柏林商人兼土地投机分子的独生子。他在爱尔兰拥有丰厚财富，主要是都柏林城里以及都柏林郡的地产，他因此得以在英国政坛上追求一种与众不同的职业生涯。他的财产包括位于圣司提反绿地和三一学院之间的一块叫做莫尔斯沃思田产的地块。在他1725年去世的时候，他的儿子们使一项私人法案（又称非公知法）获得了通过，更改了他们的继承权条款，将这块地进行分割开发。主要方法是通过一条新修建的向东直通到海的大街：莫尔斯沃思大街。这个设想很快实现，但是其开发过程缺乏严格管理，因为牵扯到各种各样的租地建房的情况。这条异常宽阔的大街是模仿其西端与其构成直角的更长的一条大街修建的，事实上还稍微超过了后者的宽度。

后者成为道森大街，这是阿尔斯特地主及后来成为政府官员的约书亚·道森兴建的，他于1699至1714年间担任都柏林堡的副枢密大臣。在他刚刚购得的土地上，道森规划了一条始于学院操场、终至圣司提反绿地、沿地势而上的大街，并且通过立法建立圣安妮教区，在大街中段建教堂，离府邸很近。建完的房子很快就出租出去，但是当1714年来临的时候，托利党人道森失去了官职及政治地位。第二年他把自己漂亮的房子按三千五百英镑的价格卖给了市政厅，这可是一大笔钱。为了效仿伦敦的模式，都柏林一直在为其市长大人寻找一座官邸，以便这位第一市民可以体面地招待王室和议会成员。1715年，他们如愿以偿了。

从满足上层社会居住地产需求中获利的，莫尔斯沃思和约书亚·道森只是一小群地主中的一部分，先是在复辟时期，等到18世纪20年代则更显突出。其中有一些地主，例如莫尔斯沃思家族、坦普尔家族、费茨威廉姆斯家族以及米斯伯爵家族，善加利用继承的遗产，而另有一些人则购置新的土地进行有计划的开发。道森属于后者。但是，更引人注意的一个例子是胡格诺银行家兼商人大卫·迪格斯·拉·图什。在他整个银行生涯中，一直参与城市地产开发，先是在海关大楼以东的街区，然后沿着格拉夫顿大街一线（那是在道森大街以西与之平行的一个窄巷）。但是最大兴土木的地方是在圣司提反绿地公园以西的昂吉尔/朗福德，在1720至1735年间他完成了一百多处房产的交易。拉·图什偏爱的方法是将仔细分界的地块出租给建筑工匠（主要是木匠和瓦匠），等房子主体完工后再买回出租权，然后将房产以全额租金的形式年租给租客。这类开发商需要雄厚的财力支持，才能获得起初用于开发的地块，并向工匠支付资金，这对他们按时完工至关重要。完工的房子在出租的时候，还要保持租金水平，不至在市场疲软的时候一股脑儿投向市场。心浮气躁的人完全无法在地产生意上获利。

在大规模房地产开发行业，与拉·图什相媲美的是一位都柏林人，那就是可能出身于市内"自由区"的卢克·加德纳。他因为拥有非常稀缺的会计技能，很幸运地成为新建"港口维护办公室"（由市政厅于1708年设立，目的是监督从海湾到码头区受潮汐影响的海峡地段的清理和维护）的主任，并且，他的配偶远高于其本人的地位（1711年）。如此种种，加德纳于1725年成为爱尔兰财政部的主要掌权人，其职务是财政部负责收付款的主计大臣。取得这个地位，他很清楚他应该负责解决前任留下的巨大烂摊子。他负责这项业务一直到三十年后去世，在18世纪30年代时曾有几年也做过城堡街的银行家，并在一代人的时间里成为城市开发的领军人物。加德纳权倾一时，但为人相当谨小慎微。他在城市开发方面所产生的巨大影响，是靠计谋和精明实现的，完全没有之前的汉弗莱·杰维斯或是那个世纪晚些时候的约翰·比斯福特所引起的强烈争议。他从结婚开始就从事地产投机生意，但是主要投资却发生在他对国有闲散资金拥有实权的时候。

他一开始于1712年在雷泽山东边河岸地带买了一块市政厅试探

性出租地块的租赁权，"港口维护办公室"的消息来源无疑也成为他的资产。在购得其他一些小型地块之后，他于1722至1729年间通过三种策略性采购又取得几乎老圣马利修道院的全部地产，有几条位于现在城东北的街道，属于当时已经开发的部分，也包括在内。最大的项目是摩尔/德罗赫达，他与一位同伙一起开发，但是在1730年还是独自买了下来。加德纳是那个世代最具雄心的北部开发项目的独家开发商。与伯顿大街遥遥相望的坡地上，在挨近博拉道格河（Bradogue river）一块很小的新建地块上铺筑起来一条新的大街，这就是亨丽埃塔街。这个项目比南部的莫尔斯沃思大街更引人注目。不仅面积更大，所牵涉的地主间的关系也更密切。第一批房产始建于大约1729年，当时新的议会大楼正在河对岸开工（皮尔斯也参与其中，至少有一个项目属于亨丽埃塔大街沿线规划）。加德纳的大胆规划用了二十多年才完成，但是到他去世的时候，两个巨型庞然建筑面对面地矗立起来，其外立面是用砖砌成的（有的地方有六十英尺宽），严丝合缝，其护墙更是显出砖砌的笔挺效果。其宽敞的室内设计也展示出建筑和装潢上的成熟水平，成为标杆和引领潮流的样板。这些楼房不像那些以石子和砖做前脸的房子，窗户都是固定位置，是过去六十年以来城中标准的现代房屋的样式。也与正面都不超过十四英尺的"很多旧式木板房"形成鲜明对照。在城南老区仍然可以看到那些木板房。从亨丽埃塔街可以纵观全城，对附近市场和屠宰场所带来的灰尘和恶臭来说是一个极大改进，这种选址非常精明。一开始规划的房子中有八栋是加德纳直接融资，四栋由其财政部助理纳撒尼尔·克莱门茨（Nathaniel Clements）提供资金。加德纳一开始是在沿街的最高点为自己建住宅，他说服了大主教休·博尔特将他正对面的地块买下。这样，经年累月，最有权力的议会一族被吸引到了"主教山"（Primate's Hill）。到18世纪50年代，在狭小的实体空间里形成了非比寻常的政治权力和派别斗争漩涡。

加德纳获得像博尔特这样的重要承租人实在是运气。博尔特既富

第三章 | 受伤的女士：1690—1750

有，又是辉格党人，并且相当熟悉本地情况。他于1724年来到爱尔兰，那时正是"伍德半便士"风波①的时候。作为未来十八年的上诉法院法官以及枢密院主导人物，他并不掩饰自己对爱尔兰政界精英及其反复无常作风的不信任态度，一直寻求用伦敦的影响力来管控爱尔兰国家事务；他在城中百姓当中的口碑似乎相当差。然而，他对加德纳和克莱门茨这样的人却抱着支持的态度，因为他们把财政部的财政工作做得认真、高效，并深信政府官员有责任解决他们所处环境当中存在的贫困问题。他坚决支持阿尔斯特运河的建设（这会帮助发展他辖管教区的经济增长）以及"特许学校"运动（"charter school" movement，对穷人进行大规模劝诱改宗教育是其中心任务但并非最重要目标）。博尔特积极干预的态度在1740年表现得最为明显。在那一年的年初，整个国家与多数北欧国家一样进入了史无前例的极端寒冷天气，利菲河几小时内结冻冰封，磨坊停工，煤炭供应中断，由于街灯无法燃烧，城市一片昏暗，船只无法启动，"北城墙……最远处的一座楼房完全被一块冰饼覆盖，太阳照在上面时，看起来非常漂亮"。这场为时七周的危机强度异常之大，甚至导致大批野生动物死亡：凤凰公园中的二千头鹿有八百头丧生。城东富裕一些的家庭拨出资金让城西的教区委员会采购饭食和煤炭，以便可以随时免费发放（按1729年饥荒时的先例办理）。但是，圣凯瑟琳和圣彼得教区的死亡人数在霜冻的几周里仍然上升了三倍，很有可能其他地方由于低温症和呼吸道感染而死亡的人数也是类似。但是霜冻过后，气候继续严重反常了一年多：1740年夏季发生干旱、破坏性风暴，秋天有雪灾、

---

① 伍德与乔治一世于1722年所签合同中获权生产三百六十吨半便士和四分之一便士供爱尔兰市场使用，价格是每磅三十便士，合同期十四年，并每年付给国王八百英镑的手续费。这些爱尔兰硬币比当时流行于爱尔兰市场的铜币分量更重，对伍德来说利润较少，他认为从成本上看，这种硬币的生产规格过于耗材。作为补偿，伍德获得许可在八年时间里每年将收到三千英镑，但是，在他于1730年8月2日去世之前只收到三年的补偿。

洪灾,然后是又一个严冬和青黄不接的春天。

所有这些对城市的食品供应产生严重影响:霜冻期间土豆几乎全部歉收,引起了一系列连锁反应,1740年末又因旱灾歉收,益发加剧灾情。食品价格飞涨,价格固定的普通面包只好在分量上做文章。人们采用荒年初期(尤其是像1729年春天闹饥荒那样)去市场抗议的经验,成群结队涌进托马斯大街一带的粮店和面包店,大肆抢劫,又进攻郊区的磨粉厂。守卫打死了几名市民之后,市政厅开始寻求对市场进行干预的方法,但是物价仍然居高不下,甚至在秋天达到新高。只有1740年12月的时候,在经过断断续续的干预措施之后,当人们看到冰川沿利菲河漂流而下,政府才行动起来——或者不如说是博尔特在其上诉法院法官的能力范围内,回应了市长大人撒母耳·库克的请求。也是因为面粉和燕麦片达到前所未有的高价位。这时,在孤儿院提供免费饭食的计划启动了,先是给大约二千名都柏林人,到1741年5月时提高到四千人。一开始是每天供应,后来限制在一周几次。尚不清楚这种救济是针对家庭还是个人,但其目的是为了平抑市场,在一定程度上恢复城市安宁。这个免费食物计划是由慈善机构提供资金,博尔特本人亲自主持完成,当然也有其他人参与。然而,直到1741年春天才最终实现物价回落。那时,大量的美国面粉到达都柏林。灾情至此,又逢"斑疹伤寒"横扫内地,爱尔兰很多郡县遭受整个世纪里最严重的人口锐减。在城中监狱斑疹伤寒和痢疾肆虐,但是,可能令人感到奇怪,广大市民却得以轻松逃脱。其实,从很大程度上讲,这应该归功于市民的积极行动以及大主教的强力督促作用。

安静的少数人

1744年2月,英法又要开战的传言甚嚣尘上。都柏林堡命令所有城镇的天主教堂立刻关闭,以防范詹姆斯党第五纵队的行动。不得已,一些牧师只好使用临时场地。结果,奥蒙德市场附近皮尔巷的一栋老房子地板塌陷,导致十人死亡,包括一名牧师。政府对此事故的应对是,不久便允许所有正规教堂重新开放,前提是保证公共安全。但是战争到底是来了,1745年秋天苏格兰发生的詹姆斯党全面起义,这消息让整个都柏林惊呆了。可是新总督切斯特菲尔德伯爵在预估了一下战争风险之后,顶着压力决定不再发动宗教镇压,因为他相信并不存在内部的军事威胁。这样的谨慎反应说明时代是变了。自此,在都柏林进行的天主教敬拜活动再无禁止。

  皮尔巷拥挤、热闹的"弥撒楼"的景象说明几个层面上的问题——信奉天主教的都柏林人当然是非常贫困;会众人数上的增长要快于教堂所能提供的空间,或者,更准确地说,要快于教堂敢于扩大其公共形象的胆量。天主教徒占城中人口的比例在17世纪90年代一度骤降,现在开始急速回升。虽然18世纪40年代时天主教徒仍然在都柏林占少数,但是确切地讲,他们所呈现的人数比以往任何时候都多。爱尔兰议会中普遍的看法是,世纪之初通过的针对未注册神职人员的刑法以及宗教方面的法令过于软弱,也曾有过不成功的尝试,将极端制裁措施(例如对未注册的牧师进行刺面或者阉割)写到法律当中。但是,即使那些以这种野蛮方式思考的人也是把反对天主教神职人员的刑法当作是达摩克利斯之剑①式的管控方式,而不是发起新一波迫害的借口。从世纪初的头几年开始就一直存在着詹姆斯党从法国或者西班牙入侵的一再威胁,每当这时候城中的天主教堂都会暂时关闭。但是到18世纪20年代,官方对城中的宗教敬拜以及对未注册的教区神职人员履行职务的宽容现象,已经成为惯常的事实。尽管如此,主教和修士仍然极度谨慎,以避免授人以柄。有几个令人倒胃口的探子在18世纪的10年代为了赏金充当"牧师捕手"的角色,发生了大主教伯恩被捕这样颇令人难堪的事

---

① 达摩克利斯之剑,中文或称"悬顶之剑",用来表示时刻存在的危险。

件。七年之前,"大约有上千名天主教居民"在费珊堡街和威尔堡街参与了所谓的"狂跑骚乱"。实际上他们在追赶一名"牧师捕手",直到他跑到军营。

1731年,在博尔特做主教长的早期,可能是在他的鼓动之下,上议院发动了一次针对天主教教堂、牧师和"天主教"学校数量的全国范围内的普查行动。城中上演的一出出闹剧与日俱增,增加了市民的不安全感,据说都是天主教人群所为。这种不安全感来源包括每年在圣司提反绿地公园附近乱糟糟地举办詹姆斯三世的生日晚会、捣毁异见者聚会点以及由士兵、市民和学生参与的打架斗殴事件。这些暴力事件大多由社区周围年轻打工仔滋事找乐子等有些过分的行为,而煽动者则是新教工匠或者学院的学生。担心"天主教徒暴乱"是个信手拈来的口号,并且有的时候的确存在着政治上的因素。1720年5月在自由区对辉格聚会场所的暴力围攻,仅仅是科克郡非常有争议地处死詹姆斯·科特之后几天的事情。科特是1713年在托塞尔发生的选举骚乱中的托利党英雄,是少数几位仍然有公开社会活动的詹姆斯党精英之一。他的罪名是奸污了一名辉格派教徒。人们将他被处死这一事件看作是政治牺牲品,有一首歌谣专为哀悼他:"我们在大街上,在政府的鼻子底下传唱"。

1731年有一个调查,揭示出都柏林天主教会重建的状况。活跃在都柏林城里的,有远超过100名的牧师(可能是紧接着1697年取缔法案之后出现人数的三倍),主教管区神职人员和修道士的人数大致相当,他们在十五个教堂里供职(另外有两个附属于女修道院的教堂)。这些教堂大多数位于侧街上,深藏在小巷当中或者庭院里。据报告,还有大约四十五名频繁活动的天主教教师。这种回归过程中引人注目的事情是,教堂、神职人员和教师在城中的某些地方非常集中,而在城东南部的教区里则完全没有天主教教堂,在蓬勃发展的北部也只有四个教堂(包括海峡街女修道院[Channel Row convent]一个私人教堂)——除了一个地方,就是霍金大街伊利勋

第三章 | 受伤的女士：1690—1750

爵家改变用途的那些马厩。天主教的活动以老城西边为根据地，尤其是从弗朗西斯大街向北穿过繁华大街，到库克大街附近一带的狭长地带。五十名临时神职人员中很多人经常光顾这里：有方济会的、加尔默罗会①的或者多明我会的。在这里，教堂或者扩建或者重新翻新，长廊、忏悔室、教堂内的靠背长椅、图画、圣物收藏室都正规起来。但是，这一"天主教"区的西南面则是米斯自由区。在17世纪末，地产政策对天主教承租人的态度非常敌视。似乎在米斯地产上仍然没有教堂或者久居的牧师。加尔默罗会教徒于18世纪20年代才在库姆峡谷以外的阿什街开办了一座教堂，相距米斯自由区不远（以前是辉格党的聚会地点）。

到18世纪30年代，自由区内持有不同宗教信仰的市民混杂居住在一起。1731年列在名单上有十一位"天主教"教师（其中六位是妇女）。他们中有一位是"撒迪厄斯·诺顿"，即泰迪格·沃·诺顿②。他的生活范围在伯爵街一带。其父肖恩出身于罗斯康芒，也曾是位教师。他们是一个小圈子里的中心人物，圈子虽小却很有意思。其中有几位是天主教神职人员，很多人出身于书香门第，但是现在靠教书和为赞助人、天主教徒，偶尔也为新教徒抄写爱尔兰文来赚得微薄收入。泰迪格·沃·诺顿于1726年将其二十六位文学上的朋友和熟人列成一个名单，其中有六人与存留下来的爱尔兰语手稿有关——或者是手抄本或者是原创。这些文章有历史方面的、语言方面的、有诗歌、《圣经》灵修笔记或者有一、两个是虚构小说。肖恩·沃·诺顿的文字，《亚蒙·乌伊·克雷里的历史》(*Stair éamoinn Uí Chléirigh*) 很明显是一个从西部来到米斯和都柏林的移民的自传性记录。他本想以教书谋生，但是因酗酒而堕落，并拒绝了他所追求的女人。最后，一位诚实又富有同情心的朋友救了他，让他重新振作。这本回忆录使用多

---

① 一称"圣衣会"、"迦密会"。天主教托钵修会之一。
② 爱尔兰作家、抄写员和词典编纂者。

种语言写成（拉丁语、英语、和爱尔兰语），具有强烈的语言混杂性，捕捉了这些教师们在过渡期的神秘文化世界，因为除了他们自己的圈内人，城中很少人能读懂这样的文字。但是，他们绝不是孤立于世人之外的。由于讲道用的是爱尔兰和英语两种语言，我们可以推断，在城中的天主教居住区里，因为到处都是从伦斯特以外和更远的地方涌来的新移民，这里现在应该明显是两种语言并用的。他们还与城中高等学界保持联系，尤其是泰迪格·沃·诺顿与安东尼·雷蒙德之间的友谊。后者是爱尔兰圣公会米斯的牧师，是斯威夫特的朋友，也曾是三一学院的校友。因为他的缘故，三一图书馆的旧爱尔兰真品，尤其是那本《百利莫特之书》[①]才能被沃·诺顿借到手中。此时在全国任何别的地方都没有这样一个研究盖尔文学的广泛群体，他们在首都的突出表现说明，都柏林可以供养那些技术人才，但这些人在其他地方只能埋没自己的才华；但同时也说明一个事实，只有在都柏林才随时需要他们所拥有的特殊混合型技能。

  为了牧养和使人改变信仰的目的，爱尔兰圣公会的神职人员尝试了爱尔兰语宗教书籍的出版。然而，针对这个问题，他们存在着相互矛盾的做法，在18世纪头10年代尤甚。但是并没有资源支持将沃·诺顿圈中人的手稿变成印刷品，而且，即便有的话，也没有大众市场需求这些东西。正像那个时期当地唯一的双语印刷物（一本1723年的《年鉴》，按发音拼写出爱尔兰单词）所述："尽管很多人能够写英文，但两万人中没有一个人能够写或者读出他们自己的语言。商店里出售的书籍从来没有一本书是用爱尔兰语写成的，没有讨价还价的协议是书面写下来的，没有收据，也没有写下来用以邮寄的信件用爱乐兰语写成。"

[①] the Book of Ballymote，成书于1390或1391年，在百利莫特或其附近写成，是一些古书的汇编。该书的首页画的是诺亚方舟，带有文字的第一页散轶，第二页的开始讲述世界历史。书中还包括以色列各支派历史上的一些专著，圣帕特里克及其家事，科马克给某位国王的训诫以及对爱尔兰地质、地貌的调查报告。

还存在着一些明显可以感知到的危险：他们中有一位，休·麦克科顿（Hugh MacCurtain）曾就占领前的爱尔兰问题发表了一篇颇为谨慎的反对文章（1717年以英语发表），虽然形势尚不明朗，却被短暂收监。但是，无论"天主教"教师的文化程度为何，像与爱尔兰圣公会教区相关的自由学校一样，他们每天的工作是用英语教授城里孩子基础读写能力及计算技巧，只是得到教育的孩子数量有限。其实，大多数有技术的手艺人的子弟现在已经在接受这样的教育了。在1730年的天主教教区章程中，要求牧师保证每一个教区都有自己可以向所有孩子和仆人教授经文教理（除其他课程以外）的教师。只要这个宗教任务能够实现，所使用的媒介语言就是英语也无妨。

喜欢阅读的大众

费珊堡街的约翰·哈丁在历史上为人们纪念，是因为他为出版自由殉道。作为城中少数的汉诺威王朝早期印刷界顽固的托利党成员，他有好几年生活在入狱的风险当中。由于被斯威夫特选中印刷《楚皮尔书简》（The Drapier's letters），他于1724年11月受到起诉并被关进监狱，这与颇具煽动性的第四封信有直接关系。整个冬天，他被关在新门监狱，而都柏林大陪审团拒绝控告他有罪，并在新的一年的某个时候，当公诉案取消之后，将他释放。可是监狱生活摧残了他的健康，在出狱后的当年四月就去世了。哈丁年轻的妻子萨拉在斯威夫特的帮助下重操丈夫的旧业，并且小有成就。哈丁和很多印刷商遭受短期监禁和高额罚款的厄运，公诉方都是议会。1715年第一任汉诺威王朝议会在使托利党印刷商噤口不言这件事情上起到很大作用。在那之后很久，高层政要对出版界这个不安定因素，表现出普遍的敌视态度。藐视议会是一项针对政治上不受待见的印刷商反复使用的罪名。但是，尽管出现了数十次的公诉案，出版行业的反弹力仍然有目共睹。其扩大公众视野、重塑市民阅读习惯的能量到1745年斯威夫特去世的时候已经得到广泛证明。

17世纪90年代至1760年间,都柏林书商的数量增长超过三倍,大印刷商的数量增长了十倍还多。从16世纪以来,几乎所有进入这个国家的印刷品一直都是通过都柏林这个主要通道。到18世纪20年代,虽然已经成为英语世界图书出版的第二大中心,但与取得大不列颠王国印刷垄断地位的伦敦相比,都柏林仍是个小虾米。不管怎样,爱尔兰对学术著作、灵修资料以及娱乐和教育类书籍的需求增长,却因此可见一斑。这个过程先在都柏林,到1750年扩展到全爱尔兰岛。从17世纪70年代开始,上层社会和教牧需求为本地图书出版打下基础,爱尔兰的版权制度独立于英国之外(1710年以后),更鼓励了经常性的以低成本重印伦敦出版物的现象,既卖给爱尔兰读者也(非法地)销往英国市场。印刷行业本质上讲一直属于加工工业,吸引不到投资,也并不赚钱。但是由于进入成本低,并且规则相对简单,这种易入性使这个行业得以长足发展。这个时期的一个标志是,大约在1737年,由于印刷成本降低,读者品味提高、适用范围更广,城中设立了第一个商业化"循环"图书馆。这是向扩大读者群迈出的一步。

都柏林报刊业的蓬勃发展是另一个明显的例证。从17世纪90年代少量出现的朝生暮死的新闻单张开始,到18世纪30年代有很少少于五个相互竞争的标题的报纸同时登台的局面,通常是一周两次,在周二和周六,与发往各个省的邮件邮寄日同日出版。这些报纸的流通范围仍然以首都各区为主,有的读者会主动订阅,有的从街上的报童手里购买,多数人则享用咖啡馆和酒馆提供的报纸。由于往来爱尔兰海的定期客船非常频繁,都柏林通常能够先于其他地方获得来自伦敦(以及更远的世界)的新闻、传言和印刷品。故此,第一批都柏林时事新闻报纸很自然就利用了这个优势。但是报纸仅仅在18世纪的前三十年随着商业和个人广告的发展才变得有利可图;到18世纪30年代,多数报纸都包括四个很大的对开页面,大部分都被非常小字号的广告所占据。新闻当然几乎都是外国的,留给爱尔兰信息、广告或者偶发事件的版面尺寸直到世纪中期都非常有限。都柏林在18世纪上半叶出现的165份报刊,其中大多数很快倒闭了,但是少数几个靠着专业化的特点存留下来。1714年之前的阵营划分非常明显,就是托利党所支持的(以及支持托利党的),或者在政治上属辉格党的。到18世纪30年代,明显的不同在于所附的广告种类是什么——在《皮尤轶事报》(Pue's Occurrences)上,有城内地产销售和出租广告;在迪克森的《都柏林消息报》(Dublin Intelligence)上,有进口和全城批发广告;在卡森的《都柏林周报》上,有图书贸易广告。

到那时,发行量最大的报纸是乔治·福克纳接近二千份的《都柏林日报》(Dublin Journal),有时每期会有多达九十个广告。像很多报纸出版商一样,他还是一位文具商、印刷商、书商和"出版者"——事实上,他在当时以及从那往后的名气,都在于他在爱尔兰出版的斯威夫特《格利佛游记》以及很多其他著作。福克纳在18世纪20年代的生意伙伴是詹姆斯·霍伊,他是一位"编者、写手、校对和作家",在当时是唯一的一位天主教报刊出版商,这非常少见。报纸的读者也绝大部分都是新教徒,但是随着时间每十年每十年地流逝,这一现象不再那么突出了。

这一时期都柏林的图书出版情况一直是大量学者研究的主题,这主要是因为留存下来作为研究样本的出版物太多,但这些样本实在有些杂乱无章。我们知道大部分福克纳工作的内容,因为与乔纳森·斯威夫特有关联的任何事情自那以后都成为有价值的事情;对为"下里巴人"服务而印制的廉价畅销书和灵修资料却知之甚少。因为这类书籍大部分都遗失了。在玛丽·波拉德对都柏林图书贸易所做的经典性研究中,这个行业的一些谜团得以解开,尤其是都柏林贸易从本质上具有寄生于隔海贸易的特点,完全是靠盗印伦敦的图书,再将书偷运回英国,降低合法有版权书籍原本的价值。这种事情确实发生过,但是其影响力是被大大高估了。因为都柏林印刷商主要是依赖爱尔兰市场，印刷比在伦敦的流转周期更短的书籍（可能到世纪中叶的时候是平均五百册）。18 世纪 40 年代，在都柏林人订阅的 109 个期刊中，39 份与文学有关（古代的和现代的），24 份与历史和传记有关，15 份与宗教和哲学有关，13 份与医药和科学有关；其中三分之二是原创，三分之一是在伦敦曾经（以更高成本）出版过。这说明首都存在着买书一族，虽然人少但是却很活跃。

在原创文学作品中，有两卷非常重要的诗歌集，是一位住在商人码头旁的数学教师劳伦斯·怀特所写，分别于 1740 年和 1742 年按订阅量出版。怀特在城中是一位知名人士，第二集出版时收到大约七百份订单。他的大多数诗歌可能没有什么艺术性，但简洁的诗句源自于其在韦斯特米斯乡下的生活背景以及在城中以酒馆为中心的生活环境。其中一首诗是《告别之杯：或者门旁之饮的幽默》(The parting cup: Or the humours of Deoch an Doruis)[1]。面对无情的土地市场，诗歌唤醒人们对老式乡村生活的向往。这也许是 18 世纪 20 年代和 30 年代动荡不安岁月里最具鼓动性的语言了。

一位更有名的都柏林人蕾蒂西亚·皮尔金顿（Laetitia Pilkington），可能在 1748 年出版了她一套三卷回忆录的第一卷。她是莫尔斯沃思大街外科医生和助产士凡·勒文的女儿，圣安德鲁教堂助理牧师的妻子，斯威夫特和德拉尼家族的朋友。她因背叛婚姻而声名狼藉地逃到伦敦。这是十年前有关她的丑闻。皮尔金顿的文字最后成为引人注目的坦诚告白，向世人揭示出一位地位尊贵的妇女是如何脆弱地面对富有心机又寡廉鲜耻的丈夫以及世俗道德和法律规定，最终被逐出家门，尽失颜面的。但是，由于在早期受到过斯威夫特圈中诗人"得胜女性"——玛丽·巴伯、康斯坦莎·格里尔森和伊丽莎白·西坎——的锻造，皮尔金顿或者通过代笔或者以自己的名字来发表作品，她在自己的诗歌中既找到精神慰藉也获得了经济来源。她因此得以重返都

---

[1] 爱尔兰盖尔语，也叫 stirrup cup，马镫之杯，饯行酒的意思。

柏林，在她早亡之前获得了有限的人身安全和社会接纳。从各种角度看，她同样也是一位"受伤的女士"。甚至被斯威夫特及其好友弃绝，但她最终通过出版社和喜欢阅读的国民拯救了自己。她通过出版自己的回忆录，找到了复仇和救赎的方法。

第四章

现在这是一座大都市了：1750—1780

都城各处

1750年，都柏林常住人口大约有十二万五千人，可能达到五十年前的两倍。按这样估算，都柏林现在是欧洲第九大城市，阿尔卑斯以北第五大城市，比马德里和柏林的人口还多，和米兰一样大，比里斯本稍小一点。但是在欧洲最大的十个城市中，除了都柏林以外，所有其他的都是主权国家的都城。从爱尔兰处于边缘位置的角度看，都柏林的排名从表面上看还是颇为令人费解。在欧洲城市的等级排序中，都柏林的排名从没占据过这么靠前的位置，可以说是空前绝后。

这个数字提示我们，都柏林一定是具有了很多都城所具有的属性。但是，这些属性究竟都是什么呢？为什么这些属性可以使前工业化欧洲的各个政治都城名列当时的最大城市呢？理查德·坎蒂隆是出生于加里郡[①]的法国经济观察家，他可能是第一位看到都城独特作用的人。他在1735年所写的文章中，将都城出现的动态元素特点进行了描述：有国君居住，附近是贵族居住区，"可以享受和谐社会"，国民的大部分财富在这里被消费掉。但是，启蒙运动中的欧洲，各地的

---

① Kerry，位于爱尔兰西南部。

都城都在引进贵族和食利阶层精英分子,可不只是为了公共娱乐和刺激知识发展(虽然消费阶层中存在着普遍意识,认为都城里的生活总是更令人神往)。

坎蒂隆承认位于都城的高等法院非常重要;此外,这里有各种无与伦比的服务项目(个人的和法律方面的);有奢侈品供应,是只有在都城的店铺和商场里才能买到的;这里还有让孩子们在大都市学府接受"镀金"的机会;对男人更具普遍意义的是,他们有机会通过专门的兄弟会建立个人关系网。每一个有产家庭在旧政权的赞助人系统中不断谋求地位升迁,建立社交关系是至关重要的。但是,从正式舞会到家庭娱乐,这些大量的社交活动的中心点是必须要为未婚男女在寻找最佳结婚伴侣时安排表现的机会。都柏林的情况是,自复辟时期以来,这里就一直是上流社会的婚姻市场。虽然特别富有的人家是皇帝女儿不愁嫁,但都柏林仍然是精英云集的地方。每一年都有一些关键时刻让成百上千的富家女推销自己。她们或者是在圣司提反绿地公园的鹅卵石步道街上漫步,或者是在皇家大剧院的御前演出中占据包厢。对于新婚夫妇来说,潮流仍在继续。罗伯特·弗兰茨是一位重要的戈尔韦土地拥有者,也是国会议员。托比·巴纳德对他在二十九年当中的花销进行了统计:他从与其阿尔马新娘结婚之后(在他成为国会议员之前),便开始了漫长而颇费钱财的往来都柏林的旅行;在其婚姻早期的一年中,他家庭支出的35%花在了都柏林。

坎蒂隆还观察到,首都"是时尚潮流的中心,所有各省都纷纷效仿"。但是,谁定潮流呢?第一代奥蒙德公爵及其家人当然引领潮流。但是,他在都柏林的继任者没有一个有这个爱好或者是没有足够的经济能力支持如此的爱好。并且,从1714年开始,所有的总督及其随从都是英格兰人,在都柏林的时间限制在议会期都非常长,也就是每两年五到八个月。其他时间代替总督施政的大法官很少以官方名义招待宾客,也不参与公众活动。次年秋天总督莅临林森德或者顿利亚

第四章 | 现在这是一座大都市了：1750—1780

里①，每次都要举行盛大仪式：长长的马队（不全是正规军团）要用四个小时才能到达城堡。倘若大驾光临的总督经济实力雄厚，或者能带来资金，总会大大刺激一下市场的发展。但是都柏林堡在1714年后的数十年里经历的破蛹成蝶过程，却是另一番故事。

都柏林之所以成为重要的都市在于两个机构，坎蒂隆却没有提及。第一个是三一学院。该校现在已经被城市从三面合围，校园建设在18世纪中叶的时候得到大发展和更新，尤其是前门旁边的外墙立面，基本上进行了全面重建。就像中世纪城市的修道院一样，其环绕全城的庞大地产使得三一学院获利不少，吸引着那些愿意在城里家中的学生。但是，尽管对城市生活的确产生影响，但学院毕竟与议会无法相比。后者每隔一个冬天会吸引政界人士来到都柏林，在城市范围内营造出一种贵族社会的氛围。有些人长期租房，有些按月或者季度租房，而拥有足够资源及雄心的，则租下整个一栋楼房，还有人干脆买房居住。对议会开会的预期，让高档商品零售商提前备货。但是事实上，很多农村有产阶级每年冬天都来到都柏林：城市的吸引力并不单单受总督上任和议会开会这些季节限制。福克纳18世纪60年代和80年代的《都柏林日报》对与戏剧、集会、舞会、慈善布道、俱乐部聚会以及音乐会有关的广告所做的比较显示，在议会开会期间，和不开会期间这些活动的数量并没有什么不同。似乎法庭开庭和大学学期对每年城市和农村有产阶级的流动构成固定影响，城里各处的社交活动在夏天有一个长长的空白期。

贵族身份和议会里下议院议员的社交圈和现在的几乎就是一回事：在都柏林过冬的"上层人士"，换句话来说，并不是一个拥有法律地位的群体。而拥有地产、社会关系以及政治上的影响力，这些是围绕策略性婚姻连盟所进行的复杂谈判时都必须考虑到的重要因素。

---

① Dunleary，距都柏林市中心以南12公里的郊区海边小镇，是英国进入爱尔兰的主要入口之一。

贵族阶级当然是一股巨大的社会力量，作为上议院的成员则更是声名显赫（大约三十五个有头衔的家族，或者所有有资格家族中的大约三分之一是18世纪60年代和70年代常年或者临时参加上院会议的人）。像詹姆斯·菲茨杰拉德这样的人，能够得到贵族头衔以提升社会地位是他们的一个强烈愿望。他最终获得（伦斯特）公爵的称号可能比所有他建起的房子都更有意义。

议会精英所占据的社会空间——时尚的东端教区教会、咖啡馆、优雅的酒馆，还有更重要的，城中连体别墅中宽敞的居家空间——每年冬天都为确定新式的着装、举止和消费趋势提供大量机会。关于这个领域，我们有大量的轶事证据。当然，其中有些是过分润色的。到18世纪50年代，来访季节里上层社会的社交活动一个接一个，周末之外每晚的打牌聚会、私人舞会和集会、大吃大喝，以及提供给男士的大量参加兄弟俱乐部和城堡接见的机会。在男人社交的动态交往中总是存在着等级观念，无论是晚餐俱乐部、共济会会所、慈善机构还是在赌场都是如此。对于女人来说，无论是处于什么阶层，有地产的或者是中产家庭，城中的社交活动则限制更多一些。托马斯·坎贝尔是一位栖息于高层社会边缘的人物。他在1778年说，都柏林的妇女对跳舞的热情经久不衰，她们"觉得这里比在伦敦更容易找到社交愉悦感……虽然这里的公共娱乐活动不那么频繁，人们更多利用家庭组织娱乐活动"。可能是这样，但是随着休闲商业化的开始，女人们拥有更多机会，他们在城堡招待会上以及在剧院的观众席中总是大出风头。

给我们提供时尚潮流更迭变化最好证据的，正是这些"公共娱乐活动"史。位于罩衫巷始于复辟时期的剧场是所有活动的发源地。正像我们所看到的，那个剧场开始于宫廷活动的延伸，其生意是否兴旺决定于是否存在着来自总督的赞助。这个剧场能够以公共机构的形式生存下来得益于其管理上异常少见的连续性：约瑟·阿什伯里是1659年攻占都柏林堡时的年轻参与者。他从军旅生涯转战演艺事业，

第四章 | 现在这是一座大都市了：1750—1780

经营这个剧场达四十五年之久，直至1720年去世。与他合作的剧团大约有三十个演员，每年冬天他总是能够提供虽是保守但足够丰富的保留剧目。阿什伯里非常清楚观众的口味，但他仍在不断发掘新人。事实上，他练就了发现后起之秀的本领，使演员和剧作者形成不间断的溪流，给罩衫巷带来新生命，既受到伦敦方面的欢迎，通常还不失去都柏林的喜爱。他偶尔受到教会的批评。并且，伦敦书商约翰·邓顿1699年到访时他注意到，"没有哪个教堂能比得上罩衫巷剧场一半的拥挤程度"，这里提供的"娱乐，既面向普通人，也针对高高在上的贵族"。但是，虽然楼上厅观众里有活跃的帮工、学生和中等家庭的参与，但是阿什伯里的顾客群仍然着重在显贵身上，即使他们的表现常常并不文明。有时，这里反射出外面的政治潮流，最引人注目的是1712年国王威廉的生日那天，一段有争议的开场白引发辉格党人和托利党人之间第一次的剧院骚乱。但剧院挺了过来，并进入随后的安稳时期，"那所普通的房子，是我们所有的爱、智慧、时装和风度的源泉"。

　　18世纪30年代中叶，（在昂吉尔街）又建起一家商业剧院，罩衫巷的这家则重新修缮。每年冬天，千变万化的莎士比亚戏剧和喜剧在这两个地方轮番上演，与伦敦上演的节目单类似，但并不完全相同；德鲁里巷①的成功演出有的在这里没有市场，而像民谣歌剧那样的节目则在都柏林几乎马上流行起来。在夏天淡季的几个月里，这两个都柏林剧团到各省巡回演出。一个在基尔肯尼和伦斯特的各个城市建立起固定演出路线，另一个到阿尔斯特的城镇。他们实际上是将伦敦的流行元素经过都柏林品味的过滤之后带给各省的观众。这些观众聚集在一起观看他们的郡县巡回演出。经过几年激烈的竞争，这两家公司于1745年实现合并，由斯威夫特的教子，行事稳健的小托马斯·谢里丹管理。随后的九年对罩衫巷来说是一段黄金时光，在谢里丹得到

---

① Drury Lane，伦敦西区街区，17和18世纪以戏院云集著称。

城堡当局赞助的时节里尤其如此。他提倡一种职业化精神,这是他从伦敦学到的,一种强调剧院要保持"自由"的更广泛的文化概念,对从前的低俗、粗暴风格采取零容忍态度。1747年发生风暴的一幕就是因此产生。当时,一名学院里的纨绔子弟闯到舞台上威胁要强奸一名女演员。他对这个学生进行了严厉管教。闯入者爱德华·凯利遭到羞辱这一事件,使城中的印刷出版业忙碌起来。有的人为绅士的名誉和地位辩护,认为他是被区区一个戏子给糟蹋了;另外一些人则支持谢里丹,认为应该维护市民道德标准,反对那个暴发户出身的戈尔韦年轻人及其天主教朋友。

谢里丹充满自信的辩护在1747年的那一天使他大获全胜。但是,到了1754年3月,罩衫巷爆发了城市历史上最惨烈的剧院骚乱。当时正处于财政法案纠纷期间,由议会反对派的支持者组成的一大群男性观众把谢里丹看作城堡当局的代表。当晚上演的是伏尔泰的《默罕默德》,他叫停了有失偏颇的开场白,他们因此认为这是对他们的冒犯。这个小火星导致剧院遭到长达六个小时的打砸破坏,几近焚毁。

但蹊跷的是,司法或者军方干预并没有这次事件。罩衫巷在那个演出季内稍后的时间重新开业,但是谢里丹却离开了。他在伦敦定居下来,并干起了演员的行当。表面上,剧院在18世纪60年代以及更长的时间里一直是处于城市生活的中心位置,两家剧场再一次进入争夺高下的竞争状态。但是,谢里丹离开之后,议会、宫廷和剧院之间的关系渐行渐远,反映出18世纪40年代到60年代之间该城政治上的层级变化以及政治矛盾过程中社会上不同利益支持者之间的戏剧性分化。剧院的政治作用仍然保留着,但似乎对城中顶级富裕阶层而言,部分地撤出正在进行当中——从公共剧场到私人剧场,从社会混杂环境到封闭的、更意气相投的空间里。

与之形成对照的,大众音乐演出的开始并不是从宫廷延伸出来的。自宗教改革以来,合唱演出一直与城中大型圣公会教会有关,尤其是两个大教堂。那里有专业的唱诗班歌手、精致的乐器、足够的场地以及资金,能够吸引并留住歌唱人才。在城堡典礼需要正式音乐演出的场合,"国家音乐大师"就可以呼召教堂的资源。罩衫巷从17世纪60年代开始也拥有自己的音乐家,但是直到1730年,都没有非宗教音乐的公开表演空间。接着,乌鸦街音乐厅开业,这是用于化妆舞会(通常是戴着面具跳舞)和上演其他形式的"意大利音乐"的商业设施。从这开始,城中音乐活动开始进入令人炫目的繁荣时期。甚至海峡街多明我修女的小教堂也在为意大利音乐家举办的音乐会而吸收其他教派的赞助。演出团体剧增,他们的公开任务通常是以慈善为目的,并会通过报刊公布筹资事项——无论是新建医院(没有一家是政府出资的),或者是为入狱的欠债人赎身。对于音乐人士来说——既有贵族精英,也有职业乐手——做音乐当然就是其最终目的了。

似乎第一个这样的团体是"慈善和音乐协会"(Charitable and Musical Society),他们的主要目标就是从城市监狱赎出负债者。这个团体始于1710年左右基督大教堂/费珊堡街地区的一个酒馆俱乐部。其创始成员之一劳伦斯·怀特写道,音乐有非常了不起的平衡作用:

> ……那里的商人不再故意找事,
> 因得到祝福拥有良好举止和使人产生好感;
> 绅士、地主和乡绅,
> 天主教徒、新教徒、异教者,
> 辉格党人和托利党人以及飞黄腾达的,
> 他们都不惜代价比肩而坐,
> 这样的合一确实合适
> 组成一个大同社会。

一开始,富有开拓精神的音乐出版人兼乐器制造者约翰·尼尔以及几位从前的詹姆斯党人(印刷商詹姆斯·马龙和来自博因河的退伍军人帕特里克·比干)似乎一直是起推动作用的人物,但是到18世纪 20 年代（随着演出从一个酒馆再到另外一个酒馆），其慈善的功能越来越明显，因为"很多贵族和高级下院议员"都加入进来。到 1740 年，这个协会已经非常成功了。尼尔的儿子威廉其实已经涉猎房地产开发，仍然决定在费珊堡街建一个大型音乐厅，并委托理查德·卡斯尔负责设计。最终这个项目获得巨大成功。

后来的慈善音乐团体成为彻头彻尾走上层路线的团体，并且在推广慈善音乐会、为城中一家或者多家医院集资方面可能更加成功——"临终关怀医院"、"墨瑟医院"、"斯蒂文森医生医院"或者是"慈善养老院"（Charitable Infirmary）。1741 年，似乎是因着即将上任的首席治安长官（总督）的邀请，德文郡公爵，伦敦伟大的宫廷音乐家乔治·弗雷德里克·亨德尔[①]受邀来到都柏林，他将在下一届议会会议期间作曲并上演一系列以慈善为主题的音乐会。他停留了九个月，与都柏林各界相交甚欢，当地音乐的技术水平给他留下深刻印象。最精彩的部分当然是在费珊堡街首演的《弥赛亚》[②]。1742 年 4 月，大概七百名男女观众涌进剧场，欣赏他为此次到访所做的清唱宗教剧，他们似乎立刻听懂了其华彩乐章的内涵。演出规模按后来的标准是小了些，管弦乐由国家音乐大师指挥，合唱是由教堂唱诗班歌手完成。在亨德尔到访之后的两年时间里，"慈善协会"使城中四百九十位负债人获得自由，音乐会所得同样比例的金额支付给"慈善养老院"和"墨瑟医院"。亨德尔在都柏林的知名度比在伦敦持续得更久，就没什么

---

① George Friedrich Handel, 1685—1759, 英籍德国作曲家, 师从管风琴家查豪学习作曲, 后在教堂内任管风琴师及艺术指导。1703 年迁居汉堡, 开始从事歌剧的创作。1706 年后, 在汉堡威尔及伦敦两地进行创作, 不久成为英国的音乐权威人士。
② 亨德尔的《弥赛亚》(Messiah) 可说是全世界被演唱最多的清唱剧, 也是基督徒耳熟能详的圣乐; 其中之"哈利路亚"(Alleluia) 大合唱, 更是许多大大小小的合唱团、圣歌队唱过并许多人都能倒背如流的曲子。《弥赛亚》公演之夜, 当演唱到第二幕终曲《哈利路亚大合唱》时, 包厢里的英国国王肃然起立跟着合唱, 于是全场随之起立合唱。因此形成一个惯例: 此后《弥赛亚》每次公演到第二幕终曲时, 都是全场起立齐唱《哈利路亚大合唱》。

奇怪的了。

音乐作为可以观赏的演出，其吸金作用总是存在的。谢里丹冒着破产的风险于1748年在罩衫巷组建了一个不少于三十名乐手的常驻管弦乐队。但是，将上层社交、音乐表演以及慈善事业之间联结得最引人入胜的代表人物，是与他同时代的巴多罗买·莫斯。后者是受训于都柏林的一位医生，拥有真正的企业家天分。他在国外做过短时间的军医，然后转行到产科，在巴黎学习之后于1740—1741年的危机期间返回都柏林从业。事实上，他似乎是被那一年所经历的恐怖病例所打动，才决定建一座为穷人服务的小型妇产医院，以降低新生儿和产妇的死亡率。1745年，他将乔治巷附近的一座废弃小型剧院改建成拥有十个床位的妇产机构，这是爱尔兰甚至英国范围内第一家通过费珊堡街慈善音乐会做启动资金的项目。手工业者和士兵的妻子或者寡妇成为他早期接受患者的主要构成，都是从"真正的穷人"中选出来的，并不分宗教信仰；第一年里有五分之三的母亲来自城市的西南地区。经过十二年的运营，有大约四千名婴儿出生，他将新婴儿死亡率保持在10%左右，母亲死亡率1%左右。这本身就是很大的成就（事实上，婴儿存活率比随后的二十年都低得多）。但是莫斯雄心不减，开始筹划一个位于上等阶层开发区、拥有五十个床位的医院。他最初的想法似乎是通过彩票和音乐会为此举筹资。但是，他又看上了一个更加大胆的计划：在未来医院旁边开发一个时尚休闲娱乐中心，以满足所有必需的开支。

莫斯既聪明又幸运，他得到了一处场地，正好在考验财务信心的时刻满足他的需要。1748年，他从威廉·内皮尔（William Napier）那里租到一块四英亩的高地，正对着位于城市东北地区的大不列颠街；上面有几处茅草房和一个小型保龄球场，四周几乎完全被卢克·加德纳庞大地产中尚未开发的部分所包围。虽然有人强烈反对，但他仍然我行我素。他扩建了保龄球场、开出花园、栽了大约600棵榆树。到1749年夏天，已经准备好开门纳客了。露天音乐会在伦敦沃克斯豪尔的花园里已经非常普遍，都柏林本地则是在附近的马尔堡街保龄球场。在未来的十年里，莫斯的花园和马尔堡街凭着音乐上的吸引力互相竞争。从5月到9月，不在一个地点就在另外一个地点，大多数周间的晚上都有音乐会上演。由一个八角形咖啡屋和其他新设施所得收入的供应，莫斯逐渐实现自负盈亏——事实上，花园旁边一座大型的帕拉迪奥风格①的建筑正在建设中，那就是"贫困产妇医院"。这座医院于1757年得以开张，其资金来源包括各种彩票、议会拨款（给医院也给莫斯本人）以及一项皇家特许状——根据这个特许状，建起一个由一众上层管理者组成的庞大理事。这种做法在当时刚开始流行。这个项目小部分的费用是直接来自慈善募捐，但是慈善却是其核心内容。最引人注目的一个特点是，所建的巨型教堂装饰有出自佛兰德②艺术家巴多罗买·克拉米伦（Bartholomew Cramillion）之手的一些墙饰作品，极其精致。莫斯的父亲、姐夫以及后来他的儿子都是爱尔兰大教堂的牧师，所以这座教堂的主旨可能对整个妇产医院项目来说应该是有明显的传福音的目的。莫斯的确是有计划要创建一所由新教工匠参与的工业学校，他也要求所有的医院员工都必须是新教徒。他实在是都柏林城非常能干的一个人。他将这座教堂的作用主要看成是吸引时尚人士的磁石，依靠这些人的慈善捐款，医院的未来才有保障。

莫斯1759年去世时处于财务困难之中，他的这个伟大项目尚未完工。但是那些管理者们继承了他的生财之道，通过继续从议会取得慷慨的赠与以最终完工。之后不久，他们将一个很大的室内场地"圆形大厅"交付使用，里面还配有一架管风琴。这里要提到的先例是莫

---

① 帕拉第奥式建筑是一种欧洲风格的建筑。建筑师安德烈亚·帕拉弟奥（1508—1580）为此风格的代表。帕拉第奥式的建筑主要根植于古罗马和希腊的传统建筑的对称思想。
② 亦称弗拉芒人，因居住在佛兰德地区得名。主要分布在比利时北部，占比利时总人口58%；另外还有一些分布在荷兰和法国等国。

斯本人曾经很熟悉的、1742年开业于切尔西①的拉内拉赫花园。那个项目取得了很大的商业成功，也包括了一个很大的圆形房间（为晚上和雨天活动所预备）。都柏林的这个圆形空间——室内直径八十英尺——大约是切尔西那个的一半大，不过在一段时间内，它的大小足够满足需求。

"圆形大厅"和附近的花园成为都柏林时尚方面无与伦比的中心，那里的六十场夏季音乐会每年的毛收入常常超过一千英镑。彩灯和烟花的大量使用使这里的花园夜景成为受人欢迎的休闲胜地，在周日晚上剧场都关门的时候就更是如此。但音乐仍然是商业成功和该地保持持久声誉的中心要素。管理者们不惜重金，以保证来自伦敦的指挥、歌手、独唱者占满夏季的档期。他们成为城中四十多年里"定期音乐会最重要也是最持久的推动者"。上层社交活动与向穷人提供福利之间的这种联系持续保持良好状态。虽然新生儿死亡率在18世纪60和70年代有所上升，但是这所医院接诊妇女的人数也持续上升。从17世纪80年代开始，死亡率减少到前所未有的水平。不同于18世纪很多其他公共机构，这家医院真真正正地提供了所宣称的服务。

莫斯的支持者绝大多数都是男性，但是一个例外是阿拉贝拉·丹尼夫人（Lady Arabella Denny）。她没有孩子，是一位具有良好社会关系的寡妇（她是威廉·佩蒂爵士的孙女），与当时城中很多慈善人士关系密切。1758年，议会对"孤儿院"的悲惨状况进行调查，她成为对这所位于詹姆斯大街的机构进行改革的背后推手。孤儿院现在每年收容的婴儿超过800人。医院病房扩建的时候她做了部分筹资；还对加强全国奶妈规范化做过努力。遗弃在医院的婴儿的死亡率曾经非常惊人，但在随后的数年中大大下降。她在广泛参与这些活动之后，想

---

① Chelsea，伦敦自治城市，为文艺界人士聚居地。

阿拉贝拉·丹尼夫人个性坚强、长期寡居并拥有相当的财富，她成为可能是18世纪后半叶活跃在公共领域里最有影响力的女人。在为社会改革争取政治上的支持方面她表现非凡、极富成就；在帮助城中丝绸织工直接与零售商建立联系方面也非常成功。

到要仿照伦敦的"妓女感化院"①：那所感化院建于1758年，是为"已经悔改的"年轻妓女提供庇护、接受改造的地方，很快成为伦敦最热门的慈善项目之一。其附属教堂和牧师获得皇家赞助、吸引了公众的热情关注。丹尼的妓女感化院于1766年在利森街开放，规模比伦敦的小很多（仅限于新教女孩），但是从本身来讲是成功的。妓女感化院由这么有能力的社会活动家发起，并由十五名管理层女士进行管理，对于男人一统天下的伦敦慈善业来说，这意味着很大的不同。同样的，这里的主要收入来源仍是附属的教堂，"妓女感化院"在很多年里吸引着来自上层善男信女会众的支持。然而，女人"脱颖而出"成为实业慈善家并非只是上层社会现象——特蕾莎·穆拉利（Teresa Mulally）在18世纪60年代以来在圣弥加教区开办针对贫困天主教女孩的慈善学校和孤儿院——然而，在未来的岁月里，妇女在社会机构中的独特作用，更多的还是在宗教层面。

庞大的地产

巴多罗买·莫斯的"分娩医院"对乔治王朝时代"都柏林东北地区的生成起到促进作用。其主导建筑和不可匹敌的公益设施群成为"加德纳地产上最值钱的产业"，为周边地区的高端开发做足了准备。但是东北部大片房屋的地产所有者是卢克·加德纳，他如何做决定会产生更具决定性的作用。就在莫斯构思其计划的时候，加德纳已经决定对附近德罗赫达大街的很长一段进行重新开发，将其建成一条高端豪华的大街。要拓宽到四十六米，沿街中间加入一条步行街，并重新命名为萨克维尔大街，以纪念一位自第一代奥蒙德公爵以来因为两届任期而在任最长的总督。莫斯和加德纳是否采取过一致行动尚不清楚。表面上，庞大的医院大楼不是蜷缩于西边落到人们的视线之外，

---

① Magdalen Hospital，直译"抹大拉感化院"，取名自《圣经》中悔改重生的妓女"抹大拉的马利亚"。

而是挡住了加德纳所修新大街北端的景观,逻辑上看的确如此。但是加德纳让北面的场地空着,使萨克维尔大街向拉姆康德拉巷(或者,按其不久之后得到的重新命名:多塞街)以及向南继续延伸到大河都变成了可能。加德纳是想修建一个封闭性区域,使其免受码头和市场的影响吗?还是希望早晚利菲河下游的新通道埃塞克斯大桥都会修成,这样的话,等市中心东移的时候,萨克维尔大街就会取代卡博尔大街成为城市南北大动脉呢?

爱尔兰下议院中1749年确实有一个动议是关于修建这样一座大桥的。有加德纳大儿子查尔斯作为成员之一的一个议会委员会坚决支持这个想法。这说明加德纳其实是酝酿了一个大胆的战略性计划,而兴建萨克维尔大街仅仅是这个计划的第一步。然而,对于任何在下游修桥的建议,反对的呼声可以想见。有来自房产主的、上游商人的、自由区的工厂主以及市政厅本身。因为这座桥只能为"参加打牌和音乐聚会的人士提供更大的方便,或者提升某个或者某几个大佬的房租收入……"。建桥计划1750年在下议院遭到否决,在1752年和1753年同样如此。但是,这个计划被冻结的状况只持续了四十年。

因此,从中期角度看,萨克维尔大街的开发仅仅是一个独立项目,与一个世代以前的亨丽埃塔街不同。为了在街道两旁建造联排楼房,这个规划仍需涉及大片地块出租的业务。联排楼房的外立面都是整齐划一,只在需要考虑高度和宽度协调的地方,才会有所差异。奥利弗·格雷斯出版了一个版画,很显然是全部完工的萨克维尔大街(约1750年),但这似乎是一次用于推销的操作。由加德纳规划的四十多栋房子,最后一栋在二十多年后才完工。但是好戏再次上演,大批在政治上有追求的家族选择了加德纳开发的房地产。打造新社区就意味着新教区的形成:圣多马教区从圣马利教区分割出来。并且,1762年,一个爱尔兰圣公会教堂在马尔堡大街南端开堂。

与早期亨丽埃塔大街的热闹景象形成对照,18世纪40年代晚期和18世纪50年代早期是上层社会从容规划住房计划的好时候。国际

第四章 | 现在这是一座大都市了：1750—1780

上处于和平时期，都柏林市内的经济状况是明显的看涨行情，说明农村土地价值和租金收入也进入上升阶段。真正的成本低、信贷易啊！加德纳的财政部助理兼特派员纳撒尼尔·克莱门茨此时正接近其财务生涯和政治生命的高峰期。他家族中很多亲戚朋友，有军方的、政界的和财政方面的，都与萨克维尔大街有业务关系。事实上，因为加德纳现在已经年老（他于1755年去世），所以这条大街建设的早期成功，克莱门茨的作用应该是至关重要的。作为某种程度上的业余建筑师，克莱门茨在这里建起三栋房子（一栋成为他自己的住宅），再加上他在亨丽埃塔的老房子，总价值在1759年就达到一万二千英磅。也是在那十年里，他还在凤凰公园纵深地带建起一座帕拉迪奥式别墅。由于他在公园拥有巡查的职位，这座别墅是由政府出资兴建的。他的导师很多年以前已经在公园的西北边缘建起一座行宫：芒乔伊庄园（Mountjoy House）。由于切斯特菲尔德伯爵1745年将公园向公众开放的意向，这座公园很快从一个森严壁垒的鹿苑演变成分割为一块块的大型空地，供都柏林骑马者和达官贵人之用。

与加德纳和克莱门茨以及莫斯和很多其他公共人物关系密切的，还有一位有趣的人物，那就是理查德·卡斯尔（Richard Castle）。他是一位建筑师、测绘师和工程师，于1751年突然去世。他成长于德累斯顿，游历过很多地方，于18世纪20年代晚期的时候在爱尔兰定居。他曾在皮尔斯去世以后负责监督议会大楼项目直至完工，给自己建立起良好的声誉并成为出色的绘图员、项目经理。他善于解决工程难题，是一个聪明的建筑师，敏感于客户的喜好以及不同地块的开发潜力。他是一个将自己犹太背景隐藏起来、含而不露的人，但是尽管如此，仍在都柏林学会崭露头角，成为运河建设的主要人物。他做的公共工程包括对纽里-内伊湖运河（Newry-Lough Neagh canal）的设计和工程监理，但是在18世纪30年代和40年代，他还接受委托在乡下承接一系列大型房屋工程，其中包括位于卡顿的鲍尔斯考特和基尔代尔的大型楼房。在城里，他做的私人工程包括马尔堡街的蒂龙府邸、基尔代尔街的德纳雷尔府邸（Doneraile house）和圣司提反绿地的主教克莱顿和蒙哥马利的府邸（80号和85号）。后面这两座大房子改变了绿地南边寒酸的面貌，每一个都堪称是建筑杰作。蒙哥马利府邸大门的"两侧是独立支撑的柱子，紧挨着一个半圆形或者叫椭圆形拱门的里面"，这种处理方法引领了日后18世纪爱尔兰住宅外观最独特的风格特点。

卡斯尔还收到一系列市内机构的项目委托——印刷厂大楼、学院餐厅（但是后者在竣工不久倒塌），费珊堡街音乐厅、莫斯医院（由卡斯尔设计，但工程是在其去世之后由其弟子约翰·恩索监督完成）。蒂龙府邸位于未来萨克维尔街往东一个街区的位置，约于1745年完工，作为城市房屋中第一个完工的石制楼房是值得称道的。卡斯尔为了所委托给他的这个项目，大部分石头取自爱尔兰采石场（尤其是阿德布拉坎的米斯石灰岩和布莱辛顿附近金山的威克洛花岗岩）。他与达利家族的合作十分密切。这是唐郡[①]的一个石匠家族，他们控制着这些采石场，成为第一代都柏林建筑世家。休·达利（Hugh Darley）18世纪50年代单单在学院建筑工地上就雇佣了大约一百名工人；他的侄子乔治在18世纪60年代时开始买进萨克维尔大街上的地块进行短期出租，再将完工的房子兜售给潜在住房人。

蒂龙府邸是为第一代蒂龙伯爵马库斯·比斯福特（Marcus Beresford, 1st Earl of Tyrone）建造的，位于开阔的低地上，可以远眺海湾。这个项目到底是鼓励了还是挑战了加德纳，使他开发了附近的玛尔林荫道（Mall）呢？这个问题并没有什么意义。但是，卡斯尔在城中最了不起的工程无疑是南部的一个被誉为转移时尚中心的建筑。这就是那个被后世称为"伦斯特会所"的城市宫殿。他建这栋房子是为了詹姆斯·菲茨杰拉德，即18世纪40年代晚期年轻的基尔代尔伯爵（也就是后来的伦斯特公爵）。其主体结构是一栋有十一个开间的

---

① Co. Down，北爱尔兰的一个郡。

三层楼,将东边莫尔斯沃思大街的街景尽收眼底。然而,与其他城市宫殿不同,这栋房子被深深地嵌入大街深处,前面的庭院有高墙保护,进大门要先经过一个(低调的)拱形凯旋门。这栋楼是按雅努斯两面神①的样式设计的。其西面豪华的前脸面对市区,马厩和厨房隐藏在南边的附属建筑内,东边设计成面朝花园的样式,可以看到无敌海景。唯一美中不足的是,海景前面的地块事实上并不属于菲茨杰拉德,而是梅里恩的费茨威廉姆斯家族的产业。

在设计上和广泛影响力上,基尔代尔府邸和妇产医院有相同之处。它们都是简化版的新帕拉迪奥建筑风格的体现,甚至两处的乡趣园也可以从后来的上流社会府邸俯瞰到。但是,二者之间也存在着很大不同:医院的情况是,其管理人员都完全支持在临近的加德纳地产上进行扩建,特别是那个构成未来拉特兰(帕内尔)广场三条边的地块。事实上,莫斯是几位管理者中参与修建未来广场的第一位。与之形成对照的是,基尔代尔伯爵与其邻舍费茨威廉姆斯的关系却是点火就着的状态。这是因为有个不受欢迎的开发项目建在了他豪华住宅的范围内。当这座豪宅在1745年左右开工的时候,基尔代尔还是个年轻人,刚刚获得爵位,继承了一笔每年一万五千英镑的薪俸。与此同时,他进军爱尔兰政界,带着他菲茨杰拉德祖先的全部骄傲开始崭露头角,他有恢复家族政治地位的雄心,也愿意追求奢华的排场。他1747年与艾米丽·伦诺克斯(Lady Emily Lennox)联姻是促进实现所有这些愿望极其重要的因素。正是因为这种关系,使他与威斯敏斯特辉格政客的核心人物拉上关系(亨利·福克斯成为他的同代亲戚)。同时他还获得了一位非常有洞察力又异常老于世故的伙伴。位于卡顿的乡间府邸的完成以及基尔代尔住宅的装饰和配置都是出自这位伙伴之手。全家人直到1753年才入住这栋豪宅,其内部装修持续了二十多年。其实,大型画廊直到基尔代尔1773年去世之后才由艾米丽夫

---

① Janus,古罗马神话人物。

人主持完成，花园才全部覆盖上植物。基尔代尔最初的想法是要这座房子成为都柏林的时尚中心，打败城堡的地位。这个雄心的确是实现了，而主要原因应该归功于家族里的女士们。但是，这项巨大的建筑工程给基尔代尔的继承人留下了严重的经济负担。

附近费茨威廉的地产却因此成为主要受益者，颇令人费解。这个旧英格兰人家族知难而上，躲过17世纪的征收行动和18世纪的肢解政策。到18世纪50年代，由于城东南地区向外扩展到了他们地产所处位置的边缘，其地产奇迹般地开始升值。这个地块包括二千三百英亩开阔地，从圣司提反绿地公园和基尔代尔豪宅开始向东延伸，横穿巴格特拉斯直到多德河，向下到爱尔兰镇和林森德。另有一部分与多尼布鲁克桥遥遥相望，东南临水，呈弧形延伸。离市区几英里以外还有一块地，将黑石、梅里恩山和布斯特斯顿（Booterstown）的居民区连接起来。这些地产有些部分的价值有限——砂砾山（Sandymount）那里的岸边沙丘常遭受洪水袭击——但是，到1750年，当上梅里恩街第一批漂亮的大型建筑完工的时候，其总体潜在价值不言自明。这很让基尔代尔恼火（他自己的大部分花园用地都是租用费茨威廉的地产）。伯爵的报复行动——横穿克莱尔大街建了一道墙将拿索大街通往费茨威廉地产的通道隔断——似乎硬性逼迫对方有所妥协。但是费茨威廉家族的对策相当明智，他们任由基尔代尔畅通无阻地向东发展。向都柏林湾大规模直线发展的想法，这可能就是最初的动因。基尔代尔豪宅因此成为这片开发区域背景画面中的宏伟标志性建筑。 大型开发项目梅里恩广场的计划酝酿于18世纪50年代，由费茨威廉地产的测绘师乔纳森·巴克（Jonathan Barker）于1762年完成。这样的计划在当时之所以成为可能，是因为费茨威廉家族已经重新获得这个广场所需土地的所有掌控权。 最终建成的长方形广场比巴克设想的小了一些，但是，这个广场仍然成为都柏林城市的一大奇景。在三十年的时间里，九十二栋楼房沿广场三面建起。这些房子和加德纳地产上的高档房屋（或者上梅里恩大街拐角附近的那几座楼房）相比有些小，外立面大多都是三窗格局，地面以上是三层楼，以下是地下室，都整齐地沿街道排列。但是各栋楼房的门框设计、整体宽度和护墙高度却迥然不同。最早，也是最集中的楼房都矗立在广场北边，后来在东边和南边建起的则表现出更多的砖墙外立面的标准化风格。

地产档案的记载清楚显示出这种开发的原动力并非源自地主费茨威廉子爵六世（卒于 1776 年）。他大部分时间并不在都柏林，在当地的政治关系网也十分有限；并且，他的地产代理人以天主教徒为主。实际情况是，对一组组房屋在建设期的某个时段进行租用的是建筑投机商、木匠、瓦匠、马车制造者以及建筑师。他们在对上层客户的偏好进行一番预测之后所做出的决定，形成了广场最终的样式，并不是事先存在着什么地产开发计划。虽然梅里恩广场在很大程度上是市场驱动的一个开发项目，但是其管理却非常到位。代理商们马不停蹄地铺设道路、修挖排水沟、架设边界线、吸引房屋租客，以便刺激早期的建设工程完工并给这个地块的长期声誉建立良好基础。有关房屋设计、建筑材料以及最后用途的规则一开始非常松散，但是当最后一批房屋在建的时候，规则逐渐变得越发严格起来。保证这个项目顺利完成的一个因素是建造者们非常容易就能从砂砾山获得丰富的制砖用土，并从别处梅里恩地产上的采石场取得建筑石材。

罗克的视角

1756 年 11 月，都柏林出版了一份新地图，这是继 1728 年查尔斯·布鲁金差强人意的图画之后的第一份地图。根据《都柏林市内和城郊准确测绘》(Exact survey of the city and suburbs of Dublin) 所呈现出来的这份地图，在好几个方面都是史无前例的。该地图以四张对开纸的形式出版，完全根据对该城全新的调查制成。调查耗时超过两年，由其出版商和首席绘雕师约翰·罗克（John Rocque）完成。约翰是一位胡格诺教派成员，凭借其系列城镇和乡村地图在伦敦颇负盛名，最引人注目的是为伦敦制作的一个二十四页的测绘地图。罗克在都柏林居住六年，在此期间出版了各种小规格的城市地图、一系列省级城镇测绘图以及一份共有四页纸的都柏林郡地图。他还受雇于几位地主制作详细的房地产地图，所接受的最大的一项委托来自基尔代尔伯爵。

罗克所做的《都柏林准确测绘图》获得巨大成功：与他一起工作的是一小群胡格诺教徒和爱尔兰助手，并没有官方赞助。他先是对城市布局进行三角测量①，然后再将每一栋建筑安排在所属范围之内。在出版的版本中，每一栋楼房都精确地描绘出来，超过10,000栋。这种更详细的处理方法在罗克其他的城市地图中并未见到，也与八十年之后的《全国地形测绘》(Ordnance Survey)出现之前的任何都柏林地图不同。在表现贫穷街区的庭院和小巷时存在着一些不够精确的地方，但这只是白璧微瑕。就是将罗克制图的准确性与现代测绘结果相比，也是属于高水平的。他所从事的事业给后世提供了绝无仅有的观看18世纪中叶都柏林快速发展状况的一扇窗，确定的位置包括新出现的二级小巷、非官方敬拜场所（尤其是天主教小教堂）、码头设施、商用仓库以及工业厂房（例如玻璃车间、瓷器工厂和糖厂）。罗克曾经做过园林规划方面的雕刻师，因为有这样的背景，他对城市内形态不同的露天场地的刻画也是栩栩如生：从莫斯精心栽种的花园到无人看管的圣司提反绿地公园的大面积空地，从加德纳地产上的取沙坑到一些修整完好的大型楼房后面的精致园林。

这份地图第一次印刷就有四百多位预订者，其中包括达官贵人以及一些开发商。

在1773年新版地图出版之前，这份地图经过几次改版，一直长

---

① 三角测量在三角学与几何学上是一种借由测量目标点与固定基准线的已知端点的角度，测量目标距离的方法。而不是直接测量特定位置的距离（三边量测法）。

销不衰。罗克向市民展示都柏林城的方式，既新颖又令人兴奋，所描画的布局达到无法想象的精确程度。在他绘制的街景当中，被毁已久的城墙遗迹清晰可见，还有稠密的老城和自由区以及宽敞的东部地区，各有不同。图上还包括城南杂乱无章的码头区以及附近的街道，与杰维斯地产的格状规划和沿北部码头延伸将近一千三百米没有间断的北部大通道形成鲜明对照。罗克制作的地图详细到如此异常的水平，其动机只能如此猜测：在他开始这个项目的早期，有传言说与之竞争的另外一个地图将要出版，是出自都柏林测绘师罗杰·肯德里克（Roger Kendrick）之手。那幅地图从未面世，但是却可能起到了刺激这位聪明能干的法国人的作用。

罗克的《准确测绘图》里没有捕捉到城市边缘以外的开发情况，但是他稍小一些的《城市测绘图，都柏林的港口、港湾及其周边》（1757年出版）以及1760年的各郡地图记录了市郊以外的地貌变化。后来的这些地图中有一个非常突出的特点：几百栋独立的别墅住宅如雨后春笋般开发出来，都是在离市区较近的范围之内，"真是些物美价廉的房子"。这些别墅从克朗塔夫向北延伸到库洛克、桑特里和索兹，向西沿陶卡谷从格拉斯内文到布兰查斯镇（Blanchardstown），从查波里佐德到莱克斯利普的几个可以俯瞰利菲河的好地方；在南边，从罗斯法汉姆到邓德拉姆，从斯蒂洛根到蒙克斯顿出现了几个独立的开发项目，使围绕海湾的乡下郊野像是"用白色的别墅装饰起来"。首先供应人们别墅住宅需求的，是费茨威廉地产。他们于18世纪50年代规划出很长的梅里恩大街和十字大街（Cross Avenue）。这两条新修的漂亮大街沿岸而行，离市中心四英里远。其他像斯蒂洛根的加里斯福德伯爵这样拥有大量私有地产并带海景的人纷纷效仿费茨威廉的做法。大多数别墅用于夏季避暑，但是有些则成为全家人的主要居住地点，"远离城市喧嚣，让生活不为生意所累"。黑石，"一个海边的狭长村庄"，既成为别墅的服务中心，也因逐渐流行起来的海水浴而从中获利。

内部装饰，下多明尼克街20号。这是一座排屋，建于1760年左右，在简朴的外砖墙里面却包含着令人眩目的爱尔兰拉毛粉饰杰作。其作者是罗伯特·韦斯特（Robert West）。他是莫斯的建筑粉饰师之一，这栋房子之所有有名，是因为其中雄壮华丽的洛可可[①]作品，而韦斯特至少是部分负责了这项工程。韦斯特是本土第一位达到这个行业顶峰的粉饰艺术家。

---

① Rococo，是一种装饰艺术风格，主要表现在室内装饰上，一般府邸的形制和外形上也有相应特征。18世纪20年代产生于法国，流行于法国贵族之间，是在巴洛克装饰艺术的基础上发展起来的。

第四章 现在这是一座大都市了：1750—1780

罗克郡县地图显示出第二个明显的趋势是，沿利菲河上游和点缀在多德河和陶卡河沿岸那些快速增多的磨坊。这些地方的水力资源原来主要为当地消费者磨粮食之用，现在则用在各个不同领域，包括纺织、铸铁、榨油和造纸。虽然河流遭到污染，但却提供了大量就业机会。第一批磨坊村在博尔思布里奇、坦普里奥格（Templeogue）和帕尔默斯顿已经出现。但是罗克制图中最大的变化莫过于城市下游和海港以外。从18世纪初以来，这座城市一直致力于解决都柏林湾巨大的沙洲引起的航运问题，同时减少通向码头那狭窄的海峡中的泥沙淤积。他们还花精力修建从林森德向东指向海湾的"南大墙"，其目的是既可以提供另一道屏障，还可以改变潮汐模式以及因此产生的沉积沙滩。南大墙在罗克那时的长度几乎有半英里，其扩建一直排在市政厅的一个常务委员会"港口维护办公室"的议事日程中，直到1778年才彻底完工。港湾内的航运问题一直到下个世纪也没能解决。但是具有地标性质的南大墙，既成为问题都在治理当中的标志，也是减少港口以外运输风险所迈出的第一步。

话语的力量

1753年7月初，基尔代尔伯爵作为第二十位拥有这个头衔的人物在极其热烈的欢呼声中回到都柏林。他是带着公开意向去的伦敦，向国王请愿解除多赛特公爵（duke of Dorset）爱尔兰总督的职位。这种对总督职务带有蔑视的举动，从前闻所未闻。在多赛特第一个任职期间（1730—1737年），由于他在都柏林堡的慷慨纳客，受到人们广泛欢迎。但是，自从1750年他和他的幕僚再次任职开始，却为很多爱尔兰议会成员深深厌恶。他主持过一系列异常混乱的议会会议，其中1753年讨论财政法案（Money Bill）的争论尤甚，而且他与争论双方中的一方有利益牵扯。极度的个人野心、拙劣的政治决断力，还有爱尔兰议会成员中间有关未来由谁来管理政府事务的一连串论战，这些都构成这届两极分化的议会生活的写照。但是,同一时期威斯敏斯特政局发生的地震式变化更是加剧了地方矛盾。尽管家族(包括加德纳家族)分裂、友谊(尤其是亨丽埃塔街的近邻们)破碎,但是1755年却最终实现了一个妥协的结果:安插新一代拥有任免权的管理者(具体就是基尔肯尼的庞森比家族)并给旧面孔(主要是议长亨利·波伊尔)发放养老金使其退休。基代尔作为高级常驻贵族一直态度强硬,成为反对多赛特政府的代表。在此过程中,他以爱国者的言辞发起对众议院议长职位安排的支持运动,因为有传言说来自"英国"的人事安排可能存在腐败因素。正像三十年前伍德的半便士风波一样,对英国来说在爱尔兰发生的一系列次级问题,最终引爆了一场政治大火。这场大火被声势浩大的传单和报纸大战鼓动得越烧越旺。但是与18世纪20年代相比,这场大火殃及的范围更广,涉及的言论也更丰富,人们的参与度也更深,并且还存在一个特别的原因:在都柏林市政界新近刚刚发生了巨变。

自从汉诺威王朝以来,市政厅在二十五个行业公会的基础上构建的代议制结构十分臃肿,且一直没什么改变。城市发展了、新行业产生了、新的财富创造出来,但是市议员对市议会的控制实权,仍是大部分掌握在英国人手里。政治上当然以辉格党为主,经济上代表的是大商人家族的利益。诱人的市议员社交圈对于外面的人来说越来越高不可攀,难以企及。18世纪30年代时曾有怨言发出,但是第一次真正的挑战是出现在18世纪40年代。当时两个新名字浮出水面——查尔斯·卢卡斯,他是一位来自克莱尔郡的年轻而善言的药剂师;以及詹姆斯,这是大卫·迪格斯·拉·图什的小儿子,在众多家族产业中他经营的是丝绸生产业。库姆峡谷新的织工会堂就是他开发赞助的。他们两位在不同时期都在托塞尔担任过公会代表,但是卢卡斯的言论更恣意随性。他先是批评市议员办事拖沓,然后批评他们的违宪行为,包括腐败和无视议事会和自由公民的宪法权利。卢卡斯在其最早的传单中,将自己定位为行业公会及其成员的代言人,一开始果效甚微。但是，1748 年 8 月，黄金时刻到来。都柏林一位在任的国会议员去世。卢克斯尽管处于中层社会地位，仍然决定在自由民和自由保有地产权者的选民中试验一下自己的关注度。这些人的人数在当时超过 3,500 人。直到一年多以后议会才能重新开会进行递补选举，这可是一个耗时很长的竞选过程。一开始，卢卡斯和拉·图什的竞争对手是一位更倾向于传统的市议员候选人。但是，当 1749 年 5 月第二位在任的议会成员去世时，他们两位联合起来争取一张共同候选票。

他们的竞选活动，其方法和理念都重塑了都柏林政界的惯常做法。拉票活动持续了十四个月份。公会大多数的工匠和各区区长调动他们手下的成员投赞成票，并组织集会、形成决议。卢卡斯和拉·图什或直言或比喻地将他们的诉求传递给城中的自由商人们，有时是在令人陶醉的竞选讲台上，有时是用印刷出来的文章形式进行宣传。由于这两位市议员候选人怀着极大的热情参与竞选，并且能很好地从自由民那里赢得形式各样的友谊和帮助，使这场竞选异常激烈。这种高度对抗的竞选活动，更使很多公会的内部产生更强烈的兄弟般的团结意识。

这场竞选我们能看得见的遗产是来自"大众欢迎的"候选人的大量印刷品——主要是卢卡斯自己所写的大约二十篇竞选演讲和另外十本小册子。1749 年 6 月，他出版了一份周报《审查》。这是该城第一个为专门的党派服务的政治性报纸。卢卡斯按斯威夫特对城市和国家管理的攻击模式标榜其竞选活动，将他早些时候对城市先父们的批评用于都柏林堡、国王的大臣们以及他们无视爱尔兰自由的独断做法。卢卡斯绝不是一位具有系统思维的思想家，他的想法是莫利纽[①]、斯威夫特和英国国家辉格党的折中结果。但是在 1749 年群情激愤的背景下，他超常的口才对自由而古老的宪法被现代特权阶级所败坏的生动描述，把都柏林带入人人关心政治的氛围中。

---

① William Molyneux (1656—1698)，爱尔兰自然哲学家、政治问题作家。

1749年11月，议会会议重新召开。国会议员们受到都柏林堡的鼓动，要给卢卡斯治罪，称他为"祖国的敌人"，希望凭议会的权力对他进行起诉并囚禁他。然而，他在未被捕到之前得以逃脱。拉·图什获选赢得了一个席位，但是很快就被取消资格。莫须有的罪名被扣在他和卢卡斯的头上说他们使用了"不正当影响力"鼓动人们对他们进行支持。于是，市议员候选人获得那两个席位。卢卡斯的报纸被封。对于"公会权力"带来的威胁，学院绿地方面几乎无动于衷。但取得这个胜利所付出的代价是巨大的。向人们眼中的城市黄金社交圈挑战，很多支持这一做法的人现在继续以非正式的方式开展活动，他们的身份是"自由公民"，不断地对市政和（1756年的）议会递补选举施加影响。他们支持的参选人是一位长老会市议员詹姆斯·邓恩（James Dunn）。尽管他强烈表示要对市政进行改革，但他仍赢得了席位，并且未被阻止进入议会。在这一大进步之前，"卢卡斯事件"已经间接但非常清楚地影响到爱尔兰议会内部本身的政治举措。1749年"普通大众"和"爱国者"之间自由进行的论战，四年后被三流作者和作家旧话重提，以支持基尔代尔和波伊尔反对多塞特公爵及其爱尔兰盟友的斗争。波伊尔一党对利用街上的平民影响力情有独钟，希望让伦敦看到其对立面是多么不受欢迎，又是多么无能。

　　正像1759年那些事件突然揭示的那样，这是个危险游戏。在那年秋天议会重新开会之前不久以及"七年战争"[①]的过程中，都柏林流传着国王打算采取措施以永久解散爱尔兰议会和英国-爱尔兰联盟的

---

① Seven Years War (1756—1763)，大多数欧洲国家都卷入了这场战争。不仅在欧洲大陆，地中海和大西洋，而且在美洲、印度、非洲、西印度群岛，以及菲律宾都发生了陆上和海上的军事冲突。这场战争由欧洲列强之间的对抗所驱动。英国与法兰西和西班牙在贸易与殖民地上相互竞争。同时普鲁士，这个日益崛起的强国与奥地利正同时在神圣罗马帝国的体系内外争夺霸权。1763年法兰西，西班牙与英国签订的《巴黎和约》，以及萨克森，奥地利与普鲁士签订的《胡贝尔图斯堡和约》共同标志着战争的结束。这次战争在欧洲以攻城战，对城镇的纵火，以及造成惨重损失的野战而著称。战争总共造成了约九十万至一百四十万人死亡。

传闻。权力阶层没有任何人真正为这么重大的事情发表过声明,但是"在咖啡馆和所有有人群聚集的地方,都有民间说客发布消息;街角还有人唱出这些消息;煤炭搬运工也在谈论这件事"。这个传说因此赢得更多可信度。12月初一个周一的下午,局势发展到了顶点。一场来势汹汹的示威游行在议会大楼外开始了。那时,正是国会议员准备进入大楼开始工作的时候。从18世纪20年代以来,城里地方自卫队各帮派之间曾发生多起骚乱,大概都与老城区居民争斗有关。这些帮派主要由雇佣工组成,骚乱有时发生在街上,有时在多尼布鲁克和奥克斯曼顿的季节性集市上。最早的争斗发生在某些手工业行业的年轻技工之间,而18世纪30和40年代最大的冲突双方是"自由区男孩"和"奥蒙德男孩"(Ormond Boys)。前者是新教徒的团伙,从纺织贸易取利;后者主要是天主教徒,影响力主要在史密斯菲尔德附近大河以北的屠宰场和蜡烛制造业上。每过几年就会爆发一次冲突,惊动市政厅采取措施。但是其暴力程度有限,形式单一,局限在一定地理范围以内,而且争斗具有消遣性质,与政治无关。1759年12月这次却不是一回事。

那一天有上万人聚集在学院绿地公园,他们在激愤中对议会附近地区进行破坏,十几位贵族和国会议员受到粗暴对待。市长大人显然没能及时请求军事援助,多亏爱尔兰总督的提议,才派出骑兵护卫队主力清理议会周围的街道,并逮捕了抗议者。达姆街地区的混乱状况持续了几个小时,有报告称发生了死亡事件。白厅首先怀疑存在着来自法国的阴谋,但是爱尔兰总督贝德福德公爵(the duke of Bedford)向威廉·皮特[①]提供了相反的证据。他认为这不是类似詹姆斯党的阴谋行动。虽然承认有天主教穷人参与其中,但坚称责任在自由区的新

[①] William Pitt, 1st Earl of Chatham(1708—1778),英国辉格党政治家,首相。七年战争中英国的实际领导人。他的精力和战略眼光,使得他能够获得一系列的胜利,确保英国人的文明将在全世界的广大范围内处于支配地位。

教工匠。都柏林堡方面其实非常怀疑这场骚乱是有预谋的，主谋可能是学院的学生，或者是穿着学院学生制服的一些人。他们在自由区摇鼓、在织工广场鼓动起一群人、通过库姆峡谷和帕特里克大街将他们领到议会大楼，整个过程中又吸引更多人加入进来。但是紧随其后的示威游行的规模和强度却说明即使真存在什么组织者的话，他们之前一定是找到了愿意捧场的观众，并且这些人对议会存在的意义以及关闭议会意味着什么非常在意。以前发生过和平请愿的先例：一群来自自由区的政界人士于1753年出现在街上。据称有二千人头戴插有树枝的帽子，向市内行进。他们这样做是为了在财政法案纠纷（Money Bill dispute）期间支持基尔代尔伯爵。正像一位作者在反联合骚乱（anti-union riot）之后写的，自从1749年的选举年以来，"我们的都柏林市民……一直是那么执迷不悟、刚愎自用地谈论有关国民权利、自由、有价值的众议院代表、敏感而忠诚的成员以及自由、公正的选民这些问题……他们现在能读到报纸，甚至了解众议院的得票情况……"。作者所说的"市民"包括了"最底层的商人"。

这次骚乱最明显的结果，可能让人感到很奇怪，竟然是城市改革者得胜。邓恩及其同盟曾苦苦寻求支持，以便对城市立法进行改革，但是1759年12月的这场灾难却使他们的工作容易很多。针对这次骚乱，贝德福德公爵受到伦敦的批评，对此他深感不安。他非常支持在城市范围内产生更多有代表性的地方自治，也鼓励市政官员拥有更多权力，使他们可以作为地方法官有权在全市和自由区内实施刑法。几周之内，市政厅的书记员詹姆斯·格拉顿起草了一个带有妥协性质的方案，允许公会拥有完全的任免众议院代表的权利，对选举郡治安官、市长大人和补充上议院空缺拥有比从前多得多的发言权。但是这个方案也给予市政官员在自由区内的管辖权。这个方案获得政府支持，成为乔治二世第33年第16号令（33 Geo. II，c.16）。后来这成为都柏林在城市治理上自17世纪70年代实施的"新规则"（New Rules）至1840年的全面修宪期间唯一的一次修改。按后来的标准，这仍是不够到位的改变，对公民社区中独一的新教特征并没有产生什么影响。但是在促使市政厅更多回应新教手工业者呼声方面，1760年的"改革法案"是削弱上议院权力的开端，并且，从更长远的角度看（18世纪90年代以后），这个法案有助于使市政厅成为这个不断变化的城市当中平民新教徒的保护伞。

在国王乔治三世于1760年登基之后，查尔斯·卢卡斯回都柏林参加三十年来的第一次大选，他本来是有两个医学学位在伦敦执业的医生，现在因为参加大选又牺牲了执业资格。他获选了一个市议员席位，并被一伙更年轻、更富有、更拥有社会关系的崇拜者迎进议会。他们接下来组成了一个"爱国者"国会议员的核心小组（也可译为"姜群①"），这些人在18世纪60年代里设法利用威斯敏斯特的不稳定政局以及总督频繁更换的机会，又从约翰·威克斯在米德塞克斯发起的激进改革运动获得启发，开展一场运动，旨在加强爱尔兰议会的法律地位。他们与1763年创建的一份双周刊报纸关系密切。这份报纸很快以其副标题《自由人报》而广为人知。其印刷地点在圣奥迪安门（St Audeon's Gate）旁边的一个旧式带有壁画的塔楼里，由菲比·贝特（Phoebe Bate）负责。她是寡妇，继位做印刷商，在18世纪的图书贸易中屡做中流砥柱。其赞助者是身处暗中的叫作"引导自由出版的委员会"，早年的"编辑"是亨利·布鲁克。他是剧作家、作家、卢卡斯的长期支持者。由于布鲁克的努力，这份刊物成为都柏林最受欢迎的每周读物。其内容包括改革者的政治观点、一手新闻以及哲学评论。这使得政治的全新突出地位一直占领着该城公共生活。"爱国的"国会议员是这份刊物的受益者，但是由九人组成的监督"委员会"却是由具有公会基础的新型政治家。前辈们当然是毫不客气地以轻蔑和嘲笑款待之：

---

① Ginger Group，（政党或组织中的）活跃分子集团，积极派，源于"Ginger up"，"使有活力、有生气"的意思。

> 那伙低俗、恶毒的乌合之众；
> 那个清教徒式的卑劣委员会；
> 他们是我们这个城市的蛙虫和丑闻，
> 诋毁美德、诽谤官长
> 鼓动通国分裂。

这个刊物还招来一些短期的对手，尤其是《水星》(The Mercury)。这是由天主教印刷商小詹姆斯·霍伊(James Hoey Jr.)在1766年至1773年间出版的刊物。所刊登的各种内容包括政府公告、讽刺攻击城内爱国者及其恶意反对天主教思想的文章。

不那么引起争议但是却同样积极进取的，是1762年创刊的一个月刊《都柏林杂志》(the Dublin Magazine)。这并不是城中第一份文学杂志；其实，出版者彼得·威尔逊(Peter Wilson)曾在1744年尝试过类似的杂志(《爱管闲事者》[The Meddler])。而带有随笔和短文的月刊杂志的先驱，既有哲学也有政治内容的，是半个世纪以前在伦敦享有盛名的《观察家》(Spectator)，由艾迪生(Addison)出版。都柏林的主要书商们(尤其是爱德华·艾克斯肖)从18世纪30年代以来一直出版爱尔兰版本的伦敦月刊，而专业书商让-皮埃尔·德罗兹(Jean-Pierre Droz)则一直在《文学期刊》(Literary Journal)(1745—1749年)上推广他引进的一些法国文学作品。但是，威尔逊的《都柏林杂志》实在是与众不同，包含很多与爱尔兰有关的内容和当地的历史古迹。第一期里刊登的第一件物品是约翰·斯皮德1610年的城市地图的复制品，配有"爱尔兰的斐洛"[1]所写的备注，建议读者让别人

---

[1] Philo Hibernicus，指自由派律师、作家戈杰斯·埃德蒙德·霍华德(1715—1786)。斐洛·尤迪厄斯(Philo)，前30—后40年，亦称亚力山大的斐洛，是希腊化时期重要的犹太思想家，著作有：《论世界的创造》《论赏罚》《论牺牲献祭》《论梦》等。

去头疼那些陈芝麻烂谷子往事,要与他共同快乐地"思考作为自己家乡的城市在一个半世纪稍多一点的时间里的崛起过程,从悲惨和耻辱的深渊绝境发展到几近集优雅、博大于一身的辉煌顶峰"。在随后的三年当中,威尔逊的读者读到大量的短文、书信,都是描写城里新建筑和域外风情的文章;还有卢梭[①]的评论以及改进马车的各种设计方案。有一位国会议员,其文学天分受到过威尔逊的尖刻批评。深受刺激之后于1763年使人设法将威尔逊投进监狱关了一个月,但是威尔逊的事业继续蓬勃发展。虽然销售量达到一千份,但他仍然在三年后关闭了"杂志",在年老体衰的情况下转向出版业中不那么具有挑战性的业务。接力棒由托马斯·沃克(Thomas Walker)在1771年接了起来(他曾是艾克斯肖的学徒)。他的月刊《爱尔兰杂志》(*Hibernian Magazine*)不像《都柏林杂志》那么容易惹争议。虽然其间几易其主,仍然不间断地运营了四十年之久。

彼得·威尔逊的另一项独创是该市的《商人名录》(*Directory*),出版时还带着各自的地址。他于1751年出版了第一本按字母排序的名录,1753年第二本,从1755年开始每年出一本,配有城市地图、律师和医生名单,还有有关市政厅、公会和教区工作人员的最新信息。第一版大约列出九百二十五名商人,大多数都是个体营业者,以后每一版的人数都有增加。到世纪末,名录中包含了不下五千人的批发商、生产商和店主,但是小型服务行业、街头商贩、酒吧、旅馆以及威士忌商店一直没有收录。"商人""葡萄酒商人"和制糖工厂主占了1751年名录的四分之一(二百三十八人),但是到那个世纪的末期,进口批发商和其他"商人",在扩大很多的商业名录中,其构成仍然

[①] 让-雅克·卢梭(Jean-Jacques Rousseau,1712—1778),法国18世纪伟大的启蒙思想家、哲学家、教育家、文学家,18世纪法国大革命的思想先驱,杰出的民主政论家和浪漫主义文学流派的开创者,启蒙运动最卓越的代表人物之一。主要著作有《论人类不平等的起源和基础》《社会契约论》《爱弥儿》《忏悔录》《新爱洛漪丝》《植物学通信》等。

不到10%。这个名录主要给商人和批发业者提供一个工具，帮助他们寻找客户、催债以及权衡贸易机会。其经久不衰地长销于市，则是都柏林商业状况达到一定复杂程度和规模的信号。除了伦敦，大不列颠国家在好几十年里没有哪个城市这样长期地出版过这类名录。

然而，这本《名录》只列出某一行业的大师级人物，而这会产生误导。例如，1760年只列出十九个书商和三个印刷商，新生行业几乎没有涉及。但是我们知道，在18世纪的整个过程中，在都柏林至少印刷了二万四千本书籍、小册子和报纸。

这提醒我们，在名录所列很少的书商背后，城里印刷行业可能实际上存在着十五倍之多的从业人员，包括非固定书商、受雇的印刷工人以及一小部分的学徒，这还不包括正在增长中的造纸、雕刻和铸字业从业者。都柏林的印刷商和出版商能够持续为爱尔兰市场提供比进口产品更便宜的伦敦报刊在当地的重印版，这是因为他们将成本持续保持在低水平上，特别是在想办法控制底层雇工工资方面。

相对来讲，除了特别与爱尔兰有关的焦点问题，有关国际事务的记录很少会首先在都柏林发表。有两种与该城特别有关的出版物：沃特·哈里斯（Walter Harris）的《都柏林城市历史与古迹》（History and antiquities of the city of Dublin）（1766年出版）以及约翰·拉提（John Rutty）的《有关都柏林郡的自然历史》（1772年出版）。哈里斯的遗作是一本古物研究大全，素材主要取自尚未出版的17世纪晚期所进行的实际调查，给"这座现在可以称为大都市"的早期城市历史蒙上一层合宜的带有辉格色彩的装饰。与哈里斯一样，拉提也是由"都柏林学会"赞助，他的著作，如果说同样比较折中的话，则包含更多个人素材。作为一位辉格会医生，他广施救济但并不谋利。他一生大部分时间都是在皮尔巷度过的，写作、做实验、出版。他是当地"朋友会（当时在都柏林市内和周边地区有大约一千名成员）"的一位主要人物，也是严格的莱顿医学院（Leiden medical school）培养出来的都柏林医生行业的圈内人。和这些人中的很多人一样，他一生都对大自然怀有好奇心——生物学、地理学、气象学——以及大自然与人类健康的相互关系。其实，他的家就像是一个自创实验室。他是不懈的规律寻求者也是系统建立者，但是他的科学体系得益于对古代医学知识的严肃尊重以及强烈但又很个人的宗教信仰。虽然他从没站在公众关注的聚光灯下，但却是"医学-哲学协会"（Medico-Philosophical Society）的中心人物。那是一个科学沙龙，从1756年开始，持续多年，每月聚会一次。有几位会员与和他一样在当时城里最大的医院行医。那家医院建在理查德·斯蒂文斯（Richard Steevens）的地产上，他是一位更有钱的医生，医院于1733年在城市西部边缘开业。这家医院还获得另外一位莱登校友的赠与。就是爱德华·沃斯（Edward Worth）。他在布莱德街行医多年，是都柏林最活跃的书籍收集者之一。沃斯大量的藏书约有四千四百本，其中三分之一是医学和科学方面的，都捐给了医院，是为了给这个新建的机构中的医学工作者更多知识和启迪。沃斯图书馆成为那个时代的浓缩体现，展示了18世纪一位都柏林人对知识的不懈追求。

信贷资本

从18世纪40年代晚期到70年代早期这二十五年期间是城市贸易或多或少持续发展的阶段，内陆和海外贸易都是如此。然而，17世纪晚期成形的批发贸易的特点却没有什么变化。都柏林仍然保持着全国仓库的地位，至于加工水平，则稍逊一筹。很多主要的奢侈品经销商和生产商起到主导作用，贵族精英们开始装修和装饰自己的府邸，很多人家都是在这个时期重建和扩建的。例如，约翰·霍顿（John Houghton），他是18世纪50年代"都柏林最有才华的雕刻家"，不仅为城堡和主要的城市机构工作，还拥有从凯利到弗马纳郡[①]的贵族客户。这些人看重他的木雕和石雕手艺，他所做的精美画框和镜子

---

① 位于北爱尔兰。

也广为流传。在这个时期，英-爱贸易急剧增加，亚麻出口飙升，都柏林与伦敦之间建立起前所未有的密切贸易关系。现在，与利物浦港的联系比切斯特多起来，反映了内陆地区和英国北部正发生贸易上的战略性变化。但是，到18世纪60年代，都柏林加工型经济受到侵蚀的现象非常明显。一部分是由于来自各省的竞争，同时也是因为英国在纺织业、铁制品、瓷器甚至啤酒业的渗透。但是，都柏林在一个领域已经不那么依赖英国进口了：1757年发生了严重歉收和物价飞涨的情况，那之后贝德福德公爵表态支持一项提议，利用政府资金支付所有爱尔兰谷物和面粉从都柏林以外的农村运到市内市场的费用。这项"内陆奖励"计划（'inland bounty' scheme）受到好评，因其大大改善了伦斯特全地区的耕种情况（虽然牧业和谷类产品之间的价差变化所产生的影响其实更大）；这种奖励政策当然有助于改变都柏林获得食物供应的地理位置，结束了都柏林部分依赖于海峡对岸供应的局面，并刺激兴建了从米斯到科克一带的磨粉厂。这项措施（尽管有多次修改）实施了四十年。虽然多有争议，但随着公路系统不断改进、连接都柏林和南部伦斯特谷物产区的"大运河"开通，奖励计划给城市带来了良好的影响并使其市场更加稳定。18世纪40年代以后，历史记载中都柏林再没有发生因食物短缺引起的骚乱。国会议员们需要一座和平、宁静的城市。

这一时期最令人吃惊的经济事件是18世纪50年代的一系列银行倒闭潮。二十年里发生第一次信贷危机是从1754年3月信奉天主教的狄龙和费拉尔公司（Dillon and Ferrall）破产开始的。但是，真正打击是在十二个月之后。那时流传着多个银行倒闭的传言，引起公众恐慌，成千上万持有私人银行债券的人们绝望地争抢换回现金。法德（Fade）在托马斯大街的旧辉格银行，通过并购成为威尔考克斯和道森银行（Willcocks and Dawson），应该是整个国家最重要的供应债券的银行。但是现在却停止了交易，其总会计师潜逃不知所踪。两天以后，另外一家辉格银行，伦诺克斯和法国银行（Lennox and French）

也关了门，其合伙人也都杳无踪影。一位都柏林市民所做的报告中称："王国中从未经历过这样大的灾难……贸易和信贷完全停止，很多家庭由于银行倒闭而破产"。政治后果也极其严重。议会曾发质询批评都柏林的商人们管理不当，在没有资本支持的情况下无休止地发行债券。通过了一项禁止商人将来再称呼自己为银行家的法律。与此事不无关联的是，纳撒尼尔·克莱门茨在1758年携其议会盟友进入这个领域，他们要对存款银行这项业务做一个实验。但是，让他极为尴尬的是，银行虽然没有破产，但在1759年不得不放弃该投资计划。而他作为爱尔兰财政部重要人物幸存下来。但是，克莱门茨银行关闭至使另外两家银行破产，米切尔和玛卡莱尔银行（Mitchell and Macarell）以及市议员道森（Dawson）的银行。这种旷日持久、多层面的银行危机在很多方面来讲是这十年早期对贸易活动过度自信的产物，只是由于严重歉收、外汇压力以及"七年战争"（1756—1763）所带来的混乱而使问题尖锐化起来。

1756年的立法给进入批发贸易和银行业务设立了一道障碍，这在都柏林引起严重不满，再加上克莱门茨两年后有意无意地闯入这个行业，一位商界撰稿人因此抗议道："银行是使整个信贷机制运转起来必不可少的一环"，只有商人能够明白其重要作用。1759年骚乱爆发的时候，很多人觉得克莱门茨的过度金融行为与街上混乱状况之间存在着一种联系。然而实际情况可能并非如此。但人们对看似毫发未损的上层高官充满怨气，而市政厅和商人公会的地位却明显削弱，这些对1761年的普选都产生很大影响。这之后不久，一些商界要人决定成立一个游说团体，这就是"常设商人委员会"。这个委员会公开目的是影响政府和立法机构，以"保护贸易免受非法干预，并促进有益立法的形成"。这个听起来无害的声明掩盖了其本来的动议：因为参与其中的很多人都是商人公会里地位稳固的成员，这个新的委员会是要将自己与"市政团体"分别出来，建立一个"按自由原则行事……不考虑入会成员在党派和意见上的分歧，唯一考虑的是贸易能力，以及积极、有效的个人素质"。其会员章程接纳不同宗教：在二十一位商人中，有大约七人是新教不奉国教者，四人是天主教徒。包括的成员有来自厄舍码头的安东尼·麦克德莫特（Anthony MacDermott）和阿比街的迈克尔·科斯格雷夫（Michael Cosgrave）。这其实是存在政治风险的，反而更说明该委员会的初衷所在。让这个委员会感到不安的"非法干预"不仅来自议会和城中的大人物，也有从下面来的，就是混乱的工匠圈。织工、屠宰工人和其他手工艺雇工的直接行为导致商品自由流通受到妨碍的事件越来越多，投资人的利益直接受到威胁。

使这个委员会真正赢得名声的，是其建造了都柏林市内堪称最华美古典建筑的"皇家交易所"。这个项目的背景将我们带回建桥的话题。加德纳的朋友们主张在下游建一个新通道。他们在1749年讨论的一个问题是，由于逐渐增多的车辆交通，埃塞克斯大桥拥堵现象非常严重，这个问题是利菲河轮渡无法解决的。当然，一旦这样的一座大桥获得批准，海关大楼、圣殿吧街和高地码头一带的很多商业活动都会东移，城中心和西部的地产价格就会受到影响。对这个问题的争论旷日持久，但是，这种担心短时间内却成为采取先发制人行动的催化剂：埃塞克斯大桥也的确受损严重，经过两年多一点的时间，在不完全影响过往交通的情况下，大桥进行了重建（修建过程中出现了一次事故，就是乔治一世的雕像受损。但人们不以为意，将其放在昂吉尔街的一个板条箱里，而且一放多年）。这座新桥宽15.5米，比所有现有的大桥都宽。当1755年建成通车的时候，被认为是土建工程的一次胜利。这应归功于建筑师兼施工官员乔治·森普尔（George Semple）的积极自荐。森普尔家族在都柏林建筑行业的不同分支领域都久有建树，但是乔治是第一位将自己描述为"建筑师"的人。这反映出他凭着非同凡响的热情所绘制的各种各样的图纸和设计的不同项目方案时，已经完全超越了死啃书本的阶段，这使他的图纸和设计方案在技术和美学上都是深入思考的沉淀。他似乎是第一个给南边的一条大街画出蓝图的人。这条街与大桥同宽,使卡博尔街通过大桥一直延伸到都柏林堡边缘(该工程图纸的印刷版从1757年保存至今)。

对所有那些希望破坏下游新建桥梁和阻止搬迁海关大楼的人来说,这样一个项目所具有的吸引力显而易见,并且,森普尔的主意出人意外地获得政治上的支持。1758年的乔治二世31年19号令(31 Geo. II c.19)的目标有所限,就是为了促进了这项开发。作为都柏林第一个"马路建设"法案,在四十多年的时间里一系列新项目因此动工,城市面貌得以改变。有关这项立法最初发起人的情况,仍有不能确定的地方。但是议会发言人约翰·庞森比(John Ponsonby)是持支持态度的。他是那个十年早期在议会混乱状态中获取最大利益的人。拥有一系列皇家和议会任命的自由派律师戈杰斯·霍华德称,修建这条大街的想法出自一次晚餐谈话,是他在当地餐馆与一位税收专员之间进行的。

这一说法对森普尔来说并不公平,但是起草法案的很可能是霍华德。并且,作为这个计划的财务主管,他当然对其完成起了主要作用。开创一条新大街牵涉到对海关附近的密密麻麻的商业地产强制征用的问题,虽然有议会慷慨的拨款,但过程仍然充满艰辛。由于一些在此居住的租客威胁要质疑和反抗征用,霍华德后来夸口说他如何在夜间雇用一班工人,"带着梯子和其他工具随时准备好",候在无力合法抵抗的人家门口,好随时拆掉他们家的房顶。逼得"几户居民……直接从床上跑到大街上,惊吓中,有人以为……是暴风雨来袭"。执法过程结束,地块于1762年上市拍卖,承建人负责清理场地、垒砖并严格遵守垂直和水平线标准。这些严格限制当然与加德纳、克莱门茨以及其他东部土地私有者已经执行的标准类似。但是,后者通常寻找的是贵族租客,而这里的计划是吸引来自旧城区和拥挤地脚的时装店主和仓库老板。最后,"议会街"获得巨大成功,书商、绸缎商和花边商都在开街早期的时候来到这里开门营业。很有心机的菲利·普克兰普顿(Philip Crampton)既是书商又是地产投机商,还曾做过市长大人，他是这条大街的一位特别活跃的建造者。他非常了解附近圣殿吧街的情况，所以可能是促使其早期成功的重要人物。

森普尔也在思考如何让这个新兴商业开发项目有助于城堡的开放。一开始构思议会街的时候，他建议在科克山以南、与城堡东北角并排的专员们征得的地块上建一个广场，并在其中心位置竖一个合适的纪念碑。似乎其他人更喜欢在这个地点新建一座总督小教堂。由于切斯特菲尔德在18世纪40年代的提议，城堡内部的主要修整工程已经进行了十年（包括大多数后来成为"国家公寓"的大房间）；还有贝德福德公爵，他赞助修建上城堡地区的新工程，对这些计划也一直非常感兴趣。当然，18世纪60年代早期那几位贝德福德的继任者由于任期太短，没有一个对这么长久的计划感兴趣。所以，当新建的大街逐渐成型，科克山（Cork Hill）地块的命运仍然悬而未决。最后，"商人委员会"想出一个替代方案：在这里建一个大型商人交易所，就是和拥挤不堪、老掉牙的托塞尔的一层，或者海关大楼背后克兰普顿大厅（Crampton Court）里狭小的交易室比，能够配得上城市规模和财富的地方。商人委员会于1765年11月首先公布了他们的计划。几周之内，"商人公会"以同样的结论作为目标开始采取竞争行动。议会虽然加进妥协条件，但最终给这个计划提供了财政支持。妥协条件是：这个地块要交给由商人委员会和市政厅平均选出的代表组成的受托人小组，来负责新交易所的财务、设计和建设工程。可以预见，大部分工作是由商人委员会的人来做的。

这个地点曾经是科克豪宅的位置，如何处理深具挑战：它位于波多河旁的坡地上，成为两条街街景的汇合处，一条是从城堡街向东，另外一条是从卡博尔和议会街向南。受托人小组的计划，是将其建成堪称城市商业中心的规模，即使这样会导致建成的大楼会夺取城堡原有的光彩。史上第一次，人们举办了一个设计公共建筑的公开竞赛；共收到六十一个参赛方案，其中一多半是来自英国。胜出者是一位名不见经传、来自伦敦的年轻设计师托马斯·古利（Thomas Cooley）。

他这个设计用了十年才完工建成。这个工程一部分由议会拨款，但是主要资金来源却是一系列的彩票收入。最终的结构是白色波特兰石，高耸的科林斯圆柱以及令人炫目的内饰，这一切（对都柏林来说实属罕见）从一开始就引来艳羡之声。这个工程质量极高，对石料表面和粉饰进行的是古朴的新古典风格的处理，对后世产生深远影响。但是，这个项目从两个方面讲却存在着败笔：巨大的圆形会议室暗示存在着一个经常需要面对面交易的商人群体，正像17世纪欧洲的大型交易所一样。但是，贸易的特点是在变的，到交易所开张的时候，经营国际期票的大型交易厅对人们的吸引力正迅速消失。英-爱商务变得更加标准化，而金融服务也更加专业化。更重要的是，由于在下游要建新海关大楼的计划在1780年获得批准，期望交易所会永久使批发贸易在城市的这个地区落脚的想法，在其开张几年之内便迅速落空。

筹划交易所的商人们主要是批发商，他们多数人的业务是国际贸易。更多数的商人资金并不富裕，散落在旧城中心的市场区内。在繁华大街，有砖房和老式透孔式建筑，灰泥墙随处可见，橡木房梁裸露，仍然是一室多用，各行各业的商人有一样是相同的：他们依靠的都是城外的主顾，有的是批发商，大多数是零售商；天主教灵修资料的印刷商也盘踞在这里，和为数众多的制鞋匠、裁缝、制钉匠和马具商相混杂。街上做生意的还有大约二十多位布匹商人，其中大多数是天主教徒。亨德里克家族归属于爱尔兰圣公会，他们做的是带有太阳标志的布匹生意，1758年时雇用了两个"店员"。那时，他们的库存价值达5,080英镑。这一数额说明所出售和展示给农村用户的布匹，必定是品种多样、质量有保证，对消费者具有足够的吸引力。布匹商人大部分的布匹来源仍然是在当地，所以在有的阶段里，他们成为自由区织布工人的主要主雇。但是，随着英国供应商的流行，布料越来越多的涌进，这些大型仓库的老板和织布厂之间的矛盾日益增加。

早在1733年，圣帕特里克主持牧师斯威夫特（Dean Swift）曾参

15

1791年绘制。从埃塞克斯桥对面、沿着议会街的角度所看到的马尔顿的景色。街景在皇家交易所汇合。一幅作品将18世纪都柏林市三个最重要的建筑项目集中在一起。

与有关大规模进口问题的第一次辩论。那时,有七个布匹商人,即"七个邪恶市民",由于进口英国羊毛制品和丝绸而被点名羞辱。接着,在那一年的春天,自由区纺织工人洗劫了其中一个被点名的布匹商人(繁华大街的理查德·尤斯塔斯),军队尚未赶到,有一名纺织工在打斗中身亡。那个世纪中叶在繁华大街最成功的毛纺商人似乎是罗伯特·劳力士。他躲过麻烦,最终成为都柏林真正富有的天主教商人之一。进入老年的时候,他归信国教,他儿子尼古拉斯几年以后也归信国教。罗伯特与辉格会成员托马斯大街的约翰·道森·科茨结伴进入银行领域,而尼古拉斯则扩展了这项业务;他作为银行家的成功之处,可以很明显地从对利默里克和基尔代尔购进主要地块中看出来。他于1776年进入议会,并于1789年被封为贵族,即第一代科伦卡里男爵(the 1st Baron Cloncurry)。繁华大街仍然可以成为迈向成功的踏脚石。

然而,到18世纪70年代,时尚中心开始东移。城堡街仍然星罗棋布地到处都是金匠、印刷商、毛织品商和马具商,但是奢侈品采购的主要走廊现在从议会街开始沿达姆街、学院绿地公园一直延伸到格拉芙顿街的大街小巷。在这一带,可以找到最好的军械工匠和书商、丝绸商和经营其他时尚纺织品的商人,他们周围还有很多其他不那么有名行业的商人也在此经营。更宽的店面、更亮的照明以及方便的出入,是新的商业街区别于旧商业街的地方。但是,这些店里展出的货物,其中有多少是本地生产的,仍是没有定论的话题。很多店铺在报纸广告上都吹嘘进口的所存货物多么新潮、多么与众不同。但是,从18世纪30年代以来,他们也留心表达自己对爱尔兰,特别是都柏林供应商的关注。1763年夏末发生的事件就是很说明问题的例子:那时,食品价格飞涨,民间流传说科廷尼姆和金(Cottingham and King)这两位达姆街最大的丝绸商人打算放弃他们在自由区三四十家的本地供应厂商,转而进口价值达二万英镑的里昂丝绸。库姆峡谷的纺织大厅上空高悬黑旗,达姆街的商铺都由军方保护起来。过了些日子,大约有五百名雇工和学徒聚集在一起,因为无法进入店铺,便在遍布自由区的十一个地点销毁了那些商人的一千码精致丝绸和价值四百五十四英镑的卷轴丝绸。这场混乱的起因是,已经成为自由区最大的丝绸生产商的本杰明·霍顿(他也是都柏林堡的供应商)受到控告。但是,经过九个小时的法庭审讯,他被免于起诉。与此同时,科廷厄姆和金在向议会陈述时称,他们要从法国进口的金额仅是传说金额的十分之一(虽然那仍是很大的数目),并且,他们的目的是"获得最新的样式"以便复制。他们获得议会慷慨的损失补偿,但是不久就离开了这个行业。这次事件的一个结果是,织工公会采取行动从都柏林学会取得赞助,建了一个零售仓库。这样,自由区的生产商可以免受中间商的辖制。两年之后,"爱尔兰丝绸仓库"在议会街建成并大张旗鼓地以贵族派头开始营业了。在这里,这个仓库继续存在了二十年,对保护脆弱但十分张扬的加工行业帮助很大。

其他行业像马车制造、家具制造和家具装饰品业只是有限地受到进口奢侈品的威胁——只要保持与英国潮流比肩就好。但是伦敦和巴黎商品的诱惑力,对本地小规模又高附加值产品的生产者来说一直是一个挑战,例如像香水、蕾丝、精致丝绸、手表、银制品和其他镀金商品。艾莉森·菲茨杰拉德认为到18世纪50年代,几乎五分之二在都柏林出售的镀金商品是从英国进口的,据估计都是本地人出钱购买的。为谢菲尔德盘子和斯塔福德郡器皿这些新型英国生产商做代理的公司也开始出现:1772年,约西亚·伟吉伍德派出一个助手在学院绿地公园开了一家店。在五年的时间里,他那相对便宜、样式出众又紧跟潮流的奶白色陶器变得十分畅销。这成为使亨利·戴勒敏所经营的当地代夫特瓷器(delftware)消失的一个原因。戴勒敏在北海滨和帕尔默斯顿的工厂高峰时曾经雇用"几百人"。本地生产的奢侈品实在没有什么特别的:主要的几家公司,像科克山的金匠凯尔德伍德、或者是阿比街的家具制造商威廉·摩尔,他们能够长期生存的一个原因是成功地捕捉到海峡对岸的流行趋势,而这是他们的帮手、学徒和样本书籍在都柏林和伦敦两地之间往来流动的结果。

尽管对于英国商品的涌入存在着周期性抗议活动（无论是爱国的重商主义者或是自由区的生产厂家），城中工业化之前的工艺品生产的多样性和涵盖范围，似乎从没有比这个时期发展得更好的。威尔斯1763年的名录在其商人部分列出大约一百二十五种独特的手艺和服务。毫无疑问，很多没有名气的手艺在日常用品栏中被忽略掉了。但是，在产品出现周期性过剩的时候，城中的小作坊不得不降价出售自己的产品；另一方面，货币贬值又引发公众对英国货、法国货或其它进口产品的争论，证明了爱尔兰小作坊经济根本不具规模，也没有安全感的事实。

说到本地产品的质量，不管是印花纺织品或者家具，还是马车或者精品马具，似乎在18世纪的第三个二十五年中间，设计和工艺水平都有提升。富裕的消费者现在更加挑剔了，因为在欧洲大陆旅行的人数在增加，他们对精美事物的品味也变得敏锐起来。更多人通过印刷品上的图片、舞台布景或者新近从巴黎进口的实物受到法国奢侈文化的感染。并且，对洛可可和新古典潮流在合理价格前提下的稳定需求也一直存在。很多人追求既不落后时尚又要支持本地制造业的名声，即使在富人当中，这种现象也越来越明显。该城手工艺业之所以能够持续发展，可能都柏林学会的参与是唯一重要的因素。一方面是向替代进口创新提供发展拨款，就像戴勒敏的陶器制造；更独特的举措是支付雇工和学徒在画图和设计技巧方面的培训费用。协会于1750年接手了一个位于达姆街上成功经营的私人绘画学校，并将教室"用从巴黎进口的石膏做成的几个精致模型装饰起来"；还出资给有前途的年轻人开办了一系列的业余班，创建了后来非常成功的一家造型艺术培训学院，头二十年里就接收了七百五十多名学生。起初的想法非常及时也很实用，其首任校长罗伯特·韦斯特（Robert West）对学校的发展起到很大作用。这所学校几乎马上就得到公认，对提高雕刻师、家具制造商和马车制造商的工艺水平产生实际影响。很多人从此开始起步,在多个不同领域取得荣誉和成就。正像约翰·特平所说,这是一个非常明显的例子,说明不必向公会提出任何要求,创新可以自上而下贯彻下来,就是"领导都柏林学会的爱尔兰知识分子精英,明确地将注意力转向法国,而不是英国,去寻求教育培训方面的指导"。

韦斯特最了不起的学生是休·道格拉斯·汉密尔顿,一位乌鸦街假发制造商的儿子。甚至在做雇工画师的时候,他就吸引了拉·图什及其圈中人的注意。但是他早慧的最好证据是他在1760年所画的有关都柏林街市生活的六十六幅画作。他可能希望以"都柏林的呼声"为题将这些画出版(两个半世纪之后才真正得以实现)。所描绘的各种各样街上的商人、家仆、流浪儿和拾荒者既亲切、生动又引人同情。所展示的熙熙攘攘的户外生活场景是这位年轻的绘画者非常熟悉的,也是其他艺术家不屑于捕捉的——因为画中描绘了穷人所使用的各样物品,包括用旧了的廉价流行饰物(尤其是二手衣物)、粗糙的陶器和餐具、简单的乡下土产,以及不值钱的印刷品。似乎是,当他发现这些画作并无需求之后,便长时间旅居海外,他先在伦敦获得成功,然后在罗马心满意足地度过了十五年的旅居生活。最后,他于18世纪90年代回到山街(Mount Street),专门给城里头面人物画人物肖像,颇有些郁郁不得志的样子。

对都柏林上层人来说,隆重的意大利之旅通常比想象的更简短,这种人生仪式对有些人来说是受教育的过程,对少数人来说是让自己经历一次迷人的接触鉴赏艺术以及收集艺术品的经历。约瑟·利森是圣司提反绿地公园的打造人之一,也是受到斯威夫特嘲讽的那位地产商的独生子,是那些少数人的一个典型例证。他是在中年的时候(其父去世之后)去的意大利,于1744年到达罗马,采购家具、油画、古董雕像用于自己的乡间宅邸。这栋房子当时由理查德·卡斯尔设计,正在威克洛西部兴建当中。但是,他购买的庞大收藏却在回程的路上落到法国掠私船的手里。他于1750年返回罗马,成功购得更多商品。结果是，他在罗斯伯拉（Russborough）帕拉迪奥风格的别墅，里里外外都摆满了令人炫目的古董和洛可可风格的艺术品，"来自欧洲各地的巧匠"都参与到修饰这串"由闪亮的本地宝石做成的项链"当中。利森第二次去罗马的时候由其外甥约瑟·亨利（Joseph Henry）陪同。后者是赫赫有名的长老会银行家休·亨利的继承人。约瑟在罗马逗留十一年之久，然后才返回都柏林，在萨克维尔街建起城中最好的油画收藏馆之一。

他们在罗马有个叫詹姆斯·考尔菲尔德的好朋友，是查尔蒙特子爵，也是一位年轻的阿尔斯特贵族，其家族的势力范围一直在杰维斯大街。他在地中海国家接受教育达十年之久（1746—1755），其间对爱琴海一带和埃及以及安纳托利亚全地进行了广泛游历。查尔蒙特既聪明又受过良好教育，视觉意识非常强，他是罗马一群年轻、富有的鉴赏者之一。他们定期与一个天才艺术家群体举行联谊活动，其中有几位成为下一世代英国新古典主义的奠基者，尤其是罗伯特·亚当和威廉·钱伯斯，他们后来成为皇家工程的建筑师。查尔蒙特善于交际、拥有良好的艺术敏锐度，成为这些人当中的中心人物。当他1755年返回爱尔兰的时候，具备了更具素养的艺术眼光，也因此赢得了欧洲一些一流建筑师和艺术家的友谊。其中几位由于查尔蒙特的缘故将在都柏林留下他们的印记。

虽然查尔蒙特很多年以后他才决定定居都柏林，但是他回来不久就参与了两个重要的、耗时很久的建筑项目。第一个，是他的新别墅住宅：他从卢克·加德纳的儿子手里购得一块好地，位置是在莫斯花园以上的中心地点，可以居高临下地俯瞰城市的东南方向和海湾。其设计方案由钱伯斯提供。他决定采用精致的石面楼房样式，这当然不是城中别墅住宅中最大的，但却在后期质量和注重细节方面成为新标准的样板。

与其他大型楼房不同，这栋房子与其周围邻舍在风格上具有强烈的一致性，整个"别墅一条街"（Palace Row）完成的时候，给人很强的视觉冲击力。像罗宾·厄舍所说，这座建筑在这一点上与其他方面一样，可以与钱伯斯在爱丁堡为劳伦斯·邓达斯爵士所建的大型宅邸媲美。查尔蒙特确实在建筑方面狂热有加，但他在财务管理方面却没什么才能。这栋房子三十年后仍有一些部分尚未完成。但是那些公共建筑，从1770年前后开始陆续完工：按计划用以展示查尔蒙特所收集的雕塑、花瓶、硬币和油画，还包括后花园里作为附属建筑的图书馆。查尔蒙特别墅现在成为所有门路活络之人的向往之地。后来，它成为查尔蒙特政治盟友和朋友们的天然聚会地点。

相比而言，更显朴素又没有那些坚毅、阳刚元素，是他家眷的居所，在城东北方向一英里以外，叫做马里诺别墅。这里是出生在克莱尔的查尔蒙特夫人说了算的地方（这是个晚婚，似乎是查尔蒙特的医生查尔斯·卢卡斯做的媒人）。但是，在这栋房子周围的地块上，查尔蒙特花了很大力气大兴土木，使其发挥更大作用。他在一个人工湖的旁边竖起一座试验性的"哥特式"塔楼，用以收藏花瓶。但主要工程却是卡西诺（Casino），这是一座罗马神庙，灵感来自于帕拉迪奥在维琴察城外的大型别墅"拉罗通达"（圆厅别墅）[①]。查尔蒙特对其颇有研究。卡西诺成为新古典主义具有纪念碑意义的典型建筑，是钱伯斯和查尔蒙特密切合作的结晶（即使钱伯斯从没见过它，其实都柏林所有他的设计他都没见过）。这座世俗性质的神庙，其设计并不严谨，甚至有些玩花活的意味，却成为克朗塔夫路上高耸入云的风景艺术品，标志着某种新事物的到来。所追求的怪异风格，精巧的设计以及高超的雕刻技术、粉饰以及配套家具，所有这些都反映了查尔蒙特极其严格的挑别态度以及西蒙·威尔皮尔（Simon Vierpyl）的艺术和管理水平。后者是出生于伦敦的石匠，在罗马成为查尔蒙特的朋友，并被他带回都柏林。城里别墅、宅邸和郊区神庙的修建和装修都是由威尔皮尔监工完成的。到1771年之前的九年里，两栋房子分别花销将

[①] La Rotonda，位于意大利东北部维琴察的文艺复兴时期的经典别墅建筑。

19世纪60年代拍摄的詹波隆那的墨丘利铜像复制品，是查尔蒙特在罗马委托定制的。这个雕像立在从查尔蒙特宅邸到花园底部的维纳斯图书馆和画廊之间的走廊中段，查尔蒙特所有古典和启蒙特点的鉴赏品都集中于此，令人目不暇接。这些展品只对内部介绍的来宾开放。维纳斯图书馆和画廊在20世纪30年代被毁。

近10,000英镑。这两个项目由为数不多的都柏林高级工匠完成。这些卓有成效的工匠在查尔蒙特的私人工程上所施展的技巧，同样表现在18世纪70年代的交易所和80年代以及90年代的新海关大楼及其他大型公共项目上。

查尔蒙特是一只开明的蜘蛛，编织了很多关系网。最持久的一个便可能是他在晚年建立的皇家爱尔兰学会。在城中建立学术沙龙，那个世纪最少进行过两次尝试。沙龙就是对历史、科学和"纯文学"有兴趣的人聚会的地方。18世纪40年代的"自然科学－历史学会"将这些人带到一起，包括神职人员、医生和学院绅士，但是这个协会因缺少实力雄厚的资助很快便消失了。在1772年有附属于都柏林学会的另一个团体做过类似尝试，关注点特别放在爱尔兰古董上。查尔蒙特的协会之所以成功，而其他人的却归于失败，其原因在于他的方法、声望和社会地位。他的协会在1786年获得皇家许可，涉猎范围几乎囊括一切知识领域，足以吸引几乎所有对科学、数学或者古董感兴趣的有闲人士。这个协会聚集了将近百名社会上流人士，也因此有能力维持颇具影响力的出版计划。但是其早期成功更是人们对所传播的知识感兴趣的反应，而不是欢呼新奇思想的信号。一开始的二十一位委员中有略微超过半数以上是圣公会神职人员。一个最近的结论认为，他们非常适合开展一个"首次由英－爱精英协调起来尝试对古老的爱尔兰历史进行挖掘和开拓的项目"。

美国

查尔蒙特是美学家和贵族爱国者，于1771年罕见地在街头露面——他在查尔斯·卢卡斯的隆重葬礼上是一位抬棺者。之后一年之内，威尔皮尔的徒弟爱德华·史密斯受托为这位交易所的老战士制作一个全身大理石雕像（该雕像立在原处直到今日）。但是，到卢卡斯去世的时候，他已经成为为自由民权而奋斗的象征，但并不是实际上的先驱者。年轻的一代现在正在把他在议会中留下的有关公会政治和爱国言论的财富发扬光大。有两位特别人物这时刚刚开始他们漫长的政治生涯。第一位是爱德华·纽厄汉姆爵士。他是一位税务官员，初次崭露头角是抓捕拉什走私，一副毫无妥协的斗士。他婚姻美满，对美国的所有事物都极其热爱，担任都柏林郡的国会议员达二十多年（他的主要投票来源是自由区）。接下来是詹姆斯·纳珀·坦迪，前者的朋友和总管。他在谷物市场继承了一份五金贸易的遗产，但是对此心生厌倦之后，转而投入了城市政治的新行当。坦迪凭着市政执行官和委员会政客的身份脱颖而出，但他几乎没发表过什么只言片语。他们在赢得大选之前已经是当地知名人士——纽厄汉姆被选进议会，坦迪进入市政下议院。

1771年，爱尔兰政府已经有四年的时间一直是由一位总督执政，就是从军队退役的汤曾德子爵。他就职时所做的事是从爱尔兰议会征得一笔非常巨大的、由爱尔兰承担的财务支出，将其投资到帝国军队当中。汤曾德实现这个目标非常不易，他以此打破一个模式：由政府支持来立法，将每届议会的年限限制为八年。这么做，汤曾德使人们的政治生活在像都柏林市和都柏林郡这样的"开放"选区活跃起来。他将旧的政府同盟者弃置一旁，这包括庞森比家族、波伊尔家族和基尔代尔/伦斯特宗族。取而代之的，在下议院建立起坚固的"城堡"议会议员群体，由新兴联盟辅佐，其中著名的是比斯福特家族。这一切的前提是，汤曾德决定（似乎是他自己的决定）在任职期间要久住都柏林。这种做法既有象征意义也产生实际效果，让英国势力变得更加触手可及、显而易见，且更具真实性。结果使政治矛盾或多或少地变得持久而激烈起来。汤曾德的生活方式多姿多彩，对选择晚餐同伴，无论男女，也有讲究，这些做法削弱了他的政治地位。有这样一位总督在位，爱国者们拥有了一位明摆着的敌人。他的已故兄弟在英国国会是一位有争议的人物，也是殖民地美洲人眼中极端仇视的对象。于是，爱国者们便看到这样一个模式——乔治三世及其密友正在侵蚀爱尔兰人的自由，帝国危机时期独裁君主政治正在悄悄抬头。

汤曾德于1769年底等到下院凑够足够多数便草草宣布爱尔兰议会休会。在随后的十四个月里，异常冲突的可能性在慢慢滋生。当爱尔兰议会于1771年2月最终举行会议的时候，学院绿地公园举行大规模示威游行的计划，却遇到了先发制人的武力威胁。步兵在周围巡逻，骑兵在达姆街上往来飞驰。剑，已完全出鞘。"增加"军力的要求很快得到议会成员的认可，反对派媒体拥有了足够的理由秘密谈论有关"军事政府"的话题。

那一年晚些时候，本杰明·富兰克林来访，在下议院的议会成员当中短暂停留。他感觉在都柏林会见的人（其中包括卢卡斯）"都是美国的朋友"，在对伦敦的新宗主国权威不满的问题上，他们的感受完全一致。但是，这种一致性只是一种幻觉。尽管都柏林的报纸和杂志有关国际事务的版面在扩大，语言尖锐、视角独特，但是城中政客仍然是只关心本地和个人利益的一伙人。在竞争激烈的议会选举中，有关18世纪40年代议题的讨论仍然没有什么立法方面的进展。仅仅当战争临近的时候，情况才开始有所改变："自由公民学会"已经不再是支持卢卡斯的晚餐俱乐部，而是更加正式的组织。这个组织发起活动要求制定具体政策，以反对腐败，并支持议会成员为其选民负责。这个学会的掌控者是一群公民政治家，其领导者是爱德华·纽厄汉姆爵士、纳珀·坦迪以及约翰·宾斯（John Binns）。后者是达姆大街一家大型丝绸店的合伙人。学会形成一个概念，通过举行自由民和世袭地产保有人的扩大会议，会议由富有同情心的郡治安官召集，以此来挑战城堡及其城内同伙。第一次会议于1773年10月在托塞尔举行。与会人员对一项征收新税的提议发起全面攻击。

然而，真正让公民政治活跃起来的，是发生在美国的危机。当新英格兰①第一次发生人命事件的消息于1775年夏末到达都柏林的时

---

① New England，指当时的美国，位于现在美国本土的东北部地区，在美国大陆东北角、濒临大西洋、毗邻加拿大的区域。

候，自由公民协会的一篇晚餐祝酒词对他们的强烈反应进行了概括："愿圣殿吧的大门速速用人头装饰起来，就是那些建议用雇佣军去奴役我们在美国的同胞的人"。对美国独立事业的同情很快就达到了顶峰：在坦迪和自由公民协会的要求下，虽然市议员强烈反对（这是他们对市下议院失去影响力的明显例子，也是1760年市政改革的结果），郡治安官在10月份召集了一次扩大会议。几百人参加了会议，给王国的一封信上绝大多数人都签署了同意意见；这封信提到"英国、爱尔兰和美国是一个伟大的共同体，大家到目前为止都是其中快乐的成员"，对存在"内战"的可能性表示遗憾，恳求来自皇家当权者的和解。这封信随即在各个咖啡馆被争相传看，在仅仅几个星期的时间里，就有将近三千人在上面签名。但是不久之后，一封与之针锋相对、坚决支持政府在美国采取行动的书信，在城中征集到一千多个签名——二者并非旗鼓相当。但是，政府的地位在加强，新闻出版界在1776年受到特别管治。当美国《独立宣言》公布的消息传来的时候，新选举出来的议会正是开会期间。让下院保持相对弱势和可塑性，这正是汤曾德的继任者哈考特伯爵管理技巧中的一个方法。

美国战争在市民中产生的影响非常广泛，引发出各种反响。卫戍军团（现在的全额定员是四千人左右）与他们北边邻居之间的关系在18世纪70年代早期变得非常紧张，发生了一系列仇杀事件，包括奥蒙德市场地区的伤害士兵事件和对平民人口报复性攻击事件。像这样的暴力"冲突"并非史无前例，但是1774—1775年以及1777年间达到了高潮，导致民怨沸腾。1774年各家大肉铺临时雇用士兵以期击破剥皮匠们的"联合行动"，这可能是导火索。其实士兵和肉铺之间的丑恶争斗在这之前已经持续了四十年之久。文森特·莫利说，战争前夜军队招募新兵产生的压力可能加剧了这些紧张冲突。成千上万的年轻人在战前和战争期间被迅速塞进城里和港口参加海军服役，有时会发生暴力抵抗事件。但是，对士兵和征兵队（press gangs）的袭击有什么政治背景吗？自由公民协会的激烈晚餐谈话与阿伦岛码头的年轻屠夫之间真的风马牛不相及——还是真的没有关系呢？

城中的天主教大主教约翰·卡朋特对各种天主教徒参与攻击军人的说法早有耳闻，他于1775年4月发表了一篇措辞尖锐的谴责文章。他是服装师的儿子，于1770年四十出头的时候被派到都柏林任职。他与较其年长、颇有教养的前任非常不同。他在本地接受泰迪格·沃·诺顿的教导，对爱尔兰语言、文学、早期爱尔兰圣公会以及广泛的学术话题拥有一生之久的热情（他去世时在厄舍岛留下一座藏有四千多部图书的图书馆）。他是一位很能干的管理者，在整个18世纪70年代，在城里"通过讲道台和印刷出版"开始了重新激活天主教信仰的漫长之旅。至于学校教育则是日后的事了。

天主教教会和世俗权力之间的缓慢和解始于七年战争期间，当时在城中的小教堂为新国王和武力上战胜法国而祷告。在卡朋特的主持下，这种关系上的缓和得以加速。非天主教徒、乡绅、城市商人及专业人士主张天主教在教义上接受效忠汉诺威王朝。这个压力从18世纪20年代以来一直让神职人员无所适从。但是随着詹姆斯朝廷公信度的消失以及目前状态下天主教家庭数量的增长，寻找一个能为大家接受的誓约，既是本身的需要，也是废除现存刑法典的必要步骤。这件事从18世纪50年代以来变得越来越迫切。这个漫长过程中的一次事件，是1756年建立了一个非正式的天主教委员会。这是一个以都柏林为中心的游说团体，其主要人物有来自罗斯康芒的一位绅士查尔斯·奥康纳，一位城市医生约翰·科里和两位富商，他们是来自库姆峡谷的托马斯·雷诺兹和厄舍码头的安东尼·麦克德莫特。奥康纳是一位有天份的小册子作者，也是精明的说客；而科里的贡献则在于他丰富的历史学知识，其架构就是为了推翻1641年的流行观点。[①] 他

---

① 1641年11月，议会通过《大抗议书》。它历数了查理一世的暴行，要求国王保证工商业自由、政府对议会负责等。这被看作是反君主制的宣言，引起随后的英国资产阶级革命。

第四章 | 现在这是一座大都市了：1750—1780

的最高成果集中在其著作《对爱尔兰内战的历史评价》（1775年出版）(*Historical and critical review of the civil wars in Ireland*) 中。科里的医生背景可能与下面的事实有关系：医学是一个不直接受刑法典（与法律不同）影响的职业，1762年所列出的天主教徒占城中职业医生的四分之一。这些人都在欧洲受过教育和生活过（在巴黎和兰斯①，科里就是这样）。他们都在经济上有保障，并且据推测，都有与他们信仰不同的主顾支持他们。

天主教委员会并没有直接参与有关接受效忠宣誓的高层谈判。那个效忠宣誓经过艰难的协商最终于1774年获得通过，开始具有法律效力。对此芒斯特主教非常赞同。但是，卡朋特虽然完全了解这件事情的政治意义，仍然拒绝向人们介绍这个誓约，直等到罗马方面确定这个誓约并不违反教义，才同意接受。发生这一切的时间已经是1778年了。当地的回应毫不迟延。其实就是，在将近九十年完全脱离城市和公共生活之后，天主教教会再次重见天日：那一年的11月9日，卡朋特与教区的七十位牧师一起，来到四法院大楼，向乔治三世做了效忠宣誓，这个做法被成百上千个其他中产天主教徒（都是男性）所效法。这件事当然不是孤立发生的，而是在灾难性的（对英国人来说）美国战争正酣的时候。那一年，法国加入了那场战争的殖民地居民一边。这件事也发生在乔治三世第17至18年第49号令（17 & 18 Geo.III, c.49）第一次真正实施的几个月之后。这项法律使土地市场再次向那些做过新誓约的天主教投机者开放。但是，土地购买全面开放直到1782年才获许可。

将1778年的恢复措施引进爱尔兰下议院的是卢克·加德纳。他是第一代卢克的孙子，与其祖父的共同点不仅仅局限在名字上。卢克二世在英国接受教育（伊顿②和剑桥），并有一个政治上给他很多益处

---

① Rheims，法国东北部城市。
② 位于伦敦附近的白金汉郡的伊顿，以伊顿公学这个贵族学校闻名。

的婚姻，所以他在1773年被选为都柏林郡国会议员之前，在伦敦和都柏林的比斯福特家族拥有非常良好的社会关系。他与其祖父一样野心勃勃，但是却不那么谦虚低调。在他以自己的名义向人们介绍天主教恢复法案时，立刻引起同僚的反感。从1776年开始任总督的白金汉希尔伯爵并不知道他的意图，但是加德纳在诺斯伯爵（1770年以来的首相）的内阁中有来自伦敦的支持。并且，在适时的时候，城堡里的国会议员也同意并表示支持这项法案。然而，那些爱国者几乎没有例外地全持反对意见。

伦敦无声地支持天主教解禁法案这并不是第一例。事实上，在汤曾德时代这件事并不那么敏感，因为那时候来自都柏林公会和其他爱尔兰市政当局的压力非常之大，他们要求在稳定的法定基准的基础上按期支付规费（quarterage system）。向非会员循环收取规费是所有公会都要求拥有的权力，其实就是他们在本地经商和进行手工制作的许可费。天主教在法律上挑战循环缴费义务是在芒斯特开始的，但是对此发起反击的却是都柏林。卢卡斯以及爱国游说团体对保证（新教）自由民的特许权力方面的立法心怀不满已长达十年之久。爱尔兰议会不断通过议案，但是又不断被推翻，有时是被爱尔兰枢密院，有时是被英国枢密院。按期支付规费不能得以立法其实是个预兆。

18世纪70年代兴起《天主教恢复法案》这个政治运动的因素很多——英国陷入帝制危机，急于为军队寻求新的兵源；在魁北克[①]有天主教恢复法案的先例；英国政治家对此大力支持，罗金厄姆派辉格党（Rockinghamite Whigs）的年轻政治顾问埃德蒙·伯克[②]是这方面的

---

① Quebec，加拿大地名。1774年5月，英格兰议会通过《魁北克法案》，给予罗马天主教完全自由，允许教士征收什一税。
② Edmund Burke（1730—1797），出生于都柏林的爱尔兰政治家、作家、演说家和哲学家。针对所生活年代发生的各种事件，他反对英王对美国殖民地的税收政策，但反对美国争取独立；支持天主教解放；反对法国大革命。他经常被视为是英美保守主义的奠基者。

第四章 | 现在这是一座大都市了：1750—1780

突出代表。天主教恢复法案第一阶段的一个突出特点是，本地持欢迎态度的人与城市东拓有关联——不仅仅是加德纳以及他周围的一些人（像天主教徒粉饰大师兼地产开发商迈克尔·斯泰普尔顿）——还有新获得遗产的菲茨威廉子爵七世，这位是不在席位的秘密天主教徒，通过他的天主教地产代理巴尔巴拉·费根（Barbara Fagan）监控这个城市大规模向东南方向拓展的进程。与之相反的自由公民协会从本能上就反对天主教的主张，他们在老城区开展业务、享受晚餐。

天主教徒在社会地位上的这种天翻地覆的变化产生于城市经济比平常更面临衰退的时候。像一贯的情况一样，亚麻和农产品价格下降导致对都柏林加工产品需求的骤减。接着，1778年的进口信贷危机打垮了米切尔银行，给人们带来对未来可能继续发生危机的不安全感。雪上加霜的是，有传言说法国（或者美国）要向爱尔兰海岸进攻，甚至有人在爱尔兰海看见敌人的武装船只（其实有些船实际上是到处横行的海盗船。他们以北都柏林郡的拉什为自己的基地，而此地在以往的战争中，会成为海上禁运品的国际仓库）。在这种紧张气氛中，又有大批的爱尔兰兵团奔赴美国参战，便不断有民兵自卫队被召集起来。爱尔兰政府顾及不到这些需要，因其本身不仅政治上无能，也正处于财政困难当中。其结果就是，1778年的时候有一个全国行动开展起来，这就是建立起一支地方"志愿"军团。人们一开始的想法完全是为了自卫。

1778年10月，第一个这样的军团在都柏林诞生，由伦斯特公爵做总司令。在随后的两年内，一些类似的其他军团也在城中建立起来，有的与公会有联系（商人军团、金匠军团、织工军团），有的与行业有关（律师军团），或者是与其他高级机构有关（亚麻交易协会军团［Linen Hall corps］、都柏林税务局志愿军）。伦斯特的都柏林志愿者军团（Dublin Volunteers corps）很快就在旗下聚集了大约二百人，纽厄汉姆的独立解放志愿军（Independent Liberty Volunteers）一百四十人。但是，城中三十个左右的军团，大多数都规模很小，也很短命。

另有十五支军团在都柏林六英里半径的范围组建,几乎都在北部和西部。城市军团的组成包括商人、店主和工厂主,其军官都是轮流任职,但是国家军团,比如像省级军团的绝大多数都是由精英赞助人掌控。每个军团都用自己独特的服装(每一位志愿兵要自己付费),很多服装在定制时就确定了重点特征。有时很夸张的羽毛装饰成为竞相效法的目标,也是区别于其他社会群体的一个方法。

到1779年的秋天,随着志愿军在新教爱尔兰广泛而快速的发展,而无能的政府却面临新的一次议会会期的情况,政治和军事在帝国危机加剧的时刻交织在一起。在确定议会开幕式上向总督的正式回复应该如何措辞这个问题上,议会的反对党获得初期胜利:一致通过的下院文本要求的事情很简单,给爱尔兰以"自由和无限制的贸易权"。正像纽厄汉姆向其儿子解释的,

> 我们到底是战胜了宫廷和那些庸官,将詹姆斯二世以来最重要的问题拿到议会上来……爱国者人数之众,以至于各郡(代表)被迫妥协,我们也向国王陈明我们自由贸易的要求。他们必须批准这个要求,否则,王室休想从我们这里拿到钱支付他们的常规军团。都柏林从来没见过这么宏大的场面呢!志愿军沿街排列,下院议员们带着给总督的致辞向前走去。我们处于武装保护之下达五小时之久,他们都是训练有素、适合上前线打仗的人,不仅英勇善战而且自愿面对敌人。

这次危机的背景是,当地纺织行业面临战时雇工荒的局面。于是无论在都柏林还是在全国范围内,人们组织起来向伦敦请愿出台重要税收减免措施。税收上的妥协是做到了,但是随即又被诺斯[①]政府在

---

① 第二代吉尔福德伯爵腓特烈·诺斯(1732—1792),诺斯勋爵是更为人知的头衔,于1770年至1782年出任大不列颠王国首相,是美国独立战争时期的英方重要人物。

1778年取消了。于是人们联合起来要求批准"自由贸易"。这个词归根结底意味着废止所有（英国）经年累月立下的禁止爱尔兰通往帝国水域、阻止爱尔兰商人直接做进口生意的诸项法律。有关的代表性商品包括糖、烟草以及其他来自利物浦、布里斯托和格拉斯哥专供殖民地市场的产品；还指望能够废止对爱尔兰纺织品出口的各项约束，尤其是1699年的毛织品法案。争取自由贸易的运动从1779年4月开始，很快便从地方性的骚动变成一场几乎遍及全国的政治运动。都柏林只是这段历史的一部分，但是正因为这里反对党的报纸才使这份更具战斗性的政治演说在坊间流行起来。

在城中有两个对自由贸易运动产生重要作用的团体：一个由大约五十位律师和爱国议会成员组成的秘密政治俱乐部（后来以"黑衫俱乐部"①为人所知）。他们在凯文街每周聚会一次。如果说任何团体能在几个月内就发起并形成一个全国性政治战略，则非此莫属了；另外一个就是非常公开的自由公民协会（Society of Free Citizens）。该协会赢得城市下议院的支持，举行了一次公开集会，对英国纺织品发起了不许进口的抵制行动。大家同意在贸易纠纷中"抱团取暖"（这个词在这里意味深长），这是吸取了当地先例而采取的措施，但是在回应美国最近的纠纷实例上却暗藏杀机。在很多郡县都开始实行禁止进口的措施，并赢得各省大力支持。但是，都柏林作为英国纺织品的主要进口港，这里的成功经验至关重要。在印刷品上对进口商进行一一点名的肮脏做法又被捡了起来，有些商人受到残酷惩罚的威胁。虽然没发生人命案，但是那年的夏天和秋天爆发了一系列纺织工人组成的大规模暴力行动。这些活动得到城中至少两家报纸的支持，并且大多数志愿军军团都把只穿爱尔兰产的布料看得非常重要。毫不奇怪，1779—

---

① the Monks of the Screw，手拿开瓶器的僧侣，直译是这样的。实际上，这个俱乐部的人员构成是律师或爱尔兰议会的政治家，多数思想自由，曾经参与刑法起草，大都支持爱尔兰爱国党。会员必须穿黑色府绸长衫，到都柏林凯文大街或创始人Curran家聚会。

1780年间海关进口布料与1776/7至1778/9年间的平均值相比，下降了四分之三还多。

这就是1779年在威廉国王11月4日生日那天志愿军到他雕像前游行的背景。自从1740年纪念博因河战役五十周年开始，总督、筛选出的贵族还有卫戍军团总是要在那天从城堡游行到学院绿地公园纪念威廉的功绩。但是在1779年，他们的风头却被别人给抢走了。十队都柏林志愿军共有上千人，携带轻型武器，在圣司提反绿地公园集合，先于总督那伙官员队伍到达雕像跟前。他们按事先的计划枪炮齐射，金匠军团还发射了两枚炮弹。从雕像上挂下来一些标语口号，简单地写着："救救爱尔兰""光荣革命"以及最有名的那句"短期贷款－自由贸易－不成功便成仁"。到访的英国画家弗朗西斯·惠特利特别赞许这次活动，当然，用的是经过处理的手法——巨大画布上传递出一种颇有秩序的狂欢节情景以及公共紧急集合的味道。但是，所有这些可能是夸张了首都志愿军带来政治改变的重要性。因为至少从都柏林来说，事件的起源是在市公会大厅以及组织各种集会的非正式网络。志愿军只是这些事反映出来的表象。因政治上的不满情绪而爆发出来的能量差不多在两周后显现出来。那时，成千上万的人一窝蜂地涌向学院绿地公园。旧自由区的工匠们再次出场，有人携带着武器，对任何被看作是政府支持者的国会议员进行威胁和骚扰。有些人将吓坏了的纽厄汉姆带到议会。但是，很显然，这种抗议活动之所以受到鼓励，是之前流传的手册所致。到现在为止，出现了两极分化的现象，一方是贵族志愿军的领导者，他们不情愿地参与导演了在"他们的"议会大厦外面街上上演的一出戏；另一方是小生产商和手工业者，他们受凯文街的律师和公会政治家鼓动和教唆。具有讽刺意味的是，正是11月中旬那场混乱的抗议活动，解除了都柏林堡紧张的神经，促使伦敦方面对爱尔兰放过一马。其实在那里，诺斯政府正在处理其他麻烦引起的一堆烂摊子。

消息是1779年圣诞节前不久传到都柏林的，说帝国"自由贸易的政策"确实可以对爱尔兰航运业和商人做出让步；即将取消持续一个世纪之久的限制。市民庆祝时所用的所有熟悉的招数（钟声、彩旗、焰火、蜡烛、幻灯片）全用上了。并且，除此而外，主要的公共建筑全被点亮。此情此景对都柏林堡来说至为罕见，在与本地对手角力中不就是为了争取令人兴奋、倍感团结的时刻吗？恍惚间，都城里每个人都感到自己是个赢家。

第五章

爱国之城：1780—1798

自由

正像列宁说过："有可能数十年里什么也没有发生，但几周里也可能发生了数十年的事情。"1779年充满巨变的那个秋天，都柏林就是这样子。热情洋溢的志愿军和充满恐惧的官员打开了曾经关得紧紧的大门，在帝国危机四伏的时刻使"自由贸易"和重大宪政改革的承诺得以实现。这出错综复杂的政治情景剧给每一位能够阅读的市民无法忘却的印象，其情节还在罩衫巷的舞台上，在印刷所的窗户上以及沿街卖唱者的口中反映出来。严峻的危机过去了，丢失美洲殖民地已成事实，人们将爱尔兰议会从屈从于威斯敏斯特的状况下解放出来的爱国主义雄心在1782年不经费力就实现了。但是对于那些经历过1779年狂喜的人来说，他们将会成为18世纪90年代将要发生事件的体验者。政治会再一次在街上侵入人们的生活，国外发生的革命事件将隐藏在城市表面之下的社会和宗教分歧公开并使之进一步激化。

将政治辩论转移到更大范围的公共领域，前提就是政府放松对印刷品的发行监管。正像1778年一位《爱尔兰日报》(*Hibernian Journal*)的撰稿人所写："新闻出版自由是穷凶极恶的当权者至今尚未从我们手里剥夺的无价祝福之一。"爱尔兰政府自1714年以来就不断干扰反对派印刷商。常用方法就是冠以煽动性毁谤的罪名。有的印刷商被认定以小册子和新闻单张的方式发布不当言论，违反了议会赋予的权限，便被抓捕并投进监狱。保护"出版自由"是自18世纪50年代开始持续不断的抗议呼声。尽管有违法威胁，间或还有迫害，1774年还对报纸征收印花税，但是，报纸在几十年的时间里覆盖的范围还是越来越广，也越来越多样化。18世纪80年代早期，都柏林约有十四种报纸，其中只有一家，即福克纳的《都柏林日报》，是从18世纪20年代以及新闻报纸业早期的多事之秋当中存活下来的。

广告，无论是商业的还是个人的，仍在与外国和英国新闻争夺主导位置。服务信息（商品价格、票据汇率、港口动态）、爱尔兰新闻，无论是议会方面的，还是社会和刑事案件，很少占据单独一页的版面。只有那些爱国报纸，尤其是《自由人报》，在某种程度上做了改变，比如增加爱尔兰政治内容（原创的文章和信函）以及更加注重新闻的选择和陈述方式。报纸每周出一次或者三次不等，并且发行数量一直不大；新创刊的《都柏林晚邮报》（*Dublin Evening Post*）宣称1779年发行了二千五百至三千份，成为发行量最大的一份报纸，远远超出其他家。罗伯特·芒特估计18世纪80年代早期，每周都柏林出版的报纸总数在大约四万五千份，大多数是在城里和各区销售。在1774年到1783年之间的十年中，都柏林官方报纸销售量相对稳定，这可能与省级报纸的销量迅速增长有关。但是，农村报纸很多新闻内容都是来自都柏林出版渠道，就是将首都的政治关注点传达给了新一波的读者。

那么，出版业有自由吗？直到美国发布《独立宣言》之前，有关美国的内容以及对他们深表同情的言论在反对派报纸上并不少见。但是，有一个众所周知的报纸自审例子。汤姆·潘恩（Tom Paine）[①]于

[①] Thomas Paine (1737 或 1736—1809)，英国出生的美国政治活动家、哲学家、政治理论家、革命家。美国国父之一。在美国革命之初所写文章成为《美国独立宣言》的灵感来源。

1776年在《爱尔兰杂志》重印很有影响的亲美文章"常识"[①]时，不得不将有关君主制的严厉指责进行了淡化处理。

然而，到1779年，界限再一次被打破。这一点没有哪里比4月中旬开始每周在《自由人报》上刊出的"瓜提莫金"[②]信函做得更过分的了。受美国发生的系列事件的影响，作者对与英国保持联系所带来的负面结果以及因不进口运动而可能引起的"解放"爱尔兰（给予政治或社会自由权）发出哀叹。这位作者后来透露他是弗雷德里克·杰布（Frederick Jebb），是"一位各方面都很不错的年轻绅士"。他在巴黎受训，并成为妇产医院的专家。这么激进的政治观点实在与众不同，但是一年之后，总督白金汉希尔设法将这些后世的斯威夫特风格的文章"攒"成批评爱国者的檄文。不管怎样，面对新闻出版业的猖狂，政府部门普遍感到无能为力；1781年，有人直接向首相诺斯勋爵提出建议，要求批准"特务机构"资金，以助掌控都柏林事务。只是这个请求石沉大海。

马修·凯利（Mathew Carey）（1760—1839）在都柏林短暂的职业生涯说明出版自由方面存在的局限性。凯利是科克街一位富裕天主教面包师的儿子，他师从托马斯·麦克唐奈。后者是《爱尔兰日报》的合伙人（这是一个非同寻常的合作模式，麦克唐奈是一位天主教印刷商，而其合伙人迈克尔·米尔斯是一位新教徒）。凯利初生牛犊不怕虎，加之其文笔通俗易懂，他在1781年末起草了一个小册子，号召"立刻取消整部刑法典"，以传单的形式在城内到处散发所写的文章。当时，天主教委员会正针对进一步解除天主教限制的问题与政府进行秘密沟通，他们对这种大胆的出版物未来会带来的影响惊骇不已。这

[①] "Common Sense"，由汤姆·潘恩于1775—76年所写，激励北美十三个殖民地从英国独立，从道德和政治上论述争取平等政府的理由。成为美国独立战争期间影响非常广泛的檄文。
[②] 1520—1521年特诺奇蒂特兰城（墨西哥古城）的阿兹台克（Aztec）首领。瓜提莫金（Cuauhtemōc）意思是"像鹰一样俯冲"（以获取猎物），表达"进取和决心"之意。

些文章直接借用美国人谈论权利的语言,使其成为更改法律的理由(凯利质问道,"不论收税人和统治暴君是英国人还是爱尔兰人,当天主教徒既纳税又接受管理却没有发言权的时候,他们为什么要屈尊支持这样的政治改革?")委员会担心来自新教徒的过激反应,便在这个小册子公开之前与之撇清关系,并阻止其出版;而且凯利的父亲保证凯利将很快离开本城。

这位年轻的印刷工在法国度过一段时间后,在1783年10月重回都柏林并另办了一份反对派报纸,《志愿者日报》(Volunteer Journal),打破了其他一些禁忌:凯利采用瓜提莫金式的分离主义手法抨击下议院("贼窝"),并威胁政府人员及其支持者,说百姓可能被逼上梁山,自求公义。以前只是口头攻击,到1784年4月开始有了书面作品,是一个卡通作品,画的是英国财政大臣约翰·福斯特,挂在学院绿地公园的一个绞刑架上,已然了无生机。对于拒绝当地人的关税保护要求,这样的刑罚实属公义。这次事件成为争取出版自由过程中的一个休止符:凯利被捕并遭到监禁。但是他第二次成功逃离(这次是化装成妇女)。他去了费城[①]并作为出版商和书商在那里获得事业上的巨大成功。但是,尽管凯利离去,福斯特起草了一份措辞严厉的出版法案,虽然这个法案以修改方式通过,但仍然引起报纸印花税骤然提高,同时政府利用法庭对编辑和印刷商的迫害继续变本加厉。总而言之,十年来成长起来的对权势阶层的肆意毁谤势头因此得以遏制。到1784年,政府又开启其他管控措施——选择性地发布官方广告(主要是公告)并向享有特权的出版商发放秘密补助。《自由人报》从为公会价值观呐喊的急先锋蹑跷地演变为政府主张的代言人(发生于1783年至1784年间)就是这样一个例子。发生这种情况,是因为其新老板弗朗西斯·希金斯(Francis Higgins)被悄悄指派到任了。与其他人不同,希金斯这个"虚伪的奴才"淋漓尽致地让人们看到挥舞的笔杆

---

① Philadelphia,美国东岸宾夕法尼亚州东南港市。

子在受雇于人时可以多么有利可图，尽管这意味着他在民众中间可能收获两面派和老油条的名声。尽管政府对自由出版采取了这样新的打压措施，反对派报纸在批评政府方面也变得小心翼翼，但在财务收入上仍然比城堡支持的报刊更加成功。监禁和巨额罚款的危险并没有抑制住政治辩论，针对都柏林地方政治方面的印刷品无论是语气温和的还是督促改进的，其市场需求持续增长。

凯利在其1781年没能发表的小册子中抱怨说："有些（志愿）军军团，甚至就是在城里的，不接受天主教徒。如此狭隘，令人不齿！甚至最黑暗的愚昧时代也不至蒙羞至此"。这时，志愿军已经存在了四年，离其单纯的初衷已经相去甚远。凤凰公园夏季举行的大型阅兵和从前一样热闹，只是在经过1779年11月发生的一系列震动性事件之后，城中军团开始出现分歧——针对是否利用志愿军运动给威斯敏斯特施压争取一些政治上的妥协与让步，是否应该拓宽志愿军队社会基础，以及与此密切相关的，是否接受天主教徒参军——尽管有法律禁止天主教徒携带武器。伦斯特公爵让其属下的都柏林志愿军远离进一步的政治运动。坦迪因质疑他的做法而被开除，便转而服务于"都柏林独立军"（Dublin Independent corps）。其他的志愿军指挥官，象卢克·加德纳，则持观望态度。

在城市贵族当中，只有查尔蒙特子爵詹姆斯·考尔菲尔德（James Caulfeild, Viscount Charlemont）看到志愿军下一步的政治作用。他作为志愿军运动的头面人物崭露头角，主张为维护"政治权利"而战。当他被都柏林志愿军越过伦斯特和加德纳选为1780年11月4日检阅总指挥的时候，他的地位才算得以确立。那一天在学院绿地公园参加检阅的人数超过了1779年。"自由"军团人员混杂，可能是最大的单位，但是"独立"军团却是最有声望的，他们的官长是查尔蒙特的门徒亨利·格拉顿（1746—1820）。

格拉顿是前都柏林市政书记官的儿子，但继承权已被剥夺。他于18世纪70年代开始崭露头角，从热衷政治辩论、努力奋斗的年轻律师成为当时的风云人物。查尔蒙特在1775年就给他保留了一个议会的席位，但是直到1779年，他才从周围同辈人中脱颖而出。他那策略性的政治判断以及超群的雄辩使他成为政府在下议院中的克星，也是大众的意见领袖。他特别强调将"人民"既看作是其合法性的源头，也是反对威斯敏斯特的强有力武器，并借此将政治从议会会议室拉到众目睽睽之下。格拉顿于1780年4月发表了《爱尔兰权利宣言》。从那时开始，他确保了他那些打动人心的话语会经由印刷出版商传到首都以外很远的地方（尤其是北部地区），并且，引发1782年春天政治妥协的，不是都柏林的志愿军，而是阿尔斯特志愿军。但是，格拉顿占据了议会中的舆论高地，因其宣告爱尔兰与英国在英王之下具有同等地位的爱国观点，而赢得外界的一致支持。没过几周，伦敦的新辉格政府着手（尽管存在很大疑虑）取缔威斯敏斯特臭名昭著的《宣言法案》(Declaratory Act)，并在学院绿地公园支持取消《波伊宁斯法案》。① 爱尔兰和英国枢密院对爱尔兰立法的暗箱操纵一去不复返，爱尔兰上议院作为终极上诉法庭的地位得以恢复。格拉顿成为举世无双的民族英雄，当下议院投票为他购买五万英镑的地产时，全票通过，没有异议。

　　1782年春爱国行动获胜，使两个天主教解放法案补充议案的通过黯然失色，第一个是恢复天主教徒购买土地的自由，第二个是取消对天主教徒受教育的限制。

　　这两个法案也是卢克·加德纳支持的。但是与1778年的法案不同，似乎不是由伦敦方面发起，而是吸引了爱国派的声援。支持这项动议的文本提到启蒙、宽容以及公民相容的新时代的到来。但是，凯利激进地主张天主教徒应该拥有完全的政治权利，在这个阶段还无法获得公众支持。一些城市志愿军已经开始招募天主教徒，但是，即使

---

① Poynings' Law or the Statute of Drogheda，后来的标题改为"爱尔兰只能有英国许可的议会法案"。这是1494年的一个爱尔兰议会法案。

是在"自由志愿军"内部，这也是个有争议的话题。仅仅在非常不起眼的"爱尔兰游击队"中，天主教徒占了大多数。

1782年之后的两年中，"议会改革"成了反对派政治家的一个又新又大的问题。这意味着要采取法律行动以弱化贵族对议会的掌控，并加强地产拥有者在大型选区（像都柏林市这样的）政界的影响。这些目标是很多志愿军军团非常愿意达成的。但是，当"改革"内容扩展到扩大公民权并将天主教土地所有者包括在内时，分歧出现了。第一次明显表现出来是在1783年11月在"圆形大厅"举行的志愿军会议（Volunteer Convention）上。这次会议是在查尔蒙特的严密监督下召开的。这种情况在接下来的那年夏天更加明显。更加激进的都柏林和北部爱国者，加大力度招募天主教徒进入他们的志愿军军团。他们还公开争取天主教徒的支持要召开全国改革大会。坦迪、约翰·宾斯以及其他从自由公民协会退下来的人在1784年那个漫长的夏天开始积极促成这项新事业。有几位天主教委员会成员参加了第一次城市委员会。另外一位来自达姆街的丝绸富商约翰·基奥（John Keogh）这时第一次在政治舞台上露面。但是，对满怀希望的天主教徒来说，1784年仍是个虚假的黎明。当10月份在库姆峡谷的织工大厅外召开公开会议选举委员会代表的时候，吸引了成千上万人参加。大会主席（纽厄汉姆）曾下保证说仍不考虑天主教徒的选举权问题。全国大会第一次会议是一次虎头蛇尾的会议。甚至在会议之前，潮流已经在改变了。

1784年环境动荡，出现严重的经济衰退。尽管"自由贸易"带来预想的利益，但是18世纪80年代早期城市贫民却受益甚少。1781年发生严重歉收，1782年食品价格飞涨，1783至1784年的严冬是在几十年来最严重的市中心的洪涝中结束的。那一年冬天，每五个家庭至少有一家是没有工作的。人们饥寒交迫，圣凯瑟琳教区和自由区教区的比例更高。萧条的都柏林商品家居市场意味着工厂雇工比战前的水平降低很多，纺织行业尤甚。詹姆斯·凯利说，到1784年2月，

17

经济萧条时，城里的织工们因惩罚布匹进口商和裁缝而有了恶名——如果后者无视他们进口产品为非法的宣告。这个漫画取材于米斯自由区内新近发生的一次事件，意在说明平民爱国者"对所有假爱国者拥有足够多的手段"（此处指将人浑身涂满柏油再粘上羽毛的一种私刑），因为他们没能对"成千上万的饥饿工人"施以援手。

大约有二万名市民接受过慈善救助，有来自官方的，也有私人的。正是这种救济，以及来自城堡和市政厅寻求海外粮食的干预措施，才阻止了大规模的人口死亡。祸不单行，与所有这些事件相伴的，还发生了一系列的战后经济破产事件，尤其是丝绸行业发生了危机。战前最高雇工人数曾达八千人，1784年直接雇用人数仅是那时水平的一半。出现了更低廉的流行面料，例如平纹细布和印花棉布，这些是由棉花和混纺织物织成，动摇了丝绸用料长期居首位的行情。

极端的萧条成为1783—1784年冬天开始的最终抵制进口运动的前奏。现在的目标是促使爱尔兰议会行使其新获得的司法自主权，实行极高的进口关税以保护爱尔兰国内细布市场，抵制便宜的英国进口产品。对无视禁令的商人所发起的全市范围的行动达到威胁恐吓的新高度，甚至有几起类似涂柏油、粘羽毛的恶性事件发生。然而，还有另外一个与此无关的雇工暴动。他们进攻雇主是因为其他问题（以更加低廉的工资雇用农村学徒以及进口新型机械）。情况危急，市政当局在1784年7月不得不要求军队卫兵到自由区和托塞尔进行把守。产生于特殊困难时期的街上平民政治现在似乎脱离了公会大厅里政治家们的掌控。

与此类似的情况是，从4月初开始，出现了一系列的游行示威。主要针对两个问题：下议院没能支持贸易保护法引起人们的愤怒；人们对预期中的铺路税以及新的监督道路养护状况的法律权限（这是议会，而非市政厅的动议）也有强烈不满。这个新的铺路委员会自存在伊始就拥有很大权力，负责都柏林街道照明、街道清洁、下水管网，还有道路维护以及二十个公共喷泉的养护和供水。所有这些都需要征收更高税赋。学院绿地公园的抗议最终以再次占领议会大楼结束。同时在下议院旁听席上还举行了一场模拟辩论，讨论是否应该将实行关税保护政策的反对者福斯特绞死的问题。军队平息了这些事件，没有造成生命损失。但是，整个夏天社会上层都在担心暴民问题。每个人都知道1780年伦敦发生的事情，那时暴民控制了城市大部分地区，军队用最粗暴的手段才恢复治安。很多人担心凯利报纸上的过激言论会影响社会安定。在政府支持者中流传着外国阴谋者在城中活动频繁（据说坦迪和纽厄汉姆参与其中）这样离奇的故事。所以，当坦迪及其伙伴公开号召天主教徒支持议会改革的时候，反对改革的人发出警告，警惕任何形式迎合天主教徒政治野心的产生。很多领头的爱国者都私下里认为，解除对天主教徒的限制，1782年所做的已经过火了。其中就有纽厄汉姆和查尔蒙特，他们仍然相信"罗马天主教"是"自由"（意指财产和权力完全一致的美好政体）的破坏者；认为与富裕天主教徒的和解可能会成为民主的前奏。查尔蒙特认为这"实际上与反复无常的专制无异"，是自由的对立面。城里的天主教徒以卑微的姿态参与了公众政治辩论，这无意间导致政府与反对派人物暂时结成联盟。新教徒再次开始担心天主教徒的抱负和雄心。一些新生"天主教"政治家的社会地位受到嘲讽，这个方法有助于使"罗马天主教事物……沉寂下来"，至少几年之内是这样。这也同样意味着学院绿地公园内部对激进改革的支持也在渐渐消退。

政治集团

自从18世纪60年代悄悄支持天主教解放运动在白厅昭然于世之后，都柏林堡内的主要官员秘密参与这样的一场运动让人第一眼看去仍会颇为吃惊。但是，所不同的是，当都柏林政府中心部门从1783年至1784年间出现一群爱尔兰出生的官员，伦敦并没有很多看法和意见。他们成为非正式的，但非常宝贵的内阁成员，在未来十五年里服务于各任总督。他们的执政本能对形成持续了几乎一代人的爱尔兰政府特色起到很大作用。这个"官员贵族团体"或者"政治团体"的永久成员就是约翰·福斯特（John Foster）、约翰·费茨吉本（John FitzGibbon）和约翰·比斯福特（John Beresford）。他们都是都柏林的大学毕业生，都拥有律师资格。但他们的家庭背景、个人性格和对政治上孰为优先的观点都不相同。他们有时是不情愿联合在一起的,对爱国政治运动各持己见,或者与查尔蒙特观点相同,或者与坦迪类似。他们在对待天主教的政治妥协上是一致对外的,相信爱尔兰的国家政体能够,也应该从上至下地进行改革(事实上,他们在各自不同责任范围内拥有非常好的装备,成为改革的代言人)。按他们自己的观点,他们是"手洁心清"的政治家,蔑视所属阶层的"假公济私"现象,但是他们的政敌却不这么想。城堡(对议会和城市都)曾间或失控的记忆让他们不安,这似乎可以解释为什么他们要致力于对无序的都市进行改革。他们初入权力圈是在卡莱尔伯爵(1780—1782)短期担任总督期间,尤其是当他们与能力非凡、胸怀大志的首席大臣威廉·伊甸(William Eden)密切交往期间。

约翰·福斯特(1740—1828),或者按马修·凯利给他起的教名"杰克·菲南斯"(Jacky Finance),在1784年夏天是个万人恨的人物,但是他对都柏林的影响在三人当中实际上是范围最广的。他的个人兴趣是在乡间、植物学和园艺上。所以,他在城里留下位于格拉斯内文的都柏林学会国家植物园学会(National Botanic Gardens)的遗产就非常合理了。他在1790年和1797年为这个学会筹集到公共资金,并在其初创之时对沃尔特·韦德(Walter Wade)给予积极支持。福斯特广泛的影响力源于其对爱尔兰经济的深刻了解,这是他1784年至1785年短期做英国财政大臣之前很久就具备的能力,这种能力在他十六年的下议院议长生涯中持续存在着。他是劳斯郡人,长期致力推动谷物和亚麻的出口。他给爱尔兰谷物出口引进了一个行之有效的价格补贴计划,其标准按市场价格进行调节("福斯特谷物法"),缓和了都柏林都柏林每年的生活成本波动。为保护亚麻这个大宗出口商品,他保证政府会坚决反对那种只是为了维持都柏林工厂能够开工而保护丝绸或者羊毛纺织业的行为。出于权宜之计,他主张使用议会、都柏林学会和亚麻委员会资金对使用亚麻和棉花(或者特别是棉花)的新加工工艺和产品进行补贴,给致力于节省劳力的纺纱和/或者纺织印染新技术的爱尔兰工厂以特殊优惠。

福斯特支持这些创新者的潜在原因是：要专门把资金拨给在新纺纱和/或者印染项目上投资的人，他们在乡下兴建工业区，雇用来自都柏林的纺织工人。1783年，议会设立了一笔基金，以鼓励在至少离都柏林十英里以外的地方兴建综合纺织企业。该郡北部（在巴尔布里根尼和马拉海德）、北部基尔代尔（在"繁荣"新区）和西部威克洛（在斯特拉特福德）的土地拥有者与城里的布匹商或者生产厂商合作，用新工艺，雇用迁来的城市纺织工进行混纺布料的生产。这种乡村化政策的思路，部分是出于经济原因，以降低纺织工人的生活支出，增加他们的收入来源，并增强产品的竞争能力；部分是出于社会原因，以减弱自由区内骚动不安的社会环境并打破雇佣工人协会（journey associations）的权势。那里的局势就像整日浸泡在威士忌酒里的醉汉一样。然而，尽管政府大量拨款、贷款，也有成百上千的人家搬迁至此，这些新企业的生存时间既短又无生机。但是，所获得的一个成果是城市边界上的纺织印染业得到显著发展（无论是雇工人数还是固定资产都是如此），将流行花色印在棉布、亚麻布和混纺布上，供应给家居市场。其中有几家企业，分散在离城较远的各处，成为18世纪90年代拥有工业劳动力最多的雇佣者。

但是，也是在福斯特当政期间，都柏林亚麻协会①开始丧失其持续百年的在白色亚麻生意上的主导地位。北部的生产商现在直接与英国进口商建立联系，通过纽里和贝尔法斯特出口越来越大比例的阿尔斯特亚麻。每年仍然有大约一万二千吨亚麻通过公路运到城里，有约两千两百万码的布匹出口，但是都柏林在这个世纪最后二十五年中的出口份额占爱尔兰亚麻出口总量的比例继续下降，到总份额的47%。

---

① Linen Hall，由爱尔兰亚麻协会建设，1728年开业，有亚麻交易大厅和550个存储亚麻的隔间。虽经1784年扩建，却因1783年贝尔法斯特亚麻交易市场的开业造成都柏林亚麻产业的衰败，甚至亚麻协会也在1828年被取缔。

都柏林在促进阿尔斯特乡村工业发展所起的独特作用到此结束。

福斯特还是爱尔兰银行的发起人之一。从18世纪20年代以来就不断有成立大众银行的提议，最近一次是1780年查尔蒙特的外甥，财政经理安斯利·斯图尔特（Annesley Stewart）提出成立一个国家银行，以作为推动自由贸易的合理手段。福斯特支持这个想法，但是该方案无疾而终。然而，在诺斯勋爵政府1782年3月倒台之前的最后几周，爱尔兰议会接受了建立这样一家银行的法案。尽管在商人群体中存在着诸多疑虑，这家银行仍然依法成立——此时，比这更大的政体问题吸引了所有人的注意力。福斯特和开朗和善的首席大臣威廉·伊甸是这个动议的核心人物，虽然有人认为成立这家银行是新政权组成的一部分，但真实情况却相当复杂。从1770年以来，爱尔兰政府一直面对巨额赤字，产生这些债务是因为诸事都听凭议会安排造成的。建立更安全更具持续发展力的系统，一个途径就是建立依法办事的合资银行。可以效法的例子就是现在已经非常有信誉的英国中央银行（Bank of England）。这种银行既可以在政府贷款时成为中间人，也可以是政府资金的监管人。但是，当时很重要的一点是，这样的机构可以给那些战时向政府贷款很多的私人都柏林银行以安全的保护。那些银行当中，最热衷于这个想法的是拉图什家族银行。

这里的主要人物是大卫·拉·图什（1729—1817），他是都柏林银行家族创立人的孙子。这家位于城堡街的私人银行当时是代管地主资金的主要银行，也提供储蓄业务的银行。拉·图什、其父亲和两个兄弟一共拥有爱尔兰银行原始资本六十万英镑中的四万英镑（在总共二百二十八位股东中这是非常大的一份家族股份），这个家族独特的保守处世观点塑造了该银行的早期历史。自1783年6月这家银行（在卡博尔街附近的玛丽大修道院）开张营业伊始，就具有非常强的盈利能力，给都柏林的私有银行提供便利，可以将他们已经支付的期票打折赎回，换句话说，就是使流通性大大提高。很快，这家银行就受到1783年至1784年的经济大动荡（还有科克发生的灾难性银行倒闭事件）的考验，处于全国金融枢纽这个独一无二的独特位置，他们让都柏林得享进一步的优势。但是，这家银行非常严格的管理方式（管理层里排除辉格会教徒和天主教徒），带有明显的福斯特和拉·图什印记，这增加了商人圈子里的极端化倾向。这些特点在与皇家交易所的角逐中首次凸显出来。并非巧合的是，在银行开张的第一年，一伙与爱国派有关系的商人重新组成了"商人学会"（Society of Merchants），这就是"都柏林商会"。虽然银行在宗教方面有限制，但是商会却是开放的，选出的主席是特拉弗斯·哈特利，一位颇有建树的改革派长老会商人。他于1782年在递补选举中赢得市议会的一个席位，在政治上开始崭露头角。除了对亚麻行业和与伦敦之间的交易非常了解，他与福斯特没有什么共同之处。

约翰·费茨吉本（1748—1802）在都柏林享有很高声望。他有芒斯特背景，这与其同宗同族的埃德蒙·伯克不无不同。他们的父亲都是归信国教的，并都成为成功的律师。但是费茨吉本靠遗产得到了更多的财富，他与比斯福特有亲属关系。并且（与伯克不同），在天主教解放问题上，他认为无论是政治上还是意识形态上都没什么益处，却存在着政权上的威胁。相对于用钱购买和平或者大众认知度，他对高举皇家权威、与英国建立关系和法律制度问题一直更有兴趣。在进入议会之前，人们眼中他是一位年轻有为、才华横溢的律师，从1784年开始他就供首席检察官一职。但是，当他于1789年被任命为爱尔兰上议院大法官并被授予克莱尔伯爵的爵位时，这个人选仍然是令人惊奇的一件事，因为他既年轻，又是在爱尔兰出生的人。他在都柏林豪华的家，伊利宅邸，位于圣司提反绿地公园背后，他在其中招待客人时并不怕炫耀自己的财富；在市内乘着豪华的官方马车穿行时也是如此。当他试图质疑城中公众集会的合法性时，惹起群众1784年的强烈抗议。那一年夏天的严重混乱局面使他、托马斯·奥德，然后是首席大臣草拟了一份非常激进的都柏林治安制度章程。这个草案两年以后呈至议会，引起很大争议。

以教区为基础的治安管理制度早在1715年和1723年就开始依法执行了，在他们看来这个制度存在很多需要改进的地方。相对而言，这是个成本低廉的运作模式，市民的人身安全和街面上的良好秩序主要由市长大人、市参议员和治安官负责。他们的责任就是监督教区秩序。守夜的通常年龄大且没有武器，他们夜里守在岗亭里，由没有工资的教区巡警管理。这种制度不能适应城市的发展，一些西部小教区的税收太少，无法支撑有效的守夜工作。并且，这个制度在城外并没有实行。所以，自由区内教区的守备工作仍由物业官员负责管理。一位作家在1765年抱怨说城市守夜人普遍缺乏训练、没有纪律性，数量几乎是所需警力的三分之一都不到；那时有四个富裕教区捐款组织了志愿队，帮助维持地方安全。他说，如果不是一些"鹰眼巡警"，大多数街上的劫匪都会神不知鬼不觉地逃脱法网。如果是平时发生的案件或者是出现群众骚乱，市长、治安官和市议员维持秩序的法律效力（凭借他们作为地方行政官员的权力）是巨大的。但是，当面对愤怒的人群，他们维持秩序的能力仍是仰赖于个人的勇敢加上威吓。地方行政官员并不情愿从驻军召集援助（如果由市长大人直接召集，他们只在街上施行干预），以致于常常是来不及了才求援（正像1759年和1784年那样）。

城西持续不断的帮派打斗，既有娱乐性，也极具破坏性，在很早的时候就显出市政治安方面的弱点。近期出现的不定期但越来越多的工业犯罪——对外国商品进口商的不断攻击以及雇工协会暴力胁迫其他同行和雇主遵行贸易规则——导致各种出于权宜之计的改革措施出台。1778年立法将教区分成若干区，安排市参议员对每个区内的守夜警备委员会进行监督。接着，在1780年，城里几队志愿军被纳入夜间街上巡逻的行动中，他们旺盛的精力算是派上用场了。有若干国会成员（包括属爱国派的成员）要求制定法规，宣布雇佣工人协会和行业协会为非法。1780年6月，下议院通过了这样一个法令（几乎没有政治上的反对意见），结果引起雇工在凤凰公园的大规模示威游行。

这事发生在伦敦的戈登骚乱事件①结束后一周。这次示威的突出特点是规模大,但是没有暴力。示威活动在将一份要求爱尔兰总督废止那项法案的请愿书上呈之后,就安静地解散了。但是,现场调用了大量的志愿军以防万一。尽管工匠们的抗议活动井然有序,堪称史无前例,但法案仍然是通过了。只是由于熟练工人行业协会非常普遍,对其禁止的法律无法强制执行。但是,由于取消了雇主(不管他是什么宗教信仰)可以带多少徒弟在数量上的法律限制,这项法律废除了学徒津贴,使得雇主与出徒工人更为疏远。

由于出徒工人作乱和频发的财产犯罪案件,城中志愿军必须积极地参与到维护治安的工作中。五个军团于1780年至1781年分担负责全城和自由区。在十多个地区里,教区和/或者区域性"维持秩序"协会('peace preservation' associations)并行增长。在有些情况下,他们会在一段时期内非常繁忙。例如埃塞克斯街协会(Essex Street association),他们在河边社区用将近一年的时间检查妓院、销赃点以及罪犯集中地;其他的,像郊区的黑石重犯协会(Blackrock Felon Association)曾持续运转十余年(鼓励在郊区公路上进行夜间巡逻,为巡警支付开支并在黑石村为他们建了一个"派出所")。然而,一部分的问题却来源于上层社会不良分子的犯罪行为:一伙被称为"粉红丁狄"(pinking dindies)的年轻人,其中很多人都与三一学院有关。他们因对妓院老板、赌徒及"既无像样衣服又不佩剑的单身男人和市民"强取豪夺、动辄拳脚相加而臭名远扬。有一个领头的叫理查德·克罗斯比,他领着一帮人捣毁了利森太太在德罗赫达街的房产,后者是城中最有名的高等妓女(几年之后,他以另外一种方式成为名人,在成千上万人的瞩目之下,他从拉内拉赫花园乘热气球上升然后

---

① Gordon riots,1780年的这场骚乱一开始是发生在伦敦的反天主教示威活动,针对的是1778年的教皇制信奉者法案。该法案旨在减少来自官方的对天主教徒的歧视。这次示威游行演变成骚乱和抢劫。因当时乔治·戈登勋爵反天主教的立场而得名。

在克朗塔夫落地，成为第一位乘热气球的爱尔兰人）。由于一两家都柏林报纸热衷犯罪报道，我们才有可能获得18世纪80年代更加全面的、对有关犯罪及其后果的了解。布莱恩·亨利对这些出版物的分析为我们描绘出一个暴力事件如家常饭的城市。这里的人们很容易获得攻击性武器——手枪和大口径短枪、剑和刀——这些凶器主要用于劫掠财物。似乎是，大多数与财产有关的案件都是以室外抢劫的形式出现。抢劫可以是获得绞刑的一种犯罪：1780年和1795年在城里或者在克曼汉姆获刑的人当中，有超过五分之四的人是财产犯罪，并非因杀人或者针对个人的犯罪。与英国各大城市相比，都柏林似乎在这个阶段更加充满暴力，因此拥有更多机会见到死刑犯行刑的场面。据估计，在城市和郡里发生的公开行刑次数在这个世代的最高值是1785年的三十三起，但是在克曼汉姆（这里当然对自由区拥有司法审判权）的郡级审判大会上，这类判决的数量则不成比例。对于偷窃和入室盗窃便如此滥用死刑的做法，反应了法律在执行过程中的不利和软弱，也反应出"新建的新门监狱"人满为患的状况。这座位于格林大街（Green Street）的监狱是1780年刚刚建成的。在圣司提反绿地公园那边旧的绞架山最终废弃之后，新门大楼前面高高的平台成为都柏林城市执行死刑的恐怖之地。玛丽·费尔菲尔德[①]于1784年在这个绞刑柱上被勒死、烧掉。她是在这里接受死刑的最后一个人。

整顿都柏林治安的新政策是费茨吉本1786年促使爱尔兰议会通过的，与前一年被威斯敏斯特驳回的伦敦武力计划非常类似。这些新做法在很多方面与以往截然不同：要组成一个四百四十人的武装军团——身体健康、年富力强、新教徒，正式着装，都装备有武器。他们要在街上巡逻，昼夜看守，有权力入室并执行逮捕，比从前的巡警

---

① Mary Fairfield，她因为谋杀一位奶妈被判处死刑并于1784年8月21日执行死刑。按爱尔兰当时法律，因谋杀被判死刑的女人先被勒死，然后再扔进火里。而男人则被吊死，然后大卸八块，砍下头颅。

和老弱守夜的管理范围更广。在一开始时还有四十人的骑兵巡逻队。整个城市被分为四个整齐的部分，中心警察局设在威廉大街，自由区第一次完整地被纳入环路之内的整个地区计划之中。

警察经费由急剧提高的房产税和颁发许可证所得收入提供，警方直接负责征收工作。制定这个计划的人希望建立一个社会管理机构，将其装备起来，从事从前的权力机构很显然没能做到的事情，即，对街上所有形式的交易活动（包括搬运、二手衣服买卖以及当铺）进行规范和征税；对所有出售酒精制品的商家施行许可证制度；限制学徒、雇工和佣人"超时饮酒或者游戏"；违者立即逮捕。妓女、乞丐和非法节日集会也纳入管理目标。警察还负责交通秩序的管理，给出租马车和货车发放许可，有权监督超速和无序驾驶。但是，可能当时麻烦最大的却是其内部管理：这支队伍听命于三位专员的领导——市议员，所以也归地方行政管理，但是他们却是由城堡当局任命和付薪水，而不是市政厅。除此以外，还有502个带薪职位（各区司法官员、治安官和警察）归政府管辖。这样的治安制度没有了旧做法产生的限制，因为所有安排都要听命于教区和市政。格拉顿及其盟友认为新方案比巴黎的专制主义好不到哪里，是对自由区市民的严重侵犯（他宣称："没有哪一项措施能像这个令人生厌的制度一样，能够激起这么强烈和普遍的不满。"）很简单的道理，它因颠覆了基本法则和特许权，也粗暴地冒犯了辉格党和爱国派的基本原则。这个制度因为扩大了行政管理权力及支持力度，实际上产生了独裁统治入侵的危险。并且，由于付给任市议员的专员们很高的工资，威胁到市政厅的独立性地位。

警力很快招募起来（有一部分是从国王医院中学招募来的年轻人），并于1786年9月在纳撒尼尔·沃伦的指挥下走上街头。该指挥官是商人、市议员、志愿军人，并于新近被选为都柏林市议会议员。他是行政任命，在使这支新成立的警察军团受大众欢迎方面并没有做什么贡献。不过在用威尔顿地毯、高级镜子以及其他炫富物品布置总部方面倒是有那么一手。让警察新军成功发挥作用，奥德和费茨吉本无疑是负责且有思考的。但是，他们的愿望实现了吗？由于政治上的压力，警察人数逐渐削减，街上经常出现巡警被层层包围的情况，只好动用军队将他们解救出来。就这样，当新门监狱1790年7月被服刑人员占领时（导致40人逃离），警察被迫退到一边，只能靠军事干预才平息了这次事件。在郊区，无法无天的状况一直持续：1792年，每当查尔蒙特勋爵在游乐场附近的领地有客人到访，都需要为其配备一名持枪护卫，因为这位志愿军老兵及其妻子一直"在光天化日之下反复遭到抢劫"。不过，从所报案件的趋势，说明还是产生一些影响的：1780至1785以及1787至1795年，这两个时间段的袭击案件降低了三分之一，对盗窃案的起诉上升了三倍多。但是城内杀人犯的平均数量仅仅从1780至1785年这个时期的每年二十五人，降到1787年至1795年的每年二十四人，而处以死刑的平均数从每年大约十六人降到大约十三人。所以很难下一个清楚的结论。如果说取得了什么成功的话，应该是付出了相应代价的：不说别的，治安费用达到旧的监督体制的三倍。军纪和训练也毫无效果。发生的一次极端行动是，大约七千户人家于1788年向国会情愿，要求恢复旧制度。在随后的一连三年内，公会和教区也联合提出请愿。但是，费茨吉本并不打算回头。他于1789年宣称，警方已经"给都柏林的暴民以致命的一击"。废除"警察法"一直是都柏林非常敏感的议题，即使是18世纪90年代早期在动荡的政治背景之下，卡姆登政府仍于1795年试图通过同意废除"那个怪兽般，又累赘又没用的机构，警察局"，以寻求与都柏林建立联盟。这个精心安排的架构，其中有一部分并未得到采纳并且教区不携带武器的守夜制度又恢复回来——虽然一切都是在市政厅的严加控制之下。

不管怎样，新治安制度带来持续的影响力。1799年的一个都柏林警察法案恢复了原来警察武装的很多事项，并且这个管理模式在随后的几十年中一直沿用和细化。1786年的改革将政府直接拉进都柏林治安管理中，弱化并最终消除了地方机构在执法过程中的作用。随着这些变化，由城堡当局安排的更加系统化的情报收集工作也发展起来，面向的不仅仅是都柏林，而是着眼于城市安全的方方面面——不论是来自内部的，还是外部的——这成为18世纪90年代初开始一个巨大而反复出现的焦点问题。政府在第一次管理都柏林警方军团时所学到的经验，对雅各宾派革命[①]时期以及之后很长时间内保持城市不出乱子帮助很大。

费茨吉本在锐意改革其大法官法庭，即高等法院时也同样表现出他那一往无前的做事风格。自从他1789年成为大法官以后，就加速了法律程序，以炫耀镇压行动为乐。在1792年反对联合司法行为继续蔓延的问题上，他的坚决态度在司法界独一无二。辉格党对自由的敬虔态度一以贯之，坚定地认为公正就意味着必须告知所有法律程序。对此他嗤之以鼻。由此看来，他可是个不好对付的敌手啊。由于18世纪90年代他掌管的两大机构——大法官法庭和上议院——刚刚竣工，无论是他的朋友还是敌人都更容易能够见到他，就好像专为他的到来而安排的一样。其实，在很大程度上，这只是一个有趣的巧合。

比斯福特的都柏林

在城堡内阁的三名成员当中，约翰·比斯福特的关系网是最丰富的。他是第一代蒂龙伯爵的小儿子，生长在马尔堡街他家的大宅子里，离大河和港口都很近。与福斯特一样，他终其一生做国会议员——从1761年到联合法案期间是在学院绿地公园大楼，后来搬到河对岸。汤曾德子爵在其早期总督任职期间就将他视为城堡同盟，而当税收管理重新完全由城堡掌控时，他于1770年任命比斯福特为税收专员。作为一位精力旺盛的管理者，比斯福特负责爱尔兰税务部门

[①] Jacobin revolution，18世纪末法国激进民主主义革命，短暂执政。

达三十年之久。在此期间,他增加了公共税收,坚称自己绝未中饱私囊(他于1795年将这样的指控者付诸决斗场)。在人们眼中,他是一位独一无二的政治人物,位于各种关系网的中心,无论是政界的、行政管理部门的,还是教会的,都是如此。他享有来自伦敦的完全信任和支持,尤其是威廉·皮特(1783年至1801年,以及1804年至1806年的英国首相)。与其爱尔兰政府中的同事不同,比斯福特是一个有独到眼光的人。从他处理公共事务以及挑选朋友上可以很明显看出这一点。卢克·加德纳二世就是个显著的例子。卢克的妻子与比斯福特的第二任妻子是姐妹——约书亚·雷诺兹爵士[①]的油画中著名的"爱尔兰三女神"中的两位(该油画由加德纳于1773年委托画成)。第三位"女神"是此时已经过世的汤曾德的第二任妻子。

　　1773年又是比斯福特开始艰苦卓绝地致力于搬迁海关大楼的一年。这位税收专员向总督大人提出的第一个要求是,在下游新建一座大桥势在必行,所以海关大楼必须搬迁。接下来的议题集中在现有海关大楼的局限性,以及它如何影响税收工作,又是如何阻碍陆地和水上交通这些问题上。比斯福特还突出强调一些实际情况,包括进港所有船只中,只有六分之一在海关码头卸货(主要是葡萄酒、白酒、白糖、烟草和高值商品),并且都柏林所有出口商品都是从下游的各个码头装运。但是,专员们存在不同意见。因为是比斯福特发起的这项动议,在议会以外他受到强烈的敌视。所有人都认为搬迁会影响地价和城西无数生意的发展。因为比斯福特自己家的联排别墅位于城东边缘,他就得冒风险被人指控为假公济私。并且,他恰巧刚刚与加德纳家联姻,而每个人都知道,后者从1749年以来一直到处游说在利菲河上建一座新桥。带着总督哈考特的全力支持,比斯福特于1774年

---

① Sir Joshua Reynolds(1723—1792),18世纪英国著名画家,皇家学会及皇家文艺学会成员,皇家艺术学院创始人之一及第一任院长。以其肖像画和"雄伟风格"艺术闻名,英王乔治三世很欣赏他,并于1769年封他为骑士。

将这个议题提交给众议院。有关搬迁产生的影响,委员会听证会中产生种种不同设想,市政厅和很多商人表达了强烈不满。但是,他在议会中获得支持,一项法令得以通过,批准为海关大楼在北大墙采购土地,就是挨近巴彻勒街(Bachelor's Walk)的地段,出口商一直在那里享有装货特权。

出人意料的是,这个法案被英国枢密院驳回,1775年和1776年重复了这个结果。伦敦的阻碍来自威尔博尔·埃利斯(Welbore Ellis),一位诺斯内阁中自以为是的家伙。他早在1738年就从其叔父那里继承了奥克斯曼顿的地产。之所以坚持这个立场,是因为他有其外甥兼继承人的暗中支持,这就是爱尔兰人詹姆斯·阿加(James Agar)。后者在比斯福特卸任一年之后取得了爱尔兰税务理事会的一个席位。埃利斯地产从阿蓝岛和埃利斯码头(在上游的第三座和第五座桥之间)延伸过来。因其尚未完全开发,如果海关大楼向下游迁移四分之三英里的话,其商业前景似乎会受到负面影响。然而,托马斯·伯格的旧楼实在破败,对其采取行动势在必行。埃利斯以种种理由坚持不妥协立场,这让白金汉希尔异常愤怒——他说,推迟"不仅给贸易带来不便,还会在税收方面损失成千上万英镑"。但是,由于比斯福特在伦敦坚持不懈的游说,埃利斯最后于1781年同意了这个计划。代价是爱尔兰政府保证将四法院大楼从基督教堂旁边搬走,不是像议会委员会建议的往东到学院绿地公园,而是向北到河对岸的旅馆码头(Inns Quay)。这个地点虽离市场区很近,但没有什么特别意义。这里已经有了尚未完工的"公共办公设施",按照规划是存放国家档案的地方。然而,重要的是,这里与埃利斯地产斜对面。

税收专员们一开始希望将修建新海关大楼的业务留给查尔蒙特的朋友,建筑师威廉·钱伯斯爵士,但是后者现在对爱尔兰的业务失去兴趣。不过,同在伦敦还有他"以前的学生"詹姆斯·冈东。冈东十年前在"交易所大赛"中获得第二名,并因此为查尔蒙特和其他爱尔兰潜在客户所知。一位年轻、富有的爱尔兰贵族卡罗子爵劝说他来都柏林工作，并随后使他和比斯福特搭上关系。冈东于1781年4月来到都柏林，但是无所事事了四个月，直到税收专员们最终获得北大墙地块的所有权。对建筑师来说，头几个月的工程不仅技术上非常困难（主要问题在河床上），而且人身安全没有保障。市政厅对此作出将依法处理的表态，而反对派的坦迪支持者们曾一度占领了工地。矛盾公开化之后，情况上报给了伦敦。诺斯勋爵不得不核实不能中止该项目是否是个"成熟想法"。

决议保持不变。冈东的天赋使潮汐冲刷的湿地地貌慢慢发生了改变：一座长条形的白色宫殿式楼房呈现在人们眼前：其正面横宽有二十九个连列拱券，楼身的一部分坐落在巨大的原木格架上，贴近水面。四个外墙面呈新古典主义风格①，让这座矗立在城东的建筑颇有遗世独立的风范，和一个世纪以前城西国王医院中学的情况类似。大楼投入使用是在1787年，用了整整十年才彻底完工，所花费用超过200,000英镑（几乎是伦敦皇家交易所的四倍）。这个项目的初期融资是由英国财政部（British Treasury）从世袭的皇家税收中拨款，在爱尔兰议会的裁定权和监管之外。但是，议会的监管逐渐增加，全部的账目在1791年交给了一个高度挑剔的管理机构。

那么，1773年要建一个"优雅但简洁"、融"方便、坚固以及合理开支"于一体的大楼计划，是如何变成十年之后这座宏伟的"税收宫殿"的呢？完工的时候，在西北部小楼里还给专员总长安排了几套奢华的单元房。都柏林的贸易在这期间发展这么快吗？还是人们对"自由贸易"的过度预期使然呢？18世纪80年代中期，除了沿岸往来的船只（这种船总是数量极大），每天平均进出港的船只数量是五艘，并不比18世纪70年代多，尽管这时的商船很明显地越来越大。

---

① 18世纪60年代到19世纪，欧美一些国家流行一种古典复兴建筑风格。当时，人们受启蒙运动的思想影响，考古又使古希腊、罗马建筑艺术珍品大量出土，为这种思想创造了借鉴的条件。

利物浦、伦敦、怀特黑文和格陵诺克[1]仍然是与都柏林有贸易往来的主要港口——运煤船占了绝大多数——当新楼成型的时候，人们在1780年对大西洋贸易复兴的热切盼望并没那么明显。与更远地区的直接贸易关系早已建立起来，最重要的目的港包括波尔多[2]、鹿特丹、加的斯[3](Cadiz)和费城。但是，与全球其他地方到利物浦的贸易量相比较，都柏林很大程度上仍然是在爱尔兰海的范围以内，并且此时并没有改变的迹象。

唯一能给这样一栋海关大楼以解释的，一定是冈东的雄心壮志。他要建一座可以与英国伟大建筑师——雷恩、范布勒和钱伯斯——的作品相比拟的杰作。麦克帕兰曾探寻冈东是如何将在伦敦已经设计好的图纸，在没有很大妥协的情况下，一路走向最后完工的。这个过程中，冈东在选择建筑材料和可靠的本地承包商方面的准确判断至关重要。但是，冈东能够找到真正有才华的工匠也是非常幸运的事。整个大楼的巨型外立面看起来浑然一体，那些引人注目的雕塑作品起到重要作用。其中最有名的是爱德华·史密斯。冈东称他的有些作品"堪与米开朗琪罗[4]比肩"。

但是，整个工程规模之大仍然让人费解。比斯福特那永不退缩的责任感对后来的豪华工程起到至关重要的作用。他并非被爱国者浪潮所裹挟，但仍然坚持不懈地要给都柏林带来任何一座英国城市都无法匹敌的商业大厦。这里是否存在地方荣誉感的因素呢？安东尼·马尔科森认为，对于比斯福特来说，"对他个人有意义的事情才是唯一能够让他感兴趣的事"。因此，这个项目能够成功完成，就是对他所受痛苦和各种刁难的最好回报。但是，比斯福特除了拥有良好建筑品

---

[1] 港口城市，位于英国的苏格兰。
[2] Bordeaux，法国西南部港口城市。
[3] Cadiz，西班牙西南港口城市。
[4] Michael Angelo，意大利文艺复兴时期伟大的绘画家、雕塑家、建筑师和诗人，文艺复兴时期雕塑艺术最高峰的代表，与拉斐尔和达芬奇并称为文艺复兴后三杰。

第五章｜爱国之城：1780—1798

味，会从其作品中获得愉悦之外，他推动这座建筑杰作的产生，可能还有更实际的原因。这栋大楼的建设，为原来缺少主题风格的整个地区确定了基调。虽然比斯福特本人没有从土地升值中马上获利，但是他的家族以及加德纳家族中的亲戚关系，毫无疑问是获得了好处。人们疯狂地在马尔堡街以东、北大墙向北的"白菜园子"地里争抢地块（1790年的一个评论称，那附近加德纳地产上的建筑用地的租金在很短时间内翻了一倍还多）。但是，人们也能有种感觉，这个项目里程碑式的大胆追求，是比斯福特要用现实来回应那些18世纪70年代的聚众闹事者，就是那些曾向支持这个项目的国家政权和立法机构发出挑战的人。装饰大楼外墙的雕刻作品含义深刻——英国和爱尔兰一衣带水，爱尔兰大河与远方的大陆遥相呼应——让人们自由自在地进行爱国独立或与英帝国联合的各种解读。但是，我们知道比斯福特本人对纳珀·坦迪那种游击军团式的大众爱国主义没别的看法，只有轻蔑。项目一开始，冈东受到城市治安官和混乱的抗议者攻击。比斯福特用掷地有声的话语安慰他："拒绝所有反对，笑对众人愚昧。"因为仍有反对派健在，而且总督的态度不冷不热，所以与之相关的、在下游新建一座桥的项目还需假以时日。允许开工的指令于1789年终于下达。比斯福特下决心建桥，并着手改变与之相关的下游港口的管理状况。这些通过他采取的两个行动可以清楚看得出来。有关桥梁建设、所占地块，以及设计和融资，他都确保不用市政负责（因为市政很有可能拒绝这个项目），而是由税收专员负责。第二，通过类似政变的形式，他于1786年上演了一个由议会接管市政厅港口维护办公室的行动；同时接管的，还有对下游码头、街墙、港口、领航以及外部海港的管理责任。旧的机构负债累累，难免成为行政改革的目标。通过解除市政对这个办公室的债务责任，比斯福特在几乎没有争议的情况下设立了一个新的港口维护管理委员会。但是驱动他进行改革的，是使海关大楼及其所有相关部成功运作的决心。

新的跨河位置是1782年确定的，在从前卢克·加德纳的玛尔林荫路与学院绿地公园之间。冈东很快就开始着手他的设计工作。他要设计出一座胜利之桥。但是，等待审批用了漫长的七年时间。这之后，他的最终版本要比之前的低调了很多。卡莱尔大桥（纪念十年前使这一切成为可能的总督）最终建成用了四年时间，于 1795 年对往来车辆开放。我们可以看出，在 1782 年至 1785 年之间，相关机构所做的大约六个规划之所以能够整合在一起，其实这座桥起到了决定性作用：1）加德纳的玛尔林荫路的长度应该加长一倍，在宽度（四十六米）不变的情况下向南延伸到大河，在新建的、窄一些的大桥（十八米宽）那里结束；2）继续往东，下阿比街（Lower Abbey Street）需要拓宽，其走向也要改变，与其平行的方向，要建一个新码头，就是未来的伊甸码头（与此相关的，还要规划修建一个与海关大楼北侧相对的新月形广场）；3）从大桥到学院绿地公园要修一条南北向街道，为与这条路配套，又产生第二条相同宽度，从大桥到雷泽山为止东南走向的大街。建好的时候，这两条街的宽度都比萨克维尔大街要窄一些（二十七米宽），但仍是很宽了；4）从萨克维尔大街以北一个街区的地方开出一条新路，莫斯花园以外，一直延伸开去，到达多塞特街，这样就连成一个新的从北部通向市中心的轴向路径，勘比卡博尔大街/议会街；5）要对已经五十年的议会大楼进行扩建和开放，东边建一个正式通入上议院的入口，西边打通达姆街到议会大楼的通道；6）重建达姆街，将其宽度统一成八十英尺。这一整套计划合在一起（威廉·伊甸是这么称呼的，"我们完善都柏林的伟大规划……"）可能代表的是重塑都柏林市中心所做出的一套最重要的决定。在随后的四分之一个世纪里，单单马路建设委员会就在这些项目上花费了将近七十万英镑。

比斯福特是这当中的催化剂。但是，整个过程却更复杂。或者说，存在着一系列相互重合的情节。卡莱尔和伊甸是全力支持比斯福特向东发展策略的人，他们通过努力首先拓宽了达姆街，像是给一切困难包上了一层糖衣。但让人惊奇的是（不像是在 18 世纪 50 年代），城堡附近并没有得到优先开发。他们在1782年春那个决定命运的季节离职之前，决定加强马路建设委员会的权力。这一点至关重要。在18世纪50年代和60年代，委员会专门关注的是打开通往埃塞克斯大桥及其周边地区的道路。像我们看到的，他们那时完全被反对向东发展的政治势力所掌控。该机构当时几乎无法有所作为，只有汤曾德的助手威廉·伯顿，他从1772年开始成为委员会成员之一，主张拓宽达姆街。但他并没有说服汤曾德。然而十年之后，由于获得了新的权力、新的融资以及新的成员，该委员会在乔治三世22年15号令（22 Geo.III, c.15）之下得以全面改观。现在，他们带着拓宽达姆街"以及其他道路"的任务，获得良好的资金来源。除了拥有特许的议会拨款，还有一项城市煤炭税。委员会成员人数也增加了，包括比斯福特、福斯特、加德纳、卡罗、拉·图什（银行家）、弗雷德里克·特伦奇（议会成员，资深建筑师）以及安德鲁·卡德威尔（长老会基督徒、土地拥有者、艺术品收藏家）。特伦奇和卡德威尔都是冈东伦敦时的密友。通过他们，冈东的建筑影响力得以持续发挥出来。

于是，用爱德华·麦克帕兰常被人们引用的话说，现在拥有了"启蒙和权力的集合体"。一群人集合在一起，具有不同的人生优先次序和对不同事物的热情，每一位在不同的阶段利用委员会这个平台使他们特别的利益（公共的以及/或者个人的）得以推进。委员们出席会议的情况并不平均，这说明他们的参与度与个人心中筹划的议题之间有多么紧密的联系。委员会大多数工作涉及的艰苦业务，包括监督对新街道沿线的调查、对受影响地产的强制收购及评审委员会的价值评估、施工场地的预备和地段拍卖以及对承包商和开发商的监督，以保证工程效果达到委员会越来越严格的规格要求。坚强的政治后盾、良好的资金来源以及不断增长的借款能力，委员会的工作在18世纪80年代保持旺盛的上升势头。当然，与预期相比，仍有些不尽人意。到1792年，达姆街南段大部分已经拓宽。临街建筑外观整齐划一，底层店铺焕然一新，取代了原来杂乱无章的老建筑。那些建筑的前脸都是山型结构。在学院绿地公园的东北方向，冈东的凯旋门成为费茨吉本领地的入口——上议院在此复活，是在卡罗勋爵指导下完成的。急速上升的地价将强制征地的成本抬了起来，下萨克维尔街的修建工程推迟到18世纪90年代。事实上，通到多塞街那条北路的计划（未来的北弗雷德里克街）以及南边从卡莱尔大桥南侧呈扇形延伸的两条大街（未来的威斯特摩兰和德奥利尔街）的计划，在1792年仅仅通过了一部分。当时，单单威斯特摩兰街的成本就估计达九万五千英镑。后者的主体工程在1799年才开工，将近十年以后终于完成。18世纪80年代原则上认可的这些大街修建项目，之所以失去动力没能完工，反映了1793年国际上再次发生战争[①]以后，财政和经济气候变得极其恶劣的实际状况。除此以外，实施这些计划的其他阻碍还包括爱尔兰银行和其他在威斯特摩兰和迪奥列尔街之间的环岛地段的潜在建筑商之间的竞争。然而，这些大街建成的时候，却"以其整齐的立体外观……大胆的结构和先进的典范性特点"而成为该委员会的最好代表作。负责监督的建筑师是亨利·亚伦·贝克。他是冈东的继任者，拥有极高的职业素养。

詹姆斯·冈东在都柏林一直是极有争议的人物，人们不喜欢他搞出那些花样翻新的公共工程，也不喜欢他与显贵比斯福特打得火热。甚至专员们当中，福斯特和伯顿都很厌恶冈东在艺术上的支配地位。独立于其他城市工程之外的旅馆码头四法院大楼项目，就说明这种紧张关系是存在的。修建新法院（包括办公室）的计划于1785年得到总督的坚决支持，但是冈东的方案却引起一些政府支持者的强烈反对。然而，对这个项目的阻碍排除了。当1796年新法院在耗资114,000英镑之后开始投入使用时，发表反对意见的人最终证明是错误的。这座宫殿式的穹顶建筑里，用于审判的法庭大厅南北通透，宽敞的公共

[①] 指1793年的英法战争。

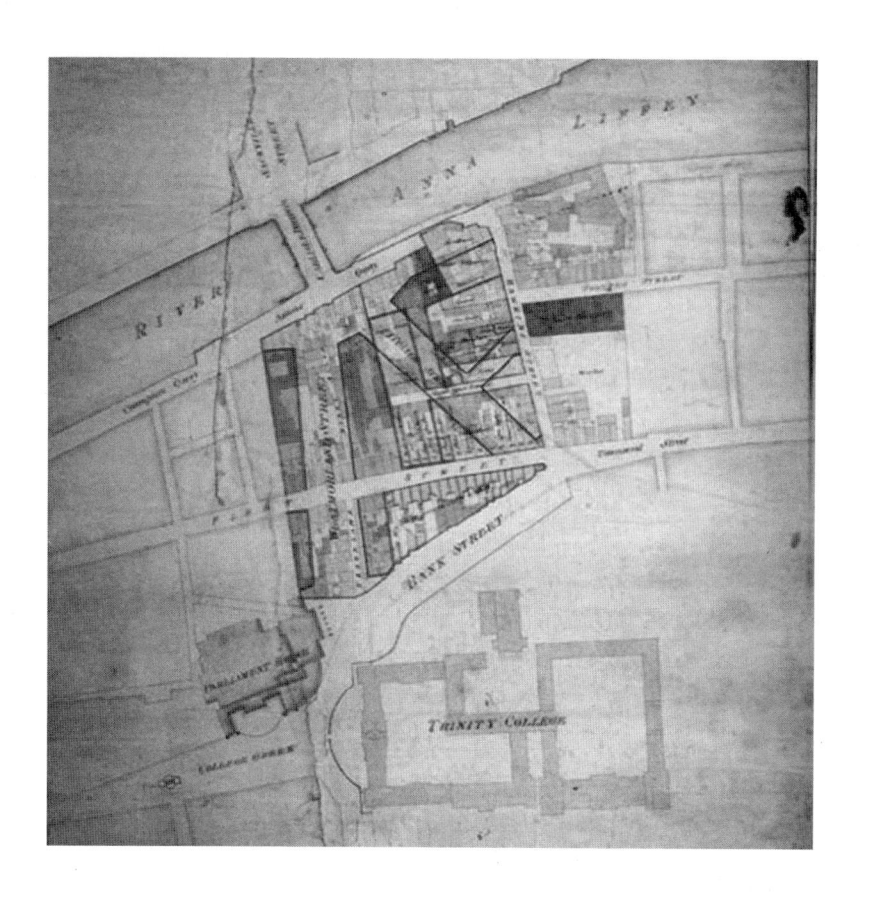

18

马路建设委员会很多地图中的一张，突出了固有街道布局所经历的巨大改变。从下游新大桥起向南延伸街道的规划于1782年开始筹划——这就是威斯特摩兰街的初始，后又增加了德奥利尔街的规划。这幅地图展示了自从1799年前后以来完全开发出来的V字型设计的全貌。这两条大街两侧的房屋建于随后的几十年间。

大厅恰如其分地设计成巨穴状，可以毫不费力地容纳往来于其中的司法流程。从外观看，这是一座威武雄壮的建筑，一出现就主导了上游码头一带的风貌。

冈东在这个项目上的主要对手是威廉·伯顿，他是一位杰出的古物收藏家，也是城乡改善项目的积极倡导者。他是退役骑兵军官，曾任营房管理委员会（Barracks Board）专员。根据新建的四法院大楼的位置，他要保证码头沿线可以顺利开展军事行动。事实上，由于政府1782年在凤凰公园为总督和首席大臣购买了两栋别墅以备乡下休假之用，所以城堡和公园之间顺畅的交通现在就成了首要要解决的问题。伯顿在马路建设委员会中也是拓宽艾兰德大桥和兵营之间通往市内的西部通道的主要倡导者。1786年，他劝说总督拉特兰公爵割让出靠河的一小块凤凰公园的土地，然后自己掏钱购得公园东边的这块地。其结果就是帕克盖特/科宁厄姆大街不仅改善了向西进行军事调动的便利性，也加强了"环路"南、北路段之间的联系。

这条环路在1763年依法（乔治三世3年36号令[3 Geo.III c.36]）兴建，目的是连接四条收费公路以及另外十二条并入都柏林的路线，从而减轻都柏林城内的拥堵问题。这个法案允许在环路的北段和南段修建一个椭圆形路线。但是，尽管这条路线几乎全部要经过"苹果园和花园"，仅仅南边从多尼布鲁克路（后来的利森街）开始走弧线向西到科克路，横穿克曼汉姆公有地，然后在艾兰德大桥下到大河的路段，是在前十年修建的。而完成从北大墙开始，穿到凤凰公园，再沿山坡向下直到兵营街（Barrack Street）的北边弧线则经过了一系列的修改工程。这条六英里长的环路，其中有些路段非常繁忙，但是对交通的整体影响却微乎其微。其重要性更在于"提供了一个方便的兜风路线"，作为"一条宽敞的大道……为精英人士经常光顾，有步行的、有骑马的、有乘车的"。这条路也成为城市自然界限的标记。正像我们看到的，它确定了1786年新的警力执法范围，也是1790年地标规划法案的管辖范围（乔治三世30年19号令[30 Geo III,c.19]）。该法

第五章｜爱国之城：1780—1798

案要求所有的土地拥有者要向马路建设委员会提交新建街道的计划以供审核和批准（所提交的范围在 1792 年有所扩展，环路以外半英里的土地也要包括在内）。

这个椭圆形的路线是 1763 年几乎在无意之间选定的，却对两个特别的开发项目产生了很大的影响。在东北部，这里就是加德纳地产扩张的界限；在西南，则影响了大运河的走向。小卢克·加德纳加速增添加德纳地产的雄心，在他 1769 年继承遗产的时候开始，就人尽皆知。他从 18 世纪 70 年代加德纳路（Gardiner's Row）开始，十年之后是夏季山庄（Summerhill）和圣殿街（Temple Street），1784 年完工的项目被重新命名为拉特兰广场（Rutland Square）（现在的帕内尔广场 [Parnell Square]）。那一年，圆形大厅的理事们为增加妇科医院的收入，决定将用于上流社会开舞会和进行其他休闲娱乐之用的室内空间扩大四倍；他们委托人在圆形大厅的北边，修建一系列舞厅和餐厅（由弗雷德里克·特伦奇设计），正对着卡文迪什大街。议会于 1785 年批准了一个新的税种，向城中的轿子拥有者征税。这项针对富人（以及一些活跃的借用者）的收费，使市议会会议室很快投入使用。焕然一新的广场成为流行时尚的中心，促进了人们对广场东边和北边新平整出来坡地的强烈需求。然而，与加德纳祖父那时的开发项目不同，18 世纪 80 年代和 90 年代的工程全都是投机商所为，他们的方式就是造出非常标准化的、带有三个开间的单元楼。有几个像加德纳路的贝福德府邸那样的，可以作为新古典主义代表作的瑰宝级建筑，都是因为其所有者的个人爱好和他们鼓鼓的腰包才得以面世的。其他跟风加德纳的人，例如 18 世纪 80 年代成为北大乔治街所有者的尼古拉斯·阿奇多，在改变其产业面貌方面也扮演了宽容但相对被动的角色。

现存路线和轮廓是影响加德纳计划进一步向东北修路时要考虑的因素，但是一切都被压缩在封闭的环路范围以内。他作出一个重要决定，就是要修建一条全新的道路，从冈东的海关大楼向北延伸四分之

从萨克维尔街向北看到的夏日拉特兰广场晨景，时间是1791年前后。左侧是圆形大厅（开张于1764年）及其新建的门廊以及市议会会议室（马尔顿到访的时候尚未完工）。远处的街景是加德纳街的西端，其旁边是连接多塞特街和向北的马路的新通道，那条马路就是北弗雷德里克街，当时处在开发的初级阶段。

第五章 | 爱国之城：1780—1798

三英里，一直到环路为止。这就是加德纳大街，与其西边的旧街道多多少少构成配套关系。这条大街的中心装饰，就是位于最高点的芒乔伊广场①。18世纪80年代最初的设计是，有壮观的台阶通向广场，整体外观看起来浑然一体，在中心位置修建一座教区教堂。但这些最终成为想象。当工程于1790年开始的时候，对于很快就冷却下来的市场而言，对开发进度的掌控不得不相对放松很多。事实上，到1798年其发起者在新罗丝战役②中阵亡，加德纳对东北部开发计划的大部分内容都只是停留在图纸上，或者只是部分得到落实。

在城市西南部的一个角落里，长期酝酿的大运河计划于1779年开始商业运作，由来往于城市水库东部小港湾的几艘小船进行作业。当修建连接利菲河与香农河人工水道的想法在18世纪50年代第一次正式讨论的时候，将公共财政用于这样一个项目的主要理由是，打通了到卡色科麦煤矿的通道，有可能会影响都柏林燃料价格。但是，还有猜测说，运河可以促进内地谷物种植，给都柏林食品供应提供更大的安全性。在第一次议会批准运河建设和第一段内陆河开通之间，四分之一个世纪过去了。在中间的这段时间里，都柏林市政厅被迫维持这个项目，对离城最近的运河地段，也包括最西端的港口修建工程实行监管。市政厅参与进来的动机非常简单。到18世纪60年代早期，发生了供水危机。自古以来，城市水库的水源地一直是波多河和多德河。从18世纪40年代开始，艾兰德大桥附近的水车抽出更多利菲河的水供应城市。但这些远远满足不了迅速增大的需求量。通过运河来解决这个问题、增加进入城市水库的供水量，这个能力对都柏林来说似乎是上天所赐。但是，18世纪60年代的时候，每一个参与

---

① Mountjoy Square，是爱尔兰都柏林的五个乔治三世时代的广场之一，坐落在北岸，距离利菲河不到一公里。
② The Battle of New Ross，新罗丝战役发生于1798年爱尔兰起义期间爱尔兰东南部的维克斯福德郡。战斗双方是号称爱尔兰人联合会的爱尔兰起义军以及由正规士兵、义勇军和自由民组成的英国皇家军团。

进来的人都低估了北基尔代尔沼泽地会遇到的工程难度。如果不是在1771—1772年成立了一个拥有十万英镑资产（都柏林入股 10%）的合资公司，这个计划会第二次面临停滞不前的命运。投资者获得保证，一旦运河水流入自来水管，他们将从城市水税当中获取固定份额的收入。拥有了更多的资金和更高水平的技术专家，运河的前十二英里河段于 1779 年 6 月开通。但是，艾西与巴罗河（Barrow river）的连接工程直到 1791 年才完成，而决定性的最后河段——进入香农河的通道——在 1804 年才最终开通。

修建运河的财务情况一直扑朔迷离，对于 1771 年的投资人来说，他们的热情最终获得的回报寥寥无几。但是，运河确实带来商业机会：砖、石以及其他建筑材料，还有粮食作物（尤其是大麦和面粉）、土豆和泥炭从一开始就装满小船运进港来。基尔肯尼无烟煤稍晚些也运了进来。相反方向呢，运河对城市的重大贡献就是帮助摆脱挥之不去的那些诅咒之物，包括人畜粪便以及其他城市废物。运河沿岸有现成愿意购买这类废物的地方，尤其是基尔代尔北部为城市市场提供土豆的小型农户，他们缺少获得其他肥料的途径。

从市政厅参与的头些年开始，运河作为离城很近的"健康步道和娱乐休闲场所"的潜力就已经有人认识到了：第一批成千上万棵三十英尺高的榆树是 1766 年购进的，就是为了装饰运河两岸；从市内水库上那座具有中国特色小桥沿运河望去，所看到的景观堪称名胜。18 世纪 80 年代，当讨论将运河延长至利菲河时，这个开发运河以提供休闲便利的议题再次浮出水面。最初的想法是通过一系列深水水闸将水道延长到兵营对面的河段。但由于技术困难太大，同时也担心未来建桥会影响通往港口的水道，这个计划搁浅了。另外的选择是在城南修建一条长长的支流通到某个深海码头，可以是海关大楼对面，也可以是更远的新工程的东边。理查德·格里菲斯和约翰·玛戛尔尼是最大的投资者，他们主张采用后者。同时，马路建设委员会被说服支持一条与南环路很长路段并行的路线。要先穿过约翰·罗杰森爵士码头

第五章｜爱国之城：1780—1798

后面的牧场，最后到达多德河出海口附近的大海。这个三英里长的水道在18世纪90年代初如期建成，与环路走向大致相同。其终点位于一个巨大的L型码头，这个码头可以停泊一百五十艘适合航海的船只，是在河边未开发的地块上开辟出来的。这条南部运河以及新建码头总共耗资将近十八万英镑，其建设期正处于运河股份投资者最终可以享受巨大资本增值的时候。但这是滥用公共开支的一个极端例子，是赢得公众喝彩的面子工程。其两位倡导者是基尔代尔暴发户理查德·格里菲斯和约翰·麦卡特尼。1796年4月总督在一大群人面前为码头剪彩，这一点表现得尤为明显。但是，天谴仅仅在几年之后就悄然而至：大运河公司解体，麦卡特尼在曼岛以破产者身份度过余生，格里菲斯在霍利黑德岛[①]作邮政管理员。

第二条私营运河的计划，走的是北面的路线，从都柏林始，至香农河止。于1789年收到议会有限的资助。尽管存在着几个严重的工程难题，"皇家运河"的十八英里河段于1796年开通，从基尔考克一直到位于布劳德斯通（Broadstone）的一个城北高架港口。在这里，可以俯瞰市场区。这个项目含有强烈的辉格/爱国派色彩，因为起初的赞助者中有坦迪和约翰·宾斯，而伦斯特公爵是主要支持者。但是与大运河相比，这里的商业前景实在有限：虽然巨大的工程耗资吞掉了原始投资的公司，以致最终完工时让国库付出高额代价，这条运河最终于1817年到达洛雷湖[②]北部的香农河。但是，雷特里姆煤炭的诱惑与基尔肯尼的无烟煤相比更加虚无缥缈。从城市主线延伸的一条相对较短的路线向东一直到大河，是从海关大楼以东半英里处的沼泽地延伸出去的。与大运河（请参见地图4）的城市延伸线工程相比，这项工程的规模要小得多。

这些"水上马路的建设"，对其大多数投资者来说都是非常巨大

[①] Holyhead，位于英国威尔士西北部。
[②] Lough Ree，爱尔兰香农河上三大湖之一。

的个人利益的损失，但却的确提供了真实可见的公共便利。事实上，大运河两岸绿树成荫的景色对游人观光路线的开发起到推动作用（这项服务是从波多贝罗酒店开始，沿街而行直到拉斯敏斯）。而且更重要的是，费茨威廉地产蓬勃发展的雄心壮志是运河给支撑起来的。在1789年的一个开发计划草图中，梅里恩广场几乎完工，费茨威廉广场的设想仍在讨论中，南环路以北、新的可能开发的项目以及运河都画在这张图纸上：这就是后来的巴格特街、两条山街以及大运河街/呵提卓克路（Artichoke Road）。到1797年，每条路都设计了相应的运河桥；并在附近建有显眼的水闸；水路和陆路两旁的树木，郁郁葱葱。不可否认的是，在费茨威廉地产上的开发项目，即便是在运河以内，总共都耗时五十年才完成。但初步计划是在运河开挖的时候就设计出来了。

从巴士底狱到后街

市政厅曾在18世纪60年代早期干预过运河工程，这可能反而起到拯救这个项目的作用。这将是很长时间里针对运河的最后一次战略性行为。现在对城市施行管理职能的新机构——负责规划的马路建设委员会、税务专员和负责港口事务的港口维护管理委员会[①]、1786年组建的负责执法和公共秩序以及交通和街面经商的警察军团，还有1774年成立的铺路委员会（Paving Board，1784年改编）——都是由议会创建并对议会负责，这些机构共同削弱了市政厅在城市自由区内的权力（但在有些情况下，它们使城市地方官的管辖权向外扩展）。

然而，1790年对都柏林有些观察的人，可能完全不这么认为。都

---

① Ballast Board，1785年，爱尔兰议会通过了一项法案，组建一个新机构保护和改善贝尔法斯特港口，通常被称为"港口维护管理委员会（the Ballast Board）"，后来演变为贝尔法斯特港务局。

第五章｜爱国之城：1780—1798

柏林爱国派在那年夏天取得了两大胜利。首先是格拉顿和亨利·费茨杰拉德爵士在城市普选中获胜。这是一场"极尽民粹主义特点"的竞选活动，是坦迪及其盟友精心策划，旨在全面弃绝城堡当局对都柏林的影响。坦迪现在受大众欢迎的程度达到了最高峰。这次胜利给了他勇气去领导下议院在未来的四个月中展开一场维护下议院权利的斗争，先是与市议员，然后是与爱尔兰枢密院（援引1760年改革法案），使其有权否决市长任命。由于他们不懈的坚持，市下议院否决了一连串由于警察局长任职期间曾经贪赃枉法的市议员的任命。市政府被迫完全停摆的危险确实存在。但是，下议院找到了出路，他们推出了一位没有污点（还是改革者）的商人亨利·豪伊森（Henry Howison），接受了对他的市长任命，这让英国上院大法官非常恼火。这件事带来一个不良后果：市政厅曾在之前一年批下一笔一千二百英镑的开销，以备购买市长大人典礼马车之用，著名的都柏林马车制造者威廉·惠顿负责完成这个任务。正在这时，也就是1790年的秋天，克莱尔伯爵那辆崭新、气派的官家马车（state coach）从伦敦到达都柏林。为了不被比下去，市政厅似乎是安排了惠顿再造一辆更好的。他最终以二千六百九十一英镑的成本真的作成一辆：这下他们拥有了一辆镀金的官家马车，由六匹马牵拉。这辆车首次亮相是在1791年纪念威廉三世生日的游行上。车上的裸胸女神在雨中闪闪发光，似乎在证明爱尔兰的命运已经在都柏林的保护之下开始提升。一起挤在色彩鲜艳的车门前的，有在爱尔兰的皇家代表、议会成员、三一学院代表以及港口船运代表。从某种意义上讲，这是都柏林宣告其荣耀的一次豪华庆典。

但这件事也产生很大的误导作用。其实市长职权已大大降低，在大多数都柏林人的眼中，市政厅的声誉和地位，由于政治上的新变化即将大打折扣。这辆马车即使带有强烈的威廉王朝色彩和无限的乐观情绪，但因其所代表的联合主题，很快就成为不合时宜的昨日黄花（结果是，仅在市长大人每年在总督面前宣誓的时候才使用一下）。城市政治生活的另外两个方面将情况揭示得更加清楚：公民游行以及托塞尔的衰落。前者是每三年举行一次的庆典活动,市长大人和公会("每个机构大约五十[人]")在城市范围内参加游行庆典。这项活动从中世纪晚期开始,历经多次政治变故得仍以延续下来。在这一天里,街上有给工匠、雇工和观众准备的非常热闹的戏剧表演,是狂欢和放纵的好时候。在城市与米斯自由区的交汇处是库姆峡谷,其入口处会有一场军事演习。但是,演习变得越来越危险并失去控制,而大多数行业的手工艺雇工到现在最多也就是与各自的公会保持一种可有可无的联系。最后一次举行演习是在1785年,其后就彻底取消了,因为在库姆峡谷发生了骚乱,有军队干预进来,还造成三人死亡。市政厅衰落的第二个信号是托塞尔:市政厅成为非常不安全的地方,以至于1791年的季度大会和首脑委员会搬到南威廉大街上一座不起眼的房子里,那是18世纪60年代为昙花一现的艺术家学会修建的处所。尽管有在埃塞克斯码头建一个新托塞尔的宏大计划,但是,市政厅后来在那里一直待了六十年之久。那个地方并不适合大型公共聚会。于是,皇家交易所极其宽敞的庭院,从18世纪90年代开始便成为公开集会的主要场所。

为了完善整个过程,城市法院从托塞尔搬到河对岸位于格林大街的新会议厅,就在新门监狱的旁边。新会议厅是1797年开始启用的。格林大街的坏名声由来已久。1790年7月,当市长风波进入高潮时,市政权力对监狱完全失控,这是我们前面已经看到的。这栋破败的建筑当时容纳了超过两百名的犯人,他们制服了狱卒,威胁要捣毁监狱。军队于当夜重新取得掌控权,没有发生人员伤亡。然而新门在几小时内发生的事情像极了巴士底狱陷落①的情形。十二个月之前在巴黎发生的特别事件,以及法国旧制度②所产生的潜移默化的长

---

① The Fall of Bastille,是法国大革命中的一个进程。到18世纪末期,巴士底狱成了控制巴黎的制高点和关押政治犯的监狱。巴士底狱成了法国专制王朝的象征。1789年7月14日,人们攻占了巴士底狱。

② ancien régime in France,指1789年法国大革命之前的政治制度。

期影响,成为每一个公共议题的背景信息。产生这种现象,其原因在于法国文化所承载的盛誉、人们对法国思想、法国商品以及法国时尚经久不衰的喜好,包括珍贵的成套《百科全书》、当代法国著作的翻译和在本地出版,这些作品既有政治方面的,也有哲学方面的。除此而外,建筑创新和室内设计上也不断借鉴法国模式,这是都柏林学会下属学校从中成功斡旋的结果。都柏林胡格诺教徒人尽皆知的巨大财富更加放大了法国文明产物的光彩。而法语在受过正规教育的人口当中,比以往任何时候更广泛地被人接受(从18世纪70年代开始就有用法语授课的夜校,1788年开始在多尼布鲁克又建了一所法语寄宿学校)。城中很多人在法国接受职业教育,包括大批的天主教神职人员和天主教医生。所以,对很多都柏林人来说,法国的革命运动马上就产生了令人震惊的效果。虽然有人读到1790年伯克发出的严厉警告而感到害怕,但是大多数人都持欢迎态度。这就像法国宪政沿着一个世纪之前英国的威廉国王所画的路线重生了一样。在1789年的最后几周里,城里的两家剧院在舞台上竞相重现巴士底狱陷落的情景。两家剧院的剧本都高度赞扬这场"革命",皇家大剧院的宣传单上称其为"赐民族自由以生命的光荣战斗"。法国事件在发生三年后再次主导了都柏林舞台,但是音调却完全不同:本地作曲的诗歌剧《民主狂潮》(*Democratic rage*),对处死国王和王后的革命所表达出来的是恐惧,散布的是"平衡"政治理念,也标志着反对英国及其盟友的一场新战争的爆发。

那三年是大众生活的分水岭。法国发生的事件无情地将都柏林社会内部潜伏的分歧暴露出来。19世纪将要呈现的宗派分歧的特点,在这时拥有了通往现代化的雏形。分化现象非常明显,反映在几个不同的阶层和群体当中:有确定自己为辉格派、爱国者或者简单称为反政府者的群体;还有是政治上活跃的天主教徒;也有手工业者群体。产生分化的一个主要原因是民主政治大讨论引发的结果。这类大讨论从公会大厅和酒馆,蔓延到威士忌商店和天主教小教堂。

由于埃德蒙德·伯克对法国大革命的谴责,辉格信徒中产生的分歧是如何解读法国发生的事件。1789年,伦斯特、查尔蒙特、格拉顿和庞森比集团组成了辉格俱乐部,并相应地创建了一个议会党派,与城堡当局的议会团体对抗。但是不久,自由公民协会在赢得1790年选举的胜利之后却高调登场,给他们自己取了一个新名字叫"首都的辉格"。当伯克的对头汤姆·潘恩于1791年初在伦敦发表文章《人权》(The Rights of Man)(第一部分)时,坦迪适时地抓住了这个潜在的政治机会。那篇文章赤裸裸地嘲讽、攻击上流社会和世袭权利的虚伪性,用平实的语言赞扬人之平等及其主权,是受《人权与公民权宣言》①启发而写,与城市议员选举时的演讲内容相辅相成。但是,文中"革命年代"的黎明即将到来的那种近乎救世主的感觉走得实在是太远了。潘恩的小册子在三家都柏林报纸上连载,并印出了几个在都柏林发行的全价版本。之后,由"首都的辉格"补贴并印出大约二万份,售价为每本六便士。在1791年巴士底狱陷落纪念日的那天晚上,几个志愿军军团在街上游行向圣司提反绿地公园进发,他们跟在一个上写"人权"的大灯笼后面,并有一门加农炮和两门野战炮助威。潘恩成为此时公众眼中的英雄。都柏林辉格党从1790年开始曾试图让志愿军再次复兴,虽然按从前的标准能够调动的人数很少,但是坦迪一党对开展一场民主政治运动所带来的出人意外的自由深感欣慰。这场运动以军队作为外在标志而得以完整,但并非暗含任何会走向暴力冲突的想法。他们那狂妄自大的公开表演,再加上议会中否认他们的辉格派的存在,这场革命到来的时候并未兴起什么风浪。

但是,当天主教议题强势回到舞台中心的时候,这种情况发生了变化。1789年的《宣言》保证,要给民众以思想自由和宗教自由。这在英国和爱尔兰各自引发了一场运动,类似的目的是结束公民失智。

---

① The Declaration of the Rights of Man and of the Citizen,由法国国民议会于1789年8月通过,是法国大革命也是人权史上的纲领性文件。

但对很多辉格派人士来说,在政治上让天主教徒获得解放(这是个新概念)的可能性这个问题,仍然是步子迈得太大了。1791年查尔蒙特的个人观点代表了很多改革者的想法:全面开放天主教徒进入政界会将爱尔兰变成一个天主教国家,清除新教和现存社会秩序,会导致"在我看来必定是两种后果中的一个,或者分裂或者联合"。于是,有些对1791年天主教解放采取阻止态度的辉格派人士改弦更张。但仍有一些新教徒从1790年开始就主张天主教解放,既是作为政治策略以保证议会改革,也是为了解放本身。长老会活动家们从18世纪50年代以来在推进政治和宗教改革方面所起的作用参差不齐,这一现象让人颇感吃惊。特拉弗斯·哈特利(Travers Hartley)是一位资深的亚麻商人,他首次当选国会议员是在1782年,是大斯特兰街坦迪社交圈"新光"①(主要是一位论派②)圣会中唯一一位当选者。威廉·德雷南(William Drennan)1789年从北部来到都柏林做"男产科医生"。他是同行中出身比较高贵的一位。除了他本人对城中政治动态的评论,由于他在整个18世纪与在贝尔法斯特的姐姐玛莎·麦克蒂尔(Martha McTier)进行的广泛而亲密的通信都留存下来,我们能够看到都柏林和阿尔斯特被不信国教者所统治的那种高度政治化社会的状况。德雷南在来到都柏林之前很久,就坚决主张将天主教徒引入一场由志愿军带动的运动当中,从而推动政治改革。在都柏林期间,他支持一个秘密俱乐部"为人民密谋"的思想,通过恢复志愿兵制度以及反对者和天主教之间的合作,对爱尔兰公共生活进行一场法国式的改造。

从18世纪80年代初开始,天主教委员会(仍然是以都柏林占绝对主导地位的团体)在沉寂中被法国事件以及英国解放天主教的前景

---

① "旧光"(Old Lights)"新光"(New Lights)是当时基督徒圈子里使用的词汇,以区别原来相同,但后来走向分裂的两类人。典型的例子是,在发生改变的时候,拒绝改变的人就会被称为"旧光",而改变的人就被称为"新光"。
② Unitarian,基督教神学中的一个自由派别,相信神的一位性,反对三位一体、原罪、预定论和《圣经》无误。

给重新激活。委员会在1791年初进行的每三年一次的选举削弱了温和派（领导者是肯马尔子爵，支持者是特罗伊大主教）的影响力，却加强了坦迪的朋友约翰·基奥、托马斯·布罗豪（Thomas Braughall）以及大制糖商爱德华·波恩的力量。这些人注入了新的资金，尤其是在西班牙赚得第一桶金的兰德尔·麦克唐奈。在南北方反对派吵吵嚷嚷的支持下，天主教"民主派"决心发动一场公开请愿活动，要求议会通过政治上的让步法案。他们同时还赢得参与政治活动的机会，这是前所未有的。首席大臣罗伯特·霍巴特（Robert Hobart）在1791年11月与伯恩、麦克唐奈以及另外两位天主教商人的一次私人聚会上，想到他们被排除在公民权享有者之外，陷入了郁闷的情绪中。他直言不讳地指出："我们在贸易和获得财富方面处于比我们低很多的人的劣势当中。"他们拒绝与《都柏林天主教学会宣言》脱离干系，那是一群强硬派激进分子的作品（其主席是资深商人托马斯·布罗豪，成员包括马修·凯利的哥哥）。这个"宣言"的内容被轻蔑地称作是"我们团体那些人所指的爱尔兰的自由是一场灾难"，他们受"无数的低等暴君"的压迫，要求立即废除全部刑法典。

不久，就有关如何回应"宣言"的问题，天主教委员会产生了严重分歧。温和的少数派持不承认的态度，最后退出。但是，城里的天主教徒坚决支持多数派。被称为"讨好爵士"的肯马尔爵士的肖像被焚烧。与此同时，有传言称皮特政府正在改变对天主教问题的观点，准备有所妥协。当这件事还是坊间秘传的时候，都柏林堡差点就要遭遇一次暴动。皮特的计划被束之高阁，并出现了一个相对缓和的解放法案，允许天主教徒进入法律行业。在1792年那个漫长而炎热的夏天里，笼罩公共生活的是，新教徒担心天主教徒重新全面获得政治权力，天主教活动家们由于都柏林堡当局阻挠他们的解放而倍感气愤。都柏林的所有派别都成为这出戏的中心角色。1月份，市政厅携市议会首先出场，给国王致函祈求他保护"新教的支配地位"，矛头直指天主教。2月份，天主教委员会向国会请愿寻求解放。下议院对此坚

第五章│爱国之城：1780—1798

决拒绝，把那些参与请愿的人嘲讽为"捣乱者、小业主、小偷"。3月份，天主教委员会发表了一份有关天主教原则的宣言，这份宣言随后在全国流传开来，并有成千上万人签名赞成。夏天，尽管政府严厉反对，天主教全国代表大会的计划出台并最终在每一个爱尔兰郡召开。9月，都柏林市政厅发表"致爱尔兰新教徒的一封信"，警告爱尔兰天主教徒不要得寸进尺，并用更隐晦的语言警告伦敦，说新教徒对伦敦方面的忠诚是有限度的。10月，有都柏林"房产"的天主教徒发表声明攻击市政厅，声称他们受压迫的根源就是市政厅。高潮在12月到来，天主教大会挤进最大的公会会议厅举行会议，即位于后街的"裁缝公会"。会后，派出了一个由天主教领袖组成的小型代表团，不是去都柏林堡，而是去了圣詹姆斯区①。与国王的会面使1793年初的几周里便促成起草了一份"政治解放"法案，允许天主教徒享有议会选举权、担任地方司法官员、进入大、小陪审团以及进入大学和持有武器。这个法案在4月的时候完成了所有程序。这些特别事件发生的背景是国际危机四起，并且国内无论贫富阶层都怀有热切的民主激情，对国家产生前所未有的、来自内部的挑战。其他的爱尔兰城市，最著名的就是以长老会教徒为主的贝尔法斯特，也被卷进1792年的政治风暴中。但无论是天主教徒发起的运动，还是保守派的反击，都柏林仍是各派领导集中的地方，也是主要事件的发生地。肯马尔及其支持者大多数都来自芒斯特，这是事实。但在这位精明的多明我信徒看清风向、跟上潮流之前，他的宗教同盟一直都是都柏林的大主教特洛伊（Archbishop Troy）。他参加了这次运动的开头和结尾。天主教在城中取得领导地位、赢得了全国支持，都柏林的印刷出版业起到了推波助澜的作用——批准的六份短文和宣言印刷了10,000份。正如10月份一次天主教房产所有者会议发行的会议记录所表达的，从前很少有机

---

① St James's，是伦敦威斯敏斯特小城的中心区，18世纪时成为英国贵族的聚居区，19世纪成为开发绅士俱乐部的重点地区。

会表达的情绪,现在可以登堂入室。该记录引述了斯威夫特第四封《楚皮尔书简》的内容,也包括了值得纪念的细节。除此之外,还有托马斯·瑞安(Thomas Ryan)这位来自阿伦岛码头的激进派医生的记录:"六百年以来,我们这个民族充满了磨难和劳苦,被其他国家所鄙视,这是因为我们自己互相鄙视。这里是候鸟的暂居地,是肉食鸟的天堂。"天主教徒的言论再不必考虑是否让新教徒听起来感觉舒服。有很多来自乡下的声音,多数是贵族,于12月份在"织工大厅"表达出来。天主教大会上,284名代表中仅有超过一半的人是都柏林常住的商人和专业人员,他们中很多人还是代表的各县、市与他们个人或者商业上的关系人士。整个大会给人明显的印象是,富商家族关系网生成,并且,他们要将经济实力变成政治影响力的决心势不可挡。这都是基奥和布罗豪策划的结果,他们常年经商,拥有漂亮的住宅,是新型富有天主教徒的典型。但是,给他们带来很大帮助的是他们的新任秘书西奥博尔德·沃尔夫·托恩,这是一位新教徒、马车制造者和天主教徒母亲的儿子。本人是律师,辉格俱乐部的书写员,也是都柏林爱尔兰人联合会(Dublin Society of United Irishmen)的共同创始人。他的日记非常生动地记录了那个持续一周之久的大会。

民主和不满

很多人公开抨击市政厅保护新教主导地位的行径,托恩是其中之一。伯克和格拉顿都清楚看出城堡当局外表姿态后面的真实意图。其实还存在着像威廉·科普(一位与约翰·宾斯合伙的丝绸商人)以及约翰·吉法德(现在是《福克纳都柏林日报》的编辑,有很好的政府广告渠道,是1790年以来的市下议院议员)那样的中间人。但是,面对特权公民的地位变得突然不确定,加之天主教公开话语权所带来的新的摩擦,市议会和公会内部似乎产生了前所未有的政治观点上的转变。来自法国的各种平衡哲学思潮(levelling philosophies)引起的

第五章 | 爱国之城：1780—1798

明显危机，无疑也起到很大作用。换句话说，在 1792 年的现在，坦迪 1790 年的很多追随者能够认真倾听主流演讲。他们越来越接受新教主导地位是与生俱来的特权的思想。这个特权不仅仅是出身良好的人，所有新教徒都有权享有。其本质上的重要意义在于，没有哪一个政府权威可以将其取消。

坦迪在市政厅里的分量在减弱。但 1791 年 11 月，他成为一个新成立的政治俱乐部的书记，这就是都柏林爱尔兰人联合会。这个学会的出现，是吸收了德雷南有关一个秘密兄弟会的想法。一开始的聚会是在位于达姆街附近的雄鹰酒馆，后来搬到泰勒大厅。其规模太大，以致无法秘密运作（与阿尔斯特那些联合学会不同），定期参加集会的人数最高峰时约有二百人。学会对外公开言论中充斥的，是法国理想和自由主义元素。但其改革主张的哲学基础仍然来源于市民爱国者的传统理念，其专业成员与格拉顿派辉格反对者之间存在着千丝万缕的联系。其 1779 年所发言论的主导思想就是，谴责英国势力影响所带来的恶果，主张工业保护主义。其远大目标是在议会当中争取平民拥有平等代表资格，这与 18 世纪 80 年代早期的主张一致。但是，学会致力于天主教解禁和信条统一的中心任务是新提出来的；同时，为宪政改革制订一个详细蓝图、发动公众舆论以确保实现这些目标被列为优先完成的任务，这也是全新的东西。那段时间成功发行了大量的《人权》一书，给运动指明了方向：发动公共舆论，意味着不停地出版、发行、开会、游行以及其他新型宣传模式。但是，学会从一开始就受到副部长爱德华·库克[①]的监控。困难时期的议会街绸缎商托马斯·柯林斯得通过弗朗西斯·希金斯，定期将详细报告送到库克在城堡的办公桌上。

[①] Edward Cooke(1755—1820)，英国政治家、实事撰稿人，生于白金汉郡，在伊顿和国王学院接受教育，获得学士和硕士学位。他在爱尔兰政府和议会担任过各种职务。

学会在1792年群情激愤的气氛中发展很快,但随着1793年战争的到来,这种情况迅速减弱。在学会两年半的历史中,有四百多人加入过这个组织:其中大约八分之一是来自都柏林以外的地区,并且很多人都是贵族。最有名的是基督教一位论者阿奇博尔德·汉密尔顿·罗恩。但是,其多数成员是由城市专业人员、商人和店主组成。后两类人远远超过"律师和医生"的人数,另外明显占多数的人群是与纺织行业有关的人。在18世纪80年代的改革派中,虽然不是全部,但很多坦迪的同盟者都是这个学会的早期成员。但是,主导整个进程并且主持委员会会议的人却是律师和大学里的学者。加入进来的人包括托马斯·艾缔思·埃米特,一位医生的儿子,其本人是一位非常成功的年轻律师。还有西蒙·巴特勒,贵族子弟,是法院的高级官员。惠特利·斯托克斯,是新入选学院的成员。还有约翰·阿申赫斯特,从事公证行业,也是股票经纪人和都柏林保险公司的秘书。他们使学会一开始就享有很高的声誉。但是,其内部专业人士占有主导地位的现象,却招来不满(尽管不满的程度如何并不十分清楚)。一些富商也参与进来,著名的包括马拉奇·奥康纳,他是与加勒比海和地中海做贸易的最大的天主教徒公司的合伙人;约翰·斯威特曼,是弗朗西斯街的波特酒①酿造商;奥利弗·克伦威尔·邦德,是大桥街的一位主要毛织品商,"其业务每年可赚六千英镑";还有皮尔巷的亨利·杰克逊,这位邦德的岳父,是都柏林城里最大的五金商人(也是第一位使用工业蒸汽动力的商人)。邦德和杰克逊都是长老会教徒(与德雷南相比,他们更精于世故)。印刷商和书商,无论是天主教徒还是新教徒,都有很强的话语权。著名的有帕特里克·伯恩,格拉夫顿街的大书商和出版商;还有约翰·钱伯斯,阿比街实力雄厚的印刷商和文具商。建筑公司和建筑中间商却几乎完全不见踪影。在18世纪80年

---

① 是一种使用焙烤麦芽酿制的黑啤酒(在英格兰,焙烤麦芽常称结晶麦芽和巧克力麦芽)。

代天主教获得解放以后，似乎这些人是"一群二等天主教徒，有点闲钱了，一旦弄到满意的租地，就都忙着盖房去了"。

早期的成员中，国教教徒、新教徒和天主教徒的比例非常平衡，但是随着时间的推移，人员构成却越来越商业化和天主教化。针对特许权应放宽多少以及是否应该实行宗教限制这些问题，存在着严重分歧。因此，学会的改革计划用了两年多的时间才得以出台。最终，计划的内容确实步子很大——成年男人都拥有选举权、议会每年召开一次、国会议员带薪、选区规模一致——其实，在这之前，很多温和派已经退出。

大约有五十名参加泰勒大厅举行的天主教会议的代表以及一些在那里的知名人士组成了"爱尔兰人联合会"。他们的政敌认为他们是在玩两面三刀的把戏——既取悦于皮特政府，又与都柏林民主派调情。但是，就在天主教委员会取得成功的当口，英国与法国开战在即，学会面临的压力越来越大。有人屡次尝试重新启动志愿兵制，组成法国式市民自卫队，但依法遭到禁止。和其他一些人一起，巴特勒、德雷南和汉密尔顿·罗恩面临煽动性毁谤罪的起诉，因为他们不合时宜地呼吁志愿军重新武装起来。他们每个人在社会上受到同仁尊敬的同时，也曾是学会中备受瞩目的人物。但是，从1791年学会初创开始，坦迪就在走下坡路：他旗帜鲜明地支持天主教解放运动，却发现自己在自由民伙伴中的受欢迎程度大大下降，并且他的意见自那以后屡遭诟病。他与副司法部长发生龃龉，为了躲避决斗，于1792年9月逃离都柏林以避免被捕。紧接着，在12月，他就被天主教委员会开除了。他偶尔参与了恢复志愿军的最后努力，但是并没有质疑1793年1月份政府对此事的镇压行动。他在劳斯郡做了一个"辩护"誓词，以解释其所作所为，由于担心遭到死刑起诉，当战争一爆发时他便逃离了本国。

尽管有来自贝尔法斯特的极大压力，认为该学会应该是一个私人组织，但它仍然保持开放和"毫无遮掩"的状态，一直到杰克逊事件为止——这是一根落人话柄的刺,揭露出一些领导人主动与法国勾结、谋求来自法国干预的动作。1794年5月,学会被镇压。事情当然不会就此结束。一些爱尔兰人联合会完全出于政治对立的缘故而离开。但是,很大一部分主体人员在随后的三年里参与到了另一项革命运动中。还有几个人,1794年前基本没参与进来的,而现在却占据了领导位置。著名的有伦斯特公爵最小的弟弟,爱德华·菲茨杰拉德爵士。

到学会被镇压的时候,都柏林城里对政府和议会都存在着明显的敌视情绪。与1779年和1784年相比,这种情绪显得更加根深蒂固。除了大众政治的长期幼稚状态,造成城中大量没有选举权的男性被排挤在外的,还有其他因素。爱尔兰人联合会通过报纸、传单和小册子所做的宣传攻势,其累积产生的影响是一部分原因。然而,这股印刷狂潮所带来的潘恩思想,其更大的影响是在都柏林以外的世界,而不是城里的街头巷尾。无可否认,很多1792年至1797年间脱颖而出的手工业者组成的读书俱乐部(先锋代表是"自由之子")很可能将法国激进民主派和长裤汉①思想更深入地带到参与其间的学徒和年轻雇工中间。"博爱学会",由学院肄业的约翰·伯克于1794年创建,是所有学会中坚持最久的。尽管其外界影响乏善可陈,但其目标却是毫不含糊地具有革命性和共和的观点。然而,这些俱乐部仅仅起到辅助的作用。真正产生作用的影响更大,并能更好解释发生于18世纪90年代早期的政治风潮的是别的原因。

首先是从1792年秋开始的非常严重的经济衰退。这是从英国开始的。但是,信贷和商业信心由于本地的政治危机和投机性建筑行为突然停止而恶化。粮食歉收使情况更加复杂。到第二年春天,建筑业完全停止、纺织业处于煎熬之中。自由区的面包店在1793年5月被

---

① sans-culotte,对法国大革命时期共和党的蔑称,主要由底层阶级的普通百姓组成,持激进政治态度。

抢，市中心不断有游行和示威活动。同月，"在商业世界还发生了一次可怕的地震"，棉纺业最大的公司科莫福德和奥布赖恩发不出工资，这是家在都柏林城和巴尔布里根都雇有大量劳动力的公司。激进主义者可以很有理由地将让人痛苦不堪的家庭收入骤减与所爆发的残酷战争联系起来。在随后的两年里，情况确实有所改善。但由于一些间接税的上升，战争期间通货膨胀对工薪阶层的恶劣影响无法改善，这一点很快就明显看出。

促进底层阶级参与政治的另外一个更加广泛的影响因素，是现在已经人数众多的手工业者，他们成为各个雇工组织中的宣誓成员。有些组织在全城范围内拥有会员，另有一些是按地域远近在某一特定的场所聚会（通常是公共场所）。所有的组织都是按职业组织起来的。有几个组织号称拥有悠久历史——从事裁缝的雇工在17世纪70年代组织了一个不受公会掌控的互助协会、制衣行业从18世纪20年代开始曾存在着一些朝生夕死的协会（那时，第一个反联合垄断法规出台）。从组织结构和活动上看，这些组织类似于伦敦和英国各大城市的雇工俱乐部，其实也可能就是受其影响的结果。在蓬勃发展的18世纪50年代和60年代，这些组织在人数和生命周期上都似乎发生了很大增长，印刷和建筑业尤其如此。一个成立于大约1761年的木工协会曾通过谈判达成计件工资的规定，受影响的范围在城中达方圆十英里；到1781年，其登记册上有一千九百个人名。这个组织所具有的实业上的力量，可以解释1792年主要建筑商为什么试图收紧对建筑行业雇工的法律掌控。这个议案（正像1780年时那样）引发了成千上万来自各个行业的手工业者聚集在凤凰公园，然后向学院绿地公园进发。这次事件，致使那个法案最终流产。像詹姆斯·冈东这样才来到都柏林的打工者对雇工协会的力量以及他们对工作条件和环境所拥有的掌控权着实吃惊不小。尤其使冈东吃惊的是技术建筑行业中"……被称为说客的家伙们"。他们受雇于各个工地之间"就是为了鼓动不满情绪，给对老板不满的人打气"。

全职"说客"相当稀少，但是，到18世纪90年代，雇工俱乐部中，如果不是所有，也是绝大多数，都有了自己的委员会组织结构，有档案记录和"集会厅"。他们吸收新会员时要有宣誓并要求定期交纳会费，还提供一定水平的社会保障（至少是葬礼费用）。他们还按明确的成套规定保护雇工及其收入（阻止老板扩大所雇人数，制定计件工资标准，不许雇用"外来生人"和未接受学徒训练的劳工）。有时，他们还蓄意破坏能够影响老板雇用工人的机器。故此，尽管1780年的一般联合法案从官方角度给老板和地方执法官员的干预权力有所增加，但在实际情况中法律总是要不断更新和发展。雇工中，有皮革匠、面包师、锯木工人、裁缝、织袜工、亚麻纺织工人，最重要的是制鞋工人。他们在18世纪80年代和90年代对于敢于挑战他们规定的雇主采取诸如罢工之类的劳工行动并因此恶名远扬（让人吃惊的是，这些行业中的大多数公会组织都已经僵化）。偶尔会发生极端暴力行动：1789年，一个暴力组织"自由轻骑兵"（Liberty Light Horsemen）参与了自由区的一次邪恶事件。1790年7月，有两名成员（都是受雇的锯木工人）以及一名亚麻纺织工被处以死刑。为什么会发生这么明显的冲突加剧的现象呢？费格斯·达尔西（Fergus D'Arcy）认为都柏林建筑行业中技术工人和半熟练工人的实际工资水平在18世纪90年代都面临减薪压力。还有其他可能的原因，例如没有学徒经验的劳工人数激增所引起的不安（如在棉纺和纺织印染行业）；由于越来越多拥有资本的中间商成为原来老板的雇主，致使他们的经济状况大不如前（除了建筑业，丝织和精纺毛制品业也是如此）。人们还一般认为师傅对学徒实行的旧规矩正在消失，取而代之的是，"师傅只留用门外徒弟这种恶劣做法"。不管年轻工人是否受到越来越多的来自社会上的掌控，现在的联合组织在城中起的是强有力的社会网络的作用，是传递新闻和新思想的通道。

抵抗主义（Defenderism）从某种意义上讲是一个新思想，是发生在阿尔斯特南部和伦斯特北部农村的一个现象。首次受到人们注意是

1791年发生的农村运动。人们被组织到各个临时居住地,其成员之间的联系靠的是秘密誓言,无论在形式上还是目标上都在很大程度上有宗派性质。1792年天主教委员会的隆重登场以及对全国天主教会众的鼓动,激起了宗教混居地区的矛盾,其中就有米斯郡北部地区。这推动了抵抗主义聚居点的发展。这个运动在地区范围内发展到多远尚不清楚,是否发展出切实可行的政治纲领也颇有争议。我们知道的是,它于1793年到达都柏林。从那时起,开始出现有关抵抗运动聚会和聚居地点的报告,尤其是北边的市场区内。

在1794年对爱尔兰人联合会进行镇压以后,一些忠心的激进分子仍然保持了一个隐蔽组织,其名称取自他们经常聚会的不起眼的小餐馆,就是库克街的"奋斗者客栈"(Struggler's Inn)。

杰克逊和邦德这两位在政治和商业领域都与阿尔斯特长老会有密切联系的富有共和派商人,是其主要人物。而皮尔巷(现在的法庭街),以作为他们的支持中心而著称。皮尔巷是大型的零售一条街,从教堂街向东延伸到阿比街,紧邻奥蒙德市场以北,唯一的鲜鱼批发市场也在这里。到18世纪90年代,这里的生意在天主教徒和新教徒名义下很平均地各自为政,其中的纺织品业比大河以北任何地方都更具特色。杰克逊在大街西头的铸造厂雇工最多。由于雇主的缘故,这里的工人非常关心政治,彼此之间的亲密关系在附近的乔治酒馆和白色十架酒馆里日益加深。后者是"来自北部的卡门(即运输车队)住宿的主要地点"。

约翰·伯克与库克街和皮尔巷的这些雅各宾分子偶有联系。但是,他与其他本地热心支持者在城中各地赞助的秘密手工业者俱乐部却和其他俱乐部大有不同。这是些年轻组织,带有更多的革命性、富有乌托邦幻想、与抵抗者意气相投,对新教徒的仇视态度由来已久。这些技工俱乐部的成员大多数都是天主教徒。但是他们乐于表达对革命的忠心,甚至在1795年巴士底狱纪念日那天在他们喝酒的酒馆外面燃起篝火进行庆祝。与此同时,在米斯这个抵抗主义中心所在地,人们似乎逐渐认为都柏林作为敌人的大本营，必须要占领下来，都柏林人必须被拉进来参与这项事业。到1795年8月，有很多人既是抵抗主义者又在伯克的博爱学会（Philanthropic Society）中。那时在都柏林附近发生了一系列的武装袭击事件和一次小规模的要塞兵变事件。这导致了一连串的逮捕行动。其后抵抗主义者的活动在城中逐渐平息，1796年两名都是十多岁的年轻抵抗主义者遭到审判并处死之后，情况更是如此。

非常措施

到1796年，在三年的争战中，都柏林的政治局势就像在坐过山车。1793年的解放法案允许市政厅和公会在同等条件下接受愿意加入的天主教徒，也允许各个郡县的大陪审团给天主教绅士开放席位。现在，谁可以作为四十先令自由保有地产权者获得登记权，并因此在城市和郡县的议会选举中有资格选举，已经没有宗教上的限制。但是，市政厅没有义务接受天主教自由民。并且在1793年，都柏林二十五个公会中只有六个决定接受天主教申请人，而获得批准成为公会自由民的，没有一个被确认为城市自由民。即使瓦伦丁·奥康纳这位新近加入商人公会并被市议员提名申请拥有城市自由权的人，仍被市下议院以绝大多数票落选。很多年里，天主教徒申请城市自由民，无论是哪一个等级，都再没有获得批准过。出于选举目的而进行的土地所有权登记同样也没有一例获得成功。天主教徒的登记工作在城市和郡县层面继续进行着，但进度非常缓慢。1793年末期，一个增补惯例法案（Convention Act）从法律上禁止未来所有代表大会的召开，一个国民军法案（Militia Act）为宗教上混杂的国民军事武装开辟了道路。这后来成为爱尔兰国防现役军的基础，由郡县和市级兵团为建制，部署在爱尔兰各地（但是都不在本地驻扎）。军队随之而来的兴起在都柏林并没有产生特别的矛盾（与国内很多其他地方不同）。事实上，倒是因吸收了很多失业纺织工人而颇受好评。但是，当第一支以天主教徒为主的军团在都柏林附近安营时，有些人就对他们的忠诚度开始产生质疑。的确如此，争夺军队的人心取向一直是一项当务之急的任务。

尽管天主教委员会已经同意退出政治舞台，但在1792年那些激情燃烧的岁月之后仍然继续非正式地存在着。在接下来的两年中，人们越来越感觉到解放大计并未完成，有关战略问题的内部争论导致天主教领导层分裂。伦敦发生的事件拯救了他们——与波特兰辉格党有关——一个战争联盟产生了。该联盟协议的一个内容就是给都柏林任命了一位改革派的辉格党人。天主教政治家和大多数爱尔兰辉格党人在1794年末这件事落实的时候，都期待会有大事发生。菲茨威廉伯爵是一位辉格党大鳄（与英国梅里恩诸勋爵没有关系），他在新年伊始到达都柏林。关于对爱尔兰政府进行伯克式改革以及建设一个新的统一思想的想法让他热血沸腾。他要将有产天主教徒完全地重新整合，建立起一个拥有武装的联盟，以应对来自底层的社会危机。然而，他对爱尔兰政策的判断能力如何并不清楚，正是因为这一点，很快便产生了严重的后果。

这份宏大计划中，最终的解放法案是一部分。因此，在格拉顿的鼓动下，天主教领袖们在菲茨威廉还未到之前就为获得解放而组织了新一轮的请愿活动。都柏林充当开路先锋，请愿书签署之后就被送到城堡，后面有一百辆车护送、助威。为了实现天主教解放，对爱尔兰事务进行改革，菲茨威廉在其爱尔兰朋友的鼓动之下认为，政府应该是存在腐败和分裂的问题，他必须要予以解决。所谓的政府，就是约翰·比斯福特以及爱尔兰政府内部的幕后操纵者，即副国务卿萨克维尔·汉密尔顿和爱德华·库克。他做到了这一点，格拉顿和庞森比家族获得提升组成了掌握实权的内阁。格拉顿着手起草了一份新的天主教解放法案。

比斯福特越来越不得人心，在上议院对一起情况不明的有关市中心的土地交易进行的旷日持久的听证会更加剧了这种情况。马路建设委员会曾获得的位于阿比街和伊甸码头之间的大片地块在1792年出租给了亨利·奥提维尔（Henry Ottiwell），但是并没有按通常情况经过拍卖程序。而比斯福特的儿子，新近成为银行家的约翰·克劳迪亚斯，却与奥提维尔有着千丝万缕的联系。奥提维尔的辩护是，投标人沉瀣一气，而地价在贬值，他是在这种情况下获得批准租赁那块土地的。这可能是事实。但是，在现在的阶段，整个城市的改造计划在比斯福特很多政敌（包括此时的约翰·福斯特）的眼里已经成为肮脏的交易，并且阿比街的交易都已被看成是为一己之私谋利的腐败行为。比斯福特1795年的丑事人尽皆知。然而，菲茨威廉的统治却是一场转瞬即逝的闹剧。解散伦敦忠诚的爱尔兰联盟一事激怒了首相，同时他的辉格同盟者对于新的宗教政策也非常不悦。就这样，菲茨威廉于2月中旬被郑重其事地召回。对于看到1782年改革好处的人来说，召回他说明爱尔兰议会的独立性纯属子虚乌有，因为要不是如此，菲茨威廉在立法改革方面几乎肯定能赢得爱尔兰议会多数人的支持。但是，这并不是问题所在。他的离开激怒了天主教的舆论，他们（错误地）认为这单单就是与天主教法案的提出有关。格拉顿一派的人在短暂地尝过权力的滋味之后陷入失望之中。而市政厅以及保守派则普遍对此暗自窃喜。天主教领袖的说辞很明显地改变了。在天主教游说又一次被伦敦驳回之后，弗朗西斯街小教堂在4月份举行了一次集会，一位发言人如此说："爱尔兰人民寻求保护和解放，再也不会仰赖英国内阁了。"这种愤怒情绪和背叛言论过于自以为是，使得一些天主教领袖更愿意接受外国干预的想法。

菲茨威廉的继任者卡姆登伯爵很快上任。办完城堡当局的枢密院程序之后，一系列有组织的"石刑"开始了——目标是，格拉夫顿大街的大法官及其住宅；福斯特在莫尔斯沃思街的住宅；约翰·比斯福特在海关大楼的公寓（他儿子克劳迪亚斯对众开枪，杀死至少一人）。这些攻击行动是由"奋斗者"群体策划和组织的，看起来似乎是众人

第五章｜爱国之城：1780—1798

酒后滋事。其意图是要展示皮尔巷主教在反对派政治完全占据主流位置的时候所拥有的实力，也许还有要表明的立场。

都柏林警方在当年晚春时被强行解散（这是得到菲茨威廉支持的举措，卡姆登也萧规曹随，将之列入都柏林人事业务标准作业流程）。市政厅现在已经恢复对市议会下辖的警察地方治安官的任免权，穿制服的警员削减到五十人，以前的教区岗哨也再次启用。然而，随着情况的明朗化，人们发现都柏林在随后的三年里变得很明显地更加军事化了。警方的地方治安官在镇压政治颠覆的行动中与城堡秘书处的合作更加紧密，旧的城镇陆军少校这个官职也予以重新定义：亨利·史尔，其父担任这个职位时是个闲职，而他于1796年对其接管并重整。史尔是一位周游过列国的退役军人，后来成为葡萄酒商人，新近被选为市下议院议员。他是以都柏林市民和军方决策协调者的身份出现在人们的视线里的，其实就是警察局长。他成功的情报工作和高调的逮捕行动使他很快声名狼藉。城市的战略防御问题现在迫在眉睫：卫戍军团扩大了规模，在洛灵斯顿（Loughlinstown）以南八英里的地方建起了一座大型兵营，主要用以容纳省级军事军团。接着，在1798年初，亚兰顿建港口要塞的旧想法又浮出水面：南大墙陆地尽头的一家客栈"皮津先生之家"（Mr Pigeon's House hostelry）被政府收购，改建成为一个小型城堡，以保护入海通道。

这一轮军事化行动中所采取最重要的一个步骤是创建义勇骑兵队（yeomanry）。面对农村中不断上升的不法案件，卡姆登在1796年末被迫同意了这种新形式的志愿军。菲茨威廉曾支持义勇骑兵队不必公开表明宗教信仰的想法，允许所有财产拥有者分担地方防御的负担。但这股新的军事力量最终变成可怜的保皇派的变种，有财产的天主教徒人数非常少。他们开始退出是由于天主教领袖发起的不鼓励其支持者参加志愿军的行动，以表明他们不支持政治集团回归的态度。故此，当城里的天主教徒后来申请加入的时候（1798年春），他们的动机遭到了质疑。到1798年6月，城里有将近五千名武装义勇骑兵队成员，分成十二个兵团和七个骑兵军团，另在都柏林郡有十二个军团。合在一起，他们构成了一个规模很大的男性新教市民群体，其中也包括少量的富裕天主教徒。城里有七股军团是以区为单位组织的（包括一个新的自由区流动骑兵队 [Liberty Rangers]），七个是以职业或者公会为基础组成的（其中四个与律师有关），四个有政府背景（亚麻交易大楼、学院、海关和大运河）。这些军团构成一个巨大而明显有形的效忠王室的军事力量，势不可挡。对于这些军团的创建者，很多人，可能是大多数市民，现在将他们看作是一股充满敌意的政治势力。

激进政治活动家的残余势力，就是联合起来的天主教委员会的那些人，他们准备好了要在1795—1797年筹划一次针对国家的武装挑衅。他们这么做是指望，或者至少是希望，能够实现法国的介入。他们感觉，单独由爱尔兰人发动起义将是一次绝望的行动。试验法国是否能够提供兄弟般的援助成为很重要的任务。天主教委员会秘书沃尔夫·托恩在成为杰克逊事件共犯之后幸运地得以逃脱牢狱之灾。他于1796年初转道费城到达巴黎。其目的就是为了寻求这种帮助。沿着完全不同的路径（从各种意义上讲），爱德华·菲茨杰拉德勋爵和激进的科克郡议员亚瑟·奥康纳也将那一年大部分时间花在了欧洲大陆。假如法国能够对爱尔兰采取一次大规模入侵，向法国督政府①进行游说的人中，托恩的作用至关重要。于是，在1796年12月，无敌舰队从布雷斯特②出发了。如果不是圣诞季节的恶劣天气，他们本该在班特里湾③成功登陆的。如果大规模法国军队那时在芒斯特建立起桥头堡，那么，他们在首都的支持者也就不用帮什么忙了。不管是存活下来的联合爱尔兰人俱乐部还是激进的天主教领袖都没能建立起军

---

① French Directory，自1795年开始统治法国的五人委员会取代公安委员会（由国民公会指派），1799年11月被拿破仑雾月政变推翻，法国大革命结束。
② Brest，法国一座军港城市。
③ Bantry Bay，位于爱尔兰科克郡的海湾。

事力量。都柏林激进派毫无准备的状态，与阿尔斯特的情况形成鲜明对照。从战争一开始，联合爱尔兰人运动的预备兵力就急剧增长——阿尔斯特已经准备好采取先发制人的行动。

法国入侵流产之后的几周内，都柏林的天主教大主教发起了自1791年以来的第一次政治行动。特洛伊将其在弗朗西斯街小教堂的很多同工主教集合起来，为能够从法国入侵中解脱出来举行了一个隆重的感恩仪式。他批驳潘恩思潮及其"狂热不羁的民主"和"腐朽的法国自由之树"。对于三千名会众来说，神职人员对无法无天的法国进行抨击当然并不新鲜，但是他对所有法国的事物都采取的猛烈攻击态度，却令人目瞪口呆。特洛伊不再是1792年泰勒大厅政治家们的随和支持者，而是一位绵里藏针、迎难而上的圣职人员。他在1795年5月与卡姆登的首席大臣托马斯·佩勒姆达成一项特别的交易，获得每年八千英镑的常年政府拨款以供修建爱尔兰天主教神学院。通过这件事，他从摇摇欲坠的总督统治下保全了费茨威廉的另外一个设想，而条件是爱尔兰的主教们对其"圣帕特里克皇家学院"所拥有的自主权，比费茨威廉所能争取到的更多。神学院原来的设想是为都柏林而建，于交易以后数月内在更合适的地点开张了，这就是梅努斯[①]——伦斯特公爵所拥有的村庄。

像理查德·麦考米克和威廉·麦克内文这样的天主教民主派对来自主教的攻击丝毫不为所动。事实上，他们对都柏林城中极少数教区主教放弃政治调节的态度表示同情。在班特里湾事件之前，贝尔法斯特联合爱尔兰人协会领袖们起初鼓励都柏林活跃分子将混乱的地下工作人员和心怀不满的人际网络改造成统一的、由小单位组成的运动组织，以誓言为约束手段，不招不聚。那时，几乎不存在来自神职人员方面的阻碍。这个整合过程似乎是从自由区开始的，贝尔法斯特的影响在那里曾经很弱。但是，金钱和交通中心仍然是皮尔巷，而外部形

[①] Maynooth，位于爱尔兰基尔代尔郡北部的城镇。

象由联合爱尔兰人协会代言。1797年的头几个月里活动频繁。5月，城堡当局的消息提供者弗朗西斯·希金斯忙得不可开交。他报告的内容包括，皮尔巷的商人们最近如何"在奥蒙德市场的里里外外让多达七百人"做了宣誓，"有生肉商及其学徒……他们现在开始吸纳佣人进行宣誓"，多德一带的铸铁厂（据猜测是亨利·杰克逊的工厂）在"大量"地生产铁矛，有"不下于一万名底层阶级和劳工宣誓了"。下一个月，希金斯的报告中又包含这样的细节，在北郊菲铂斯区[①]的晒布场有人在进行军事训练；三个联合爱尔兰人协会成员，来自城中心的一名杂货店主、一名玩具商以及一名裁缝如何"在最近到威克洛郡各地分发反叛宣传单、运送施政章程、让很多受蒙蔽之人宣誓"。但这并不是，或者还不是一次武装阴谋——尽管当时人们号称，"在皮尔巷、教堂巷（Church Lane）以及所有那附近的居民区，每个男人都拥有一两杆枪的"。

1797年春，北部爱尔兰人联合会组织要搞一个先发制人的起义，给都柏林领导层带来巨大压力。但他们扛了过去，因为很明显，起义准备工作一直无所进展，而都柏林又一直发酵着"懦弱情绪"。然而，那一年晚些时候，贝尔法斯特行事激进的主流大报《北方之星》（*Northern Star*）突然被封，其空缺很快被都柏林给填上了。1797年至1798年之间的整个冬天，负责《新闻界》（*The Press*）出版的，是阿比街的爱尔兰人联合会印刷商约翰·斯托克代尔。他具有丰富的业内经验。《新闻界》是一份影响力超强的报纸，既有匿名政治评论（撰稿人有奥康纳、艾米特家族以及该运动在都柏林的多数领袖），也有对军队和义勇骑兵队荒唐行为的大胆报道。在这份报纸存在的五个月里，其三名主要出版者被捕入狱，而"都柏林公众的灵魂"却不知怎么一直"逍遥法外"到一小队士兵带着大锤到来为止。他们迅速捣毁出版社并逮捕了斯托克代尔。但是，这时——1798年3月——都柏林的革

[①] Phibsborough，都柏林老城以北两英里的商业住宅混合区。

命者最终发起了一场真正的具有军事威胁的行动。

一年的时间里,整个局面完全变了。阿尔斯特的联合爱尔兰人运动在 1797 年春夏被大大削弱,其在农村获得的支持被地方行政势力和军方联合实施的严厉"平定"政策打击下去。1797 年初,和平的传言和皮特政府倒台激起了格拉顿派辉格党的热情,促使格拉顿和联合爱尔兰人协会领导人增加联络,都柏林曾因此短暂回到宪政状态。但是当这个预期破产之后,辉格党从议会撤出(让他们的立场与威斯敏斯特的福克斯①策略保持一致)。接着,在一次低调的大选中——数十年来第一次——选民中没有产生对抗,格拉顿悄然离开。两名新晋议员之一是约翰·克劳迪亚斯·比斯福特。他现在是一位独立政治家了。从一开始,他就将自己的身份定位在一个新的反独立派别中,这就是橙带党②。这个组织正像之前的抵抗主义,从南部的阿尔斯特引进到都柏林。引进过程中发生了一些改变。其形式是共济会式的,但是在都柏林的本地目标是加强、保护新教的掌控地位,在国家政体和市政厅里都要这样,这是新一轮宣扬泛新教徒身份的一部分。

经济环境也发生了改变。18 世纪 90 年代中期,都柏林成功地调整到战时经济状态之后,于 1797 年 2 月遭到一次更为严峻的信贷危机的打击,爱尔兰银行(紧随英格兰银行之后)不得不暂停纸币兑换黄金的业务。爱尔兰政府所面对的财政危机越来越严重:班特里湾事件带来的冲击导致爱尔兰军费开支螺旋上升,这成为必须解决的燃眉之急,因为发生了费用削减和新间接税种增加的现象,有些(尤其是对食盐征税)直接落到贫穷消费者的身上。投机性建设再次在惊恐

---

① 泛指 18 世纪和 19 世纪英国辉格派政治家,他们坚持查尔斯·詹姆斯·福克斯的理想和政治信仰。后者是 18 世纪议会议员也是辉格党领袖。

② Orange Order,爱尔兰新教政治团体,该名称源自新教徒奥兰治("橙色"的意思)的威廉,即英国国王威廉三世。他击败了信奉罗马天主教的詹姆斯二世。该协会成立于 1795 年,旨在保持新教在爱尔兰的统治地位,以抗衡不断高涨的解放天主教的呼声。

中戛然而止，手工艺品行业失业现象严重。因此，在1779、1784和1792年，我们可以感觉到真正的经济衰退的开始，也能看到这种衰退与新形式的政治抗议之间那种强烈的关联性。针对城市生活可以如何重整的问题，爱尔兰人联合会发出的信息没有什么新东西——其领袖毕竟都是资方老板或者属于绅士阶层——但确实提供了通向革命性政治变革的冒险路径。

联合爱尔兰人协会在都柏林城里的力量分布从来就是不均衡的。除了在老城和自由区以及大河以北地区的教堂街/市场已经成型的热点地区，在东部也有独具特色的一些据点。而码头一带沿雷泽山/汤曾德街和约翰·罗杰森爵士码头的地区，包括有造船工人和其他与大河有关的成熟行业所在的地方，他们从来没有在那里的旧街头政治活动中有什么突出表现，但现在却出现了一些激进分子的聚会地点和酒馆。大河沿岸的贸易链上，有以"走私和嫖娼著名的"北都柏林郡的拉什，"那里的猪比新教徒都多"；还有韦克斯福德、唐（Down）的东部以及科克的西部，这些地方在1798年具有了新的意义。离开大河一个街区就是三一学院：战前大多数有专业的联合爱尔兰成员都刚刚毕业，成了专业人士。他们在学生辩论中曾初次小试牛刀，托恩就是他们中一个明显的例子。在战争的初期阶段，第一个共和派手工业者俱乐部的创始人约翰·伯克在与学院董事就其非正统宗教观点进行论战中学到了对抗技巧。但从1796年末开始，当外面发展起以誓约为约束的细胞小组活动的时候，学院里建立起四个由本科学生组成的联合爱尔兰人团伙。大法官于1798年4月作为学院来访者举行了非常公开的调查，它们的规模那时才得以公诸于众：大约有五十名学生（包括托马斯·摩尔）被怀疑是联合爱尔兰人团伙的共犯，有十九人遭到驱逐。后者更多的是资本拥有者而非地主，多是芒斯特人而不是都柏林人。他们中有一半人是新入学的天主教学生。其中包括约翰·基奥那十几岁的儿子以及注册医生罗伯特·埃米特最小的儿子。

1798 年

在都柏林市中心搞一次暴动的前景总是不那么乐观。政府在城周围遍布着充足的兵力，城中居民有一半是忠于政府的。官方还掌握着陆地和海上交通——即使在财政危机和受到外部威胁的时候——政府也掌握着战略优势。因此，激进派在 1797 年不情愿采取军事行动，以悲观的眼光看待政治局势，是完全可以理解的。法国督政府的意向仍然不得而知。于是，为了争取法国无敌舰队再次出兵，都柏林领导层支持亚瑟·奥康纳回到法国的计划。但是，奥康纳及其同行者在肯特遭逮捕并以卖国罪被判处死刑。奥康纳很幸运地逃过了死刑。既然没有来自巴黎清楚的帮忙信号，那么为什么 1798 年 5 月却发生了一次预谋已久的城市革命呢？

在城里和乡下，联合爱尔兰人协会志愿者积累了雄厚的军事力量。这是通过一系列零星事件积累实现的，包括偷窃枪炮、有目的地制造长矛以及秘密训练。接受过基本训练的人数一直没有估计出准确数字。但我们可以认为，到 1798 年 5 月，有上万人在城里和周边的范围内可以接触到长矛（据希金斯猜测，除了被收缴的一些，那时"城中仍藏有三万件武器"），这种军事上的预备反映出底层需求。联合爱尔兰人协会在伦斯特的泛军事组织于 1797 年 8 月刚刚成立，所依赖的指挥结构是每一个单位有十二位成员，由一位上士负责；上士中选出上尉；上尉中选出上校。这些上校轮流担任郡指挥官，构成郡领导层，并要向省级委员会派出三位代表。实际情况多少有些出入——城中选举上校的工作到 1798 年 4 月才完成。5 月份截获了一位军长的文书，包括调集在城中活动的二百三十四个"协会"或者叫细胞小组返回的内容。其中，城西北部的数量最多，平均成员数也最多；城东南的协会数量最少，平均人数也最少。

这种臃肿庞大的结构几乎无法隐蔽行事，但至少保证其对底层社会情绪拥有非常的敏感度。近似恐慌的担忧成为促使人们采取暴力行动的催化剂——有基于经济不景气产生的忧虑；有因附近各个郡里军队和地方行政官的粗暴执法而产生的焦虑；想到橙带党可能会突如其来地发动进攻，人们同样充满恐惧；另外，刑法再次启用，也是大家担心的一件事。现在，在《联合之星》的单页和联合爱尔兰人协会的诗歌本中，流行着令人毛骨悚然的传言，这其实是一个精心安排的策略，以便赢得大众支持。但是，由于偶发暴力行动——针对告密者的，他们检举在场的人和义勇兵——越来越频繁，并且还有与之相应出现的军纪涣散现象。如此种种，对掌权者采取行动的压力日渐增长。

但是，使都柏林成为一次独立操作的起义中心的决定性因素，是陆军少校史尔及其助手对联合爱尔兰领导层中伦斯特省级委员会的十四名成员的抓捕行动。抓捕地点位于大桥街奥利弗·邦德家，时间是3月12日。这次行动引起很大轰动。紧随其后，有五名国家级别的领袖也遭到逮捕。通过被捕的"都柏林人"，我们可以看到联合爱尔兰人协会的精英所在：三位是来自皮尔巷的领袖（杰克逊、邦德和麦卡恩），两位前天主教委员会的领袖（麦克内文和斯维特曼）以及两位出身名门的英国国教律师托马斯·艾缔斯·埃米特和威廉·桑普森。但是，逮捕这些人带来的不良后果，会更加激起伦斯特反叛的可能性，而不是相反。因为在此之前，埃米特和麦克内文都反对没有法国参与的起义，因为那样的话压力太大。他们认为这样的暴动破坏力太大，也不易成功。伦斯特执行领导人中的大多数都支持这个观点。亚瑟·奥康纳和爱德华·菲茨杰拉德勋爵都是前议会议员，但他俩却对冒险的胃口更大些，曾在好几个月的时间里凭相反的观点游说城中领导层，但并未成功。奥康纳现在是出局了，因他在英国遭到逮捕。但是爱德华勋爵仍有自由身。作为一名退伍军人，他知道如何运作一场不平衡的战事。现在，他可以推进暴动计划了。他（也许与他人合作）着手为一场出其不意的起义制定计划。希望一开始是对城里某一重要公共建筑（城堡、某家银行、海关大楼，也许是对新门监狱和学院）的夜袭，使用的兵力来自联合爱尔兰人协会在城里和都柏林郡、威克洛郡、基尔代尔郡和米斯郡周边地区的志愿者，再加上军队里的反叛者。从都柏林城里来的邮车如果不出现，这对伦斯特周围地区甚至更远的地方就可能是个提示，都柏林发生了起义，他们应该阻止军队向首都进发。菲茨杰拉德在制定计划和完成都柏林城里城外的军事指挥的过程中，有一些优秀的助手协助他，像迈尔斯·杜戈蓝（Myles Duigenan）。这位是格拉夫顿街的杂货商，有丰富的物流经验；还有米斯街的医生威廉·劳利斯。但是，他真正的合作组织者是退役的北部联合爱尔兰人协会的领导人撒母耳·尼尔森（Samuel Neilson）。后者现在放弃了贝尔法斯特的一切，完全投入到开垦都柏林郡西部和北部的革命沃土当中。

尽管城堡当局拥有告密线人网，并且从全国各地流向爱德华·库克写字台上的信件已经堆得满满的，但有关爱尔兰人联合会军队的日程和意图仍然没有确切警报。作为防御措施，都柏林于5月中被置于军事管制之下，新门监狱旁以及克曼汉姆郡监狱的外面都安置了大炮。在利菲河以及大运河上的桥梁两端都设置了岗哨，义勇骑兵队展开大规模枪矛搜缴行动，其间常常发生鞭打嫌疑人和擅入民宅的情况。调动成千上万名联合爱尔兰军的计划详情，城堡直到最后一刻才知道。事实上，由于在预定日期五天前藏在托马斯街一位羽毛商人店铺里的爱德华勋爵被抓，起义几乎要临时取消。这件事同样是出自陆军少校、驻军军官史尔之手。但是，在1798年5月23日傍晚，撒母耳·尼尔森在教堂街附近成功地召集了十五名都柏林城里的上校（包括几名从城外来的），将他们分配到各自的岗位上。但是，正像该事件的第一位史学家，也是那一晚的目击者理查德·马斯格雷夫回忆的，"反叛者击鼓准备开战，原本应当晚于我们一小时……如果他们在这千钧一发的时间里先于我们，那么都柏林城及其忠诚居民的命运就玩完了。"最后一分钟传来的警告以及对尼尔森先发制人的逮捕（当他侦查新门监狱以预备对其进行攻击的时候），导致进攻都柏林的计划破产。所以，第二天，"在日出之后，在通往史密斯菲尔德和其他岗哨的各条街道和小巷里，堆满了长矛和火枪，都是（反叛者）……仓皇撤退时落下和丢弃的"。要说都柏林城义勇骑兵队英勇，还不如说反叛者在城区范围内毫无挣扎就溃败的狼狈，更何况还有驻扎在圣司提反绿地公园的科克城义勇军的协助。在城市范围以外，情况却不是这样。几乎每个方向都有零星的武装冲突，从达尔基到卢坎，北部一带直到桑特里。并且有报告称大军团正在集结，等候命令进城加入战斗。

去乡下的四个邮车有三个在那天晚上受阻，这引发威克洛和韦克斯福德、卡罗、基尔代尔和米斯更广泛的反叛行动，与都柏林的情况相比，那些地方的行动持续时间更长、生命损失更大。由于反叛，首都以外的道路都被封锁起来，通信在一周以后才又恢复。这段时间里充斥着惩罚、武器搜缴、对囚犯的大规模酷刑拷问（由约翰·克劳迪亚斯·比斯福特授意，在蒂龙府邸马厩中发生的骇人听闻的事件），还有军事法庭对投降的义勇兵的审讯以及执行死刑的事。城堡当局首席情报人员伦纳德·麦克纳利报告说："普通人认为是那些上等人背叛和抛弃了他们。"但镇压丝毫没有放松："人们心里的敌意和复仇情绪将成为不可避免的后果……接受死刑被看作是了不起的牺牲……"城里会发生再一次起义的流言四处传播："大量宣誓的年轻学徒成为急先锋，他们发誓要血洗都柏林，所担心的事情是……除了阻止他们起义的职员和店主，是否还能有其他人愿意加入进来。"当韦克斯福德叛军向北部的阿克洛进发时，人们对该城会遭到进攻的恐惧达到顶点。一旦阿克洛陷落，人潮必定涌向都柏林。但是，这座威克洛南部城市并没有落入反叛者之手，他们在6月9日的失败更是除去了这种可能性。

可以肯定的是，1798年绝不是1641年的重演，军事行动持续时间很短，皇家军队总体上一直处于优势。然而，在夏季的四个月份当

20

爱德华·菲茨杰拉德在起义计划日期的前五天遭到逮捕，这里是对这一事件某种意义上的一个戏剧化的呈现。是根据托马斯·摩尔的朋友詹姆斯·道林·赫伯特所画的大型油画所作，但是那幅画后来遗失了。这幅木刻画简化了那个复杂的不幸事件的情节，却明确描绘出是驻军军官史尔射出了那决定性的、使菲茨杰拉德负伤的一枪，后者两周后在新门监狱去世。

中，这场危机在伦斯特、阿尔斯特和康诺特之间至少导致 10,000 人丧生。成百上千的都柏林人加入到其乡下亲友在伦斯特的战役行列中——包括城里爱尔兰人联合会协会的七名上校——有两个月的时间，城里联合爱尔兰人运动的同情者与都柏林和威克洛山区中反叛者营地之间人员和物资流动不断。同样的，对于从威克洛和威克斯福德逃离反革命暴力活动的人来说，都柏林成了他们的避难所——对来自各地吓坏了的新教家庭来说也是如此。当恐惧的余波刚刚散尽，人们便开始对这次起义明显所带有的宗教特征进行反思和讨论，同时还包括爱尔兰人联合会以及政府势力各自的行为是否存在宗派动机的问题。但是，追究这场危机的责任者，是从最高层开始的。总督卡姆登于 6 月末被替换为在印度和美洲都参过战的老兵康沃利斯勋爵。他给爱尔兰政府带来新气象。原来的政府一班人在他到达之后很快就靠边站了，政府现在由克曼汉姆的军方掌管，而不再是城堡当局。康沃利斯的政治观点在一些方面和卡姆登相比，与菲茨威廉更加接近：对政治集团（及其前任）处理事务的方法持坚决的批评态度，他将取消爱尔兰议会和天主教全面解放这两件事看作国内的头等大事，还有就是要减少人们对军方的敌视态度。他停止了法外处罚，收回对军事法庭的掌控权，坚持将城市义勇骑兵队的活动范围限制在城市以内。他对联合爱尔兰人步兵采取了令人吃惊的怀柔政策，当武器解禁和有条件赦免的政策在 8 月份一出，1064 名都柏林市民（包括 19 名酒馆老板和 8 名铁匠）和很多其他人一样蒙此恩惠。只要反叛领袖全部交代联合爱尔兰人运动的来龙去脉，他表现出愿意免除他们死刑的态度。这个提议最终获得采纳，用麦克内文的话说："这是为了拯救国家最好、最勇敢和最文明的保卫者脱离冷血杀戮。"虽然不那么张扬，但法国舰队计划在 8 月底再次登陆爱尔兰海岸，而且让·亨伯特将军（General Jean Humbert）到达梅奥[①]北部。这些消息并没有在都柏林引

---

① Mayo，爱尔兰西北部郡。

起恐慌,与几个月之前的情况完全不同。在康沃利斯的指挥下,亨伯特在巴里那默克(Ballinamuck)被击败。康沃利斯的权威很快上升。

对大多数都柏林人来说,内战几乎发生在他们家大门口,所带来的噩梦般的恐惧成为永远无法褪去的记忆,"每一幢公共建筑都成了监狱……每条街道都成为各各他[①]",人们用灯柱当绞刑架,过河的大桥上悬挂着被当成战利品的反叛者的尸体。在起义的头些日子里,两名义勇军叛徒在皇后街大桥上被绞死;在旧桥上是一名芬戈郡上校;而托马斯·培根——裁缝大师,前市下议院议员,坦迪的伙伴,金匠义勇军的成员,也是一位著名的爱尔兰人联合会上校——是在卡莱尔大桥上被处死的。几天以后,在这里还处死了约翰·埃斯蒙德——1792年参加过天主教大会,是一位活跃的义勇军成员,但也是联合爱尔兰人运动负责基尔代尔郡的秘密领袖。英国的培根和天主教徒埃斯蒙德,他们两位都是成功人士,被同僚所敬仰。在比斯福特的大都市发展的过程中,他们死时的惨状给那个做出很多承诺的时代画上了一个野蛮的句号。

---

① Golgotha,《〈圣经〉》记载耶稣被钉死在十字架的地方。

第六章

天启被推迟：1798—1830

英－爱议会联合

早在 1793 年，曾经是詹姆斯·冈东助手之一的詹姆斯·马尔顿（James Malton）在伦敦将一幅雕刻画公诸于众。这幅画描绘的是爱尔兰议会大楼的廊柱侧面图，"在欧洲都无与伦比……在这座正处于上升阶段的城市中，很多这样的优美建筑装点其间，这是爱尔兰的骄傲。"马尔顿是一位与众不同的绘图员，他在 1791 年用了很多时间针对都柏林建筑和街景制作出二十五幅作品。在将这些作品雕刻并付梓之前是以水彩画的形式呈现的。从 1797 年开始以铜版画的形式问世，并在 1799 年以对开本的形式在伦敦首次出版，并配有城市简史。尽管大多数后人对这些画的印象是手绘彩色作品，但它们其实是单色的。作为建筑画作的巅峰之作，也作为 18 世纪都柏林的全景展示，这些作品无与伦比、从未过时。所描绘的阳光下的宁静以及"田园般的清明"营造出英－爱议会联合前都柏林所拥有的怀旧情愫。在其议会独立的黄金年代里，这是一座祥和又自信的都城。捕捉这一切的时机恰到好处。就在他的这些杰作上市的那一年，都柏林城的死亡信息却在到处流传着，这实在是好大的讽刺啊。马尔顿在都柏林的最后工作是一、两年之后完成的，是其学院绿地公园门廊横向图的改版：分两个视角，一个是其原始状态；一个是其想象中的未来状态——成为破败躯壳的样子。

对英-爱议会联合以及都柏林立法机构关闭的担心是一直困扰人们的怪物。1759年的骚乱之后,公会政治家们屡次警告存在着有关该联合的秘密计划,这使人们心存不安——而这的确事出有因:取消爱尔兰议会是小皮特①及其几位都柏林密友私下里一直希望的,因为"1782年宪法"所含的内在危险在其后的十五年间不断显现。实现这样一种联合在政治上的困难显而易见。但是,正像他们看到的,推迟不可避免的事情,其代价会随着每次危机的到来而增长。这些危机包括:1789年的摄政问题以及1792年的天主教解放问题所产生的政治动荡、1797年的经济危机,还有1798年对帝国安全产生严重威胁的短暂内战。皮特对爱尔兰政府明显的无能非常恼火,他甚至在反叛活动开始之前就将英国-爱尔兰联合事宜摆在议事日程的首位。从1798年12月开始,经过十八个月的努力,政府针对马上联合英国和爱尔兰议会的提议在爱尔兰议会中争取到多数票(在此过程中,爱尔兰国会议员的人数缩减了三分之二),提议还包括在更长时期内,分期实现海关、金融和财政上的联合。但是,总督康沃利斯及其首席大臣卡斯尔雷勋爵,却低估了要实现这个结果所需要打赢的政治仗。后者出生于阿尔斯特。他们对1799年1月在议会里的失败感到非常沮丧,那是第一位反英-爱议会联合斗士约翰·福斯特策划的。此后好几个月的时间里,政府开展了各种各样的策略,前所未有地利用各方赞助进行印刷和出版攻势。为英-爱议会联合而取得议会多数票的行动在1800年2月迈出了第一步,该项法案在6月通过,最后的议会通过是在8月2日落幕。

针对英-爱议会联合问题的斗争其实是与都柏林特别有关。人人都能看到这会对该城产生不利影响。这种观点由来已久,也是完全

---

① William Pitt the Younger(1759—1806),18世纪晚期19世纪早期的英国政治家。1783年获任首相,时年24岁,时至今日,仍然是英国历史上最年轻的首相。

第六章｜天启被推迟：1798—1830

可以理解的。早在1795年的一次公众集会上，当这次联合有可能取代解放天主教徒政策的消息传出的时候，威廉·麦克内文曾警告说："这次联合会将都柏林变成一堆外强中干的废墟……成为一个衰落、贫穷、破碎的省级首府。"没有人对此存有异议。关闭议会所带来的致命后果在1799年更加具体地显露出来。福斯特的一位盟友对有可能空置的上层房产做了一次统计，包括对联合以后市值下降的预估和居民日常消费量年平均减少数额：二百五十栋"握在手里的极佳房产（即承租者退租的）就会让市场供大于求，致使房地产开发行业全面停止"。而"那些靠富裕阶层的消费而活的人们，造马车的、做家具的、毛织品商、杂货商……"，他们会放弃现有房产。他的结论是，总归一句话，"都柏林会成为荒漠"。城里的商人和乡下的工厂主们（食糖商人、印染工厂主、五金匠）在下议院的一次调查中，表达他们现在仅仅能够依赖爱尔兰市场的微弱保护，而这保护仅仅是18世纪90年代进口税上升的结果（这是战时财政政策带来的一个意想不到的好处）；同时他们也担心在自由贸易的前景下，他们的生意会面临灾难性打击。但是，对联合发起起诉的主导倡议者来自律师界。至少一半的反联合手册出自律师的笔下，都柏林法院成为最早组织公共集会反对英-爱议会联合提议的机构。立法机构投票不复存在的可能性对司法界人士来说无法忍受，但法院之所以发出如此激进的声音，还有其他不那么主要的一些因素：司法界和议会成员之间的关系颇为暧昧，大幅减少议会席位和相关的政府支持，会极大地威胁到司法人员的职业机会。除此而外，在过去的四十年里，都柏林律师在辉格爱国派政治团体中一直起着核心作用，尽管最近发生了一些事情，但情况仍然没有改变。皮特的措施在都柏林很自然地被看成是党派问题，就像在威斯敏斯特这一政策遭到福克斯派辉格党的反对一样。

康沃利斯仍然非常坚决地致力于实现英-爱议会联合的工作。但很多个月过去了，他未能摆脱政治程序，并因此犯了几个战略性错误。他允许对这个问题进行公开讨论，结果是最终完全恢复出版自由，过程非常公开。但是，他坚信天主教徒所持的温和中立态度，对于保证反对派处于掌控之中至关重要。这一观点在后来发生的事件中得以证实。尽管王室的反对立场越来越明显，康沃利斯成功地赢得天主教主教们的信任。他和他们一样，希望随着议会的联合，使天主教徒的解放能够获得全面实现。

旧的政府集团现在已经没有什么能量，在目前的政策下分崩离析。老比斯福特和菲茨吉本赞成（联合，但不解放天主教徒），而旧内阁中越来越少的人愿意与福斯特为伍，去（别扭地）与议会反对派合作。反联合主义者从一开始就是一群乌合之众，既包括一年前参与残酷镇压叛乱的人（像福斯特），也包括辉格派爱国主义者（像格兰顿和库兰）。这些人在1797年曾寻求与爱尔兰人联合会领导层建立共同立场。到处都是绿色、橙色和嘉德蓝①的丝带，还有搅动人心的战斗口号（例如"拥有议会是人民固有的权利；是王国的一个重要标志，是国家可以拥有的唯一保障"）。这些暂时将橙带党人和激进律师在1799年头几个星期里联合起来。在一段时间里，似乎都柏林的反联合主义者会一直不断地代表本民族呐喊。市政厅开始发表一系列决议，谴责联合行动以及支持这项措施所采用的各项手段。这种做法得到了至少十七个公会的支持。律师义勇军团也宣布反对联合并呼吁其他军团也站出来声援。给人的印象是，一年前战胜叛军取得胜利的，不是城堡当局而是义勇军团；到现在，伦敦方面正在试图摘取**他们的**国家爱尔兰的重要政治机构。这样的情绪当然在城中三个反对联合的橙带党中存在着。但是，政府对义勇军的掌控还是非常严密的。虽然有些市政官员为了抗议政府政策而辞职，但是反联合的情绪一直局限在这个范围以内。

---

① garter blue，嘉德蓝，亦称吊袜带蓝。嘉德勋章（The Most Noble Order of the Garter）是授予英国骑士的一种勋章，可以说是当世的最高荣誉头衔也不为过。衣饰中的披风从15世纪就开始有了。过去是用棉布作的，从16世纪开始使用天鹅绒。在17和18世纪其颜色为天蓝色、浅蓝色、皇室蓝、深蓝色、紫色和海蓝色不等。

都柏林在出版业拥有绝对掌控权，二百二十五份针对争议话题的小册子中约有85%是在这里炮制出来的。其中的绝大多数都是在为拒绝联合而进行的论战。从严肃的官方文章到粗糙的歌谣传单，本地所有的印刷手段都统统派上了用场。并且还出现了一些卡通形象，画的是联合后的学院绿地公园，其上长满荒草，还有牲畜。这种"都市里的村庄"的调侃式预言成为当时的流行语（自由区的皮姆利科传出虚假议会议程的报道，那里是议会的大本营，当与宿敌奥克斯曼顿议会共同面对联合的前景时，所有的努力都成了为"达尔基帝国"的利益而战。后来，这些漫画成了系列）。但是，印刷浪潮对省级层面的影响值得怀疑。都柏林市政厅的反对立场非常坚决，但其实并没有产生预期效果。与1792年保护新教占主导地位时的振臂一呼不同，省级大陪审团和市政单位，尤其是伦斯特和南部阿尔斯特地方，对此的回应非常温和，还有持不同立场的。在1799年的运动中，库克和贝尔法斯特成为支持联合派的中心，各省的作家乐得将所应许的新制度，看作是杀都柏林威风的一个机会。正像北部的一名主教所说，都柏林"在工作机会和计划安排上多占了公共财富，因其独立的薪酬政策而长期以来占尽先机。这对全国来讲并没有什么益处"。

到1799年底，由于政府利用其财政权力达到了一个前所未有的程度（包括非法使用情报机构基金），潮流开始转向赞成联合。但是，首都街头仍然存在着大规模骚乱的危险。无论情况怎样，当联合措施于1800年2月越过议会各个关口的第一道坎时，局面仅仅是混乱一些而已。从发生的所有事件来看，这似乎令人奇怪；食品价格在那年冬天上涨成天价，工厂用工从1797年的冲击以来就从没恢复过，而现在在进一步缩减。如果考虑到这些，就更不可思议了。产生麻烦的因素当然存在，但公众的被动态度是有理由的。现在的军事指挥一直处于警戒状态，并且与以往不同，他们对值得怀疑的群体活动会提前采取行动。除此而外，天主教的教牧人员做了大量的安抚工作——他们希望从威斯敏斯特尽早取得政治上的红利。但最能说明问题的可能理由是，尽管律师们巧舌如簧，但学院绿地作为公共机构的作用却仍被低估了，在天主教雇工和小商人中间尤其如此。他们很担心态度强硬的新教市政厅和橙带党人会对联合提出坚决抗议。要求义勇军保护爱尔兰宪政很容易就被解读成敌对行为。

英-爱议会联合的方方面面还在谈判当中，特别是商业条款。甚至推迟对敏感的纺织品降低进口关税的条款也通过了，致使海关的全面联合延缓了二十年之久。但这是在贝尔法斯特，而不是都柏林。虽然做了大量游说工作，磨破了嘴皮子，但首都的政要们甚至没能冒险特别为都柏林事务赢得些筹码。举个例子，他们甚至没做出任何尝试来保护出版业以免遭英国版权法扩展所带来的可能影响，也没能争取到防御开支的份额以补偿建筑行业，因为房地产行业可能会发生萎缩。联合对都柏林两个重要的行政机构并没有产生什么直接影响，那就是督政府和爱尔兰的四个高级法院。这对联合后的景况当然至关重要。然而，任何一个部门都没受到什么威胁是真格的。事实上，司法建设在未来的几年里蓬勃发展；虽然总督的权限极其不确定，但仍是伦敦政府的行政代表。1801年以后，总督不再是爱尔兰军队的总司令，所以其军事任免权也被剥夺。事实上，对于城堡当局来说，国王医院中学的军队司令在几年当中成为在安全问题上争夺掌控权的敌手。这带来了严重后果。

属于埃米特的时刻

英-爱议会联合于1801年1月成为现实，这种状况延续的时间超过了整个十九世纪。但是，生效之后不久，发生了两件事，为下一代人重新定义了政治格局。有关天主教在联合之后会直接全面解放的期望在几周之内就被打得粉碎，因乔治三世对此明确表示反对。皮特政府不堪压力立即辞职总督康沃利斯及其首席大臣紧随其后。曾经在

第六章 | 天启被推迟：1798—1830

争取联合的斗争中做城堡当局密友，与其共商大计的大主教特洛伊却没有因为事情的结局如此前功尽弃而遭到任何个人攻击。这是时代改变的信号。但是，18世纪80、90年代的天主教富豪领袖们，此时要么静默不言、要么得到许诺、要么精疲力竭，要么已经去世——像其他"政治犯"一样，麦克内文和斯维特曼仍被关在苏格兰北部的福特乔治；麦考米克客居法国；医生赖安已经去世；基奥成功地"与政府取得私下和解"；而年老的布罗豪在长期监禁之后于1798年退出公共生活，也停止了出狱之后那些艰苦卓绝的一场场官司。然而，经过十年来财富的激烈易手，人们很自然地认为这回再次拖延解决天主教问题，最多也只是几年的事。这个问题得到解决最终用了三十多年的时间，其间爱尔兰公共生活受到很大影响，使18世纪90年代已经非常明显的都柏林宗教分化现象更加严重。

第二个事件是1803年7月发生的"突然暴动"，史称"埃米特起义"。与法国的长期冲突于1802年春终于结束，政治犯得以出监，改为流放。但是，随之而来的和平仅仅得到一点喘息就被1803年5月拿破仑海军要进攻英国的威胁给打破。即使联合爱尔兰人领导层现在要么树倒猢狲散、要么亡故归西，但爱尔兰可能发生的新麻烦并非完全无人理会。然而，自从1799年以来，军队水平大大下降，义勇军也被边缘化。但在整个城市的二级兵营中仍继续调派正规军（在南边，旧海关大楼、詹姆斯大街、纽玛克特[Newmarket]和科克街；在北部，有玛丽大街，在港口入口处有皮津屋），以弥补警力的不足。现在在皇家兵营的外面，三千多城市卫戍军团中有四分之一的人在那里驻扎。但城堡由新人负责，因此城市范围内的情报收集工作也弱化了。于是，当1803年7月23日傍晚，当有人试图攻占城中主要建筑时，还是让政府吃惊不小的。市民政府和军事领导之间的通讯在秩序恢复之前的几小时中混乱不堪。令人吃惊的消息一个接着一个，而每一条消息对结局如何都产生决定性影响。但是，总情报系统的失控，再加上人们发现离城堡步行只需几分钟的地方窝藏着大量高级武器的事引起了人们的强烈抗议，也迫使政府重新认真考虑治安警力问题并决定强制加强对城市的行政监管。

1803年的反叛在军事上纯属小事一桩，最多就是有六人死亡。但是，它在城市历史上却成为至关重要的一刻。罗伯特·埃米特是1798年一位起义领袖的弟弟，从任何角度说他都是一个不可忽视的人物——富有热情，才能卓著，和以前的激进主义者一样，坚定地信仰美国革命所倡导的普世救赎理想。1798年4月有19名学生被逐，他是其中之一，并从此一直活跃于政治领域。在旅居法国数年之后，他于1802年末回到都柏林，开始筹划一次新的军事政变。他采用并改进了爱德华·菲茨杰拉德的城市策略，虽然拥有法国军事行动的支持但却独立于其领导。埃米特离开的时候，当地爱尔兰人联合会的领导们组成了一个小范围的小组，主要活动于城西南，其成员的经济地位混杂。他们与基尔代尔、威克洛和韦克斯福德的同伙密切联系。像其他对英－爱联合怀敌意态度的人一样，这个影子似的爱尔兰人联合会小组从当地退伍军人中赢得大量支持。这些军人身经百战，认同1798年5月在城中行动失败的原因，既是领导不利，也有奸细告密。1798年事件之前的选举架构被搁置一边，现在采用的是更隐秘的机制，使之更坚不可摧的不是正式的宣誓，而是五年前被"逐"的那些人之间存在着的不可言喻的信任感。熟练工人联合会（大部分都未受损害地存留下来）的纪律也有利于重建地下政治组织。

埃米特本人的亲信组成了一个高度紧密的中产组织，有名人物包括乔治堡曾经被囚的威廉·道朵尔、乌鸦街商人菲利普·朗以及自由区一位印染商的儿子约翰·艾伦。在英国重新开始与法国交战的好几个月前，在城里聚集力量再次起义的决定就已经做出了，但一切准备就绪是在1803年3月。最重要的新举措是在城里两个仓库建起隐蔽良好的长矛和军需品的储存地点，那里也生产火药和火箭弹。其中一个位于帕特里克街，待时机成熟时供应来自威克洛和韦克斯福德的人们，另一个在马歇尔巷（托马斯街尽头的詹姆斯门［James's Gate］酿

第六章　天启被推迟：1798—1830

酒厂附近）为基尔代尔和利菲谷的人预备。从爱尔兰镇到史密斯菲尔德，设置了另外几个"安全地点"。埃米特被同伙任命为都柏林总司令，他们计划其他几个郡会在各自独立指挥的情况下相互合作。这样的任命反映了他与生俱来的个人权威、社会地位以及雄厚的家族势力。他很快就显示出了出众的才华——为城市游击战开发新式武器（集束手榴弹，手雷以及折叠长矛），在安全地点设计出具有高超隐蔽功能的密室以及为暴动成功制定的新战术。

一开始的攻击对象是东边的皮津屋和西边艾兰德大桥的炮兵营。主攻目标是城堡，采用双管齐下的方式，一队乘车到达正前门，另外一队用挠钩从后墙攀援而上。当然，城堡并不是具有防御功能的建筑（里面没有武器），所以攻占城堡基本就是取其象征意义。该作战计划还勾画出使用双链在一些特定街道设置障碍以阻止军队调动的记号。人们都明白，所有这些安排的前提条件是威克洛和基尔代尔在起义当晚会提供上千人的兵力，他们将从秘密地点取得武器武装自己。埃米特在这些地点监督生产手枪、弹药、长矛和很多其他武器，长矛枪头用运河驳船从基尔代尔的乡下铸铁厂运来。耗用的资金是巨大的：一万五千英镑是对马歇尔巷设施所花费用的估计金额，各项资金取自埃米特周围小集团捉襟见肘的资源供应。所有开销都要支付，但是从铸铁厂和军械制造者那里订下的很多武器，在7月23日那个生死攸关的星期六之前没能兑现。在那之前的几个月里，以自由区内雇工和小商人为主的人们被鼓动起来。他们只能以被动的方式支持起义，因为只有很少的几个人了解这个计划的全部内容。在这里，名不见经传的安特里姆纺织工人，尼尔森从前的密友杰米·霍普成了关键人物。他是库姆峡谷的杂货商。1803年春天，他一人单打独斗重新燃起人们的热情。他预估到5月的时候，城里会有五千人随时可以"露面"。我们没有理由认为他是夸大其词。到7月，埃米特认为在城里和周边应该有至少二千人处于临战状态、可以随时准备战斗。

这个作战计划堪称完美，但在执行过程中却一败涂地。帕特里克街的仓库在起义一周前因爆炸焚毁；很多埃米特精密武器所要求的技术标准，由于志愿者能力有限在生产过程中无法实现。所以，无论是手榴弹还是手雷都不能及时供应。就在起义的当天，一些来自都柏林的领导人还在争论起义是否取消的问题。而来自基尔代尔郡的大队支持者，其中很多人都已经来到城里，却被招回家里。因为很明显，虽然有堆成山的子弹，却几乎没有枪支和其他武器可供使用。不知什么原因，威克洛人竟然没按计划出现。在起义按计划即将开始之前的数小时，警方对马歇尔巷的据点越来越怀疑。

由于缺少信号弹、火枪以及期望中的足够人手，埃米特大幅缩减原定计划。但为了达到掌握集结地点并部分隔离都柏林堡的目的，控制托马斯大街地区的意图仍然保留下来。占领城堡仍然具有战略意义，这是燃起全国之火的火种。尽管诸事不顺，仍然保持镇静的埃米特身着将军服，提前两小时向托马斯大街进发，跟随他的有一两百人，多数都因在附近酒馆等待多时而喝得酒气熏天。随后加入的，有对道森大街的市长官邸擅自进攻而归的一些人，他们在那里打开了仅仅作为摆设的小型军械库。人数越来越少，埃米特的命令无人执行。等他到达帕特里克大街时，就已经取消所有命令、向南逃去。留下的人群龙无首，对任何他们能看到的具有权利标志的地方进行报复性进攻和破坏。他们很快碰到王座法院的大法官基尔瓦登爵士（Lord Kilwarden）。他是旧政治集团中的二流成员，正携家眷沿托马斯大街赶往城堡。基尔瓦登及其侄子被从车里拉出来并用长矛刺死；他的女儿得以幸免逃脱。那天夜里还发生了几十起其他命案，但是一位枢密院成员的死亡激起了巨大反响。

埃米特本人于一个月之后在哈罗德十架村（Harold's Cross）被捕并在又一个月之后由一个特殊委员会送上法庭。他成为因叛国罪而面临死刑的二十二人之一。在反叛事件后的几个月里，埃米特的离去

"路易斯·佩兰……迎上去与罗伯特·埃米特拥抱,当时后者正从被告席下来。"埃米特在格林大街会议厅审判结束前刚刚宣读或试图宣读辩解书的场景。然后(就是 1803 年 9 月 19 日)被带到克曼汉姆监狱,并于第二天下午在托马斯大街被处死。那里与两个月前基尔瓦登勋爵被暗杀的地点很近。

方式、个性表白和对自己与萨拉·科伦①之间关系的披露，确定了他成为都柏林历史上可能是最具标志性人物的命运。他的故事成为悲剧中年轻主人公的缩影。他们被追求自由的启蒙理想所激励，却被命运和周围的胆小懦弱之徒背叛。对浪漫时代文学想象力的非凡影响一直持续到那个时代很久以后。埃米特所产生的影响在某种程度上是一种刻意的自我形象塑造。这一点从以下几方面可以清楚看出：他仔细挑选总司令制服好游行至托马斯大街；他在《临时政府公告》(*Proclamation of the provisional government*) 中使用的语言既深刻又精巧（仅在起义当天由斯托克代尔印刷）；最能突出这一点的是，他在码头所做的精妙的演讲。这个演讲于他在9月20日在托马斯大街受死之后不久以反面版本出版。

他在法庭上以莎士比亚式的语言感染力，为自己的行为辩护，否认了强加于他的那些低俗动机。他在格林大街会议厅所做陈词中最后的名句是："当我的祖国在世上诸国中赢得一席之地的时候，那么，只有到那时，才来给我写墓志铭吧。"当时所激起的反应，或称为强烈的辛酸感，一直到现在都没有消失过。

尽管埃米特非常谦卑、质朴，但他却是一位高贵的人物。和与他关系非常亲密、与他一起计划起义的人一样，他是一位新教徒。正像他对托马斯·拉塞尔所说："高层天主教徒没有投身在我们当中——我们都是新教徒——我们的事业不可妥协"，即使失败也是如此。这不完全是真的，但埃米特那堪称不朽的话语恰恰是18世纪90年代初爱尔兰人联合会所怀理想的翻版，也是对1798年宗派恐怖主义所表达的决裂态度。公告的缩略版是专门针对"都柏林市民"的，也是在最后一分钟印刷出来的，这明显是出自菲利普·朗之手：其严厉的语气以及对橙带党人的威胁，如果他们有任何反对举动，将遭致"不可

---

① Sarah Curran, 1782—1808, 爱尔兰一名著名律师的小女儿。1808年5月5日死于肺结核。

避免的毁灭"。这些可能更迎合当时的大众情绪。但是,能够被人们记住并反复提起的,却是埃米特在扩充版公告中对爱尔兰民族未来的崇高展望以及他在被告席上演讲时流露出的真情实感。

余波未定

起义失败的原因是多方面的。因为对联合之后权力范围如何并不清楚,所以城堡当局的安全工作也同样如此。而在克曼汉姆,新任命的总司令福克斯将军没能充分认识到越来越多的再次发生起义的迹象。福克斯首先下决心解决的事情,是在城中加强执法和治安的军事管制,这使他在事件之后收到如潮的指责和批评(有些是出于私心,因为甚至是史尔也误读了来自各方面的警告)。从 1801 年以来做总督的哈德威克躲过了这次危机。但是,首席大臣威廉·威克姆却辞去了职务。他似乎对埃米特的结局怀有负罪感,深受困扰。由于存在着法国再次干预的威胁,《人权保护法》(*habeas corpus*)暂停三年。成百上千的普通都柏林人未经审判就被囚在监狱或者港湾的弃船当中,有些人在那里甚至一待就是三年。托马斯大街的市级谷物市场成为森严壁垒的兵营,"每扇窗户都加了一个斜坡式保护罩,士兵可以从里面向外开枪,却不会受到外面暴民的攻击"。

都柏林海上防御十分薄弱的问题也最终得到解决。1804 年末,沿海岸开始修建了二十六个小型堡垒,或者叫"圆形石塔"(martello towers)。大多数建在都柏林郡北部巴尔布里根与威克洛边界的布雷之间的岸边海岬之上。每个堡垒可以安装两门大炮,有的还配有独立的重兵器阵地。这个突然兴起的岸边防御工程(耗资六万四千英镑)在爱尔兰其他地方没有可比的。之后不久,在肯特和东萨克塞斯①之间出现了一个类似(但更大些)的工程。如果法国再次派出舰队的事情成为现实,大都柏林地区内任何海岸能够被选为登陆地点的机会其

---

① Kent and East Sussex,英格兰东南部的两个郡。

实非常小，那么这个项目就成了滥用资源了。这反映出埃米特反叛事件之后当局在安全问题上存在的恐惧感。然而，作为联合后城市防御方面所做的新举措，这个工程就像是个石制宣言强调了都柏林在军事上的战略重要性，这里是通往爱尔兰各地的天然通道，也是军事资源（人力和物力）最集中的地方。即使在1805年的特拉法加海战[①]以及英国海军在本国水域建立主导地位之后，法国再次干涉的可能性一直存在，直到拿破仑战争临近结束时才停止。在19世纪头十年的末期，南大墙边的皮津屋和凤凰公园里的弹药库堡垒扩建，克曼汉姆对面修建了一个大型步兵兵营，名为里士满。

但是，1803年最主要的事迹是对都柏林警察的大规模重组。在此之前，警方"对反叛和暴动的监控"基本没有作为。这项工作用了五年才完成，着实让人吃惊：反叛事件结束之后，都柏林城立即被分成五十三个治安社区，每个区都任命了"可敬市民"以履行"和平监护员"的职责。他们要对"任何秘谋"进行上报。之后不久，这个数字减少到二十一个。建设起更强大警察队伍的，是1807至1809年任爱尔兰首席大臣的强硬人物亚瑟·韦尔兹利（未来的威灵顿公爵）。[②]1808年的都柏林治安法令人称奇，反映了事物的新秩序：从中可以看出总督和首席大臣所承担主要角色在政治上发生的分离，这表现在爱尔兰政策的形成和执行两方面。新的警察军团也是韦尔兹利组建的。他虽然是一位毫无瑕疵的拥有旧英格兰人血统的都柏林人，并曾在学院绿地公园做过短期的国会议员，但他看待爱尔兰安全问题的眼光，却完全是从英帝国的军事安全角度出发的。他认为当地人担

[①] The Battle of Trafalgar，1805年10月21日发生在英国海军和法国、西班牙联军之间的海战。地点在西班牙的特拉法加海岬以西的大西洋上。英国海军获胜，进一步巩固了英国的海上优势。

[②] Arthur Wellesley，第一代威灵顿公爵，英国军事家、政治家、陆军元帅、英国首相，19世纪最具影响力的军事、政治领导人物之一。拿破仑战争时期的英军将领，第21位英国首相。

心地方政府权力受到侵犯纯属无稽之谈。尽管有来自都柏林市政厅和两名都柏林国会议员的强烈反对，在法案送交威敏斯特的过程中他仍然拒绝对其进行任何修改。这个法案将都柏林治安区扩展到超出郊区以外、围绕城堡八英里以内的整个范围，将地方治安官的人数从三人增加到十八人，高级治安官的人数从十人增加到二十四人，下属巡逻警力两百人（1795 年的改革取消了骑马和步行的巡警）。这个法案还在人员任免上加强了政府的权力。尽管新的"警方首席地方官"仍然必须是市议员，但十八位地方治安官中有十二位将由政府直接任免，其余的由市政厅任命，并要取得总督认可。现在的警察中心办公地点将设在都柏林堡里，建议其规模（包括下级守夜的）为目前松散警力的将近两倍。警局各部门的费用由中央财政支付，巡防系统的费用继续由城里的纳税人支付。对于政府来说，最大的好处是军队可以免去作为城市警察的职能。

当 1808 年法案的细节到达都柏林的时候，市下议院以 68 比 1 的投票表示反对，然而市议员却持欢迎态度。于是，下议院以抗议的方式提出请求（以比之前少了一些的多数票），要废止英－爱联合。但这只是无用的喧嚣，因为都柏林除自己的代表之外，在威斯敏斯特已经没有几个代言人。而韦尔兹利对 1786 年都柏林治安法所进行的更为精心的改进版本已经在几个月之内成为正式立法。当年轻的帕默斯顿子爵那一年夏天第一次到访都柏林的时候，他吃惊于城中仍然到处充斥着的"军事气氛。这勾起人们对曾经发生过的事情的联想，也证明为了保证人民安居乐业，最值得仰赖的主张是在刺刀尖上"。无论怎样，政治上持保守态度的第一任首席地方治安官、市议员约瑟·彭伯顿（Alderman Joseph Pemberton），高效率地组建起新的治安警力，切实实现了街面上惠及平民的安全环境。他的副手，也是 1812 年的继任者弗雷德里克·达利是颇有建树的一个人。他在职二十多年，虽然有橙带党主要成员的政治背景，但仍是一位有才干的行政官员。新的警察队伍很快进入状态，使都柏林在战后的那些年里实现了低犯罪率和相对安宁的状态。然而，表象背后的情况可能有些不同。天主教徒仍然民怨沸腾，最明显的证据来自《爱尔兰杂志之小人物传记集锦月刊》(The Irish Magazine, and Monthly Asylum for Neglected Biography)。这份杂志的经营时间从1807年到1815年，由沃蒂·考克斯出版。他是一位枪支制造者，也是激进的持不同政见者。在18世纪90年代期间从事临时印刷工作（尤其是1797年《联合之星》新闻单页）。后来他接受政府钱财出国旅行，并保证保持沉默。他什么时候回到都柏林并不清楚，但在1807年之前已经功成名就。他曾尝试在各种行业进行投资，但是在出版上述杂志之前一无所成。多数的内容都是他自己组织的（尽管那些抓人眼球的政治版画似乎不是，那是几乎每期都会刊出的内容）。在被判诽谤罪之后，他在新门监狱度过三年多的铁窗生涯（从1811年到1814年）。但他仍然坚持不懈地经营这份杂志，使其每月的全国销量达五千份左右，远远超过那些更受尊敬的对手。说考克斯的杂志不受尊敬，是因为它对参与1798年起义事件以及那以后的各色人等悉数狂轰滥炸，效忠国王的政治家、义勇骑兵队军官、城市地方治安官以及橙带党精英。他的特别攻击对象是约翰·克劳迪亚斯·比斯福特，将矛头反复指向联合爱尔兰组织嫌疑人遭到残酷鞭笞的事件。那是发生在马尔堡街私人马厩里的事情。这个杂志持续出版了九十七期——在官方强烈反对的情况下——这实在令人称奇。罗伯特·皮尔（1812至1816年的首席大臣）不得不于1816年给他发养老金让他退休，条件是他再次迁至美国。

如果说《爱尔兰杂志》非常偏激，它却总是见多识广；如果说它有时非常严肃认真，却又十足尖酸刻薄。在作者和读者之间存在着一种亲密感，既通俗易懂，又极具破坏性，更多的时候是只可意会无需言传。但是，说出来的很多内容，都采用了对考克斯政敌进行尽致淋漓的人身攻击的方式。在刊登的所有传记、讣告和政治评论中，可以在各个方面将爱尔兰、天主教、民族性和与之相对立的粗俗又腐败的英国、新教徒或橙带党进行黑白分明的两相对照。有时，在那些辛辣讽刺的评论中，特别是针对英－爱联合及其支持者如何愚蠢的问题上，能看到斯威夫特的影子。考克斯对英－爱联合的一贯立场是，那是英国的阴谋，以经济利益为驱动，企图破坏爱尔兰从"自由贸易"和1782年获得的利益，使处于垄断地位的英国工厂主削弱和毁坏爱尔兰工业：他在1814年时宣称，都柏林现在作为一座城市，"从联合以来就没有生产过一艘大船，也没有出产过线缆、船锚、船桨。从那致命的年代起，这座城市就没有与比利物浦或怀特黑文更远的地方还有什么联系"，城中很多商人已经破产。他认为大运河是具有政治意义的传奇故事：

> 是我们独立的日子里的杰作，皇家大运河伴随1782年的革命而生，对国内的工业品流通产生促进作用，增进工业制造业城镇之间的商业往来，这在各个地方都是如此。从这个角度看，运河运输业成为英国的对手；按照英国政府的这种解读方式，为了消除其危险性，英－爱联合成为解决这个问题的手段：权宜之计实行之后，我们的制造业消失、运河成为摆设，仅作为军事通道，业主开始讨饭。

考克斯的悲观言论图文并茂，经常让人们想起爱尔兰政府对以信奉天主教为主的爱尔兰人民的倒行逆施，其中还传递出经济上受损的普遍情绪。很明显，考克斯走的是当时的平民路线，但其精湛的叙事能力产生了强大影响力——即，都柏林正由于英－爱联合而惨遭摧残。但情况真是这样吗？

后果

认为情况非常糟糕的人当然不只考克斯一个人，但持反对意见的人也非等闲之辈。军医约翰·甘布尔曾是一位激进分子,他于1811年在联合之后第一次造访都柏林。他以轻松的语气写道,尽管有人从政治角度预言说都柏林的大街上会长出荒草,"我在街上完全没见到什么绿色,倒是在窗户上看到了几棵天竺葵,给人很温馨惬意的感觉呢!"19世纪10年代和20年代的其他来访者会谈论新建的公共建筑如何富丽堂皇,并带着艳羡的语气将其与伦敦市中心的公共空间进行比较。沃尔特·司各特爵士①在1825年第一次来访的时候,发现这是一座"华美到超出我最大想象力"的城市。但是,当联合后城市的状况写进小说里的时候,出现了不一样的故事:对于写作《弗洛伦斯·麦卡锡》(Florence Macarthy)(1818年出版)的摩根夫人(Lady Morgan)来说,荒芜和衰退是主旋律;对《缺席者》(The Absentee)(1811年出版)中的玛利亚·埃奇沃思(Maria Edgeworth)来说,这里需要救赎和改善,而对《女人:利弊得失》(Women: Or, pour et contre)(1818年出版)的作者查尔斯·马图林(Charles Maturin)来说,既然他最了解这座城市,联合后的都柏林是一座动荡不安的焦虑之城。当1814年3月反法联军占领巴黎的消息到达的时候,马图林捕捉到的场面是:都柏林所有人都集中到学院绿地公园。几十辆车停在报纸布告栏前——为了读到公告内容,骑马之人踮起脚,蹬住马镫,高于众人之上——摩肩接踵的人群中……不断有人要买白百合和法国女式高帽。百合花系在女士衣服的扣眼里、戴在学徒工的草帽上。人们普遍的情绪当然是欢天喜地。波拿巴②那骇人且超自然的伟大个性,即使对希望他安好的人来说也会感觉心惊胆战。人们现在似乎是从魔术师

---

① Scott, Sir Walter(1771~1832),英国作家,欧洲历史小说的创始人。他的小说对19世纪欧美的许多作家都产生过重要的影响。如:英国的狄更斯,法国的巴尔扎克,雨果,大仲马,美国的库柏,俄国的普希金等。他是一个诚实守信的人,虽然贫穷,但人们都很尊敬他。
② 拿破仑·波拿巴(1769—1821),即拿破仑一世(Napoléon I),出生于科西嘉岛,十九世纪法国军事家、政治家,法兰西第一帝国的缔造者。

的咒语里解脱了出来。当然,这位魔术师从厄尔巴岛又蹦了出来,他要遇见的是他的劲敌威灵顿公爵,地点就是滑铁卢①。庆祝前首席大臣抵抗法国取得军事胜利的计划于 1813 年就开始了,但直到滑铁卢战役之后,组织者才决定在圣司提反绿地建一座巨型方尖塔以纪念威灵顿的功绩,完成这座塔的预算是 32,000 英镑。这个项目的很多发起人并非本地同僚,但被市政厅以微弱反对票否决了。绿地被弃用,成为周围居民的私人空间,那座巨大的石制纪念碑最终竖立在凤凰公园,成为城市西部的地标建筑。但资金在完工之前就花完了,装饰用铸铁件在 1861 年才安装在纪念碑上。

反英-爱联盟者针对未来很长的时间里都柏林会毁坏到什么样,有几个颇为特别的预测。第一个预言是,由于职员、议会议员及其家属或者撤离到伦敦或者回到本乡,房地产市场会崩溃,建筑行业会严重受挫。直接参与房地产开发的菲茨威廉子爵的代理人芭芭拉·韦考尔在 1799 年 4 月所发的私人言论颇为惊人:"英-爱联合对每个人来说都很恐怖……如果这个法案实行通过了——即使是梅里恩广场这样令人身心愉悦的地方——本来应该新建人行道的,却会杂草丛生……我担心现在这些建筑坍塌成为废墟,或者至少不会得到应有的维护和保养……。"但即使是在当时,仍有几位出来反对这种预言的:威廉·史蒂文斯问道,

> 都柏林新修的大街上以及巨型广场上的居民都是上流人和议会成员吗?我确定不是。这些居民中,可能有五分之一是无业家庭。他们在都柏林居住,所享受的高档设施,是以最低廉的成本维持的。其余的人包括专业人员、文员以及富

---

① 滑铁卢战役,1815 年 6 月 18 日,由法军对反法联军在比利时小镇滑铁卢进行的决战。战役结局是反法联军获得了决定性胜利。这次战役结束了拿破仑帝国。拿破仑自此退出历史舞台。

有商人。议会是否离开,怎么会影响到这些人在都柏林的日常生活呢?

他认为大多数出席爱尔兰议会的人都有公职在身,而这些与都柏林有关的职位仍需有人担任;

只要人们需要娱乐活动,要在这里看戏、玩球、玩牌,都柏林的春天无疑将会持续下去。都不要等多久……一旦政治争端平息,中产精英回归、商人数量激增,整个城市的就业会大幅增加,贸易量上升会使人们的生活富裕起来。

史蒂文斯所言极是——大多数租用菲茨威廉家族、加德纳家族以及休姆斯家族房产作为住宅的人都不是议会成员,而很多议会成员在都柏林并没有房产。实际上,在1798年的一项统计中,他们中仅有56%的人在都柏林拥有"住宅"。在英-爱联合之后的头几年里,当城东的建筑项目处于低潮期时(从1797年以来即是如此),公共事业项目对建筑行业的疲软现象起到很大的带领作用,尤其引人注目的是具有冈东设计风格的国王律师公会大楼(始建于1800年),位于宪法山上;议会大楼改建为漂亮的爱尔兰银行(开始于1804年);都柏林堡内的总督小教堂改建为垂直的哥特风格(开工于1807年)以及两座监狱的建设——位于格兰治高曼的里士满大型监狱(约开工于1812年)和南环路附近的里士满感化院(开工于1813年)。这时的主要人物是弗朗西斯·约翰斯顿,一位出生于阿尔斯顿的建筑师。他曾在威廉·库利和撒母耳·斯普勒(达姆街和菲茨威廉家族地产项目的主要建筑师和开发商之一)门下学习。他将自己的印记留在英-爱联合后的这座城市里。约翰斯顿的风格低调内敛、功能性强,在细节处一丝不苟,也有能力把控超大型项目。这些,使他成为冈东之后最有名的建筑师。自1805年以来,作为工程委员会的建筑师,他主宰公共建筑业持续了一代人之久。

　　道路建设项目也活跃起来。1799 年，马路建设委员会的专员们得到新分配给他们的税收收益；他们重拾旧日梦想，并于 1802 年给帝国财政部递交了申请，为完成待续工程要求一笔 137,000 英镑的拨款。虽然申请遭到拒绝（尽管约翰·比斯福德支持这项申请），但财政部给了一笔不大不小的拨款，在很多年里一直是最大的收入来源。十多年，甚至更久以前就规划的几条大街现在得以完成——威斯特摩兰大街完成于 1805 年、迪奥列尔和下赛克维尔大街稍晚完成。这当然涉及投机行为，因为那些从马路建设委员会购得地块的人，难免受到商业地产市场复苏的驱使进行开发。至于新项目，马路建设委员会将注意力集中在码头区域。他们希望完成利菲河两岸的滨江大道。另一个区域是全面打通城堡以西的交通路线——在基督大教堂周围，沿老城中轴线一直到詹姆斯大街以及通往圣帕特里克大教堂的各条街道。由于财政部拨款减少以及联合前对公共事业的沉重债务负担，这些工程的资金来源需要由新增地税来支持（1807 年的立法通过了这些税种）。与早期在城东的工程相比，这些工作进展相对缓慢、所展示的建筑成果也不多。虽然如此，由于街道清理，所带来的公共卫生状况的改进程度，却似乎较之前大很多。

　　至于私人建筑行为，尽管卢克·加德纳于 1798 年去世，加德纳地产上的住宅建筑业仍然恢复起来，尤其是芒乔伊广场上未建部分以及从那里延伸出去的长条地带。但是，广场上地块的平均临街宽度从 30 英尺缩短到 25 英尺，说明市场上的明显变化。这一地产上的持续活力，最明显体现在爱尔兰圣公会的圣乔治教堂的建设上。作为约翰斯顿的精心杰作，这座教堂就坐落在哈德威克广场（Hardwick Place）的中心，其高耸的哥特式尖顶成为城市的最高点。施工期是 1800 年到 1814 年，花费成本巨大（据说"不止 40,000 英镑"）。弗雷德里克·达利是都柏林最大的石工建筑商，在芒乔伊广场上的很多栋建筑都是他承建的。成本超支受到怀疑，所产生的财务负担由所有教区居民承担。投诉最终提交到了议会。在菲茨威廉地产上，梅里恩广场和大运河之间的街区以及菲茨威廉大街沿线，建筑工程重新开始。在南部的其他地方，哈考特大街的很大一部分都是在这些年里兴建起来的。但是，18世纪90年代最突出的两个住宅开发项目却让人看到住宅市场的疲软现象。北边的"皇家马戏苑"（Royal Circus）是卢克·加德纳的面子项目。按照设计，应该形成一个巨大的椭圆形场地，由两个相向的半月形组成，紧挨在皇家大运河的东边。其正脸完全对称，护墙都由一个个巨大的花瓶装饰。马戏苑的大多数建房许可是1792年获得的，当时做了一些土方工程，但是建筑工程在加德纳去世之前并没有正式动工。土地租赁协议1808年重修。但不知是由于对其冠名发生的起诉还是对所述地块上的设计方案管理过严，这个项目一直是个空中楼阁，直到19世纪30年代，城市地图上还显示的是"规划用地"。这种情况一直到19世纪40年代加德纳/布莱辛顿地产解体、规划废弃才算结束。与之类似的是菲茨威廉广场，位于菲茨威廉地产西北角，大约1789年进行的规划，1791年吸引到第一批承租建筑商。但是由于到英-爱联合的时候仅建起四栋楼房，尽管这个项目的位置好，离圣司提反绿地仅有一个街区之隔，似乎也同样面临流产。然而，这个项目毕竟还是全面完成了——虽然过程缓慢：到1817年，广场上规划的六十九栋楼房有一半建了起来。而整个项目直到1828年才全部完成。这些房子当然是造价高、质量好，地产建筑规则也并非不严格，但在外观的细节上却没能实行严格的统一要求。这个开发项目在管理上非常精明，一个措施是，19世纪20年代时新出租的地块，其租金水平要比战前高很多（名义上）。

高端房地产市场似乎出现了两种倾向。东边对"中等房屋"的需求，在世纪之初的那些年恢复很快，但却没有私人对大型联排别墅的需求。这些年里，来访都柏林的人再次谈起增长的话题："建筑物……在各个方向都有增长"，这话通常是指建筑向城市周边的郊区和卫星村蔓延。但实际情况却不那么明朗：詹姆斯·怀特洛从

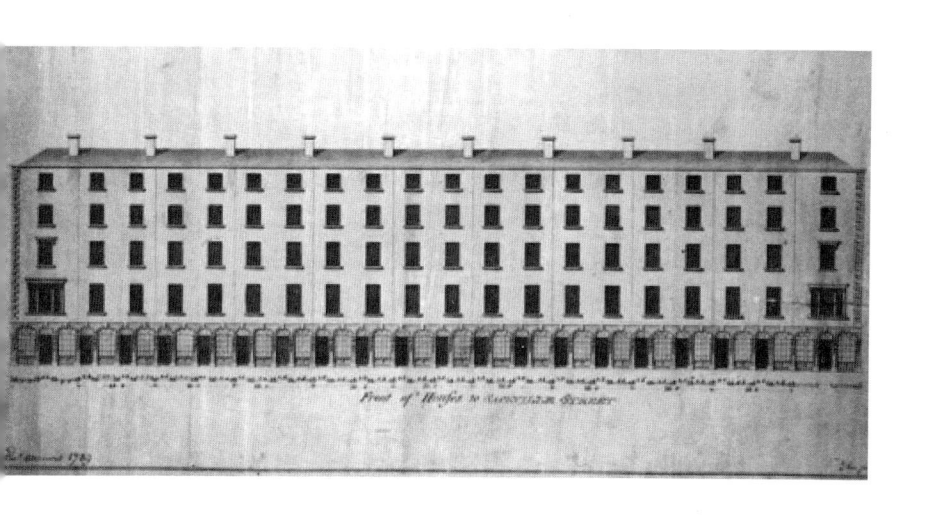

冈东为马路建设委员会最抢眼的开发项目提供了原始设计,即从卡莱尔(后来的奥康奈尔)桥向北到阿比街的双子街区。然而,当马路建设委员会的测量员托马斯·谢拉德1789年画出西边地块的这个版本的时候,原来的规划已经有所修正。直到英-爱联合数年以后,这两块地才由于底层的突出商业特点而真正完工。

1804年开始所做的私人人口普查（后作详述）将城市人口数确定为十八万二千三百七十，而1821年完成的首次官方人口普查反馈的数字是二十二万七千三百三十五。但是，后者将1804年普查没包括的几个大型农村教区涵盖进去。城市人口的确处于增长当中，但比战前的增长速度要低很多。

但是，在高端房地产领域，无疑是存在着大批迁移现象。不断变化的某一阶层的流动情况很难量化，但是在名录可以作为参考的情况下，城市里贵族家庭保有的联排别墅的数量呈下降趋势是有所体现的。1798年，有87名世俗贵族拥有都柏林地址（其中五分之二是在加德纳地产上）；到1824年，城里相应的数字是二十五人。这个过程的明显程度在城市各个区表现不一，根据不同社区的地位变化而显著不同：与时尚区域格格不入的联排别墅——那些位于亨丽埃塔大街的、像厄舍岛上莫伊拉大楼（Moira House）那样靠近河边的、在北环路上的奥德巴罗大楼（Aldborough House）——都是最危险的。这为溢价房产需求萎缩的趋势提供了早期证据。在市中心，情况同样非常明显：六名贵族以及八名议会成员在1800年拥有萨克维尔街的地址，但到1810年，那里再没有政界人士和贵族居住。他们的房产通常是出租出去，并没有卖掉。当然，在这里起作用的还有特殊因素：例如，开通卡莱尔大桥对旧的马尔林荫道产生影响，下塞克威尔街从一开始就具有的压倒一切的商业特点。与此相反的是，圣司提反绿地在战争结束的时候，仍有大约二十栋房子由贵族和"郡"里的家族居住。

然而，所有地点的联排别墅的功能都在发生着变化，原来是季节性私人家庭娱乐中心，现在是为更公众化的机构所使用；或者，被分割成小一些但仍属于高档的家居单位。城西北，卡尔汉普顿伯爵（Carhampton）于1800年将路特尔斯顿城堡（Luttrellstown Castle）出售给靠金融天分成为暴发户的卢克·怀特，这成为变天的第一个信号。总督及其随从于1803年经过精心安排和策划造访怀特城堡，这件事对新秩序相当于是盖上了同意的印章。哈德威克夫人后来写道：

第六章｜天启被推迟：1798—1830

"巨大财富在这里并不能像在伦敦一样助人上进。社交圈太小，每个人都那么傲慢。"然而，身着义勇骑兵队制服的怀特及"举止良好的小妇人"怀特太太则是例外。但真正标志一个时代结束的，是1815年伦斯特会所售与都柏林协会（售价一万英镑，另加每年六百英镑的头租金）这件事。伦斯特家族自从第三位公爵于1804年去世后就没怎么用过那套房子，但他们撤出基尔代尔街仍然让人吃惊不小。紧接着，第二波高端房地产市场震荡开始：滑铁卢战役之后农产品价格下跌，食利阶层首当其冲受到影响。很多贵族家庭战后搬离都柏林，有回乡下与"猪禽"相伴的；有的去了复辟后的法国，因为那里生存成本要低很多。

这些精英群体虽然放弃了他们在都柏林的房产，却并没有放弃都柏林。这个城市的冬季以及在法律、医疗和教育资源方面，都比爱尔兰其他地方以及除伦敦以外其他英国的同类城市更优越。都柏林（像伦敦一样）不得不顺应上层社会这种比以前流动性更强的生活方式。设备完好的旅馆和绅士俱乐部（gentlemen's clubs）增加，就说明了这个问题。到1813年，城里有三十五家注册旅馆——虽然直到19世纪20年代后期，谢尔本酒店（在圣司提反绿地公园）和莫里森酒店（Morrison's hotel）（在道森大街底端）才成为精英度假的固定场所，专用楼房里的绅士俱乐部从无数的以酒馆为基础的就餐俱乐部（dining-clubs）中衍生出来。到18世纪80年代，向专门俱乐部发展的趋势已经非常明显，与伦敦并驾齐驱。达姆街的戴利俱乐部是18世纪60年代从一家公共巧克力店起步的，但是后来成为赌徒争相光顾的地方，逐渐拥有了乌烟瘴气之地的臭名。但其管理其实非常有序，成员的管控方式是通过无记名投票完成的。1787年，一位前首席大臣带头集资要在那里建一座更加宏大的经营场所，新俱乐部最终于1791年如期开张。其精美的外饰明显是弗朗西斯·约翰斯顿的兄弟的设计作品，构成福斯特街和安格尔西街之间宫殿般景观的一部分。所拥有的七个主要房间包括"咖啡室、阅览室、写作室、赌博室各一间以及几个私人餐厅"。生意在这里红火了三十多年,至终拥有三百一十五名会员,但是比作为"议会游戏室"时可能少些。18世纪90年代,至少另有三家俱乐部是拥有自己营业场地的。基尔代尔街俱乐部——与拉图什家族关系密切——是脱离于戴利俱乐部之外的一家俱乐部;而萨克维尔的,又是脱离于基尔代尔的。这两家的生存时间都很长。基尔代尔街俱乐部拥有六百多名会员,在18世纪90年代到19世纪20年代都是如此。但在其最后的十年里,很多会员都来自乡下,俱乐部对他们来说是城里的社交基地。

工业

反英-爱议会联合主义者的第二个预言是,一旦奢侈工艺品失去上层顾客、本地工厂面临来自资本雄厚、工艺先进的英国生产者的无序竞争,都柏林的手工业就会垮掉。实际情况是,在联合后的世代里,一些奢侈品行业繁荣起来(家具制造、银制工艺品、墙纸生产),另外的奢侈品业或者由于税率变化或者是因为缺乏技术革新而萎缩了(例如珠宝和钟表制造业)。但是,很多曾经在1800年对可能要发生的自由贸易大声抗议的都柏林制造商(例如约翰·达菲,他在其博尔思布里奇印染厂雇佣"一千二百个日工";约翰·奥尔(John Orr)声称他刚刚在都柏林、西威克洛的斯特莱特福德和唐郡的希尔斯伯勒的棉织厂投资三万英镑;爱德华·克拉克在西都柏林郡有帕尔默斯顿的生意;还有自由区博爱巷[Love Lane]的约翰·安德森)在联合后的年岁里继续往印染行业大力投资。对棉织品的全面保护直到1808年才实现,到1824年又实行了更多的限制性关税。这段时间里,大型棉织品印染厂存活下来并成功适应了新环境,这包括吸引到兰开夏郡[①]的投资;纺织品加工总体而言并没有像人们担心的那样被压垮。进口到都柏林的棉花在1808—1810年达到高潮,棉纱进口量在1820—

---

① Lancashire,英格兰西北部的州。

约翰·达菲起家时是布瑞志福特街的一名小染匠和布匹商人。但在都柏林富商之一的埃德加·伯恩的支持下,他于18世纪90年代期间在博尔思布里奇的一个地方迅速扩大经营范围,所建棉布印染厂持续运营超过半个世纪。在最后的年岁里,其中成千上万的雇工都是缺乏技能的妇女和儿童。

1822年最大。看起来一幅欣欣向荣的景象。

但事实却有些不同。最好的描述是，联合后的岁月当中，都柏林的城市加工业经济处于被掏空的状态；对大多数技术工人来说，这是一段通货紧缩、供需不平衡且财富下降的时期。对此产生严重影响的因素包括战时费用的上涨，有食品价格、消费税、窗税以及教区收费，间或还有特殊的，比如1808年—1810年的艰苦年月。那时，由于欧洲大陆的封锁，致使英国出口商将商品倾销给现在保护政策较少的爱尔兰市场。还有1815年—1817年，战后萧条和罕见歉收导致城中大多数行业失业现象剧增。这些经济上的突变，其背后隐藏着一个长期的结构改变过程，尤其是存在着一个去技术化过程。由于流行趋势发生变化、技术革新花样翻新，不同手工行业中的精密分支遭到严重侵蚀和破坏。有强大雇工组织存在的地方，工资能得以保持、传统待遇会加强，但这就意味着冲突、罢工、移居国外以及整个行业的崩溃。而在其他领域，一门手艺可能保持下来，但技术人员的收入所得却降了下来。造船业（由木匠和锯工协会掌控）就是行业崩溃的例子；丝绸纺织的情况是，大量的小工厂存活下来，但陷入贫困——直到1826年，工人工资由都柏林协会仲裁确定——而中型特殊产品经销商的数量在减少。但是，当自由区的技术纺丝工人失去市场的时候，那个区以及城里其他地方远没有那么多技术含量的棉纺行业却风生水起。随着妇女和未成年孩子成为如今织布机前的主力工人，学徒制度失去管控。

战争年代更让人吃惊的是高度资本化和垂直一体化加工工业的增长。这主要发生在郊区，也是大量雇佣妇女和儿童，并且都是在尽量摆脱公会和雇工组织管控的情况下运行。就工厂规模来说，四家长期稳定经营的印染厂（位于博尔思布里奇、拉格、博爱巷和艾兰德大桥）生产出非常大量的廉价印花布以供给爱尔兰市场，它们也是这种用工方式的始作俑者。到19世纪20年代早期，年轻人、妇女和儿童（有的才七岁）成为这几家工厂的就业主力。按照杜菲的说法，这是面对过于强大的企业合并的一个必要反应。水既是动力来源也是印染过程所需的一部分,决定了这些企业在哪里选址。棉纺过程尝试利用水资源的决定首先是在 1782 年的巴尔布里根。经过了漫长的过程,到 1815 年,在城市几英里范围内有六家棉纺厂。但是,都柏林地区的棉纺工业缺少科克和贝尔法斯特周边明显具有的活力。由于租用水力用地费用很高,大规模运营只能限制在芬格拉斯和格林蒙特(Greenmount)。后者就在哈罗德十架村大运河以南,离自由区很近,蒸汽动力很早就引进,所以是个非同寻常的地方。这家工厂于 1816 年由皮姆家族收购,那是城里新的辉格显贵之一。动力织布机于 19 世纪 30 年代引进,使其成为城中很少的几家大型纺织企业之一,其经营活动一直延续到 20 世纪 20 年代。

毛纺工业的命运是掏空城市加工业经济的另外一个例子。18 世纪 90 年代早期大约有五千人受雇于自由区的羊毛加工业。但是到 1816 年,不到七百人。而这段时间里,进口到都柏林的精仿羊毛制品大约翻了一倍。毛制品加工的一个分支却在那个阶段扩张开来。在城市边界以外,生产粗涂层布和"绒布"。到 1816 年,利菲河和多德河沿岸已经有大约十二家水力精仿毛织厂,其中最大两家(位于克曼汉姆和塞尔布里奇)的投资和管理是出自西约克郡的家族,就是威兰斯家族和霍顿家族。这些商家还在市中心经营大型仓库,储存的商品,有一些是来自他们自己本地的工厂,但多数来自约克郡和其他英国供应商。紧邻这些工厂,有很大数量的一批男性手工织布机纺织工人。与印染厂的情形不同,他们还算成功地打进了行业协会。1810 年到 19 世纪 20 年代中期之间,就有关工资标准问题发生了几次严重争执。无论是在英国人的工厂还是都柏林人的工厂(以及很多其他技术先进的制造厂里),作为劳动的一部分,在那个时候都存在着来自英国的一拨一拨的"正式带薪工人"——在 1812 年,威兰斯在克曼汉姆的工人中,有大约三分之一都是英国人。但是,(正像冈东多年前指出的),在遵守行业规则方面,这一现象并没能阻止英国工人很快融入都柏林技工的习惯当中。英国创业者为什么会进入统一后的都柏林？在"以工厂为单位"进行羊毛加工的领域里，其吸引力在于与城市布匹批发行业的紧密结合：就算不是所有的工厂主，其中大多数都在城里同时经营批发品仓库，可以在向全国零售店提供大量廉价布匹方面拥有竞争力。无论上层社会存在与否，这与他们毫无关系。

到19世纪20年代，在其他行业也明显存在着类似的趋势：尽管亚麻在都柏林经济中的重要性逐渐式微，但是郊区的水力亚麻纺织却在战争后期发展起来。初级机纺亚麻纱主要用于帆布加工。第一家这样的工厂建于格拉斯内文。但是，克劳斯沃茨却是涉水最深的一位。他是城中一位非常卓越的富商，在其原有的面粉、食糖、金融、船运的基础上，又加上纺麻业。他在查波里佐德建起一座大型水车磨坊，到1821年的时候，雇佣了三百多名工人。造纸厂（回收亚麻破布）曾经在离城市很近的十九个地点都有经营，但是现在，规模变大，数量变少。这似乎与无孔不入的麦克唐奈家族自18世纪40年代涉足造纸业有关。他们的两家大型工厂，一个坐落在贝雷佛蒙特附近的基利恩，另外一个位于佳美克河边的赛格尔特。城里大部分的新闻用纸都是这两家工厂提供的。工业化的面粉加工始于18世纪60年代的乡下。现在在城市附近的最佳面粉加工地点，由城里资金雄厚的面粉代理商和谷物商人提供资金。1802年，在都柏林郡南部有十八家面粉厂，城里有七家，其中三家有蒸汽机装置。

这一地区的其他大型工业企业都是以城市为基础，尤其是酒精行业更是如此。自18世纪80年代以来，这项产业的消费税逐渐向有利于大型生产单位的方面调整，使获得资本注入的酿酒厂和蒸馏厂到19世纪20年代时成为城西南的主导产业。这种模式说明水源相对充足、大运河码头便利。1824年，城中二十六家酿造企业中只有两家位于城北。但是，酿造行业虽然资本投资密集，但仍不是都柏林经济的主要成分。1821年雇佣的人数不足400人，其中三分之二是在日渐增长的蒸馏产业。战争年代中，有几家蒸馏装置上马。与此相同，斯维特曼位于弗朗西斯街的酿造厂于 18 世纪 90 年代中叶安装了一台固定蒸汽发动机。1809 年，吉尼斯①在詹姆斯门的酿造厂采用了这项新技术。1815 年以后，酿酒厂和蒸馏厂的产量大幅下降。这像一个风向标，说明更广范围内存在的经济困难以及来自非法廉价酒精制品的巨大竞争。

铸铁业从 1800 年以来也开始发展，这反映出人们对铸铁产品的购买力提升、其应用也更广泛。亨利·杰克逊在教堂街首创了一家铸铁厂，他于 1798 年遭流放之后，这座工厂在族人手中仅维持了几年的时间。但是，皮尔巷/教堂街以铸铁为中心的业务活动一直持续。到 19 世纪 20 年代，最大的铁厂，位于帕克盖特街的凤凰铸铁厂（Phoenix Iron Works）由另外一位战时英国移民理查德·罗宾逊所拥有。从蒸汽发动机到木桶筛，他的工厂都有生产，雇佣的工人超过九十人。都柏林玻璃加工（包括瓶子和更精细的透明玻璃）的历史漫长但命运多舛。然而到 19 世纪 20 年代，在城东就有三家工厂，雇佣了成百上千的工人。有一家经营时间很长，位于马尔堡街、有两家在林森德。在这里，重要的原料煤是最便宜的。到 19 世纪 20 年代，有十家工厂生产四轮大马车、超过五十家生产双轮轻便马车。但是，有一家是规模最大的，就是建于 1779 年、位于夏日山庄的胡顿家族公司（Huttons of Summerhill）。这家工厂到 1821 年时雇佣的成年人有一百六十多人。采用的是爱尔兰木材，同时受益于与英国供应商的方便接触，高级车所需的各种零部件和饰物、辅料应有尽有。如果联合关税完全取消，胡顿和很多其他生产企业到 1820 年的时候，就会看到真正的经济利益。谷物经销商、蒸馏工厂、酿造厂以及绝大多数生产流行商品的厂家都愿意，并殷切盼望能够更容易进入英国市场并以

---

① 吉尼斯最初是在雷克斯里皮的小镇酿造波特啤酒和艾尔啤酒。1759 年，34 岁的阿瑟·吉尼斯将吉尼斯工厂从雷克斯里皮搬迁至圣詹姆斯门，租赁价格为每年四十五英镑，租赁期为九千年。吉尼斯在 1838 年成为爱尔兰最大啤酒厂，1886 年成为世界上最大的啤酒厂。

最优条件获得进口零件。事实上，就像那些大的酿造厂和面粉厂一样，有些企业已经成为面对英国北部非常重要的出口商。但是，对那些专为爱尔兰市场生产标准产品而投入了成千上万英镑的人来说——例如，印染厂主、毛纺厂主、玻璃工厂主——在19世纪20年代早期保留有限的保护政策仍然至关重要。当联合前的关税规定于1824年最后终于（出人意料地）终结的时候，人们将其视为不详的征兆。

城市工业停滞、传统手工业地位削弱、很多行业的命运面对剧烈波动。与英-爱联合相比，促成这些现象的原因当然更加深远，因为遍布英国南部城市的手工业也处于衰退当中。但是，有几项工业破产的案例，其根源可以追溯到英-爱联合上——举个例子来说，图书印刷业寿终正寝，与之相伴的、1801年以后翻印业务也逐渐消亡。印刷工人大批离开（主要是去了英国），几位大出版商也是如此（有退休的、有离开这个行业的，也有将业务转到美国的，其中多数是去了费城）。1801年图书贸易崩溃堪称是一场大洪水似的灾难。纸张税收增加、经济形式变幻莫测，这都严重影响了18世纪90年代中叶以来的图书贸易。但是，印刷业作为一个行业却通过走向低端市场生存下来并改变了特性。由于新闻出版和机构对廉价文字资料的需求增多，受雇于这个行业的实际人数在19世纪20年代可以说当然是比1800年时要多。尽管如此，都柏林在爱尔兰印刷行业的主导地位到19世纪20年代却正在衰落。出书的数量至少减少了三分之一，原创小说几乎全部在伦敦出版。由詹姆斯·沃伯顿、詹姆斯·怀特洛和詹姆斯·威尔士新编纂的豪华版都柏林历史于1818年最终面世，这也是在伦敦出版，那之后再没有人想要弄出一个都柏林版本的，因为成本太贵了。

制糖业是个更具戏剧性的例子：18世纪90年代，城中共有大约二十家糖厂，对进口的粗糖进行精加工。这些粗糖有的直接来自加勒比地区，有的通过英国和苏格兰中间商进口。但是，由于取消白糖关税，粗糖精加工在十年内消失，这其中还有伦敦糖厂由于战时无法进入欧洲市场而向都柏林倾销的因素。虽然都柏林的制糖业在与加勒比海地区直接贸易方面起到非常重要的作用，但从来都没有雇佣很多劳动力（1800年时有人说："总体上，白糖至少是对我们自己制造商的报答。"）有几个都柏林家族在奴隶主经营的糖料种植园拥有股份，其精加工在前二三十年吸引了很多城中富商（例如爱德华·伯恩）。虽然与加勒比地区仍然保持着时断时续的联系，但这个行业再也没能恢复。

脆弱的纺织行业于1826年受到最后的一击。那之前英国发生了一场严重的金融危机和经济衰退，国内出现食物短缺现象。那一年，爱尔兰硬币（爱尔兰银行的银制货币）终于停用，英-爱金融联合开始运作，这是英-爱联合过程中的最后一个事件。这是个巧合，但很多人却不这么认为。英国棉花、丝绸、棉布在爱尔兰农村需求低迷的时候以低于成本的价格倾销进来，这成为一个引爆点；各省对服装面料的需求至此完全崩溃，其后果非常严重。据称，到1826年夏，城里有超过三千台织布机空置。但对织工来说，这比他们的前辈在1779年、1784年或者1797年所经历的情况更遭吗？可以十分确定地说，的确如此。这有两个原因：很多受到影响的人在1826年危机之前就已经比二三十年前的情况更加贫困；第二，很多雇主，就是棉花和丝绸行业的小资产者，现在已经破产。空前的救济活动风起云涌，一个政府项目在几个月里雇用了一千五百名工匠（其中有些来自工业卫星村）。但那之后再无起色，用工情况一片惨淡。接着，在三年后，英国市场向法国丝绸开放，将都柏林最大的用工行业丝绸业打得溃不成军。正像一位业内人士1832年所记：

> 都柏林自由区从未经历过如此萧条的景况，从1826年至今已经六年时间，加工业几乎完全消失。那个地方曾经存在的工厂变为废墟，成千上万曾经富裕的居民陷入贫困。

棉、毛行业大多数手工纺织工人从城中消失，仅在城郊的工厂和农村偶尔得见。丝绸业在城中留下的余种，主要是精仿波纹塔夫绸和府绸（即"久负盛名"的毛丝混纺）的手工业者，"但仅仅年轻人能够受雇于此，因为这个分支领域对视力要求很高"。这里，能让几百台特殊织布机不停运转起来，大型批发商的惠顾至关重要。

英-爱议会联合之后二十五年，都柏林继过去二百年里一直担任全国仓库的角色之后，现在彻头彻尾真的只是个大仓库了。但因为所存储的很多商品产自海那边的工业巨兽，这个角色的社会效益大打折扣。詹姆斯·毕比是一位利物浦船东，他有九艘帆船，常年往来于利物浦和都柏林之间。1821年时曾宣称"总是运送混合装载"的货物往来于海峡之间，"一船价值就是五、六、七万英镑"。而现在，则回归到运送农产品出口业务，再没有亚麻制品了。但这个看法忽略了一个更为基本的因素，即伦敦、布里斯托以及其他历史悠久的城市也发生了类似情况。这些城市都距新近兴起了煤炭经济的北部英格兰以及中部苏格兰更远。给如此众多的人带来严重影响、使他们深深陷入贫困境地的都柏林局部去工业化问题，并不是孤立存在的。

新浪潮

反联合主义者在1799年的第三个预言是，随着爱尔兰议会的消失，都柏林的基础建设，包括市政、文化和实体工程都会萎缩。这些担心是有实际根据的，例如学院绿地方面曾大力支持过包括都市建设、大学重建以及各种像"都柏林协会"这样的"国家级"机构。然而，如我们所看到的，尽管财政支持减少，但马路建设委员会的工作一直持续到很久以后。大学的情况是，在1798年新古典风格的小教堂完工之后，其19世纪早期扩建所需资源，重新回到自筹状态。所建工程包括"博特尼湾"（Botany Bay）和"新建广场"（New Square）。拿破仑在位时战争连绵不断，这段时期结束后学生人数大幅增加，工程资金吃紧得以缓解。都柏林济贫院（Dublin House of Industry）的使命是消灭城市街道上的乞丐现象，其资金来源最初在18世纪70年代由私人捐赠，但济贫院不久成为解困用临时旅馆以及老人孩子的救济院，并非针对乞丐的收容所，于是，爱尔兰议会被迫介入。议会第一次拨款三千英镑，于1777年到账，四十年后这个数字变成每年三万英镑。济贫院原来占地面积非常小，位于城北的北国王街附近。从这里发展成一大片带状建筑群，一直延伸到格兰治高曼以里，拥有不少于五间附属机构。这都是联合以后二十四年间建起来的（一间热病医院、一所儿童福利院、一个外科医院、一所精神病院和临终医院），共有大约一千七百个床位。紧挨着这片建筑群的北边，政府于1812年从蒙克家族的地产中征用了一部分土地，兴建里士满监狱（Richmond Penitentiary）。这座新的大型监狱于1816年完工。这么浩大的公共建筑项目完全由财政部出资。每次拨款，都是历届首席大臣呕心沥血筹集而来，因为城市状况日渐衰颓，城市和农村到处都显出越来越多的破败景象，而解决这一问题的唯一责任者则是都柏林市内的各大"全国"机构。到19世纪20年代，每年有大约上万名贫困人士在济贫院的不同部门受到救助。这些人都是来自都柏林市、郡"以外"。对农村贫困人口来说，特别困难时期里这个比例会更高。

联合后时代的都柏林协会也成为这样的全国机构之一，致力于传播与实用谋生手段有关的科学知识、推广工业设计项目，而这些项目"是由（爱尔兰）立法机构亲自操刀组建起来的"。能够长期受益于来自议会的资助，是因为定期拨款受到长达二十年的联合条款保护的结果。1800年收到的议会资助用于购买和完善位于霍金大街的大型活动场所，配有多个讲座教室、一个实验室和展示厅。很多公共活动在这里举办。最令人不能忘怀的，是1810年和1811年皇家化学学会的汉弗莱·戴维的一系列讲座。他在第二年里共有五百二十五位付费听众。1814年，生性活跃的约翰·克劳迪亚斯·比斯福特（前银行家，现任都柏林市长）说服学会买下伦斯特宅邸。这一行为对于树立学会自身形象,起到强有力的代言作用。学会所建的地质和自然历史博物馆(1792年)、在格拉斯内文开辟的植物园(1797年)以及一连串科普公告栏(1795和1800年间),说明这个组织处在一如既往的繁荣发展当中。地质博物馆不断扩建,并增加了形式多样、拥有各方支持的科普讲座。但是,繁荣的外表之下却有问题存在:学会所反映的,是来自学院绿地方面的价值观,或者至少是其代言人福斯特的价值观。福斯特和查尔斯·瓦伦西将军[①]一起,自18世纪80年代以来一直掌控着学会的发展步调。就有关国家在经济中扮演什么角色的问题,理念在发生着变化,学会仍冒险走在看似危险的过时老路上。搬离霍金大街最终给学会带来了经济负担,当1819年开始其每年一万英镑的国家拨款逐次削减时,情况更加严重。其会员人数在联合后的早期处于增长状态(与皇家爱尔兰学会的情况不同),在迁往基尔代尔街的那段时间尤其如此,1816年的普通会员人数最多达七百七十二名。但是,1800年的会员明显以土地拥有者和贵族为主,而到19世纪20年代,会员中更多的人来自城市和专业领域。他们中绝大多数仍是国教教徒。就新址单单空间宽敞这一特点,就足以证明迁址的正确性,这里成为城市文化区的潜能到1830年开始凸显。一直门庭若市的美术学校于19世纪20年代中期迁到伦斯特宅邸北面的一栋新楼里:其配套画廊就是一个世代以后"国家美术馆"(National Gallery of Ireland)的雏形。1828年,约有三千人参加学会主办的科普讲座,将近三万人参观博物馆。先期所做的搬迁再次证明那其实已经构成获得"国立博物馆"称号组建工程的一部分。

英-爱议会联合后都柏林最让人吃惊的,可能是交通网络的变化。表现在以下几个方面:国家投入巨资以改善都柏林及其周边地区的海运设施。与此相关的,海峡两岸的邮政通讯设施得到很大提升。

[①] General Charles Vallancey (1731—1812),英国军方派驻爱尔兰的测绘师。他一直留在爱尔兰并成为爱尔兰古董方面的权威人士。

爱尔兰海上穿梭的帆船，有一部分被蒸汽船所代替，产生革命性的效果。内陆交通也发生相应变化。所有这些举措对都柏林继续保持商业都市地位大有帮助，但也对掏空其工业内核产生影响。

即使通往普白格灯塔①的南大墙已经竣工，都柏林港的诸多限制仍然悬而未决。1795年在皮津屋建成了一个小型港口，占用南大墙三分之一的长度，给横穿海峡的定期客、货轮提供新的保护。但是，海军上将威廉·布莱在1800年视察海湾时，建议再建一座"北"大墙。这个想法遭到港口维护管理委员会下辖几家海上贸易商的反对，他们主张从克朗塔夫岸向普白格修一道墙，这个想法成为更受港口维护管理委员会青睐的方案。但这个想法付诸实施是在战争以后，资金确有保障的时候，这就是"公牛墙"（Bull Wall），是1819—1824年修建的。这道墙的一部分在岸上，一部分是桥体，因其结构有助于产生定期的潮汐冲刷模式，成为港口消除淤泥拥堵顽症的利器（港口维护管理委员会在1830年前后购买了几艘蒸汽挖泥船，以巩固与大自然斗争的胜利成果）。

在这次对海湾成功治理之前很久，其危险性确曾有过骇人表现。那是1807年11月底，携东风而来的暴风雨将两艘超载了新兵出港的船只倾覆，其中一艘是帕克盖特班轮（威尔士亲王号），另外一艘是吨位更大一些的单桅帆船（洛奇代尔号）。船被吹回都柏林湾，撞到位于黑石附近的礁石上，385人丧生。那天至少还有另外两艘小船沉没。那应该是爱尔兰湾最大的一次海难了。由此产生的一个结果是1811年在基什沙洲（Kish Bank）安置了浮动轻型舰，另外一个是1813年在霍斯半岛修建了贝利灯塔。但当时最直接的反应是，人们公开请愿，要求修建一个"避风港"以解救受难的船只。顿利里（Dunleary）成为理想选址，这可能是因为有运河将其与都柏林城连接的缘故吧。

---

① Poolbeg，从都柏林的林森德延伸到都柏林湾的半岛。这里的名胜包括南大墙、普白格灯塔、爱尔兰镇自然公园等。

尴尬的结局出现了，政府之前不久刚刚决定在爱尔兰湾以外新建一个班轮停靠港，就在霍斯半岛的北面。这个决定是在1805年的安全危机之后做出的，对所选地址及其适合性的评估并不充分。霍斯港意在取代皮津屋。这是港口维护办公室的一项巨大公共工程，从1807年开始，一直持续到1816年，用工人数达七百人，耗资约三十五万英镑。这个班轮港在1819年才正式投入使用。横穿海峡的距离确实有所缩短，但"爱尔兰的直布罗陀海峡①"边上的这个港口，从未彻底躲过冬季风暴。往来航线充满危险，由于水下深浅不一，甚至水浅的地方有趋于干涸的趋势，导致运载能力下降。霍斯港作为班轮码头服役时间很短，甚至在其投入使用之前，就有人主张在顿利里建港。他们认为在南岸建港才能为往来爱尔兰海的各种船只提供抵抗所有气候条件的避风港。这一富有远见的想法，其倡导者是挪威人理查德·图彻尔（Toutcher），一位船长兼商人。但这个计划直到1816年才获得正式批准，是时任首席大臣罗伯特·皮尔支持的结果，"这项工程就足够让他的任期名垂青史了"。接下来，约翰·伦内·希尔，这位曾远距离参与霍斯港项目的苏格兰土木工程师，全力以赴地支持在顿利里修建两个"彼此环抱的防洪堤"的想法。这一项目为1820年的第二个防洪堤预留出额外资金，这似乎与海军部认为该设施具有军事价值有关。这两个防洪堤约有五十二英尺宽（每一个都提供足够的公共漫步空间），底层材料是从兰开夏郡运来的巨大朗科恩砂岩石料，上层是来自附近达尔基山上随处可见的本地石英花岗岩。到1822年，用工约达八百人。这个工程阶段中，有二百五十辆货车往来于采石场和新港之间的车道上。两个防洪堤完工时的合计长度超过二千六百五十米，到1860年时最终耗资（包括灯塔以及附加的小型防洪堤）将近

---

① Strait of Gibraltar，位于西班牙最南部和非洲西北部之间，长五十八千米；最窄处在西班牙的马罗基角和摩洛哥的西雷斯角之间，宽仅十三千米，是沟通地中海与大西洋的海峡。

霍斯曾短期作为通往霍利黑德的主要爱尔兰"班轮港口",当时正处在开始阶段。托马斯·泰尔福德和那个世代最卓越的土木工程师老约翰·伦尼曾参与这项耗资巨大的工程。但是这个港口的天然缺陷很快显现出来,班轮业务于1834年迁至金斯顿(邓莱里)。

一百万英镑。这个项目引人注目的时刻是在乔治四世[①]1821年到访结束的时候。港口和村庄被更名为金斯顿[②]。此次更名竟成为吉兆,因为有富裕的当地那不勒斯[③]人逃到这里,这里后来成为爱尔兰的索伦托[④]。

海上安全是这座大型港口的存在理由。但是,政府还有一个同样迫切的问题,在战争年代及其之后都要面对的,就是保证长距离通讯快捷和安全,在都柏林和伦敦之间尤其如此。从切斯特附近迪依河上的帕克盖特启程的海上旅程很长,却直到战后一直在使用着。但1785年在伦敦和霍利黑德之间引进了邮车,同时北威尔士公路系统得到前所未有的改善,都柏林和伦敦之间的官方通讯旅程所花时间到19世纪初降到六十五小时左右。梅奈海峡[⑤]的轮渡和霍利黑德的种种缺陷仍然构成这条通讯干线上的障碍。这些问题在19世纪20年代中期得到解决:穿过威尔士山区的新路线成为"世界上最快速的、风雨无阻的线路"。霍利黑德的港口进行了大规模重建,托马斯·泰尔福德的巨大浮桥于1819年至1824年横穿海峡修建起来。所带来的结果是,自伦敦的旅程减少了数小时。与这些改进同步的,是一种新型海上动力的应用试验:蒸汽动力船。都柏林有人合伙,于1816年购买了两艘"混合动力"的小船。这两艘小船于1816至1817年间在霍斯和霍利黑德之间间歇运营。行程因此缩短到七小时。试运营最终由于合伙人之间产生诉讼而停止。都柏林此后与一家新公司合作,做了第二次尝试,在1820年引进两艘大型船只。前景如此诱人,连伦敦的邮政当局在第二年也自己购进船只,迫使运营商把业务转移到了其他

---

① George IV(1762—1830),英国汉诺威王朝国王,乔治三世长子,威廉四世的同母兄。
② Kingstown,英文意思是"王之城"。
③ Neapolitans,来自意大利港口城市那不勒斯的人。
④ Sorrento,意大利南部城市。
⑤ Menai Straits,英国威尔士西北与安格尔西岛之间的狭长水道。

相关城市。这导致都柏林/利物浦通讯航线在身不由己的情况下开张了。有来自都柏林的，也有来自利物浦的几个合伙人在随后的两年里开始新业务的试运营，他们改进船只设计，使其更大、更快。英国邮政当局在1821年来了个大动作，是爱尔兰国会议员亨利·帕内尔爵士发起的。他不知疲倦地组织这些项目的实施，在霍利黑德－霍斯航线上专门安排了两艘风雨无阻的邮船。其结果是，到19世纪20年代中期，在伦敦和都柏林之间每天可以收发两次邮件，行程大约三十六小时，在缩短距离上这是个革命性的突破。

　　三家合股公司，其中两家来自都柏林，另外那家是圣乔治公司，来自利物浦，是1822年成立的，其目标是购买更大船只，在爱尔兰海甚至更远的地方进行常年的业务运营。这些第二代蒸汽船主要是靠资本运营，但是取得现存商用航线，并吸引更多往来于海峡两岸的业务所带来的预期实在诱人。有两家本地公司，都柏林城市蒸汽邮船公司（City of Dublin Steam Packet Company）以及以辉格教徒为主导的都柏林和利物浦蒸汽航海公司，率先行动起来。他们抓住时机，开始激烈竞争，焦点就是都柏林－利物浦航线。接着，让这两家商业运营商大为恼火的是，邮政当局于1826年开通了利物浦－都柏林邮政业务。因为更长的旅途需要更大的船只，对于邮船来说，霍斯港实在太小。于是，金斯顿作为邮船码头被首次启用。对于私营公司来说，购买新型蒸汽船需要新的融资方式。几个世纪以来，商业社会中的标准做法是，为了减少风险，将商船的所有权分割成小股份。对于船队的共同拥有者来说，有一家本地公司可以成为各种经营方式的先例以作效法，那就是成立于1785年的摆渡船公司（Passage Boat Company）。这家公司多年经营六条往来于帕克盖特和都柏林之间的帆船。但是其所有者一直限制在威勒尔造船厂和参与航行的船员中间。购买蒸汽船只的资本构成却截然不同。自1781年以来，"匿名"或者匿名合伙人方式在爱尔兰成为合法（英国不是这样）。那些有钱投资却不承担经营责任的人都是采用这种形式。在战争期间，修建磨坊或者建设其他先进工业企业都广泛采用匿名合伙的融资方式。匿名合伙人的方式被都柏林城市公司的头三十二个股东入股时采用,但是随着合伙人入股上限规定在50,000英镑时,这种做法受到限制。有几家上市的公共事业公司——两家运河挖掘公司、两家煤气照明公司、几家投资采矿公司以及四家保险公司——但是,这些公司都申请了特别立法。

都柏林城市公司的主要人物是查尔斯·威廉姆斯,其父多年一直在爱尔兰银行任总裁。威廉是一位天生的工程师、精明的商人和良好的风险评估人。他的船只是第一批适用于所有气候、承运普通货物的船。他于1824年投入两艘明轮轮船[1]开始了利物浦-都柏林之间的航运业务。他的公司后来继续发展,成为都柏林历史上最成功的企业之一。从1826年开始,开通了驶往各个方向的每日航线。到1830年,经营着十四艘大型船只,每艘造价一万六千英镑左右,所服务的航线包括都柏林到贝尔法斯特、格陵诺克、伦敦和波尔多。公司在早期确实非常幸运(尽管1829年有两艘船出事,但没有生命损失)。经过数年的激烈竞争,这家公司于1826年开始牢牢地掌握了都柏林和利物浦之间的航线;并通过了一项私人法案,将注册资本增加到二十二万五千英镑;与主要的利物浦竞争对手圣乔治公司签订运输联营协议;与邮政当局达成共识,后者集中在客运业务(cabin-passenger trade),都柏林城市公司则发展货运、牲畜和"甲板贸易"。这样,在其运营的头六年,每年有超过二万五千人次的乘客往来于都柏林和利物浦之间,其中有91%都是甲板露天乘客——正是这些贫穷的旅行者(常常是秋收季节工)、牲畜、蛋类和其他消耗性食物,填满了该公司早期的仓位(及其金库)。一开始的股东主要是都柏林商人(1823年所有的三十二人,以及五年后总共四百九十二名投资

---

[1] 亦称明轮船,是指在船的两侧按有轮子的一种船,由于轮子的一部分露在水面上边,因此被称为明轮船。到了19世纪60年代,明轮船被装着螺旋桨的先进蒸汽船淘汰。但为了称呼方便,装螺旋桨的船还是叫轮船。

者中的三百二十二名）。然而，尽管这的确是一家本地公司，但是其装备和所有机械装置都是利物浦制造。威廉姆斯说："要是存在着任何阻止企业合并的事情，那么公司早就在都柏林报销了。"不仅如此，该公司最大的修理厂也设在利物浦。

在这场交通运输的变革中，霍斯、金斯顿以及更下游的码头都受到很大影响。尽管霍斯有政界支持，仍输给了金斯顿。后者因其港深、规模大，于1834年成为都柏林的独家班轮码头。与此同时，都柏林港本身也处于巨变当中。海峡两岸的煤炭贸易仍占据主导位置，但随着爱尔兰城市中心的扩大，一直主要依靠沿海地区的商品贸易，现在开始向内陆转移。1800年以来，主要车行公路的路况得到巨大改善，大运河和皇家运河网一直处于扩大当中（1830年左右达到最大英里数），河道改善方面所做的政府投资终于开始有结果了。都柏林城市公司投资了几艘小型蒸汽机船组成"香农航运"，与大运河运输网合作，将运河和香农河沿岸各地预备通过都柏林运到利物浦的货物进行整合。同时，联合以后单单是陆路往来人数也是以指数级增长。1800年，曾有四条商业运营模式的邮车路线（运载邮件和高级旅客），将都柏林和贝尔法斯特、德里、利默里克和库克连接起来。从都柏林出发的邮车有八辆。到1830年，发展到十三条邮车路线、二十二辆邮车的规模。由于竞争的缘故，价格下降，市场得以扩大。邮车是1789年才引进的，却很快进入人们的生活，并保持了一个常规化状态。这些邮车成为1798年反叛者的首选进攻目标。

在都柏林处理的邮件数量迅速增加，爱尔兰邮政的收入在1804年至1814年增加了94%。当克兰卡提伯爵（卡斯尔雷的好友之一）担任爱尔兰邮政大臣时，他对邮政系统进行了全面改革。改革的内容之一是出台了修建邮政总署大楼的计划，其规模比原来的大很多，特点更加突出：其基石是1814年汉诺威王朝百年纪念日时奠定的。经过精心考虑，新楼的地址选定在萨克维尔大街：是很长的一栋楼，带有新式的旅馆房间，门前的大街给往来的邮车提供便利，比西边旅馆区以外拥挤不堪的邮件中心强多了。宫殿般希腊爱奥尼亚风格[1]的前脸，是由约翰斯顿设计的，220英尺长，后面遮挡着一个大院，邮车在那里装卸。由此能够体会到新信息时代正在启动。其规模显示出这里就是都柏林的新中心，赋予"我们城市首批主要大街以生机和生意"。1822年左右决定修建"塔尔博特街"，自伯爵街往东，一直到"北海滨"，沿新开通的海滨路到霍斯班轮码头，这更加强了邮政总局（GPO）成为新枢纽的概念。来到萨克维尔大街的人在这里受到的强大冲击，任何南边的大街都无法与之匹敌。不仅仅是因为邮政总局，或者散布在大桥附近的新开商铺，还因为矗立在大街中心的新纪念塔。

冻结的承诺

这座巨大的多立克式[2]柱是1808—1809年间在萨克维尔大街的中心修建的，是为了纪念特拉法加海战[3]中阵亡的英雄[4]。这并不是第一个这类的纪念柱（格拉斯哥占先了），但却是那个时代最精心的作品。

---

[1] Ionic order，源于古希腊和罗马的三种古典建筑风格之一，另外两种分别是多立克和柯林斯。爱奥尼亚风格的最大特点是使用涡型装饰。自公元后一世纪罗马建筑师维特鲁威开始，爱奥尼亚风格里被注入女性特点，与男性特点十足的多立克风格形成对照。
[2] 多立克柱式是古典建筑的三种柱式中出现最早的一种（公元前7世纪）。另外两种柱式是爱奥尼柱式和科林斯柱式，它们都源于古希腊。多立克柱的最大特点是简洁。
[3] 特拉法加海战是19世纪初英国舰队与法国西班牙联合舰队之间的一场大规模海战。1805年10月21日，双方舰队在西班牙特拉法加角外海面相遇，此役之后法国海军精锐尽丧，从此一蹶不振，拿破仑被迫放弃进攻英国本土的计划，而英国海上霸主的地位得以巩固。
[4] 指英军主帅霍雷肖·纳尔逊（Horatio Nelson，1758—1805），英国风帆战列舰时代最著名海军将领及军事家，在1798年尼罗河口海战及1801年哥本哈根战役等重大战役中率领皇家海军获胜，他在1805年的特拉法尔加战役击溃法国及西班牙组成的联合舰队，迫使拿破仑彻底放弃海上进攻英国本土的计划，但自己却在战事进行期间中弹阵亡。

威廉·威尔金斯的设计经弗朗西斯·约翰斯顿修改,最终的结果是这样:这座威克洛花岗岩雕刻而成的纪念碑,只要占据爱尔兰中心天际一日,就因其本身的优缺点以及所处位置,而继续饱受褒贬一日。很多后世的都柏林人将其看作英帝国主义的胜利宣言,但竖起纳尔逊的石柱并不是官方行为。一个世纪以后,虽然威廉·勃特勒·叶芝[①]并不看好其外观,但仍带着尊敬的态度称其表达了"新教爱尔兰对打破拿破仑统治做出贡献之人所怀的热切情感"。但即使这种说法也不完全符合事实:三位最富有的天主教商人(麦克唐奈、奥布莱恩和瓦伦丁·奥康纳)所在的二十人委员会为纪念碑筹集将近七千英镑资金,而建筑委员会的主席卢克·怀特则明显倾向辉格派。与学院绿地公园那里的威廉王雕像不同,这个纪念碑在完工的时候并没有成为代表派别的"纪念地"。但是,都柏林人情愿以这样的方式纪念纳尔逊,并且他们选择用这么大的纪念柱,都给人留下深刻印象。说明法国海军的失败在人们内心深处激起了非常强烈的情感波澜。

几年前,瓦伦丁·奥康纳曾向天主教大主教提供五千一百英镑的贷款,购买了附近一个地产项目,就是 1803 年在市场上出售的一户贵族府邸,位于马尔堡街西边,名为安尼斯利,是一座极其宽敞大气的建筑。选择这个地方是要用作新的天主教"都市教堂",取代利菲街上狭窄拥挤的圣马利教堂。自 18 世纪 80 年代开始,兴起了一小股天主教建堂热潮(米斯街的圣凯瑟琳教堂、阿伦岛码头的圣保罗教堂、克拉兰敦街附近的加尔默罗教堂,这些都建于联合之前。哥特式教区教堂包括,豪斯顿街[Halston Street]上的圣米尚教堂,建于 1811—1814 年间,罩衫巷剧场原址上建起了圣米迦勒和圣约翰教堂,时间是 1815 年左右),但这些教堂的规模完全不能与特洛伊大主教的作品相比。这个主意起初如何开始以及早期情况一直不为人知;

[①] William Butler Yeats(1865—1939),爱尔兰诗人、剧作家,著名的神秘主义者,曾于 1923 年获得诺贝尔文学奖。

甚至"这种混合希腊神庙和罗马长方行大会堂风格"设计的作者是谁也是个谜。这一灵感很清楚来自于巴黎风格（特别是圣菲力浦杜柔乐教堂［St Philippe du Roule church］），约翰·斯维特曼和大主教都直接参与了设计，前者作为联合爱尔兰人运动的领导人在巴黎流亡，一直到1820年。筹资偿还奥康纳用了五年时间，凑足资金开工又用了六年。年老的特洛伊在其晚年将大部分精力用在完成这个工程上，从1814年一直到他1823年去世。针对最早的设计元素，修改是必须的。在重重财务的困难中，巨大的柱廊直到1837年才完工，总耗资约四万五千英镑。但其建筑意义上所具有的成熟度，却从未有人质疑。作为都柏林改革后实际意义上的第一座天主教大教堂，其希腊复古风对十年以后兴建的圣安德烈天主教堂产生了很大影响，巨大的门廊也被下一个世代很多城内天主教堂所效仿。

大主教特洛伊1823年去世，他在都柏林主持工作达三十七年之久。葬礼在尚未完工的大教堂举行，非常隆重。这么做是名正言顺的：在埃米特起义之后的二十年里，天主教主导的都柏林充斥着一种奇怪的混合气氛，既有壮志未酬的无奈，也有新生出的自信，还有很强的集体反思意识。1800年以来，富裕的天主教专业人员的数量显著增长。其中很多人以前在都柏林并没有什么社会关系。他们讨厌限制他们进入高级政府部门和议会的那些看不见的人为障碍。尽管没有几个人能指望像丹尼斯·斯库利和丹尼尔·奥康奈尔一样入住梅里恩广场，但他们毕竟成为这批新生代的领军人物，并于1809年，两个人都在那里安了家。他们来自富裕的芒斯特家族，早期在律师行业崭露头角，这让他们对都柏林商人颇为蔑视，而后者直到当时一直主宰着天主教政坛。斯库利毕业于剑桥大学，他的强项是拥有贵族圈以及法律界经验；奥康奈尔的突出特点是法庭上练就的超强表现力、良好的应变和理解能力。奥康奈尔是1800年少数的几位公开主张保留爱尔兰议会的天主教徒，而联合之后都柏林的宗教倾向恰恰提升了他的声望。他是第一位引人注目的天主教徒，而1801至1818年间所有都柏林行政官员都是新教徒（仅在1806—1807年贝德福德做总督时中断过，那时围绕威廉国王雕像进行庆生游行的传统被打破）。但就是在1800年之后天主教当政的平静状态里，由于老一辈的活动家们担心疏远了他们的新教盟友，斯库利和奥康奈尔，尤其是后者，在18世纪90年代的灾难之后，为大众宪政重立基础。

天主教委员会利用法律漏洞于1804年进行重组，但新的全国委员会在乡村范围的选举直到1811年才开始（再次为天主教解放事宜向议会请愿）。这一时期，奥康奈尔的事业如日中天。如何解释1793年关于代表大会禁令的问题，政府和天主教领导层陷入法律层面的争论。但双方都没能取得确定性优势。如果天主教解放就意味着允许政府有权否决主教任免，律师们成功说服主教对任何这种可能性持反对意见，他们因此成为规避风险高手中的精英主导力量。然而，在1813年，委员会就有关否决权问题产生分歧，一些上层少数派因为反对奥康奈尔的不妥协立场和过于激烈的言辞宣布退出。而留下来的主教们也是保持拒绝主义姿态。与此同时，罗伯特·皮尔任1812年至1818年的爱尔兰首席大臣，其助手是威廉·绍林（1807至1821年的司法部长，也是该城橙带党的主要成员），奥康奈尔遇上对手了：皮尔要坚决通过法律扼制天主教徒的政治活动并迫使坦白直言的天主教出版物息声。但发生这些事之前，奥康奈尔在1813年做过一次高调表演。他为自由派报纸编辑约翰·马吉做辩护律师，在长达四小时的激烈演说中攻击政府党派之争中的腐败现象（包括皮尔在内的几名政府官员到庭），对绍林的批评极尽侮辱。然而，他过犹不及，主动权还是被官方抓到了。

有关天主教问题，随后的十年波澜不惊。只有1815年那次事件例外。奥康奈尔再度发起对市政厅的攻击，谴责其对天主教解放的一贯反对政策，认为该做法堪称"乞丐一般"，引起嘘声一片。下院的海军退役军官约翰·德艾斯泰尔（D'Esterre）发起决斗挑战。这场为名誉而战的决斗发生在基尔代尔边界，成为公众关注的热点。德艾斯泰尔受了致命伤（奥康奈尔后来因此多受诟病）。那天晚上城里燃起了庆祝的篝火。至于奥康奈尔在天主教市民当中的受欢迎程度，那是毫无疑问的。他喜欢定期步行到法院，"所有人都转头对他行注目礼"。

对日后产生重大影响的一年是1824年。一个前一年夏天在都柏林成立的新的天主教协会成为真正的群众运动，颠覆了所有人的期望。他们的管理机制是每月一个便士的廉价会员费，鼓励全国所有天主教家庭都尽量参与。这个协会成功的鼓动和宣传工作堪与18世纪90年代的先例相比。但是持续下去（尽管1825年出台压制条款的律法，1826年奥康奈尔采取策略性妥协）的结果，则更显示出这场运动是如何成功地实现其初衷的，那就是，威灵顿政府[①]于1829年承认天主教解放的请求。然而，单纯从都柏林的角度看，19世纪20年代所发生的伟大政治斗争，仅仅是日后持续一百年之久的争夺战的一个阶段而已。期间，有关都柏林地方行政管理、商业、福利、教育和高端文化等问题的最终决定权，时而以多数新教徒利益为准，时而服从大多数天主教徒的诉求。其实，19世纪20年代的这场为解放而战的斗争，并不是宗派之战。奥康奈尔本人就一直承认来自新教的辉格自由派强有力的支持，再有就是城中一直顽强存在着的反联合情绪。这种情绪几乎把所有政治派别团结了起来。但是，在这个新教福音大复兴和天主教复苏的时代里，人们对各自的宗教忠诚度日益加强，将城市公共领域中的社会、医疗和教育机构分成新教和天主教两大类别。

这些机构中大多数（无论是自发的还是国有的）仍然是以新教为背景：1824年皮高特有限公司名录（Pigot & Co.'s Directory）上，都柏林"慈善机构"项下所列一百个左右的单位中，有天主教参与管理的总共也不超过六家。仅有两家还算成功地将宗教元素引进其管理过程，那就是颇有名气的"贫病管家协会"（Sick and Indigent

---

① 滑铁卢战役击败拿破仑的威灵顿公爵，此时任英国首相。

Roomkeepers' Society)和"行乞者联盟"(Mendicity Association)。1829年前,教区范围内至少有二十家天主教慈善机构,但这些机构的公共形象并不突出。

从1815年以来,没有妥协条件的天主教解放前景一直起起伏伏。1818年,同情天主教的威廉·格兰特被任命为首席大臣,取代了皮尔。碰巧的是,富有改革意识的托马斯·麦克肯尼于1818年被选为市长。一改往日的宗派立场和威廉党人形象,他在任期中途主持了一个包括新教市民在内的扩大会议,会议决议认为天主教解放"对爱尔兰稳定大有益处"。但是,在第二年的普选中,解放问题却不再提起。像前四次议会选举一样,罗伯特·肖和德高望重的亨利·格拉顿当选都柏林议员。格拉顿自从1806年重返议会以来,曾多次尝试打破解放僵局,但甚至一个和解协议都没达成。他于1820年突然去世,递补选举势在必行。解放问题第一次成为区分候选人的标准。被分开的两位候选人是小亨利·格拉顿和保守派律师、市议员托马斯·埃利斯。和从前在公会和媒体中发生的情况一样,选民仍然是自由民居多(除1793年以外,其余全部是新教徒),有一小部分自由保有地产权所有人(他们中很多都是天主教徒)。但是,与以往情况不同的是,没有投票权的广大天主教市民采取了跟风态度,他们甚至会以贸易组织的形式碰头,不在乎政界发生"橙""绿"之战。公共投票通常会有大量人弃权,但年轻的格拉顿尽管拥有家族反联合立场的影响,仍是以接近三比二的票数被击败。这个结果让自由派和天主教舆论界大为惊讶。

托马斯·埃利斯获胜更让人民相信,市政厅及其所有部门现在所持的态度,无可挽回地站在反天主教一边。最引人注目的市议员,例如公安局局长弗雷德里克·达利以及负责管理城市市场和交通税收的约翰·克劳迪亚斯·比斯福特,都是广为人知的橙带党人。从1813年开始,都柏林一直沿用的向进城和经商的非自由民和外地人征收通行费的合法权利受到双重挑战,一方面来自法律,一方面是直接行动。普遍抗税的问题是不容易解决的,法不责众嘛!奥康奈尔后来公开说"警方一开始确实干预了,但是政府阻挠警方的干预,并声明市政厅会(在法庭上)审理这一权利的合法性会给人民以交代"。到1820年,市政厅完全放弃维护这一权利的努力,致使每年损失超过5,000英镑的财政收入。如此容忍法律和行政上的无能,真是奇怪。负责收税的主要责任人不是别人而是比斯福特。这么说来,这项税款的消失就不算巧合了。

1820年末,在麦肯尼公会(纺织品商[the Hosiers])的提议下,刚刚登基不久的乔治四世受邀出访都柏林。除了那些知道国王倾心于爱尔兰斯连堡(Slane Castle)女主人,就是首位科宁厄姆女侯爵伊丽莎白的人以外,国王接受邀请的消息让很多人大为惊讶。毕竟,自1690年以来,这是第一次国王造访。这位新君主在英国因为刚刚提请遭人痛恨的离婚诉讼而尽失民心,所以这次来访前景并不乐观。他在1821年8月到达霍斯之前的几天,卡洛琳王后去世。这真是雪上加霜。事先双方的合作程度非常惊人。其父1810年的五十大庆,以及汉诺威王朝1814年的登基一百周年纪念,都属于新教徒的活动,基本很少有天主教元素。与此不同,现在三十二人的组委会成员中,一半是新教徒,一半是天主教徒,是由橙带党派市长大人和丹尼尔·奥康奈尔积极支持组建起来的。访问过程激起人们极大的热情,几乎没有反对的声音,这显示出超越党派的忠君思想仍然残存(当然,也许与国王在本乡不受欢迎有关)。国王从矗立在圆形大厅旁边的凯旋门正式进入都柏林市中心,国宴上有很多天主教徒参加。在为期三周的访问中,他会见了身穿长袍的天主教神父代表团,之后,从金斯顿返程。

对很多评论家来说,这次访问是一出"令人沮丧的闹剧"。但还有一些人却认为是一场"和解"的实际演示。使其落到实处的是随后任命了威灵顿的兄弟理查德、第一位卫斯理侯爵为郡治安长官,他是一个多世纪以来第一位担任此职的爱尔兰人,并且以亲天主教闻名。

但是，在那些重要天主教徒在城堡当局所能给出的所有社会声誉中，无论是国王还是卫斯理都不倾向于接受激进派解放分子想要争取的条件。1821 至 1822 年解冻过程中的真正重要的事情，是保守派（无论是富裕阶层还是平民）共同的表达激愤的方式。他们拒绝接受让部分富裕天主教商人成为城市自由民的措施，对这些人的头衔问题发起无休止的争论并在学院绿地公园威廉雕像处示威游行。他们这样做，反而将自己置于不利地位。最为严重的是 1822 年 12 月发生在霍金大街的"酒瓶骚乱事件"（bottle riot）。那里新开张了一家皇家剧院：演员拒绝有人邀请他们歌唱"纪念光荣革命"的歌曲。于是，水果和酒瓶抛向舞台，还有更夫的梆子飞向总督包厢。与 1814 年至 1819 年间罩衫巷剧场末期的那些破坏性极强的骚乱相比，这实在是小事一桩，但这却被天主教和辉格派媒体充分利用，将橙带党主导的都柏林，尤其是警察局长达利，推上审判台。这一事件标志着任何官方身份的人都不得进行与威廉三世有关的庆祝活动，也说明橙带党内部产生了分裂，导致都柏林总部（Dublin Grand Lodge）在该运动的北方中心地区的声誉和影响力产生严重倒退。接着，在第二年，格拉顿 1820 年遭受的羞辱得以雪耻——是在都柏林郡的选举当中：在选区各地拥有产业的康普顿·多明维尔爵士（Sir Compton Domville）被击败，其对手是财力极其雄厚的卢克·怀特。怀特 1820 年为自己争夺过郡席位，现在为四儿子做资金后盾——这背后有来自奥康奈尔的鼎力支持。这是天主教世袭地产拥有者第一次在都柏林大选中打破平衡，人们举行胜利大游行，从克曼汉姆一直到学院绿地公园。直到大学生向游行庆祝的人群扔掷石块，游行才终止。

1824 年，已经在卡博尔街科因书店楼上办公的新的天主教协会开展了一项决议——通过出借一便士建立大众化的会员制度。这在都柏林至少有一次先例。交易所大街（Exchange Street）上的圣米迦勒和圣约翰教堂在十年前完工，"由公众出资，处在社会底层的人通过每周自愿捐赠一个便士来参与教堂的建设"。这一做法当然有人竞相效仿。协会向全国发展的速度非常之快,按常理,主要归因于三个互为补充的因素:天主教领袖们不再为否决权而混战;协会工作范围扩大,增加了一连串主要以解决农村问题为主的各种事务(使其成为真正的"保护天主教的组织");主教们通力合作和教区神职人员对协会全情事奉。到1824年末,协会取得惊人成就,在其日常工作内容方面,无论是他们自己原来的设想还是来自政府的观点,都不得不因此调整。尽管任命了许多收费员,但在城里提高"租金"这件事比预期困难得多。虽然都柏林市和郡所奉献的金额占到1825年3月为止筹集到的16859英镑的11.6%,其反响相对而言仍不够积极踊跃。是不是因为都柏林比任何其他地方都能得到更多的各样形式的救济,或是各教区的教友们早已被诸多教区奉献并盖新教堂的建筑费用拖垮,所以天主教协会从"贾恩茨考斯韦角①到开普可利岛②"消除教徒一切不满与牢骚的承诺,在都柏林得到的回应更少呢?与18世纪90年代的骚乱相比,现在的情况仅仅反映出协会领袖们都不是都柏林出生的人,并且也都不经商这一事实吗?

  1826年都柏林的普选仍然火药味十足。天主教世袭财产所有者选民的数量大增,同时保守派候选人和小格拉顿顺利返回参选活动。随后三年的头条新闻都发生在都柏林以外——比斯福特于1826年在其家乡沃特福德郡的选举中失败,1828年1月的大规模教区请愿活动以及奥康奈尔7月份在克莱尔郡议会取得的颠覆性胜利(没人还记得约翰·基奥曾在多年前作为天主教候选人的事了)。奥康奈尔周围人的目标是"让蒸汽保持压力但却不致爆炸"的状态。因为都柏林媒体的热情和大肆报道,将各种消息传遍全国,这个目标至少是部分实现了。都柏林十八家报纸中,至少有四家持支持天主教协会(Catholic Association)的态度。最著名的有威廉·康威主办、久负盛名的《都

---

① Giant's Causeway,位于北爱尔兰的最北部。
② Cape Clear,爱尔兰最南端的岛屿。

柏林晚邮报》和迈克尔·斯汤顿新出版的《早报》（Morning Register）。斯汤顿的与众不同之举在于，他雇佣了一批以报道家庭新闻为主的记者。这一时期缺少严密的媒体管制（19世纪20年代多数时间都是如此），政府对农村的群众政治运动不闻不问，这与1910年代的新闻管制和干涉形成鲜明对照，与18世纪90年代的残酷镇压相比就更不用说了。正像托马斯·巴特莱特所说，皮尔和威灵顿致力于在爱尔兰保存新教势力，所以他们在1829年之前的几年当中接受了天主教解放这个不可避免的现实。他们"指望奥康奈尔……提供一次明显的机会，好使他们在大庭广众面前有理由屈服于那样的压迫"。而奥康奈尔在克莱尔郡取得的历史性胜利正是他们需要的。

除了解放天主教徒问题，都柏林天主教徒在1829年还获得另一项实在的胜利，那就是拥有了一个天主教徒的墓地。在那之前，他们的选择要么是在城内拥挤的教区墓地安葬（如果能举行葬礼的话，也得按英国新教的仪式办），要么就是埋在"布利地"①，那块位于国王医院中学西侧的穷人"安葬地"，再就是搬到乡下墓地草草了事（情况不一而足）。奥康奈尔使这件事拥有了政治意义并于1824年取得法律保护，就是安葬法案的地役权法（Easement of Burials Act）。但是直到位于克曼汉姆的"金桥"开通之后，天主教委员会（Catholic Burial Committee）（天主教协会的衍生机构）才正式接管墓地。很快，更大的要求提出来了，"天主教安葬委员会"在格拉斯内文获得一块九英亩的土地并于1832年正式开始启用这座"前景公墓"（Prospect cemetery）。这座公墓创建伊始并不是单独为某一教派服务的。但是，当城西南的商业墓地杰罗姆山（Mount Jerome）1834年开放的时候，城市的分野发生了变化：杰罗姆山成为大多数中产阶层基督徒的安息之地，而格拉斯内文则成为不同阶层天主教徒的坟场。后者的管理非常严格，按其本身标准来说经营得非常成功，与其他以天主教徒为

---

① Bully's Acre，位于爱尔兰朗福德县，是康沃利斯勋爵处死叛乱者的地方。

主的项目如"爱尔兰银行"和"国家银行"（National Bank）相比更为明显。这座公墓在西北部通道上越来越引人注意，似乎在昭告天下，都柏林的天主教属性复活了。19世纪20年代的都柏林，每周日的大街上钟声四起。有基督教堂"深沉而响亮的钟声"，有圣帕特里克和圣威尔堡教堂的风琴钟乐，还有二十个教区教堂的钟声以及大学和城堡教堂里钟声的多重奏。圣米迦勒和圣约翰教堂里的大钟，其历史可以追溯到16世纪，是第一座天主教教堂用钟。现在沿着码头可以听见这座钟发出的声音——是从天主教解放法案通过的时候开始的，因为当时"敲得太重，大钟出现裂痕"。那个年代，人们严格遵守安息日。履行周围人都能看见的宗教责任是高贵阶层必须遵守的一项义务。这种做法在所有说英语的国家都通行。但在都柏林，福音派教会的复兴随时蓄势待发。初露端倪的事件发生在那些新兴的"私家小教堂"（由爱尔兰教堂的大主教批准许可，但经济独立）。大规模的会众聚集于此，倾听名牧讲道（有格兰比街的毕士大小教堂、加德纳街的三一教堂以及阿德莱德路的圣马提亚教堂）。无论是在家庭还是公共场合，遵守宗教行为规范都在加强。这当然与新的政治气候带来的普遍的宗教敌对意识有关。再加上教派之间的紧张关系日益加深，更使这种竞争尖锐化起来。这在精英阶层和普通大众中间都是如此。1822年，威廉·麦基（William Magee）在基督教堂任都柏林大主教的就职演讲中说，国教仍然要承担使命在全国范围内传福音。他后来还提到"宗教改革"现在在爱尔兰才仅仅是开始。他的这一做法招致几位天主教前所未有的激烈反击。麦基的战斗口号成为新一轮宗教战争的导火索，也是针对越来越高涨的天主教不满情绪的一种刻意回应。

弗朗西斯·约翰斯顿是对鸣钟充满极大热情的人之一。关于他的政治和宗教倾向性我们知之甚少，仅仅知道是他倾情设计了"皇家小教堂"和圣乔治教堂。后者那宏伟壮观（也耗资巨大）的塔楼和尖顶反映出约翰斯顿除了对视觉效果，同时也对音响效果的热切关注。1828年，他和妻子给该教区呈现这座教堂时，八钟齐鸣；他选择刻在钟上的题字含义深刻:"神保守这座教堂,阿们";"愿平安和繁荣赐给爱尔兰";"为我们的宪法和国王鸣钟,我们为此欢欣"。几年前,他曾在艾克尔斯街花园的尽头修建了一处所谓的宗教建筑,所包括的钟楼和尖顶是专门为他从乌鸦街皇家剧院获得的十二座钟设计的。

然而,约翰斯顿在都柏林的最大手笔绝对是与世俗有关的。1821年,他成为名列三十一位拥有重要绘画藏品的市民之一。其他一些收藏,包括查尔蒙特和拉图什家族收藏的,都是经过几代人积累起来的。但与约翰斯顿的藏品类似,大多数都由目前的资产拥有者购得(在城中拥有大型住宅的内陆地区,仅藏有少数的最新绘画和雕塑作品,最著名的就是新建的劳力斯宫,位于都柏林和基尔代尔边界的里昂)。由于战争的缘故,都柏林大多数艺术收藏家,就像约翰斯顿,很少到处旅行(与18世纪他们的前辈不同)。但是,他们却另有办法。因为城里经常有人家清理房子,所以会有许多大型艺术品拍卖会;同时城里还固定举行公共展览会。艺术家学会于1800年重新成立,他们在好几年的时间里一直使用上议院的旧房子做展览场地,后来在位于霍金大街的都柏林学会的庞大房产里获得一席之地。皇家爱尔兰机构(Royal Irish Institution)成立于1813年,是为了陈列从私人收藏里借来的早期古典绘画作品(由于私人买卖盛行,其中有些散落于民间),很多上层人士趋之若鹜。在霍金大街的地点被清理之前,皇家爱尔兰机构在那里办展览历时数年。1827年,在学院大街购置了自己的房产。但是,从"绘画学校"毕业的本地美术学子们,在战后的日子里显然还是挣扎在争取赞助的泥淖里。这倒是引发出一个更加大胆的创意,那就是"爱尔兰人学会"的建立,其成员全部由专业画家、雕塑家、建筑师和雕刻师组成。虽然延迟了一些时间,但该学会于1823年获得皇家特许状,只是没有资金支持。另一个年代的两位大师接到邀请——詹姆斯·冈东,他以年高为由拒绝了;另外一位是风景画家威廉·阿什福德,他接受了邀请并被选为第一届主席。然而,这两位在几个月当中相继去世。计划受到些许影响,但接着,弗朗西斯·约翰斯顿使其起死回生。他在下阿比街尚未开发的地段为学会购得一块地，设计出一幢三层楼的画廊。这个画廊花费了他大约一万英镑的资金最终得以建成。爱尔兰画家第一届画展于1826年在约翰斯顿任主席期间举行，展品有四百多件。一些年以后，他的妻子在他去世之后又增加了一个雕塑楼层，主要为了展览约翰斯顿的私人收藏。引人注目的事情是，尽管该学会没有政治色彩，只清楚承担民族使命，但十四位初始会员当中只有一位似乎不是新教徒。但是这些人当中至少有一位，那就是威廉·卡明，是奥康奈尔的坚定支持者。

第七章

四城记：1830—1880

一些事实

维多利亚女王①第一次访问都柏林是在1849年8月；查尔斯·狄更斯②是在1858年。女王在精心安排的五天中吸引了大批民众，貌似平安无事——除了南大乔治街的一位药剂师，他在自家房顶上竖起一面画有无冠竖琴的"黑"旗，将窗户用黑帘罩住，上书"饥荒和瘟疫"外。这些东西被都柏林警察厅强行拆除。维多利亚认为她所看到的都柏林是"一座很不错的城市"，她受到的出人意料的热情接待"将成为永远难忘的记忆"。狄更斯惊讶地发现都柏林"比我想象的大很多，人口稠密，事务繁忙。总的来说，并不比伦敦破旧，人民看起来安居乐业……据我猜测，近些年应该是做了很多改善的工作"。成千上万的人挤进圆形大厅听他朗诵，与他熟识的英国读者没什么不同。真是相逢何必曾相识。但是，如果这两位中的任何一位能够再待长一点时

---

① Alexandrina Victoria（1819—1901），是英国历史上在位时间第二长的君主，仅次于伊丽莎白二世女王。在位时间长达64年。她也是第一个以"大不列颠和爱尔兰国女王和印度女皇"名号称呼的英国女王。
② Charles John Huffam Dickens（1812—1870），英国作家、社会评论家。主要作品有《大卫·科波菲尔》《匹克威克外传》《雾都孤儿》《老古玩店》《艰难时世》《我们共同的朋友》《双城记》等。

间，就会感知到都柏林与伦敦的不同之处：人们普遍相信黄金时代一去不复返，中产阶级被宗教敌对的社会风气弄得四分五裂，即使根据英国标准来看也很严重的社会不平等现象成为城市的中心问题。描述都柏林的大多数当代人，要么关注其表面的新奇事，要么写一些为自己政治观点服务的片面事实。却没有人论述其复杂的多面性。

到 19 世纪 50 年代，在大城区范围内，存在至少四个明显的社会阶层——这些阶层是互相渗透的——但在更大范围的整个国家的转变中，每个阶层的演变却非常不同。我们能区别以职业为中心的阶层，主要成员仍然是新教徒；还有"受人尊重的"一群"小业主"（shopocracy），其中混杂有各种不同宗教背景的人；再就是产业工人阶层，主要是天主教徒；最后是赤贫阶层。从 19 世纪 30 年代开始，由议会和政府机构收集和出版了大量有关社会、人口统计和分布位置的信息，从而提供解构社会以及追踪其演变过程的机会。一家小型的"都柏林统计学会"于 1847 年成立。像狄更斯描写的葛雷梗先生①一样，这家学会致力于"收集和分类事实"，相信统计数据是一种有关社会情况的高级形式，对制定经济政策、实行社会改革应该起到根本作用。但是，其成员针对当时社会弊病提出的所有热切质询，学会没有人尝试写过一篇关于都柏林的整体分析。这里可是他们居住的地方。

虽然詹姆斯·怀特洛牧师在二十多年前就开始进行一项私人人口普查，甚至这一普查已经成为联合时代的标杆，但现在能够被人们使用的基本事实是 1821 年开始的为期十年的人口大普查的数据。几乎所有这些 19 世纪调查的原始资料都没能保存下来，但相关出版物让记录都柏林历史的工作进步了一大截。这些调查与都柏林全国测量地图以及第一批街道目录（开始于 1834 年佩蒂格鲁和奥尔顿的目录

---

① 狄更斯小说《艰难时世》中的人物。是一个从死硬实证主义世界观，转变为人（神）道主义世界观的艺术形象。

[Pettigrew and Oulton's street directory])同一年代出现。怀特洛开始于1798年的调查有些投机取巧（来源于军事管制法规定的所有房主都必须在自家前门贴上的居民名单），1805年出版之前曾做过更新。第一次官方人口普查开始于1813年，但是于中途放弃。1821年的人口普查获得广泛成功（虽然所使用的呈现结果的模式存在很大问题）；1831年的却反响平平。一切都依赖于当地政府的效率。但是后来的数据是由警察部门执行的，人口普查的模式变得越来越成熟。19世纪40年代以后公布的统计结果已经非常详细了，特别能反映出1841年爱尔兰人口普查总指挥的想法。他就是来自军事军团的测绘人员托马斯·拉科姆（Thomas Larcom）。他认为人口普查应该是"一项社会调查，而不仅仅是数字的堆砌"，所以应该包括读写能力和职业结构以及疾病和公共卫生方面的内容。

一些列出的人口普查结果揭示出都柏林不再是一座飞速发展的城市，结果导致该城在联合王国的排名下降——从怀特洛时期的人口第二多城市下降到1881年的排名第七。排除19世纪40年代的明显特殊情况，都柏林人口增长率呈下降趋势。人口密度，至少是运河以内，也下降了。但是这一现象的必然结果是，构成大都柏林的城市基本架构在飞速扩张，有时甚至比人口发展得更快。但由于大多数新开发的郊区直到20世纪为止都是在都市界线以外，城市人口增长比实际情况看起来更加缓慢。1821年，运河范围以内的城市人口总数是224317，说明自联合以来人口增长率接近百分之一。但是1841年同一地区的人口增长数还不足九千，每年0.2%的增长率说明是极低的。然而，如果我们看一下运河内外充分城市化地区的发展，包括大片的私有土地，情况却有不同：在这片想象意义上的大都柏林区里，1821年至1841年的人口增长率是每年0.6%。接着，都柏林的人口在1841年至1851年飞速增长，与每个爱尔兰城镇同步，这是大饥荒（1845—1850）的直接结果。1851年登记多出来的都柏林人有36631，其中很多人都是因饥荒迁来的。他们中有些人落地生根，但是很多仅仅在市政慈善机构作为候鸟暂住。这之后，正像19世纪20和30年代首先表现出来的，缓慢增长的模式在大饥荒之后数十年的时间里再次重演。1841年至1861年间城里和周边郊区的平均增长率在每年0.7%，但是，1861年至1881年间仅仅达到每年0.2%。这一时期，城里和郊区总人口数重新回到345052，包括郊区在内，都柏林从1800年至1881年的人口数才刚刚翻了一倍。而这期间，利物浦作为都柏林在爱尔兰海对面最近的贸易伙伴，人口数却增长了八倍（到1881年，其规模是都柏林的两倍）。甚至布里斯托（与都柏林一样，是个商业中心，而非工业中心）在这八十年中，其人口增长了将近四倍。

布里斯托和利物浦的大多数人都是维多利亚时代的移民：都柏林在人口增长方面相对平稳这一事实说明在整个19世纪，其居民的大多数是本城人或者本郡人——1841年第一次统计时，这个数字是73%。非本地人数量在大饥荒年代迅速增加（1851年，在都柏林出生的本地人仅占61%）。但是，本地人的比例在随后的数十年里回升，直到本世纪结束之前一直在67%至61%之间波动。1841年，将近五分之三的移民来自伦斯特，最多的是拥有悠久历史的内陆各郡，包括基尔代尔、威克洛和米斯，其中女性移民者更是如此。尽管引进了铁路，人们的流动性大大提高，但伦斯特来的移民仍然是占了绝大多数。这一点在1851年人口普查时将所用语言也涵盖在内的时候，体现得尤为明显。这说明即使因为饥荒而产生的移民，其中绝大多数都是说英语的，仅有1.3%五岁以上的人声称会说爱尔兰语。这与伦斯特大部分地区说爱尔兰语的人极少的情况一致，从18世纪晚期开始这一现象尤为明显。但是，爱尔兰语从都柏林街头消失却与芒斯特各城（尤其是沃特福德，有16.2%）以及戈尔韦（61.3%）的情况不同，这些地方拥有非常不同的语言内陆区。

这一现象的另外一面就是城中的基本识字水平相对较高。在1841年的第一次调查中，五岁以上的人有74.4%能够读写，或者只会读。在最多接受教育的群体中，即16—25岁的人群里，有84.5%

的人有读写能力。这些人中有大约五分之一的人能读不能写，其中妇女居多。1841年识字人口的年龄状况也有统计，说明读写能力在城中大多数男性当中早已经培养起来，但是年轻的成年妇女在某种程度上比她们的母亲要更有文化。随着政府越来越多地参与资助小学教育，非常多的有关学校教育的数据被收集起来。但是，这座城市之所以成为识字的、有文化的城市，却是私立的付费学校、私人教师和公益学校这两类教育形式来完成的。这是在国家于1831年凭借国立学校系统进入这个领域之前很久的事了（1834年公共教育所做的统计中，城里167所学校中仅有一小部分与这个新项目有关）。那时，城市全日制学校在册学生数是13341人。但是1841年的人口统计所做的更加保守的估计是，6—15岁年龄组中，有26%的人数在统计时处于就学状态。这个数字到1851年增长到39%，给1861年五岁以上人口识字水平达到81%这个进一步增长打下基础。那之后直到那个世纪末的阶段里，情况再没有什么改变。让人吃惊的是，都柏林的入学率比任何省级城市都低，而城市西半部似乎像个局外人，识字水平比东部低很多：1861年，西部地区五岁以上的天主教人口中有将近三分之一是文盲，再比较一下东部各区，同样信仰的人大约只有五分之一是文盲。然而，位于中间的河流并非教育分界线。

  1861年以前，人口普查并不包括宗教隶属。但在1834年的公共教育调查中，人们的确颇费周折地按教区对教派势力进行过统计。对都柏林来说结果十分有趣，但并不出人意料：城里的新教徒占多数的情况在1834年时已经是遥远的记忆，但是新教徒所占比例其实比想象的更低——28%左右。新教徒的人数在东南部各教区的比例最高（总体来说有33%的新教徒），在西北部各教区最低（19%的新教徒）。没有哪个教区是以新教徒占多数的（虽然圣安教区的45%接近半数），也没有哪个教区的新教徒户主人数低于13%（圣米尚教区最少）。1834年的调查肯定了城市范围内不存在宗教歧视的事实，但是提示说在宗教平衡方面，东/西部的对比非常明显。至于清教徒①的人数，所给出的数字非常低（3640，或者占新教徒人口的5%），但这是严重低估的数字。在1861年更严格的调查中，整体结果没有太大不同——现在新教徒的人数不超过23%——但清教徒（其中有一半以上的人登记的是长老会信徒）构成都柏林所有新教徒将近15%的比例。这个数据更为可信。正像18世纪曾经发生的情况，长老会教徒在城东北部各教派中是势力最强的。这一事实得以广为人知，是因为圣马利修道院聚会地点于1864年迁到拉特兰广场东北角的阿比长老会教堂，那是一座富丽堂皇的哥特式建筑，由亚历山大·芬德拉特（Alexander Findlater）出资修建完成。有几位从苏格兰移民至此，后来成为都柏林商界的顶尖人物，他是其中的一位。

　　这些人口普查说明城中男人的职业正发生着缓慢但却根本的变化，分工更细、作坊就业人数减少、从事服务行业的人更多——但女人的工作机会很少。根据玛丽·戴莉的估计，男性专业人员（宽泛界定）在1841年占城市男性劳动力的8.4%，1861年是11.0%，1881年是12.8%。与交通运输有关的男性用工，从1841年的3.0%上升至1861年的11.7%和1881年的12.4%。相比之下，受雇于加工业的人数比例，从1841年的33.4%下降到1861年的27.2%和1881年的23.9%。男性普通劳动者的数字多年来几乎没有变化，徘徊在总人口数的六分之一上下。对于从事"有产出职业"的妇女的情况则是，家政服务当然占主要比例。从1841年的50.4%到1861年的45.3%，又回到1881年的50.5%，与女性从事加工业和经商（1841年是11.8%，1861年是16.2%，1881年是12.4%）的人数相比，一直遥遥领先（1841年是34.4%，1861年是35.7%，1881年是32.2%）。除了从事制造业的人数逐年下降的情况没有那么明显且一般劳动人口总数是都

---

① 与英国国教持不同意见的基督教分支，反对政府在宗教事务上的干预，形成他们自己的教堂和社区。有些人移民至新世界（指北美），北美十三州和加拿大最多。

第七章 | 四城记：1830—1880

柏林的一半以外，都柏林的总体情况与伦敦相比并无不同。

收入和离旧城距离远近的关系成为大多数住在城市边界以外的专业阶层越来越强烈关注的问题。其实，大都柏林范围内仅有四分之一的普通劳动者住在郊区。这种社会不同群体之间的隔离模式在继续加剧。可能所揭示的最让人吃惊的趋势是城西南地区的持续萎缩现象，尤其是自由区内各教区。在怀特洛1800年左右的人口普查中，住在环路以内的城市人口，有42%位于西南部。这个比例在1841年降到32%，1881年降到25%。但是，尽管如此下降，西南部的人口密度仍然保持全市最高——十一个教区中有六个在1841年仍然有每英亩超过200人的密度——很久以后的1881年，伍德码头区（包括了两座老教堂）是每英亩152人，而那时都柏林市的平均人口密度水平是每英亩66人。在旧城区进行资产重新评估的工作推迟，意味着这些地方要负担不成比例的税收，这也加重了那里的衰退现象。19世纪20年代，这一问题受到重视。完成于1828的一次全城范围的评估中，都柏林堡以西十一个旧教区的房产存量只占城市总量的21%。然而，又过了二十多年，重新评估的结果才给穷困各区带来解脱。在1854年左右的新的评估中，这些地区分担的税额降到了14%，房屋空置率是全市最高的。

怀特洛将他1805年对城市的调查数据公布出来，是希望东部的富裕市民受到启发，让他们知道圣凯瑟琳教区困扰他本人的贫困状况，希望在公共政策方面能有所改变。但其有限的影响力令他失望。威廉·王尔德（奥斯卡·王尔德的父亲）那时是一位年轻的医生，上进又博学。他于1841年接受了这个挑战。他将新的人口普查数据与全都柏林的房屋质量、职业和死亡率联系起来，他发现，现在利菲河以北的"三等店铺小巷"中的死亡率是南边"私家街区"的两倍，这是个有争议的观点，但是大部分得到后来调查工作的证实。然而，尽管所揭示的事实令人惊讶，"有用的"统计数据越来越多，影响力很大的《托姆年鉴》（从1844年开始）每年都大规模散发，但我们仍见不到任何证据证明知晓这些"事实"就能促使社会变革。

专业人士之城

　　1830年5月，很多人聚集在圆形大厅商议建立城市动物园的事，其中有几位是贵族，但更多人是内科医生。这是雷金特公园①里的动物园开放以后两年的事了。前"爱尔兰人联合会"成员、都柏林著名医生惠特利·斯托克斯领导这次请愿活动，要在都柏林也建一个类似项目。因外科医生菲力浦·克兰普顿将军为主所做的努力，真的在一年里成立起来了一个动物学会。离城市不远的凤凰公园的一角由皇家批准用来落实这个新项目。采购新奇哺乳动物、鸟类和爬行动物的计划也开始实施。在公共动物园历史上，都柏林起步算早的了，并且（与伦敦不同），这个项目从一开始就向公众开放（收费六便士，周日减少到一便士）。医学专家对动物园的建立起到核心作用，因为他们认为研究活的和（尤其是）死亡的动物极具价值。但是，从公共观光的角度来说，这个动物园立刻就获得了成功。这也有《都柏林便士杂志》（1832—1836年）这份富有创新意识的周刊频频关注的功劳。动物园珍稀居民的木刻像占据了杂志的大量篇幅。1838年的一个免费日，有两万多游客涌进动物园。这一天恰巧和维多利亚加冕是同一日。

　　动物园的诞生涉及很多主题——贵族赞助仍有其重要意义，公众中蕴藏的对外面世界和新发现事物的兴趣，印刷出版对煽动大众兴趣所具有的巨大威力，以及医学专业在市民生活中的突出作用。医药行业地位的上升相对而言是件新鲜事：在18世纪80年代中叶，城里有大约六十名内科医生和同样数量的外科医生在执业行医。那时，前者的收入和社会地位都更高些。但是，爱尔兰皇家外科医生学院（成立于1784年）的早期成就大大有益于提升外科这个职业的社会地位，

---

① Regent's Park，是伦敦的皇家园林之一，位于伦敦西北部。一部分是伦敦雷金特大学，一部分是伦敦动物园。

战争中对外科军医的持续上升的需求也刺激学院继续扩大规模。1805年,圣司提反绿地公园开辟了一块专门的地方,外科医生学院迁到这里。到19世纪30年代,城里内科医生人数翻倍增长;但是,外科医生学院有二百三十多人住在都柏林并拥有执业资格,几乎是18世纪80年代城里外科医生的四倍。其中大多数人都附属某一机构,而多数的内科医生则独立依靠他们自己的客户。到1836年,梅里恩广场有四个医生常驻点,但仅仅克兰普顿从众多的外科医生中脱颖而出。

菲力浦·克兰普顿在另外一方面也发挥了重要作用;他职业生涯的大部分时间都隶属于米斯医院,是获得国际关注的临床教学方式的开拓者之一。这一方式的发起人包括罗伯特·格雷福斯(Robert Graves)和威廉·斯托克斯(William Stokes),这两位都是在米斯很多年的内科医生,还有亚伯拉罕·科利斯(Abraham Colles),是斯蒂文斯医院的有名外科医生。总共还不到十二名的执业医生不仅仅通过他们的听诊器,还通过做教师、做诊断专家、做新医学仪器的推动者获得了巨大声誉。同时,由于他们的声望,都柏林从原来依靠外国大学医学教育的状况(在苏格兰、荷兰和法国),一跃处于可以自力更生的中心地位。在他们职业生涯的各个阶段中,与外科医生学院、改组的三一学院医学学校、米斯和斯蒂文斯医生医院都建立起全方位的联系,也包括城里另外二十二所医学外科医院中的很多医院。这些机构大多数是慈善机构出资,几乎所有的都是由新教徒经营。到19世纪40年代,他们建立起无可比拟的巨大声望。这首先是因为他们每个人都技艺一流、严谨认真、重视调查研究并且拥有以患者为中心的人性化伦理观念。但都柏林的"医学生态环境"对他们的发展也很有帮助:各个学院有正式的资格认证系统,与此同时,还有很多非正规但却非常成功的私人医学学院,提供实际培训机会。克兰普顿在道森街开创的学院就是最早一批医院中的一个。接着,城里出现大批医院,有政府出资的军队医院、一些热病医院、治疗性病的洛克医院,还有一些志愿医院①在各个方面都很专业,如儿科疾病(位于皮特街的)、眼病和耳病(威廉·王尔德的圣马可医院[St Mark's Hospital])。老杰维斯街的慈善医院容留"那些骨折和其他伤病的患者"。三一学院附近新建的帕特里克·邓恩爵士医院(Sir Patrick Dun's Hospital)组建的特别目的就是作为教学医院。在所有英属领土上,各种机构如此齐全的城市,伦敦是唯一一个超过都柏林的。1861年,根据菲力浦·科里根爵士的估计,在都柏林受训的医学生人数,包括单独隶属于各个医院的,平均下来有一千人;不包括所有学费(一万五千英镑),他们每年在城里大约花费八万五千英镑。都柏林在国际上建立医学声誉当然需要出版物上的宣传:年轻的斯托克斯在做学生的时候就发表有关听诊器诊断的文章;而格雷福斯、斯托克斯和科利斯发表的经典著作包括心脏方面的、肺病的、关节骨折的以及热病方面的,都在爱尔兰以外地区发行,有的还翻译成其他语言。这种大肆宣传攻势在罗伯特·格雷福斯(与罗伯特·凯恩一起)1832年创刊《都柏林医药和化学》(*Dublin Journal of Medicine and Chemistry*)之后更是锦上添花。该刊物成为"都柏林学派"在国际上获得更多读者群的出口。

1839年,一位极端保守派医师亨利·曼塞尔(Henry Maunsell)创办了《都柏林医药新闻》(*Dublin Medical Press*),讨论医学专业人士必须引导公共卫生事业的话题,认为既然医药专家拥有了专业知识,那么城中很多地方"让人丢脸的卫生状况"恰恰反映出医药行业的缺陷。格雷福斯在1835年曾宣称:"在热病(传染病)治疗方面,欧洲任何一个国家都比不上爱尔兰了解得那么透彻……"的确如此,1804年以来曾有过一家大型慈善热病医院(Fever Hospital),位于科克街,占地三英亩,曾在抗击热病的年份里接收超过102,000名患者;还有一家位于北边、隶属于济贫院的略小一些的机构。当斑疹伤寒和回归热不断在食品短缺之后出现的时候,对其症状和特性,都柏林的医学工

---

① 在18、19世纪的英国,很多志愿医院为穷人提供免费医疗救济。

作者是非常了解的。治疗方法——包括放血、冷水浴、高蛋白食谱、新鲜空气、干净饮水以及简单隔离——数十年不变。人们仅在天花的问题上，才有可靠的预防办法，因为这种病拥有独自的传染循环：从1800年以来，疫苗成为城里大多数家庭的标准预防方法，致使天花发病率骤减。热病医院确实减少了热病死亡率，因为医院将已经感染的人收留起来（让他们与主要带菌的跳蚤和虱子隔离）；他们还负责提高患者的总体健康状况，主持了一个大规模项目，就是粉刷患者家庭所住的房屋，借此不断提高基础卫生水平。

医学专家对消除斑疹伤寒、伤寒和痢疾这些疾病的传染几乎无能为力。这些疾病周期性地摧残穷困社区——1817年至1818年，在那次战后的最后一场危机中，城里的医疗机构在十二个月的时间里大约接待过二万五千人次的热病患者。这些人中，很多是新近移民来的。虽然死亡率控制在5%以下，仍有数千人在这段时间死亡。针对1817年至1818年医疗行业相对疲软的情况，几位城里的医生发起了一个新的项目，将乞丐从街上清除殆尽：他们效法慕尼黑的先例，次年在霍金大街成立了"行乞者联盟"，并准备了一份街上所有乞丐的志愿注册表，然后在资金许可的范围内分发衣物、食品、安排基本就业。这一做法显出政府出资的现有机构在工作上的不足，济贫院就是这一类。1818年9月的一天，大约2000名注册乞丐被带到东部各条街道，就是为了激发住在那里的富人帮助"行乞中的人们"。这个方法很奏效。1825年，该联盟在厄舍岛租到了莫伊拉大楼。在后来的二十年中，这里成为数千乞丐白天的集中地，其中主要是妇女，他们中的三分之一来自城外和郡外。联盟在经济上一直处于挣扎的边缘，但的确减少了街上行乞的数量——并且那段时间里没有发生大规模热病传染事件（虽然霍乱在1832年曾首次骇人造访）。

接着，1838年新出台了促成高度集中化管理的"穷人法"——"劳动、管教和监禁"——在北边和南边的城区和郊区成立了130个爱尔兰"穷人法联盟"中的两个。每一个都有自己的济贫院以及附属设施。繁重的新"穷人法税"落实到每个家庭。北都柏林联盟（North Dublin Union）吞并了济贫院和其附近发展起来的位于格兰治高曼的一系列机构，南都柏林联盟（South Dublin Union）合并了孤儿院及其位于詹姆斯大街的大型场所。这使社会供应规模、管理结构以及融资工作都产生很大变化。联盟也打击了像"乞丐者联盟"这样的志愿机构，因为那些救济院解决的是健全穷困者的问题，而不是"贫病者"或者是公共卫生危机所带来的广泛影响。新的格局下，医疗行业严重分化。很多人不满于国家对医疗服务管理和报酬方面越来越多的干预，尤其当1843年给"穷人法联盟"的医疗放款范围扩大，以接纳患热病的穷人入院时，情况更是如此。但是新的济贫院很快增加了医院病房，大大提高了城市应对再发热病危机的能力。

危机很快到来。城里的医生们齐齐发声警告，破坏土豆生长的新型疾病对人类健康也会产生影响。土豆是1845年秋季乡下人的主食。1846年夏末更严重的土豆减产，在那之前很久的时候，中央卫生委员会（Central Board of Health）就建议爱尔兰政府调整政策。而克拉普顿和科里根是其主要成员。确实，在饥荒的很长时间里，科里根一直在"健康委员会"里（这样做为很多行业中人所不齿，因为与政府走得太近）。政府低估这次危机的严重性，并在理论上对国家面对危机所应扮演角色的定位怀有错误认识。如此种种，都柏林医疗界向都柏林城堡当局大声疾呼，对他们进行了公开批评，同时也积极投入到应对五年危机的工作中。当然，很幸运的是，都柏林到1845年时已经拥有发展完备的医疗体系。总的来说，尽管这两家济贫院存在着各种僵化之处，但因功能良好、管理有序，还是拯救了很多人的性命。但在1846年至1847年间那个寒冷的冬天，城市环境急剧恶化，旧城区里的"泥土堆……绵延一英里半……"，大量乡下乞丐掺杂在过往的人流和车流中。对于危机中成千上万的离开土地进入城里的人们来说，存在着一条出路可是再幸运不过的一件事了：不管是通往英国港口的通道，还是通往北美港口的通道，如果在19世纪40年代末期向

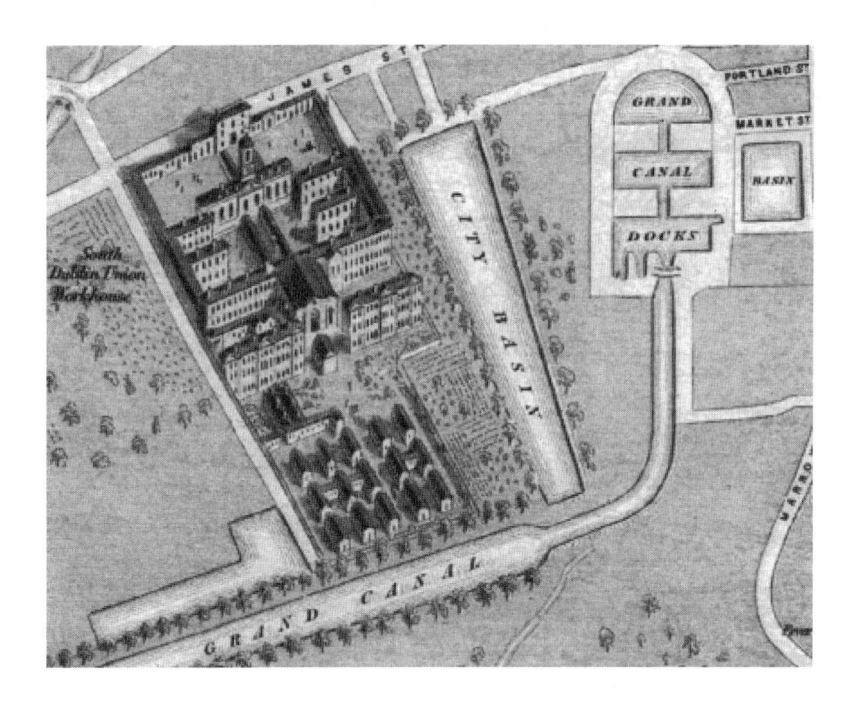

南部都柏林联盟济贫院，市内水库和大运河码头（详情来自爱德华·赫弗南的《1861年的都柏林》）。紧邻詹姆斯大街的南部济贫院建筑群具有纪念碑般的意义。这个济贫院经历饥荒之年的状况要好于其位于河以北的兄弟机构；这里显示的有几座建筑是1847年之后建的。对南部都柏林联盟济贫院的管理权一直掌握在保守党手中。联盟曾被天主教发言人大肆诟病。

灾民关闭，那么都柏林就会被赶来寻求救济机构保护的人们给彻底压垮，因为城市本身的救济院要么人满为患，要么已经关门。事实上，到大饥荒的晚期，城里各机构中前所未有的很大比例的穷人都是外来移民：1850年秋，在北都柏林济贫院里，65%获得批准进入的都不是都柏林人，在乞丐者联盟里，1849年进入大门的7698名乞丐中，几乎五分之四是外乡人。

尽管财政上捉襟见肘，都柏林的医生和后勤人员在与蔓延的回归热作斗争的过程中积累了大量实践经验，热病医院在此期间大规模扩张，这意味着疫情几乎是控制住了。1847年3月时收治人数达到顶峰，那一个月就有大约14700名发热患者。而北都柏林济贫院为此提供的最大设施只是4000张急诊病床。虽然1847至1848年的经济滑坡对都柏林打击很大，但1847年非常高的死亡率可能仍比1817年要低。祸不单行，霍乱在1849年疯狂反扑。当时人们尚不知道其传播方式是通过感染的粪便（通常是在水中）。这意味着霍乱完全是让人无所适从的随机感染。很高的病死率造成人们对该病的普遍恐慌，有时则指向医疗专业的有限。威廉·王尔德在都柏林医疗界已经赫赫有名，他回应这场危机的方式是，将爱尔兰历史上和当时与流行病以及其他致命疾病有关的医学数据广泛而深入地整理出来，这成为1851年人口普查的补充内容。虽然当时没受到重视，但后来却一直作为社会历史资料而广受关注。

约翰·甘步尔是一位退役军医，他在1811年对都柏林曾如此评价"法律和医学教授现在可以说得上是这里的贵族了"。此话可能说得有点早了，但他将攀登社会阶层的律师放在医学工作者之前非常有道理。在一个世纪之后的1915年，斯蒂芬·格温认为"都柏林以前是，现在更是一座律师之城……决不可能是别的"。从18世纪末开始，虽然不像医疗界那么明显，但都柏林大量的律师人口数一直持续增长。19世纪30年代，城中已经有二千多名执业律师，其中四分之一是出庭律师。这些人绝对是不容忽视的存在。在城市的东北部，

第七章 | 四城记：1830—1880

有将近九百名事务律师（而在西城，尽管有四法院大楼位于这里的优势，但几乎没有律师住在这里）。出庭律师收入很高，所以多数居住在城东南地区。到1836年，他们中有超过四分之一的王室律师都住在梅里恩广场。

都柏林的律师界也如医疗行业一样，处于专业化形成时期。未来的出庭律师必须满足伦敦某个出庭律师公会[①]的条件，这样的规定到1885年仍然有效，实际上这种做法老早就已经实行了。律师所受教育本质上讲仍然是要么在律师事务所做学徒，要么在法院图书馆（Bar Library）和法庭上锻炼。两种情况都逐渐形成了各自严格的从业规范：在菲茨吉本一力促成下，出庭律师公会主管在1793年出台了对出庭律师的管理规范；而事务律师协会则在1830年出台了事务律师的管理规范。尽管宪法山（Constitution Hill）顶的那群醒目建筑用了将近四十年才完成，但就法律界的社会影响而论，所传递的宣言性信息让人不可小觑。这些建筑合在一起，就是新的国王律师公会。有一位颇有见地的出庭律师，名叫崔斯特瑞姆·肯尼迪。经过谨慎尝试，于1839年在这里建立了一个法律培训学院（都柏林法律学院[Dublin Law Institute]）。虽然这所学院于几年之后倒闭，但却指出了律师教育的专业化道路。进入律师专业这两个分支的人数在战后增长很快，并于19世纪30年代达到高峰。但在那之后却再没有持续性增长。尽管与英格兰和威尔士采用相同的普通法制度，但都柏林法律界却相对来说比较封闭。主要从业者都是本国成长起来的，准入标准也很严格。曾尝试在这个专业以外的世界发展职业生涯的，几乎没有能再回来的。但是，情况的另外一面却是法律界与议会政治家们的密切关系：直到19世纪80年代中期，有非常大比例的爱尔兰国会议员，

[①] Inns of Court，上庭律师公会，是自治性的、自愿组合的出庭律师社团。英国有四大律师公会，都有各自的主管，他们对自己公会属下的出庭律师拥有纪律惩戒权力。

无论是新教徒还是天主教徒，都曾接受过律师培训。并且，四法院大楼一直是政党政治部门培养人才的温室。即使是奥康奈尔1789年取得律师资格之后一个世纪，法律界高层分支里仍然是不成比例的新教徒占据主导。这真是一个强烈拥有自己身份认知的独特圈子。医疗行业的情况大大不同，非常开放。顶尖的医学工作者几乎不可避免地在他们职业生涯的早期都有国外的工作经验。他们知道自己领域里国际上的发展情况，他们教出来的学生，有越来越大的比例注定是要移民海外的。这个世纪里，几乎没有都柏林的医疗工作者进入政界的。

都柏林这种专业人员高度集中的现象，使其成为吸引爱尔兰各省小康人家回归都城强有力的磁石。其实，存在着双向流动，在法律界尤其如此：出庭律师每年两次巡回出行，而所有的都柏林事务律师中至少有八分之一在各省有自己的一席之地。他们中有的专门为业主代理既大且远的地产管理，还有的为拥有横跨海峡业务的保险公司做本国代理。皮尔斯和大卫·马奥尼在达姆街的合伙律师事务所经营好多年，堪称都柏林第一家具有公司性质的律师事务所：他们拥有新教徒凯利/利默里克的上层社会背景，两兄弟在19世纪30年代是大约十家上市公司的注册律师——人寿保险业、供水、供气、矿业和银行。作为一个"学习型人才"，皮尔斯曾直接参与起草1825年银行法（乔治四世6年第42号令[6 Geo. IV, c.42]），开启了合股公司与爱尔兰银行的竞争。接着，他又承担起成立爱尔兰省立银行的重要任务。省立银行注册资金雄厚，还占有英国储户的优势，是第一个开发爱尔兰分支银行业务的公司。虽然为了避免侵害爱尔兰银行五十英里范围的垄断权利而在法律上在伦敦注册，其在都柏林幽灵一样的存在，仍然尽在无所不知的马奥尼的监控之中。尽管他如此投身于省立银行，但仍深深地致力于与爱尔兰人银行（成立于1824年）大唱反调的事务中，也在十年之后由于农商银行（Agricultural and Commercial Bank）深陷厄运开始为一些满腹牢骚的股东做代理。由于马奥尼在起草法律文书方面名气很大，他于1829年曾就天主教解放的实行问题，担任天主

第七章│四城记：1830—1880

教协会的议会。他还帮助第一个爱尔兰铁路的发起人获得威斯敏斯特的赋权法例，其过程迂回曲折、相当繁琐——这铁路就是都柏林金斯顿铁路（他还是该铁路的出庭律师）和不久之后的都柏林德罗赫达铁路。与此不无关系的是，他成为格雷沙姆排屋（Gresham Terrace）的第一位住户（尽管他仍保有梅里恩广场和凯利乡下家族产业上原来的住宅）。

在那里可以俯瞰金斯顿港口。政治上，马奥尼是辉格派/自由派。1832年以后成为奥康奈尔的盟友，坚决支持"改革"。他所在的社交圈是政治上属于自由派，宗教上处于混合状态。他1840年参与成立了圣司提反绿地俱乐部，其构成最好地反映了这种状况。他的传记作者记录说，他的家"在很多年里（一直是）……爱尔兰辉格教徒的荷兰之家[①]"。

马奥尼家族选择达姆街东段作为他们19世纪30年代的办公地点是有道理的。从福恩斯街向东一直到学院的四分之一英里长廊，曾是都柏林的中心商业区，在这里没有任何人彼此为敌。一开始是一些商人（由河乌号协会成员率领）于1796年筹资二万英镑在达利俱乐部以西的地方修建一栋四边形建筑。目的是成立一个给人提供方便的商品贸易中心，还有大量办公室可供出租，是照着亚麻交易大楼（其规模更大些）的样式修建的。最后这里成为人们不再使用皇家交易所的理由——因为后者的形式过于大众化、位置太往西、管理太不灵活。这里设有咖啡店，还有便于股票交易的设施。这几栋"商业建筑"在1799年后一开始即获得商业成功，并在很长的一段时间里繁荣异常。三年后，爱尔兰银行决定收购附近的议会大厦（以四万英镑）。在约翰斯顿对其结构进行一番改造之后，搬迁于1808年完成。爱尔兰银行的出现给这一街区打上标志性印记，其非同凡响的形象以

---

① Holland House，一开始以"长袍城堡"（Cope Castle）为人所知，是位于伦敦肯辛顿的一座大房子，就是现在荷兰公园（Holland Park）的位置。

及独有的商业地位在随后的几十年当中逐渐确立起来。到19世纪30年代中叶,达姆街东半部和学院绿地公园上超过三分之一的商业项目都是"新兴的"——公证和股票经纪人、人寿和火灾保险代理,还有出庭律师——反映出这些商业大厦里进行的商业活动的构成情况。传统贸易——书店和高端零售仓库——仍然存在,但数量逐渐萎缩。位于学院绿地公园和萨福克街之间老邮局的位置,是霍姆皇家广场(Home's Royal Arcade),开张于1819年左右。这个新鲜投资项目的很多早期承租人是妇女——出售帽子、头饰、香水和新奇小物件——但也有军人用品和一家箭术商店。出售的所有商品都是固定价格,大多数都是进口货。

然而,游乐场、舞厅、杂货市场和棋牌室,还有画廊和小型剧院都很短命,毁于1837年的一场严重火灾中。但不管怎样,这成为即将到来的零售业的先驱。

因为紧随着英-爱自由贸易,横跨海峡的运输发生革命性改变,又出现新的商业银行形式,导致一般的经营大宗货物的批发商几乎在一代人的二三十年内全部从市面上消失。一些家族逐渐占领都柏林商业的制高点,他们的财富是新型商业和资本密集型加工产业的混合产物,范围涉及航运、酿造、纺织、银行、建筑以及开发零售业的"怪兽屋"。一些原有资金,既没损失掉也没完全陷入房产资本的,便到处寻找新的投资出口:"盲目资本主义"在明显增长(和其他领域一样),导致对国内外股份和政府公债的债券式投资上升。都柏林证券交易所1793年开始非正式营业,1799年被授予合法经营权,是在政府公债市场中首先发展起来的,但也买卖运河股份和马路建设委员会、港口维护管理委员会和其他市政厅的信用债券。到19世纪20年代时,又增加了采矿、蒸汽班轮、保险和城市煤气的股票交易。交易所经历过企业破产——1812年是皇家运河公司破产、1829年是圣帕特里克保险公司(St Patrick Assurance Company)破产;而二十多个股票经纪人在此过程中一直严格自律。然而,1845年,由于增加了铁

第七章 | 四城记：1830—1880

路投机项目，对股票与证券感兴趣的公众突然多起来。这导致不少于三家与之竞争的证券交易所开张，还有大约七十名未经批准的股票交易人为自己的服务做广告。参与竞争的交易所倒闭了，但是曾为其工作的一些人向官方股票交易所对专业人员入行的限制条件提出质疑。于是，从1849年开始，政府承担起向新进入交易所的人发放执照的责任。既得利益的小圈子就这样被打破。发生在大饥荒危机前夜的这次草率行动的真正意义在于，它证实在本地存在着很大的一个没有风险防范意识的富裕投资者群体。19世纪50年代，当人们的眼光越来越关注海外投资机会的时候，这些人的存在更是无可辩驳。

因政治斗争而在世纪初四分五裂的都柏林商会于1820年重组。其委员会持非常保守的态度，一直到19世纪80年代都深深地刻有拉·图什、吉尼斯和克劳斯沃茨家族的印记。自由派、天主教徒和清教徒的商业活动一直都在其代言之列。然而，商会的构成反映出都柏林"大商贸"的进化特点。19世纪30年代，其成员中仍有几位从事欧洲和洲际贸易的商人。他们的业务涉及纽约和魁北克（木材和移民贸易非常兴旺）、牙买加和巴巴多斯、法国和地中海。1834年，东印度公司的垄断解除以后，在远至广州的亚洲海域也开展了业务。但是这些公司越来越依赖本地船舶经纪人的服务，因为自带越洋船只运货的"商人家族"已经是昨日黄花。即使到了19世纪30年代，都柏林对外贸易中很大一部分才开始经由利物浦，少部分通过格拉斯哥和伦敦。并且这个模式在19世纪后期才得到加强（尽管这个港口的深水容量比别的港口大很多）。到19世纪60年代晚期，与加勒比海最早的以及与东亚新发展起来的贸易关系统统消失。到那时，商会里二十五名委员中，有大约三分之一是大企业家（酒厂、酿造厂、纺织品加工厂、造纸厂、马车制造厂），三分之一涉足对外贸易（主要在进口木材、葡萄酒和茶叶上），其余的更关注本地贸易。托马斯·皮姆和后来的弗雷德里克·皮姆表现出色，他们在制造业和海上贸易方面都占有一席之地。他们在格林蒙特有一家大型家族磨坊，在博爱巷

26

福斯特街是维多利亚商业区中心，爱尔兰银行和皇家银行分立两侧。皇家银行成立于1836年，其作用是开展城市银行业务，主顾主要是新教教徒，早期股东包括很多辉格派信徒。与铁路和船公司享有密切业务联系，在海峡两岸的活牛贸易中曾有大量资金投入。

还有一家府绸厂，都经营得非常红火。在南大乔治街有一个批发和零售布料的仓库，在特鲁里巷有一个皮革仓库、在大运河码头有个磨粉厂、在伦敦和更远的地方有几艘这个家族的船只穿梭往来，贸易不断。但是，抛开皮姆家族不说，这些日后兴起的远途商人对于城市经济生活而言，其重要性与商会以外从事金融业、高端行业和新式交通业务的豪门相比，要差很多。

蒸汽动力给海峡两岸贸易带来革命的十年之后，蒸汽发动机上岸了。1825年，紧随发生在英国的热潮，当地人对在都柏林和金斯顿之间修一条蒸汽机车铁路蠢蠢欲动。小詹姆斯·皮姆一直被认为是这一动议的发起人，但一开始他本人并未介入。父亲是酿造厂主和磨坊主，叔叔拥有格林蒙特的众多工厂，他是1820年代作为达姆街的股票交易员开始走入人们视线的。那时候，人们蜂拥进入金融领域，与他同是辉格派信徒的人们尤显突出。除了一开始涉足的合股银行，后来那些年里又成立了一系列以都柏林业务为主的保险公司，目的是在爱尔兰火灾、人寿和海运业务方面与英国公司竞争；这期间，他获得了新技能、财富有赚有赔，学到不少教训。皮姆及其父亲的中心业务是参与爱国者保险公司（Patriotic Assurance Company）(成立于1824年)。其后不久，他积极投入大运河公司的业务，在那里持股并推动大运河船坞到金斯顿港之间可行船运河的开挖项目。等其他人开始支持这项诱人计划的时候，他却转而将热情投入到铁路连接上，主要考虑就是使运费更具竞争力。尽管遇到一些人的全力反对，他仍然出资进行实地勘察，以确定最佳路线并成为这项动议的坚定支持者。有利因素在于，在每个人的印象中，于1830年通车的利物浦-曼彻斯特铁路，尽管其长度是计划到金斯顿长度的七倍，在技术上难度也更大，但从一开始那个项目就是商业成功的样板。

皮姆很幸运，网罗到的合作方都很能干——乔治·维尼奥尔斯做勘测（曾服务于兰开夏郡铁路）、马奥尼做法律顾问、威廉·达尔甘（泰尔福德在很多交通项目里的助手）是主要承包方——他还得到大运河公司的鼎力支持。和 1820 年代的蒸汽班轮筹资方式相同，金斯顿铁路 90% 以上的初始资本来自本地，都是商业性质，其中五分之二是辉格派信徒的资金。与航运公司形成对照的是，大部分基础设施的修建和一部分的机车制造都依靠地方资源。有一部分政府贷款资金，该公司将其中十万六千英镑用于工程建设和机车制造。成功管理这样巨大规模的资金流，皮姆功不可没。人力投入大约有二千，耗时两年——分布在采石场、车间、铁路沿线——修建出五英里长的铁路线，从韦斯特兰街经过地势低洼的彭布罗克地产和砂砾山的旧砖厂，沿海湾的沿岸沙滩，一直到新救济院码头，虽然与黑石的海边居民有过补偿方面的纠纷，但工程最终如期完成。第一列火车通过时观者如潮。

这比伦敦通往郊区格林威治的首条铁路几乎早了两年，但是驶往金斯顿火车所用的第一批司机都是英国人（到 1841 年，都是本地人了）。正式运营是在 1834 年 12 月，在此之前很久，皮姆及其伙伴们就认识到利润来自郊区旅客，而非货物运费。从布斯特斯顿到达尔基一带，建起了一连串村庄和居民区，自战后以来人口不断增长。有些居民是季节性居住，大多数是长期居民。虽然别墅里的居民人数也在增长，但在采石场和建筑工地，以及酒馆和家政业工作的底层家庭人数仍然远远超过住别墅的居民。1834 年，在金斯顿和蒙克斯顿区新建了镇政府，是由于这里富裕居民和来这里投机的投资者数量飙升引起的。这个机构对金斯顿居民拥有有限税收的权力。这为未来四十四年在外城区域建起的众多卫星城镇开了先例。这些金斯顿投机者中，有一位名叫托马斯·格雷沙姆。他因在上萨克维尔街成功经营了一家旅馆而崭露头角。新城的第一栋联排楼房是他修建的：九栋四层楼房，平顶上建有观光步道，可以看到下面的码头。这九栋楼房与 1828 年完工的海耶斯皇家酒店（Hayes Royal Hotel）整齐排列，临街的十二孔窗饰"好像一排富贵的私人府邸"。格雷沙姆是开发新城镇的主要倡导者。

27

都柏林-金斯顿铁路的设计者们选择了一条从金斯顿城直接发出的路径。这样的话，就需要修几条很长的离高潮线很近的路堤，就像这里在布斯特斯顿旁的这条。风险是存在的，但尽管为了按期完工，施工有些匆忙，所建基础后来证明足够抵御冬季风暴。

皮姆的第二项成就是开发了火车客运服务，建立起车票收费体系，将现有公路客流吸引过来的同时，也激发了新的出行需求。他在任期间，客流量持续攀升，从1840年至1846年间每日人数翻了一倍。从早6点到晚上11点半，每半小时一趟，每日共计载客近6500人。旅客中有6%是一等乘客，55%是二等，工匠和工人是在三等车厢，因为早晨七点以前车票半价，所以他们通常在那时出行。那些饥荒年份里，客流量下降。皮姆的对策是降低票价，其结果就是1849年的破记录客流量。他主持公司工作达二十年之久，都柏林周边没有哪家铁路公司在利润和管理上能与他创下的记录相比。不得不承认，皮姆因1844年在金斯顿至达尔基这段较短的延伸线上采用未经实验的"制造独特氛围的"技术，他想让外来的工程解决方案加入他自己的技术想象，来更好地实现他的商业判断。但这并没有损害到公司利益。

在金斯顿铁路的早期成功和1836—1837年在铁路项目的投机泡沫之后，举行了一项议会调查（德拉蒙德委员会[Drummond Commission]）。其目的是为爱尔兰确定主干网络的最优规划。同时，为了确保这个规划的有序开发，需要确定政府支持所应采取的方式。有关全国现有交通流量，这项调查将都柏林贸易腹地的情况用图表形式展示出来，提供的信息令人鼓舞。这项调查还就陆路货车路线提供了一些有意义的建议，并主张国家应大力参与，以实现这些建议。但是，到1843—1845年又一轮投机高潮兴起之前，这个报告一直被束之高阁。在公路货运系统成型的那些年里政府参与非常少，其角色甚至是限制提供商业贷款，而都柏林-金斯顿铁路得以启动，曾十分受益于商业贷款。

到皮姆1856年去世时，城里有其他四个铁路终点站，都是为了从长途马车和运河业务中获取客流，（吸收英国流行元素）展示出不同程度的奢华风格。而皮姆所建的铁路终点站，则安静地坐落于街道之间，旁边矗立着新建的圣安德鲁教堂。1836年，都柏林和德罗赫达获权在"北海滨"离海关大楼不远的地方置地。在那块地上的亚眠街上，建起了一座高档的意大利风格火车站。约瑟·李（Joseph Lee）的研究显示，在资金投入方面兰开夏郡首府与爱尔兰首都一样重要（其公司董事中超过三分之一是曼彻斯特人）。虽然可能会存在一些通勤客流（来自克朗塔夫和马拉海德），但在支持者的头脑中，德罗赫达港潜在的商业利益才是最重要的。这个车站于1844年开始启用，引发了郊区的一些开发项目（最著名的是詹姆斯·费根。他是布里奇福特街的木材商人，在马拉海德投资了大量住房和旅馆）。但该公司还是没能仿制出皮姆的成功业绩。但是，将这条铁路延伸，在德罗赫达横穿博因谷似乎希望渺茫。于是，通过米斯和阿尔马规划出一条都柏林至贝尔法斯特的路线在1844年获得议会批准。那是皮尔斯·马赫尼的一个小项目（在他被迫离开德罗赫达公司之后），但中途停工。他还在1830年代主张在西南远端修建一条从都柏林到芒斯特的铁路干线，通往大西洋的蒸汽班轮码头。尽管大运河公司激烈反对，一个进入南部内地、规模较小的铁路干线最终还是启动了。英国资本再次起到关键作用。启动于1843年的大西南铁路公司（GSWR），其商业模式和管理人员都是由伦敦和伯明翰铁路公司（London and Birmingham Railway Company）提供。然而，第一任董事长彼得·帕塞尔是前爱尔兰邮车承包商，采用的是稳健投资方式。后来英国管理人员进入董事会，大造纸商爱德华·麦克唐奈成为董事长。仅仅在那之后，通往科克的直接路线所涉及的法律、财务和工程问题才得以解决。这条165英里长的铁路于1849年通车。几乎三分之二的初始资金都来自英国，但是到1850年代，这种情况完全翻转，收益者成为爱尔兰股东。

大西南铁路吸引到65份设计方案，火车站大楼在新金斯布里奇桥上游，城西边缘处修建。获胜的方案是年轻的伦敦设计师桑克顿·伍德提交的非常细致严谨的古典宫殿样式，带有玻璃屋顶的内饰，让人忍不住将其与水晶宫[①]相比。选址在这么远的西部，避免了穿过城市的开发费用。但是，选择这样一个地点，公司给出的信号是，潜在的通勤客流完全不重要。与此形成对照的是第四家公司，就是植根于城内的大西部（爱尔兰）铁路。他们的项目是从阿斯隆（Athlone）通过马林加到达香农河。为了避免与既得利益者发生竞争，该公司于1845年请出皇家运河公司。通过购得后者的产业，他们在宪法山取得一个绝佳的修建铁路终点站的地点，就在皇家运河码头旁。位于山上的富有埃及特色的卫城式建筑完成于1852年，可以说是这座城市建筑中最引人瞩目的商业建筑。然而，"中部大西方铁路"，这是它最后的公司名称，缺少其南部竞争者的活力。其管理层不愿将业务扩大到香农河流域以外。为阻止大西南铁路公司的扩张，仅过河开辟了一条到戈尔韦的铁路干线。他们没能在沿河向上到宪法山那块区域继续开发出一条新的街道，是有征兆的。第五个站位于哈考特街南端，经过这里的铁路开往威克斯福德，走的是内陆路线，途径南都柏林到布雷——这成为都柏林-威克洛-韦克斯福德铁路（再后来，称为都柏林与东南铁路）。这条路线在那个世纪末之前没有潜在通勤人口，布雷（1854年铁路修建到这里）以外存在严重的工程难题。而韦克斯福德直到1872年才修通。该公司同意出租金斯顿铁路，这是金斯顿管理层努力避免发生的事。但是经过一番痛苦挣扎，这笔交易最终于1856年达成。绕达尔基山修建一条造价昂贵的铁路，将皮姆的铁路和布雷以北的"哈考特街铁路"连接起来。和在其他领域一样，这里的英国资本和专业人才很有必要，但仍不足够，因为都柏林资本的投入，在所有以都柏林为中心开展的项目中都起着决定作用。都柏林资金流向以芒斯特为中心的铁路项目要少一些，似乎没有投向阿尔斯特的。

这个城市第一条铁路取得成功的主要原因，要归功于所建立的票

[①] 始建于1851年的海德公园（Hyde Park），1854年迁到伦敦南部，1936年毁于大火。

价结构，从城市到海边休闲旅游的人们常年往来于此。如果城里的"小业主"愿意又能够享受公园、海水浴和徒步，驻金斯顿乡镇的第一批专员们倒是愿意将他们的小城变成既时尚又体面的国中之国，更何况这里还与海军和皇家都有千丝万缕的联系。有两家游艇俱乐部，皇家圣乔治和皇家爱尔兰。他们在 1840 年代在码头区域内修建了新古典风格的俱乐部会所。虽然其成员中很少有人住在这一地区，但夏季赛舟会成为上流阶层日程表中的一个新事项。小城的不动产所有权主要掌握在爱尔兰两大地主家族手里，即德·维西斯家族（de Vescis）和朗福德伯爵帕肯汉姆家族（Pakenhams）。但是，最有潜力的土地已经在 19 世纪初的时候长租出去，其结果是

> 城市布局方面完全无制度可循，整体感觉凌乱、不规则，各自为政，既肮脏又不协调。邻里之间互不相顾，滑稽的人文环境加上笨拙的外部结构，让人看哪都不舒服。

确实如此，从黑石到达尔基之间整个海岸线的实际开发，几乎全部由建筑投机商完成，他们中很多人来自市内。等他们自己成为这里的居住者，市民委员会一旦成立，他们就能成为这里的主宰者。他们几乎不了解这里的早期居民很多都很穷困：在 1860 年代，超过三分之一的金斯顿居民居住在拥挤的院子和小巷里，"没有照明、没铺路面、没设排水"，要传播霍乱和任何其他疾病的话，这环境可是太理想了。

新郊区里最大的独立投资项目在蒙克斯顿，就在原来金斯顿火车站的上面，项目名称是朗福德家园。有两组四层带地下室的楼房，一共 25 栋，建于 1842 年至 1856 年间。早期搬进来的住户包括爱尔兰警队总监、几位高级专业人员（有股票交易员、出庭律师和一位银行家），还有寡居贵妇和半薪职员。这里的开发商托马斯·布莱德利是圣布莱德教区金巷（Golden Lane）的木材商人（在彭布罗克地产开发上也很积极）。除了自由区的一位麦芽商人和一位火腿商人以及托马

斯街酒厂的亨利·罗伊,他的朗福德家园还吸引了其他在老城赚了钱的人。

金斯顿城的早期势力非常薄弱。第一个全权收取地税的区离市内非常近,在圣彼得教区的农村部分,正好在城南,大运河外,因此成为众所周知的(被误导的结果)拉斯敏斯小城。至于金斯顿的地主,这里指的是米斯的伯爵们,在几十年前(主要在 18 世纪)就已经将大多数土地成块地出租了,主要用于别墅和私人领地。所以,这些人在 19 世纪这么紧张的年代里对这一地区的开发并没有起到什么作用。这里原来包括四个村庄,拉内拉赫、库伦森林、拉斯敏斯和米尔顿(Milltown),1821 年总共人口不足四百。但那是开发洪流真正到来的前夜——沿拉内拉赫路及其分支路段(尤其是欢乐山广场[①]那里,皮尔巷富有企业家精神的手套商人泰伦斯·道伦在大约 1808 至 1832 年间建了六十二栋造型别致的楼房)。沿拉斯敏斯路上行,整个街道变成"优雅建筑一条街,绵延一英里半,有无数的排楼和分体别墅掩映其中"。到 1841 年,这些"村庄"里的混合居民的人数增长了十六倍。到 1861 年,达到 11259 人。对于某些郊区新居民来说,这里是逃避城市高税收的好去处,还有些人把这里当成空气清新的休闲居所。然而,由于这里远在城市边界以外,不属于铺路委员会管辖范围,所以道路泥泞、供水无常,口碑很差。1844 年,有传言称市府打算对这些南部郊区行使征收水费的行政权力,并获准取得供水垄断权,激起南部居民的请愿活动,最后他们成功地阻止了这一措施的实行。

政府在 1847 年进行了一项广泛民意调查,拉斯敏斯选择脱离都柏林郡大陪审团管辖的议案得到认可。尽管市政厅坚决反对,都柏林堡不置可否,但威斯敏斯特仍然通过了专门法案,允许成立拉斯敏斯地方政府。这是郊区市镇政府中最持久、最有战斗力的一个。这里的

[①] Mount Pleasant Square,都柏林乔治时代的花园广场,位于拉斯敏斯和拉内拉赫边界。该广场于 1834 年建成,因其优雅而宁静的特点广受赞誉。

主要人物是出生于英国的弗雷德里克·斯托克斯。他起家于达姆街,是一位非常有能力的商品中间商,也是轮船董事和保险代理人。他很早就成为伦斯特街的居民,这条街在很短的时间内便成为拉斯敏斯最漂亮的一条街。在拉斯敏斯和拉格之间有两家提供马拉"公共汽车"服务的公司,其中的一家他经营多年(他并不是第一个从事这项业务的人,因为1830年代中叶曾有人在达姆街和拉格之间引进过共交业务)。斯托克斯担任拉斯敏斯市镇主席达二十年。他和很多同僚一样,热衷地产开发(就他自己的情况,是在利森公园一带的东部边缘)。税收专员们由于行事高效、征税低又没有政治腐败,使他们声名在外,与都柏林市政厅和大运河范围之内的低效景况相比,形成鲜明对照。玛丽·戴莉写道:"专员运作的方式与拥有大股东(即地产拥有者)的私营公司的董事类似,既有(政治)笼络带来的利润,也有商业利润,特点是升值、建筑项目快速完成、空置率低,这些是他们追求的主要目标。"保护和开发新的拉斯敏斯有一个不言而喻的做法,那就是社区关联体系。这里和城里相比,人们的社会一体化和彼此尊重程度更强。但是低价格就意味着成本打折和大运河公司水供应不足的问题,这种情况一直持续到1877年,就是斯托克斯卸任的那年。

继续往东,在菲茨威廉产业的郊区地块上,情况却完全不同。这里,位于多尼布鲁克路和大海之间的一大长条地块直到1840年才参与到城市历史中来。作为市政改革的一部分,边界重新划定,运河以外的地区"被……扔出城外"。古老的博尔思布里奇村位于这一地区的中心,拉斯敏斯的专员们曾经希望"截获"这块土地。但此事没有了下文。虽然有些迟疑,但"彭布罗克"区在1863年取得独立市镇地位。与拉斯敏斯不同,这里有一位显赫的土地拥有者,也便产生了一段长期的稳健出租的历史。菲茨威廉地产于1816年从未婚的第七位子爵传给非常富有的彭布罗克第十一代伯爵。这之后,地产代理商几乎没什么压力要去推进新的开发项目。1837年,这里的主人出资修建了一条很长的滨海路,给砂砾山带来一道海岸通道,然而似乎仍然不鼓励投机性开发。金斯顿铁路获准经过这块地产。但这段铁路开通之后并没有得到充分利用。1830年代修建了上利森街和彭布罗克路的大片房屋，1840年代修建了滑铁卢、威灵顿路和兰斯唐路（Lansdowne Road），都是外观大气、街面宽阔、后花园幽深。但这些都是投机性投资的结果，并不是按计划制定地产政策的产物。仅仅当约翰·弗农于1853年被任命为这块地产的代理人之后，这里才再次进入开发阶段，尽管弗农拒绝成立彭布罗克镇，但他（以及接续该职位的他儿子）在几十年的时间里对其开发过程处于掌控地位。从1863年到1879年，这里在博尔思布里奇和多尼布鲁克区铺设了十条马路主干道，安装大约二十二英里长的供水主管道，使建房项目得以非常稳定地发展，房租净值高速攀升。很多情况下，驻镇专员本身就是这些大型住房的开发者。其中最成功的是迈克尔·米德。他是从城里的木材批发业转行而来。他是1860年代第一位看到艾尔斯伯里路（Ailesbury Road）发展潜力的人。这条路很长，从金斯顿铁路上的西德尼帕拉德站（Sydney Parade station）一直延伸到多尼布鲁克。他在具有发展前景的地点（后来的圣米迦勒学院）为其家人修建了一座意大利风格的宫殿式建筑。他宣称，到1879年，他在过去的十几年时间里在多尼布鲁克镇所进行的地产开发，投入会达到三万英镑。其中大多数他开发的大宗房产他都保有所有权（他的儿子兼继承人詹姆斯在他1900年去世时，在城里和郊区共拥有一百二十多栋房产）。

彭布罗克的伯爵们对此地的影响可算得上是"山高皇帝远"，他们很少造访位于都柏林的产业，其巨大财富的影响仅仅局限在基础设施的改善上。但那个世纪确实有两位都柏林人，他们将巨大财富用在更广泛的社会领域。一位是威廉·达尔甘，他是全国最大的铁路承包商，也是威克洛和韦克斯福德铁路的主要股东。到1850年代，他在全国的铁路和废品回收项目里雇佣了成千上万的员工。他足智多谋而又仁慈的企业家声誉在当时如日中天。像在他之前的投资者皮姆一样，他认为交通革命会带来各种创新的可能性，所以在布雷的地产开

第七章 | 四城记：1830—1880

发和娱乐设施以及金斯顿的酒店开发上大量（过量）地投资。

他决定独自支付在都柏林举办一次工业展览会的费用，这个展览会是在1851年伦敦那次不同凡响事件（世界博览会）取得成功的基础上举办的。他的行为获得人们的赞誉，称其为爱国利他主义的罕见典型。尽管这个国家刚刚度过一场社会危机，人们仍然惊魂未定，但达尔甘坚信全国范围的工业化所能带来的经济潜力尚待开发。这个想法获得了人们广泛的认可，但是使事情得以落实的，却是靠着他的个人信誉度。1853年都柏林展览由他的好友组织完成，持续六个月，地点在现在"皇家都柏林协会"的广场上。巨大的草坪上摆满了展品，就在梅里恩广场的对面。达尔甘将其政治观点和宗教信仰完全隐藏，这一点在他的同时代人中属于绝无仅有。他那缓和又模糊不清的立场对展览免受政治斗争的影响起到了很大的保护作用。最终的结果还是出人意料的（即使没在水晶宫举办），只是这次展览组织得并不好，并未实现激起海外参展商热情和兴趣的预期。这是很明显的证据，说明都柏林（以及推而广之的爱尔兰）在当时的国际新秩序中存在着有目共睹的差距。不得不承认，展览会要吸引到更多关注，所面对的竞争对手是纽约财大气粗的"世界交易会"。但是在五个专门建起的展厅里，公开展出的爱尔兰手工艺品（蕾丝、府绸和精制家具）、进口消费品（钟表、乐器和便携武器）、节省劳动力装置（缝纫机和车床），以及蒸汽机器（印刷机和动力织布机），大多数都是让人称奇的新产品，与皇家都柏林协会和皇家爱尔兰学院原来的大师作品、古物以及来自几个欧洲国家的官方全国展览会上的展品构成竞争之势。法国产品影响最大，但是参展的东方艺术品和工艺品吸引了人们的普遍关注，荷兰政府展出的日本产品更是如此。然而，过大的空间和缺乏统筹安排，削弱了这次展会的后续影响力。门票价格定得太高，仅仅在最后的几周里（在价格下调以后），展厅才接近额定容量，这与皇家成员中途到访也不无关系。达尔甘最终支出的费用可能不超过18000英镑，一部分和他从铁路所带来的额外交通收入抵消了。但他对自己的这次赞助行动非常高兴,维多利亚女王决定造访他在昂维尔山的家——就是那座俯瞰整个城市的意大利别墅,更说明了这一点。

这次展览留下的公共遗产就是为艺术展品创建了一个永久的家,这是高高在上的皇家都柏林学会无法独家掌控的一件事。为了表彰达尔甘的成就,人们以礼金的形式为后续展览征集启动资金。实现这个想法用了十多年的游说和讨论时间,但"国家美术馆"终于在1864年伦斯特会所的草坪旁开馆了。更为无形的影响是,展出的各种丰富的展品,吸引了数百万参观者赶来参观,引起人们对新奇和带有异域风情事物的消费倾向。一些城里的纺织品仓库和"百货公司"也参与其中,无不带着开拓巨大新商机的期望。与"大展会"不同,那里男性造访者占多数,而都柏林这里女性人数几乎达到二比一,大大出乎主办方意料。

达尔甘的财富并不像人们想象的那么多,到1865年第二次都柏林展览会的时候,已经处于严重下滑状态。那次展览会的重点更加突出对工业产业的推广。地点也有变化,改在冬园,在圣司提反绿地公园的南边。赞助人本杰明·李·吉尼斯是城里生意人中当之无愧最富有的。他是起初那位亚瑟·吉尼斯的孙子,1840年从其父小亚瑟那里接管了詹姆斯街公司的实权,他将都柏林最大的啤酒厂变成了世界上最大的波特酒厂。1850年代中期,他卖掉托马斯街的家族宅邸,在圣司提反绿地公园的南边先是买了一栋,接着又买了第二栋联排别墅。第一栋是理查德·卡斯尔的杰作。吉尼斯将这两座房子改造成维多利亚风格的豪华宫殿式建筑,与城里其他地方看到的不同。这里成为家族的冬宫。这样做至少有一部分的动机是有利于他更多地参与城市事务。其父活着的时候,吉尼斯对政治总是羞于涉及,但到他六十多岁的时候,却开始参与其中,于1865年的全市选举中作为保守党候选人成功参选。这件事与策划中的展览会恰巧同时发生。而展览会就在他家产业后面的高价地皮上举办。吉尼斯是1863年所建公司的主要股东,这家公司的业务是为艺术品和工业品在这块地皮上提供

第七章 | 四城记：1830—1880

一座永久的"展览殿堂"，其中包括一个精心设计和建造的会议大厅，和数间音乐厅以及画廊，后面与一个用煤气照明的"水晶宫"相连。接下来的展览看来非常成功（虽然725000人的参观者与1853年无法相比），但就梅里恩广场所举办的项目来说，虽建筑足够豪华，但后续活动乏力，致使这家公司步入清算境地。本杰明·李的儿子亚瑟爵士将这块十五英亩的地块赎回，在1872年将其出租给第三次展览会，但这次的规模要小得多。

吉尼斯财富更持久的一种展示方式，与爱尔兰圣公会和圣帕特里克大教堂有关。

爱尔兰英国国教在政治制衡力上和经济状况方面，从1830年代以来就开始明显衰落。麦基大主教早在1822年就有进行第二次改革的雄心，而1860年代英国自由派和爱尔兰民族主义者两派，无论付出何种代价也要保持其固有地位。这一坚决态度最终取代了麦基大主教的改革雄心。因这个决心所做的一方面努力，就是将大主教厄谢尔原来的论点拿出来详细解释，即爱尔兰圣公会，而非罗马教会，才是爱尔兰早期基督教的嫡传后代；同时他们为"贵族时代"①编纂出一套更严格、更准确的编年史。这些事由牧师们完成，其中很多来自圣三一学院。代表人物是詹姆斯·托德（他于1864年出版了有关圣帕特里克的第一个当代传记）和威廉·理夫斯。因为城里的特别主教区大教堂（圣帕特里克）已经破败不堪、无人问津，让这种历史观点越发显得站不住脚。圣帕特里克大教堂的前身可是诺曼人占领之前就存在了的，曾全力事奉、守护圣徒。这座教堂在城市一隅深处败落当中。在那里，爱尔兰圣公会的数量缩减得最为迅速。政教分离的风声越来越紧，修缮教堂要得到政府大力支持的希望非常渺茫。然而这时，本杰明·李·吉尼斯于1860年出来收拾烂摊子了。他保证要恢

---

① Patrician era（公元前494—367），古罗马共和国时期的一段平民争取权利反对贵族的历史时期。

复圣帕特里克教堂中世纪的辉煌。随后的三年里,他在自己亲自指挥的一个建筑工程上花掉了约有110,000英镑,目的就是要恢复"我们国家自己的大教堂"。整个建筑过程中,针对他的一些大胆决定,他遇到来自专业建筑师的强烈抗议,但他的意见仍然被保留了下来。

十年以后,位于南边最大酒厂的厂主亨利·罗伊站出来开始了对基督大教堂的拯救工作。但他是站到后边,让著名的英国建筑师乔治·埃德蒙·斯特里特(George Edmund Street)对都柏林这座主要教堂进行修复。修复工作要根据他自己的独创性,最主要的是他对建筑审美的敏锐度。他还同意支付修建国家宗教大会会堂的费用。这是给那时已经政教分离的教会一个开会相聚的地方,就在圣米迦勒教堂的旁边,带有一座"有标志意义的桥",与大教堂连接起来。但罗氏家族做过了头,这个送给爱尔兰国教教会的超大礼物,最终耗资达二十二万英镑,直接摧毁了他们的家族生意。

约翰·贝尔斯福德的侄子,约翰·贝尔斯福德勋爵从1822年以来担任阿尔马大主教,他在二十年前做过类似的事情——为修复阿尔马大教堂出资。作为都柏林大学的校长,他在1851年为重建大钟楼支付费用。这座钟楼位于刚刚开放的前广场的中心位置,其上的雕塑将古典和基督教内容结合在一起,对于实际上是培养爱尔兰国教教会神职人员的机构来说,这样的设计再恰当不过了。实际上,预备受职的学生(包括本科生和研究生)在那时可能几乎占所有三一学院在册学生人数的一半。固定学生还包括法律专业、医学专业和科学专业。他们与神学生共处钟楼。但事实上,他们仍然隶属于大多数成员都必须按规定成为神职人员的机构。但与大钟楼同时代的另一个建筑项目的情况却非常不同,那就是博物馆大楼。这是园区中采用威尼斯王宫形式的建筑,在设计和用途方面都很前卫。这里将成为学院博物馆,展出与新兴应用科学相关的内容,包括土木工程、化学和地质学。新学科至少在一个方面与神学有共同点,即大多数的毕业生都越来越希望移居国外,无论他们是圣职候选人、工程师还是医生,都是如此。

地质学教授，撒母耳·霍顿牧师在 1868 年写道，大学教育现在成为

> 不太富裕的中产家庭的后代必须拥有的教育形式。爱尔兰这一阶层的年轻人出路非常有限，他们要么必须移民国外，要么依靠自己的天分和所受教育将所学专业带到英国和殖民地以求立足。

博物馆楼于1857年开放，与大卫·李文斯顿①帮助皇家都柏林协会在梅里恩广场旁边建成的自然历史博物馆是同一年。那时，由于各个学科都有一批杰出并且多产的学者，三一学院和皇家都柏林学会，还有皇家爱尔兰学院及其各个附属教学医院，都享受到前所未有的，来自国际学术界的认可。但具有讽刺意义的是，这些机构里绝大多数人都是新教徒，在这座越来越具有天主教倾向的城市里，这使他们显得异常突兀。不可否认，城里很多天主教徒的子弟，包括丹尼尔·奥康奈尔的两个儿子，都在大学学习。对时政发表最激烈批评的一些人，正是出自大学的毕业生（尤其是 1840 年代围绕托马斯·戴维斯周围的"青年爱尔兰人运动"②圈子里的人）。因此，1860 年代所做的那个决定，虽寓意不明但实则透着奇思妙想，这就是要为去世已久的两位校友在前门外立起两座坐像。他们是奥利弗·戈德史密斯和埃德蒙德·伯克，"大学所能选出的最佳代表人物，和学生宿舍的最好招牌"（但约翰·亨利·福利那独一无二的雕刻手艺也起到很大作用）。然而，在这时，一场真正的分裂事件登场了，那是在大学这所受人尊重的市民机构及其最初的赞助者和土地提供者都柏林市政厅之间发生的。因为这时的政治格局已发生了转变。

---

① David Livingstone（1813—1873），苏格兰医生、公理会信徒、伦敦传教协会的先锋传教士。也是深入非洲的探险家、十九世纪晚期维多利亚时代的英国英雄之一。
② 十九世纪中叶的一场政治、文化、社会运动。

小业主

　　都柏林市政厅的重大重组过程持续了好几十年，但在那段漫长的时间里，有两个充满严重危机和戏剧性制度变化的阶段。第一个是1835至1840年，第二个是1847至1851年。从五十年的跨度看，我们能看出以天主教小业主为主的群体，其社会地位在缓慢上升。他们从出版商、小商人以及零售商人逐渐跃居城市政府的制高点。但这是段不平凡的旅程。从18世纪90年代到19世纪20年代之间，旧的市政厅所扮演的角色是新教体制和特许权利的国家旗手。那期间，市政厅与联合后政府之间的关系非常融洽。这种情况一直持续到天主教解放的前夜，在那一刻，市政厅无耻的偏袒立场昭然天下。像在行乞者联盟年会上那样，市长大人和天主教大主教同时出场的机会并不多，情况确实如此。但尽管是在这少有的情况下，气氛也很紧张。

　　到19世纪30年代，多数时候是辉格派当政，城堡当局处于改革状态，市政厅和城堡之间的关系越发令人担忧。"市政机关职员们"挣扎着要保留市政厅这个以公会为基础的新教机构，使其独立于辉格政府及其爱尔兰联盟，而后者似乎是下定了决心要在每个市镇推进政治改革，除掉市政厅的特权。在这十年里，取消基于市民自由特权建起的城市古老政体的可能性越来越大，尤其是1835年以后，优化和重组英国城市政府的激进立法在威斯敏斯特通过，仅仅伦敦城这块古老的方圆之地未被惊动。都柏林市政厅缺少类似的制衡力量去要求获得同样的豁免，但他们似乎一直相信其悠久历史以及承袭下来的声誉足以使其得以保全，他们也相信议会上院会阻止改革。

　　上院的托利反对派确实扼杀了一系列爱尔兰市政改革法案。一些人盼望着辉格政权能够尽快倒台，由托利或者保守派的管理者取代，这样就会很快放弃改革。但是，由于另有一些人在寻求妥协路线。绝望中，老市政厅的领头人打起了宗教牌。他们警告说如果将爱尔兰市镇的掌控权交到奥康奈尔的同盟手中，就会发生致命危险，会导致新教信仰崩溃。

正像杰奎琳·希尔所写，城里的公众舆论在这段旷日持久的政治波动期分化得非常厉害，原来是自由民群体在自由新教徒和橙带党死硬派之间的分歧，现在被一种共同面临的恐惧所取代，那就是一旦天主教在城中占主导地位的话，那可能会意味着什么呢？1823年以来，《都柏林晚间邮报》(Dublin Evening Mail)给这方面的各种观点提供了非常便捷的出口。但是这并不仅仅是与奥康奈尔一派的出版业抗衡的问题。天主教一篇有关市政厅的长篇檄文，提到低效率的问题、自私自利的腐败问题以及无所作为和不能为公众代言的问题。这篇文章交到辉格派为主导的议会委员会，编入1833年至1834年的《爱尔兰各市政厅》(1835年出版)中。按照约翰·雷诺兹（奥康奈尔的一个同盟亲信）的说法，总体来说，市政厅被"高尚市民"看作是"凌辱和压迫的源头"，下院现在几乎完全由"充满暴力倾向的橙带党人组成……他们在市府宴会以及其他各种场合到处散布和政治有关的污言秽语"。奥康奈尔本人发出的信息含混不清，有时的信号指出自由民群体是他伟大的新事业——废止英-爱联合的潜在同盟；而在另外的时候，又秘密谈论说他认为

> 目前市政厅成员都是些篡位者，称他不会好好对待他们，还提议要把他们全部清除。他说称他们为篡位者，是因为他们成为自由民是凭着恩惠。在任命他们的时候，并没有普通市民的声音。他将市民和居民看作是一回事……

有关市民社区的这种激进观点和塑造了城市古老体制的契约与宗教立场之间绝然没有中间地带。所有人都推测如果奥康奈尔的观点在威斯敏斯特被广为接受，他的小集团就会在都柏林失去市场。果不其然，

作为新教徒的城市自由民支持"废止"①的高潮戏剧性地到来,这曾经是公会大厅里人们心中强烈涌动的想法。

与这种陷入僵持的观点并驾齐驱的,是一场旷日持久的争夺战,那就是谁能在威斯敏斯特成为都柏林的代言人呢?这场战争发生在1830年至1841年之间不少于七次的激烈竞选过程中。1832年的《爱尔兰改革法案》(*Irish Reform Act*)赋予所有资产等于或超过10英镑的户主权利,这给都柏林的影响是,选民中自由民的人数降低到不足三分之一。对选举登记的管理现在变得至关重要,奥康奈尔是第一个对此善加利用的人。他的竞选伙伴是自由派新教徒,于1832年和1837年大获全胜(但在1836年的请愿之后失利)。在那些年当中,奥康奈尔重整了以教区为基础的支持网络,这网络从前是天主教协会发展起来的。有很多年,伯格码头(Burgh Quay)的谷物交易市场被用来成为固定公共集会点,那里成为"他的"国会议员们的辩论俱乐部和全国神经中枢。但是城中的托利党人也开始熟练于选举管理了。他们同时还得益于来自英国的财政支持,这实际上是被用于后来成为都柏林保守党的经费。他们的胜利时刻在1841年的普选中到来,那次的注册选民有大约53%是新教徒。这是使皮尔领导的保守党重掌权力的选举。对于都柏林来说,这是随后二十七年几乎不间断的保守党控制议会风向的开始。一切都归功于在选举人方面的严密管理和持续将所有过去注册的自由民都包括在内的做法。

但是,这对衰老的市政厅来说太迟了。一项有关爱尔兰市政改革的法案于1840年提交到英国上议院,都柏林市政厅的法律顾问对这宗政治案件再次请求驳回("你们在爱尔兰正在组建一个天主教徒的议会")。但这个请求未能获准。对于旧秩序的维护者来说,维多利亚女王第三至四年第108号令通过,就意味着威斯敏斯特明显的背叛态度。政治上牺牲掉了保皇派的市民群体;社会上,赋予"社会最底

---

① 指废止英-爱联合。

阶层"选举权；宗教意义上，将"新教徒的堡垒"奉送给从前的敌人，就是将这座城市的产业以及二十五个公会移交给新成立的机构。都柏林随即被分成十五个非常不平等的区，每个区要为单院制的地方议会选出四位议员，每区获得最多票数的候选人将被授予参议员头衔，有权参加市长大人的候选。参议员将比议员在任时间更长，其中三分之一会每年连任（对这项法案最直接的批评之一就是底层的竞选活动几乎成为旷日持久的漫长过程）。奥康奈尔全力投入到第一次竞选当中。1841年10月的结果与他的各项期望相比还算差强人意。"废止联合派"在十五个区中的十二个取得胜利，在六十个席位中赢得三十六个，再加上有十一个加入其辉格派阵营，确切地说，三分之二的新议会成员是天主教徒。如果考虑到市府特许选举权限制在十英镑这个门槛（而不是像英国城镇改革那样，面向所有男性地方税纳税人），那么，这个结果实属不易。然而，新议会的职业外衣与旧议会并无不同：律师是最大的群体（约有五分之一），位居批发商之前；约有六位是零售商人，一位是建筑商，一位医生和几位凭独立谋生手段谋生的人。这与奥康奈尔同时开展的废止联合运动背后的政治活动家的构成类似。他们这六十人在1841年的诸圣节聚集到会议室的时候，所进行的第一个环节就是庆祝当时六十六岁的奥康奈尔被成功选为市长大人，这一切都在意料之中。他此刻真是志得意满！

以天主教为主的都柏林，按现在的安排貌似大权在握，但当政者很快认识到这只不过是徒有虚名。他们负责市法院工作、管理市场、供应水源，但对新税收却几乎没有任何裁决权。郡治安官和地方法官的任命权还给了城堡当局（城市大陪审团的构成由郡治安官确定）；更重要的是，三个权重机构，马路建设委员会、铺路委员会和港口维护办公室，都毫发未动。组建于1836年的都柏林警察厅以及成立于1838年的两家穷人法监管委员会（Poor Law Boards of Guardians）也是一样。新穷人法和新警察厅都在成形阶段，前者对地方税纳税人负有部分责任，后者比任何时候都更对都柏林堡负完全责任。与1808

年成立的警力军团不同，都柏林警察厅训练有素、管理严密，下辖大约一千名统一着装的巡警。他们日夜在城里各处巡行，与1829年成立的伦敦警察厅警察的模式非常相近。市政厅对其事务没有直接话语权，但是在马路建设委员会、铺路委员会和港口维护管理委员会上一直有发言权。这些机构的大多数专员都带着原来的任命，前两个由政府委派，港口维护管理委员会的情况是由自选委员构成。铺路委员会的责任多种多样，包括维护和管理八十八英里长的街道、六千盏路灯、九十八个公共喷泉，除此之外当然还有收集和处理全城的垃圾和粪便。他们实际上在1840年以后还争取负责城市用水。

"奥康奈尔的市政厅"不得不挣扎于满足各种膨胀的需求和处理庞大的债务上。很多旧市政官员被解职（可获得赔偿金，也造成了一定的纠纷），政治支持者得以加官进爵，作为对他们的回报。其实，市政厅的大多数困难并不是自身的问题，枢密院会议室应该成为争论政治问题的平台，这一点完全可以理解。1843年有关废止英‐爱联合的三天辩论成为值得纪念的一件事。奥康奈尔和年轻的托利党律师以撒·巴特之间展开了一场英勇的语言对决，这是开先河的一件事。不仅是政治上的哗众取宠，枢密院是要集中精力赢回对那些法定机构的掌控权。公开情况下宣称行政管理重复、不作为，机构重置是浪费资源；私下里认为这些机构都在保守派和主要是新教徒的人手中。所追求的其实是片面路线。在饥荒危机的大背景下，为了争取修改立法、获得掌控权，市政厅在1845年和1849年间投入大量精力和有限资源。然而，即使辉格派于1846年回归政府、市政财政仍然紧张、街上公共卫生存在严重危机，但没有任何作为。拉斯敏斯于1847年成立镇级政府，而市政厅的三项改进法案虽经努力，都未获得批准。早期曾尝试立法批准拥有都柏林警察厅和港口维护管理委员会的掌控权，但后来放弃了。即使是一项更小的加强管理的请求也未能得到政府支持。无论是市政厅内部还是外部的保守派，他们所做的任何加强其权力的努力都被完全驳回，这种情况至少一直持续到1840年所建区结构得以改革的时候。针对城市管理问题,克拉兰敦伯爵(1847年至1851年的爱尔兰总督)以及一连几届首席大臣出奇的疏离态度与半个世纪以前城堡当局的干涉政策形成鲜明对照。这说明都柏林的民生问题真的不那么重要。

僵局最终打破,政府同意构建一个妥协的组织结构,这就是1849年出台的都柏林发展法案(*Dublin Improvement Act*)。这个法案将铺路委员会、马路建设委员会和大陪审团的诸项权力归入市政厅。但不久,现存的市政厅即告解散,一个自治的地方性税收机构组建起来,同时还设计出新的区划方案。全新的选举于1850年开始。这次,所有经评估确认的独立男性户主作为自由民都包括进来——只要他们在注册的地址待够三十二个月。由于这个规定的限制,自由民人口数量在几十年里一直保持在5000—6000人之间,都没有18世纪享有市民权利的自由民群体的人数多。但从社会学角度上讲,其构成更加多样而已。然而,这第二次改革后的市政厅的新鲜之处在于——形成于1851年年初——它与之前的机构相比明显更加保守。有些人认为其新教成员、自由派分子和保守派分子实际上又成为大多数。但更引人注目的是,铁路公司和银行主要人物进入市政厅,使其突然之间比以往年代都更能代表大公司的利益。这是怎么回事呢?似乎是商会在1849年至1850年协调努力的结果,尤其是商会秘书弗朗西斯·科德(Francis Codd),他们要"摈弃党派之争"。科德是做麦芽生意的天主教商人,曾在1846年使商会参与饥荒救灾行动中失利。他在随后的几年中因营造城市缓和局势而广受赞誉。对"分权而治"的理解,即市长职位由两种宗教派别轮流担任,就是从这时开始的。本杰明·李·吉尼斯1851年当选就是最好的证明。他任职期间,枢密院的行政管理结构重组,成立了三个富有权力的常务委员会,设立了城市工程师的职位(原来的城市测绘师的儿子帕克·内维尔[Parke Neville]获得任命),与私营公众事业的健康管理官员(疫情监督员)的情形相同。最后,市政厅终于能够以一个统一的权力机构来管理大多数与城市环境和公共卫生有关的事务。第二年，枢密院以多数派选举产生，将"政治或者宗派问题"从议程中排除在外，使新精神得以持续。但是吉尼斯任期内给后人留下的最切实的遗产是以非常优惠的条件从其委托人手中收购皇家交易所，这一交易使得新的市政厅可以在1853年从威廉街迁离，购买到一个家，一个真正的市政厅，这是实现他们所有理想的标志。

然而，科德和其他议员的计划却由于市政厅财政上的缺口和中央政府不能出资支持较大采购计划而受到阻挠。他们在19世纪60年代初退出市政管理，市政厅又回到派别纷争的状态。讨论国家的政治问题占用很多精力，其组成成员再一次变成天主教徒居多的状况。到19世纪70年代，零售商，尤其是取得许可的酒馆老板大大超过大商人的人数（虽然市政厅的很多批评者喜欢夸张地描述议员们的卑微社会地位）。市长官邸和市政厅偶尔仍然会成为大、小商人联合起来讨论问题的平台——最好的例子就是穿过市区连接至火车站的地面铁路计划，在1863年遭到多数人的普遍反对（那时市政厅横穿威斯特摩兰街建起一座木桥，在视觉上加强了人们受到威胁的感觉）。但这样的事情越来越少了：对格莱斯顿1869年的政教分离法案（*Disestablishment of the Church of Ireland*）的痛恨情绪感染到枢密院，"分权"协议被打破也有一年时间了。虽然有几位新教市长后来开始主张废止英-爱联合，但分权轮流执政的做法到19世纪70年代又恢复了。此时，市政厅选出的代表和贵族商人之间再次产生裂痕，后者对商会以及港口与码头委员会（Port and Docks Board）拥有掌控权（1867年港口维护管理委员会重组时成立的）。市政厅对掷石之遥的都柏林堡里发生的国事感兴趣的程度，远不及他们对一些零售游说群体的敏感度，包括获得许可、颇具影响力的杂货商和酒商协会（Licensed Grocers and Vintners Association，成立于1860年）；对天主教主教教区的关注程度也同样更敏感一些。

但没人能否定改革后的市政厅做出的一项伟大成就：在都柏林供

水方面的革命性举措。和那个世纪的很多城市一样，找到更纯净、更大量的高压水源，还不受季节影响是非常困难的事。尽管都柏林面对分裂和经济问题，但仍然知难而上，将前工业化的低压系统升级到既有灵活性又很稳定的高压系统，比大多数英国大城市都先进了一步。都柏林的城市供水在1777年以后多多少少依靠的是运河水系，先是大运河，1809年开始有两条运河。这两条运河是南边波多贝罗洼地（Portobello）和北边的布莱辛顿街的洼地都挖通以后形成的。那以后，旧城水道提供城市日常需要不到八分之一的用水。19世纪第二个十年里木制水管换成金属水管，供水情况得到改善，供水范围也逐渐扩大。但即便是在19世纪50年代，间歇性的自来水供应只能惠及全城不到五分之三的家庭，而剩下的所有人则依赖于公共喷泉、水井或者直接从运河取水。那时，人们开始越来越关心供水质量问题，包括供应不稳定、水源混杂——工业污染、生活废水或者对集水水库疏于管理——以及所有这些问题对公共卫生的影响。皇家大运河负责北部供水，有人对那里的污染情况做了大胆记录，读来颇为生动。

在工业和民用需求持续增长，而好几年都是干旱夏季的情况下，新的市政厅努力要找到一劳永逸的解决办法。不仅如此，与运河之间的长期协议在下个十年即将到期。市政工程师1853年接到指令要找到替代运河的办法，这项工作在那时算是正式开始了，并一直持续到1860年。那时皇家特派委员会开始介入。让每个人都大感吃惊的是，专员（约翰·霍克肖，英国工程师）认为距离遥远的威克洛中部的瓦尔特利河应该是解决问题的最佳（也是最昂贵的）办法。这个委员会是激烈争论无果后产生的，不同意见的双方分别是新的（也是经济实惠的）运河计划支持者，他们主张在利菲河上游进行施工，另一方主张从多德河引进水源。人们泛泛而谈地（但却是错误地）评论这件事，认为是保守派利益和市政厅利益的冲突。说前者希望减轻地方税赋压力，寻求最便宜的解决方案；后者好大喜功，还可能存有腐败动机，要先从利菲河计划开始，然后按霍克肖选择瓦尔特利的决定办。事实是，致使大运河公司以其保守的管理方式与市政厅抗衡的原因是其内部的财政危机（抗衡是希望双方达成一个协议）。接下来，他们做了件过头的事儿，试图使用他们在威斯敏斯特议会中的关系来瓦解市政厅提出的立法议案。支持大运河公司利益的，是更大的一些铁路公司、三一学院和拉斯敏斯的专员们以及其他各方势力，但市政厅代表公众意见赢得了这场斗争。1861年的最后决战中，大约动员了二万人为瓦尔特利项目签名，这是敌方人数的五倍。新供水计划的伟大领导人约翰·格雷是一位医生，也是《自由人报》的老板兼编辑，还是奥康奈尔从前的座上宾。在保证法令得以贯彻执行上，他的政治才华至关重要；兴建山间水库、铺设二十四英里长的管线和开挖位于斯蒂洛根的中转水库所需资金，也是仰赖于他。但这座城市也缺不了工程师帕克·内维尔。尽管他在工程中遇到一次严重事故，仍坚持监工直到项目结束。新的水源于1867年7月引到城里，引起旧管道和阀门爆裂。

这个项目的最终成本是541000英镑（远远超出霍克肖的预估数目），这说明存在着土地补偿费用和重铺大部分城市管线的需要。根据当时的英国标准，这比较来讲仍算便宜了。当做出所有南部市镇（除了斯托克斯的拉斯敏斯）都从市政厅购买瓦尔特利水源的决定以后，预算再次增加。高压供水将水源通过110英里长的管道送到城市各处，楼顶水箱开始替代传统的地下室水槽。但是，即使在较为富裕的家庭中，全套豪华浴室和陶瓷冲水马桶仍然姗姗来迟；在穷困社区里，新鲜、充足的供水仍然遥遥无期。家庭和城市下水一天没得到改善，就一天存在着一项隐藏费用，即超负荷工作的下水系统导致下层土壤和房屋地基频繁浸水。

不管怎样，能够容易地得到清洁的用水是体面家庭基本生活的前提，要在外人面前维持得体形象的话，水当然是必需品。到19世纪70年代，都柏林有如此愿望的家庭数量比19世纪30年代有明显增长。马克思在其《共产党宣言》里贬低小资产阶级，他应该是非常清

第七章 | 四城记：1830—1880

楚自己所指的是什么意思吧。但爱尔兰人口普查专员在他们所作的职业分析中，却没能理清中产阶级的成长脉络，也没能将体力劳动者从小业主和领薪水的职员中区分开来。难道就是戴无檐帽和戴有沿帽的区别吗？这是因为，出现"下中产阶级"的情况不好量化。但无疑地，他们现在体现出了重要性，这的确是个新现象。

这个阶层之所以出现，原因不一而足，但主要因素是自19世纪30年代以来城市经济结构发生变化。人们从受雇于加工业转而进入商业领域，并且，都柏林重新成为全国批发业的绝对中心。从港口吞吐量剧增这一现象，也可以明显看出这一点：1841年至1878年的轮船吨位增长了三倍多，这个增长率比贝尔法斯特、科克或是利物浦及其外港都更快。1869年，帕克·内维尔估计"通过所有码头等地主干道的交通量与1849年相比增长了四倍"。他认为这主要归因于"铁路带来的贸易"。确实如此，铁路主干线系统于1853年完成，这恢复了首都在英-爱贸易中的枢纽地位，也加强了服务行业所有范围内的用工力度，既有传统的，也有新兴的。正像我们看到的，到1881年，八分之一的男性劳动力集中在与交通有关的岗位上。零售业中，不管用工量大还是小，至少也同样重要。都柏林批发业的增长反映出饥荒年代后更广阔经济领域里相对有利的条件。这一时期人们越来越多地依赖活牛贸易，还在很多时候涉及运河、铁路和轮船的业务。因此，当铁路公司计划在北大墙建一个大型活牛市场，以对史密斯菲尔德市场造成威胁时，市政厅凭着一贯的灵活作风决定搬迁，在斯托尼巴特尔附近一块十英里的地方建一个新市场。据说，这是欧洲同类市场中规模最大的，成为延续一个世纪的活牛贸易集散地，这也意味着北环路成为运输成千上万的肥壮牛羊的走廊。在夏末和秋天，每天都有牲畜从这里被赶上运牛船。虽然活牛贸易并没有产生什么需要技巧的雇佣工人，但仅仅是生意的规模便给萧条的城西北地区提供了大量季节性工作的机会，包括赶牛人、销售人员、酒店老板和零售商人。第二个使城里下中产阶级急速增长，也是更具普及性的行业，是自19世纪30年代以来每个十年都持续扩大的教牧人员队伍——在教育机构、警局、监狱、医院和慈善机构，不管是民间还是中央政府都是如此。与维多利亚女王管辖的英国相比，都柏林因此真正享受到了爱尔兰高水平的中央集权式行政管理。

小资产阶级扩大所带来的实际结果可以从两方面看得出来：所修建的房屋类型，以及城市零售业风景的改变。棕色砖块砌起的小楼，两开间宽，地下室以上只有一层。当这种房子首先在卡姆登街出现的时候算是一种创新了。这样的例子，在黑兹伯雷街（Heytesbury Street）就有。长长的一条街从凯文街向南一直延伸到波多贝罗港（这条街三十年前就规划出来了，第一批房子是1845年建好呈现在那里的）。无论是外部还是内部，这些房子的细节都体现出极简主义古典风格。19世纪50年代有好几位本地建筑商在临近街区效仿，有的房子有四个房间，有的有六间。这种萌芽期的住房风格沿南环路继续向西扩散和发展。在城北，发展到多塞特街以西老加德纳地产外围以及北环路旁的侧街。以前的房子并不紧临街道，并且都有后花园。但是，到19世纪60年代，这些小型砖制排屋却建在紧邻街道的位置，后花园常常很小。实际上，所有早期住户都是租客，人员流动性很强。对他们来说，这么小的房子是改善之前的第一步。建这些房子是为那些可以上升一步的人预备的。他们是离开那种典型的"又小又不方便、常常非常破败的房子"的人，那些出租屋的水平是给大多数城里打短工之人使用的。要把这样的房子全套租下来，里面配有琢石壁炉、现代化家具和装修，有可供一位仆人使用的设施，还要给家人购买新衣服、支付孩子远超过初级水平的教育费用所需的收入：这些是社会地位提升的标志，对于年收入一百五十到三百英镑的家庭来说就可能实现了。但这已经远远超过依靠短工工资和按周取酬的手艺人的赚钱能力了。直到19世纪60年代和70年代，这种小型建筑开始真正大批涌现出来。发起人是弗雷德里克·斯托克斯（在波多贝罗），以及詹姆斯·菲茨格拉德·伦巴第和约翰·麦克马洪。他们在1867

年和1879年间开发出大约三十条街，建了"大约大小六百栋房子"，有的在黑兹伯雷街以西，很多在北环路和陶卡河之间的城北地区。到1879年，他们仍有大约七十英亩的土地储备。他们认为，对于租用这些位于城北边界的房子的租客来说，躲避城里税赋是主要吸引人的地方。现在，更诱人的事情是，北部开出了一条轨道电车线。伦巴第和麦克马洪发起创建了最后的卫星城镇，这就是1879年的拉姆康德拉。他们在那里建起大约一百栋房子。

伦巴第和麦克马洪本人并不是建筑商而是开发商。他们的很多栋房子都是"小建筑商和兢兢业业的工匠们"承建的。他们用伦巴第和麦克马洪贷来的款建房，然后，这些房子出售给"小资本家，以及手里攒着五百或者六百英镑的人，包括杂货商和肉铺老板……"。似乎有些房子是都柏林市、郡土地和房产公司直接承建的，并持有大部分股份。这两个人都有多种商业收益：伦巴第的第一桶金是在科克赚到的，而麦克马洪在利默里克有业务关系。伦巴第有一段时间曾与著名的约翰·阿诺特合作。后者尽管在三大洲都有投资，但本人却从未离开过科克老家。这个芒斯特小团体，拥有混合的宗教信仰，政治上开放，或者叫地方自治。他们在寻找方法以便充分利用正在发生的社会变革方面，位列都柏林城里最精明的一伙人当中。他们参与都柏林马车公司的业务（这家公司管理着几百匹马、邮车、灵车和车马出租所），便因此进入轨道电车的生意。紧随英国的发展步伐，由于公共马车跟不上城市交通的增长，便很快在19世纪70年代被有轨电车取代。后者运载力更大，速度更快，因此票价更低。1872年至1879年间，有五家公司开通了十一条线路，六条从市中心开往南部郊区（到砂砾山、多尼布鲁克、达尔特利、拉斯敏斯、罗斯法汉姆和哈罗德十架村）；两条通往北部郊区（格拉斯内文/德拉姆康达和克朗塔夫）；三条是东西走向（到詹姆斯街、帕克盖特，从哈考特街的都柏林威克洛与韦克斯福德铁路火车站到金斯布里奇的大西南铁路）。新的交通网络系统大致按照最近的郊区化网络设计，而不是重新生成。也不是所有的线路都能在商业上取得成功。伦巴第是都柏林中心有轨电车公司背后的推动者。该公司于1877至1879年间开通了驶往克隆斯奇亚、罗斯法汉姆和詹姆斯街的线路。1880年，以他为主，他和他女婿威廉·马丁·墨菲一起参与了三家有轨电车合并的项目。

伦巴第曾一度做过阿诺特在伦敦的联系人，与其在亨利街的布料生意有来往。这家店到19世纪60年代成为城里七家百货公司之一。其中四家在城南（阿斯顿码头的麦克伯尼·科里斯[McBirney Collis]、格拉夫顿街的布朗·托马斯和斯威策·贝蒂以及南大乔治街的皮姆斯），三家在城北（萨克维尔街的麦克斯威尼·德拉尼、亨利街的托德·彭斯和阿诺特的坎诺克·怀特百货公司）。这些公司很大程度上是那个年代的写照。都是从原来的布料商店发展起来，它们这么大的经济规模与铁路、蒸汽班轮和规模生产消费品的新秩序以及消费者对新布料、新时尚和新家具大量需求有关。如果没有消费基础的膨胀，从家族专业仓库的旧模式演变而来的过程就会缓慢得多。斯蒂芬妮·雷恩斯写道，都柏林大商店层出不穷，这尤其让人印象深刻。每一家都有多达三十个不同的商品部门，每个部门的劳动力都像工厂那么多，至少有一百五十名售货员。霍姆皇家广场曾是19世纪20年代的先驱，然后是19世纪30年代晚期在阿斯顿码头的麦克伯尼百货公司。麦克斯威尼的五层楼是"新商场"专用，其一楼的橱窗安装的都是平板玻璃，崭新的外观让人啧啧称奇。这家商场在萨克维尔大街开业的时间是1853年，与都柏林博览会恰巧同一时间。

19世纪50和60年代里，这些百货商场的外在规模不断扩大，十分引人关注。逐渐增长的客流量中，很大一部分与农产品有关；高达一半的营业额是批发（至少阿诺特的百货公司[1]的情况如此）。但是他们的核心业务仍是在城市和郊区，为中产阶级妇女服务（尽管有所

---

① Arnotts，爱尔兰都柏林最古老、最大的百货公司。其旗舰店位于亨利大街，在市中心以北。

妥协,在周六晚上专门向工匠顾客开放)。这些商场的布局非常宽敞,与其说是为了购物方便,不如说是为了产生视觉效果。店里商品琳琅满目,供应充足,价格固定,(零售)付款方式是一手交钱一手交货。这一切对时尚和感官展示产生潜移默化的深远影响。19世纪50年代,针对这些巨型百货商场,人们断断续续举行过抗议活动。抗议的内容包括,兜售假冒伪劣商品;进口商品占绝大部分;抢了小批发商的生意,使他们没有买卖可做。这些指控有真实的部分,但它们也为经济发展作出贡献。有三家百货公司在后来成为上市公司,使他们有财力能进行大规模整修和翻新。阿诺特百货公司在上市之后,于1875年在其亨利街的门店增加了两个公共餐厅和一个午餐沙龙,小资情调更加浓郁。

百货商店的一个变种是专门兴建起来的购物中心。这是皮姆家族发起的一个商业计划,将零售重心从格拉夫顿街西移至他们所在的乔治街。这里曾是拥挤不堪、老旧破败之地。70年代末期,南城市场公司(South City Market Company)成功取得了一大块废弃地产,大部分由屠宰场组成。他们拓宽往来道路,开发出来一个英国风格的购物广场,前脸一百一十二米宽,有四十六家店铺和一百二十个摊位。这个广场于1881年开张。虽然周围地产的商业价值随之大大提高,但广场本身对投资者来说却十分令人失望。其中的一大部分在1892年的一场惊天大火中被毁。马上就要重新开张的时候,阿诺特百货在又一场更大规模的烈焰中被毁。然而这座广场被再一次重建,成为城市天际线上的一座具有防火功能的庞然大物。

名利场中受尊敬程度的物质标签显而易见,但是城中构成社会地位的一个重要因素却不那么容易看得出来,那就是受教育程度。到19世纪早期的时候,都柏林城的识字程度已经非常之高。但这个阶段接受更高教育的机会却非常不均衡,以小型私人付费学校的形式为主。1846年,城中这类学校共有两百多个。没有一所学校有明显的宗教背景,但校方的宗教信仰在学生如何告白自己的信仰方面起到很大作用。这些学院中,新教徒作为开办者的比例很高——可能有一半——并且管理者名单中妇女占一半还多(估计是有女性学生的缘故)。有大约四分之一的学校接收住宿生。还有大约一百四十名自雇"教授和老师",他们自己为自己的课程做宣传。其中三分之二以上教授音乐和舞蹈。至少在19世纪30年代以前,都柏林有比这些学校更低级的"灌木丛学校"[①]。非常多的贫穷教师在这种学校教授小学课程,他们"是在个人的家里授课"。人们蔑称他们是乡下的灌木丛学校校长。

19世纪30年代到80年代之间,这类非正式机构几乎绝迹。取而代之的是(小学)国民教育体系以及(中学水平)新兴的天主教教育机构、扩大的新教中学以及由爱尔兰工业博物馆、皇家爱尔兰音乐学院和机械学院(Mechanics Institute)提供的自修讲座项目和夜校。几个少数特例之一是拉斯敏斯学校。在其存留的四十一年(1858—1899)当中,一直由一个人拥有和掌管着。他就是查尔斯·本森,一位天才教师和爱尔兰圣公会牧师。那些年中,有2190名学生经他手学习,很多是教区里的男孩子,校友中至少有十二人后来成为主教。从总体趋势看,这是非常少有的特例。市政厅下属的国王医院中学,就是都柏林原来的官办学校,在1840年以后保持了英伦传统。所招收的学生都是来自"极受尊重的家族",一半是小范围内精英分子的子弟。但这所学校远没有19世纪40年代到90年代出现的新教免费学校影响力大。这些免费学校包括圣科伦巴学院(建于1843年),位置在都柏林山麓丘陵地区,以牛津学院的模式,"按英国私立学校(English public school)的方法管理";卫斯理学院(建于1845年);圣安德烈学院(1894年建)以及主教教区中级学校(建于1896年)。每所学校都附属于拥有明确新教传统的教派。受委托管理学校的,主要是教牧人员,教师以世俗人员为主。其他新教教学机构满足更广泛的

---

① hedge-schools,爱尔兰独有的乡间露天学校。

需要：在南布朗斯维克街有一所经营多年、目的明确的营利性学校，是靠捐赠起家，"中低阶层对其评价很高"。这所学校为规模更大、专业性更强的"高等学校"（High School，1870年）开了先河。这就是"为中产阶层开办的一所一流英语（日间）学校（"英语"在这里的意思是该校的教学大纲是针对现代文学和科学的）。亚历山德拉学校（建于1873年）的情况则有些不同：成立这所学校是为了给1866年由辉格派信徒安·杰利科所建的同名学院做预备学校。其近期目标是用现代学术性教育培养女家庭教师，远期计划是给妇女提供接受高等教育的渠道。杰利科柔弱、安静，却是位坚定的革命性人物。她允许其他人（主要是国教教牧人员）因为"亚历山"的成功而获得荣誉，在学校和学院都是如此。但正是因为学校的成功（满足了中产家庭父母希望女孩子长大以后能够独立的愿望），却减少了中产新教家庭对家庭女教师的需求，致使学院很快将视线转而放在更大的目标上。杰利科还负责格拉夫顿街的一所学院，即女王学院。这里为年轻妇女提供实用技能培训，学生中有的成为第一批女性公务员：一批于1870年被雇用的电讯职员。

因此，由于在城南开办的这一系列越来越多的世俗学校，新教徒的都柏林在接受教育这方面来看，也算得上是丰富有余了。天主教参与高等教育的方式却有所不同。从19世纪20年代以来，他们在新教徒所办学校和机构的入学率锐减。到19世纪60年代时，教育上已经几乎完全隔离。这某种程度上是对曾经发生的和正在发生的改教问题的反应。有人相信，如果信天主教的孩子在非天主教机构入学，这会对信仰构成威胁。随着所有天主教讲台对这一想法越来越积极的声援，导致实际情况被严重夸大。但主要原因是，1830年以后，天主教学校和学院的数量迅速增长，而且几乎毫无例外地掌握在各个宗教派别或者教区人员手中，大多数高级课程都是由资深教派成员讲授。在丹尼尔·默里（1823—1852）漫长的主教生涯中，城中天主教得以发展，其背后的动力来自一代男女活动家的创新精神和付出。而默里

亚历山德拉学院成立于1866年，深受伦敦女王学院的影响，是都柏林女性高等教育的先驱。这所学院主要面向新教社区，但也支持天主教继续教育的竞争对手的发展。然而，直到1900年以后，妇女全面赢得接受爱尔兰高等教育资格的斗争才最终取得胜利。

是他们的热心支持者。弗朗西斯·鲍尔是一位富有的丝绸制造商的女儿，她是这方面的典型例子。她在约克修道院受教，于1816年开始正式服事，很快就为自己受训的修道院成功地设立爱尔兰分支机构。她用个人财产购得罗斯法汉姆府邸（Rathfarnham House），并于1823年在那里开办了第一所洛雷托①修道院学校。到1850年，她亲自在大都柏林范围内主持建立了另外五所学校（多数是从原来的上层私人宅邸改建的，成为管理严格的寄宿学校）。她也帮助爱尔兰、英格兰以及英帝国从加尔各达到多伦多其他地方兴建洛雷托机构。多明我信徒自1717年以来在海峡街一直经营一所上层修道院学校。现在他们转移到郊区，北边在卡布拉（1819），南边在锡安山（黑石）。卡布拉一直是一所寄宿学校，但是由于经济原因，他们在锡安山与修道院紧挨着的地方，开办了一所收费日间学校。另外一个法国修女组织圣心协会（Society of the Sacred Heart）将达尔甘在昂维亚山的大宅子买下，并于1865年在那里开门纳客。

像鲍尔一样，凯瑟琳·麦考利（Catherine McAuley）是一位有才华的社会活动家。在默里的支持下，她将一笔家庭遗产用在各种慈善事业上。之后，在1831年，她建立了一个新的宗教组织，即慈悲姐妹会。她的使命是扶助贫困妇女。她在巴格特街的慈悲之家（House of Mercy）（早在1827年就已开放）很快名噪一时。一部分是小学，一部分是职业学校（培训家庭女教师和公办学校女教师）。成为城里和郊区另外四所学校的本校区。和乔治街的圣母献堂姊妹会②以及慈善

---

① 由玛丽·沃德建于1609年，致力于教育，因沃德在意大利的洛雷托做过祈祷而得名。
② The Presentation Sisters（亦称 the Sisters of the Presentation of the Blessed Virgin Mary），罗马天主教辖下的妇女宗教组织，于1775年成立于爱尔兰科克郡，所使用的名称简称为 P.B.V.M。该组织在24个国家有分支机构，她们的使命是帮助世界范围内的穷苦人。她们曾创办学校，给年轻人，尤其是年轻妇女提供教育机会。大多数学校仍在世界各地运行中。

姐妹会一样，慈悲姐妹会的侍奉范围也在逐渐扩大。一开始，在鲍尔的洛雷托以及多明我教派和其他法国教派接受教育的人都是来自中产家庭（虽然通常有免费附属小学）；但"爱尔兰"教派组织的学生多数都是来自贫困家庭，收费是象征性的，到高级班时人数就会减少很多。然而，二者之间的不同甚至达到十分夸张的程度：1864年，慈善姐妹会在亨丽埃塔街的修道院中有九百三十二名"贫困"学生，其中一百三十三名是十几岁的孩子。她们不仅可以协助音乐教师，甚至更让人吃惊不已的是，她们还会使用缝纫机。一些人认为，修道院学校给底层女孩机会去接触中产精英，这是不合宜的。发展到19世纪60年代，修道院受到广泛好评，这说明了事物的另外一面：修道院学校教育出来的女孩子很容易就能被认出来，她们通常是既温柔又谦卑。一位视察官员说，对学校的周边社区来说，这些学校树立了"清洁和有序的好榜样"。这些建立第一批修道院的女性先驱者在她们那个年代堪称女中豪杰。然而，默里的继任者保罗·库伦（1852年到1878年间的都柏林大主教），对与教育有关的诸项事务所持的管理原则更加严格。他主张对那些开拓者的继任者以及教区内所有宗教组织实行更严格的管理措施。

　　在天主教男校里，修道院中的社会差异尤为明显。耶稣会于1814年在城西十二英里的科隆构维斯（Clongowes）森林开办了一所大型寄宿学校，这是首创。这里的"教育体系……适用于预备将来上大学或者从事学术研究的学生"，可以与英国的天主教公立学校媲美。接着，在1832年，耶稣会在城里开办了贝福德中学（Belvedere College），这是一所没什么明显特色的学校。默里鼓励遣使会①开办一所教区神学院，但最终建成的卡索诺克学院却以招收世俗学生为主，成为耶稣会所办初级学校的竞争者。类似情况在1860年再次发

---

① The Vincentians，由圣文森特·德·保罗（St. Vincent De Paul）建于1625年的法国，致力于宣教和神学教育。人们称他为改变法国面貌的主教。

第七章 │ 四城记：1830—1880

生。有人支持法国圣灵会[①]在黑石开办了一家宣教学院，结果发现在都柏林南部，人们真正需要的是一所具有法国特色的高级学院，招生对象变成世俗学生。接下来是基督教兄弟会[②]。这个团体首先受邀，于 1812 年开办了一所城市小学，但后来情况发生了变化。1828 年，奥康奈尔从天主教联盟基金中拿出 1500 英镑在北里士满街建了一大片房产。随后，那里开办了"奥康奈尔学校"，成为都柏林最成功的教育机构。

基督弟兄会的独特使命是给所有入学者提供学费低廉的教育课程，内容严格限制在宗教范围内。这一形式在随后的几十年里逐渐固定下来。到 1880 年，这个弟兄会在全市范围内拥有十二所日间学校，五十一名教师。这些弟兄（在学生班长的协助下）所教的学生共有六千三百五十人，对每位学生的要求是每周一个便士的学费（其实高达三分之一的学生不交这笔费用）。大多数基督教兄弟会的男孩子其实只是小学生，但是对于高年级和显现特殊才能的学生，学校给他们提供扩展课程。1880 年以后，开始出现向"高级教育"转变的明显趋势。当时一位富有多年经验的兄弟认为，"很多学生大幅度提升了他们的生活层次"。人们普遍感觉弟兄会的低收费极受欢迎，因为所提供的教学既实用又低廉。

大主教保罗·库伦强调主教权威和教皇无误的观点，于 1866 年成为被任命为红衣主教的第一位爱尔兰人。他的早期职业生涯是在罗马度过的，晚年在艾克尔斯街居住。但整个过程中，他一直对罗马的情况非常熟悉。与此同时，他对都柏林主教教区的事务实行宏观管理并获得对爱尔兰统治集团的掌控权。他还在以英语为母语的各个国家里，使爱尔兰的影响力在天主教会范围内大大加强。他 1878 年的葬

---

① French Spiritans，成立于 1703 年五旬节，旨在建立一座宗教学院，帮助那些神所呼召却家境贫寒的年轻人成为牧师。
② the Christian Brothers（亦称：Brothers of the Christian Schools），1684 年由非神职人员成立于法国的宗教组织，致力于贫民教育。

礼是1847年奥康奈尔葬礼以来城里规模最大的,但他无论如何赶不上奥康奈尔作为超越性公众英雄的地位。为纪念奥康奈尔,城里有两座大型纪念碑:一座是1861年在格拉斯内文公墓修建的圆形高塔;另外一座是雄踞萨克维尔街南端的铜铸雕像,这是弗利(Foley)的超级作品(1882年完工)。市政厅在市政厅北门廊外也立了一座,这个要稍小一些。与之对照的,是库伦的纪念碑,位于教区教堂,是一座单独的室内大理石雕像,由托马斯·法雷尔(Thomas Farrell)制作(1882年)。然而,这位大主教在他所"收养"的城市里留下的印记比奥康奈尔更加持久。

乍一看,在爱尔兰天主教徒生活中发生的"信仰革命",传统上认为是库伦领导的结果,但事实并非如此。大多数革命现象,例如去教堂的人数增加、非神职人员兄弟会、伙伴团体成为普遍现象、教区宣教工作广泛开展,还有敬虔生活实际操练和遵守宗教条规标准化,这些至少在18世纪晚期的城市天主教徒生活中就已经出现。

19世纪30年代是新地标性教堂蓬勃兴起的年代。北码头有圣保罗大教堂、南码头有方济会的亚当夏娃教堂、加德纳街有耶稣会的圣弗朗西斯泽维尔教堂、弗朗西斯街有迈拉的圣尼古拉斯教堂、韦斯特兰街有可以容纳3200名固定会众的圣安德烈教区大教堂,此外,郊区还有五座。帕特里克·伯恩(Patrick Byrne)是那个世代的首席教堂建筑师,但他最后的伟大杰作是在库伦的领导下完成的,那就是拉斯敏斯路上最突出的建筑,"庇护我们的圣母马利亚那威严又美丽的穹顶"[①]!在库伦担任大主教期间,建起了两个新的城市教区(在北边的码头区和南环路上)、全城范围内和郊区又新建和重建了二十多座教堂和与机构有隶属关系的小教堂。现在,人们更倾向于哥特风格,而不是天主教解放时代的希腊风格设计。大多数教堂以建有尖顶和豪华的内饰为傲,这给大多数相关教区带来经济上的压力。

---

① 指"庇护我们的圣母马利亚教堂"(Our Lady of Refuge church)。

第七章 | 四城记：1830—1880

19世纪70年代之前的都柏林，教堂是不是建得太多了？大卫·米勒对1834年收集的全国范围内参加弥撒的人数进行了认真考察，结果说明都柏林天主教会的实行情况在那时其实比伦斯特内地要差得多。并且，虽然与五十年前相比，现在有更大量的教堂和牧师，但城中至少有五分之二的天主教徒并不是每周都参加弥撒。我们只能假设说，在贫困、文盲与不能有规律地参加宗教活动之间存在着密切联系。但是，城中易受政府或者新教机构影响的人变成边缘化的一小群，更说明库伦在都柏林全力支持创建多种天主教社会机构以深化非特权阶层的敬虔程度所产生的果效。按照玛丽·戴莉的观点，到他去世的时候，主日弥撒和有规律的圣礼在城里和郊区"几乎已经非常普遍了。"

库伦的丰功伟绩分三个方面：他加强教牧人员对所有与天主教会有关的教育分支的管理，无论对方提出什么样的妥协条件，这一条是基本的、不可调和的准则。为让这条原则付诸实践，他在城北边创建了一系列天主教教育机构。他支持天主教各个宗派组织，帮助他们发展成政府资助的福利和医疗机构，也有进入私人志愿者领域的。他还使用教会获得的新权力使政治激进主义边缘化和邪恶化，进而在爱尔兰圣公会实行政教分离之后，在天主教会和爱尔兰政府之间奠定了行事原则的基础。

当库伦于1850年从罗马返回的时候，大多数政府出资的学校，不管是天主教的还是新教的，其管理都已经转到教牧人员手中——尽管在二十年后波伊斯委员会[①]才正式承认小学教育的宗派特点。库伦坚决反对课堂上的任何妥协，按他的要求，即使是在济贫院里，教育都要严格遵循教义。但最引起争议的话题是大学里的教育内容以及天主教的主教们是否应该支持新成立的三所非宗派性女王专科学院。这

---

① Powis Commission，由波伊斯伯爵主持的"爱尔兰初等教育委员会"，旨在通过调查发现问题以提高爱尔兰初等教育水平。

几所学院之所以成立，是为了与具有英国国教传统的三一学院产生制衡。但这三所大学都位于都柏林市区以外。默里对建立这个学院持支持态度，库伦则相反。他1850年在瑟勒斯教区会议上针对"不敬虔"作了谴责性的主教常规发言。之后不久，他发起在都柏林建一所教会大学的计划，来自全国范围的自愿奉献作为资金，在主教的直接管理下运作。假以时日，必会让与之对立的大学黯然失色。出于某种策略，他招募改信天主教的英国人约翰·亨利·纽曼作为未来的校长。天主教大学于1854年11月在圣司提反绿地的南边开门纳客，有学生三十八名，但并未获得皇家许可证。纽曼给英语世界的这所伟大天主教大学提出的愿景既充满智慧又很美妙，那就是学者和教牧人员和谐相处。但与库伦更加实用主义的计划大相径庭。主教们对这个愿景越来越失去兴趣，最终，当纽曼1858年返回英国时，这个项目陷于财务困难当中。纽曼的继任者巴多罗买·伍德洛克是都柏林人，库伦的追随者。伍德洛克的想法更有节制：为300名学生在郊区建一个生活校区。他拿下了加德纳/布莱辛顿地产上位于拉姆康德拉巷的一块三十四英亩的未开发土地，公布了大规模建筑项目建设的方案，而且库伦在1862年亲自奠基。然而，令人匪夷所思的巧合事件发生了。地块中有一部分于1864年被中部大西方铁路延伸至北码头的铁路线强行征用。于是，建校计划胎死腹中。如果得不到政府支持，这个计划是否能顺利融资就值得怀疑了。

尽管如此，拉姆康德拉巷有另外两个相当成功的天主教学府。第一个是库伦之前就有的，即圣徒传教学院（建于1842）。这是一所自治的大学机构，创建的目的是为了培训教牧人员，服务于英帝国和美国范围内的新爱尔兰移民。他们是库伦在海外的教区网络的工蜂。巴多罗买·伍德洛克负责这所学校的工作，后来他成为天主教大学的校长。第二所学校是克兰里弗，这所学院更合库伦的心意。他从没看上过位于梅努斯的国家神学院（seminary），因为那里是双重管理，似乎拥有法国天主教传统。于是，他着手组建一所专门的都柏林神学院，即圣十字学院（Holy Cross College）。这所学院位于城里拉姆康德拉巷，占地三十五英亩，其二十三个开间大小的中心大楼完工于1861年。他殚精竭虑地建立起这所学院，无可挑剔地赢得了罗马式学院的早期声誉。其精美的小教堂设计，包括在内饰上对罗马五世纪圣阿加塔教堂①的准确复制都能反映出这一点。那座教堂在他做爱尔兰学院院长的时候，作为礼物送给了学院。与此同时，忠诚的伍德洛克以非常低调的方式管理着位于城中心的天主教大学，使其平稳度过19世纪的60年代和70年代。位于塞西莉亚街的医学队伍具有很强的自治能力，这应该是这所大学唯一真正的成功之处吧。有政党色彩的英国政府没有哪一届愿意响应库伦为天主教掌控的大学获得政府支持而提出的招募请求。但主教去世后最终达成了一项某种意义上切实可行的妥协，这就是1879年创建的"虚拟"爱尔兰皇家大学（Royal University of Ireland），其唯一的实体存在是厄尔斯福德排屋中用于检查所有来访者的前展览大厅。

库伦任主教期间，都柏林城里和郊区共建有不下于二十九所天主教教育机构，由十八个宗教组织管理，其中只有四所是男校。那些修女是库伦"女士社交圈里的精英"，是他值得信靠的同盟。没有哪里能比他家门口的那所"了不起的医院"，就是梅特米色考迪亚医院（Mater Misericordiae Hospital），更清楚显明这一点了。梅特有九位在法国训练出来的修女，为她们工作的是九名"病房助手"、五名外科医生和两名医生。这家医院很快成为全国最大的综合医院之一。

对于库伦来说，反复出现的主题是宗教机构对世俗的穷人法辖管机构的优越性。他特别提到南都柏林联盟，认为他们"在各方面都不是好榜样"。为1861年议会调查提供证据时，他对巴格街的慈悲姐妹会大加赞美。她们接受来自南都柏林感化院的七十名难以管教的少

---

① Saint Agata dei Goti church，西西里的圣阿加塔（Saint Agatha of Sicily），约公元后231—251年，基督教圣徒、一位处女殉道士。

女，所有那些孩子显然是该机构的老油条；他在报告中说，

> 一到修道院，那些孩子就威胁说要跳窗逃跑，她们向街上的人乱吼乱叫，做各种搞怪动作。但经过一段时间以后，慈悲姊妹会的姊妹把这些孩子总体上搞定了，让她们理解自己的处境，然后将她们送到乡下。这些孩子后来都生活得很好。

的确，在照顾孤儿、青少年犯罪和流浪儿童这些重叠领域中，库伦存在着持续影响力，因为在他负责的年代里，机构对有困难儿童的反应，正从救济院转向专门机构，从新教徒或国家管理转向绝大部分由教派机构管理。到1840年，旧孤儿院的功能已被救济院吸收。但到了19世纪60年代中期，这种情况又发生了变化：现在，大多数被遗弃或无父母的孩子都处在遍布大都柏林地区的二十多个天主教孤儿院或对外承包项目的关照之下。几乎所有这些都是由女性宗教领袖管理。她们在任何时候都要同时管理至少二千名儿童，超过了六个由新教徒或混合方式进行管理的孤儿院的工作量。接下来是成人设施中青少年服刑的问题，这是刑事改革者面对的一个老问题。1858年才通过立法兴建"感化院"，从一开始就同意由教派掌控和管理。 在城里开设了两家小型新教感化院，每个性别一个。还有一个更小的，专为天主教女孩开设。但在威克洛山区深处，修道院的神父们将位于格伦克里的一座废弃兵营改建成一座大型天主教男童收容中心。所有这些都有助于清空城市的青少年监狱。十年后，爱尔兰国会议员在库伦的鼓励下主持立法，建立一个由工业技术学校组成的网络，由国家支持的机构为十四岁以下（其范围随后扩大）流离失所和流浪儿童提供服务。这些学校也同样严格按性别和教派区分。城里早期的五所学校，远超过其他学校规模，最大的是安坦卡斯尔，由基督教兄弟会兴建。城中《新教记录者》杂志1877年对其七百名收容者进行了一番振奋人

心的描绘：

> 快乐、健康、像工蜂一样忙碌……有十多项手艺以最佳方式教授……充满年轻人活力的铜管乐队演奏民族和联合王国的音乐……有一、二百编织巧手在为大家庭成员织袜子，他们无需再在贫民窟里哀哭、抱怨……

1908年，五岁那么小的孩子也可以接收进这些机构了。因为当时的立法规定八岁以下的孩子都应受到照顾。然而，即使在那时，有关他们后来的恶行仍然找不到任何蛛丝马迹的记录。

但是，红衣主教库伦并没有作为慈善改革者而被载入都柏林的史册，却成为芬尼亚党人的死敌。这个党派是19世纪60年代早期似乎不明原因就发展起来的一个激进共和运动组织。这个运动采用的是通过秘密宣誓对成员进行约束的模式，这在主教头脑中激起强烈的反感。库伦第一次受到震动是在1861年，一个名叫特伦斯·麦克玛纳斯的人，对他尸骨的重新埋葬引起很大争议。麦克玛纳斯19世纪30年代从老家弗玛纳郡来到都柏林，先是在一家布料仓库工作，后来到了利物浦，在那里开了个小买卖但最终又破产了。他一直积极支持废止英-爱联合的活动，后来成为兰开夏郡"青年爱尔兰人运动"领袖。他与1847年成立的"爱尔兰同盟"（Irish Confederation）从其一成立开始就交往甚密，并且成为1848年最早思考采用武力实现废止英-爱联合的人物之一。他在那一年夏天参与了极其惨烈的蒂珀雷里起义并成为遭到逮捕并被宣判死刑的联盟领袖之一。但和其他人一样，他被放逐到塔斯马尼亚岛①并最终从那里逃到加利福尼亚，淡出政治圈。他十年后悄然去世。但旧金山的芬尼亚会会员②想出一个主意，将他

---

① 位于澳洲东南方。
② 19世纪爱尔兰争取民族独立的反英运动成员。

的骸骨重新掘出并送回爱尔兰进行公开下葬。当他的骸骨最终运回都柏林，红衣主教库伦禁止将其棺椁安放在大教堂或任何教区教堂。但是，位于下阿比街的机械学院，做为一家完全世俗化，甚至反对宗教的机构，他们站出来允许麦克玛纳斯的棺椁在他们那里正式安放一星期。有关哪一位应该在葬礼上致辞的问题，不同政治派别之间暗流涌动。最终处于影子状态的芬尼亚会如愿以偿。紧接着，大约有八千"葬礼"随行人员在城中穿行数小时，天黑时才到达格拉斯内文公墓。这期间，有成千上万人观看了棺椁。随行人员包括来自十三个行业协会的代表。从1771年查尔斯·卢卡斯的葬礼以来，公开葬礼会被用来做政治宣传之用。但直到18世纪90年代，才有真正的颠覆分子也能够获得来自公众如此广泛的认可的机会。具有讽刺意义的是，对于麦克玛纳斯的青年爱尔兰党的可笑行为，都柏林芬尼亚会私下里很不以为然。芬尼亚会认为他们自己的成员严格、自律得多。

葬礼的规模之大让人吃惊，但却有可能给人某种错觉。处于地下状态的"爱尔兰共和兄弟会"，即爱尔兰芬尼亚党的前身，此时还没立稳根基。这个兄弟会曾经唤起如火如荼的共和革命，在奥康奈尔的漫长执政期间却几乎完全从政治舞台消失，只是总是有更激进的声音传来，这一点一直让奥康奈尔不能释怀。尽管有来自教会的强烈反对，1861年同情麦克玛纳斯的大规模抗议活动，其根源是来自于19世纪40年代青年爱尔兰人运动对奥康奈尔及其依靠道德力量所采取的不妥协的政治态度的公开反对。废止英－爱联合的运动在1846年产生分裂，一年之后奥康奈尔去世。分裂的原因很多，但青年爱尔兰人运动拒绝争取任何避免武力的可能性是中心问题所在。不久，他们中的原始组织爱尔兰同盟里，出现了有关战略问题的明显差异。这些差异在公开场合到处散布，包括竞争对手的报纸上和1848年最初几个月里在阿比街音乐厅举行的一系列大型集会上。超过三千人出席了其中一些集会。他们听到有关报告，说到新的、基本上不流血的法国大革命，还包括临时巴黎政府的消息，那是个承认劳动权力的政府。

这一切让他们群情激奋。5月3日，在阿比街的集会上，"椅子上高悬三色旗①（旗杆上头有矛），是马尔先生从巴黎带回来的"。

同盟集会的平台反映了法国大革命的发展特点，其社会构成与废止联合协会（Repeal Association）有所不同。后者在都柏林的领导人几乎完全是专业或商业人士。至少有一次，"体力劳动者"制鞋匠麦克·库林"作为城中工人阶级的代表之一（欢呼声）"在同盟会议上担任主席。几天前，他曾发表谈话，说城里的商界人士"对他们巴黎的弟兄所取得的成功感到骄傲"。奥康奈尔曾成功排挤了英国人民宪章运动（Chartism）及其所主张的全民选举权的本地支持者。但现在，他们的要求正逐渐往主流论坛中渗透。但联盟的名义领导人、国会议员威廉·史密斯·奥布莱恩是贵族出身。位于都柏林的组织仍掌握在有产阶级的记者、年轻律师和拥有良好社会关系之人的手中。主要人物是阿尔斯特人查尔斯·加万·达菲和约翰·米切尔。他们一位是非执业出庭律师，另外一位是成功的代理律师。报纸《祖国》(Nation)的商业成功主要仰赖他们二人。就有关策略的问题上，他们进行过艰苦的争论，达菲一直处于上风，但成为阿比街新宠的却是米切尔。他将罗伯斯庇尔的威胁性言辞，先是加进激进派的内容，又融合了共和派观点："彻头彻尾的爱尔兰共和国，每个人都要武装起来。"他开办《爱尔兰人团结报》（发行了十六期），很能鼓舞人心。他在报纸上提到"1798年的杰出密谋者"②并号召发动全国性暴动。

然而，没有武器，没有外部赞助人，所有沿着老志愿军的路子成立国民警卫队的说辞都只是讲台上的空谈。压力一来，米切尔的腔调变成"被动抵抗"。但是，在1848年有几个月的时间里，在政府对政

---

① 源自十六世纪，代表共和、自由或者干脆就是代表"革命"的三色旗，在法国大革命至1848年期间，包括法国、墨西哥、爱尔兰等数个国家都有采用。爱尔兰直到1916年的复活节起义才真正广为人知，并于1919年正式启用为国旗。

② The Irish Rebellion of 1798，亦称爱尔兰人联合会起义，是反对英国统治爱尔兰的起义，从1798年5月持续到9月。

治组织尚未实行管制之前,大批年轻人被招到大都柏林范围内(也有芒斯特和南部内陆地区),加入到"同盟俱乐部"(Confederate clubs)中。他们不像19世纪90年代那样在小酒馆里见面,而是在以阅读,讲座和辩论为主的专用场所里活动,最初的阅览室是废止英-爱联合协会于1842年建立的。但是一些俱乐部的名字("柯伦""薛尔思""埃米特")说明他们有从废联运动正统观念坚决退出的想法。俱乐部在新的环境中为男性社交提供了机会,或者,正如达菲所说的那样,"让人们同质化……融合阶级与阶级,将信条与信条混合在一起。"一些同盟俱乐部设立社交项目,甚至体育活动(包括步枪练习),还在一段时间里发行了三份小型报纸。只有一位牧师,就是圣米迦勒和圣约翰教堂的助理牧师出来支持这些活动,而大主教默里则公开警告要防止另一次1798年的恐怖事件发生。在威廉·史密斯·奥布莱恩1848年5月第一次(也是流产的一次)受审的时候,有大约上万人从十六个城市俱乐部中抽调出来,跟在威廉后面,从韦斯特兰街行进至四法院大楼。那一次奥布莱恩没被定罪。他在那一年晚些时候在蒂珀雷里起义之后才被正式逮捕。但米切尔在5月份被判徒刑并很快流放,此事发生在巴黎六月起义①的消息到达之前。米切尔的支持者在城中组织活动并出版了两份发行时间不长的报纸,一份叫做《爱尔兰重刑犯》(*Irish Felon*),另外一份是《爱尔兰论坛报》。都柏林同盟俱乐部的数量增长到五十六个(全国总共超过二百个)。7月份,镇压来了。与剩下的同盟领导层相比,很多都是持更激进态度的人。在随后的严厉打击中,没有死刑,也没有人牺牲,警察执法井然有序。但是,一个秘密俱乐部网络(形成了爱尔兰民主联盟[Irish Democratic Association])在都柏林继续存在了一至两年。还产生了一个未完全成

---

① The June Days uprising,由法国工人阶级发动的起义,从1848年6月23日持续到6月26日。这次起义以失败告终,标志着"民主和社会共和主义"希望的破灭,是自由派与激进共和派斗争的一次胜利。

形的绑架女王的阴谋,因她将于1849年访问都柏林。但是,当像加万·达菲这样更温和的人从监狱释放出来并重新掌权以后,这个阴谋彻底破产。然而,米切尔虽然身在远方但却声音如雷,他是不能被轻易忘记的。

发生这一切都是在库伦从罗马返回之前。他在那里目睹了1848年教皇国动乱以及庇护九世所遭受的羞辱。这对他的影响非常深远。刚到都柏林的几年里,虽然因为消极对待达菲作为发起人之一的独立爱尔兰党而遭到批评,他仍然远离议会的政治活动。19世纪50年代,大多数曾参与青年爱尔兰人运动的人都坚决走上宪政民族主义道路,与米切尔领导的民主共和主义截然分开。后者唯一留在人们视线中的,是《论坛报》(1855—1856)的一个新版本,其两位特约撰稿人都是经历过1848年事件的都柏林新教徒,即托马斯·卢比和菲力浦·格雷。格雷早逝,但卢比与几位前同盟成员走到一起,最著名的是詹姆斯·斯蒂芬斯。他是基尔肯尼人,在法国待过六年,于1858年发起后来成为爱尔兰共和兄弟会的组织。其中大多数成员都做了卢比起草的效忠宣誓:"为了现在真正成立的爱尔兰共和国"。那一年英法开战的几率越来越大,爱尔兰共和兄弟会的时间表深受其影响。斯蒂芬斯成为新组织里的主导人物,形成的战略以爱尔兰裔美国人的经济支持和完全反对议会政治为基础。米切尔的自发人民革命的想法一去不复返。取而代之的是秘密准备一个恰当的时刻开始向英国在爱尔兰的权威开战,其目标是通过武力建立一个世俗的爱尔兰共和国。在集中权力于核心领导甚至就是他个人的必要性问题上,斯蒂芬斯几乎有了列宁主义[①]的信念。在破坏竞争对手的政治活动时,他表现出毫不留情的果敢倾向。但他散发出的温文尔雅的乐观主义和自信态度吸引了很多人。

[①] Leninism,为革命党和实现无产阶级专政而书写的一套政治理论,是建立社会主义的政治基础。

然而，无论是在首都，还是南部各郡，建立爱尔兰共和兄弟会网络的重要人物，是都柏林的一小部分核心人物，包括卢比、东伦巴第街的车床制造商彼得·兰根以及百货公司售货员詹姆斯·奥卡拉汉（James O'Callaghan）。直到麦克马努斯的葬礼之后，城里发誓效忠的人数一直很少。1864年和1865年间才开始实际增长，当时城市被分成大约二十多个"圈子"，到1867年，吸纳了多达一万名都柏林会员。中神新一（Shin-ichi Takagami）对警方掌握的474位都柏林芬尼亚会会员的分析，说明他们与1790年代拥有明显的相似之处：年轻，与城市西半部联系密切，以裁缝、制鞋匠以及北面旧皮尔巷地区和北大墙的金属工人居多。新增行业包括建筑业的熟练雇工以及少部分来自煤气和铁路公司的雇员。北部百货公司的雇员成为出众的组织者（与手工业者不同），他们新近移民至此，单身，不受家庭约束。熟练工人阶层成为都柏林芬尼亚会压倒一切的主要力量。没有熟练技能的人几乎看不到，爱德华·菲茨杰拉德勋爵模式的专业人士、企业主或者上层社会的不同政见者现在也了无踪影。

1863年晚些时候，该组织发行了一份周刊《爱尔兰人民报》（*Irish People*），但这份报纸没有来得及确认自己的存在感就夭折了。也许有些奇怪，这份报纸在1865年9月被禁止前的两年时间里，一直大肆传播其激进的民族主义信息。它由两位非常能干的蒂珀雷里人主编，一位是约翰·奥利里（John O'Leary）（像卢比一样，曾是圣三一学院的学生），另一位是查尔斯·基卡姆。影子人物是斯蒂芬斯，他时而隐居砂砾山、时而在美国游历。其五千到一万份印数中至少有一半在都柏林以外的地区销售：爱尔兰共和兄弟会成员在各省和爱尔兰北部以及英国和美国的爱尔兰社区中积极对其进行推广。正如马太·凯利所主张的那样，它的刻薄评论激发出对于各项公共事务截然不同的观点——反教会、反议会、反帝国，也反对奥康奈尔的道德力量策略。然而，虽然它暗示"真正的爱尔兰绅士"是那些居住在都柏林后巷的人们，但却并没有开始什么基础性的社会改革。它的发行时间正是其位于都柏林的组织发展最快的时候,也是都柏林警察厅对它有所关注的时候。《自由人报》和其他持温和立场的报纸,言语之间透露出他们暗地里所受的美国影响,把芬尼亚主义描写成是与生俱来的劣等货色,使之与青年爱尔兰人运动高尚的爱国主义情操形成对比,直指其成员社会地位低下的问题。然而,《爱尔兰人民报》对其民主声誉和缺乏绅士的状况反而洋洋自得,并对1848年运动领导人的怯懦嗤之以鼻,同时抨击奥康奈尔废止英-爱联盟运动的软弱立场。

《爱尔兰人民报》在1865年9月被警方关闭,印刷机被运进城堡,涉案人员被捕。这是清除爱尔兰共和兄弟会长期战役的开始。斯蒂芬斯本人在那一年晚些时候被捕,但是之后不久从里士满兵营监狱被悄然营救出来,因而再次名声大振。1866年初,人身保护法暂停,有成百上千名都柏林人和全国各地很多人一样遭到因禁。尽管在爱尔兰举行芬尼亚会起义的计划毫无疑问地要把都柏林当做起义的中心地点,但爱尔兰共和兄弟会的掌控权已经不在都柏林了。期间发生过几次抓捕浪潮,最为成功的是1866年12月。在爱尔兰和美国两地发生的内部分裂,从一开始就对组织产生破坏性影响,逮捕只是使事情更加恶化。即使是那些支持斯蒂芬斯领导的人,也对他的拖延策略失去耐心。年底,他被罢免,把位置留给那些寻求早日起义的爱尔兰裔美国内战(American Civil War)退伍军人。但他们对本国的了解非常有限。

事件发生过程中,都柏林的芬尼亚会成员在1867年3月5日夜晚至6日凌晨出动,而政府对正在发生情况的了解,却是既迟缓又不完全。可能动员了五千人,大多数人手里应该是有武器的,但很少有人受过应有的军事训练。爱尔兰共和兄弟会的总体规划细节仍然模糊不清,但似乎城里的一些圈子接到命令要他们留守在城中待命,而其他几千名年轻男子则在黑暗中集中在塔拉特村西南的西斯金山(Mount Seskin)上。他们显然就是诱饵。已经做好破坏都柏林的铁路交通的计划(模仿1798年因邮车被扣而引起的起义),但这个计划无

芬尼亚囚徒，1866年11月。1860年，相机首次用于拍摄在芒乔伊监狱为囚犯建立的视觉记录档案。但随着芬尼亚主义的传播，这一方法被扩大到有系统地给所有政治嫌疑犯拍照，与个人经历和生物识别信息统一收藏。值得注意的是自信的帕特里克·麦克唐奈的形象（右上），他被描述为都柏林的"芬尼亚兄弟会核心"，但除了这些特点，世人对他知之甚少。

第七章｜四城记：1830—1880

疾而终。爱尔兰共和兄弟会的沟通不畅以及来自都柏林警察厅驻塔拉特营房的出人意料的快速反应使这一事件迅速终结。几乎没有死亡事件发生，只有一个以拉斯敏斯为基地的小组设法袭击了该县南部的三个警察局。芬尼亚会起义比 1798 年起义更清楚地表明，当城市权力机构拥有绝对优越的警察和军事资源时，轻武装的平民进行大规模军事行动是徒劳的。在国际和平时期，当局可以自由部署资源并且可以借助大量公众支持来遏制阴谋发生。在这种时候，情况更是如此。

在整个 19 世纪 60 年代，都柏林天主教教会针对秘密社团以及（尤其是）芬尼亚这个组织发布来自主教的谴责立场。这削弱了这些组织的吸引力，并使天主教政治家在天主教公共生活中获得明显的优势。这种情况在 1864 年表现得最为突出。经过两年的全国性筹款，奥康奈尔巨型纪念碑的基石在卡莱尔大桥旁揭幕。教会、民族主义议员和新闻界协同合作，组织了一场纪念奥康奈尔的特别庆祝活动：据警方估计，共有四万五千人参加了现场三小时的游行，并且有五十万人涌进萨克维尔街及其周围街道。这成为都柏林历史上出现过的最大人群。三十九个贸易协会，有一些仍使用"公会"而不是"工会"作为名称。他们行进中高举横幅，其中只有一个（杂货店店员行业协会 [Grocers' Assistants trade society]）带有一丝火药味（"起来吧，为往昔的刀剑而战"）。那些组织这一致敬活动的人们可能仍旧担忧重蹈芬尼亚会的覆辙，但对于绝大多数参与者来说，无论是当时还是后来，庆祝奥康奈尔和天主教解放并不是他们参加过的唯一一次行为。芬尼亚囚犯在那个十年期的后期吸引到的巨大同情就是来自天主教会众。他们的民族主义情绪包罗万象，不分青红皂白。这在 1867 年为"曼彻斯特烈士"[①] 呼吁缓刑的大规模运动中首先表现出来，然后是 1869 年在印奇科和卡布拉推动所有芬尼亚囚犯获得特赦的大规模集

[①] Manchester Martyrs，三名芬尼亚党人因在曼彻斯特劫囚车并打死一名警察而被判死刑。

会（1871年达成）。威廉－史密斯－奥布莱恩①的雕像于1870年在卡莱尔桥南侧树立起来。这是为"武力"爱国者造的第一座纪念碑，是对一种具有积极意义的模棱两可态度的进一步证明：警方没有允许举办揭幕仪式，也没有神职人员到场。然而，持保守立场的市长大人来到现场（他让自己与奥布莱恩的政治观点保持距离，但却赞扬了其爱国行为）。同时，大量的贸易社团和当地乐队再次充斥大小街道，迎接荣誉嘉宾米切尔的朋友约翰·马丁。有了这样的潜在支持，爱尔兰共和兄弟会虽然受到1867年拙劣起义以及经常性的内部混战的动摇和影响，但仍设法重组并在几年内积累了一定数量的当地会员。但从长远来看，它作为秘密社团的主要力量，与其说是在自由区或是皮尔巷，不如说是在各个省份和有爱尔兰人散居的国家里。

芬尼亚会的暴力事件在国外（在英国）产生了巨大的影响，迫使英国自由党更深入地寻求解决爱尔兰不满情绪的永久方案。让人感到矛盾的是，英帝国的介入对库伦有好处：爱尔兰圣公会在1869年与政府分离。19世纪70年代，维护天主教社区和教育改革在宪政现状下的前景似乎比以前好得多；也远远好于爱尔兰共和党的某种实验性做法；或者根据库伦的判断，甚至也会好于英－爱联盟废止下的状况。因此，当自治联盟在1870年搅动下一轮社会动荡时，他完全不以为意——这不仅仅是因为其早期领导人不是他的党羽。在1875年庆祝奥康奈尔诞辰为期三天的庆祝活动中，库伦着重强调奥氏是天主教徒的解放者、刻意宣扬自1829年以来天主教所取得的伟大进步。在游行和官方演讲中没有提及任何有关废止英－爱联盟的话题。前保守党人以撒·巴特在法庭上是芬尼亚会的坚决捍卫者，现在是自治党②主席。这次活动几乎将他排除在外，暴露出存在的裂痕。这是库

---

① 分别是三名曼彻斯特烈士的名字。
② The Irish Parliamentary Party，简称IPP，通常被称为爱尔兰党或者地方自治党。由以撒·巴特组建于1874年，是大不列颠和爱尔兰联合王国下院中爱尔兰民族主义议员（MPs）的官方议会党派。

伦为之得意的"天主教的爱尔兰"与沿袭已久、以大众民族传统为特点的都柏林政治之间的分歧。后者所包括的政治势力无论是格拉顿还是共和党，或者青年爱尔兰人运动还是芬尼亚会，他们都一直专注于未完成的伟大事业——打破英-爱联盟。库伦思想在 1875 年非常盛行，但百姓中的从众趋势在两年后再次得到证明。美籍芬尼亚领导人约翰·奥马奥尼（John O'Mahony）的葬礼具有 1861 年葬礼的所有特点 - 主教谴责、教牧不涉入、全城游行以及人潮汹涌——然而其规模非常之小。库伦在去世前两个月，经过与都柏林堡方面持相同意见者（马尔堡公爵和迈克尔·希克斯·比奇爵士）的长期谈判后，参与了一项在政治上具有重大突破意义的工作，即 1878 年出台了中级教育法案（Intermediate Education Act）。这项法案的通过为所有优秀学校争夺大金额政府资金开辟了道路——无论其宗教归属如何，也没有任何国家对其内部管理上的监督。从其所产生的社会影响来看，该法案是革命性的。

手工业

在库伦和芬尼亚的时代里，都柏林工人阶级的物质生活是怎么样的呢？爱尔兰经济在英国维多利亚时代中期分到了英国繁荣的一杯羹。而都柏林凭借其经过改善的基础设施和日益扩大的服务业，更是获得了近水楼台的不尽好处。但费格斯·达尔西对城市建筑行业工资的纵向调查表明，熟练工匠的收入直到 1860 年代中期一直没有变化，仅在随后的十五年中稍有增加。而这段时间是建筑业发展期（通过木材进口所得的判断结果）并且发生过几次严重的劳资纠纷。那么人数更多的建筑业劳工的情况呢？他们的工资从 1840 年代的谷底不间断地上升，这在 19 世纪 60 年代相当明显。19 世纪 70 年代的水平比 19 世纪 40 年代的平均水平高出约 75%。但是，这种改善来自非常低的基数。更重要的是，所经历的时期，即便通货膨胀的程度还算温和，但影响范围很广。如果我们使用利亚姆·肯尼迪统计的国民生活成本指数，把食品和燃料成本考虑进去，似乎非技术人员大部分名义上的工资上涨是被抵消了。但的确有一小部分净收益，和周六晚上增加开销相比，可能更明显地表现在工作时间缩短上。迄今为止，这是我们关于那个时代工人阶级收入标准趋势的唯一有力证据。而且，正如达尔西的工作成果所显示的那样，能找到证据的具体大型建筑项目之间的薪酬水平差异非常大，而这一事实并没有给我们提供任何关于失业率如何变化的情况。

1871年，在129181名城市劳动力中，约有6500名男性和300名女性在建筑行业就业。该行业的就业特点具有高度的周期性，但整体就业规模还是相当稳定的。印刷业及与其相关的手工业构成另一个拥有强大劳动力组织并且公司规模相对较小的领域。在这里，分包非常普遍，技术变革是逐渐累积型而非革命性的。1871年，城中共有印刷工和装订工2362人，其中27%是妇女（主要是年轻的装订工），但该行业有组织的技术工人全部都是男性。虽然现在在城市里有220个书店，但是围绕图书出版的印刷业务比过去少得多（事实上，几乎所有在都柏林出售的小说，无论其类型如何，都是伦敦出版的）。教育性刊物、商业印刷、报纸、杂志和年鉴以及受大众欢迎的灵修书籍，这些是印刷业赖以生存的业务；曾经很有需求的高端技术此时几乎没有什么用武之地。直到19世纪70年代以前，无论是按周付薪还是计件工资，变化都不太大，颇具稳定性。针对学徒问题、工作时间和工资水平等的行业纠纷一直不断。1878年，一家公司陷入严重的关停状态，其业主是1830年代以来的政府印刷商亚历克斯·托姆（Alex Thom），他是一位老派的老板兼管理人员。他极其反感劳动力集约化。他位于中阿比街（Middle Abbey Street）厂区的产量变化很大，但其名气却是仰赖于年鉴的印刷。到1871年，所出版年鉴增长到二千多页。即使在19世纪40年代中期，这也是一件令人惊叹的事情。印刷过程中，需要八台印刷机，由两台蒸汽机驱动,有二十二名雇员,由二十四名学徒协助,这些学徒的工作异常繁琐,学徒期为七年。19世纪30年代以前,无论是属于都柏林印刷业中的哪个等级,标准工作时间都是每周六十六个小时。逐渐地,一星期六十小时获得认可(照搬了英国的做法)。到1872年之后下降到五十七小时的标准。

从更广阔的历史范围看,技术工人当时的就业状况主要受制于几家大企业的飞速发展程度以及新兴产业工作环境与传统工作场所之间的鲜明差异。在新的行业中,移民越来越多地占据了技术岗位,并且限制很少。而在旧的手工业行业里,真才实学得来的技能仍然很重要,学徒在很大程度上仍然受到"行业"的控制,工作条件非常严格、规范。19世纪60年代,每当生活成本上升,行业协会就用当时处理行业争端的法律武器来重新对工资和降低工作时间等问题进行谈判。熟练工协会之间的合作至少可以追溯到1780年,但由都柏林面包师协会(Bakers' Society)于1862年成立并由二十四个其他社团支持的都柏林联合行业协会,是第一个具有持久性的社团。随着这个协会的成立,社会活动大增,乐队和旗帜更多地出现在公众面前,人们对手工业者的认同感大大提高。当时,都柏林与爱尔兰和英国其他地方行业协会之间互相联系是越来越普遍的事情。那些在金属行业从事精准工作的人,最早是在1851年成立了一个管理良好的英国"工会",即工程师联合会。在一年的时间里就发展了104名会员。代表印刷商(印刷协会[Typographical Association])、裁缝和马车制造商的行业协会也尝试合并。但是当英国工会联盟大会(TUC)1880年首次在都柏林举行会议时,当地组织者仍然感叹城中劳工组织支离破碎的状况。

在发生重大企业合并的情况下,劳工力量就显得非常薄弱。例如,即使大型百货公司没有真正拥有尚存的丝绸和府绸工场,但他们却拥有主导权。同时,他们还控制了大量的低收入工人所构成的裁缝和制衣业这样的"劳动密集型产业"(sweated trades)。许多人是在家里工作的。由于维多利亚时代中产阶级流行繁复服饰,1871年,有

8419名城市妇女被雇用为裙装缝制工、针线工、衬衫缝制工或裁缝。此外还有1,661名男裁缝和4007名以制作男靴为主的制鞋匠。但越来越多的服装缝制工和女帽制作工都被纳入配备有新款缝纫机的大型工厂里。但即使在这里,大部分的裁剪、备料和整理工序都是手工完成的,威廉·王尔德爵士(除了他的其他天分,他还是一位具有开拓性的眼耳外科医生)指出,该城市女性的视力受损情况,"主要是从十八岁到二十五岁的年轻女性,因用眼过度而目光黯淡,因一天工作十六小时而身体憔悴……为了满足时尚崇拜者的欲望,她们缝啊缝,缝到几乎失明"。

1871年,城内有约7500个与运输有关的工作,其中大约一半与道路交通有关(包括电车、出租车、货车、大车、车马出租所、马车制造)。其中大约三分之一是运河、港口或海运的就业机会,剩下的则是铁路上的工作岗位。当时的新事物就是大铁路公司的规模及其复杂性:中部大西方铁路公司和大西南铁路公司这时都在经营全岛铁路网络。两家公司都选择都柏林作为工程和维修工厂所在地。前者的工厂是在布劳德斯通(Broadstone),后者于1846年在克曼汉姆以西的印奇科开辟了一片开发用地。到1880年,在布劳德斯通工作的约有六百人,在印奇科铁路工厂中这个数字翻了一番。当时,这里成为一个真正自给自足的工业郊区。大西南铁路公司的第一百个火车头于1879年打造完毕,该公司大量的(且几乎是所有的)发动机、铁道机车车辆和轨枕都在印奇科地区进行锻造,其设计是标准化的,由经过现场培训的各类精密工匠协同生产。早期的公司管理层都是英国人,但是印奇科的劳动力以及公司交通部门的数百名工作人员都是从大西南铁路公司的内陆地区招募来的,构成宗教混合、等级分明的社区。他们中有几十人在"新克曼汉姆"享受公司住房,印奇科成了一个麻雀虽小五脏俱全的地方。由卡博尔街的马勒特领导的独立工程公司为满足铁路需求而兴盛一时,既有大型铁铸件也有精密工程产品。但是,当爱尔兰铁路系统完成,运营公司变得更加自给自足的时候,这些公司却没能找到新的市场。

商业合并的最好例子当然是吉尼斯啤酒厂。在运输成本下降和规模经济动力强劲的时代，酒类生产的竞争变得极其残酷，不过这反而有利于存活下来的企业集中经营，其实就是组成企业联盟。1836年，该市有12家酿酒厂。到1880年，不论大小的酿酒厂只有7家。1836年有19家啤酒和波特酒厂，1880年有11家。然而，存活下来的酒厂到1880年的总产量（数量和价值）却大得多。提高烈酒消费税、教堂和公共活动以各种形式反对酗酒，这些措施和行动减少了人们对威士忌的需求。但麦芽酒、波特酒和烈性啤酒却不仅仅是填补威士忌空白的问题。周日的酒馆仍然是工人阶层男性社交活动的核心（因为妇女和儿童总是被排除在酒吧之外，致使妇女一般被限制在家庭范围内）。从19世纪40年代开始，波特酒成为爱尔兰大部分农村的首选酒。而所有这一切的最大受益人则是位于詹姆斯街的那家赫赫有名的大公司。它在整个19世纪的发展成为引人注目的一段企业发展史。他们拥有连续四代家族管理人员，个个能力超群，这实在是有遗传性的财运。在跨越将近一个半世纪的时间里，他们受益于广泛的亲属关系和与珀泽家族的长期联盟，这是他们成功的一部分原因。恪守基督教伦理道德（一部分是英国国教徒，一部分是莫拉维亚教徒[①]）使他们中的许多人团结一心。此外，技术变革对公司看似不可阻挡的增长产生了良性影响，特别是铁路运输系统的出现。但让吉尼斯啤酒厂真正受益的，其实是英－爱联盟。向英国市场的深入渗透，对于公司18世纪20年代中期的发展至关重要，而这只有在全面的自由贸易和蒸汽动力高效航行相结合的情况下才能实现。接下来，饥荒后农业收入的增加、爱尔兰综合铁路网络以及仍在运作的运河系统这三者的

---

① 莫拉维亚弟兄会（Moravians），即莫拉维亚教会（The Moravian Church），又称弟兄合一会（Unity of Brethren），发端于15世纪捷克的胡斯宗教改革，形成于16世纪中叶。此派人数虽少，但它以强调平等、友爱、互助、灵修为特色，成为新教独立的一派。

结合作用，使该公司在爱尔兰省级市场建立了无可匹敌的统治地位。到1864年，爱尔兰市场上销售的所有啤酒，他们占了一半以上。接着，虽说有些延迟，吉尼斯啤酒最终征服了首都，所采取的方法是在十英里范围内提供免费送货服务并保证大量运货马车一直处于繁忙运转中。

该酒厂在1850年代突破其原来的四英亩土地，在未来二十年内扩大了十倍，开发了詹姆斯街和利菲河之间的广阔棕地[①]。爱德华·塞西尔是本杰明·李·吉尼斯最小的儿子，1876年成为独资经营者，并于1877年至1879年间监督建造第二家酿酒厂。由于开创性地使用了电灯，这座工厂以轮班制的方式在创纪录的时间里完工了。尽管如此出众，该啤酒厂在城里却是一个庞大却不占统治地位的雇主。但时候一到，其员工人数到1880年就远远超过所有其他啤酒厂和酿酒厂的雇员总数。那时，其在册职工人数低于二千人，其中大多数属于体力劳动者；劳动力成本不到公司总成本的5%，而厂主和职员的薪水却占据了其中很大一部分。然而，能够在詹姆斯盖特酿酒厂[②]就业，却是人们梦寐以求的事，因为这家啤酒厂提供更高的工资和更好的工作保障，并从1869年开始扩大员工支持计划——为寡妇和老年人（在1891年引进普通劳工60岁强制退休制度之后）提供免费取药、医疗服务、病假工资和员工养老金。尽管这家公司位于城市的西南部，并且接近自由区，但在其迅速扩张时期招募员工的范围却似乎非常广。据透露，在19世纪60年代，工厂内几乎没有芬尼亚党的支持者。但最让那个时代的人震惊的是该公司那超乎寻常的资本增长速度。公司估价从1869年的8万英镑增长到1879年的50万英镑，1886年股票上市时又上涨了十倍。该家族的一些巨大财富回馈到慈善方面。公司所带来的多重效益非常之大，包括给轮船、运河和铁路

---

① Brown field，指城中旧房被清除后可盖新房的区域。
② 指吉尼斯酒厂。

公司带来的利润,给耕作的农民和各省麦芽农带来的收益。但它对整个城市的总体影响却是个更难判断的话题。思朋斯兄弟公司(Spence Brothers)成立于1856年,是位于科克街的一家铸造厂,由于吉尼斯酒厂的光顾而蓬勃发展,尤其是成为19世纪70年代在其厂内建造的铁路系统的主要蒸汽发动机供应商。但这种协同合作并不常见。用于波特酒批发配送的酒桶制造过程是在公司庞大的工作现场进行的,拥有严格的质量控制系统,致使公司完全不必参与零售市场。与詹姆斯门的劳工历史不同,玻璃行业(主要与林森德家族有关)经历了经常性的产业动荡。许多填补这一空白的小型制瓶公司都没能成功地独家供应酒馆用零售酒瓶。

有一个商业王朝的兴起确实与吉尼斯酒厂有关。这家在当地名声鹊起的公司是由亚历山大·芬德拉特(Alexander Findlater)创建的。19世纪30年代,第一位芬德拉特创业者是出口各种啤酒、波特酒和烈酒的年轻商人。而吉尼斯瓶装啤酒在他的出口业务中占非常大的比例。到1873年他去世的时候,芬德拉特成为多项生意领域的共同所有者,包括该市领先的葡萄酒和白酒企业,托德伯恩斯商店以及城北的芒乔伊啤酒厂(这是詹姆斯门当时必须对付的、最需要在本地市场与之竞争的公司)。同时,他还留下了一大把铁路公司的股份。为吉尼斯开拓海外市场所得的第一桶金为他奠定了良好的业务基础,使他成为家喻户晓的人物。

破衣烂衫之城

当市政厅在1864年关注烟气污染的影响时发现,全市的工厂和车间有不少于一百二十台固定式蒸汽机在工作。其中五分之三是在城区的西南部,主要是啤酒和麦芽酒厂、酿酒厂和面包店。那个区域确实有些乱七八糟,到处是繁忙的企业和它们滥用资源的疯狂掠夺行为。这些最终刺激吉尼斯家族投入到热切的慈善行动中。但在19世纪20年代和19世纪70年代之间，人们公认旧城和自由区就是贫穷的代名词；而像斯金纳胡同（Skinner's Alley）这样的街区，则是卖淫、公共场所酗酒和小偷小摸、打架斗殴等犯罪行为的代名词。对于外人来说，这种贫困的感官体验简直令人窒息：眼睛里看到的是摇摇欲坠的老房子，窗户破旧、屋顶漏水；"成年人发育不良、身材矮小、无精打采；儿童面色苍白，满脸早熟的样子"；衣服很久没洗的味道；露天排水沟和外渗污水坑里人粪横流；猪呢，街里街外到处乱跑。为保持公共街道畅通、清洁，市政厅在每晚很短的时间内开展清理工作。但庭院不在公共服务的责任以内。如果外界人士再深入一下，会震惊地看到室内的窘态，没有坚实的家具，房间里黢黑一片，憋闷的空气，家里几乎没有什么吃的（平时的饮食就是廉价面包、土豆和茶），也谈不上保护个人隐私的空间。当然，贫困也分层次的。人们常常习惯性地大肆渲染像福特汉姆巷一样的那几个最糟糕的地方。这些地区"曾经随着工厂的发展而名噪一时，但现在（1836年），700个居民中不足六户家庭是靠自己的劳动维系生存的"。但是这些污秽地点周围的环境也好不到哪里去。

与其他英国城市不同，1841年人口普查首次显示都柏林人满为患：所有市内家庭中有46.8%居住在一室住房中。这些房间主要是将大房子分割出各个部分而成的，通常按周出租。这种情况下，人们经常搬家：在圣米尚教区的哈蒙德巷，三分之二的家庭在1840年至1845年间搬过家。仅有一室住房家庭的比例非常大，这种情况仅在19世纪60年代才开始下降。但在1881年，他们仍然占城市所有家庭的五分之二（41.9%）。

在这个庞大的群体中，存在着几组构成鲜明对比的不同人群：第一组对比，无论是有技能的还是没有技能的，在家庭中有一个或多个人是有收入者，并因此可能成为数百个友善团体（friendly societies）之一的已付费成员（换句话说，他们有一小部分保险可以支付药物、医疗和丧葬费用）；与他们相对照的是那些被归类为贫困人口，没有生活来源的破碎家庭、体弱多病者。许多家庭以寡妇或被遗弃的妻子为主。她们被迫行乞、寻求慈善帮助或从事卖淫活动。1838年，都柏林警察厅统计出有一千六百三十名处于工作状态的妓女，其中一些可能与特权阶层保持着不稳定的个人联系，但绝大多数是文盲。在福德汉姆巷里，穷人以及遭遗弃的人占了绝大多数，但与它相邻的库姆峡谷和纽玛克特则在人员构成上更加多元化。第二组是居住在庭院和胡同住宅（或者一些郊区居民区小屋）里的人们与那些租住大房子里的单人房间、曾经体验过更好日子的人群相对比。"分租合住"这个词的使用范围很广，但这里它被用来专指后一种居住类型。

庭院和小巷在18世纪时相对较多，但从19世纪20年代开始，租赁面向街道的大房子变得更为普遍。事实上，从"平房"搬到更大的楼房对一个家庭来说，被看作是一种改善。许多混合商业/住宅特点的主要街道转变成出租房集中区，这个过程一旦开始就发展非常迅速，并由于房屋中介的加入而更加势不可挡。房屋价值基本取决于邻近出租房区的价格水平。这些从事按周租房业务的专家是从19世纪50年代开始逐渐分化出来的职业，经常大规模运作。因为未能维护好房产、支付水费或劝阻不良卫生习惯的做法，他们受到社会改革者的批评。但是这些中介可能会抱怨说，当穷人和不挑剔的房客需求稳定时，在（维护）老旧房产上投资并不符合他们的经济利益。在米斯自由区和其他老城区，几代以前的房屋或房产一直处于长期出租状态，房主即使希望中断这一过程，但也只拥有非常有限的法律权力去这么做。

对于所有关于都柏林贫困状况的当代评论来说，穷人本身在历史记录上几乎发不出任何声音。偶尔，虽然有些人仅有微薄之力并且落魄了，但他们曾经存在的证据仍然存留下来。一个突出的例子是詹姆斯·克拉伦斯·曼甘。他是费珊堡街一位杂货店主的儿子。这位杂货店主因为错误的地产投资而在拿破仑战争之后破产。曼甘上过至少四所城里的天主教付费学校，其非凡的文学和语言天赋得到充分发展，曾多年担任代笔人。他还写了将近一千首诗,从讽刺到黑暗的形而上学,民族主义到虚无主义,其中许多出现在《都柏林大学杂志》《祖国》和《爱尔兰人团结报》上,所得收入用于供养贫困中的家人。他因怪异的穿着和深绿色的眼镜而出名,因沉迷于酒精甚至鸦片,身体状况非常糟糕。晚年周转在不同的一室住宅中,"波特酒代替蜡烛,没有毯子的木板代替床铺和写字台"。或者有时他会流落街头。他于1849年在米斯医院去世,情形非常悲惨。但他未完成的、有点寓言性质的自传(1848年)让人们捕捉到一位倍受折磨的贫穷天才的身影。与他同时代的作家威廉·卡尔顿(William Carleton)于1818年来到都柏林,是一名贫穷的移民。1830年代在文坛声名鹊起,并有一段时间经济稳定。他也留下了未完成的自传,其中包括他来都柏林第一个晚上所画的钢笔画,观者无不触目惊心。在一个布里奇福特街地窖里,成群的乞丐住在稻草床上,"跛脚,瞎子,聋哑人……各色人等",这是一个对居有定所的公民来说无法想象的但丁笔下的世界。

然而,还是有很多人观察并撰写了关于穷人的文章,有的还充满同情。美国佛蒙特州的"一分钱慈善家"亚西纳·尼克尔森(Asenath Nicholson)于1847年来到爱尔兰,在饥荒高峰期在库克街一个贫民区住了六个月,将她微薄的收入以馈赠面包的形式分配给所有索取的人,还向她找到的二十个最贫困家庭分发燃料、房租和熟粥。在她的著作(1851年出版)中,她重点关注了她亲眼目睹的个人悲剧,认为那是残酷世界的受害者。她总结到,都柏林"是一座因其慈善而著名的城市,仅就捐赠而言便属当之无愧。但是,'捐赠'与'行动'相隔万里……"这是一个严肃的批评。当时的宗教慈善工作正是这种状况。1816年成立的慈善修女会的创始人玛丽·埃肯海德(Mary Aikenhead)与尼科尔森拥有同样的使命感,但她还具有组织热情——从1819年开始管理一座女性"避难所",1822年是一座城市孤儿院,然后在1834年建立了第一个由女性经营的医院,即圣文森特斯医院,位于圣司提反绿地,免费向"苦难穷人"提供服务。玛格丽特·艾尔沃德是后一代人中坚韧的天主教慈善家中鲜明的典型。她有沃特福德家族背景，家境殷实，于1846年在都柏林定居。在接下来的十年中她积极从事各种活动，其中包括为贫困女性开办的制针厂和一个寄宿孤儿院，即圣布里吉得孤儿院。这家孤儿院与多家济贫院都有业务往来。到1870年，它成为都柏林最大的救助机构，每年在农村地区安置近300名弃儿给天主教养父母。艾尔沃德并不害怕为了坚持"她"的天主教立场而引起争议甚至入狱。在19世纪60年代，她在内城为贫困女孩建立了五所"圣布里吉德"学校，明明就是为了保护她们脱离竞争对手新教机构。而这些"贫民儿童免费学校"在很多方面都与基督教兄弟会所办学校类似。1864年，她建立了"圣洁信心会"（Holy Faith order），以规范和扩大圣布里吉德计划，目的就是"拯救"那些被边缘化的人们。和艾肯海德一样，她的宗教目的远远超过了社会改革。

托马斯·威利斯医生是在奥蒙德码头开业的药剂师。他的事迹是另外一种类型。1844年成立了都柏林圣文善会[①]（St Vincent de Paul Society），十九名创建者主要是非神职人员的天主教徒，托马斯是其中之一。这很快就成为最大的志愿者组织，为城市贫困户提供帮助。他们分发食品券，为持有者提供食物，让他们享受膳食、面包、茶，甚至是"一只羊的头"。19世纪60年代还开创了一个非常成功的一分钱银行方案。威利斯的激进主义是在严谨的观察基础上产生的：他曾有几年在北都柏林联盟担任监督人（即董事会成员），于1844年对其所在教区圣米尚的手工业人口进行了一次社会调查，并在下一年将结果发布出来。他受到英国公共卫生改革的倡导者埃德温·查德威克的影响，认为都柏林城区普遍存在的恶臭的"霉气"是有毒的，因为

[①] St Vincent de Paul's Society，是一个国际性天主教自愿者组织，成立于1833年，会员借服事穷人和弱势群体使自己的生命圣化。如此服事历史上通常是通过家庭探访。

"所有的臭气都会使人生病"。只有进行适当的环境工程,使城市排水和水资源实现充足供应,才能改变贫困家庭的健康和预期寿命。个人卫生问题反映了缺水情况。威利斯感叹道,"在工人阶级中,圣米尚整个教区几乎没有一个女人洗过脸。"他也受到了王尔德新近发表的关于城市死亡率文章的影响,尤其是五岁以下儿童的情况,反映了卫生、营养和获得未受污染水源情况的巨大差异。威利斯指出,在他调查取样的三千个工人阶层家庭(没有真正贫困的)中,有51.7%的人口在五岁之前死掉,使出生人口的平均寿命仅为19.2岁,比王尔德对整个城市人口估计的25.6岁低很多。威利斯所调查的工人阶级群体,除了明显比城市平均水平穷困之外,在城市中居住的稳定性也较差:户主中有多达45%出生于都柏林以外,在该城度过的平均年限是9.3年。他特别注重饮用水和污水处理问题,但也对整体情况作出总结。这个结论在所有后来关于公共卫生和贫困的辩论中引起共鸣——如果不是每个城市家庭都安置在"适合人居住的住宅"中,所有其他改革措施将仅仅是权宜之计。事实证明,圣米尚在随后几年损失惨重:1849年该市霍乱死亡人数有27%是在这一教区。

尽管市政厅从1849年起权力得以加强,并且在接下来的十年中经济有所好转,但在19世纪30年代和40年代详细记载的影响工人阶层生活的物质缺乏的问题,仍顽固地在甚至更加繁荣的时期持续着。市内三分之一的住房存量在1861年时仍然处于公寓出租状态。并且在134条最差的街道上进行的一项调查显示,平均每间房住3.6人,一张床睡2.7人。然而,由威利斯提出的一项改革措施,即禁止使用地窖作为出租屋,却被随之而来的法规给修改掉了。直到1864年,三千多个人居地下室才被关闭。1852年开设了一家城市浴室,是隶属于救济机构的——对于绝大多数的男性客户而言,这可是个太受欢迎的地方了,在周六晚上尤其如此——但直到1885年,市政厅才开始建设公共浴池。零售食品市场的监督工作大大改善;因此在1876年,除了少量的羊肉、猪肉、鱼和山羊肉外,有超过九十吨的

第七章 | 四城记：1830—1880

屠宰牛肉遭到禁售。但市级屠宰监督是随着 1882 年开设大型公共屠宰场才真正开始的。公共厕所是威利斯提倡的众多改革之一，开始出现在 19 世纪 60 年代。污水排放的改进则更加迟缓一些：19 世纪 50 年代，城市的混合排水系统（大约四十二英里的街道排水沟）经过系统调查和检查，证实了城西主干排水沟相对缺乏的状况。但给效仿伦敦模式的全面污水处理系统筹资却是数十年以后的事了。

即使丰富的威克洛水源的到来对都柏林出租屋的整体影响尚不明朗，但这是第一次真正意义的改善。市政厅逐渐获得了监管公共卫生和执行卫生法规的法定权力：1864 年任命了一名兼职医疗官员，1866 年为最近一次严重霍乱疫情设立了公共卫生委员会，并于 1874 年成立了一个"卫生检查员"小组（由新的地方政府委员会［Local Government Board］指导）。1878 年更为全面的爱尔兰公共卫生法（*Irish Public Health Act*）启动了卡梅伦时代，即卡梅伦爵士担任首席医务官四十年，使前面的改革进程得以继续下去。此时的背景情况是城市的死亡率居高不下。事实上，在 1864 年引入民事登记后，所得数据更加准确。有令人担忧的证据显示，19 世纪 70 年代的死亡率实际上正在恶化。然而，对流行病的恐惧，特别是对霍乱的恐慌（甚至直到 1873 年），比统计出来的趋势更能吸引人们的关注。但对于大多数改革者来说，核心议题仍然是出租住房现象迟迟得不到解决的问题。这种情况在这个时代仍然存在，即使不是耻辱，也不能算是正常。

从 19 世纪 60 年代开始，出租屋总数实际上在下降。但与英国其他主要城市相比，都柏林的住房统计数据和公共卫生排名仍然差得离谱。改革者在住房问题上意见并不统一，有些人仍然怀疑其必要性。相对较多的非技术劳动力，相对缓慢的城市增长，以及相对较弱的市政财务状况，税收收入因人们持续向自治郊区转移而减少，这些都拖累了地方政府的干预能力。人们在后来的二三十年里更清楚地发现，有一股强大的房主势力，他们在市政厅有很充分的话语权，根本不希望看到市政厅改变住房环境。然而，市政确实在1877年迈出了尝试的第一步，即在库姆河谷的老自由区的心脏地区购得一块四英亩的公共住房用地。但是实现这个计划所消耗的，远远高出预计的成本和精力：984名现有居民被迁出，场地作了夷平处理，以非常有利的条件外包给新成立的都柏林工匠住宅公司。在1880年12月盛大的奠基典礼上，总督考珀伯爵实施了奠基礼。很快，212栋一层和两层的住宅建起来了。该公司承建了许多工薪阶层住宅项目，这是其中之一。也许令人惊讶的是，该公司与市政厅几乎没有任何关联，但它拥有长期的信用额度，并且在人员构成上明显以新教徒为主。米斯伯爵是最大的投资者之一。这一举措是解决城里住房问题过程中，由上层贵族所给的结语，还是将要发生更好事情的序幕呢？

第八章

谁的都柏林：1880—1913

在帕内尔的阴影里

凤凰公园的重建在 1830 年代就开始了，但直到半个世纪以后，大众若不留心观察还是感觉不到任何变化。公园的空地之美显得自然而永恒。但其实仍是人工雕琢，是伦敦景观设计师戴希莫斯·伯顿（Decimus Burton）的遗作以及在他所做工程基础上的"改进"。他修建了正式的车行道路，将公园一分为二，沿着城市边缘的帕克盖特向西北方向一路直行，至卡索诺克门，沿途胜景目不暇接：都柏林山脉绵延穿过市区向南，直到惠灵顿纪念碑和政府的三处宅子，即总督府、首席大臣府和副首席大臣府。1839 年那场"大风"[①]摧毁了 18 世纪栽的大部分树木，但后来伯顿命人种植的白蜡树、山毛榉和欧椴树巧妙地构筑了现在的风景。当伯顿为动物园设计布局时，他一定很了解凤凰公园。他甚至从整个都柏林的角度，按他在伦敦设计的摄政公园和其他皇家园林，对设计方案进行改进。他改变了凤凰公园的视觉效果，设法增加公众的来访次数，并以低调的方式体现总督的权力。当然，这个公园早在伯顿之前就已经成为公共度假胜地，阅兵时

[①] Big Wind，一场席卷欧洲的巨大风暴，进入爱尔兰的时间是 1839 年 1 月 6 日下午，造成巨大财产损失和人员伤亡。是 300 年里最严重的一次风灾。

尤其如此。因为周围有弹药库堡垒、爱尔兰军校（Hibernian Military School）、芒乔伊庄园的陆地测量部以及皇家军人疗养院（Royal Military Infirmary），这里一直笼罩着浓厚的军事气氛。除这些建筑物之外，1842年为皇家爱尔兰警队（RIC）又建造了大型训练场，并在19世纪60年代又增加了一所骑术学校。但尽管有这些军事设施构成的"项链"环绕，还有伯顿所修的正式界墙和多个门房，这个公园并不是具有防御性的城堡设施。除了1848年和1867年的短暂暴动之外，对三位国家官员的房屋和家庭的保护都不那么森严。事实上，1880年至1882年的首席大臣威廉·福斯特常常穿过公园步行到都柏林堡去上班。

相比之下，城堡依然保持着陈旧的松散的自我风格，继续发挥着不断扩张的政府机器的中心功能。同时又扮演着总督招待客人时的"国宾馆"角色。尤其是白天的"聚会"和晚上的"客厅"活动，似乎让人享受到维多利亚中期的复兴。在19世纪整个过程中，一直有人试图废除总督一职并撤掉城堡的奢华派头（1850年是最著名的一次）。但这样的举动同样令都柏林政治家、保守派和民族主义者感到愤慨。他们发出警告，如果这个职位被废除，城堡被废弃，那么都柏林就会面临将整个城市交给官僚和警察的巨大损失。然而，废除行动是否会产生很大的经济影响是值得怀疑的，因为随着时间的推移，大部分被阿尔斯特纹章官①召集到这种大型正式活动的人都是常驻公务员、军官以及来自城市有产阶级的各色人等。在1881年的第一次典礼中，八百多位到场的客人中有四分之一是军官、五十名是医界人士，只有十七名贵族。当然，很大程度上取决于特定总督的声望和党派色彩：据报道，自由派的卡莱尔伯爵（1855—1858，1859—1864任爱尔兰总

---

① King(s)-at-Arms，皇家纹章官，原称"Kings-of-Arms"，亨利四世时改为"King-at-Arms"，是旧英格兰最主要的纹章官。现包括三种：嘉德、克拉伦苏克斯和诺雷。在苏格兰则为莱昂，北爱尔兰为阿尔斯特。此处代指英王在爱尔兰的行政代理，即总督。

督）在任期间所举办的娱乐活动，有各种各样的人参加。但即使像阿伯康（1866—1868，1874—1876 任爱尔兰总督）这样的保守人物在任期间也投入巨大，搞出诸多的戏剧性场面。让人印象深刻的一次是，他 1868 年接管新近修复的圣帕特里克大教堂，为威尔士亲王成为圣帕特里克教派骑士举办仪式。这种沿袭古老制度而举办的活动给成百上千的制衣商、葡萄酒商和糕点师们带来雨后春笋般的好生意。百姓的日历上有很多可以让他们公开饮酒、用餐和抛头露面的好日子，而这些活动仅占其中很少一部分。

与城堡相比，凤凰公园内的官邸算是半私人空间，娱乐活动相对有限。但公园本身已经成为广受大众欢迎的公共场所。动物园和附近的散步公园（Promenade Grounds）（后来的人民公园）非常成功，为中产阶级服务的运动场所越来越多（1838 年开始陆续修建了几个板球场，1873 年修建了马球场，并在 19 世纪 80 年代又很快建了一家高尔夫俱乐部），人们还选择这里作为举行大型抗议活动的场所。1780 年反对联合议案的城市工人大聚会可能是第一次这样的活动，此后这里便经常用于群众集会。1871 年，当大赦协会（Amnesty Association）在威灵顿纪念碑组织集会，要求释放仍然被囚的芬尼亚囚犯时，两边发生了严重的冲突。虽然有政府禁止，但活动仍在继续。随后由于警方行动不利，发生了一场重大骚乱。结果是，格拉斯顿的自由派政府决定不再剥夺人们在公园的集会权。其他重大事件，特别是支持和反对周日关闭酒吧的斗争，是在喧闹的场面中进行的。但最大的事件是 1880 年 3 月支持国家土地联盟的一次集会，当时有大约三万人由惯常的行业协会和乐队带领环城游行。"都柏林的工人们！你的贫困是这个体制一再降低劳动价值、鼓励无所事事带来的结果"，是这个游行队伍前面标语牌上的内容。作为发言人之一的托马斯·布伦南（Brennan）按社会主义的观点对城市贫困状况与土地政策之所以遭人诟病的相互关联性进行了分析，引起极大震动。那段时间刚好赶上农产品价格下跌，导致城市就业困难，进而城里两家救济院人数激增,这些越来越突出的现象更说明他所做分析的正确性。布伦南是土地联盟的创始人之一,也参加过前爱尔兰共和兄弟会,与他的叔叔帕特里克·伊根关系密切。后者当时与他同站一个讲台之上:他们是实业家,也是共和党人,是菲铂斯区城北磨粉公司(North City Milling Company)的共同拥有者。他们是有产阶级,同时又是社会激进分子,这实在罕见。那天的主要发言人是联盟的另一个创始成员,安德鲁·凯特尔(Andrew Kettle)。他是一位富裕的芬格尔农场主,前自治联盟成员,也是新的自治联盟领袖查尔斯·斯图尔特·帕内尔的知己。

尽管帕内尔继承了威克洛的一份旧房产,然而因他一直在国外接受的正规教育,所以在都柏林城的个人关系有限。但他拥有的本地盟友却至关重要,这些人在"土地战争"①中的角色往往被忽视了。在组织策划"新一轮战斗"时,起重要作用的是许多不同出身、以都柏林为基地的人物。这是"自治"议员们与政治化的土地运动在战术上的联合。

后者在爱尔兰西部发展并具有芬尼亚运动的特点——迄今为止,其唯一的议程就是实现共和。伊根、布伦南和他们的圈子负责处理联盟的全国财政事务(包括来自美国的大量资金),协调重要会议并提供法律支持。他们获得了仍然占主导地位的全国性报纸《自由人报》的支持(他们威胁称其非常流行的党报《爱尔兰人团结报》应该每天出版一期)。他们为国际媒体提供素材,内容包括拒付房租行动和一些其他事件,都是对寄生地主阶级和过时财产制度做出的绝望反应,是对贪婪本性的控诉。联盟组织的激烈运动后来扩展到全国大部分地

---

① The Land War,十九世纪七十年代、八十年代和九十年代发生在爱尔兰农村的土地骚乱。该运动由爱尔兰全国土地联盟领导,致力于改善佃农景况并最终实现重新分配土地给佃农的目标,外居地主的土地尤其成为重新分配的对象。运动过程中出现很多暴力事件,甚至发生死亡,但仍不能算一场"战争",而是一段绵延日久的平民动乱。

区，帕内尔凭借其老辣计谋对接管运动的地方自治党进行加强团结和强化管理。正因为如此，士绅的力量在后来的几年里确实出现了裂痕，但并没有被完全粉碎。

联盟与英国政府之间的长期消耗战中，一个决定性时刻发生在1881年10月。当时帕内尔因谴责格莱斯顿及其改革，在都柏林遭到逮捕。大部分民族主义领袖同遭厄运。在监狱里，他们宣布在全国开展抗租运动，联盟因此被宣布为非法。囚犯被关押在克曼汉姆监狱，那里现在已经成为"政治"犯的主要关押地。逮捕事件导致萨克维尔街发生严重骚乱，人们强烈指控都柏林警察厅的残暴行为。这些民族主义领导人在未经审判的情况下被关押了近六个月。一群分裂出来的都柏林芬尼亚党人称自己为"无敌队"。他们在那年晚秋的时候聚集在一起，企图组织高调的政治暗杀行动。似乎约有三十到四十名成员是由常住英国的领导层带领宣誓，其中没有一个与土地联盟有直接关系。有争议的首席大臣"大号铅弹"福斯特①是暗杀目标，他们还从伦敦弄到了手术刀。然而，这个计划流产了。与此同时，帕内尔与格莱斯顿谈判达成了一项政治协议(《克曼汉姆条约》)，该协议承诺缓解土地战争带来的压力。1882年5月初，联盟领袖们作为英雄出狱了。一个由斯宾塞伯爵(Earl Spencer)领导的更具改革意识的新班子获得任命，接管爱尔兰政府。

在斯宾塞宣誓就职后的那天晚上，新任首席大臣弗雷德里克·卡文迪什勋爵和在任已久的副首席大臣托马斯·伯克(Thomas Burke)在无人陪伴的情况下穿过凤凰公园步行回家。后者早已成为无敌队的新目标，警方却毫不知情。该团伙大约有十名成员尾随，他们袭击并杀害了伯克。在没有认出他的同行者是谁的情况下，他们同样取走了卡文迪什的年轻生命，而发生的这一切在总督官邸可以一览无余。他

---

① William Edward Forster（1818—1886），是一位英国企业家、慈善家和自由党政治家。他主张使用武力来镇压土地联盟，因此获得"大号铅弹"的绰号。

们的死亡几乎在瞬间发生，这是该城市历史上独一无二的示威性政治暴力事件。《晚间电讯报》(Evening Telegraph)的午夜版第一个发出消息。"在路灯灯光下，到处都能看到人们将这可怕事件的细节大声读给人听"。当地所有报纸，甚至包括《爱尔兰人团结报》都齐声谴责。美国芬尼亚党人成为第一嫌疑人。这件事在民族主义者方面的直接后果是，帕内尔坚定了决心要在国内和威斯敏斯特对他的各路政治同盟军施加铁腕影响力。10月末成立了全国联盟(Irish National League)后，他设法利用农村运动组成了一个新型的、集权化的"爱尔兰党"。他挑选前蒙斯特土地联盟成员提摩太·哈林顿(Timothy Harrington)帮助建立起一个全国范围的选举组织。到1887年，建立了一千五百多家分支机构。但是他以前那些持更激进立场的都柏林盟友，尤其是伊根和布伦南，被与无敌队有牵连的虚假传闻所毁，再也无法东山再起。

对于政府来说，暗杀事件之后的最迫切需要是消灭无敌队、惩罚责任人，并大幅度提高国家安全。这里，都柏林警察的作用突显出来。由于没能预见到威胁而立即遭到批评的，是由约翰·马伦(John Mallon)领导的G分部(G Division)，即都柏林警察厅的侦探部门。这个部门紧接着因为粉碎阴谋的进展十分缓慢而受到指责。G分部成立有四十年了，由大约三十名便衣人员组成，他们是根据优秀的表现和政治可靠性从一般警察队伍中挑选出来的。马伦的成长环境是阿尔马南部的小农场。和绝大多数警察一样，他是天主教徒；然而，马伦在都柏林警察厅的大部分官员同事都是新教徒。当时在不同官衔的警察中，在工资待遇和工作条件问题上存在很多不满，但军团的政治可靠性不是问题。自从1838年开始运作以来，都柏林警察厅的人数一直徘徊在大约一千人左右，正如阿纳斯塔西娅·度科娃(Anastasia Dukova)所表述的那样，它一直是一个严密管理的组织，几十年来通过不断改进训练和增强纪律，效率大大增强。19世纪后期该市的一般犯罪率较低就说明了这一点。例如，1882年因普通人身伤害而被

第八章｜谁的都柏林：1880—1913

捕的人数少于 1850 年 3307 人次的四分之一。1882 年，整个警区只有两起谋杀案（凤凰公园的两起案件除外）。马伦通过不懈的侦探工作、巧妙地利用线人并他"永不入眠"的记忆破获了无敌队这个案子。当然他也得到了紧急立法的帮助，这种立法允许对政治嫌疑犯进行几乎无限制的审讯。

许多人认为，土地联盟的财务主管伊根是这个阴谋背后的教父。但马伦却将注意力集中在科克街的一个吸雪茄的詹姆斯·凯利身上。他是一个瓦匠，建筑业的大师傅，也是八十多个出租屋的所有者。他在都柏林居住期间，有近二十年的时间里都是爱尔兰共和兄弟会的重要人物。他 1878 年淡出显然是出于对内斗的厌恶。谋杀案发生后两个月他被逮捕，但因为缺乏证据又被释放。几个星期后，他通过赢得市议会中的一个席位造成了所谓的执法受害情节。最后，在 1883 年初，他被马伦诱骗成为控方证人并被重新逮捕。他的证据使十五名男子被定罪，其中五人被处决。他们在法庭上表现出的尊严和温和态度，软化了公众的态度、激起了人们的同情心。凯利现在被视为可耻的"执法者"。他后来在皇家保护下匿名辗转到南非。当他在那里遇害的新闻传来时，其声名狼藉的程度达到了顶点。城里迅即点起了一堆堆篝火烧毁了他的肖像，这足以证明滥用线人严重损害了公众对司法程序的接受程度。公园谋杀案留下的一个不太明显的后果是，在都柏林和伦敦都开始了由政府组织的、有系统的情报搜集工作。那就是，爱尔兰打击犯罪特警局（Irish Crimes Special Branch）成了城堡官僚机构的一个新的组成部分。G 分部在这些改革中幸存下来，而全知的马伦继续任职达二十年之久；都柏林警察厅所辖总人数上升了五分之一。这次危机的一个实际好处是，政府决定在公园边缘、总督官邸东边不远处建造一座优雅的砖结构宫殿式楼房。1892 年完工后，这里成为马尔堡骑兵营（Marlborough cavalry barracks）。

1851 年签订了一个协定，内容是市长职位应该由天主教／民族主义者和新教徒／保守党议员之间交替担任。这个协定于 1883 年废止。

自19世纪50年代那个秋老虎①般的政治气候之后,市政厅的保守党人数大幅下降。但是19世纪80年代极端的政治气候,才是终结分权制的真正原因。保守派市长乔治·莫耶斯(George Moyers)1881年以投票方式拒绝了给帕内尔和约翰·狄龙名誉自由的建议,他们当时关在克曼汉姆监狱里。这件事成了重要的转捩点,导致民族主义多数派放弃争取调解的做法(尽管三个月后有关名誉自由的投票取消)。那个紧张的冬天里,冬园的新工业展览计划不得不放弃,因为跨党委员会为是否邀请女王作为其赞助人争论不休。正是从这时开始,市长和市政官员拒绝了城堡正式活动的邀请。那以后的二十多年里,这种冰冷的关系几乎没有任何回暖迹象。

19世纪80年代,自由派改革方案的一部分内容包括英格兰议会权力的进一步扩大。这是1884年制定的,随后在1885年对选区进行了大规模的重新划分。都柏林市被分成四个各自拥有一个席位的选区,都柏林郡是两个选区。在格莱斯顿改革前夕,城市选民的规模仍然非常有限——登记册中五名成年男性中只有不到一名能够投票——而在1885年11月的重要议会选举中,五名男性中有超过两名能够投票。(自1874年以来)到那时这仍是一个秘密的过程。总体来说,所产生的结果就是议会被搁置一旁而自治政府的前景却越来越清晰。但在都柏林市和都柏林郡,托利党和自由党候选人都没能从民主的暴风雪中幸存下来。四位爱尔兰党议员当选为代表这座城市的议员,其中两位是报业大亨(爱德华·格雷和提摩太·沙利文),三人是"班特里帮"②成员。班特里帮在帕内尔当政期间主宰了都柏林的宪政民族主义运动。

那些年中,市政厅的民族主义倾向日益加剧(仅在南部乡镇和南都柏林监护委员会[South Dublin Board of Guardians]里,这一趋势才

---

① the Indian summer,北半球秋天有时会出现不正常的高温、干旱季节。
② Bantry band,班特里一带的著名民族主义政治家。班特里位于科克郡西岸。

遇到些许抵制）。帕内尔执政期间，从头至尾，城中的民族主义政治家中间出现了罕见的团结，从为新街道取名字上可见一斑。这说明公众既认可宪政又接纳反对派的传统：前任自治党领袖以撒·巴特几乎无法在他的坟墓里安歇，因为从海关大楼方向上行有一座新砖体桥是以他的名字命名的。接着，市政厅和港口与码头委员会在重建卡莱尔大桥后，就重新命名的问题发生分歧：市政厅获胜，将奥康奈尔的名字加给这座新建筑，而附近他的一座纪念碑在长期延迟之后正巧在此时完工。但是，当1884年市政厅试图以类似的方式重新命名萨克维尔街时，大多数商业地产业主都起来抗议，最终获得了"市政厅不得采用奥康奈尔名字"的永久性禁令。然而，市政厅在给新街道的命名中保留了自由权。1885年开通了一条从巴特桥一直向南的大街，他们选择了塔拉街这个安全的名字。但是对于从市政厅通向基督大教堂附近的那条街，在次年开通的时候，他们又重蹈覆辙，以爱德华·菲茨杰拉德勋爵的名字为其命名。这次似乎没有人抗议。

  民族主义者达成如此共识，关键因素是天主教神职人员在态度上发生了明显转变。在1878年库伦大主教去世后，他的热切追随者爱德华·麦克凯布接替了他的位置，但和他相比却是一位差强人意的领导者。能够想象得出来，他不与带有芬尼亚色彩的土地联盟为友，也对帕内尔心存芥蒂。都柏林的神职人员或多或少地被排除在政治之外。当其他主教对爱尔兰党表达更加支持的态度时，这种限制自然令人反感。不过在1885年麦克凯布逝世后，他的继任者能与时俱进：这就是埃塞克斯码头钟表匠的儿子威廉·沃尔什。在获得任命时他是梅努斯学院院长，从一开始就持谨慎态度支持帕内尔。他在罗马因支持"运动计划①"——1886年再次引发的土地骚动而惹上麻烦。但这让他在民族主义媒体中大受欢迎，这件事同时对巩固帕内尔主义

---

① Plan of Campaign, 1886年至1891年间由爱尔兰政治家在爱尔兰采取的策略，针对外居地主和强收租金现象，为佃农争取利益。

（Parnellism）广大的政治阵线也起到了推波助澜的作用。

在1885年爱尔兰议会党（IPP）大获全胜的选举中，选出的新议员之一是威廉·马丁·墨菲。他在圣帕特里克教区，即老城和自由区选区赢得了胜利。墨菲是科克郡西部贝福德中学的校友，十年前就从南方来到都柏林。这是他非凡商业生涯的开始。他与其岳父伦巴第（Lombard）合作，于1880年创建了都柏林联合有轨电车公司（DUTC），这一行动导致跨越大都柏林的马车服务几乎全部整合到一个三十二英里的网络中。之后的管理由他继续负责，取得了巨大成功。乘客数量从1881年的一千万左右增加到1990年代中期的每年2500万——没有增加更多的路线。在领略了美国新的电车技术后，他于19世纪90年代后期从马力转向电力，吞并了其余的独立电车公司，将本公司的线路系统扩展到五十五英里左右。1901年完成了将轨道转换为更宽的轨距并架设了高空电线网格的工作；到1914年，该公司每年运送5800万名乘客，号称是世界上最好的城市轨道交通系统之一，资本投资超过200万英镑。墨菲还参与了无数其他交通项目：19世纪80年代，他主要在芒斯特的南部和西部地区致力于轻轨铁路的建设（作为发起人和承包商）；接着，在城里，他又参与高层"环线"（loop line）的建设，于1891年将东南部与北面的网络连接起来（视觉代价非常高，利菲河上丑陋的钢铁桥完全掩盖了冈东海关大楼的下游景观）。在他职业生涯的后期，他的公司参与了在英格兰、苏格兰、阿根廷和黄金海岸①的有轨电车和轻轨项目。在交通运输之外，他还投资了零售店、酒店、报纸、燃气和电力。对都柏林来说，这可是一个陌生的类型——一个不安分的、不设限的资本家，但他却选择待在"家"中。在19世纪80年代早期，当零售业状况低迷时，他首次表现出对商业风险的胃口。他组织起一个财团，将麦克斯威尼位于萨克维尔街的一家大百货公司以破产管理的形式接收过来。它被

---

① Gold Coast，当时的英国殖民地，现在的加纳，位于非洲西部几内亚湾。

重新命名为克利里百货公司（Clery's），但墨菲是幕后老板。这家商店经过一段时间的整顿，最终成为他想要的模样——这个城市最著名的商店。

墨菲的商业生涯是他远见卓识、灵巧机敏和专心一意努力向前的结果。他的政治生涯却远不那么顺利。至少从1890年11月开始是这样，当时民族主义者之间的团结以相当令人吃惊的方式被打破。在帕内尔与基蒂·奥谢伊（Kitty O'Shea）夫人有染的事情曝光后，领导人的私人生活成为大家共同关注的事情，爱尔兰党必须弃绝他。如果自治派要保持其政策不变，这就是自由党人所提出的交换条件。尽管帕内尔在一年内去世，但这场危机突然激化而引起的分裂让民族主义政坛继续震荡了整整十年，并为其他政治主张的出现提供了空间。在都柏林，出现了一种奇怪的各方力量不平衡的现象：城市中的大多数爱尔兰党领导人都站出来反对帕内尔，也不同意他继续担任党的领导，沃尔什大主教和统治集团所有成员也都是这种态度。然而都柏林大众却不这么认为。墨菲反对帕内尔的态度是坚决的，他尽管非常谨慎但却全力以赴地参与组建并资助了一个新的党派组织——爱尔兰全国联合会（Irish National Federation）。但是都柏林范围内民族主义者所发公共舆论仍然以倾向帕内尔、反对教会参政为主。这在1891年10月帕内尔的葬礼中非常明显地表现了出来。先是在圣米尚大教堂举行了一个简短的国教仪式，然后在市政厅进行遗体告别。之后，约有10万人参加了通往格拉斯内文的葬礼游行。没有牧师到场，有"大量的工人……他们安静、肃穆……让人立刻能感觉到这次活动的实质性和严肃性……还不时传来女人的哭声和拍掌声。由于教会对新的全国联合会的大力支持，反帕内尔候选人在都柏林郊外大多数选区的1892年大选中取得胜利。但在首都，墨菲及其同盟的得票情况却极其糟糕，不到该城市的五分之一。哈林顿（城里唯一忠于帕内尔派的政治家）是当年唯一获得连任的议员。《自由人报》和《爱尔兰人团结报》最初都与这所谓的大都会帕内尔主义保持一致，但是由墨菲最初资助的反帕内尔报纸《全国新闻报》(National Press)，则在城外拥有更大的影响力。帕内尔葬礼两周后，一枚小型炸弹在这家报纸的地下室爆炸，似乎是芬尼亚党人、前"无敌队"成员吉姆·博兰所为。但报社未受影响。

新闻传播中心

尽管《爱尔兰人团结报》面临更大的风险、遭受了更多的官方骚扰，但19世纪80年代人们对政治的极大兴趣改变了报纸的销售状况。短期内最大的受益者是广受爱戴的《自由人报》。19世纪初，无论是保守派还是独立派的都柏林报纸都已经失去与英国竞争的基础，而民族主义报刊也分崩离析。1855年废除印花税后，情况开始发生变化；四份都柏林日报在1859年大幅下调价格，减至每份一分钱，其中包括《自由人报》和一份新的保守派商业报纸《爱尔兰时报》(Irish Times)，希望增加省级销售量和广告收入来获得财务平衡。这一举措逐见成效。19世纪50年代以后，报纸批发分销商利用干线铁路网络，每天早上在邮件到达之前设法将都柏林报纸送到省级新闻站。亨利·沃顿·史密斯在英国和爱尔兰两个岛上都属于先驱性批发报刊的经营者，他位于阿比街的仓库总是每天早晨5点钟开始就忙碌起来。

都柏林作为爱尔兰新闻中心的角色因电信革命而得到强化。这一革命始于与伦敦建立电信传输，从1853年起通过北部海峡连接运行。这个由摩斯电码连接起来的网络由于成功开通经由瓦伦西亚岛的跨大西洋电缆路线而在1866年大幅扩展，这意味着来自美国的消息现在可以像伦敦一样快地到达都柏林。由于电报的成本在19世纪60年代下降，它在商业信息传播中的关键作用得以确立。到19世纪90年代，全市共有35个电报办公室，可以向全球发送电报，其中大多数电报公司每天营业十二个小时。活牛市场的电报业务首次在上午六点开业。即便如此，邮政服务的无缝运行对于城市经济的运转仍然至关

第八章｜谁的都柏林：1880—1913

重要，能够说明这一点的，是随着全英国范围启动便士邮政服务[①]，邮政成本自 1840 年开始大幅下降。对于像斯图尔特和金凯德这样的公司来说，邮政发展至关重要。斯图尔特和金凯德是第一家为全国大量地产业主提供管理服务的都柏林地产中介。在随后的几十年里，其邮件量呈指数级增长。到 19 世纪晚期，城里每个工作日有六次邮件投递，郊区有五次。跨大西洋邮件通过女王镇（Queenstown）到达都柏林的速度一直差强人意，而都柏林在这方面较利物浦还略胜一筹。

电话业务进入都柏林大约是在 1880 年。第一个初始交换台位于商业大厦。与贝尔法斯特的联系一经建立，其商业利益迅速凸显出来。到 1888 年，城里有大约 700 部电话，语音质量很差，但这项技术却在业务性质方面发生了略有不同的新变化，先是商业用途，然后进入社交沟通领域。到伦敦的电话连接（通过苏格兰）建立于 1893 年。但直到 1900 年皇冠巷转接台启用，和 1913 年引入直接且强大的跨洋连接之后，电报业务才真正受到电话业务的影响。发展至此，二十个家庭可能就有一部电话，城中有近百个公共"电话亭"。其他美国技术也给信息的产生和加工带来革命性影响：1893 年首次在吉尼斯公司使用办公打字机，不久"机械计算机"也添加到他们的出纳办公室。

信息传递速度加快对都柏林作为全国文化中心的角色既有积极影响，也有消极的一面。19 世纪晚期，都柏林报纸上刊登的新闻范围和数量远远超过奥康奈尔的时代。新闻用纸成本下降降低了日报的价格，也促进了周刊发展。后者尤其受到新读者和移民用户的欢迎。印刷和材料成本的逐渐下降也引发了在廉价图书出版方面的创新。杰拉尔德·格里芬（Gerald Griffin）、约翰·巴尼姆（John Banim）

[①] 1840 年 1 月 10 日，统一便士邮政（the Uniform Penny Post）在整个英国开始实行，使寄信变得安全、快捷、便宜。从 5 月 6 日开始，广为人知的"黑便士"邮票使寄信预付成为可能。

和威廉·卡尔顿（William Carleton）的绝版作品已经以月刊的价格出版。这一领域的先驱是詹姆斯·达菲（James Duffy）。最初他以出版大量廉价的天主教灵修材料而成名，但很快增加了青年爱尔兰人运动的歌曲和这个运动广为流传的故事，后来又出版了一系列廉价的月刊杂志。他出生于莫纳亨（Monaghan）[①]，了解农村市场。从1840年左右开始，直到世纪之交，他的公司几乎一手负责定期重新发行各种格式的"民族"和天主教小说，并且数量极大。二十多年的时间里，他出版了一系列价格非常便宜的杂志。据说有十万份的《都柏林画报》（*Illustrated Dublin Journal*）(1861—1862)都是以每份一分钱的价格出售。但由于他们出版的小说都非常成功，达菲的儿子们便放弃了杂志业务，转而在海外寻找图书市场。该公司的出版内容，从本质上说既保守又有开放性。但由于在城里没有任何竞争对手，也没有人去寻找不管什么类型的新作品，所以无法与小威廉·柯里（William Curry Junior）的出版公司比。他早在19世纪30年代和40年代就已经在这个领域有所建树了。伦敦出版界完全支配了维多利亚时代新小说在英语国家的市场，甚至也包括了爱尔兰小说。罗伊伯夫妇（Loebers）对爱尔兰小说的权威调查显示，在19世纪90年代，爱尔兰作家有656部小说在伦敦出版，而在都柏林仅出版了28部作品。伦敦出版公司甚至在都柏林商业图书馆的业务拓展方面也拥有其商业份额。

这种主导地位也许并不令人感到意外，但在流行杂志激增，读者尤其以女性居多的时代，市面上几乎找不到都柏林本地出版的这类杂志，倒是令人费解。正如路易斯·库伦（Louis Cullen）在他对易森思（Easons）（最初是亨利·沃顿·史密斯的都柏林分支机构）的研究所显示的那样，维多利亚时代晚期从伦敦进口的周刊、廉价期刊和连载小说数量激增，由易森思及其都柏林竞争对手在全国范围内分销，其中只有少数是本地出版，如《三叶草》（与芬尼亚党关系密切），耶稣

[①] 爱尔兰东北部郡。

会的文学杂志《爱尔兰月刊》(*The Irish Monthly*)（从 1873 年），和《爱尔兰建设者》(其内容远比标题所指涉的更广泛)。在英国出版物的洪流中能够幸存下来的本土书刊实属罕见。总的来说，最成功的当地杂志是 1890 年创刊的《妇女之家》(*Lady of the House*)，这个杂志持续发行了四十五年，口号是"淑女为淑女而写"。这其实是误导，因为唯一的编辑是男性。这个杂志所面向的市场是女性时尚商品的各样潜在消费者。最初，《芬德拉特》是上层社会食品连锁店的内部杂志，它后来成为该市百货公司和女性客户之间的重要媒介。对于大一点的孩子来说，英国漫画汹涌而至，并且似乎没有本地的仿制品出现。但是这个充满廉价印刷品的海洋最终遇到了一个挑战，即世纪末的文化民族主义。这股思潮反过来又开启了首都在重塑爱尔兰文化中的新角色。

新教势力

但在此期间，都柏林那些既拒绝格莱斯顿又反对帕内尔，同时也反对以暴力对国家内部权力进行重整的人们，都是怎样一种情形呢？19 世纪 80 年代，自由主义和保守主义一方解散，另一方隐退，他们之间旧的党派分裂也消失了。这时，保卫英 - 爱联合成为 1885 年以后新的集结号令。但是，尽管阿尔斯特对格莱斯顿的政策表示强烈反感，但爱尔兰联合主义者仍然从都柏林那里得到了他们需要的讯息，阅读都柏林保守派报刊。地方自治在 1886 年和 1893 年被威斯敏斯特而不是都柏林击败。但在促进英 - 爱联盟的事业中，都柏林人是发挥了作用的。较突出的人物包括托利党律师兼都柏林大学国会议员爱德华·吉布森和大卫·普伦基特。名气虽小但声势很大的对手是城中的二十个橙带党之家。他们的成员每年在 7 月 12 日在圆形大厅举行火与硫磺[①]演讲。虽然得到了一些英国圣公会神职人员的大力支持，但

---

① fire-and-brimstone，引自《圣经》，指上帝对不忠不信之人的愤怒会以向他们倾倒硫磺与火的形式加以审判。

这个组织在都柏林缺乏强大的赞助人。然而在幕后操纵选民登记这件事上，他们与保守派俱乐部交往密切。正如马丁·马奎尔所描述的那样，约克街上的新教工人俱乐部（Protestant Working Men's Club）就位于橙带党之家旁边，是城中抵抗地方自治的最显著的地点。那里到处飘扬着皇家旗帜和横幅，是1885年大选期间发生严重骚乱的现场。事实上，在19世纪80年代和90年代，这里发生的事件充分说明都柏林警察厅所具有的快速反应能力。不管是民族主义者还是保守派支持者，他们在政治活动日程表中任何敏感时刻的挑衅行为都在警察厅的掌握之中。

工人阶级中对地方自治怀有敌意的，很显然几乎都是新教徒，但支持保守派的却不完全是新教徒。当然，帕内尔也不是没有一些新教徒的支持者，只是人数非常有限。

毋庸置疑的一件事情是，1892年为联合派获得圣司提反绿地议会选区的，是天主教律师威廉·肯尼（William Kenny）（这要归因于民族主义队伍中的分歧）。同年，在都柏林南部为倡导农业合作的贵族贺拉斯·普伦基特提供选举支持的，也是一些天主教徒。联合主义的中心是在南部的乡镇，特别是拉斯敏斯。十年前，拉斯敏斯镇成功地抵制了边界调整和纳入都柏林市这些具有重大意义的远景规划。怀着对其未来独立的信心，他们还建起了新的市政厅以示庆祝。这座大楼建成于1899年，材料为苏格兰红砂岩，抢眼的外观像一座银行。

从1892年至1900年，保守党/联合派候选人在都柏林市和郡（包括两所大学）的十个议会席位中占了四席，而他们成为在威斯敏斯特唯一为南部联合派发声的代言人。由于他们的对手现在处于严重的分裂状态，联盟主义者可以将19世纪80年代民族主义的发展看作是经济困难和自由派政策错误导致的失常现象。毕竟，商界和专业人员中的重量级人物仍然是坚定的新教徒，甚至可能比在本世纪中叶的情况更加明显。墨菲及其同伴可能已经控制了电车业，但大多数的银行、公共事业公司、保险公司和其他金融服务机构仍然牢牢地笼罩在新教气氛中。尽管大西南铁路公司的管理层在早期天主教势力强大,但现在却是个享有新教徒经营的企业的声誉。中部大西方铁路公司在四分之一个世纪的时间里似乎是董事长拉尔夫·丘萨克(Ralph Cusack)爵士的个人领地,他也是一位不愿意提拔自己亲戚的人。但事实上,无论是铁路公司、工程公司还是其他高级部门并没有实行宗教歧视,而是一方面积极地网罗海对面的人才,同时也照顾好现有人员。在最了不起的个人创业故事中,没有哪一个比詹姆斯盖特酿酒厂更广为人知的了。在啤酒工厂于1886年(在伦敦证券交易所,而非都柏林)公开上市、爱德华·塞西尔·吉尼斯的影响力暂时减弱之后,管理层里三一学院的人越来越少,而牛津和剑桥毕业生却越来越多。其市场拓展到英国、美国甚至澳大利亚。在都柏林新教徒中间,吉尼斯家族的非凡成功给他们带来强烈的自豪感。另外让他们或多或少有同样感受的还有1900年兴起的大不列颠王国范围内最大的矿泉水生产商"坎特雷尔和科克兰"以及主教街的大型雅各布饼干制造公司。这也是一个国际品牌,当时雇用了两千多名雇员,以女性为主。

  雅各布家族在19世纪50年代从沃特福德迁来此地,并像皮姆家族一样,是辉格派教徒在商业上获得成功的典范。亨利·科克兰爵士是卡文[①]人,通过贝尔法斯特来到都柏林。但他的公司仍然在两个城市都有业务。而吉尼斯家族则显然只在都柏林,属于英国国教。正如我们前面读到的,本杰明·李在1850和1860年代作为改革派保守党成员在政治上非常活跃。他的长子亚瑟·爱德华(于1880年被封为阿迪劳恩男爵)追随他走了类似的道路。在和詹姆斯·塞西尔共同管理詹姆斯盖特酿酒公司九年之后,他出售自己的股份,转而投身于政治和慈善事业。作为都柏林保守党议员(1874—1880),他采用较谨慎的路线来发挥自己的政治影响力。其巨额财富在随后的几十年里成

[①] 位于阿尔斯特省,临近与北爱尔兰的边界。

为爱尔兰联合派的财政后盾,其中包括1900年买下《爱尔兰时报》的保守党竞争报刊《都柏林晚间邮报》和《爱尔兰每日快报》(*Irish Daily Express*)。此时,联合派内部纷争四起。但是他在政治活动中体现的重要性,远不如他在市民公益和私人开支上表现突出:在19世纪70年代后期,他资助了库姆妇产医院的重建工作(他的祖父参与成立这家医院),还对圣司提反绿地进行重新规划。在买下所有产权并将其变成林地和野生动物的绿洲后,于1880年开放大门、将其变为公共所有。接着,他在霍斯路附近的家族郊外休养地圣安妮宫进行了巨额投资。这座堪比范德比尔特家族[①]豪宅的意大利式宫殿建筑俯瞰公牛岛(Bull Island),其法式花园和公园占地近500英亩(期间拆除了一些农场和别墅)。阿迪劳恩在都柏林本地事务上也间或表现活跃:在克朗塔夫1869年获得乡镇地位时,他还是以原专员的身份行事。直到1900年改变行政区划之前,他一直正式参与其管理。他还承担了拉哈尼(Raheny)教区一间新的英国圣公会教堂、教区长管区以及学校的费用。

但是阿迪劳恩对农村兴趣十足(特别是林业和狩猎)。他向戈尔韦和梅奥(Mayo)[②]的家庭庄园注入了大量资金。这激起他对皇家都柏林协会的兴趣:在晚年,他任该协会主席达十六年之久,助其完成了从英-爱议会联合后全国艺术和科学赞助商的角色转变为支持农村改良的绅士机构的过程。从他参与1867年工业展的时候开始,他便开始支持按照伦敦肯辛顿出现的文化集群的样式建立国家科学和艺术博物馆的呼声。政界和学术界的利益冲突阻碍了这一想法,但作为市议员,妥协了的《都柏林科学与艺术博物馆法案》(维多利亚第40、41年第234号令)在1877年得以通过,他的努力起到关键作

[①] The Vanderbilt family,是19世纪晚期非常著名的荷兰裔美国家族。从19世纪70年代开始到20世纪20年代,该家族雇用美国最好的建筑师和装潢师建起一系列举世无双的纽约城市联排别墅和美国东海岸宫殿式建筑。
[②] 爱尔兰西北部的一个郡。

30

约1912年位于克朗塔夫的圣安妮宫。这是19世纪晚期郊区所建的最大豪宅。阿迪罗恩勋爵的这栋房子俯视公牛岛，其花园具有异国情调、园林是法式风格。由其侄子普伦基特主教于1925年继承。他经过数年的努力，终于卸掉这座拥有巨额价值的财产，于1938年由都柏林市政厅买下，并将这块私人用地开发成公园。1943年大楼内部被火烧毁。

用。总部位于伦敦的科学和艺术部门因此从皇家都柏林协会收购了整个伦斯特会所建筑群；然后又把主楼免费供给协会使用，但接管了其中的自然历史博物馆和农业大厅（Agricultural Hall），后者专门划拨给了备受瞩目的博物馆。它还收购了皇家都柏林协会的图书馆——图书馆馆长威廉·阿彻（William Archer）的创新想法严重影响了国立图书馆（National Library of Ireland）在建筑上的精湛程度。与其构成双子楼的都柏林科学与艺术博物馆（后来的国立博物馆），和前者都是由都柏林建筑公司 T·N·迪恩父子公司（T. N. Deane and Son）设计的。工程于1890年完工。其实，略有讽刺意味的是，都柏林最著名的两个文化机构却是由托利保守党政府推动建立起来的。爱尔兰文化的独特性是这些文化机构的组建前提。房产过户条款非常优惠，皇家都柏林学会因此能够将基尔代尔大街的小型牛马展迁到了博尔思布里奇的荒地举办；专门修建的场地更加宽敞，皇家都柏林学会1881年在这里举办了首次风格一新的马展。这个项目非常成功，尽管场地位于郊区农村，各种麻烦事不断，但在十年间参展率却翻了三倍。1897年，阿迪劳恩担任主席一职。当时皇家都柏林学会每年都要在8月底举办马展周，附近三个王国的名流纷纷光临，所有与会人员还可以参加猎人舞会和狂欢数日的家庭派对。同样是在博尔思布里奇的新场地上，"春季展"是另一个赢家，到1900年已经成为"世界上最大的种牛展，如果不是最大也是最大之一"。展期安排在传承已久的社交季结束之前，成为春季的另一盛事，即"彭彻斯敦赛马会"（Punchestown Races）。阿迪劳恩曾任都柏林职工住宅公司（DADC，the Dublin Artisans' Dwelling Company）首任总裁和主要投资人，对都柏林产生巨大影响。这家企业1877年至1909年间共建设三千七百五十多套房屋和公寓，大部分都在运河范围内。面积大小不一，从单层两室的小屋到两层六室的排屋；大部分都是砖房，几乎完全是标准化设计。最大的开发工程是城西北阿布希尔区（Arbour Hill）马诺街的圣殿山项目。从1901年至1909年，在二十八英亩的土地上建造了一千多套住

新国家图书馆和博物馆鸟瞰。到19世纪90年代初,国家图书馆、博物馆、美术馆和自然历史博物馆等四个国家级文化机构相继向公众开放,它们与皇家都柏林学会共用伦斯特会所宽敞的地下室。

房。工程委员会为都柏林职工住宅公司发放了贷款，公司运营拥有充足的资金。该公司始终管理严格、盈利颇丰，无论是公司业主还是管理层都是清一色的新教徒，有的以前曾是地主，有的现在则是商界领袖（如基纳汉［Kinahan］家族、马丁家族和芬德拉特家族）。这里的租户是城市熟练工人以及更高阶层的"真正的精英人士"，是稳定就业的业主。公司雇佣的"监督员"（主要是退休警察或退役士兵）负责监管海量租户的日常事务，处理房租事宜，并且根据住户家庭规模的增大或缩小给出换房建议。

都柏林职工住宅公司不是慈善机构，也无意安置城里的贫穷人口。与阿迪劳恩及其兄弟爱德华·塞西尔·吉尼斯二人都有关系的一家企业才是慈善机构，也确实社会使命在身，即吉尼斯信托公司（Guinness Trust），就是后来的艾弗信托公司。爱德华·塞西尔的财富远远超过他的哥哥，因为他是1886年公司上市的最大受益者（六百万英镑），而且他在该公司的控股权保证他可以继续不断地抽取巨额红利。在分道扬镳之前，兄弟二人早在19世纪70年代就开始为自己的员工在酿酒厂旁边的贝尔维尤还有里亚尔托街提供补贴性公寓，但这些举措并不受欢迎。爱德华·塞西尔在1889—1890年提出更雄心勃勃的倡议，他成立了吉尼斯信托公司，名义是为"最贫困的劳动人口"提供新建住房的资金。当时他在英国拥有三幢豪宅，在爱尔兰有两栋。无论是社交还是政治方面，他的关注点都在伦敦。因此这个信托公司五分之四的资金用在伦敦贫困人口上似乎并不奇怪。这样的善举为他获得爵位（艾弗子爵）铺平了道路。在19世纪90年代，吉尼斯信托公司的都柏林分部与都柏林职工住宅公司合作，注资兴建了凯文街西端的三个楼群，都是五层公寓楼，共有三百三十五套家庭用单元房，名噪一时。尽管山墙采用荷兰式，但其规模巨大，前所未有，更像伦敦风格而不是都柏林的居住区。

到19世纪90年代末期，都柏林再次成为新晋艾弗勋爵的势在必得之地。1897年，他重进酿酒厂董事会，并在1902年重任董事会主席。他19世纪70年代购买的法摩来宫（Farmleigh House）是位于凤凰公园西边的郊区豪宅，现按新时尚做了改造。与此同时，他为老城中心两个引人注目的开发项目提供资金。第一个是1897年，他和哥哥并另一个合伙人共同努力，获得法律许可，收购位于圣帕特里克大教堂和布尔胡同（Bull Alley）之间三英亩的地块，那是一个低洼的贫民窟，到处是肮脏的小巷、违章建筑和街头市场。该项目包括整个街区的清理和兴建一个新公园，既可为社区居民提供舒适环境，又可作天主教堂前的优美景观。当初修建这个大教堂，他们的父亲可是耗资巨大。这个新建社区大部分是位于圣帕特里克的老自由区里。那里遍布妓院和旧货市场，如"鼠窝蚁穴"，声名狼藉。为了补偿旧货市场的损失，艾弗投入资金在弗朗西斯街附近兴建一座大型室内市场（艾弗市场），分割出许多摊位供旧服装经销商使用，每个摊位差不多要六万英镑。他在1899年获得通过《都柏林住房改善法案》，开始自己的第二个项目：法案允许他在布尔胡同北部（包括圣布莱德教堂和墓地）收购类似规模的"贫民窟"地块，新建高楼大厦，以"全面覆盖"该地块。需要尽可能地回迁教堂旁边各个小巷中迁移出来的所有人口。为了管理该项目和执行早期的地方住房改善举措，他在1903年专为都柏林成立了一个住房改善慈善机构，艾弗信托基金会，并配套了二十四万英镑的资本基金。新的信托基金会有别于都柏林职工住宅公司。按定义，基金会是慈善性质的，这意味着其房租水平可能更接近分租公寓的租金水平。住户还可以使用各种公共设施、男女浴室、富丽堂皇的会所、"运动场"、店铺等等。功能之齐全，前所未有。这个开发项目还包括一家有508个小隔间的夜间旅社。该信托基金会拥有建造高规格建筑的各种资源，这些建筑均由专事职工改善住房设计的伦敦建筑师设计，并且配有华丽的装修。该基金会与都柏林职工住宅公司一样，坚持对租户和潜在租户进行道德监管。虽然为潜在租户的收入设定了上限，而且户型种类也相当多，但这些公寓并非针对失业者或贫困人群（尽管从圣帕特里克公园迁移出来的部分人也很穷）。

该信托基金会引以为傲的是严守非宗派性和非政治性原则（艾弗勋爵在1911年陪同乔治五世参观大楼时，孩子们被安排演练国歌，只是官样文章）。

要论到满足都柏林整体住房需求，凯文街和布尔胡同的改造只不过是一种表意的姿态，但的确起到引导作用。这些项目的开发确实促使市政厅决心解决隔壁"可怕的贫民窟"问题，就是艾弗办公楼（Iveagh Buildings）北侧的区域。市政厅在这个项目上出的风头超过了艾弗的计划，收购并拆除了布莱德巷周围的老街，将居民迁出并分散各地。在十年的时间里修建了与艾弗信托建设的住宅外观相似的五层楼街区，只是室内设施在某些方面确实更胜一筹。然而，由于部分楼区建在波多河地下河道上，因此该项目成了一场财政噩梦，消耗了市政厅近十万英镑的资金。但到了1911年，由于民间党员官方民族主义者联合行动，位于两座中世纪大教堂之间的城市景观终被净化，得以彻底改观。

吉尼斯酿酒厂与爱尔兰圣公会之间的连接分若干层级运作：安妮是艾弗与阿迪劳恩唯一的妹妹，嫁给了威廉·鲍龙·布伦基特，后者从1884到1897年任英国国教大主教。她乐善好施，并将相当大的精力投入到了圣帕特里克区。她的丈夫颇具贵族气质，虽然带领的教会现被废除国教地位，他却是自信满满的福音派教徒，与其他新教教会的合作游刃有余。他曾是19世纪50年代西方《圣经》战争中的老兵，并深度参与了爱尔兰教会使团（ICM）的工作。在19世纪50年代后期，爱尔兰教会使团在都柏林开设了第二战场，新老方法并用，使都柏林极度贫穷之人皈依新教。期间造成一些小规模派系冲突，主要针对的是自由区的人和物。这些冲突平息之后，都柏林宣教会比克利夫登或阿基尔岛的宣教会存在了更长的时间。而普伦基特大主教则是其一切活动的赞助人。他的支持不遗余力且毫无怨言。到他被选为大主教时，都柏林共有二十一个使团分支机构，下设房客调查队，由汤曾德街的指挥中心统一协调。该地设有"贫民儿童免费学校"、孤

圣帕特里克公园，约于1905年。圣帕特里克大教堂北边的公园绿地和花园，各种绿植修剪整齐，完全看不出曾为贫民窟的任何迹象。从新近完工的艾弗信托基金会大楼（照片右侧）俯瞰的公园景色。

儿院、培训中心,还有一座教堂。宣教会在城内和郊外的各个庇护所里供养了近六百名儿童,而且另为六百名走读学校的学生提供午餐。普伦基特的雄心并不止于都柏林:他四处奔走,在西班牙、葡萄牙和意大利争取到许可,使新教徒有权集会。这一系列活动在1894年达到极致,他用英国国教礼仪为西班牙主教行祝圣礼,引起很大争议。正是在他的任内,成立了面向中国和印度焦达纳格布尔的都柏林大学宣教会(Dublin University Missions)。相比多数家庭,普伦基特一家更关心的问题可能是大英帝国及其意志:他们的长子是外交官,娶了达弗林与艾瓦侯爵(Dufferin and Ava)的一个女儿。后者出生于爱尔兰,是大英帝国最有影响力的缔造者,曾任加拿大和印度总督。到19世纪90年代,英帝国开始为大量都柏林家庭提供出人头地的机会。很多家庭都有人在军队和国家公共服务机构工作,在土木工程和殖民医学方面建功立业的事例不胜枚举,各学校的校刊上对这些人屡有颂文,当然教堂匾额上也常有体现。

然而,新教时期的都柏林也分三六九等。在城内至少存在七个自发的新教宗派。1901年非圣公会的信徒占新教徒的近五分之一。在克朗塔夫地区以及南部纵深的郊外多为长老会教徒:位于拉格村(Rathgar)中心的基督教堂是长老会的地标,1862年开堂,有四百个座位;到1900年,不得不斥资扩建,再增加一百六十个座位。在所有的宗派中,虽然每周礼拜到教堂的出席率没有达到天主教会的水平,但还是超过了英国城市里教堂的出席率。据约翰·克劳福德估计,仅有10%的中产阶级圣公会信徒不去教堂做礼拜,而工人阶级家庭不做礼拜的比例则高得多,而且看起来还在增长。因为"海那边"的煽风点火,在对待高教派[①]还是低教派[②]问题上,在是否墨

[①] 该教派强调天主教基督教界,主教权威性以及圣典、仪式及礼节的重要性。
[②] 1797年卫理公宗(徇道会)脱离国教,圣公会内受福音派的影响形成"低教派"(Low Church),成为十八世纪末到十九世纪前三十年"全英格兰最深沉、最热烈的信仰者"。

第八章｜谁的都柏林：1880—1913

守成规去位于格兰治高曼的诸圣教堂（All Saints' church）或位于博尔思布里奇桥的圣巴多罗买教堂（St Bartholomew's church）做敬拜，还是同普利茅斯兄弟会（Plymouth Brethren）的人一起到梅里恩教堂共度主日下午等问题上，爱尔兰圣公会内部存在的矛盾无休无止，搞得人人自危。这个"大教堂"1963年开堂，在市里八个福音堂里座位数最多。大概在1830年，愤世嫉俗的都柏林助理牧师约翰·达尔秘成立了兄弟会，这个宗派竟逐渐成为在英语世界的一种文化输出主体。

如同上一代卫理公会，从正统英国国教吸引了众多的追随者，他们不惜家庭破裂，甚至改变效忠对象。但是，爱尔兰圣公会的成效还是十分明显的：十九世纪期间，在整个都柏林大区，新建或重建了差不多六十座教堂，虽然其中多数是利用国家资金在1869年前建设的，但仍有许多是使用私人捐赠的资金建设的。圣安德烈教堂是都柏林城使用国家资金建设的最后一座教堂，完成于1862年，是教改后当地的第三座教堂。曾一度是议会敬拜堂，现为证券交易所的敬拜堂。在十九世纪后期，到处都是教会办的志愿者协会，像基督少年军、戒酒协会、母亲联合会（Mothers' Union）以及爱尔兰圣公会青年会（YMCA）。其中大部分有英国背景，对于将城市里的教区改造为社会单位并使之成为具有悔改意识的社区，这些团体提供了极大帮助（以往教区的正式地位是地方政府的一个单位，由教区委员会管理，到19世纪中叶的时候彻底萎缩了）。同这样的教区机构比较，"奥兰治会所"（Orange lodge）在协会生活方面的重要性相当有限，其主要成员由中低产和上层工人阶级构成，集中在城市而不是农村。共济会提供了更有效的兄弟会网络，有大量的中产阶级，具有绝对自由的倾向，而且拥有丰厚的资源：1869年在莫尔斯沃思大街开设的共济会总会所（Grand Lodge of Ireland）已清楚说明这一点。爱尔兰总督能作骑士团团长（阿伯康公爵在总督府的第二任期内情况也是如此），与此同时，兄弟会的莫里斯·布鲁克斯（Maurice Brooks）作都柏林市地方自治议员，这些情况表明共济会的确是广教派组织[①]。共济会在都柏林的势力在世纪之交不断增长，尤为重要的是，对于那些在大英帝国四处游历的人来讲，其价值形同护照。但是，天主教共济会员在当今却是极为罕见。

在英-爱联合的最后几十年里，都柏林新教徒的人数不断萎缩，越来越多的新教教徒住在郊区，中产阶级人数增加，平均年龄逐渐偏大。已经快200年没有什么成规模的新教徒聚居区了，哪怕是现在拉斯敏斯和蒙克斯顿这样最宜居之地也没有。虽然基尔代尔大街俱乐部与约克大街新教徒工人俱乐部的社交面仍然存在很大差距，但是新教内部的各种歧视则在渐渐消失：绰号为"胡椒罐"（"Pepper Canister"）的圣司提反小教堂（St Stephen's chapel of ease），就在梅里恩广场的东面，十分显眼，是专为离教区较远的教徒而设的地段小教堂，于1827年开堂。起初仅限于支付场地租金的人使用。在贫民区的各教堂能够提供的免费场地十分有限。但是，到1900年，这样的社会隔离不见了，圣公会教区及其众教堂从社会阶层的角度看，已经混杂在一起。然而，裂痕犹在。在政治上得以具体体现，是发生在1900年的一件事。贺拉斯·普伦基特（Horace Plunkett）在南都柏林郡统一党下院议员的任期内谋求连任。他一直私下参与制订保守党政府的"安抚"政策，包括1898年废除大陪审团制度并代之以民选议会、引入地区议会和本地妇女公民权；次年，又设立爱尔兰农业和技术指导部（Irish Department of Agriculture and Technical Instruction），进一步加大了权力下放的复杂性。当时大家在讨论是否再加一把力，成立一个国立的天主教大学，只是这样的计划必然威胁都柏林圣三一学院与都柏林大学之间的亲密联系。该项教改计划的若干要素激起了都柏林新

[①] Broad Church，广教派介于福音主义和牛津学派之间，具有比较广泛的影响力，主张各教派相互宽容，希望各种教义能兼容并长、和平相处。可以说，这一广教派思想体现着自由主义时代的到来，它预示着英国将走进一个更加自由开放的20世纪。

教徒反对的烈火,其后果比保守党的叛降有过之而无不及。这些安抚政策的出台均与普伦基特有关,1900年的竞选活动也让他的思想暴露无遗。以下各方形成一种很奇怪的统一战线,想要打败他:都柏林圣三一学院的学者们、阿迪劳恩勋爵以及他当时拥有的各家报纸,还有橙带党的地方领袖们。但是,前自由党人和企业新闻发言人都站出来支持普伦基特。在这次竞选活动中,他得票超出其统一党的竞争对手,但是二人均未再次当选。相反,拉斯敏斯、金斯顿及其相近地区用43%的选票推举了约翰·穆尼(John Mooney)——重组的爱尔兰党领袖。

复兴与发现

自罩衫巷剧场崛起之时起,看戏的风头已经盖过对教义的追求,也弱化了社会的分化。虽然前排座位与仅六便士的边廊席位存在天壤之别,但都还是可以看见演出,也能听见台词的。到19世纪后期仍是这种情况,那个时候有很多剧场和保留剧目供选择。因为旅行变得越来越方便,演员可以在爱尔兰海四周甚至更纵深的地方定期巡回演出。年轻的天才弗朗兹·李斯特[①]于1840—1841年间到访英伦,日程安排非常紧凑,但他还是来到爱尔兰。他在隆冬季节与自己的后勤团队先后乘蒸汽邮轮和金斯顿火车,一路奔波,在圆形大厅推出了六场盛大演出,又另在三个省级剧场进行了几场规模稍小的演出。意大利的一些歌剧演出公司是常客,差不多每个秋天都来都柏林演出。每次抵达的时候看起来都像一支小型军队。他们的演出地点是在雄伟的皇家剧院。这是统一派执政后启用的第一座剧院,1821年在霍金斯大街开业,最大容量为3800人,几乎是老罩衫巷剧场的四倍。几十年来霍金斯大街一直由英国人管理,同其他剧院一样其演出内容与

[①] Franz Liszt,19世纪匈牙利著名作曲家、钢琴家、指挥家、作家、慈善家和罗马天主教方济会成员。

英国的省级剧场相类似。1861年布西考尔特的《伯恩姑娘》(Colleen Bawn)获得巨大成功,爱尔兰情节剧重新开始流行。

直到19世纪70年代,都柏林的剧院都有剧团和演员常驻。都柏林有兄弟二人叫迈克尔和约翰·甘恩(John Gunn),他们的父亲在格拉夫顿大街卖钢琴和活页乐谱,并靠此发家。兄弟二人在南国王大街(South King Street)开办欢乐剧场(Gaiety Theatre)。1871年开业后,驻演的情况发生变化。兄弟二人将剧场当作"接待站"运营,出租给不断到访的巡演公司。然而,迈克尔·甘恩绝非仅靠收租生活的人:他一边用剧院赚大钱,一边为市政厅工作了若干年,参与巴特派①爱尔兰自治的政治活动,接着还承租了皇家剧院。他在伦敦有与剧院打交道的经验,比如理查德·多伊利·卡特(Richard D'Oyly Carte)剧团,他熟门熟路,利用自己在都柏林的这两个剧院引进伦敦最红火的剧目,从吉尔伯特与沙利文(Gilbert and Sullivan)到瓦格纳创作的歌剧都有,当然也有中规中矩的古典剧。1880年一场大火烧毁了他的皇家剧院,但是他度过了劫难,在原址又盖了伦斯特音乐厅作演唱会的场所,后来又在裙楼里开设了第一家经营性健身房。接着,在1897年,伦斯特音乐厅再次演变成为另一个皇家剧院(尽管彼时甘恩先生已经离职并搬到了伦敦)。在他的统治王国里,竞争主要来自各个音乐厅和综艺演唱会,特别是达姆大街的"爱尔兰之星音乐厅"(Star of Erin)(就是后来的"但洛维里音乐厅",在1897年彻底改建为"帝国宫殿音乐厅"),还有大不伦瑞克大街上1844年开业的"女王皇家剧院"(Queen's Royal Theatre)。女王皇家剧院在精明的英国经理约翰·维特布莱德的管理下开始推出"颠覆浪漫"系列剧目。大部分由维特布莱德委托写成,有些甚至是他亲自撰写。这些扭曲的浪漫情节剧,主要内容都是基于笼统的爱尔兰历史事件,但却与19世纪80年代紧张的政治形势相契合。他在二十多年的时间里,一直坚持不断

---

① 因爱尔兰大律师、政治家以撒·巴特命名,他曾建立若干爱尔兰民族党派和机构。

地将这些历史事件改编成情节剧。通过创建"常驻旅游公司"和派遣演员的模式,维特布莱德先在女王皇家剧院试点,取得成功后,开始将影响力辐射到爱尔兰、英国的省级剧院,甚至离散犹太人居住区,将都柏林的流行文化传播给国际观众,利润极为可观。每个城市的剧院票价高低不一,差别很大;这意味着剧院在社交方面仍然具有包容性,一如下一世纪的电影院。据克里斯多夫·莫拉什(Christopher Morash)估计,在19世纪50年代初,每天晚上都有接近三千都柏林人去剧院看戏,歌剧或哑剧都有。梅·拉芬在她的一部小说里描写19世纪80年代都柏林街头的儿童生活,曾想象那些流浪儿童用乞讨一整天的收入买皇家剧院的门票。甘恩先生的欢乐剧场有近二千个座位,有时候还得有六百多人站着看戏。都柏林向剧院派驻警察执勤,这是一个既定的做法,目的是当观众喝彩或喝倒彩过度的时候可以控制场面;所以,尽管人数众多,站坐混杂,这些场所仍不失为安全和受人欢迎的地方。

　　修道院学校培养了越来越多自由择业的音乐教师,而且各种形式的钢琴租购模式日臻成熟,越来越多的中产阶级家庭开始拥有钢琴,越来越多的中产人士开始具备音乐素养。音乐欣赏在工薪阶层的生活中比重较低,但是任何重门面的组织和机构都有自己的乐队,在进行公开示威和举办地方庆典的时候其重要性尤显突出。他们甚至创作出非常规范的音乐作品,在剧院或教堂等公开场合演出。在那个时代,教堂合唱团无论从数量还是质量上都很兴旺,有很多精良的乐器作辅助。像过去一样,那些参与到英国圣公会大教堂音乐创作的人(尤其是罗宾逊一家)都是都柏林城音乐圈子中最负盛名的人物。但音乐创作,特别是歌剧推广,是一项比较难做的生意。但相比联合前的岁月,现在的利润更为可观。

　　大不伦瑞克街上的"古典音乐厅"和阿比街上的音乐厅,都是在十九世纪四十年代开业,内部空间非常大,可出租作公共会议、独唱会和各种音乐表演的场所。然而,到了19世纪后期,决定潮流的是那些与爱尔兰音乐学院有关的职业音乐家；在1889年市政厅直接参与治理之后，该学院就越发成为行业内的翘楚机构。杰出的钢琴教授那不勒斯人米歇尔·埃斯波西托（Michele Esposito）是都柏林音乐界的中流砥柱，笑傲江湖四十余年。1884年，他在伦斯特会所的皇家都柏林学会推出了定期举办室内音乐会的做法，引入勃拉姆斯[①]和德沃夏克[②]、德彪西[③]和西贝柳斯[④]，让都柏林民众大饱耳福。他还主持筹建了一所附属学校（市立音乐学校[Municipal School of Music]），在工薪阶层的音乐爱好者中招生。除了各种精细的弦乐，还教授铜管乐器、打击乐器和西洋管乐器。他资助19世纪90年代末成立的都柏林管弦乐协会，成立该市第一个半专业的交响乐团。该协会的运作忧喜参半，但在它存在的十五年间举办了大约二百场音乐会。事实上，音乐会一般都安排在下午晚些时候，说明协会的社会影响力殊为有限。一年一度的爱尔兰传统音乐节（Feis Ceoil）从1897年开始，由都柏林音乐学会主办，得到市政厅的财政支持。该音乐节像是一场覆盖面更宽泛的教会敬拜活动。其创意来自威尔士诗人与音乐家年会[⑤]，目的是促进音乐业余爱好者的演出活动，大力赞助"爱尔兰"作品。虽然这个机构仍然完全隶属于都柏林，但却几乎立即吸引了全国的注意力。

爱尔兰文学剧院的蓝图是奥古斯塔·格雷戈里夫人（Lady Augusta Gregory）、爱德华·马丁（Edward Martyn）和韦伯斯·叶芝于1897年在戈尔韦郡策划出来的。

这是一个看似不太可能的项目，参与进来的是一群崇尚自由而且能力很强的剧作家，各有不同的想法。他们身后站着的赞助人从贵族

---

① Brahms（1833—1897），德国著名作曲家、钢琴家。
② Antonin Dvorak，捷克斯洛伐克著名音乐家。
③ Claude Debussy，法国作曲家。
④ Sebilius（1865—1957），芬兰著名音乐家。
⑤ Welsh Eisteddfod，是欧洲最古老、最大型的文化节，也是威尔士最重要的艺术活动之一。年会用于弘扬威尔士语和威尔士文化，轮流在北威尔士和南威尔士举办。

亲戚到芬尼亚运动①的老兵都有。1899年，他们启用业余演员在古典音乐厅推出自己的首部作品《凯萨琳伯爵夫人》(*Countess Cathleen*)。观众的反响不是被深深吸引，而是感觉莫名其妙。该剧歌颂的是一位靠出卖自己灵魂喂养穷人的贵族妇女，该剧遭到天主教高级神职人员的严厉谴责。叶芝他们成立的爱尔兰国家戏剧学会在1904年选定机械学院作为剧院场址，在一位伦敦人的赞助下将这座建筑改建成"阿比剧院"。这家剧院一直是这座城市拥有许可证的四个剧场中最小，却也是最独特的——很少卖便宜票正说明了这一点。

阿比剧院如此与众不同，是因为它上演实验剧，并声称要打造独特的爱尔兰式戏剧，只从本民族传统神话故事挖掘素材；另外，无论是外部还是内部，针对阿比剧院的争议一直没有停止过。叶芝说话经常前后不一，容易引起歧义，但他又是一个超级出色的宣传员；而且，他在伦敦的人脉确保都柏林的新剧院几乎从一开业就声名远扬。他把爱尔兰式戏剧推广到各个大型剧院，藉此大力打击商业化的舞台的剧。因他孜孜以求的努力，这些剧目的文化影响力大大降低。早期的阿比剧院一直扶持剧作家辛格(J.M.Synge)，他的剧作既有质量又有深度，后世对阿比剧院广泛关注即拜他所赐。然而，在1907年1月份的第一个星期，辛格的《西方世界的花花公子》(*Playboy of the Western World*)推上舞台。但台下的观众却对该剧极其不满，反应异常激烈。叶芝与阿比团队似乎对此颇为不解，他们用漫画讽刺那些批评意见，认为那是没见过世面的表现。他们确实在一如既往地维护着自己人。

爱德华·马丁还与艺术家莎拉·普瑟合作，于1902年在彭布罗克街建立了玻璃协会(An Túr Gloine)。这是一个合作式研究所，在爱尔兰开发制造彩色玻璃。教堂对这种玻璃的需求很大，当时完全依靠从英国和德国进口。事实证明，该研究所非常成功。阿尔佛雷德·柴

---

① Fenian，19世纪50—70年代爱尔兰人民反对英国统治、争取民族独立的团体。

尔德培训了一大批毕业于大都市艺术学校（Metropolitan Art School）的学生，都才华横溢且多为女性。他最杰出的学生叫哈利·克拉克，其父辈从约克郡迁来此地，在都柏林从事教堂装潢业务，分设有一个彩色玻璃制作部。克拉克天赋异禀，既是图书插画家，又是彩绘玻璃艺术家，这差点儿让他去长驻伦敦，但他最终还是在1914年回到北弗雷德里克街，经营家族企业，并成为在都柏林经营玻璃制品的小圈子成员之一。克拉克带领手下不仅为自己的工作室也为玻璃协会在下一代人中赢得了国际声誉，彩色玻璃委托合同也纷至沓来。他有精湛的彩色玻璃技艺，又"特别钟情于中世纪死亡与崇高并存的主题"。这位看起来怪诞奇异，性别取向模糊难辨的人，他似乎有些不合群。

那些支持新型剧院和应用艺术的人，则被盖尔人联盟的光芒所遮盖。这个后来发展成规模很大的文化运动的联盟于1893年在都柏林成立，当时并没有大肆宣扬，其宗旨是恢复爱尔兰语在日常生活中的使用。共同有此意象的爱好者组成了这个不同寻常的联盟，在过去的一段时间里一直主张保留爱尔兰口语。1878年，由于大卫·科恩（David Comyn）的热情推动，盖尔语成为国立小学和中间学校[①]课程表里的选修课。这位国家银行的职员，几乎是单打独斗促成了这件事。1893年，有人提出更雄心勃勃的倡议，导火索则缘于前一年秋天在伦斯特音乐厅的一场特别鼓动人心的公开演讲。演讲人是新成立的爱尔兰国家文学协会（Irish National Literary Society）的主席道格拉斯·海德（Douglas Hyde）。据叶芝记述："这是1848年以来关于此类问题的最重要讲话。"海德是一位有抱负的学者，对爱尔兰语及其濒危的口语宝藏情有独钟。他旗帜鲜明地反对"那些只读英国书，对盖尔语文学一无所知的人。他们在各个方面都忙不迭地模仿英国，却辩称是因为个人对爱尔兰恨铁不成钢的心情所致"。他专门指出，"廉价的恐怖小说、便宜的惊悚文学，更有言语粗俗、内容十分垃圾的各种

[①] intermediate school，英－爱教育体制中初、高中之间的学校。

第八章 | 谁的都柏林：1880—1913

英语周刊"使爱尔兰变成"一个只会模仿的国家，俨然成了西欧的日本"。"帕内尔爱尔兰党"分裂的后果令人沮丧，却成为有利于文化新崛起的好时机——是一场明确的非政治性、非宗派的运动——致力于恢复土著语言，从而恢复公众获得学习历史、沉淀文化的能力，并重建真正的民族归属感。

以前曾有过几次运动，试图推广这古老的语言。这次这个新的联盟，一开始也是踯躅前行。现在分成了两派：有些人接受海德关于盖尔人独有的未来愿景；有些人则受叶芝鼓动，希望将爱尔兰历史、新教徒和异教徒的所有文化成分很好地结合到"凯尔特"文化复兴当中。这样的分歧在早期造成的影响尚小；随着联盟的逐步成长，发展为国家历史上最大的文化组织。从 1901 年 258 个分支机构，16000 名会员到 1908 年 671 个分支机构，约 40000 名会员。盖尔人联盟与爱尔兰音乐协会（Feis）之间有一些重合，但是联盟的复兴主义者与后者中的专业音乐家拥有不同的国际品味。在 1897 年爱尔兰音乐协会举办第一次音乐节几个月之后，联盟也举办了第一次爱尔兰文化节（Oireachtas na Gaeilge）。整个圆形大厅剧院排满了各种舞蹈比赛、唱歌和朗诵的日程。自此以后，这个一年一度的节日在全国各地的场馆轮流举办，而且几十个郡级和地方性文化节也在都柏林委员会（Dublin board），也就是联盟执委会（Coiste Gnotha）的监督下组织起来。教师被派到有发展前景的分部进行巡回讲课，最有效的地方是流行讲英语的爱尔兰城市社区。联盟有自己的教育出版物和报纸，几乎都在都柏林当地出版，比较著名的报纸是《光之剑》[①]。这些出版物目的性强、内容活泼、引人入胜，有助于学习语言。普查结果显示这确实产生了一定效果：城里具有双语能力的人从 1891 年的不到 1% 上升到二十年后的 3.7%。

联盟的创始者是一个多元化的团体，有牧师、印刷工、学生、教

[①] An Claidheamh Soluis，盖尔人联盟在 20 世纪早期出版的报纸。

33

1901年上萨克维尔（欧·康奈尔）大街上盖尔人联盟的店铺和办公室。盖尔人联盟1893年在下萨克维尔街的一个小屋里成立，到1901年，已经取得很大进展，其自办的《光之剑》周报非常成功，出版社秘书帕特里克·皮尔斯年轻活泼，充满热情。

师、记者、下级公务员、铁路及银行职员等。他们中没几位是在都柏林了出生的人,但原有位于城里的分部仍是最大的,1900年时约有六百名成员。提摩太·麦克马洪(Timothy MacMahon)关于联盟的研究表明,其都柏林的会员混杂于社会各阶层,多数属于中低产阶级或技术工人。分部中都柏林以外出生的人极多,虽然起初男性占绝大多数,但在战前发展高峰期的1907年,约三分之一的会员是女性。联盟从刚开始的单一大规模俱乐部,发展到1903年在城市和郊区共有五十多个分部,其中许多分部与行业协会和工人俱乐部互相融合。到市长官邸的"民族语言游行",联盟每年举办一次,是最盛大的公民活动之一。1903年曾吸引近四万人参加。然而,数字可能存在欺骗性;会员中已经交费的学员总是会有半道离开的,在任何一个时间段参加语言课学习的总是极少数——这表明,对多数人来讲,可能把加入联盟只是当成一种人生仪式,人们希望有这样一个自由的社交环境,无论阶级、性别和年龄,都可以凭着彼此尊重的"深夜友谊"一起度过一段美好时光。海德是罗斯康门郡教区一位牧师的儿子,盖尔语的复兴运动中也有其他非常活跃的新教徒活动家。他们在圣凯文教堂曾取得过一个小小的胜利。当时在举办1905年的圣帕特里克节圣礼,全程使用爱尔兰语。但普遍情况是,即使在爱尔兰语被正式列为选修课之后,该市由新教徒管理的国立小学校对爱尔兰语复兴的敌意却越来越强烈。在随后的岁月里,人们对"讲爱尔兰语的爱尔兰"运动支持的呼声越来越高;语言复兴似乎成为民族宗教(ethno-religious)主义的有机组成部分,这其实是一种危险。新教徒随之受到疏离,被打上不可救药的"西不列颠人"[①]的标签。

盖尔人联盟的成功因素之一在于,他们赋予地方分部相对的自主权。约恩·麦克尼尔是一位年轻的公务员,早年曾担任联盟秘书。他

[①] West Britons,有的爱尔兰人同情并刻意模仿英国人的行为做派,"西不列颠人"是对他们的蔑称。

热情地推动一个理念,就是在年轻的民族主义天主教圣职人员支持下开展民主乡村运动。总部只负责提供印刷物资源、组织指导,以及刚开始的教师培训,仅此而已。基廷是都柏林的一个分部,成立于1901年。他们充分利用这种自主权,成为科克郡和凯利郡复兴主义者的堡垒。这些人是"精英中的精英"。该分部在科克市西边成立了第一个爱尔兰语教师培训学院,并拥有自己的校刊《斑芭》①。该分部还组建了自己的盖尔运动队,并且不同于整个联盟,他们仍与"后期的"共和派政治家保持着紧密联系。

晚期的共和主义守护者仍然是受誓约约束的爱尔兰共和兄弟会成员。19世纪70年代以后,共和主义支持者找到一系列新议题,使他们可以借以推动自己事业的发展:首先是依靠土地同盟②,但这项议题很短命;最终,他们借着发展体育运动找到了一个更为持久的组织类型作为门面,不仅可以获得资金,还有人才可用。城市芬尼亚会③与其乡村的同事们在1884年开始共同筹建盖尔人竞技协会(Gaelic Athletics Association)。虽然总部最初设在了蒂珀雷里,但都柏林却也是可以接受的地点。事实上,协会的策划人兼第一任主席迈克尔·丘萨克是爱尔兰语老师出身,是一个颇有天赋但性格稍显古怪的都柏林人。他在当时经营一所很红火的"补习学校",专门培训那些准备考警察和公务员的人。他在同时代的爱尔兰人或英国人中都很有代表性,总体上热爱一切竞技体育,对板球、手球和橄榄球特别情有独钟(在1874年爱尔兰橄榄球联盟[Irish Football Union]成立后,后者尤因联赛的发展而兴盛)。丘萨克既是橄榄球教练,也是一位充满活力的前锋。1882年,他又转而全力投身于复兴爱尔兰式曲棍球的活

---

① Banba,爱尔兰语传说中三女神之一,也是爱尔兰的古称。
② Land League,爱尔兰的一个政治组织,成立于19世纪,旨在消灭地主并帮助佃农获得自己耕种的土地。
③ Fenians,爱尔兰的一个政治团体,在19世纪到20世纪初争取建立独立的爱尔兰共和国。

动。从在克莱尔市北部的孩童时代起，他就十分熟悉这项运动，但对19世纪晚期的都柏林人来说，却对其不甚了了。1883年，他在自己的补习学校里吸收了来自十几个郡的年轻人，组建了一个爱尔兰式曲棍球俱乐部，取名"大都汇"，并很快在凤凰公园开始了训练和比赛。他利用自己的宣传手段在《爱尔兰人团结报》上发文章，培养公众对曲棍球运动的兴趣。都柏林的某些橄榄球、竞技、网球俱乐部在社交层面具有排他性，而且这些俱乐部的特点是以新教徒居多。有感于此，他下决心在爱尔兰体育机构里建立一种完全靠自我调节的用人机制，从身体和道德两方面催化民族再生。可以对多种多样的传统农村体育项目进行现代化调整，他是第一个发现这一潜力的人之一。有些项目几乎消失在人们的记忆长河之中，经过这样的现代化调整，无论是田径、曲棍球或是某种玩法的橄榄球比赛，只有成为俱乐部成员才能参加。城里早期的曲棍球俱乐部从大量的外来人口中招人，特别是从芒斯特省北部迁来的新移民；此外，各大百货公司年轻的销售人员也很愿意应招，这已经得到事实的证明。相比之下，"盖尔式"足球①更多吸引的是城里和都柏林郡北部的土著人才。俱乐部的名称是"海之子"，基地设在林森德，在早期多次的著名比赛场次中获胜。

丘萨克是备受争议的人物，但协会早期出现的恶性内斗和财政盈亏，与他并无关系。这些事情发生在爱尔兰共和兄弟会1886年接管协会的中央执委会的时候，神职人员与平信徒也普遍抵制这次接管。都柏林俱乐部在某种程度上可以说是避免了最糟糕的分裂和内斗。到19世纪90年代中期，丘萨克大刀阔斧的各项举措逐渐在都柏林和其他地方失效了。都柏林市和都柏林郡在1888年活跃着114个俱乐部（约占全国总数的四分之一）。到1896年，这个数字缩水约三分之二。

---

① Gaelic football，是主要流行于爱尔兰的一种团队球类运动，与板棍球并列为爱尔兰的两大运动。盖尔式足球比赛双方各上场15名球员，比赛时间60分钟，分成上、下半场。比赛场地为长方形草地，两端线中央各有一个"H"形球门。比赛的目的是将球用脚踢或用手捶击打门得分，比赛时间终了时，以得分多者为胜队。

其间,都柏林第一家从事英式足球①比赛的俱乐部于1891年成立,名为"波希米亚人"。十年后,这个来自苏格兰的运动项目才开始在都柏林一飞冲天。彼时,都柏林的俱乐部在全爱足球联赛上一再赢得"爱尔兰杯"。盖尔人竞技协会从1896年起再次进入扩张模式,不过这个时候不再带有明显的政治目的。全爱尔兰锦标赛(All-Ireland championship games)在都柏林举办,并且从1901年起,都柏林成为协会的全国行政中心所在地。开始的时候,市区十几个运动场几乎都被协会麾下的俱乐部利用起来,但是自1896年起,盖尔人竞技协会开始将所有比赛放在莫里斯·巴特雷的城乡赛马场(该赛马场占用了北环路外蔬菜农场的部分土地)。这个场地很好,容易控制观众流向;入场票是竞技协会的重要收入来源,因为竞技协会可不比其他体育组织,缺少有钱人的赞助。1913年全爱足球总决赛上,劳斯队与凯利队再次对决的时候吸引了35000名观众,人数太多,非常危险;观赛人数大幅飙升促使竞技协会直接买断了这块以前的赛马场。接着,新建的"克罗克公园"发展成为爱尔兰民族主义者的体育朝圣地。盖尔人竞技协会已经在地方主义和中央集权之间建立了一种非常持久的婚姻式关系,这要归功于协会的章程。煞费苦心制定出来的协会章程鼓励政府参与。赋予都柏林刚刚足够的权力,对比赛规则、俱乐部建设和郡县比赛进行控制和管理,但绝不过头。竞技协会的活动不同于历次文化运动,始于都柏林,但却不止于此。爱尔兰式曲棍球的运动中心芒斯特和南伦斯特决定着这项运动的走向。

对于盖尔人竞技协会和盖尔人联盟(the Gaelic League)来说,战前年岁是值得缅怀的英雄时代。这两个组织彼此借力,大量会员拥有交叉身份,胸怀文化自助和国家再生的共同目标。市政府公开对两个组织表现出尊重态度——市长会观看重大的锦标赛;大概从1905年

---

① Assciation Football,1876年足总成立后为了把原来的足球与其它足球运动区分开来,称之为"英式足球"。

开始，在市政信笺抬头和部分新的街道标牌上采用双语。从1900年到1906年，在其最快速发展的时期，一种新的整体分离主义思想大量渗透进两个组织。这时候，有一个都柏林人发挥了重要作用，他既是训练有素的印刷工，又是激情四溢的记者，名字叫亚瑟·格里菲斯（Arthur Griffith）。格里菲斯几乎在尚未脱离学徒生涯的时候就结识了另一位受过基督教兄弟会教育的北方人威廉·鲁尼（William Rooney），与之一起推广小型文学辩论俱乐部和一些昙花一现的爱国期刊。1897年格里菲斯移民去了南非，在那里他得到了报纸编辑的经验。然后不到两年，他在鲁尼的鼓励下回国为其做新周刊《爱尔兰人团结报》的编辑，其名称与倡议暴力斗争的约翰·米切尔在1848年创办的同名报纸相呼应。发行市场竞争激烈，该报发行量一直不大，但这份报纸确确实实成为格里菲斯发布与众不同的激进主义思想的平台。

那位名叫詹姆斯·乔伊斯（James Joyce）的旅居巴黎的年轻读者认为"这是都柏林唯一值得一读的报纸"。民族独立主义者在1898年的一切政治活动都与纪念有关，他们尤其纪念的是1798年和1848年的历史事件[①]。在除夕夜，长长的队伍举着点燃的火把，随着车队和乐队围着爱国者纪念地绕行，在曾经矗立新门监狱的格林大街上演奏《马赛曲》；在午夜时分游行到圣米尚教堂外面，再过河到圣凯瑟琳教堂之前略作停顿。大街小巷始终回响着青年爱尔兰党人的宣传民谣，如《有人害怕说98年的事儿》。在盛典幕后，是一场持续的地盘之争，涉及爱尔兰议会党的两次内讧，还有老对手爱尔兰共和兄弟会鼓动的团伙之争。爱尔兰共和兄弟会的人已经启动了纪念活动的计划，

---

① 1798年5月，爱尔兰人民受法国革命影响，在沃尔夫·托恩（Wolfe Tone）为首的爱尔兰人联合会领导下，在韦克斯福德、威克洛、安特里姆等地起义。因无统一计划和指挥不当，惨遭英军镇压，七万余人被处死。这是爱尔兰历史上的第二次起义。1848年3月7日，爱尔兰第一面三色旗在沃特福德一家名叫"沃尔夫同盟俱乐部"（Wolfe Tone Confederate Club）公之于众，揭开了青年爱尔兰党起义的序幕。

并组织了新年游行活动。但直到下一年春天才达成在 8 月 15 日举行为期一天的庆典活动的协议。在此之前，各家报纸所讲的全是恶劣的冲突以及各种敌对的纪念委员会之间彼此拆台的故事。如此一来，城里游行的规模更加扩大，有七十个乐队、近八十个行业协会、几十个省级代表团（特别是来自爱尔兰北部地区的阿尔斯特），而且至少还有基尔肯尼曲棍球队。他们前往圣司提反绿地公园，为在贝尔法斯特洞穴山（Cave Hill）上雕刻出的沃尔夫·托恩（Wolfe Tone）的纪念碑奠基。总指挥是佛瑞德·艾伦（Fred Allan），帕内尔党报的经理，属于卫理公会派，但他也是爱尔兰共和兄弟会最高委员会的总书记；各项仪式的主管约翰·奥莱利里（John O'leary）是一位经验丰富的芬尼亚运动的老兵。爱尔兰共和兄弟会在全国拥有约五千名会员。但是据警方估计，在都柏林的活跃人数不超过五十人，很难会造成什么安全威胁。然而，他们事实上却能够在城里成功动员"成千上万"的人走上街头纪念上一世纪的起义英雄们，这让第二天的《自由人报》如此评论（虽然有点虚伪）："昨日之都柏林谁有资格讲说先烈们在 1898 年的'成败'呢？他们的精神永生，他们的信念也永存。"正如欧基夫（O'Keefe）所观察到的："共和主义……在安全的历史距离上似乎得到了前所未有的尊重。"但是民族独立主义团结一致的情形只是昙花一现，便很快崩溃了。不久以后，爱尔兰议会党那些大人物[①]获得了最后成功，为 1900 年的重新统一铺平了道路。计划为托恩建碑的资金蒸发不见了，爱尔兰议会党当时的领袖约翰·雷蒙德提议在萨克维尔街为伟大的帕内尔建碑作为替代：纪念碑在 1911 年完工。前党魁的雕像在一群欢呼的观众面前亮相，雕像有超大的"暗灰色花岗岩桥塔"框架，这是雷蒙德"自己生命中最骄傲的一次活动"。都柏林年轻一代的政治活动家全都被盖尔人联盟和盖尔人竞技协会一网打尽，他们认为雷蒙德以伦敦利益为中心的议会政治思想的确不足够打动人，

---

① 指的是帕内尔及其同党。

对此，格里菲斯和鲁尼的政治圈子用自己的疯狂新闻战术和诸多政治主张进行了补充。

格里菲斯任《爱尔兰人团结报》全职编辑长达七年之久。在经历一次诽谤诉讼之后，该报重新定名为《新芬报》[①]，他在那里又继续工作了七年。与此同时，他从起初就总是与鲁尼一起忙于酝酿并推出文学和政治上的倡议，直到后者在1901年英年早逝。第一次重要机会在英布战争[②]处于酝酿阶段时降临。格里菲斯在1899年利用自己的报纸进行无休止的宣传鼓动，支持布尔人，并鼓动反对征兵的情绪。那年秋天，公众集会和抗议活动一直不断，12月份在海关大楼旁边举行的集会达到高潮。这次集会的目的是抗议殖民大臣约瑟·张伯伦[③]的来访，他来都柏林接受圣三一学院的荣誉学位。集会组织者无视禁令，现场极度混乱，成百上千的都柏林市警察（包括骑警预备队）与勇敢的抗议者之间爆发冲突。（在这些聚会上有比格里菲斯更耀眼的人物，特别是莫德·冈昂：对于公众而言，她是人人敬仰的芬尼亚运动的楷模，但对于格里菲斯而言，她却是老天安排的盟友。）无论是进行战争抗议，还是在1900年再次反对当时已经老态龙钟的维多利亚女王的到访，格里菲斯都是组织者。尽管一再受到打压，该报纸在整个南非战争并女王到访期间仍一直发表反叛性言论。格里菲斯提出的"包容性分离主义"和反帝国主义的政治哲学非常激进，但很务实，且是非暴力性的。他的态度坦率却毫不妥协，对以伦敦利益为中心的爱尔兰议会党和宪法政治或是对于暴动起义不再盛行的世界都

[①] Sinn Fin，我们自己。
[②] 1899—1902年英国对南非布尔人发动的英布战争，亦称布尔战争或南非战争。
[③] Joseph Chamberlain（1836—1914）英国著名企业家、政治家、演说家。曾任对外贸易大臣、殖民大臣。著名的激进帝国主义者。尽管他最终没有当上首相，却几次问鼎英国的最高权力。他以旺盛的精力和智力来管理庞大的帝国，为英国维多利亚时代的最后辉煌做出了重大贡献。他是英国财政大臣奥斯丁·张伯伦和英国首相内维尔·张伯伦的父亲。

是很大的挑战。他同情"讲爱尔兰语的爱尔兰"文化运动,但和而不同;他的使命是说服所有爱尔兰公民代表完全脱离英联邦的各个机构,通过建设性弃权和(必要的话)非暴力反抗,在自助的原则和基础上,在爱尔兰建立影子政府。对格里菲斯来说,能看着布尔人的两个共和国①对武装力量强大的英帝国进行持续的抵抗的诱惑太强烈了。他的能力还是体现在选战新闻上,但不同阵营的支持者却违背他的意愿在1907年团结起来,组建了一个新的政党,而且他们采用了他报纸的名字——"新芬"。新芬党为了获胜,在都柏林市政选举中作了很多承诺,然而后来就慢慢忘了。只是,格里菲斯一直没有停下他的笔。

格里菲斯如何看世界,都柏林人也如何看世界。这个时代另一个勇于打破窠臼的记者莫兰(D. P. Moran),是从沃特福德经伦敦到都柏林的,有些姗姗来迟。他的周刊《领袖》(*The Leader*)首次面世于1900年,读者群比格里菲斯的期刊更广泛,但这只是因为他的写作风格泼辣,传递的信息出格。莫兰的报纸发行了二十多年,对当时大规模的道德、教育和商业复兴运动②起到推波助澜的作用。这是一场由天主教各机构实施、由天主教爱尔兰主导的大复兴。莫兰拒绝承认自己的行为关乎爱国传统,他也不赞成都柏林的激进主义者;他认为新教徒领导的任何政治运动都不能恢复爱尔兰的命运,而芬尼亚运动的军国主义也不是解决问题的答案。他对叶芝的作品极为蔑视("叶芝先生并不理解我们,但他还是应该写点儿引起爱尔兰人共鸣的作品。他是有梦想的人。这些梦想或许很华丽,也很'凯尔特',但肯定不是我们的梦想"),对那些被圣三一学院熏染了的人他也不屑一顾("上三一学院的代价就是从盖尔被流放")。在1905年出版的《讲爱尔兰语的爱尔兰哲学》里,他用更长的篇幅对这些想法展开论述。事

---

① 在南非的荷兰移民后裔布尔人建立的德兰士瓦共和国和奥兰治自由邦。
② 又称"凯尔特复兴"。

实上，在他粗鲁的文风之下蕴含着严肃的论点：天主教在城市和乡村仍然未能得到充分发展。他着重强调新教徒已经在铁路企业和银行的各个管理层级占统治地位，这样的言论引起了极大的混乱。1902年，新的天主教联盟①成立，意在争取实现企业用人必须凭个人竞争能力选拔的做法。他们甚至威胁要抵制那些拒绝言明其信仰的厂商。沃尔什大主教公开反对这种煽风点火的言论。莫兰的经济版复兴主义，既有对神职人员的尊重，又有对现状出于本能的批评，有助于扩大天主教神职人员以多种形式对新民族主义进行支持。

家庭乐趣

对于大多数热心公共事务的都柏林人来说，"大政治"占据新世纪早期媒体的头条位置：老气横秋的爱尔兰议会党在威斯敏斯特舒舒服服地混日子，得过且过；要求进步的保守主义者在奋力争取租用地进入买卖程序的最终解决方案；都柏林堡里的官僚机构开始有选择的"选贤任能"；接着是1906年自由党获胜，1908年爱尔兰的高校最终实现改革，1909年通过《人民预算议案》(People's budget)，1911年削减上院权力。这一切意味着现在几乎可以确定的是，《爱尔兰自治法案》就要纳入法规汇编，国内政治的角力也要回到都柏林。这座城市成为候任首都。在如此狂热的环境里，报纸和杂志的发行一片欣欣向荣。其中最引人注目的新闻创新，是1905年重新发行由威廉·马丁·墨菲资助的半便士日报《爱尔兰独立报》(Irish Independent)，靠的是墨菲的丰富资源。根据诺斯克利夫在英格兰《每日邮报》(Daily Mail)所吸取的教训，墨菲雇用天资聪颖的记者和助理编辑团队，出版极具蛊惑力的报纸，风头一时无两，完全盖住了所有其他非统一党的报纸。在十年内，《独立报》因其新闻价值在全国的发行量上升到

---

① 该联盟成立的宗旨是培育天主教平信徒的爱国主义文化，并针对新教徒在铁路、银行、保险公司管理层占据统治地位的问题进行抗议。

12万份左右。《独立报》对爱尔兰议会党采取如此敌对的态度不同寻常，反映出其拥有者对于《爱尔兰自治法案》能否终结爱尔兰民族主义持越来越怀疑的态度。编辑哈林顿是又一位西科克郡移民，对于自己能够迎合读者不断变化的口味和观点并为他们提供想要的东西倍感自豪。

地方选举的公民权范围急剧扩大，"小政治"的势头也颇旺盛。巴尔福①1898年主导出台《爱尔兰地方政府民主化法案》，结果使都柏林所有佃农都有了投票权，所有工薪阶层男性家长和房客，还有所有家庭的女性家长也有了投票权。根据1899年1月的新政规定，大约49000万名公民有资格参加初选投票。据夏兰·华莱士估计，在席位竞争激烈的地方，即使天寒地冻的时候也有82%的人走出家门履行自己的投票权（这样高的出席率一定不会再现了）。在建制依然保留的那些城镇，市民拥有公民权这件事就算没那么戏剧化，其影响力也是惊人的。现在它们更名为城区议会，而且初选吸引了大约65%的人出席。随后的每一年直到1915年，都会有一定比例的空缺议会席位，以保证竞选活动不间断，当然只是少量席位。党派影响在一开始并不是很引人注目：以帕内尔为首的爱尔兰自治党在1899年战胜了反帕内尔的爱尔兰自治党；接着，从1900年开始，重新统一的爱尔兰自治党在随后的二十年里完全左右了市政厅的局面；稳定的形势使得零售业欣欣向荣地发展起来，酒馆尤甚。

保守党/统一党占据一小部分席位，其他各党派呈一时繁荣：手工业劳动者组织起来，调动大家的选举积极性，竟然在1899年赢得六十个上议院席位中的十个，重要的是他们同时吸引了新教徒工人的选票。那之后二十年里再没有出现这种效果，其风头在1907年被格里菲斯的政党新芬党盖过。这个临时政党早期在市政厅的势力曾风光一时，但后来逐渐衰落。爱尔兰议会党因自治法案可能加速实施而得

---

① Gerald Balfour，杰拉德·巴尔福在1895—1900年间是爱尔兰的首席大臣。

第八章 | 谁的都柏林：1880—1913

以翻盘。

在20世纪第一个十年里，都柏林市政厅比以往任何时候更受到政府条例和财政监控的约束，但是随着其法定权力的增加，对百姓的日常生活产生了前所未有的影响。正如我们已经看到的，监督公共市场、维护街道市容、监理建筑物建设、负责供水和街道照明、处置城市垃圾，这些自古以来的市政责任在维多利亚时期就已经越来越大，现在又新增了多项权力：检查工人的住宿条件、清除违建房屋（供他人开发）、提供综合性消防服务、维护和改善公园及设施、设定商业食品的安全标准（对待以上这些工作，认真程度有所不同）。能够代表所有这一切工作成果的永久符号就是新的"果蔬市场"。这个市场于1892年（经过四十年空谈之后）在皮尔巷北部老市场原址开张。这是个大型项目，涉及主街拆除清理，费用近8.4万镑。砖饰外墙绝对是都柏林的最佳展示（1897年建设的水产品市场[Fish Market]就低档了许多）。从19世纪90年代起，市政厅为了适应新形势，增加了一些更为复杂的管理责任：包括几座大型工人住宅的建设并后续管理、民用（街道照明）和大众消费用电、文教服务的项目开发（公共图书馆和技术培训课程），还有1909年后社会福利（养老金）的行政管理。这样的进步当然远远超过了爱德华时代北爱的首府贝尔法斯特，多多少少达到了英国一些城市的水平。同侪压力并英国全国性司法变化促进了都柏林地方政府的显著成长；从某种意义上讲，正是由于城市的财政状况自19世纪90年代以来有所改善（1891年增加的借贷力才是至关重要的），才能产生这样的进步。疏水总管系统是当时最大的基础设施项目，由于财政原因拖延很久，直到19世纪90年代中期才得以解决。都柏林方方面面的问题需要一个全面的解决方案，但这个需求远不如本世纪中叶时那样迫切。霍乱现在只是记忆中的事了；人们一直认为老鼠出没的粪坑散发出的污浊空气和被渗透的城市地下土壤是病菌的主要载体，现在这种恐惧感已经解除了。但是由于河流和海岸线环境的退化，这个问题其实仍然存在，而且一些与卫生条件差有关的疾病依然难以根治,尤其是伤寒病。借助帕克·内维尔时代的老方案,市政厅在1896年批准建造两个截留污水渠,总长度超过七英里,在利菲河的两边平行展开,共收纳了54个污水排放口的污水。从前,这些污水在码头下游直接排入河里。工程从艾兰德大桥开始向东发展,历经数年,两条截留污水渠最终在伯格码头下游合拢。从那里挖了一条大型隧道,一直通向林森德。在林森德建造了一个巨大的泵站,提升污水送到皮津屋的系列处理池,处理能力一亿一千七百万加仑。这个时候再将渣泥运送到浆料船上,然后卸载在霍斯希德半岛(Howth Head)。项目承包商是都柏林当地人,但可以想见的是,大量的艰苦工作是由农民工完成的。该项目在1906年完成,成本仅为五十多万镑,被誉为勤俭节约的标杆工程。这个工程还引发了一场关于如何建设更清洁城市,减少河流恶臭的大讨论。

地方民主已经成为现实,正值此时,新的公用事业设施及各种扩展服务(或其败绩)使地方政治生活焕然一新。爱尔兰议会党(更准确说,是其代理"联合爱尔兰人联盟"[United Irish League])控制着城里的选区,而保守党/统一党的利益则在最富裕的郊区议会(拉斯敏斯和彭布罗克)占主导地位,二虎相争,便一时形成这样的风气,对彼此治下的行政弊端、任人唯亲或腐败等问题不断地相互批评和争辩。对于城里来讲,排水和市政电力是明摆着的成功故事;由市政厅建立的四所市立技术学校在建校之初就颇受欢迎;只是公共图书馆的建设速度像蜗牛一样,引不起人们多大兴趣,前两个图书馆于1884年开馆,虽然在1890年到1912年间图书借阅总量翻了三倍,公共图书服务还是严重缺乏资金。漂亮的中央图书馆大楼由卡内基赞助,于1909年在大不伦瑞克街落成,但推迟了四年才向公众完全开放。所有关于腐败的话题都充满了火药味,无不夸大其词。因为依据的是以前的(和后来的)标准,所以所有这些地方政府机构的行政效率水平很容易就被低估了。将1859年"脏乱差"的都柏林与1909年的状态相比较,一位内行的建筑师詹姆斯·贝克特给出了非常积极的评价:

他说都柏林现在是"道路平整、路灯明亮、干净整洁",市区水系充沛,排水系统堪称典范。

都柏林在1882年未能赢得政府对其扩张边界要求的支持,这个问题直到1898年才得到解决。政府势力日涨的时候,郊区乡镇自治的能力自然日渐衰弱;爱尔兰政府似乎越来越理解都柏林市政厅建设大都柏林的愿望了。正如1901年的人口普查显示,包括市区人口扩容的383178人,有不少于31.8%当时居住于市政边界之外的九个郊区乡镇之中。拉斯敏斯和彭布罗克采取的防守行动再次成功(1901年的人口总数为58401人)。他们在威斯敏斯特打起了政治牌,并设法将都柏林的南部边界冻结到下一代。那个时候每个乡镇,甚至拉斯敏斯都是天主教徒占多数,但保守党/统一党议员控制了拉斯敏斯和彭布罗克,金斯敦没有主导政党。然而,都柏林1900年的确在两条战线上获胜:当时南部城区议会(与现在的称呼一样)被要求借助地方税收协调计划帮补都柏林的日常开支,政府便接受了其提出的城市向西和向北扩界的议案。克曼汉姆与拉姆康德拉巷城区议会同意与都柏林商定的条件,并且打动了统一党人控制的克朗塔夫(因其负担不起单独投资排水系统的方案)。紧随这些变动之后,独立的南部城区议会在人口增长方面仍然活力不减,在1901—1911年的十年里增长了9.6%,而扩界范围内的人口只有3.8%的增长。因此,即使实施地方税收均等化,去郊区生活的诱惑依然存在。

现在已是惯例,将维多利亚统治结束时不景气的都柏林与蓬勃发展的贝尔法斯特市进行对比,这意思是说,把都柏林与伦敦(1901年的居民超过六百万)像从前那样比较,在现在看来是多么不合时宜了。悲哀!贝尔法斯特100年前的人口是都柏林的十分之一。到1891年,是真正赶上了(也可能不止赶上了,可能已经超过了,这要取决于如何计算)。贝尔法斯特有着高水平的正规就业规模,是工业重镇,技术工人被安置在专门的房屋居住。那些房屋都是背靠背,成片的集中在一起。贝尔法斯特市政府还看重商业发展,似乎那里所做的，都是都柏林没做的事情。无论是在1886年还是1911年，对于那些利用贝尔法斯特的优势和都柏林的病态作为依据批评爱尔兰自治法案的人来说，他们当然要掩盖与贝尔法斯特迅猛发展相伴的党争压力、限制其劳动力市场发展的信仰壁垒、工厂中无产阶层存在的严重职业卫生问题等。只要都柏林出现特别的社会问题，统一党就会跳出来谴责民族独立主义分子控制下市政府的恶政。

最初争论的焦点是都柏林的死亡率。威廉·王尔德爵士以前的估计稍有夸张，直到1879年，公民死亡率才得以准确确定。针对有关都柏林是否"病城"的统计资料，在此之前已经有过辩论。那年的伤寒传染病曾一度引起恐慌（农村的难民蜂拥进城乞讨，又病又饿，这是最后一次发生这种情况）。但在这种极端情况出现很久之后，都柏林在国际卫生保健排名中的位次仍然令人尴尬：在1906年出版的世界上三十个城市的死亡率排行表中，都柏林在西欧表现最差，是伦敦死亡率的两倍。在1880年和1914年之间实际上有较长时期的改善，尽管缓慢又不均衡，甚至这种积极的趋势在19世纪90年代后期停滞了几年。在19世纪80年代初期，总死亡率徘徊在每千人三十人左右；到1914年，已经下降了近三分之一。这是城市和郊区的总体情况，但平均寿命仍然与邻里关系和阶级身份紧密相关。事实上，城市的高层人士（专业人员家庭和具有独立谋生手段的家庭）与社会底层（没有技能技术并且只能靠慈善机构生存的人，约占人口五分之二）之间的死亡率差距实际上扩大了。据科马克·奥格拉达（Cormac ó Gráda）估计，前者的平均寿命在19世纪80年代和20世纪头十年之间得到大大改善，从53.4岁提高到60.3岁，而后者几乎没有变化，从31.8岁到32.5岁。在1911年他采用空间对比法对彭布罗克乡镇家庭作了研究：林森德工人阶级的儿童中20.9%在五岁前死亡，而相邻的林木茂盛的砂砾山则为14.3%。人口注册总署署长托马斯·格里姆肖在1889年提出了更加令人吃惊的对比：他采集的19世纪80年代中期的数据表明，都柏林顶层社会五岁以下儿童生存率比非技术工人家庭儿童的生存率高出六倍以上，"在文明社会，这实在是一件令人震惊的事情"。

众所周知，城市生活对幼儿健康有害，特别是那些住房拥挤或接受慈善机构照料的儿童。所有英国城市的儿童生存率在十九世纪后期却都有明显的提高，先是一岁以上的婴儿，然后是婴幼儿。虽然都柏林幼童生活条件的各项改善晚了一些，但确实发生了——从19世纪80年代到19世纪90年代早期，1—5岁儿童的死亡率有明显下降；从19世纪90年代到20世纪头十年的末期，婴儿死亡率也有明显下降。这一现象背后的原因究竟是什么呢？有人将历史上的儿童高死亡率归咎为不良饮食习惯、家族酗酒、母乳喂养率低或者就是父母不尽养育责任；另有一些人则强调是环境问题，就是盛行的成片公寓使得空间拥挤和卫生条件极差；还有人强调就是贫穷这一简单事实——在都柏林，非常高比例的人口受雇于非技术性、临时的和低收入工种。关于成年人死亡率持续较高的原因，有大量相似（和相互冲突）的解释。戴利建议，只有考虑1914年以后的情况我们才能差不多得出整体趋势的结论：都柏林的毛死亡率在20世纪20年代和30年代继续急剧下降（每千人从1913年的19.9降到1940年的14.4）；婴儿死亡率从1905—1914年的147.2‰下降到1930—1939年的94.9‰。然而，到20世纪30年代，城里还是普遍过度拥挤，低收入家庭的医疗保障也没有显著改善。发生变化的却是食物成本（因为有免费的牛奶供应计划和更便宜的肉食）、房租水平，以及对老人、病人和失业人员的福利救济范围，还有国民保险公司（National Insurance）的业务普及程度等——这些变化较为适度，却也许足以对城市四分之一底层家庭的健康产生实际影响，这些家庭的食物开销通常超过半周的收入。但是，当然更大的因素可能是某些熟悉的疾病不再肆虐，如天花、麻疹、肠道感染等。当然，就肺结核病而言，有证据表明，这是年轻人，特别是较贫穷男性极度恐惧的慢性杀手。在20世纪的第一个十年肺结核病的危害达到顶峰，当时都柏林的死亡率比其他任何爱尔兰城市的死亡率都高；到了20世纪30年代中期，因肺结核病死亡的人数下降了近三分之二。到现在也没弄明白是因为公共宣传还是试探性引入的疗养院（由公共捐资于1911年建设克鲁克斯岭疗养院[Crooksling sanatorium]和于1912年建设皮蒙特疗养院[Peamount sanatorium]）帮助扭转的局面，但作用确实是有的。

乍一看，倘若直到1920年后死亡率仍未能得到最快速好转，那么首席医务官查尔斯·卡梅伦爵士和他的小团队在近50年来所倡导的所有公共卫生干预措施的社会影响一定是相对温和的。清除热病源、进行定期街道清洁和垃圾收集、近乎普遍的使用冲水厕所，还有清扫后院灰坑，是不是这一切仍未解决城市贫困这个主要问题呢？

卡梅伦第一个承认，城市中心区存在结构性问题、无技能家庭的收入又低又不稳定、临时就业人口众多等问题，限制了他所管辖的市政厅团队的影响力。他是一位天生的乐观主义者，带有维多利亚时代传统气质的城市改革家；但他可能有点太倾向于认为良好的规章就能带来好的行为；而且，尤其在晚年，他甚至容忍市政厅官员们面对特别利益时候的伸手行为，他们伸手的对象可不管是屠夫（背后是危险的监管不力的屠宰场）、乳品厂老板（然后丝毫不在乎出厂牛奶的纯度），还是拥有多套房产的房东（可以肆意忽视卫生条例）。卡梅伦在1913年的住房听证会中公开承认，鉴于制裁无力，他的官员对都柏林近一半的物业单位无法执行最低卫生标准。

奥古斯丁·贝里尔（Augustine Birrell）在1907—1916年间任首席大臣，他在一次可怕的事故后建立了住房听证会制度。那次事故中，教堂街的两栋出租屋倒塌，造成7人死亡。该听证会由地方政府委员会的官员管理，属于国家机关，在海关大楼办公，于1898年被赋予凌驾所有地方权力部门的特别权力。该听证会与都柏林市政厅之间的关系极为紧张。每次听证在市政厅大楼公开举行，可能持续数周；七十六名证人提供的许多证言成为报纸头条。出租公寓制度是前所未有的焦点所在。几乎每个证人都认可这样不言自明的关系，即住房条件恶劣与健康不佳之间的直接关联；但更年长些的证人即使承认都柏林的确存在重大住房问题，却倾向于强调各项事宜已经改善不少。1851年都柏林人居住一室的比例最高达49%，住出租公寓的总人口在1871年达到顶峰，29952户。1911年的人口普查将20564个这样的家庭统计为市中心区居民，占城市总人口的32.5%，居住在5322个一室住宅里；按照大都柏林人口概念来讲，他们的比例有点小。然而，尽管有了这些改善，社会底层权力被剥夺的情况从未像1913年这样明显：新的焦点转移到了城北，特别是就在不久前，加德纳庄园的中心街道被改造成几乎没有任何空地的高楼林立的公寓区。英国全国防止虐待儿童学会（NSPCC）发言人约翰·库克（John Cooke）公布的一系列反映出租公寓生活的照片，非常感人；他明确表达存在于租住公寓群体中间的强烈担心，即住房"改革"会使他们无家可归。像他这样做的人并不多。他还补充道：

> 在我所熟悉的这些岛屿上任何城市（出租公寓）里的儿童都没有像他们一样的自由，我是说，他们在都柏林的街道上是太自由了。成千上万的小家伙们拥挤在交通要道上，毫无控制。道义上他们可能遭受责备、身体上他们随时面临危险。这些衣不蔽体、营养不良、缺乏教养、不受管教的孩子，他们如何能成为有用的公民？

接着，"从街上回来的孩子们就脏手脏脚，脸也不洗直接上床睡觉"；就那么一间卧室的住房，不养狗不养猫，没有鸟笼没有鸟，窗台上也没有花草，几乎没有任何图书读物。其他人将加德纳街和芒乔伊广场的高大砖立面作了对比，在它们的后面，"大多是……单间的出租公寓，大门四敞，门顶的楣窗都坏了"。

即便是在1913年，无论私营部门还是市政当局，安置这两万户人家的艰巨任务似乎都超出了他们的能力。有人为众多出租公寓的业主辩护（这似乎曾是一个有利可图的新式生意，只是好景不再，因为它既受到城市繁杂条例的辖制，公众又对其充满敌意）。有一个特别的例子，就是博尔斯布里奇桥的开发商约瑟·梅德，他是1891—1892年的市长大人，在执政期间买了亨丽埃塔街北面的九栋房子，拆了重建，成为坚固的可以分租合住的公寓，他有足够的资源做出漂亮的工程，动机似乎也不完全唯利是图。但是人们记住的他只是贫民窟恶房东，而不是博尔思布里奇桥最大的建筑商和开发商。

并非只有长期执政的市政会委员会相信，解决住房改善问题不该是市政厅的工作："如果说需要为百姓建房子，那我就不明白是不是也应该为他们买雨伞和礼帽呢！"但在最近完成印奇科的郊区改造项目之后，其他同事就开始支持在城边开发公共住房，特别是在北部的马里诺（Marino）和卡布拉（Cabra），那里的土地成本更低，规范建筑可以是带花园的单体别墅。1913年听证会上多数证人都承认，城中村改造的那些激励措施给政府带来的回报极差。有些项目，特别是在弗利街（位于亚眠街以西）建造的两座五层的楼房竟成了社会灾难。

这些工程于1905年完工，是战前最大的住房安置项目之一。这是一个大胆的决策，因为自19世纪80年代起，也就是都柏林市警察厅扫荡了格拉夫顿大街以西的妓院之后，弗利街（以前的蒙哥马利街）一直是城里的卖淫中心；市政厅在那里建造了460套公寓（主要是一室的单元），然而在租金要价大幅降低之前却没有多少人租。许多新租户还是那些继续公开卖淫的妇女，城中大部分的妓女来自农村，她们都继续留在该地区。（有人反驳说，大归大，但是弗利街项目开发的失败还是因为它不够大）。归根结底，听证会的目的是渴望将更多的公共投资投入到住房建设上。但是，听证会对市政厅及其员工（尤其是市政厅的老人查尔斯·卡梅伦[①]）极为不满，对于他们执行

[①] Charles Cameron, 1830—1921, 爱尔兰医生、化学家、作家，负责市政厅公共卫生部超过50年之久。

条例的马虎态度非常挑剔。首席卫生官员的确容易成为替罪羊，但他在数月之后仍然发表了一篇谨慎但颇为有效的辩解文，同时市政厅也拒绝接受任何指责。故此，卡梅伦一直留任，直到八十九岁。

听证会中最大胆的主张，是采取最近使用的方法，依靠全面的行政措施来纾解都柏林的问题，而不是爱尔兰农村的不满。最激烈的干预来自帕特里克·盖德斯（Patrick Geddes），他希望都柏林像凤凰涅槃般重生。这一宏伟愿景具有"惊人的"影响力：他呼吁实行全城整体规划，将住房改善政策纳入都市全域开发的规划之中。他是英国城镇规划之父，在同为苏格兰人的阿伯丁夫人的鼓励下，若干年前就对都柏林特别感兴趣。阿伯丁夫人的丈夫[①]是自由党人，曾任爱尔兰总督（1906年至1915年在任）。她持之以恒地提倡发展手工业和进行公共卫生改革，特别关心妇女健康问题，总是打破作为总督配偶正当职责的条条框框，但她涉足的各项事业的确带来了实际效果——婴儿得到巴氏杀菌乳的供应，成人结核病实现预防和治疗。倘若没有阿伯丁夫妇，都柏林当然也会慢慢对城市规划感兴趣——市政厅新的中央公路委员会已经制定了一个拓宽城市核心街道的总体规划，初衷完全是为了适应商业和日益紧张的交通需要。只是如果没有这个苏格兰人的影响，1910年至1914年之间公众对城市规划的兴趣不可能有如此显著的提高。盖德斯在1913年的讲话实乃洞见：他主张应该藉着公民教育和公众咨询制定民主规划。他发现市政厅近期的举措有问题，认为是闭门造车的结果，是生搬硬套了伦敦所犯的错误，却没有采纳欧洲大陆的成功经验。他坚称，倘若市政厅"对十八世纪遗传下来的精美城镇规划带有更多尊重更少伤害，而且……更多考虑码头、铁路和制造企业在20世纪的发展情况"，那么他们的12个已完成的住房改

[①] 汉密尔顿-戈登，苏格兰人，生于爱丁堡，是乔治·汉密尔顿-戈登，第五代阿伯丁伯爵的三儿子，毕业于苏格兰最古老的圣安德鲁斯大学和牛津大学。1870年他大哥去世后继承伯爵爵位。

善项目"其实会更经济、更有效"。盖德斯的意见就是利用都柏林过去的优势,制定完善的城市规划,并建立都柏林区域住房管理局。他得到其他人的响应。接下来是1914年夏天的民间展览[①],其中部分活动是由盖德斯直接组织的。展览场地是老亚麻交易大楼,在占地十英亩的宪法山上。该展览绝不是为了满足人们的猎奇心理、哄人高兴,也不是为了宣传异国情调,而是要挑战其8万游客的反映力和想象力,藉着使用与都柏林、科克郡以及许多其他英国城市规划和公共卫生有关的地图、规划、方案和模型,启发人们想象他们未来城市的蓝图。

"乔治亚学会"是一个相当与众不同的组织,自1908年起就极为活跃,其主要目的是记录18世纪的都柏林民用建筑情况,盖德斯不是该学会成员。其会员约300人,几乎全都是新教徒,许多以前的自耕农都支持这个倡议。伊菲和彭布罗克都是有贵族气质的副主席。虽然该学会不是自发组织,但是通过观察其早期针对18世纪巴斯建筑的保护活动,可以明显看出学会主要的努力方向不仅仅是呼吁建筑保护或社会干预,而是复古。在1909年至1915年间,学会出版了六本装帧豪华的书卷,其中四本是专门讲都柏林的,收集了大量的曾为高级住宅区中较为重要的联排别墅的摄影记录,而且开创了利用国家档案馆的先河。该学会的主席马哈菲(J.P.Mahaffy)是圣三一学院最著名的古典派大师,他有多么热爱古希腊语就有多么蔑视盖尔语复兴。"乔治王朝式都柏林"英勇往事的创意由此诞生;可是,随之相连的却是一些棘手的包袱。

---

① Civic Exhibition,该展览1914年夏天由爱尔兰总督阿伯丁伯爵揭幕,约超过8万名观众购票参观,其展品突出城镇规划、公共卫生、儿童福利、民间歌舞、体育项目、生活片段等,目的是借历史记忆为都柏林的城市规划提供创造性思路。

第九章

战争爆发：1913—1919

拉金的战争

在都柏林住房听证委员会在市政厅从事听证的漫长岁月里，外面街上两派人非同寻常的对抗渐近高潮。最初，这是一场以墨菲轨道电车公司为中心的劳资纠纷，只是事态升级快得惊人。尽管三年后有更大的危机[1]临到都柏林，但人们记忆中的"1913年大罢工"[2]是都柏林历史上起决定性作用的事件之一，后来的小说和电影常以此为题材深入挖掘，其在都柏林的政治文化生活中也占据重要地位。这场为期五个月的冲突通常被描述为有产阶级与广大的租房客之间单纯的阶级斗争，这种观点夸大了住房改善与工业发展之间的关联性，掩盖了导致对抗的各种偶然元素。其实主要当事人之间的矛盾冲突和第三方的错误判断，才是最终发生冲突事件的根本原因。但是，是否还存在其他不为人知的因素，加剧了这次事件发生的可能性呢？

1913年物质上的炫富程度可能比维多利亚时代更明显。在城里与郊区新村之间、夏季山庄与什鲁斯伯里路两个世界之间的社会鸿

---

[1] 指1916年4月23日开始的复活节起义。
[2] 1913 Dublin Lockout，工人为争取成立工会的权力而发起的罢工，是都柏林历史上一场最严重的产业纠纷。虽然罢工以失败而告终，但此事件成为爱尔兰劳工史上的分水岭。

沟，现在比以往任何时候都更刺眼。人人可见有钱人开着新汽车跑在马路上（1914年在都柏林登记的车辆约一千辆），他们身上的伯纳多皮草也明晃晃地刺人眼痛。这些有钱人大部分都是天主教徒。因此，不考虑种族或宗教，而从阶级角度来说就具有了新的意义，而且所产生的效果竟是爆炸性的。都柏林的穷人当然能肯定自己没有变得更穷。实际上，自19世纪80年代以来，薪资水平大体上是呈良性提升的：名义上的和实发的技术和非技术工资额的增速都高于英国的平均水平。三十年来，建筑行业（档案记录保存得最好）里有手艺的工匠与普通工人之间的收入差距缩小了。许多行业的工作时间有所改善——建筑工地现在上午八点开工，以前的习惯做法是夏季早上六点开工——建筑工人在1896年罢工四个月，之后每周工作时间从57小时削减到54小时。对工匠来讲，失业和医疗事故的国民保险待遇现在已经成为必备标准，而且养老金制度的建立是普世福音。然而，失业率就在1913年之前的几年里再次提高（尽管有第一家职业介绍所开业），而且大型公共工程项目出现了停顿期。非技术工人的每周工作时间仍然平均约七十小时左右。

与伦敦或利物浦相比，都柏林有组织的劳工挑事儿的能力实在不成气候。一直到1911年，那些正式建立的各种手工业者协会仍然只是浮于表面工作，履行传统职责，监管学徒制度的执行、保护工资差别，不敢越雷池半步。都柏林同业公会成立时间较长，却鲜有作为。公会在近代的首次自发行为就是在1894年承办了爱尔兰工会代表大会（Irish Trades Union Congress），只是公会仍然完全由各个小型手工艺团体主导。拿耐提（J. P. Nannetti）长期担任同业公会的理事长，他做过印刷工，还做过记者，是1898年第一批主政市政厅的工党党员。通过持续努力，他赢得并保住了根据威斯敏斯特法令分配的学院绿地选区的议席，从1900年直到1915年他去世。尽管他与盖尔人竞技协会保持长期联系，但并不激进；他与爱尔兰议会党（IPP）的关系也极为亲密，这些关系在1906年帮助他保住了市长职位。

将各地方行业协会吸纳进来,然后合并为跨英吉利海峡的同业公会联合会,这个进程持续了几十年,对行业外的世界影响相对较小。但是,"新工联主义"(new unionism)的涟漪效应却是另外一种情况。伦敦码头1889年的罢工作为前例,其非技术劳工联盟偶尔采用激进方法也取得了成功,这给都柏林带来立竿见影的冲击。

吉姆·康奈尔(Jim Connell)曾是码头工人,也是芬尼亚会员。正因为他在伦敦罢工期间谱写了"红旗歌"①,才导致次年都柏林首次将五一节作为劳动者的节日庆祝。但形势很快急转直下。全国码头工人联合会(NUDL)的总部设在伦敦,在1900年组织一千多名在煤场工作的工人罢工,要求提高工资、改善工作环境。但煤炭进口商坚决不让步,反倒雇佣非工会劳工("工贼")取代他们,并坚持起诉二十四个码头工人。工人联合会几乎束手无策、颜面尽失。铁路上普通工人的遭遇要好一些,资方对请愿者提出适度改善待遇的要求作出了选择性回应。这些农民工中"鼓动者"雄心勃勃,他们希望找到各样的方法驾驭城里这群由马车夫、码头工人和手工业者组成的庞大却如散沙般的队伍。詹姆斯·康诺利(James Connolly)是迄今为止最重要的人物。但是很少有人愿意相信他成立于1896年的弱小可怜的爱尔兰社会主义共和党、在1898年开始出版的《工人共和国》报纸,或在1899年的反战抗议比丁堡贫民窟那些自发的、让人难以理解的行为高明多少。他对自己的朋友们感到失望,他还被新闻界妖魔化为鼓吹无神论的旗手,1903年离开都柏林去了美国,在外漂泊七年之久。但是,康诺利的政治胸怀令人尊敬,他将马克思主义观点应用到当代爱尔兰社会,既展现了马克思主义的原始意义又透露出他独到的分析深度。等他1910年回到都柏林时,有个拥有异于常人能力的鼓动者崛起了,那就是出生于利物浦的詹姆斯·拉金(James Larkin)。他精

---

① The Red Flag,英国工党和北爱尔兰社会民主与劳工党、爱尔兰工党的党歌,强调牺牲精神和国际劳工运动中的团结一致性。

力充沛又有战术策略，是一个公众演说家，他的磁性嗓音让人联想到约翰·米切尔。

不过，拉金可不是有团队合作精神的人。他最初在贝尔法斯特和都柏林的工作就是在1907年重建全国码头工人联合会。结果，不出一年，煤场工人就再次被组织了起来。煤炭进口商和运输企业试图维护自己的权益，雇佣非工会工人，而这导致1908年7月的十天罢工，最后在都柏林堡的调停下以妥协告终。四个月后，全国码头工人联合会在全城一片的抱怨声中带领三千多名马车夫罢工，最终政府（和教会）作出的裁定阻止了大量工贼从利物浦过来。拉金激进好斗，特立独行，最终遭工会解雇。于是，他在1909年成立了爱尔兰运输业普通工人联合会（ITGWU），挖的都是全国码头工人联合会的会员，也招聘运输行业的普通工人，全都佩戴"血手"为记。所宣扬的"天堂"生活是八小时工作日、所有人都有养老金、失业者就业安置计划、产业仲裁法庭以及有选择的企业国有化。拉金相信，倘若引导得当，都柏林现在为数已经超过2万的非技术劳动队伍将通过"温和罢工"参与有协调的产业行动以期获得更大的好处；换言之，一旦组织起来，他们将共同进退，因为所相信的是工人阶级大团结的观念。当然，回溯历史，都柏林在1780年出现过劳工团结的情况，不过总是由手工业者主导。现在的新情况是，拉金试图在所有那些从未"服役"过的人身上嵌入一种共同的工人阶级身份，无论是在电车公司稳定就业的半熟练工人、街头巷尾的报童，还是码头和市场上按星期雇佣和解雇的临时工。

爱尔兰运输业普通工人联合会的直接目标是在都柏林及爱尔兰的主要城市改善其快速增加的成员的工作与生活条件，只是进展缓慢。1910年，拉金卷入一桩牵涉工会基金的金融丑闻（在科克郡），短暂的徒刑却越发让他名声大噪。获释后不久，他就与一群志趣相投的工团主义者一起共事，并进而得到都柏林同业公会的控制权。他在1911年5月推出了《爱尔兰工人报》(*Irish Worker*)。这是一份便宜的周报，一便士一份。报纸攻击业界领袖，借助粗鲁的卡通漫画、肆无忌惮的

第九章｜战争爆发：1913—1919

辱骂和隐晦的威胁等手段，竟然颇受欢迎。凭借宣扬救世主式的社会主义、指名道姓的谩骂、罗曼蒂克的爱尔兰语美文，该报很快就实现了 1.5 到 2 万份的可观发行量，发行地区主要在都柏林。该报先于英国运输业系列罢工潮开始之前面世。在英国的罢工期间，爱尔兰运输业普通工人联合会组织起码头工人和马车夫也开展了此起彼伏的罢工斗争作为声援。但是，1911 年 9 月中旬针对大西南铁路公司的温和罢工则完全该另当别论：铁路工人罢工由成立日久的铁路工人联合会（ASRS）授权，目的是支持其会员拒绝搬运与爱尔兰运输业普通工人联合会有争议的木材公司发来的任何"有污染"的货物。罢工的事态发展就像滚雪球一样，在几天之内导致几乎所有主干铁路线的服务中断。各铁路公司的反应如出一辙：解雇了每一个参与罢工的人，又从英国招聘工人，并寻求英国皇家工兵军团的军事援助。这样，路网干线服务得以正常运营。两个星期后，因为失去了英国的财政支持，铁路工人联合会最终认输。多数被重新雇用的员工必须承诺永不再采取任何温和罢工行动。对于所有参与罢工的工人来讲，这次经历教训深刻。

拉金在 1912 年买下海关大楼旁边被长期弃用的诺森伯兰酒店作为爱尔兰运输业普通工人联合会的办公处所。该建筑随即改名为"自由厅"，里面有很多的房间、好几个地窖和厨房，可以接待各类团体活动。自由厅位于比斯福特的克雷森特（Beresford Crescent）旁边的空地，几十年来一直被用作示威和公共葬礼的集结地点，这个选址非常不错。到 1913 年 1 月，拉金已经招募了二万四千多万名成员加入工会，其中绝大多数是半技术或非技术工人，这些人主要都在都柏林居住。对于拉金来说，他更大的目的是开展经济革命，温和罢工则发展成削弱都柏林资产阶级的政治武器，意在攻击斯凡加利式人物[①] 威

[①] Svengalian, Svengali 斯凡加利，是 George du Maurier 写于 1895 年的小说 *Trilby* 中的虚构角色，他引诱、支配和利用 Trilby，使这位年轻的爱尔兰女孩成为著名歌手。斯凡加利式人物泛指动机不纯、试图掌控别人的人。

廉·马丁·墨菲（William Martin Murphy）。他担有多个董事头衔，并控制着商会，他名下还有轨道电车公司、为行业领头羊的百货公司、发行畅销的晨报等。这可是相当大的挑战，因为墨菲被视为都柏林最棒的雇主之一，是一个民族主义者，并且于1907年在博尔斯布里奇区（后来建设赫伯特公园[Herbert Park]的位置）主办了盛大的爱尔兰国际展览会，该展览在六个月内吸引了270万名访客。而且他也正是因为在如此场合拒绝接受君王册封骑士称号而博得了优秀民族主义者的称号。

墨菲比大多数人更早预见到了这种威胁。他经营的各种生意走低利润路线，他认为大幅度提高劳动力成本有害无益；他也相信，拉金有关阶级斗争的花言巧语和歪理邪说极具煽动性、非常危险，而拉金主义（Larkinism）实际上与此并无二致。墨菲在其长期的职业生涯中，始终坚持培养劳工队伍对自己的忠诚度，更准确地说，是技术劳工及其家庭的忠诚度。他相信这样做对保护公司利益会有益无害。只不过，电车公司的普通作业人员二十多年来一直试图在工作条件和待遇上进行谈判，但最终也未能赢得一天工作九小时的待遇。在1911年铁路罢工之后，墨菲为员工提高了工资并缩短了工时。但是，对于一个把劳资关系看作是低强度阶级斗争，而且似乎正在鼓动自身成员之外劳资纠纷的组织，他看不出任何与之妥协的必要性。有人（就像运输企业）不同意墨菲的悲观分析；经过系列罢工事件后，他们在1913年春天与爱尔兰运输业普通工人联合会谈判并达成协议，拉金否认利用同情性罢工换取资方对工会的认可和员工工资上的让步。只是几个月后当拉金开始在都柏林联合有轨电车公司（DUTC）招收工会会员时，墨菲警告他的工人，参加拉金工会的人将被立即解雇。

实际上墨菲已经开始在他控制的帝国中解雇员工，比如《独立日报》的发行室，仅在两天之内就有200名电车公司工人因为拒绝搬运《独立日报》出版物而被遣散。两派之间的报复大戏猝然开场，使得

34

欧内斯特·卡瓦纳诸多卡通漫画中最著名的一幅。威廉·马丁·墨菲说服大约400个都柏林雇主不要继续留用不放弃会员身份的运输工人，两天后劳工约翰·伯恩被警察殴打致死，三天后这幅漫画出现在詹姆斯·拉金的报纸上。墨菲在拉斯敏斯的住所为漫画提供了理想的背景，将他勾画成已经摆好姿势准备毁灭工人的秃鹰。

都柏林联合有轨电车公司这个庞大的系统几近停顿；很快，一些大煤场、建筑公司的供货商、建筑业，还有其他机构都受到了影响。多数弱小的普通工会组织被这场旋风卷了进来，它们的会员大多数都团结一致地参加了罢工。破坏活动和轻微暴力现象日益恶化，投掷石块、破坏轨道电车的线路、袭击"工贼"和破坏罢工的嫌疑人。都柏林市警察厅从一开始就参与处理所有活动。显然警察的准备严重不足，难以应对这样的挑战，而且在与自由厅附近大量愤怒的人群周旋时，警察的惩戒措施太差。

在第一个星期六晚上，警察在伊甸码头上用警棍把两个有家室的工人打死了，并把他们抓狂的领头人撵进了弗利街的红灯区，最近在这里取缔卖淫嫖娼的行动使警察们树敌不少，男女都有；警察似乎也是在横行乡里、胡作非为。第二天是个星期天，警察试图在萨克维尔街抓捕拉金，之前他故意在（墨菲名下）帝国酒店（Imperial Hotel）的一个窗口露面，这一举动直接引起了街头暴乱。这是那个年代里最大的一次暴乱。照相机镜头记录下1913年8月31日"血色星期天"（Bloody Sunday）发生的系列事件，越发迫使人们谴责当局的愚蠢行为。在警棍的攻击下，有四百多名来自都柏林各地的平民受伤，随后发生大规模暴乱，商店被抢、电车被毁。但当天被捕的所有四十名暴徒，却都是从弗利街和马尔伯勒街以东的其他贫民窟里抓来的。

墨菲现在是商会和雇主执行委员会里主事的。他说服多数成员企业（大约四百个雇主），现在已经到了必须打烂拉金主义的时刻，所有那些因不明智误入爱尔兰运输业普通工人联合会的员工必须立即退出，并签署以后永不再加入类似组织的声明书。有的雇主，特别是吉尼斯酿酒公司和铁路公司，或多或少都与其保持了一定距离，但多数企业对墨菲言听计从，期望能够提早胜过"劳工独裁者"。许多企业应员工要求作出的严格承诺其实都掺了水分。这是一种高风险策略：企业雇主和警方表现出来的高度专横让自由民意，尤其是不列颠的民意感到震惊。到 9 月中旬，有 9000 人罢工；10 月份达到 20000 人，得到公众广泛的同情，最重要的是得到英国工党支持者的同情。就在彼时，多批食品货物到港，有成箱的面包和茶叶、果酱和饼干、糖和奶酪、蔬菜和土豆，还有煤炭和现金。这项非同寻常的慷慨援助由英国工会联盟监督，并通过都柏林同业公会这个渠道分发，全速运输一直保持到 1 月份，此后才慢下来。援助物资到最后价值接近 94000 英镑，英国工会联盟的援助使得这场斗争持续数月之久，同时也说明为什么在失业率骤增的情况下死亡率只是略有上升。爱尔兰运输业普通工人联合会自己的资金可能只够支付一个月的罢工津贴，罢工的时间却持续四个多月。

  都柏林及其周围郊区在最初几个星期发生若干暴力事件，"自由工人"①或雇主通常在自由区、南部港区和雅各布饼干厂（一批完全支持墨菲的大型企业）这些地点破坏罢工。在最初几个星期，大约一千名皇家爱尔兰警队的战士被选派支援都柏林市警察厅；从 9 月下旬开始，军队入驻提供常规保护。随后三个月，易受攻击的货物运输利用军用车队保护成了街道常见景象。无论是出自自由党还是社会党，对雇主吹毛求疵的批评者都责备法院、警察和政府支持墨菲的活动，还有许多人嘲笑当地的爱尔兰议会党议员什么都不说、什么都不做。各个党派试图平息争议的努力全都失败了。雇主们明显缺乏灵活性使他们在都柏林和伦敦失去了中间派的支持，这却未能削弱墨菲的坚定决心。相比之下，罢工的批评者们却继续对拉金进行妖魔化宣传，并夸大街道内外对法律和秩序的破坏程度。暴力是真实的，偶尔还很致命，目标只限于工贼和其他破坏罢工的人。拉金在法庭唇枪舌剑、竭力辩护。他和同伴们前前后后多次进出监狱。他们越来越多地使用激进语气、不断地提到武装问题，并在 11 月份实际建立起民兵组织（爱尔兰公民军 [Irish Citizen Army]）。这同时反映出作为政治中心都柏

---

① 未加入工会组织的工人。

林的软弱，致使爱尔兰运输业普通工人联合会能够持续地公开活动。（大不列颠自由党政府依赖工党的扶持成为这种状况产生的主要因素。）整个罢工期间，拉金只要一出狱，大部分时间是去英格兰和苏格兰为争取对工会的支持制造声势。詹姆斯·康诺利1910年从美国回国，在都柏林和贝尔法斯特全职为工会工作，拉金受他委托作他的代表。康诺利是资深的社会党人，现在对工团主义有了更加成熟的信念，认为它是处理劳资纠纷的有效方式，可以获得更好的战略战术：在11月初，他在发生纠纷的企业大门口连续组织了大量纠察人员。但也许因为康诺利是一个不如拉金那么有鼓动性的领袖吧，这个做法没能维持很久。

很难确定对矛盾双方更广泛的公众支持程度到底有多深：在都柏林新闻界，除了《爱尔兰工人日报》之外，无论是民族党或统一党的报纸都没有始终如一地支持拉金。《独立日报》和《爱尔兰工人日报》之间还在继续毫无限制地打着口水战——拉金试图把斗争定位在都柏林的帕内尔党与芬尼亚会之间的历史恩怨内，墨菲的写手们却将拉金刻画成愚蠢的自大狂。甚至在《爱尔兰时报》上也不时地出现批评雇主强硬立场的文字，最令人难忘的评论出自艺术家、神秘主义者和新闻记者乔治·拉塞尔（笔名AE）(George Russell)，他将都柏林雇主的未来命运比作最近消亡的乡村贵族(landed gentry)：

> 专制主义（只）在他们显为仁慈的时候才能持续……你似乎的确在阅读历史，以便从中学习教训……到了二十世纪，爱尔兰的首都仍能看到由四百个大人物组成的寡头政体公开决定让十万百姓挨饿，除了骄傲心理下固定的作法之外拒绝考虑任何其他解决方案……你的政策或许能成功，你要承受因胜利而招来的对自己的咒诅。那些被你打碎做人尊严的人们不仅对你深恶痛绝，还会一直琢磨和盘算进行再一次的反击。孩子们也会受到教训诅咒你们。在子宫里发育的婴

儿也会把憎恨吸入饥饿的身体。这并不是他们——其实是你们这些瞎眼的参孙们拽倒了社会秩序的柱子。①

经济和就业领域因此出现的混乱状况对都柏林多数部门都产生影响，公众也是一再表达要求双方妥协的愿望。市长大人在当地组织了为困难家庭筹款的行动，得到的支持却甚少，但是圣文善会却不显山不露水地筹集了很多善款。他们开办的夜间庇护所和食堂在1913年一年翻了一番，对困难家庭的直接援助同样增加很多。即使在罢工结束后，公众对这一事业的支持力度也继续保持相当大的热情：针对社会主义及其深藏不露的支持者，尽管神职人员批评不断、爱尔兰议会党一再警告，同业公会批准的工党候选人在1914年1月的地方选举中还是获得大量选票，保证了42%的得票。但他们最终却几乎没有赢得任何席位。

都柏林商业活动受到的挫折并不像报纸头条暗示得那么严重。在罢工的早期，仅在几周后轨道电车就开始全天运行；煤炭企业和批发煤炭的马车夫们开始投资购买卡车，意在使用机械替代品。尽管从11月中旬开始港口近乎完全关闭，但对圣诞节前的影响却远比自由厅预期的要小。建筑业可能是受影响最严重的。拉金让一切工程在新年前实现停工。人们通常认为这是关键的战术性错误——他没有赢得英国工会联盟来支持罢工；还有，将罢工积极分子的孩子们送到支持罢工的英国家庭（但非天主教）的计划，在是否执行的问题上，他与天主教会之间产生分裂。拉金因此饱受指控，他们说他对宗教信仰完全不在乎。来自英国的财政支持慢慢减少、工会有限的罢工基金也被

---

① 参孙，是《圣经·士师记》里的一位犹太人士师，生于公元前11世纪的以色列，生来藉着神所赐极大的力气，徒手击杀雄狮并只身与以色列的外敌非利士人争战并得胜凯旋。后因耽于女色暴露了自己大力的秘密而被非利士人抓住，剜掉了双眼，捆在房中柱子上。他认真悔过，求告神，后来力气回到他身上，拉倒了柱子，房塌，压死非利士人无数。

掏空，这些决定性因素迫使大多数参与罢工的人寻求再就业，而且不讲任何条件；其中多数人在1914年1月重新就业。但雅各布饼干厂的女工们则直到3月才复工。另有少数人，特别是建筑行业的劳工，则必须保证拒绝参加爱尔兰运输业普通工人联合会；约有四分之一参与罢工的工人则根本没有被重新雇佣。

拉金的伟大时代已然成为过去，他后来在1914年移居美国，把激烈的战场留给了詹姆斯·康诺利。尽管成熟需要时间，但是康诺利的政治观点在罢工期间就开始从好战战性向共和战略转变了。

国际都市

都柏林在罢工结束后又恢复到大致和平的道路上。虽然有些宣传耸人听闻，但都柏林的社会环境其实很安全、犯罪很少，在公共场合能看见的醉鬼比上一时代少很多。主要街道现在整晚沐浴在大功率电灯的明光之下。虽然宗教界社会改革家对卖淫现象极为厌恶，但这座城市依然繁荣"娼"盛。都柏林是省级城市和国际大都市的奇怪混合体。爱尔兰执行委员会本身就不像以往那样以都柏林为中心：长期担任首席大臣的奥古斯丁·贝里尔就很少在都柏林现身，他不喜欢这里。爱尔兰政党及其附属部门明显支持爱尔兰自治法案，但近年来却将政治活动下放到地方选区。从外部看，无论是住房改善方面的改革、市政税收或对工会的认可等，都柏林在政治上的争议都似乎非常具有地方特色。关于是否实施爱尔兰自治法案、是否可能将阿尔斯特部分地区划出去的大论战现在正在伦敦上演，然而主角却几乎没有一个来自都柏林。北爱尔兰统一党由都柏林以前的大律师爱德华·卡森领导，现在称为阿尔斯特统一党；从阿尔斯特发出的威胁令人担忧，他们提出要以实际行动抵制自治法案。虽然城里的一些橙带党人暗地里做过支持阿尔斯特志愿军的准备，但在都柏林几乎没有得到任何公众支持。事实上，爱尔兰南部的统一派在1913年11月组织了最后一次盛大集会,人们齐聚皇家剧院,听保守党领袖安德鲁·博纳·劳热情洋溢的演讲。为保护阿尔斯特利益,他的承诺信誓旦旦。有许多来自爱尔兰南部和西部的人,这样的承诺当然不是他们希望听到的,晚上的活动还没结束,人们就开始朝他吐唾沫。是南部统一派的主流喉舌,在自治法案陷入僵局的情况下,《爱尔兰时报》仍然坚决反对任何分裂爱尔兰的解决方案。

剧院从文化角度反映出的政治倾向以及盖尔文学的复兴,按其带来的热度判断,其影响力很大程度上限定在都柏林。在此期间发生了一件可能具有更广泛意义的事情,那就是有人建议开办一个专门的现代艺术画廊,存放格雷戈里夫人的侄子休·里恩收集的印象派画家的精湛藏品。然而这个建议却引起长期的辩论,甚至在1913年演变成针对支出与市政厅捉襟见肘的财政状况之间的地方性口水战,完全与艺术在现代世界的地位无关。无论是不温不火的支持派(如阿迪劳恩市长),还是一毛不拔的反对派(如墨菲),叶芝理所当然地公开表达了他对这些叫停该方案之人的蔑视。虽然都柏林的报纸发行业极为活跃,同时还存在着富有创新精神又"做事考究"的出版商(特别是伊丽莎白·叶芝的邓莫尔出版社[Dun Emer Press])。但从图书业的状况来看,都柏林的文化边缘化问题却比以往任何时候都更严重,其重心完全局限在内部。1907年,都柏林举办了盛大的国际展览会。风格争妍斗奇让人眼花缭乱。有精致的工艺品还有珍稀的古玩。尽管如此,却鲜有证据能够表明它工业产业的活力。相反,那些仓库装满进口商品的大百货公司,却在"工业馆"独领风骚。在更高端的科技和学术领域,人们可以明显感受到都柏林国际地位的下降:英国科学促进会(British Association for the Advancement of Science)1908年访问都柏林,是七十年里第四次访问;那是一个提高声望的最佳时刻,都柏林要向二千多位尊贵客人展示自己。但与之前的三次访问不同的是,这次没有什么当地知名科学家列席,而且除了詹姆斯·乔利(James Joly)在放射方面的研究之外,再没有什么关于地方性科学发现的专题报告。不可否认,虽然位于梅里恩街占地广阔的理学院(College of Science)建设工程完成近半,让人过目难忘,但那只是国家发起,旨在拓展技术培训的举措,与促进本土学术进步无关,这点让人颇为费解。

都柏林似乎是由年长一代人所掌控。无论是商业或教会、圣三一学院或市政厅,对前卫派与对社会主义一样,持怀疑态度。这种具有集体意志的否定态度,将都柏林变成如年轻乔伊斯的名言所说的"瘫痪中心"。事实上,确曾有几位美第奇家族①式的有钱大人物,他们准备赞助青年才俊。墨菲的伙伴劳伦斯·沃尔德伦(绰号"闹闹")(Laurence "Larky" Waldron)是电车及火车轨道总监,即属此类情况。他曾是非常成功的股票经纪人,被选举做过不长时间的无党派民族独立主义下院议员,还做过国立图书馆受托人和国家美术馆馆长;沃尔德伦经常在基利尼②的宅邸举办周日比赛,有意将游艇俱乐部的会友与青年艺术家们聚拢在一起。他在1913年将在玻璃上画图和描彩的任务委派给了年轻的哈里·克拉克,而屋里则摆满精致的仿齐本德尔式家具③,全是都柏林木工手艺最棒的詹姆斯·希克斯雕刻的。他行为极其古怪,异于常人。

乔伊斯的《都柏林人》(在伦敦历经诸多困难之后)于1914年6月出版,其众多目中的一个,是为了举起镜子观察他弃之身后、患有幽闭恐惧症的都柏林社交界;并揭示天主教徒出于小资产阶级体面,所过的充满欺骗与谎言的生活。但即便乔伊斯也能想象出有时戴着"首

---

① Medici,是意大利佛罗伦萨著名家族,创立于1434年,1737年因为绝嗣而解体。美第奇家族在欧洲文艺复兴中起到了非常关键的作用,以文艺赞助人的声誉闻名于世。
② Killiney,爱尔兰邓莱里拉斯敏郡的一个海边旅游胜地。
③ 托马斯·齐本德尔(1718—1779),英国人。在伦敦开始设计细木工家具,风格侧重乔治中期、英格兰洛可可式和新古典主义。2008年他设计的一套紫檀家具拍卖价格高达二百七十多万英镑。

都面具"的都柏林的样子。一如《车赛之后》(After the race)所述,到处都是充满异国情调的赛车和豪华游艇。这仍然是一座可以使人眼花缭乱的大都市。豪华的谢尔本大厦,重建于19世纪60年代,后来加高到六层,完全可以称为一流的欧洲酒店。其管理极为严格,极受顾客青睐。1907年创造了接待49,671名客人的记录,也反映了国际展览会的吸引力。富有的美国游客在夏季来这里小住(尽管在1911年4月夜查的48位房客中多数是英国人,而厨房里的工作人员是德国人、意大利人和瑞士人)。每年8月马展期间,这家老牌酒店又会被老顾客——乡村绅士——重新占领。在幸存的绅士俱乐部中,基尔代尔大街俱乐部仍然是最国际化,也最排外的。来这里聚会的有同行、以前的乡村富绅、具有保守派性情的高级公务员、法官、军官以及一大批统一党银行家和酿酒商、铁路总监和股票经纪人。自从19世纪60年代大楼重建以来,其会员一直保持在700人左右,只是人员构成发生了变化。现在已经不见神职人员的踪影,越发彰显其好战与蛮横的特性:近35%的俱乐部会员是常规皇家军团的现役或退役士兵。与摩纳哥的体育俱乐部(Monaco Sports Club)和巴黎的狩猎俱乐部(Hunting Club)的往来关系表面上不错,但实际意义不大;而与皇家圣乔治游艇俱乐部和赛马俱乐部关系的好坏则是许多会员真正看重的。所有这些俱乐部全都是男人天地,与酒店和新近流行的茶室大不一样。做过总督府主厨的迈克尔·加米特在1900年接手了安德鲁街(Andrew Street)颇受欢迎的伯灵顿酒店。加米特与自己的兄弟合作,在都柏林开了第一家高档美食餐厅,很快就发展为三教九流发达人士光顾的热门场所。当时最能代表潮流的地方是1896年在威斯特摩兰大街开业的比利东方咖啡馆(Oriental Café)。这家咖啡馆之前是在南大乔治街的一个小店面,生意很兴隆。比利家族既不是城里最古老也不是最富有的辉格会信徒宗室。他们自19世纪30年代开始一直做中国茶叶生意,最近更是开始了制糖业务。这些咖啡馆因其异国情调(销售中国装饰品)、高品质法式糕点(由欧陆面包师焙制)以

位于大乔治街的皮姆兄弟百货公司1857年开业,是当时都柏林最大的商店,而现在也仅次于雅乐思屈居第二。皮姆家族是在都柏林生意场上表现比较突出的辉格会信徒家族,拥有最多样化的产业投资,而且一律是私有的家族企业。

及积极的咖啡推销手段而独树一帜。此时的威斯特摩兰大街已然脱胎换骨。

第一家伍尔沃斯商店在1914年开业，从此美式零售方式落地生根。该店将格拉夫顿街头的三家店铺合并使用，柜台宽敞高大，各摆满糖果和五金工具，均标示折扣价格；又别出心裁，增加了自助餐厅。自19世纪80年代以来，都柏林开了多家英国连锁店——其中最早的一家叫泰勒，是莱斯特的制靴厂，先在伯爵街开了一家店，然后在都柏林又开了八个分号。国际品牌的食品和巧克力在世纪之交首次出现，由亨氏、吉百利（Cadbury）和雀巢（Nestlé）引领潮流，并很快家喻户晓。最大的日杂货品牌却还是本地的。莱福瑞特和弗莱百货店（Leverett & Frye）与芬德拉特食品店在城乡开了十个分店：芬德拉特是"爱尔兰最大的食品分销商"，提供高效的送货上门服务，分销其品牌茶叶和咖啡、威士忌和葡萄酒、蛋糕和糖果、油料、香料、果露等等，并且将不同品类标签贴在葡萄酒、啤酒和烈酒的包装上，这是沿用他们八十多年的习惯做法。

那些有钱有闲、愿意流连于"有小资情调店铺"的人，现在可是拥有海量的挑选余地。对这些识货的人来讲，他们又见识到一片新天地。因为可以乘坐有轨电车，甚至汽车，住在郊区的女人们可以破天荒地徜徉于集中在格拉夫顿街和乔治街、亨利街和卡博尔街上的几百个高端零售店；还有拉斯敏斯、黑石和金士顿等主要街道上也有少量店铺。但是，由于出现二手货或是降价商品，一些客流不大的小店也开始卖这些店铺的专营商品，比如弗朗西斯街服装市场出售二手晚装，插瓶花更是从专业花店沦落为街头流动商贩的手中。在19世纪80年代，"安全"自行车曾是中上产阶级使用的娱乐产品，后来价格大幅下降。到1914年，多数年轻人开始用作上下班的通勤工具。

这时候电影院也应运而生——电力供应无处不在，电影院成为其诸多副产品之一。最早的"让人大吃一惊"的影片于1896年在丹·洛厄里音乐厅上映。接下来的十几年里，罗托纳达剧场和女王剧院为了能够放映各种短片，历经改造。乔伊斯通常被视为第一个发现电影院在都柏林存在商业潜力的人。票价低廉的电影院能提供花样翻新的节目，且有现场音乐伴奏。当然，乔伊斯在1909年回到都柏林的时候，他肯定想到了这一点；在几个意大利人合作伙伴的财力支持下，他在玛丽街开办沃尔塔电影院（Cinematograph Volta），主要放映带意大利语字幕的欧陆电影。乔伊斯的创业并没有坚持多久，他甚至没来得及看清自己开创了什么样的一项事业。其合伙人便将生意卖给了一个英国财团。这个财团早在1910年就在萨克维尔街开了一家超大的电影院，并于1911年在格拉夫顿街又开了一个电影院。一段短暂繁荣的电影发展史就这样开始了：到1915年，都柏林有二十六个小电影院同时营业，都吸收了大量新技术，来势之猛，足以让都柏林那些卫道士们恐慌，尤其是很多电影院是"外邦人与犹太人"开的。

其中的一位莫里斯·埃利曼（Maurice Elliman），以前是卖蔬菜水果的商贩。他开的第三家电影院最具吸引力，是1913年在坎登街开业的豪华剧院。电影院像建在黄金零售街上的其他铺面一样，服务的群体针对中产阶级客户。许多改造后的台球厅和仓库也放电影，正好迎合了年轻工人和青少年喜欢热闹的习惯。

为什么这些早期的电影院大多属于犹太人呢？都柏林的犹太人社区直到19世纪晚期规模仍然很小，但却与"从英国来的"西班牙裔离散海外的犹太人完美融为一体。他们多年的代言人刘易斯·哈里斯（Lewis Harris）很有改革头脑，是个无党派人士，在1874年被选为都柏林市长，执掌市政厅，只是时间不长便故去了。在19世纪70年代后期，来自沙皇立陶宛的德系犹太人（Ashkenazi Jews），又称"立陶宛犹太人"（Litvaks），也开始进入都柏林，很快就成为自两个世纪前胡格诺派教徒大迁移以来都柏林最大的新种族。犹太人的人口在1911年攀升至近3000人。虽然这个数字不到城市人口的1%，但犹太人的影响力却不容小觑。部分原因是立陶宛犹太人明显愿意在都柏林西南部扎堆儿，住在南环路两侧充斥着各样手工艺品店铺的大街小巷里。很快，这一片就被称为"小耶路撒冷"；另外，他们靠的是小本经营（一个星期的收入可能才一个先令），靠沿街兜售服装、赊销轻便的家居用品和小玩意儿，向城乡贫穷的家庭放贷。正如奥格拉达所解释的，从这个群体两代人的经历上看，他们的社会地位得到了显著提升——具体反映在战后他们定意朝南向运河外面发展。虽然他们对都柏林公共生活在各个方面作出的贡献直到后世才显现出来，但他们的特色食品和生活方式却大受青睐。事实上，在大罢工期间，他们中间经营电影院的，曾受到枪打出头鸟的待遇，倍受责难。对他们在所占据的各个商业领域取得的成功，那个时代的人十分不解，但另有一些精明人则"学之唯恐不及"。

犹太人一连好几代只有少数人能就读于圣三一学院，因为那里更多录取的是中产阶级天主教徒学生。在民族独立主义如此强烈的都柏林，这所古老的大学仍然是统一党的要塞，绝不含糊。都柏林在维多利亚时代早期的强大自信早就云消雾散了。圣三一学院受到教会政教分离政策的影响，其收入又受到土地改革的打击和自由党对爱尔兰民族独立采取绥靖政策的威胁，遂于1873年将自己重新打造成一个在俗团体，为转型铺平了道路，就是从管控教友逐渐向提升世俗的学术水平转变。虽然有此努力，天主教统治集团仍自1875年起，对该学院及其生源青黄不接的现象频频发起责难。到了世纪之交，在校人数只有19世纪20年代的一半。在某些专业领域，一半以上的学生毕业后选择移居国外。学院公园的东面的确进行了大量的建筑开发，表明学院开始向科学技术转型，也显示出吉尼斯啤酒公司所注入的资金之受欢迎程度。

科克郡和戈尔韦郡古老的女王专科学院同样受到在校人数下降的打击。相比之下，一些非法人团体专科学院（特别是医学院）在首都则是一派兴旺景象；某些老牌中专学校甚至开始配置三级课程，学生用以预备参加皇家大学的考试。[①] 卡索诺克社区学院和黑石学院沿袭了这条道路；而多明我会在1893年创办了一所小型女子学院，名叫圣马利学院；但先驱者却是位于圣司提反绿地公园，由老纽曼/伍德洛克任校长的那所学校，该校自1882年开始称为都柏林学院大学（UCD）。幸运的是，任职时间最长的一位校长是杰出的耶稣会信徒，威廉·德拉尼神父（Father William Delany）。都柏林学院大学如同其位于塞西莉亚街的姊妹学校天主教医学院一样，从19世纪80年代开始了长时间的扩张。到1900年，都柏林学院大学与塞西莉亚街的学生合在一处已经大约是圣三一学院学生人数的一半。他们的教学楼变得紧张起来。由于资源有限，他们惟有勉强维持。在隔壁圣三一学院炫目的财富面前，天主教机构的贫困"窘态"熬练了德拉尼神父和沃尔什大主教二十几年之久；爱尔兰土地改革后，"学院问题"仍是让人十分头疼，一届接一届的自由党政府都未能解决，未能达到爱尔兰天主教统治集团满意的程度。当然，圣三一学院残存的政治对抗势力也一再顽强地捍卫其自治权力，这也是重要因素。关于大学改革的辩论到最后阶段开始公开化，也变得越发丑陋、令人厌恶。都柏林大学和都柏林圣三一学院的学生们在布尔战争期间的庆祝活动中，曾数次引发街头混乱，益发加剧了大学是否需要改革的辩论；比较了解实情的学术前辈们对两个学校各自学术地位的判断也极具毁灭性。

最后在1908年终于出台了决议，都柏林学院大学作为最强大的合作伙伴，与其他两个学校联合，组建新的爱尔兰国立大学（NUI [the National University of Ireland]），而圣三一学院（以及都柏林大学）则未受任何影响。新组建的爱尔兰国立大学，形天主教之名而为世俗之实，搬到了厄尔斯福特排屋区。这些大楼最早用于1865年举办的展览会，后来作皇家大学的考场。大规模的建筑方案出台了，

[①] Royal University，前身是1882年解散的皇后大学。根据1880年4月签署的皇家特许状，允许未听课的考生参加本校的考试。

第九章 战争爆发：1913—1919

但很快被大幅缩减，只留下鲁道夫·巴特勒沿着排屋建造的纪念亭（1914年完工），与冈东设计的海关大楼遥相呼应。新的组建方案扩大了都柏林大学的规模并丰富了学术多样性，但是对于占大头的国家投资的早期预期则远远超出了国家财政的实际支付能力。都柏林学院大学的学生风貌向来生机勃勃，从19世纪90年代以来更可略见一斑，他们很快就在重组的学校重新活跃起来。在1909年后，教授团队新涌现出一批著名的学术天才，有见多识广的物理学家，也有杰出的凯尔特语专家，包括近期战斗在都柏林文化前线的老兵，其中道格拉斯·海德、约恩·麦克尼尔、托马斯·麦克唐纳（MacDonagh, Thomas）和汤姆·凯特尔[①]最为知名。明显能够感觉到他们正在预备各路精英，很快将会控制实行地方自治的爱尔兰。新组建的学校仍然能够普遍感受到耶稣会的存在。但在成立之初，教会（特别是主教）曾经很快（至少是暂时）丧失了权力：德拉尼非常反对将新学校与盖尔文化复兴联系在一起，但是盖尔人联盟发起了非常有效的全国性运动，向爱尔兰国立大学评议会施压，使其在1910年将爱尔兰语言能力列为国立大学各学院的基本入学条件。

原来的都柏林学院大学更具人情味，1908年前毕业的每个学生身上都留有这样的痕迹。这完全可以在乔伊斯的作品中找到佐证。弗朗西斯·斯克芬顿（Francis Skeffington）是乔伊斯最亲近的校友之一，在战前的都柏林已是扬名立万——在1944年乔伊斯身后出版的小说《史蒂芬英雄》（Stephen Hero）里是"麦坎恩"的原型。斯克芬顿毕业后不久曾做过不长时间的都柏林学院大学招生主管。因为德拉尼不愿意招收女生，他于1904年辞职。其后，他和妻子哈拿·希伊（Hanna Sheehy）开始为"女权问题"冲锋陷阵。他们不知疲倦地大声疾呼，强烈谴责爱尔兰议会党对提高妇女地位不够支持。他们如此激进包含许多其他原因，因为他们坚决拒绝都柏林堡的"贵族式"主张和地方教

[①] Tom Kettle，爱尔兰议会党的新起之秀。

会的暴政，而且他们完全不重视（无论盖尔语还是叶芝作品的）盖尔文化复兴，认为那是转移话题，抛开了真正的社会问题。希伊-斯克芬顿夫妇在 1912 年成立了《爱尔兰公民报》(*Irish Citizen*) 之后与爱尔兰议会党彻底决裂，该报同其他诸多小周刊一样，铺天盖地地出现在报刊摊上。他们的报纸在都柏林独树一帜，倡导性别平等。读者群主要是一千多名爱尔兰妇女公民权联盟 (Irish Women's Franchise League) 的会员，该联盟是哈拿与他人在 1908 年共同创办的。爱尔兰妇女公民权联盟成立之后不久，哈拿就参加了联盟组织的第一波温和抵抗活动（朝都柏林堡的办公室窗户扔石头），她被短期收监，结果却成了名人。外界对女权问题的支持是有限的，虽然有关这个问题的公开辩论持续了至少三十年。城里女教师和女护士越来越多，却都是天主教修会教派的成员，完全不在公众考虑的范围之内。不过也的确存在着一些强力支持者，例如：在都柏林学院大学做管理工作的玛丽·海登，她是资深的女权活动家，竭力为妇女争取接受高等教育的机会；还有萨拉·哈里森，当时在市议会工作。希伊-斯克芬顿家族虽然被相对边缘化，他们仍然勇敢地站了出来，成为知识界最活跃、最无惧的成员。他们在 1913 年全力支持拉金，因而遭到墨菲的嘲讽，却也收获了康诺利的敬重。

欧战归来

1907 年 8 月，都柏林建造的第一座凯旋门在圣司提反绿地公园的东北角揭下面纱，纪念皇家都柏林明火枪团 (Royal Dublin Fusiliers) 在布尔战争中牺牲的二百五十名士兵。明火枪团主体是 1881 年军队改革后的东伦斯特省步兵团，驻扎在基尔代尔郡的纳斯，其普通士兵绝大多数是城市兵，而且多为穷人。事实上，在凯旋门揭幕的时候，都柏林却有成百上千名失业的退伍军人正深陷困苦之中。将明火枪团凯旋门建在格拉夫顿大街街头对面的决定是由工程委

第九章｜战争爆发：1913—1919　　485

员会做出的，建筑师也是该委员会委派的。这里曾是市政厅九年前为沃尔夫·托恩纪念碑选择的地点，这显然不是偶然的；不过，无论将凯旋门建在何处，肯定都会有争议。对于国家独立情绪日愈高涨的民族主义者来说，这种对帝国武装煞费苦心的庆祝相当令人厌恶，但在1907年这可能只是少数派的观点。

　　在接下来的六年中，武装和军队在公民心中的地位发生了深刻的变化。在1913年工人罢工期间当军队奉命上街支援手无寸铁的城市警察的时候，那是自1882年"无敌队"[①]暗杀事件以来再未出现过的场景；1882年那次持续的时间可是不长。到那时，一个自18世纪80年代以来从未出现的非官方同类军事组织，就是阿尔斯特志愿军（UVF，或称"北爱志愿军"），开始在统一党控制的阿尔斯特地区滋长蔓延，反对《爱尔兰自治法案》。志愿军在1914年4月秘密进口了2.5万支德国步枪并且成功分发给了各部队，壮大了他们军事实力。1913年11月前几个月的时候在都柏林罗托纳达圆形大厅召开的一次会议上，人们在吵吵嚷嚷中正式成立了一个对立阵营的业余民兵武装——爱尔兰志愿军（IV)，其使命可能有点儿模糊，是为了保护爱尔兰自治法案成功通过。约恩·麦克尼尔是这个倡议的代言人，但这个创意是由一群爱尔兰共和兄弟会成员提出的，带头的是一位年轻的贝尔法斯特教友派信徒，叫布尔默·霍布森。起义前对拥枪的管理规则相对松懈，对准军事社团几乎没有约束，这两派武装都快速发展，一样采用英国步兵的服饰和纪律，并雇佣大量的退役军人指导训练。他们的曝光频率如此之高，更加深了人们的猜想——要想实现爱尔兰自治，国内冲突恐怕在所难免。到1914年春天的时候，有各种传闻说，倘若受命与阿尔斯特志愿军作战，部分英国军官可能在卡里奇发动兵变[②]。

[①] the Invincibles，从爱尔兰共和兄弟会分裂出来的激进组织，在1881—1883年期间活跃于都柏林，施行暗杀活动，意在刺杀都柏林堡的权贵人物。
[②] 一批高级军官公开支持统一党，他们是驻扎在爱尔兰卡偌军事基地的英军骑兵旅。

招募新兵参加爱尔兰志愿军成为风行一时的城市现象，吸引了许多预备役人员，但其队伍还是充满了"相当数量的"工人。等到了1914年夏天，募兵几乎席卷全国。在都柏林成立了爱尔兰妇女理事会（Cumann na mBan），该机构的使命很谨慎——争取女性参政权。人们越来越认识到，自由党政府为和平的缘故对《爱尔兰自治法案》肯定要做删节，并向阿尔斯特统一主义者提出分割爱尔兰的方案，参加志愿军就是比较实际的回应。约翰·雷德蒙德和爱尔兰议会党正在威斯敏斯特市内外进行一场艰难的角斗，雷德蒙德的策略之一就是在1914年6月控制了爱尔兰志愿军的执行委员会。但是雷德蒙德所不知道的是，有一群志愿军的支持者（主要是伦敦人）组织了一次小规模的军火走私活动，在7月底将大约900支德国毛瑟枪运到了霍斯港。组织起来的都柏林志愿军为了炫耀自己武力，准备公开接收并分发这些武器。在前往霍斯港的路上，他们遭到都柏林市警察厅和苏格兰军队的拦截。警察没有缴获多少武器；几个小时后，人群在巴彻勒街①上开始朝该团其他士兵扔石头。在还击中，他们射杀了四名平民。六天后，又有六百枝步枪秘密送达北威克洛郡。

虽然阿尔斯特的血腥屠杀必然在首都造成新的宗教紧张局势，但如果不是远方发生的事件打断了本地事件的进程，或许仍可找到某种方案，勉强解决危机，而且使都柏林不至于产生直接影响。但是第一次世界大战在8月初爆发了，关于《爱尔兰自治法案》的最后一轮辩论必须留待战争结束后才能确定，人们对此事的政治热情马上降了下来。雷德蒙德在大战前夕针对自治方案表达的支持声明模棱两可，而且七个星期后他在木桥村②呼吁志愿军应征英国皇家军团，这一切都助长了一波反德浪潮，或许同英国人的感受没有可

---

① Bachelors Walk，利菲河北岸一条步道街，也是码头。
② Woodenbridge，爱尔兰威克洛郡的一个小村庄，位于阿沃卡、奥格里姆、高德曼三条河流的交汇处，当地人仍称村中阿沃卡河上的石桥为"木桥"。

比性,却足以使都柏林在未来几个月里的征兵规模达到前所未有的水平。都柏林地区在战争开始的前五个月共招募了 7283 名男丁(到 1916 年底前共招募 21187 名男丁)。友好团体和体育俱乐部也在激发年轻人入伍的热情;而一些大企业,甚至包括都柏林市政厅,都承诺:倘若年轻人原意报名参军,不仅他们的工作会得到保全,甚至比当时成千上万年轻人趋之若鹜的工作还要好。在城中村还采用了更多传统的招募方式来争取支持,首先是发动大量的预备役人员。

老自由厅地区似乎是大都柏林区最重要的兵源地,然后是城北的城中村,而都柏林明火枪团的连队之一就主要由码头工人(也是拉金的老部下)组成。登上运兵船的明火枪团士兵中,未婚比例非常高,三分之二不到二十五岁。这种参战热情的另一面则是与战争有关的各种志愿活动,正以前所未有的规模和强度激增;参与的主要是女性,负责人通常是新教徒。闲不下来的阿伯丁夫人很快就将都柏林堡的国事厅改造成一所红十字会医院;在战争爆发的最初几个月另有数十项激励性举措得到实施。艾尔西·亨利是理学院一位教授的妻子,她指挥了一个对前线产生特别影响的计划——收集全国各地的泥炭藓并加以处理,用来替代原棉包扎伤病员。正如克拉拉·卡伦说明的,理学院在随后几年里将大量的泥炭藓源源不断地运送到法兰德斯的各个战地医院。

她还在 1914 年 8 月中旬的日记中写道,都柏林港的军舰每天晚上 5 点和 8 点都会发出"可怕的警报声,有时听起来像哭泣的女妖,有时咆哮和吼叫像《启示录》描写的某个吞吃的兽"。① 这样的话暗示都柏林市民内心的恐惧,而这或许正是现代工业战争所意味的,只是都柏林很少有人预料那火炮会射向自己的城市。雷德蒙德做出支持战

---

① 《圣经·启示录》,描述了一场由代表基督的"羔羊"和他的信众与被称作"兽"的势力之间所发生的激烈较量。"兽"的一方被指作是亵渎神的名号的邪恶势力。

争的重大决定,得到都柏林绝大多数媒体的积极支持。只是好景不长,没过几天在媒体的推波助澜下志愿军运动发生分裂,麦克尼尔领导一小部分人拒绝参战。约 19 万名志愿军中 90% 以上的人在爱尔兰议会党所属后援团体的支持下愿意继续接受雷德蒙德的领导,改名为"国民志愿军"(National Volunteers);但在都柏林,结果则相当不同:近 30% 的志愿军站在麦克尼尔一边,驻扎市中心的占比最大,郊区较少,拉斯敏斯最少。各个反战团体军火库存的实际情况也是参差不齐。

支持爱尔兰议会党的民族独立主义者中,支持战争的热情在非常缓慢地减退。明火枪团在加里波利①遭受特别重大损失,尤其让都柏林人震惊;官方报道却认为他们在战役中起的作用微不足道,这实在令人难堪,正像协约国军团被土耳其人蹂躏的真相迟迟不予公开一样令人难受。雷德蒙德的国民志愿军因为拒绝接受阿尔斯特志愿军的身份而处于不利地位。虽然国民志愿军在拉特兰广场拥有大型房产和一个武器店,但到了 1916 年,该组织还是明显有了萎靡不振的丝丝迹象。相反,麦克尼尔麾下的爱尔兰志愿军则是另一种境况。他们的军事行动以基尔代尔大街为中心四处出击。原因之一是其奇怪的组织构成:从表面看,其存在的目的是作阿尔斯特志愿军的死对头并确保战后能够全力推进爱尔兰地方自治,但是自志愿军分裂后,爱尔兰志愿军在发展过程中受到爱尔兰共和兄弟会的暗中渗透。换句话说,秘密的共和团体暗流涌动,用一代人的经历,视这场战争为爱尔兰凤凰涅槃的机遇。在雷德蒙德的木桥镇演讲前十一天,芬尼亚会老会员托马斯·克拉克领导下爱尔兰共和兄弟会在盖尔人联盟的总部举行了全体会议,决定在德国的支持下组织一场起义,而且要在高度机密的状态下进行策划。这样,即便是志愿军里表现活跃的朋友也不会知道背地里有什么计划。

---

① Gallipoli,土耳其一个半岛。

第九章｜战争爆发：1913—1919　　489

1916 年

　　跨越 21 个月并以 1916 年复活节周发生的事件为终点，无论是在社会历史、个人回忆录，还是文学作品中，共和党的阴谋策划总是为人津津乐道。该事件的各个环节却依然令人费解。这样一个警察和记者都很熟悉、特别容易辨别的民族独立主义团体，制定的暴动计划除了参与者其他人却浑然不知，这是如何做到的呢？更不用说起义还要动用诸多的国家资源和技术力量。从一开始美国密友受托与德国大使馆进行初步接触，到宣誓信守爱尔兰共和兄弟会保密原则的渗透人员一步步掌握了爱尔兰志愿军和盖尔联盟内部的指挥和控制权，还有利用新芬党这个组织为掩护，暗地招募志愿军，凡此种种，外界怎么可能一无所知？都柏林堡又怎么可能一直处于糊涂状态呢？这可不是单选题。起义者可能有点儿幸运，但是根据当时的情况分析，克拉克在监狱里养成的自律习惯和他的副手肖恩·麦克达马达（Seán MacDiarmada）的死忠是关键。他们的保密很成功，直到最后几天，甚至连（反对秘密结社的）麦克尼尔和几位所谓的军事委员会（Military Council）里的爱尔兰共和兄弟会高层都蒙在鼓里，这样的做法暗示他们表里不一到了何等残酷无情的地步。接下来，谁能成为拉金的继任成为无解的难题。作为一名社会党国际法学家，怎么能与没有任何民众基础的小资产阶级阴谋家一起谋划一场全国起义呢？康诺利似乎早在罢工期间就开始了创建共和国的旅程，对爱尔兰有可能分裂的预期以及 1914 年 8 月工人阶级大团结在国际上进入崩溃状态，这些因素越发加快了这一进程。但是，他观念上发生了转变，主张民族解放是社会革命的先决条件、公民军（Citizen Army）应该成为夺取解放的催化剂。我们很难理解这种转变的理论基础为何。事实上，康诺利和爱尔兰共和兄弟会的起义者在 1916 年 1 月份签署了一份合作协议；双方如果完全履行该协议，则表明为争取民族独立的反抗行动已经成为足以值得付出生命的事业——只要有民主社会主义这味猛药即可。

　　粮食和燃料价格从欧洲战争的头几个星期开始就逐级攀升。直到1917年，通货膨胀对社会福利却没有造成什么剧烈的影响，但公众对战争的热情却在1915年就已经迅速消退。法兰德斯和苏夫拉湾的战斗极其惨烈，但有关的报道总是闪烁其词、语焉不详，再加上人们在码头上亲眼目睹从医务船上抬下来的急需地方医疗机构医治的伤兵，公众越发心灰意冷。除了劳工党领袖托马斯·约翰逊和不屈不挠的希伊-斯克芬顿夫妇之外，反战分子并无特别建树；只是民众隐隐约约感觉存在被征兵的危险，在危险远未形成之前，反对情绪就已经沸沸扬扬了。1915年8月，在格拉斯奈文公墓为奥多诺万·罗萨举办的葬礼是一个辉煌时刻——芬尼亚会最后一位创始人的去世为爱尔兰共和兄弟会新晋之秀帕特里克·皮尔斯（Patrick Pearse）的激进行为做了背书。葬礼由爱尔兰志愿军举办，过程衔接紧密，并在墓地旁边鸣枪致意；虽然民族独立主义者的各派大佬云集，让每个人都记住的却是这位罗斯法汉姆教师令人陶醉的演讲：

> 生机出于死亡，爱国儿女的捐躯则能缔造新生的国家。
> 这个王国的捍卫者或秘密或公开地双管齐下，满以为他们已经平息了爱尔兰。
> 他们自以为已经买通了我们一半人并吓住了另一半。
> 他们满以为料到了一切，做了一切可能的防范。
> 蠢呀，蠢呀，真蠢呀！
> 殊不知这些死去的芬尼亚人他们都葬埋在爱尔兰，
> 不自由的爱尔兰将永无宁日。

　　皮尔斯是诗人，也是思想深奥的教育改革家，在布朗斯维克街长大，他父亲在那里做石刻生意。他毕业于都柏林学院大学，并在

36

19世纪80年代的詹姆斯和玛格丽特·皮尔斯与家人。詹姆斯·皮尔斯在城中村里属于有天分的纪念碑雕刻家,于1900年去世,其生意也在1910年结束。他们的子女,帕特里克(站立者)、玛格丽特、威利以及玛丽,继续为国家争取声誉。帕特里克的职业生涯非同寻常——先是作盖尔人联盟的宣传员,然后成为勇于创新的教育家,最后,成为革命民族主义的代言人。

1901年取得律师资格，是都柏林最著名的盖尔语复兴运动领导人之一，是《光之剑》杂志的编辑，充满激情、富有想象力。1908年，他倾其所有在恩达街（St Enda）开办了一所私立实验学校，试图将新式教育心理学与文化复兴揉合在一起，但是双语学校（和一所短命的女子学校）事实证明成为他沉重的财政负担。然而，皮尔斯仍有余力让自己卷入政治旋涡。他是激进的地方自治派的支持者，却对地方自治能否实现深感绝望。到1913年末，他才被吸收进爱尔兰共和兄弟会；到1915年春天，得以进入兄弟会的最高秘密军事委员会，负责组织即将举行的都柏林起义。这样的抉择实在古怪：他是一位优秀的演讲家，组织能力超强；但对军务他却是以前没有当时也兴趣了无。然而，正是由于他的加入，却成全了复兴主义与共和主义之间的联姻，也正是他激情燃烧的英雄事迹并贵族式的牺牲精神使得曾经怯懦的爱尔兰人为之着魔。约瑟·普伦克特是拉斯敏斯的一个大房屋建筑商的孙子，选他进入军事委员会，更属咄咄怪事：他虽然年轻、富有、文采好，有戏剧和科学品味，但其个性害羞而且深受疾病困扰。更让人吃惊的是，都柏林起义的原始计划似乎是他起草的。他将重点放在占领和控制相邻的战略区域并在特定的大型建筑物里驻防上。该计划准备将都柏林的志愿军组建成四个营。方案设计小组里并不是每个人都把重点放在如何占领都柏林或支持炸弹袭击的策略上，然而这似乎是多数人的观点，而且总能得到皮尔斯的青睐，也（因为非常不同的理由）被康诺利欣赏。康诺利曾特别强调要研究巴黎巷战和最近发生在莫斯科的巷战。当然，在志愿军力量最强的地区，还要假设如何采取独立的军事行动以阻击英国皇家军团。

争取共和的暴动计划在志愿军架构内悄然完善起来。志愿军为争取民族独立大造声势，但充满自卫和模棱两可的语气，这更增加了队伍的受欢迎程度，也给无休止的演习、周末野营和正式阅兵提供了理由。这些活动在1916年的圣帕特里克节上达到顶峰——麦克尼尔在未经授权的情况下在（威廉国王雕像旁边的）学院绿地公园主持了盛大的阅兵式。尽管气势咄咄逼人，又造成交通堵塞，然而警方却并没有干预。下一场全国性的志愿军阅兵活动计划在一个月后的复活节[①]举行。麦克尼尔直到阅兵的前几天才十分震惊地发现自己被骗了，计划中的全国性阅兵活动实际上是为起义作掩护。随后，有消息称在凯利郡截获了大批德式武器，所以他正式取消了志愿军的所有活动，却在一天后发现他的战友们完全无视他的命令，义无反顾地决定照旧起义，临时起意的起义计划很大程度上集中在都柏林。

一群约 1200 名乌合之众纠集起来的武装力量，在多数人对于前定后否的命令感到困惑的情况下，于复活节后的星期一上午分别在自由厅和厄尔斯福特排屋、在费尔维尤（Fairview）的一个小公园和（科克街外侧的）翡翠广场（Emerald Square）集合起来，还有一少部分在城外皮尔斯的学校集合。无论男女，其中五分之四接受志愿军的命令，剩下的则受公民军领导。倘若前一天的阅兵式没有取消，召集的人会更多，现在的人数不到原定总数的一半。后来共有 872 名起义战士被捕、遭拘禁。倘若将他们作为社会阶层构成代表来分析，那么在起义者中半熟练或非技术工人占少数（36%），远远低于都柏林芬尼亚会的骨干力量、技术工人、神职人员和店员（58%）。专家和经商家族的子女仅占 2%——而且绝大多数真的都很年轻。

隶属总部的营队在正午时分占领了邮政总局；志愿军一营（First Battalion）仅在几个小时之后就占领了四法院大楼和教堂街地区；二营占领雅各布饼干厂（最初分配给他们的任务是攻占都柏林远郊的亚眠街车站）；三营负责博兰面粉厂、大运河码头、韦斯特兰街车站；四营负责南都柏林郡济贫院和迈若博恩巷酿酒厂（Marrowbone Lane distillery）（第一天他们就不得不孤军坚守阵地）。相对来讲，整个过程没发生严重流血事件。圣司提反绿地公园由公民军负责攻占并防守。志愿军的大军团集中在宏伟的邮政总局（后来增加到408人，包

---

① 1916 年复活节是 4 月 23 日星期天。

括那些伙夫和脚夫)。有一群公民军约 30 人在刚起义的第一时间试图冲进都柏林堡，而城堡当时几乎完全没有安保措施。公民军的指挥员是一个业余演员，才扮演过罗伯特·埃米特的角色。也许他并非担当此任的最佳人选，在射杀一名哨兵后，他们却不得不撤离，因为大门被强行关闭了，他们只好去接管了市政厅。当时都柏林堡只有一个手无寸铁的警察在站岗，驻军却形同虚设；援兵得两个小时才能赶到，城堡在此之前完全处于狙击火力控制之下。除了城堡本身的 6 名守卫和附近船街兵营的 24 名士兵之外，周边所有兵营里统共有不到 400 人可以"立即施援"。自 1659 年以来，还没有哪次武装策划如此接近成功——占领这座爱尔兰古老的，象征伦敦王权的建筑。

马太·南森爵士(Sir Matthew Nathan)自 1914 年 8 月以来一直担任副国务卿，是爱尔兰政府行政首脑。在整个复活节起义期间，他照常履职。自到任爱尔兰开始，内森就完全贯彻贝里尔[①]的政策：对民族主义者特别是雷德蒙德一系关心的热点问题采取包容态度；同时他也明白，爱尔兰地方自治法案因为第一次世界大战，不得已长时间拖延实施，必然存在"新芬党"煽动者损害雷德蒙德权威的危险。内森在 1914 年底授权查封了若干激进的报纸，特别是格里菲斯的《新芬报》、爱尔兰共和兄弟会的主要报纸《爱尔兰自由报》(*Irish Freedom*)等，别的报纸则很快替补上位(格里菲斯尤其擅长这个)，仍然能够通过报纸四处宣扬反战情绪。内森私底下意识到公众的反战态度越来越强硬，对爱尔兰议会党、国民志愿军和其他声援团体的支持力度则不断下降，身在伦敦的比雷尔却仍然坚信，"新芬党"的威胁被肆意夸大了。都柏林堡的警察素质令人堪忧，获得军情的能力又差，尤其是针对都柏林城内各处的动态，只有一个位于中层职位的间谍提供情报。从政府层级对 1915 年罗杰·凯斯门特爵士在德国的活动给予了极大的重视，对同期普伦基特的柏林之行却较少关注。凯斯门特在

[①] Birrell，爱尔兰首席大臣，当时不在爱尔兰，在伦敦过复活节。

第九章 | 战争爆发：1913—1919

1916年圣周①里在凯利郡被捕，这件事情被肆意渲染，实际上在爱尔兰人的起义计划里是微不足道的。他押运的武器被搞丢了才是更严重的事件。但是，凯斯门特被捕这件事确实反映出英国海军情报部在窃听方面的高素质——通过窃听筛选出武器贩运的消息，并且提前一个月判断出在都柏林即将要发生一场有计划的起义。至于未能将该重要情报及时传递出去，而内森也未能（在最终接到情报时）确定其真实性，更应该裁定为制度缺陷而不是个人无能。围绕凯斯门特被捕引发了系列戏剧性事件，导致英国政府作出如此决定——搜索自由厅并大规模围捕志愿军和新芬党领袖——只是不能立即执行，因为复活节星期一是公共假日②。

　　周一开始的起义持续了一个星期。头两天，都柏林的四个营加强了所占领的六个街区的防御。在市民私宅的房顶设置警戒哨位，并在陈旧的护墙后面选好射击位置。自由行动区边界设有路障作标志，或者用以阻隔交通（如圣司提反绿地公园附近的路障）并掩护街头军事行动。没有警察、没有路灯、连电车都停了。所有人都在观望。大多数志愿军对于事态的发展——能否马上得到德国的援助，国内其他地区是否也举行了起义——基本上一无所知。虽然领导层了解多一些，但即使在他们中间，起义的理由和动机也不尽相同。似乎大家都明白一个共同的深刻道理——无论他们的行动最终结果如何，是他们改变了爱尔兰的历史进程，再次点燃分裂主义的烈火，并破坏了地方自治法案的实施及其象征的一切败坏性妥协。在邮政总局门廊发表的共和宣言、空中飘扬着的一面呼应1798年历史的绿旗③和一面1848年那

---

① 复活节的前一周称为圣周。
② Easter Monday Bank Holiday，银行假日实际上是英国、英联邦国家、爱尔兰共和国的公众假日。在这样的日期银行关门歇业，多数人可根据劳动合同享受非工作时间或者上班加薪。
③ 1798年反抗英国统治起义时使用的旗帜。

样的三色旗①，说明对英国统治所进行的武装抵抗是长达数世纪、从未间断的崇高事业。现在这几乎堪称神圣的活动，是对先辈的缅怀。

埃米特的反叛事件对此时的叛军有着特别的影响力——那次是单纯发生在都柏林的事件，核心是一名英勇的烈士，这名烈士的即席抗辩词具有永恒的力量②。皮尔斯与埃米特有着近乎一样的献身精神，为这页历史增色不少。但是，根据措辞似乎可以看出，1916年发布的"独立宣言"是由他和康诺利主笔的，字斟句酌；其关于共和的富有启蒙意义的主张强调"每个爱尔兰男女同胞的忠诚"，提出"信仰及公民自由、所有公民平等权利和平等机会⋯平等珍惜国家的所有儿童"。这反映的是1913年的现状而非1803年的历史。正如帕德里克·叶芝所观察到的："除了都柏林，在爱尔兰任何其他地方都不可能起草出如此宣言，更别说抄袭了"，该城"独特的环境，容纳了激进的民族独立主义者、工团主义者、妇女参政权主张者和社会主义者"。而且，其严谨的措辞也让人们相信七位签字者的意识形态是完全一致的。尽管宣言是以天主的名义发布的，但仍是一份世俗文件。只是这场革命并没有反对教权的主张。恰恰相反，多数起义参加者谨守定期的宗教仪式，他们认为这很重要；更有若干神职人员在枪林弹雨中尽牧师的职分。当政府邀请年迈的沃尔什大主教谴责叛军时，他拒绝了，却只是鼓励他的羊群待在家里③。上流社会的新教徒可能与霍斯港的军火走私案有很大的牵连，但现在他们在哪里呢？马科耶维奇伯爵夫人（Markievicz, Countess）与医疗助手凯瑟琳·林恩的出现则是例外。爱尔兰共和兄弟会里（因反对暴动计划而）举棋不定的霍

---

① 1848年青年爱尔兰起义运动使用的旗帜。
② Speech from the Dock，埃米特在接受法庭宣判时发表的即席"抗辩词"，倾吐了爱国青年志士的悲愤与激昂，驳斥了法庭对他的种种指控。通篇演说直抒胸臆，没有华丽的文辞。
③ 《圣经》中神将自己的百姓称为羊、羊群。

布森、当时正被囚禁在伦敦塔①的凯斯门特,还有在《共和宣言》上签字的七人都是天主教徒。诚然,其中一人娶了一位英国圣公会国教徒(詹姆斯·康诺利),另一人的父亲是英国圣公会国教徒(托马斯·克拉克),一人的母亲是长老会的(托马斯·麦克唐纳),而帕特里克·皮尔斯的父亲则是自由思想家。当时他们与这七位即将遭受迫害的天主教徒相处得都很好。

但起义初期,街头的现实情况却没那么文明。警察已经逃走不见踪影。无论在志愿军狙击手控制的范围以内还是以外,一再出现大规模的趁火打劫现象。妇女、儿童瞄上了杂货店和百货商场:"人们蜂拥而至,普通的窗板根本拦不住他们"。他们从萨克维尔街抢走了一架架大型三角钢琴;劫匪同样洗劫了亨利街的地窖,洒出的酒有近英尺深趟在脚下。这些传说或许有些夸大其词,但从这临时塌垮的社会秩序中受益的租房客却是成千上万。开始的几场大火有些就是这些劫匪放的,火势之猛甚至在卡里奇都能看见;尽管康诺利或皮尔斯都强烈反对纵火行为,对于这场"小型的法国大革命"②他们却没有采取什么针对性的预防措施。在格拉夫顿街上,巡逻的治安员在河南岸阻止了一场类似的事件,志愿军却眼看着抢劫现象无动于衷。

威廉·洛维少将(William Lowe, Major-General)负责指挥军事行动,他只是驻扎在卡里奇的一名骑兵军官,对爱尔兰的国家事务一无所知。在步兵大军团周三抵达金斯顿的时候,真的就由洛维开始指挥了。洛维的计策是增援河南与河北叛军之间的地带,尤其是加强自金斯布里奇车站东至圣三一学院之间的街巷通道,建立北环路的全面控制线。舍伍德护林员团(Sherwood Foresters)是从金斯顿入城的第一批军团,在穿乡越镇的时候自然受到极为热烈的欢迎。由于缺少机枪

---

① Tower of London,位于英国伦敦泰晤士北岸的古堡,古代曾先后作为皇宫及监狱,现为兵械库和博物馆。
② 1789年7月14日在法国爆发的革命,纵横法国多个世纪的波旁王朝统治下的君主制在三年内土崩瓦解。

或炮火支援，他们在蒙特街桥（Mount Street Bridge）下的运河附近遇到志愿军第三营警戒军团的埋伏。由于洛维给出的命令是先清除敌军火力再前进，护林员团在十七名志愿军战士的狙击下伤亡惨重（亡28人，伤近200人）。这里展现的是一场新形势下代价惨重的街垒攻坚战。其他主要的交战场地，如南都柏林郡济贫院附近、四法院大楼外北国王街沿线，都没有遭到任何一方的大规模屠戮。

对比斯福特广场和萨克维尔街的炮火轰炸则另当别论。洛维呼叫从金斯顿开来的"赫尔加号"（Helga）渔业保护舰用炮火覆盖河口和河岸开阔地。"赫尔加号"配合布置在塔拉街的野战炮，轰炸了波兰德磨坊、自由厅，然后是邮政总局附近的街区；下萨克维尔街遭受两天炮弹轰炸，引起冲天大火。除了那里，还有阿比街——全都"烧起都柏林史上最恐怖的大火"。公认的名单里有科莱丽大厦、爱尔兰皇家学会、伊森书城、《自由人报》社和联合气体大楼（Alliance Gas building）。经过一周的轰炸，这些建筑被夷为平地；"倘若没有纳尔逊纪念柱作向导，人们就无法辨别哪儿是哪儿了"。自伊甸码头至教堂广场一线东侧，包括下阿比街，以及中阿比街至亨利街的西侧的所有建筑物都被炸毁，无一幸免。相比之下，利菲河南岸除了下蒙特街之外的建筑物并没有受到多大影响，因为叛军选作屯军的驻地都较为狭窄。风平浪静之后初步的评估结果：城中村一周之内有196座建筑物被毁，价值250万镑；至于有多少是由于炮火造成的损失，永远无法厘清。老亚麻交易大楼被志愿军付之一炬，目的显然是为了阻止敌人占领该楼。

眼见邮政总局就要成为葬身的柴堆，起义领袖们开始撤退；只是他们被压制在偏西一个街区的地方动弹不得，然后皮尔斯与洛维在周六晚些时候开始商量无条件投降的事情。其他各营次日的投降表现得相当不情愿。无论志愿军在山街和科克街周围做了什么，在对手眼里，志愿军训练有素，甚至很有骑士风度，只是严重缺乏军火弹药而已。按他们刚开始所拥有的资源，若再能避免所犯的错误，起义肯定

37

大火中的萨克维尔（奥康奈尔）街：这是起义期间的景象，如同接近末日，显然是在第五个晚上拍摄的。镜头是从罗托纳达圆形大厅的房间内朝南抓拍，全是炮火轰炸而引起的浓烟烈火。临时共和国的领袖们在第六日宣布无条件投降。

可以坚持更长时间,起码几个星期;果真如此的话,会有更多人失去生命、更多建筑物被毁坏。按照普伦基特的计划,他们需要的人手至少是现在的两倍,但即便是人手缩水如此,他们也仍然有可能占领都柏林堡,抓些人质,并据守城堡争取时间。占领城堡的确是起义计划的内容,但是没有人掌握到城堡其实几乎没有任何防卫措施这一事实。然后是位于起义中心的圣三一学院校园;对志愿军来说,要尽量争取攻占那里的主要建筑物肯定是冒险,因为可能遭遇圣都柏林圣三一学院预备役军官教导队的抵抗,他们有轻武器,而且起义军领导层可能害怕因此引起大量伤亡,给人造成这次起义是宗派之争的表象。在圣司提反绿地公园采用的战术,比如四处挖掘浅壕,有些在谢尔本大酒店都能看得一清二楚,十分滑稽,极为不妥。该处是公民军的地盘,不受康诺利控制,由其副手迈克尔·马林(Michael Mallin)及马科耶维奇伯爵夫人指挥。他们的反常作法掩饰了蹩脚的战术水平。

各处的后勤补给明显存在缺陷,大一些的要塞都严重缺乏食物和医药用品。倘若不是志愿军中爱尔兰妇女理事会成员心灵手巧,事情只会变得更糟。更奇怪的是,叛军竟然未能掐断关键的电话线路;虽然他们在攻占的时候砸开了电报室(Telegraph Instrument Room),但对于在电话交换室工作的二十名话务员却没有采取任何控制措施。幸亏采取了灵活的临时措施,爱尔兰邮政局长经由皇家爱尔兰酒店维持了电话业务,整个一星期并没有中断。尽管在起义期间非官方通信(和邮政服务)曾被叫停,但是克曼汉姆(军事指挥部)与伦敦之间的军事通信从未中断。铁路交通除了韦斯特兰街之外其他地方几乎没有中断过。二营占领亚眠街车站的计划流产了,一营朝布劳德斯通车站方向的突围也未能成功。更为严峻的是,这两座车站和金斯布里奇车站还在接运乡下各个要塞调过来的军团,运转正常,完全未受干扰。炸掉费尔围和卡布拉铁路桥的企图未能实现,在金斯顿或北大墙①甚至都没有安排狙击手压制增援军团的行进。

在起义危机快结束的时候,从伦敦来了个更高级别的官员麦克斯韦尔将军(General Maxwell),准备采取一切措施恢复社会秩序。自4月25日星期二开始,都柏林处于戒严状态;军事指挥部现在是唯一权威,控制着城里城外近两万名士兵。这么强大的力量虽然偶有擅权,却未严重滥用。在后来被认为是滥用军法的一个案例上,有一位波多贝罗兵营的军官处死了三个平民,其中包括弗朗西斯·希伊-斯凯芬顿,只是因他们在街上的行为看起来可疑。针对这种草菅人命的行为,主张和平的女权主义者在一直寻找解决问题的新方法。约有3500人被投入监狱,其中90人在5月初受到军事法庭审判,15人被处死,包括所有的起义军领袖和指挥官。美国出生的埃蒙·戴瓦勒拉除外,他是博兰磨坊阵地的指挥官。关于死亡总数存在各种评估版本:最保守的说法是亡300人,伤2600人。英国皇家军团有103例死亡,志愿军可能是60人,剩下的则是平民伤亡,这也反映出选择在人口密集的城市中心作为暴动地点,其连带成本有多么巨大!

围绕这些事件的最大不确定性是整个城市作如何反应。首先是震惊和不安,担心家人安全、食物供应、公共安全体系是否崩溃等。在开始的几天里,不乏市民斥责叛军的事例。比较常见的批评似乎多是来自妇女,她们一般比多数叛军年长。部分是丈夫或儿子在欧洲前线打仗的"留守妇女"(separation women)。当然,早期对叛军的蔑视远不止这些。接下来,在起义军投降之后,各家报纸恢复出版。所有媒体,包括墨菲的《独立日报》,都众口一词,强烈谴责。称他们毁坏都柏林的恶行罄竹难书。虽然如此,还是有很多平民,包括大量的都柏林工人阶层,尽管态度并不特别积极,但对民族独立主义者的多数主张,却是不加分辨地站在支持立场。在某种程度上,他们同情邮政

---

① North Wall,都柏林市内北部靠近利菲河的地方,含北方全部的都柏林旧码头区,包括国际金融服务中心、斯宾塞码头、都柏林港的东部部分。

总局里面的叛军，甚至在一个星期里，不断有新人加入，叛军就像滚雪球一样增加到300多。洛维将军的上尉参谋在日记中写道："当叛军（在圣司提反公园）投降的时候，人们用阵阵的欢呼声欢迎他们"，而发生在自由区迈若博恩巷酿酒厂的投降，则"看起来让人得到极大的解脱……因为敌对行为终于停止了。显而易见，那些投降的起义军赢得了一切的赞赏"。但是他们选择投降的方式、市民在都柏林粗暴的戒严令下的共同经历、在克曼汉姆监狱备受折磨最终被处死的十五条人命，所有这些混杂在一起，进一步刺激了民意，使民族独立主义情绪益发高涨。他们的政敌称这次起义是新芬党起义。事实上，不到一年的工夫，等那些历尽枪林弹雨幸存下来的人们开始陆陆续续离开监狱的时候，他们倒是很高兴地自诩为新芬党人。皮尔斯与爱尔兰共和兄弟会的策划者们在准备起义的过程中可能确实犯了许多战术性错误，但是他们对于自己身后可能产生政治影响的预测则被证明完全准确。而且经年过后，正是他们所期望的爱尔兰式未来在民族主义爱尔兰的土地上获胜。在皮尔斯投降的前一天，他曾向在邮政总局驻守的志愿军提及他们所做的一切具有多么伟大的历史意义。从狭义上讲，他们或许未获胜；但是，他们"将都柏林从各样的屈辱中救赎出来，并在诸城中大显其名"①。中立观察家极为惊讶地发现，在平民中间存在这样一种情绪，就是叛军作战奋勇，未曾蒙羞。

彻底的胜利

自都柏林起义至协约国在1919年11月获胜期间，还发生了恐怖的索姆河（Somme）战役以及持续两年多的世界大战。在那段时间里，都柏林独处和平状态，但是1916年复活节起义的余波并未褪尽。虽然不到一个星期就取消了戒严令，但是很显然百姓支持"新芬党"囚犯的意见越来越统一，所以不得不继续进行针对敌对政治活动的军事

---

① 帕特里克·皮尔斯在1916年4月28日早上写的宣言。

侦察。至少有一份颇受欢迎的周刊《天主教新闻快报》(The Catholic Bulletin),由盖尔人联盟思想激进的奥凯利任编辑,该周刊不遗余力地支持叛军的行为,并刊登了关于参加者及其家属的大量详细资料。顺理成章,当许多志愿军领袖1917年6月解除拘押的时候,如同凯旋者一样受到市民的热烈迎接。获释者中有一个叫托马斯·阿西亚(Thomas Ashe)的人,他1916年是志愿军偏远的都柏林郡营的指挥官。后来他再次被捕,在狱中开展绝食抗议并三个月后死于蒙特乔伊监狱。这位来自凯利郡的学校教师,能力超凡、脱颖而出,是革命运动的新领袖之一。他是因强行喂食而突然死亡的,这成为政府在舆论宣传上的灾难性事件。他的遗体摆放在市政厅供人瞻仰,甚至大主教也前来吊唁,如此停放完全悖于副国务卿的意愿。他的葬礼上,竟有35000多人的游行队伍,"主要是都柏林的百姓",比参加"帕内尔葬礼的人还多,甚至也更引人瞩目"。随后不到一个月,受共和兄弟会支持的志愿军事实上接管了格里菲斯的新芬党,重写了章程,准备展开与爱尔兰议会党的竞选。出生于詹姆斯大街的威廉·科斯格雷夫(William Cosgrave)是格里菲斯最初建立"新芬党"时的奠基人之一,自1908年起在都柏林市政厅工作,表现十分出色。这位曾经全程参加复活节起义的老兵,已经完全展示出(在基尔肯尼)议会竞选上大败议会党候选人的能力,他也成为后来者效仿的榜样。

英军征兵规模虽然不大,但是活动还在继续,在一战的最后两年,都柏林大约有7000名志愿军战士应征入伍;同期却有8000都柏林人移民英国并在英国就业。到1918年临近实施征兵制的时候,抗议之声才再度响起来;在都柏林市长官邸召集了全国性的反征兵大会,汇聚了所有民族主义政治党派,赢得了天主教主教的完全支持,并随后立即开始了为期一天的总罢工。这次展示的民族主义者各政治党派的大团结史无前例、非同寻常;活动精心安排在都柏林;而且(英国)政府几乎被迫即刻做出让步;最后却有73名新芬党领导人被捕,强加的罪名是策划一起新的德国式阴谋。

政治家极度兴奋的状态与市井百姓的生活完全脱节。战时受通货膨胀的冲击肯定特别严重，尤其是战争的最后两年，贫穷的家庭甚至连一些必需品（如煤、奶，甚至土豆）几乎都得不到。但是，1915年实施了战时房租控制，加上渐渐升温的工资纠纷调停掩盖了众多工薪阶层所受通货膨胀的影响。社会福利流向现役军人家庭，这对众多非技术或半技术工人家庭生活水平的影响是显而易见的。在北大墙和都柏林最西头分别有两座兵工厂。西头的是国家炮弹制造公司（National Shell Company），比北大墙的大很多。这两座兵工厂从1916年开始增加了对女工的需求，数量与雅各布新开一家饼干厂的招工人数相等。正如叶芝所讲，济贫院的数量因战争而减少了，上报的儿童照管不良的案例也骤减，都柏林的季度死亡率也从战争期间的平均 22.5‰ 降低到 1917 年夏天到 1918 年夏天间的 18.75‰。因酿造业产量受到控制，男性就业率受到严重影响（1917 年的在册职工人数是 1914 年的一半），但是其他行业却复苏了，如造船和修船。尽管英国的经济处于瓶颈期，技术劳工还是比以往更具流动性，这让人们的收入接近，甚至超出通货膨胀率。在那些收入不好的行业，发生过若干起短暂的劳资纠纷，最著名的当是 1916 和 1917 年发生在港口的劳资纠纷。对于市民福利影响最大的因素是，战争使得农副产品价格连续四年空前地持续高涨。市民因此对城市贸易与服务业的需求更强烈，肉牛交易市场销往英国的牛羊数量达到历史新高。本来人们预期建筑业可以借城市重建的契机获得长足发展，却因为推进安居工程，将市中心重建当作（国家或都柏林的）主要增长点的指望变得遥遥无期。待遇低些的政府公务员，尤其是都柏林市警察厅和白领工作人员，因为通货膨胀严重降低了他们的生活标准，再加上亲眼目睹参加 1916 年起义的志愿军的寡妇和家人都得到了极好的照顾（志愿军家属赡养基金运作得当），他们对工资与福利的抱怨越来越多。

  在战争的最后几个星期里，海外的冲突终于临到了家门口。10月份的一个早晨，都柏林市邮轮公司（CDSPC）最快的邮船之一"伦斯特号"(*Leinster*)正从基什沙洲不远的地方驶往霍利黑德港,船上满载重返前线的士兵,还有战地护士和一些平民,被德国潜艇发射的两枚鱼雷击沉。战争期间跨海峡的交通一直受到威胁,虽然以前有过几次侥幸,但是一艘满载五百人的商船就在眼看到了陆地的地方沉入海底,这样的损失实在让人唏嘘。伤亡的人数中平民约占五分之一,这样的事件根本得不到重视。随后不到十天,潜艇就得到命令停止在外国水域作出敌对行为;不到一个月,休战协议签订。

都柏林人像1814年那样效忠彼此对立的对象①,这时比以往都明显——当都柏林学院大学的同学们扯下悬挂在校总部的英国国旗时,都柏林圣三一学院与外科医师学院(College of Surgeons)的学生们则一起走上街头,兴高采烈地庆祝英国获胜。在利菲河两岸发生严重的街头打斗,直到深夜。

在停战一个月之后人们又开始严肃思考,将精力收回在选举和长期追求的大选上。这是三十岁以上妇女第一次拥有议会投票权。无论是在都柏林,还是遍满民族主义者的爱尔兰,爱尔兰议会党或联合爱尔兰人联盟候选人可能彻底败选,现在时间已经按周计算了。新芬党在都柏林至少拥有23间俱乐部,成为比从前更为强大的组织。他们从举行的抗征兵活动中学到很多教训,逐渐成熟起来;全党的力量集中于营救领袖出狱,并希望在即将召开的和平会议上争取到国际社会对共和国的认可。现在,新芬党得到了民族主义者主办的主要报纸的支持,墨菲的《独立日报》(*Independent*)。在七个新的城市选区,新芬党大获全胜,赢得了66.7%选票数,而且以47.6%的票数获得了四个郡乡席位中的三席。爱尔兰议会党的候选人在城市和郡县差不多得到四分之一的选票,却没赢得任何席位;统一党占了一半的选票,取得了都柏林圣三一学院和拉斯敏斯的席位,自由党统一派党员莫里斯·多克雷尔爵士(Sir Maurice Dockrell)高居榜首。他是商人,也是

---

① 爱尔兰人可以效忠英国国王,但不效忠英国的国会。

妇女选举权的倡导者。新芬党大获全胜，在大都柏林区得到了九个国会议员的席位（在议会中总共获得 73 席，只是 36 人还在狱中）。这是选举上的一场革命，其影响远远超过了 1885 年的地震，胜选者当中有圣帕特里克街自由区选区的老战士马克耶维奇伯爵夫人。

一个月后，也就是 1919 年的 1 月 21 日，无党派民族主义者市长大人劳伦斯·奥内尔（Laurence O'Neill）在市长官邸里的圆厅接待了 32 名当时有人身自由的新芬党国会议员。该次会议全程使用爱尔兰语，约有上百名记者见证了这一过程。除了一两个特例，与会者均是"年轻人，头上没有白发，甚至额头都很少有皱纹"。这次全会批准了《共和国宣言》，并自称"爱尔兰共和国议会"，爱尔兰语"Dáil éireann"（国民大会的意思）。议会正式通过除了一部临时宪法之外，还有一份篇幅较短的《民主宣言》。虽然可能不是布尔什维克式的，但无论按照何种标准，这都是一份激进的宣言。然而，对于幕后操纵的那些人来讲，开始的几份初稿却极为接近马克思的思想。该宣言以 1916 年《独立宣言》里包含的社会主义愿望为基础，只是走得更远——宣布"公共权利与公益"和一切私有财产为主从关系；承诺"让所有儿童免受因缺乏食物、衣物和居所而导致的饥饿和寒冷"；进而宣布所有人都有权"作为自由且说盖尔语的爱尔兰公民接受合乎需要的教育和培训"。这份文件是由拉金以前在运输工人工会的代表与长期担任爱尔兰工会联盟主席的托马斯·约翰逊一起起草的，反映了他们借着协商退出当时的选举并将选举阵地留给新芬党进而取得的一些影响力。这是都柏林工人阶级颇具影响的时刻，可惜只是昙花一现。

第十章

再次成为首都：1920—1940

三色旗时代

在1921年5月25日吃午饭的时间，一百多名志愿军队员攻克了冈东设计的都柏林海关大楼。他们得到的命令是摧毁整幢大楼。不到几个小时，除了河畔立面之外整幢大楼被烧的只剩下一个躯壳。他们的做事逻辑极为简单：那是"异族实施暴政的场所之一"①，大楼里有九个（主要隶属地方政府委员会的）政府部门办公，因此，"爱尔兰军"有必要采取行动占领它。这也是本着"爱尔兰共和国议会"的授权为建立共和国而采取的军事行动。约翰·狄龙是现在已经寿终正寝的爱尔兰议会党的领袖。他当时就站在欧康奈尔大桥上看着大楼燃烧；还注意到人群鸦雀无声，不敢发表任何意见——面对如此可怕的景象，爱尔兰最漂亮的建筑……却被爱尔兰的年轻人蓄意破坏，就为了表达自己最新、最大的理想和爱国之情。这次行动的策划很周密，志愿军所有五个都柏林营（当时还是通称爱尔兰共和军，IRA）都参加了。这是目前为止都柏林两年游击战争期间发生的最为可怕的事件，因为意图实在是太明显了。新芬党主席埃蒙·戴瓦勒拉认为，在与英国皇家军团和爱尔兰执行委员会谈判休战协议之前，类似行动能

---

① 《爱尔兰新闻快报》5月27日的报道中说的一句话。

够使领导层坚持其强硬立场。七个星期之后，休战协议达成。该协议不仅带来和平，也带来了重新进行政治斡旋的空间。但是洗劫海关大楼造成了无比惨重的代价：八人死亡、一百一十多人被捕，加上一座地标建筑被毁。

都柏林到那个时候已经经受两年的政治暴力，人们心理上受到的影响远比身体受到的影响大。回到1919年1月份，新芬党领导层在第一次爱尔兰议会会议之后成立了影子政府，并搭建了各个部门，各项政治活动再次从广义上活跃起来。市政厅大楼是地方政府影子内阁的大本营。但是，从这种消极抵抗和依靠"道德力量"的策略到采用游击战争和恐怖袭击的战略之间，存在一个渐进的转变。数月以来，都柏林的志愿军执法队中多数人都反对采取攻击态势。但是开始的时候，在都柏林发生的暴力行为都是零星的、目标性强，而且多数百姓并未知觉。然而，从1918年到1921年年中这段时间，整个都柏林城市和郊区有三百多人死于政治暴力，其中半数为平民（是全国估算死亡总数的14.4%）。大多数时间里都有（时间长短不一的）宵禁。面对共和党人的攻击，运输线时常中断，警察系统实际上也已瘫痪。这些攻击都是针对都柏林警察厅的密探们：在开始冲突的第一年，都柏林有十一名警察丧生。到1920年年中，都柏林堡认为都柏林市警察厅从政治上妥协了，而且其陈旧的情报收集能力太过低下。为了弥补这一缺陷，英国政府派遣了大量的辅助师官兵（皇家爱尔兰保安队的新型师，由年轻的复原军官组成，主要是英国人）驻扎在都柏林堡。他们就成了都柏林街头巷尾的"快速反应"军团。皇家爱尔兰保安队的另一个新成分是臭名昭著的"爱尔兰王室警吏团"（"Black and Tans"）后备役，大部分驻扎在凤凰公园，但很少在市内使用他们。因此，不同于1916年那时的局势，都柏林变成了彻头彻尾的军事区：到1920年年尾之前，除了兵强马壮、全副武装的保安队之外，还有十二个步兵营包围着都柏林；而那些军队和警察系统里从事情报收集互为竞争对手的机构，竞相渗透进爱尔兰共和运动。让人惊讶的是，直

第十章 | 再次成为首都：1920—1940

到 1920 年 11 月下旬之前，许多军官并不住在营房，而是住在宽敞舒适的酒店，甚至私人宅第里。而且，平民百姓的生活也在继续：各种市场，甚至证券交易所都照常营业，没有中断。剧院和更多的非正式夜场娱乐场所也照常营业，在宵禁允许之列。尽管存在审查制度并经常遭受恐吓，《自由人报》在 1920 年后期被警察查封了六个星期，《独立日报》社在那段时间里也曾遭爱尔兰共和军袭击并一度停业，但各种各样的报纸还是在不断发行，让人总有报纸可读；甚至爱尔兰共和政府主要为国际报业集团设立的秘密通讯《爱尔兰新闻快报》（*Irish Bulletin*）持续发行了十六个月。

乡镇一级的地方政府受到这次起义的影响有限。但处于风暴之眼的市政厅却是举步维艰。首先，飚升的通货膨胀和暴跌的收入给 1919 年的都柏林带来了严重的金融危机。接着，延迟已久的地方选举在 1920 年 1 月开始了：新芬党首次在议会赢得绝对多数票，直接结果是都柏林市政厅在四个月后转向爱尔兰议会效忠（各乡镇的转向则晚得多）。因为这样的变数，都柏林再也得不到中央政府的基金和信贷。新芬党（连同所有其他民族主义组织）在 1919 年 11 月被宣布为非法，所以许多议员在公开会议上的出席率难免不稳定。新芬党启动了一些自觉拿手的项目，对城市街道大规模的重新命名就算一个，只是未能彻底完成（大不伦瑞克大街的改名除外——精心选择的"皮尔斯大街"很快被民众接受）。都柏林市与英国政府之间的正式斗争在 1920 年 12 月达到高潮：共和军占领了市政厅，并在众目睽睽之下逮捕了若干议员。剩下的行政人员和理事会委员随即仓惶撤到了市长官邸。倘若没有与爱尔兰银行达成若干幕后谅解，市政厅在革命时期的正常履职能力肯定大打折扣。

与共和党政治派别——盖尔人联盟和盖尔人竞技协会——过从甚密的文化团体受到不断骚扰，1920 年 11 月 21 日在（位于都柏林与蒂珀雷里之间的）克罗克公园举办的盖尔人足球赛上发生的事情则有所不同。那天早餐时间，有十九个人（据说均为陆军情报官）在酒店或公寓被近距离射击，有些甚至当着家人的面，完全措手不及。其中十五人身亡。这场屠杀让英国官方乱了阵脚，情急之下制定的方案是：在克罗克公园的球赛结束之后，扣留了盖尔人竞技协会的球队及其观众，搜查武器弹药；只是这个任务的执行者（爱尔兰王室警吏团、部分辅助师和正规军步兵）并未受过完成如此复杂任务所需要的训练。军队到位后几乎立刻开始屠杀，他们向现场五千多观众和球员开枪，十四人当场死亡。正如大卫·利森所证明的，克罗克公园事件本身并非复仇式攻击，却是爱尔兰王室警吏团在英国政府（在爱尔兰国内并全世界）的宣传攻势全面失守之后染上了一种恐慌与无能相伴的有害情绪。当天夜里晚些时候，收容在都柏林堡接受审查的两名志愿军高级将领（都柏林旅的创建人兼指挥官迪克·麦基和他的副手）被枪杀，给出的理由据说是试图越狱。在大街小巷上，断断续续地还有其他袭击事件发生，因当天的暴力行为共造成三十六人丧生。"血腥星期日"，野蛮暴力，都柏林饱受创伤，这种情况持续了数周。在随后的冬季，安全军团采取一系列的镇压行动，警察在都柏林平均每天大约有18次突袭行动。到次年5月，有3594名都柏林人被捕。面对如此严重的狂抓乱捕，爱尔兰共和军的都柏林旅在那几个月承受了巨大的压力。作为回应，共和军进一步扩大了其攻击的目标范围。

在"血腥星期日"暗杀不在岗军人是共和党活动的核心特点：先是耐心搜集警察和军队反间活动情报，然后再利用这些情报作无情的报复。当时的关键人物叫迈克尔·柯林斯（Michael Collins）。他是西科克郡人，如同上一代的许多民族主义领袖们，他对战略情报极为敏锐，而且个人富有魅力、勇敢无畏。他倡导激进的政策，攻击英国皇家军队的薄弱环节，而其他领袖则持保留意见。他设计各种方法，通过垄断供应作战情报并控制其扩散，在一定程度上集中控制当地的各个军事团体。他还试图建立武器弹药的供应管道，可惜很少成功。他在都柏林最坚定的盟友是迪克·麦基。他们在1919年中期组建了一个飞行枪手队（squad），最初几个月的时候其成员主要是芒斯特的年轻志愿军战士；正是这个团队在战争开始的第一年对都柏林警察厅的密探实施了大规模袭击。但是成功的光环却罩在柯林斯头上，因为"都柏林神秘人物"（the Dublin pimpernel）的面具掩盖了他直接的暗杀手段：他猎杀的都柏林警察厅的密探其实并没有对他们形成威胁，这一点已经得到简·伦纳德的证明——在"血腥星期日"被执行死刑的十五人中，可能只有不到一半是真正的陆军情报军官。有些受害人完全是无辜的。

柯林斯完全承袭无敌队的习惯做法，同样支持针对爱尔兰总督弗伦奇子爵（Viscount French）的刺杀行动，并且在1919年底差点儿成功。自1918年起，弗伦奇在都柏林勉强恢复了总督的行政职能，但他是一个经过战争且刚愎自用的将军，特别骄傲于自己爱尔兰人的血统，完全看不清现实，再加上他极其保守的天性，使得当时的起义拖了较长时间未被剿灭。虽然他的性命得以幸免，毫发无损，但他的亲密朋友弗兰克·布鲁克却没那么幸运。布鲁克是弗马纳郡保守党人、都柏林和东南铁路的董事长，都柏林商界翘楚。他是都柏林在战争期间被暗杀的为数不多的统一党员之一，当时他就坐在自己位于韦斯特兰街的办公室里被一枪毙命。

对于发生在家门口的"冲突"①，本城大多数居民又是如何反应的呢？偶尔也会有大众性的觉醒时刻，比如1920年4月就有70名身陷囹圄的共和党员在蒙特乔伊监狱开始绝食，谋求政治犯待遇。公众的同情心大肆泛滥，又勾起了对托马斯·阿西亚的回忆，人们大量自发地聚集在监狱大门外，朗诵玫瑰经。英国皇家空军派飞机低空盘旋，警告众人。人们被组织起来进行一天的大罢工，支持者甚众；结果不到一个星期，那些绝食的犯人都被释放了。被判处死刑的志愿军为数不多，同样使得群情激昂，尤以都柏林学院大学年轻的医学生凯文·巴里一例最为著名，他是在行动现场被捕的。他也是自1916年

---

① The Troubles，北爱尔兰问题。

以来第一个被处死的对象；就在他赴死之前的几个小时，他的年轻和大义凛然的表现彻底点燃了大众的同情心，他大多数的同学们也都被推向"支持创建共和国"的阵营。公众舆论状态的另一个指示标是拖延已久的运输纠纷，这场关于"军需物资"（指军队和警察的军用物资）搬运的纠纷始于北大墙，很快波及所有铁路企业。码头工人自1920年5月开始抵制，铁路工人甚至禁止装运武装军事人员的车辆通行，益发扩大了这一事端。这种行为意味着暂时停工，尽管产生的压力越来越大，但是收入受到影响的工人都得到各自工会的财政补贴。海运航线再次成为从都柏林到各省配送军用物资的关键。然而，政府在11月威胁说，倘若各铁路企业不能提供完整服务的话，就要将其关闭，各个工会都被吓住了，做出了彻底让步。有人称，铁路工人是受到爱尔兰共和军的恐吓才采取这些行动，但没有证据支持该说法。

时隔一年，另外两个风向标暗示公众态度已经变化：一个是1920年1月份举行的拖延已久的地方政府选举，另一个是1921年4月举办的大主教沃尔什的葬礼。在1918年意义重大的大选之后14个月，都柏林开始实施宵禁的一个月之前，城里的政治暴力依然保持温和状态；但现在倘若在地方选举中为新芬党投票，那么相对1918年的投票则是更明确支持激进的爱尔兰共和军的行动。鉴于许多工党候选人和民族独立候选人的立场模棱两可，要对两次选举作直接比较实在强人所难；但正如叶芝所述，都柏林投给新芬党的第一选择票（45%）仅为1918年该党获得的全部支持票[①]的三分之二（在全国范围内，该党的票数下降得更加明显）；然而，倘若将共和工党得的票数加给新芬党的话，意味着在1920年都柏林有超过半数的选民支持共和党候选人。即便是在乡镇，新芬党最终也收获了36%的席位；在1918年

---

① 原文用"'plumper' vote"，意思是"将两个或以上候选人的全部选票全部投到一个候选人身上"。

从这些乡镇得到的选票（诚然较低）仍比在都柏林得到的票数更稳定。拉斯敏斯和彭布罗克仍在统一党（严密地）控制中，但金斯敦却被新芬党拿下了。国民议会在这里首先采取的行动之一就是恢复该城原来的名字——"Dún Laoghaire"（邓莱里），这是个正确却不常用的爱尔兰语拼写。年迈的大主教沃尔什突然在1921年春天离世，这件事成为新芬党拥有优势地位的最有力证明。自1916年起，他一直明确支持新芬党，但对合法政府又保持足够尊重，用贵族之风和谨慎的态度设法在二者之间作艰难的平衡。在1919年，爱尔兰国民议会计划去美国筹款，大主教支持其先期努力，这个举动只是没有在国内公开而已；他在国内的表态含糊其辞，有助于保护自己的声望。但是，当主教的灵车从教区教堂露头的时候，一切不言自明：棺身覆盖着一面三色旗！这似乎是他的临终愿望。此时此刻，在都柏林堡和总督官邸悬挂的，却是正降半旗的英国国旗，但愿这仅仅是出于礼节吧。

这场慢燃革命的经济背景常被忽视。1919年经济开始复苏。战时的价格水平仅持续了很短的一段时间，对于有组织劳工的管控手段仍然保持强势。尽管由于士兵复原引起失业率增长的现象很明显，而且生产受到煤炭和其他原材料国际性短缺的制约，但深受战争影响的各个行业——饮料行业和建筑行业——已经回升。到1920年底，都柏林建筑行业名义上的时薪已经接近1913年的三倍之多，多多少少超出了生活成本的提高程度。但是，随着股市从1920年第二季度开始高点回落，短暂的好日子到头了。军需品搬运方面的纠纷使得国内贸易环境日遭破坏，又适逢农产品价格走低，农民可支配收入大幅下降，在1921年的春天各个地方均是如此，下一年的农产品价格继续下跌。经济衰退在这场革命中占多大比重是一个悬而未决的问题。但是，在爱尔兰共和军最活跃的阶段，都柏林发生了大规模劳务纠纷，续约方的目标旨在保持战时的收入水平（1920年10月开始的9个月的砖瓦匠罢工尤为著名），而另一面则是城市登记失业率在激增。"血腥星期天"也是引起革命的重要原因。

内战

在 1922 年 7 月签订停战协定后，经过 5 个月的激烈谈判，签订了《英－爱条约》。该条约直接导致新芬党 1922 年的分裂，一边旨在争取成立完全主权的共和国，这也是他们为之浴血奋战的一切；另一边则预备接受爱尔兰分割后能够自治的爱尔兰自由邦。讨价还价的会场在伦敦，决定条约命运的舞台则在都柏林。新芬党 1921 年底在厄尔斯福特排屋召开了一次全会，会上对条约作了艰难激烈的辩论（参会的都是 1921 年 5 月在无对手情况下当选的党员，按照 1920 年英国政府通过的《爱尔兰自治法修正案》[Government of Ireland Act]，他们本该是南爱尔兰议会的议员）。第二届爱尔兰国民议会对条约进行了辩论，充分暴露出革命运动内部的紧张关系。但是，新芬党中亚瑟·格里菲斯的支持者和效忠英国的军事英雄迈克尔·柯林斯的党员们都支持通过该条约，将赌注下在接受巨大让步上。柯林斯控制着爱尔兰共和兄弟会，他虽总玩两面派手法，但现在却是条约得胜者的象征。在都柏林，完全可以肯定的是，无论是媒体的声音、天主教会的意见、遭受重创的商界的期望，当然还有绝大多数市民，全都渴望和平。这正是都柏林为再次成为首都得以重建和恢复的基础。然而，都柏林共和党的知识分子，尤其是新芬党里的妇女活动家和 1916 年新寡的妇女们，这些人发自内心地厌恶妥协退让的《英－爱条约》。他们决心继续完全效忠那些为共和国的事业献上生命的先烈们。在南部和西部，爱尔兰共和军的老兵极力盼望再战，并在停战期间仍然按部就班地开展训练，重新武装起来。在这些兵营里，人们特别反感都柏林的掌权者和都柏林对英国的妥协；他们一心要建立共和国，德瓦勒拉（de Valera）的决定越发让他们迫切求战。德瓦勒拉是爱尔兰共和国议会的主席，但他却在议会以微弱多数批准《英－爱条约》之后不久辞去了议会的职务。

第十章 | 再次成为首都：1920—1940

　　临时政府于1922年1月16日在都柏林堡里面向爱尔兰自由邦正式移交了行政管理权。菲茨艾伦子爵是最后一任爱尔兰总督，也是自1690年以来第一位担当此职位的天主教徒，他有条不紊地主持了交接仪式。有的城堡官员（比如，马克·斯特吉斯）甚至表露出一种实际意义上的成就感。行政交接用了数月的时间，26个县共有21000名公务员，其中不到千人辞职。政权虽然更迭，蒙特乔伊监狱的三百多名民事囚犯却未得豁免，还是由穿着同样制服的守卫看守，只有长期服刑的政治犯获释。英国皇家军团的撤军是尤为微妙的事件：根据条约，只有在1922年12月成立自由邦，而且其宪法得到威斯敏斯特批准之后，才能撤军。开始的时候，乡村地区的兵营交接进行得很快（事实上，在1922年2月份几乎天天有士兵穿过城市前往北大墙）。但在4月到12月这段时间，仍有大量的英国皇家军团留守都柏林地区，尤其是城西和城北，到11月的时候还有近6600名步兵驻守。最后的撤军发生在12月中旬，这是一个极具讽刺的时刻：一边有大批的退伍军人（后来的英国退伍军人协会[the British Legion]）在自由厅废墟外游行，向即将离开的兵团致敬；一边是都柏林警察厅警察和自由邦军队小心翼翼地保护。

　　与此同时，爱尔兰共和军不可避免地在生死攸关的问题上产生了决裂：共和军是否可以效忠非共和的公民政府。新芬党组织同样发生分裂：在1922年2月召开的一次全国代表大会上，有人投票反对该条约。爱尔兰共和军的指挥官多以革命运动的带领人自居，大会既尽力包容这些军官又不想降低国民议会政府的权威，可惜最终没有达成共识。在3月26日都柏林召开的军事会议上，占爱尔兰共和军五分之三的代表声明该条约无效，实际上宣布他们脱离爱尔兰议会。

　　位于博尔斯布里奇中心区的贝格斯布什兵营[①]是英国皇家军团移交都柏林的第一座兵营。曾几何时，它是自由邦国民军的总部，国民

---

① Beggar's Bush，在哈丁顿路上。

军是临时拼凑起来的一股人多势众的战斗军团。第一批士兵是爱尔兰共和军中忠诚于柯林斯的军人，除了新兵之外还包含大量的退伍军人。一个月之后，这些新兵在接管爱尔兰银行警卫室保卫工作的时候首次公开亮相。只是，倘若反对条约的爱尔兰共和军联合起来反抗他们的话，他们肯定不堪一击。共和军则毫不客气，在4月期间占领了城中很多公共建筑并构筑成堡垒，公开挑战临时政府。"条约"大选接近尾声的时候，对峙已经持续将近两个月；新芬党的支持者们面临一种奇怪的两难境地——现在条约的支持者和反对者同时占据了多席位选区的多个席位。在都柏林的市县中，只有"都柏林中区"的中央选区反条约的新芬党票数强过条约支持方，但双方票数均低于无党派民族主义者。都柏林大部分选区支持条约，但内战的威胁却迫在眉睫。

英国政府在大选后不到一个星期指示皇家军团再次采取行动，甚至攻占了四法院，这是陆军元帅亨利·威尔逊爵士被暗杀后的报复行动，爵士是阿尔斯特战争英雄之一。正是由于内维尔·麦克里迪将军在最后关头做出的智慧之举，才叫停了这种具有感染性的干涉行为，将军从1920年起开始任爱尔兰的总司令。相反，自由邦的国民军却借助利用短期贷款从英国买来的重型火炮在6月28日向他们昔日的同事发起攻击。共和军在某种意义上重新上演1916年的一幕，在象征旧政权的另一个建筑物里坚守，但未能博得公众多少的同情（尽管事实上，在一个星期前反条约的候选人在都柏林赢得近五分之一的第一选择票）。他们似乎低估了年轻政府的钢铁决心。经过两天的狂轰滥炸，四法院的驻军才投降，几分钟后布满地雷的大楼一隅被炸塌，冈东心血之作的第二个地标性建筑部分被毁——侧翼的公共档案馆完全被夷为平地。战斗在都柏林城内的北部遍地打响，摧毁了很多公共建筑（特别是在拉特兰广场上最近腾空的橙带党都柏林总部），萨克维尔大街首当其冲，再次遭受纵火和大炮的冲击。大道北端的几家百货公司和机关单位虽然逃脱了1916年的噩运，但现在却遭受最严重的毁坏。城内大规模的战斗十天内就结束了，但芒斯特和西部部分地

第十章 | 再次成为首都：1920—1940

区的内战则持续了将近一年。那里的商业秩序一片混乱，而在都柏林地区，战斗仅限于系列的零星袭击，主要是纵火，尽管当时很耸人听闻，但是民意并没改变。凤凰公园7月举办了赛马，8月份利菲河的游泳比赛和都柏林马展也毫无意外地如期而至。但随后一个月里格里菲思和柯林斯两个人的死亡（前者在都柏林家里寿终正寝，后者在西科克郡被射杀）震撼了临时政府；都柏林市政厅财政委员会的老人威廉·科斯格雷夫新近做了自由邦地方政府的议会部长，现在成为自由邦执行委员会主席，并担任这个职务达十年之久。8月份的死亡事件益发坚定了新政府的决心，向对手采取激烈的报复手段，最臭名昭著的是，他们（在自由邦议员西恩黑尔斯被谋杀于奥蒙德码头之后），当即授权处决了在蒙特乔伊监狱扣押的四名共和党领袖。哪怕是1798年的政治犯享受的司法程序都更要正当，他们追求的不是和睦同居，而是兄弟阋墙。

存留的文学遗产说明一切。阿比剧院在1925年虽陷入财政困境，却迎难而上保全了政府的资金安全及其作为国家大剧院的官方地位。那年晚些时候，剧院上演了一部意在颠覆内战情结的剧目：肖恩·奥凯西都柏林三部曲中的第二部《朱诺与孔雀》(Juno and the Paycock)，颇具地方特色，兼有都柏林的幽默，上演之后即大获成功。奥凯西是码头工人出身的无产阶级，1913年曾是康诺利公民军中的年轻活动家，也是一个激进的社会主义者，却不是革命的民族主义者。1926年推出了《犁与星》(The Plough and the stars)；该剧对1916年发生的事件作了更具敌意的判定，虽然官方疑心重重，但还是在阿比剧院上演。罗西·莱德蒙德这一人物以反英雄的妓女形象出场，有人觉得难以接受，并引起了又一波的剧场骚乱（在第四夜），但这样的骚乱则在更大程度上表明"革命英雄主义与暴力现实之间差距之所在……是独立之后越来越强调正统地位的都柏林所不能妥协的"。《朱诺与孔雀》由阿尔弗雷德·希区柯克于1930年改编成了早期的有声电影；奥凯西这部原本绝对没什么感召力描述爱尔兰革命的作品，却藉此闻名于世。但当约翰·福特及其好莱坞金主在1936年将《犁与星》改编上映之后,他一改原来对1916年复活节起义的平淡无奇的解读,开始完全肯定该起义的意义。

重建

在休战协议签订前,两个政府共同承担受损财产的赔偿,但科斯格拉夫政府初立,就不得不背负内战消耗的全部财政损失,包括首都之外产生的巨额财产损失。这意味着靠国家支持的国家经济复兴的绝大多数想法都得搁置,留待日后。压倒一切的当务之急是确保和平、保持收支平衡,而都柏林的重建则变得不那么重要了。随着战火烟雾的散去,都柏林商界对这一新秩序将作何等反应呢?商界的上层(如各个银行的董事会、证券经纪公司、特许会计师、大型出口企业、主要的建筑承包商等)多为新教徒,多得不成比例。商会的情况或多或少反映了这一点,尽管当时的商会并不掺杂宗教纷争。在1920年期间,商会曾多次谴责一度的"恐怖状态",而且还作出艰苦的努力,争取修改《爱尔兰政府法案》,呼吁宪法解决方案,较比南方统一派最近的让步更为激进:"除了仅有的一些限制之外,爱尔兰享受完全自治……但应该留在帝国之内",而对北爱的阿尔斯特则不作强迫。单纯从商业利益来看,分裂的前景实在不利,意味着都柏林政府将会丧失为北爱客户提供财政和法律服务的机会(尽管贝尔法斯特的商业发展欣欣向荣),而且诸多的南北方合作业务,可能也得分道扬镳了。商会推崇的"自治领"解决方案正好与《爱尔兰独立日报》确立的方针契合,也迎合了威廉·马丁·墨菲的政治观点;然后,在条约谈判期间,商会成功游说英国政府,在两地之间继续实行自由贸易的举措。

最终,在巨大商业利益的驱使下、在新教徒和天主教徒的狂热拥护下,政治和解于1921年12月达成。虽然还有很多比较保守的新教徒曾抵触过,但最后也接受了现实。后来的事实证明,私有财产权益未受任何影响，资金流动也无任何限制，而且自由邦（the Free State）将继续留在英镑区（爱尔兰银行比伦敦银行稳定高出一分利，旨在阻止资本外流）。都柏林统一党人安德鲁·詹姆森（Andrew Jameson）是德高望重的政治家，既是弓街酒厂的常务董事又是爱尔兰银行前总裁，在《英-爱条约》期间一直试图保护南方统一党。但是，他的团体能够保全制宪上的让步，仅是在自由邦议会设立上院，也就是旨在为"少数民族"提供宪法保护的参议院。这显然是为团体里口齿伶俐的成员准备的公共平台，尤以叶芝为首；只是，由于詹姆森在后条约时代的政治影响力很大程度上是非正式和隐蔽的，只能影响到新政府的经济而不是社会政策。一些老字号店铺悄然倒闭，如夏季山庄大道的赫顿父子店、各个马车制造厂和戴姆勒车辆及其他昂贵品牌的爱尔兰代理商。看起来，这些品牌早已没了市场。

在整个起义期间，在都柏林设有总部的各家银行仍然保持较高的盈利能力。从休战时期开始直到20世纪20年代后期，其股票市场的估值始终处于升势，毫无间断。通过后门关系他们可以很方便地接近政治主子中的新起之秀，特别是爱尔兰财政部治下的爱尔兰银行。商会在1923年提出非典型的大胆动议，开始扯上政治关系，支持部分商业人士作为候选人竞选议会席位。选定的候选人多为新教徒，有两人竞选成功，其中的一位约翰·古德（John Good）是都柏林最大的砖厂老板，同时还拥有一个很大的建筑公司，曾建设科林斯镇飞机场，并多年担任彭布罗克郡委会主席。他成为八人席都柏林郡选区的议会代表，并在随后连续四次的大选中获胜。正如他在1933年所说的，"无论是从字面还是意义上，他都力挺英-爱条约"。在1924年，都柏林老牌企业与首届自由邦政府之间关于铁路公司的未来走向产生了严重争执。由于不堪巨额重建成本和战时工资水平的重负，国家无法给予这些企业预期的补偿，使得他们的资产负债表不能恢复正常。政府坚持要将主要的铁路公司合并起来。这一解决方案遭到所有既得利益者的强烈反对，但反对毫无效果。政府打造了大南方铁路公司

（仅保留跨边境的爱尔兰大北方铁路公司［GNRI］的独立运营），科斯格拉夫这样做，也是嘲笑那些批评他政策的人为"食古不化的特有标本"，"在过去若干年里"造成国家失序的"所谓生意人"。

这位首相在社交上比较保守。他关于都柏林商业政策的奇谈怪论很快就被遗忘了。这样的腔调完全反映出新成立的由（自由邦）盖尔人协会主导的政府所承受的极端政治和财政压力，而且科斯格拉夫也相信，由于雇主们自私自利的表现，过去两年的劳资纠纷和解雇现象将渐臻高潮。事实上，这些战后产业争斗早已在英国出现——在经济衰退、价格下降的时候，劳工们仍然组织在一起试图保护自己的收入（如工资和工时）维持在战时水平，在都柏林这些状况只是迟来而已。但爱尔兰的政治局面在1920至1922年期间高度动荡，让许多雇主难以下定决心降低工资，直到成立了为他们撑腰而且更有效率的政府，各方的争执也渐渐平和下来。电车公司在1922年初率先削减工资。尽管经过若干次长时间的罢工，战时收益在1923年还是被普遍大幅度削减。然而，不仅仅是建筑业，所有就业者在1924年的实际收入和工作条件都比1914年要高出很多，而且可能高于大多数苏格兰和英格兰城市。人们普遍认为，是熟练劳动力的高成本阻碍了都柏林的经济复苏。

对市政府进行全面改革的必要性成为另一个突出问题，反映了地方税收负担不断升级的情况。在这一点上，商会和自由邦政府之间不太可能形成联盟：自治政府的部长行使1923年制定的紧急处置权，在1924年3月命令对市政厅的近期施政及财务管理举行公开听证会。随后的报告从未公开；相反，部长两个月后暂停了市政厅的运行，并将其权力分授三名特派专员。无论是在议会内部还是新闻媒体都有人提出抗议。用即将离任的市长的话讲，"这是对都柏林市民的莫大侮辱"，这在旧政权下确实无法想象。官方给出的理由是，市政厅未能配合政府的举措（拒绝对其员工降薪、容忍裙带关系或贪腐行为，而且未能配合计划好的都柏林警察厅与新成立的国家警察署［An Garda Síochána］合并的计划，诸如此类的事情）。科斯格拉夫敏锐地意识到这些问题。这一次，他支持对其他18个地方当局进行镇压。但是，可能给都柏林市政厅命运盖棺定论的种种迹象，却是在内战期间并其后，当政府一心要利用任何正当的理由严厉打压对手时（就在数周前还经历了一次自由邦军队的哗变），市政厅成为新芬党共和党人的平台。作了这么长时间影子议会的市政厅，现在在一个全国性政府面前哑然无声。

三个特派专员掌管都柏林达六年之久；主要人物是西莫斯·墨菲，科斯格拉夫的直接下属，自1919年以来曾担任过各样的职务。他完全洞察执政委员会的创造力：直接统治为地方政府的改组提供了难得的机会，而且在辩论会上不受短期政治性利害关系左右。在过去六年中，税率大大降低；北部地区的供水量大大改善；市政厅统计的租户数目增加了一倍多；各项社会服务，特别是儿童福利，覆盖面越来越广。分别于1927年和1929年举办了形式多样的"公民周"活动，内容涵盖军乐队表演、历史剧演出和放焰火；而且还采取大胆方案，抛弃党派成见，促进公众培育城市文化和商业的兴趣。关于市中心重建的战略规划，自1916年开始就被忘在脑后，现在又旧事重提，再次下决心完成重建任务。

但最关键的，还是如何界定城区边界的老问题。市政厅在1923年曾试图抢先起草一项私法案，把霍斯港到布雷①之间大片的区域尽都囊括进来。自治政府部门回应道，其督察人员向政府推荐了更为温和的扩张建议，只把拉斯敏斯和彭布罗克郡拉进来。这份报告扩大了内阁的辩论内容，并在1924年7月成立了"大都柏林听证委员会"（Great Dublin Commission of Inquiry）。该委员会的成员构成颇为奇怪，由商界、劳工和学术界人士组成。所提出的建议是，两年后将邓莱里郡及其接壤地区纳入大都柏林市；预算政策及实施交由某位执政官负责，该执政官对自治政府的部长或大臣负责。现存的市政职位和任期全部废除；议员的权限要严格限制（他们对预算方案有否决权）。

---

① Bray，都柏林南部海湾。

正如戴利所说，该报告"既不信任自治政府的民主，又不尊重现有的机关单位"，最后在政府部门里石沉大海，因为自治政府很高兴继续执行部长委员会直管的原则。

接着，在1929年底，出台了《地方政府（都柏林）法案》（Local Government [Dublin]Act）：虽有四十几年的抗争，拉斯敏斯和彭布罗克郡最终还是被纳入都柏林，邓莱里郡则没有；在缩水的二十五席市议会有专为商界设立的特别代表，另设管理都柏林和邓莱里郡的专职执政官（杰拉尔德·夏洛克 [Gerald Sherlock] 是第一位被任命该岗位的首席执政官）。立法时城市战略规划诸要素并没有考虑，而这些是议员们应被告知要遵守的要素。在压力之下，自治政府将提议中的市议会代表人数增加到三十五人，在执政官人选上赋予议员们更多的自由裁量权。因为增加了北部和西南部的公园绿地，该法案使整个城市面积增加了一倍。只是，行政范围的变化并不具备革命性；夏洛克对自己新权力的解释相当保守——只要是议会及其各个委员会能够决策的事项，他一律推给他们；他这样做，同其在科克郡的强硬对手们形成鲜明对比，在科克郡类似的立法完全超越了都柏林的法案。另外一个备受争议的企业选举权，就是1926年的委员会作出的新创意，在1935年被下一届政府给废除了。

1924年解体之前通过的最终法案之中，有一个法案提到：老市政厅将萨克维尔街重新命名为"奥康内尔街"（唯独《爱尔兰时报》多年来一直拒绝采用改动后的名称）。这条大街慢慢地从革命的灰烬中复活：科莱丽大厦①与伊森书城②早在1922年前完美重建，只是它们北面的大半部分仍是荒芜之地，因为各行业的生意人都在等待建筑成本下降（实际上并没有等到）。虽然赔偿问题还在讨价还价当中，建

---

① Clery's 是位于爱尔兰都柏林奥康奈尔大街的一家经营日久的百货商店。
② Eason's 是爱尔兰的一家零售企业，在爱尔兰全境（北爱及爱尔兰共和国）批发、分销书籍、报纸、杂志、文具和扑克。

筑技术规范仍待制订，是否需要建设新的次级街道还在举棋不定，商业性的重建工程还是在20世纪20年代中期启动了。到头来，唯一看得见的起色就是新建了一条大街（卡赫布拉哈大街[Cathal Brugha Street]），与格洛斯特街连接起来，就是现今的肖恩·默克迈特街（Seán MacDermott Street）。这项工程牵扯到圣多马大教堂的迁建问题，该教堂在1922年被毁。在奥康奈尔大街上并没有试图复制什么18世纪的外立面或是19世纪的镶嵌风格，而且一些新建筑物更多用的是石头而不是砖块。只是，赫拉斯·奥容克（Horace O'Rourke）自1922年至1944年一直担任都柏林城市建筑规划师，他利用复活节起义之后8个月通过的建筑立法，强调各个建筑物檐口的高度、窗台线和建筑材料要达到一定程度的统一。但因为缺少国家的扶持，那些新建的楼群呆板无趣；惟有格雷沙姆（Gresham）酒店与引人注目的威尼斯式萨沃伊电影院是地标性建筑物，等到1929年开业的时候，投资"几乎达到二十万英镑"。然而，邮政总局大楼在同一年却如凤凰涅槃般再现，而且其外立面得到彻底修复。

在重建奥康奈尔大街的时候，发生了一件莫名其妙的事情：当时有三份富有远见的报告同时发表，论证是否对市内交通与公共建筑物布局作重大调整；其中两份报告将本案作为中心交通枢纽尽量西移。这些论文案始于战前，当时对城市规划的兴趣风头正劲；而且英国的若干领军人物也参与到该领域中，如帕特里克·盖德斯和莱蒙德·昂温。他们极力规劝都柏林市政厅将之与公共住房建设计划结合起来。他们强烈推出的案例是，不再在城中村建筑工人阶层的住宅，代之以低密度的郊外社区。他们的建议之一就是，叫停奥尔蒙德（Ormond）市场附近的市政住宅项目，将其建设成若干南北纵向林荫大道的交汇点，关键之处是准备在此盖一座新的天主教堂。他们的报告很吸引人眼球其设想是，在1914年举办国际性的都柏林城开发方案设计竞赛。可惜后来爆发了战争和革命。但是，胜选方（利物浦人帕特里克·阿伯克龙比）的设计方案在1922年最终得以发表：《未来都柏林的新城规划》(*Dublin of the future: The new town plan*),由爱尔兰市政设计研究所(Civic Institute of Ireland)主创,得到当地一个具有专业会员资质却没有官方身份的团体的支持;也是略显伤感地献给离开已久的爱尔兰总督阿伯丁伯爵,还有伯爵夫人。阿伯克龙比方案将1914年的都柏林规划得类似巴黎在进行奥斯曼改造①前夜的程度。他设想的是,政府能够采取类似程度的干预措施,而且是基于相似目的(为市民提供"健康住宅"——奥斯曼方案缺少此议,而都柏林方案则作优先考虑)。阿伯克龙比提供了一份超级精妙的建设方案,可以打造别样的都柏林,发表之后随即引起国际社会的关注。

在这个方案里,阿伯克龙比详细说明了盖德斯/昂温的创意,将所有的交通都整合在奥康奈尔桥上游的某个节点。他建议在河面上相向建设两条连廊,一条在四法院大楼东边,另一条在基督教堂下面;至少有十四条大街汇集于此,其中许多是新开的道路。在北边连廊下面,要建设一座中心火车站,是两条主线火车隧道的交汇口。以前臭气熏天的皮尔巷,现在变成了市中心。在提议建设的主路中,有一条路将西边的阿比街向北连接到长廊,然后从那里将会有一条全新的三排道的"凤凰公园商业街"(Phoenix Park Mall)一路穿过皇家兵营(现已改造为美术馆),连接公园入口,靠近西侧的威灵顿纪念碑处。另一个次级线路更具想象力,只是在其横切达姆街之前并止于圣司提反绿地公园西侧的次级枢纽之间,从布罗德斯通车站向下通至半便士桥,需要占用部分多米尼克大街,那可是条寸土寸金的老街。该设计方案提议将公寓人口全部驱离,估计得有64000人,将他们重新安置

---

① 1853—1870年间法国时任皇帝拿破仑三世指定塞纳河地区行政长官乔治-尤金·奥斯曼(Haussmann, Georges-Eugène)对巴黎做整体规模的改造。工程涉及中世纪城中村(当时已经拥挤不堪,卫生状况也不好)的拆迁,修建宽阔马路、公园和广场、下水设施、观光喷泉,甚至将郊区合乡并户。奥斯曼的改造工程遭遇巨大的阻力,1870年终遭撤职,但这一工程一直延续到1927年。今天我们看到的巴黎,从马路规划到建筑风格,都是出于奥斯曼之手。

在新开发的郊区，与城市开发方案有机整合在一起：西南面的克拉姆林街、西北面的卡布拉街，还有北面的拉姆康德拉巷，全都通过专门的马路和有轨电车连接到中心长廊处。阿伯克龙比建议开垦爱尔兰镇东面和克朗塔夫的大面积土地，在其上建设公园、私宅以及发电用的电站。新天主教堂拟建在老亚麻交易大楼原址，靠近卡佩尔街上头的地方。纵然该方案可能需要采取军事独裁的手段，而且花费吉尼斯酒厂成百上千万的金钱才能实现设计意图，但其天马行空的设计确实在一代建筑师和城市官员脑海中留下深刻印象，也再次将马路建设委员会留下的杰作置于公共视野之下。只是这些建议报告的设计规模远远超出约翰·比斯福特曾经的想象。

几乎与此同时，都柏林大区重建工程委员会发表了一份备选的总体规划方案。在该方案里，本案是一条起自基尔曼汉姆医院（现在重建为国家议会[National Parliament]）的"新建宽阔林荫大道"，一路朝东，穿过老城，直至学院绿地公园，到邮政总局原址，即现在新建的市政厅前为止。这个方案至少与马路建设委员会的街道布局方案是一致的，也得到新闻界的大力支持。据1925年的《都柏林市政调查报告》和市政建设研究所发表的诸多方案中，阿伯克龙比的激进方案位居前列。这里的第一作者是市政建筑师奥容克，其内容不过是整理与归纳了交通、卫生、教育、住房、就业和都柏林的实际状态等新建数据信息。《调查报告》操作的前提是：都柏林作为重生的都城理应得到新政府的重资注入；其核心区域应做彻底的重新规划，以期与过去的历史切割；并且要充分考虑机动车交通增加的问题，尤其是公共汽车。方案为一些单位建议了新址，国家议会建在原国王医院中学，中心火车站建在原圣殿吧，市美术馆建在重建的四法院大楼，而法院则迁到都柏林堡。本案重点在大量的市区公园和郊区花园。只是，必须具有"极端的强制力量"才能实现这一切。"爆破、爆破，更多的爆破，才是解决残破建筑或衰败城市的唯一方案，"都柏林的城市建筑师如是说。仿佛奥斯曼的幽灵在都柏林徘徊。

即使这个宏大的公共工程项目能够极大地解决都柏林的遍地失业问题，无论是在（自由邦）盖尔人协会政府或继任政府，却再难寻到路易·拿破仑那样铁腕人物的臂助，无人支持这种浮华无实的市政项目。科斯格拉夫政府关于都柏林实际开发的各种观点，不是将市中心西移，而是将政府机关和议会集中到一个价格尽可能低廉的区域：结果，都柏林堡就归了法官们（直到四法院大楼重建之后），还有税务署和警察厅；位于梅里恩街上环境宜人的自然科学院的部分建筑也被改造，由政府的主要部委征用。尽管前两任总督均曾在附近的总督府居住过，环境空旷宁静，科斯格拉夫还是否绝了将公园里首席大臣官邸用作自己正式住所的方案（那里最终成了美国驻爱尔兰大使馆）。至于议会大厦，第三届国民议会自1922年起，就启用了伦斯特议会大楼的皇家都柏林学会演讲厅（RDS lecture theatre），房间大小刚好够用。至于其他选择，比如学院绿地公园、都柏林堡，尤其是基尔曼汉姆，都有人极力推荐，只是，没有一个被采纳，主要考虑的问题是成本。继续留在伦斯特议会大楼的决定是1924年作出的，几乎是全体默认。都柏林皇家学会得到了不错的补偿，在博尔斯布里奇展览场地上集中开展各项活动。直到1939年政府部门（工商部）才得到第一座新大楼的设计，也是坐落在基尔代尔大街，这条大街现在已经完全成为爱尔兰的政府所在地。阿伯克龙比与市政设计研究所的美好愿望，即市中心西移并将中世纪城镇重建为城市核心区的愿望，均成泡影。然而，他们的想法还是得到了尊重；并且直到20世纪40年代，阿伯克龙比仍然可以如和蔼教父一样在一定距离内参与都柏林的城市规划。

新立国的某些公众人物企图联合起来反对都柏林："实在是一个外国城镇"，来自梅奥郡的一位新政府支持者如此抗议，"政府的所在地……应该远离都柏林的氛围…不仅因为其异乡情调，还有思维方式"。只是，都柏林各个项目中没有发生任何"浮华"现象，以使得反都柏林情绪有任何可乘之机。然而，本地向政府发出的有关都柏林

"住房问题"的呼声却不容忽视。在自由邦成立后的前几个月,科斯格拉夫公开宣称,"无论这个政府会如何作为,若都柏林[如此]容纳众多蜗居的平民百姓,没有人能做好公民,或作忠诚并献身于政府的顺服者"。他内心期盼的,是在城里重建政府区。这并没有如愿以偿。但是,得益于较为充沛的政府补助和贷款,大量的政府投资在20世纪20年代期间投到了都柏林的住房建设上——1923—1931年之间共建设了5043处住宅小区。只是几乎所有的工程都是建在城边,而且多数住宅并不是为穷人设计的,而是为技术工人设计的。马里诺(曾是查尔蒙特领地的河流下游)在1914年前一直被认定为可以建设成"郊区花园"(garden suburbs)的地方。这个项目可以俯瞰都柏林湾,堪称新政权统治下的真正成就之一。市政厅为马里诺地区及其附近的克罗伊登公园(Croydon Park)制订了一个带有园林景观的规划蓝图;而且四家建筑企业(其中一家是德国的)到1928年前共建设了接近1300套房子(每套房子三到五个房间)。在此期间,市政厅在城北边规划了一条宽阔的林荫大道连接克朗塔夫、拉姆康德拉巷和格拉斯内文,为都柏林建设了一条新的东北边界——"格里菲斯大街";这样,不到十年的时间,一条更靠北的通路——柯林斯大街——诞生了。市政厅在1923—1931年期间共开发了4248套郊外住房,其中72%位于利菲河北岸。市政厅在城外北部继承了相当多的土地储备,因此集中精力在此搜寻荒地和优良的开发地块,是完全合乎逻辑的;此外,这里的荒地价格应该比南边的任何地方都便宜很多。

正如路得·麦克马纳斯所述,这些住宅并非用作长租,而是"承租人购买"——有各种各样的融资方案,其中某些方案的还款期还很长。像别的爱尔兰城市一样,越来越多的人认为拥有一套自己产权的住房是完全可以实现的抱负——先是战前都柏林的中产阶级,到20世纪20年代覆盖的人群则更广泛了。租金管治(1915年全国普遍实施的战时管治)的法定留购期极大降低了投机房产的吸引力,而且鼓励20世纪20和30年代的私营建筑商瞄准预备购房自住的群体,而不是预备炒房获利者。幸亏买小户型有政府补贴、买新房有减免税，同样得益于当时冒出的很多住房建设合作社（公共事业社团），人们购买私产少了许多经济上的障碍。

越来越多的技术工人买自住房，对此教会和政府都持欢迎态度。但城中村交通拥堵情况却变得越来越糟糕。将近期废弃的兵营加以改造利用，这种富有创意的方案效果不错，里士满/基奥兵营是转换成公共住宅的唯一例证（军官食堂改造成儿童奶站）。在20世纪20年代，很少有人再愿意把城内的废弃地块改造成分租房。经济大萧条（Great Depression）爆发的时候，开始阶段都柏林尚无较大冲击，但在时间节点上却与社会资金将部分投资优先权转向城中村建设恰巧重合。这一变动，实际上是因为依靠建设郊区花园式住宅缓解城中村穷人居住压力的作法显然未获成功；加之人们担心市政厅会针对拟建设区域，取缔一切私营或合营开发。新证据显示，从1914年以来非宜居房屋的数量上升了15%，引起舆论一片哗然。

科斯格拉夫领导的政府在1932年败选，虽然即将就职的德瓦勒拉爱尔兰共和党政府经常被当作解决住房危机的重建动力，可建设重点早就开始转换了。1931年通过的《住房法案》（Housing Act）仿效了英国1930年的类似立法：对于搬出贫民窟移住新居的家庭提供翻番补贴，大大加快了分租屋物业的收购和清理。新政府发起更为优惠的激励措施，国家承诺承担三分之二的为清理贫民窟而筹集的贷款利息。在随后的七年时间里，市政厅启用超过1600套城中村公寓，部分公寓的外墙装饰极为现代，但是同郊区花园小区的住房相比，几乎所有公寓都是小户型，主要建筑材料是无钢筋混凝土。市政厅继续在郊区建设小户型住宅，从1932到1939年共增加了五千余套，多在城北。

然而，到目前为止，最大的一个项目是在西南方克拉姆林的空地上。该地块静卧运河之上，不受电车烦扰，空旷而且是沉过水的地。阿伯克龙比早在二十年前就青睐此地。多数土地都是强征的，而且在五年之内建设三千二百套二层住宅，供城中村的家庭居住；许多住房都是连体房或排屋，多数只有三个房间带一个小花园。这当然是20世纪30年代最大的建筑项目，规模之大，以至于爱尔兰地方政府部的官员都直接参与其中——甚至后来有人对他们怨声载道，抱怨他们废弃了20世纪20年代的高标准，"明目张胆地偷工减料"。不过，对于克拉姆林住房的需求一如对城西北卡布拉住房的需求一样巨大，前期高峰申请人数远远超出房源数。申请成功的多是带小孩的已婚夫妇。他们均被视为有能力偿付（补贴后的）房租，但尚不能确定有能力签订购房合同。20世纪20年代开发的房屋里没有什么修饰，外面也了无差异，看起来都是一个模样。从一开始，克拉姆林的地方人口就有一个一致倾向，那就是极度追求学校教育，对娱乐设施的要求却极为有限（到下一代的其他大型居住区项目也是复制同样的模式）。每建一所中学之前都要先建好警察局。曾有人在1945年声称，那是"为了管住那些没有工作、无法无天的青少年群体"。在克拉姆林，迁居于此的孩子们可能感觉更自由；而成年人则会感觉到社会关系和亲族往来的弱化，再也不能随随便便到街坊邻居家串门，也没有随处可见的街头市场，以往熟悉的店铺和小酒馆现在去一次怎么这么贵，而且常常抱怨回城的汽车票价太高了——哪怕是到市中心，距离才不过最多两英里。

政府说得再天花乱坠，其住房扶持政策也不能完全用在贫民窟清理；私人住房（以及农民工棚户区）的补贴吸尽了一切资金——这些资金原本可以用来支撑更为有力的城区开发计划的。1932至1939年这个时段建造的住宅最多，市区新建住宅中近48%由私营或合营开发商建设，这是显而易见的事实。中产阶级在郊外社区的自有住房占有率越来越高，占主导地位，与多是地方政府分租户的工人阶级所住的郊外社区形成越来越突出的对比。确实，在两次战争期间格拉斯内文和克朗塔夫建设了大量的私人建筑，从这些低密度花园式郊外住房到市政厅在卡布拉新建的三室住宅之间，有许多层次的户型分布在城北；社会各阶层汇集在这些新住宅区。城南的地方差异更为尖锐：克拉姆林的新建城镇与东面不远的哈罗德十字架村、特雷纳和拉格住宅区的砖砌排屋形成鲜明对比。在都柏林城南外围彭布罗克住宅区的边缘开始兴建完全不同标准的住宅：梅里恩山"花园小区"从20世纪20年代中期开建，一英亩盖两套房子，进展缓慢。主要的承建商和开发商是约翰·肯尼，都柏林远郊的马里诺住宅区的一期工程就是他为市政厅所建。

尽管新增公共建筑的规模很大，但是1932年各项雄心勃勃的目标并未实现。劳力短缺以及1937年持续6个月的罢工（以工会的胜利告终）成了追责的理由，市政厅损失殆尽的信用也是原因之一。市政厅1934年的借贷约600万镑多点儿；到1939年则接近1100万英镑，其中五分之四与住宅建设项目有关。关于这一点，据玛丽·戴利披露，市政厅在各家银行遭遇严重困难，难以继续向地方资本市场注入更多贷款资金。与此同时，城中村分租公寓的情况开始恶化。市政厅在1939年还是启动了另一次公开听证会，目的可能是为了增加政府的政治压力，为贫民窟清理争取更大的直接财政扶持。听证会审核了1913年以来的充足证据，检视了最近的建筑热潮。为什么如此充满活力的公共建设竟然不能减少问题的发生呢？有人指责说，公共资金本来稀少，分配给私人兴建的住宅作补助补贴不合理；另有人指责说，不该罔顾穷人的需求而只照顾资信可靠的分租客。市政厅拒绝考虑按照收入水平施行差异房租（科克郡则实施得不错）的决策实在是糟糕，市政厅应负完全的责任。

是否还要归咎于都柏林城人口的变化呢？贫民窟常像一潭死水，难以排干，人口流动量却总是很大。在某些情况下，对于那些无论是因疾病、死亡或失业而在新的住宅区不能分一杯羹的人来讲，这次是彻底无望了；对另外的人来讲，则是迈出追求更美好生活的第一步，一如他们先前移民到现在的贫民窟。都柏林城市人口在1926至1936年间的确有了显著而且出乎意料的上升。大都柏林的人口从505654

1939年从空中鸟瞰克拉姆林。尽管小学校和商铺建得晚,供水和公共交通也存在问题,在城西南新建的这个住宅区已经发展出自己的特点。鉴于其地理位置靠近城中村,市政厅的多数房客从城中村迁来,缓解了大规模移民的压力。

上升到 586925 人，年增长率近 1.5%。可能从 18 世纪早期以来从未见过如此高的增长率。如此变化是否因为 20 世纪 30 年代农村经济萧条、农业人口就业衰退不得不移民城镇而造成的，还是因为跨大西洋移民有了新限制？这两种因素都起了作用，斯坦利·里昂在 1943 年判断，将近 60% 的人口上升缘于都柏林注册区内人口的自然增长，而且构成 20 世纪 30 年代移民的最大群体是 16 到 24 岁的年轻妇女。这暗示 1932 年后教区和工厂就业需要大量的年轻妇女，可能这是主要的因素，只是这些移民不见得会住在贫民窟。人口数据能够揭示的却是丈夫的职业与已婚妇女中检查出来的孕妇数量之间的强烈相关关系。据里昂在 1943 年针对都柏林妇产科医院的调查报告，约 50% 产妇的丈夫属于半熟练或非技术工人，但是约 65% 生育四胎或以上的产妇是从这些社会群体抽取的。如果这种高生育率的生育模式一直延续到战后婴儿死亡率下降的时代，那么在工人阶层居住的社区肯定可以到处看到小孩子疯跑的景象。情况也的确如此。

利马斯与都柏林

1932 年成为值得记念的一年，得从两个方面说。在 6 月份举办了圣帕特里克[①]到达爱尔兰一千五百年纪念庆典，再加上教宗使节来访和圣体大会（Eucharistic Congress），整个活动为期一周，这些完全盖过了以前举办的历届国际展览会的风头。活动由教会当局精心安排，都柏林市和爱尔兰政府均给予热情支持；宏大的庆典布景、教宗使节戏剧性莅临都柏林、凤凰公园的大弥撒（High Mass），还有奥康

---

① St. Patrick，公元 432 年，圣帕特里克受教皇派遣前往爱尔兰劝说爱尔兰人皈依基督教。他从威克洛上岸后，当地愤怒的异教徒企图用石头将他砸死。但圣帕特里克临危不惧，当即摘下一棵三叶苜蓿，形象地阐明了圣父、圣子、圣灵三位一体的教义。他雄辩的演说使爱尔兰人深受感动，接受了圣帕特里克主施的隆重洗礼。公元 493 年 3 月 17 日，圣帕特里克逝世，爱尔兰人为了纪念他，将这一天定为圣帕特里克节。现在这个节日已经成为世界性节日。

奈尔桥上举行的庆典闭幕式，招来了大量国际游客和127个专列的爱尔兰圣徒，绝对称得上是史无前例。庆典活动的阶段管理具有创新性——四百个扬声器分布全城，广播庆典活动——既给人喜庆的总体感觉，又最终使城市本身舒适宜人。虽然部分新教徒商家也公开支持这项庆典活动，非天主教徒居住的都柏林大部分地区还是极其安静的，好像什么事情都没发生。

政府最近发生变动，爱尔兰共和党领导的联合政府开始执政，对庆典益发产生刺激作用；1926年，在是否加入自由邦议会一事上，德瓦勒拉与反条约派新芬党人决裂，组建了爱尔兰共和党，并宣誓效忠，反对新芬党。在都柏林，科斯格拉夫政府的大选支持率已经下降；受到内阁辞职的打击，对日益高涨的社会不满情绪反应缓慢而且缺乏基层组织建设。爱尔兰共和党则与之相反，建立了选举机构，从1931年末开始得到《爱尔兰日报》(Irish Press)的一力支持，这是一家非常优秀的日报。共和党在首都的影响一开始低于南部和西部地区。尽管新芬党的残余在那个时候已经彻底撤出了选战，但他们在1930年的市政府恢复选举中仍摘获五席。爱尔兰共和党在全国范围的主要组织者是两位都柏林人：杰拉尔德·博兰(Gerald Boland)与肖恩·利马斯(Seán Lemass)。博兰出生的家庭，拥有纯粹的芬尼亚会、无敌队和盖尔人竞技协会传统；在1916年的起义中曾经作为共和党驻军驻扎于雅各布饼干厂；在内战中失去了比他还有名的兄弟哈里；在1923年赢得了（罗斯康芒郡）一个农村议席，并一直据守到1961年。利马斯的祖父是帕内尔派城市议员；他父亲在卡佩尔街最南头开制帽工厂，生意甚是兴隆；家族与芬尼亚会和国家联盟党均有牢固的联系。他1916年与哥哥诺埃尔一起在邮政总局的时候，还是个十几岁的少年；自由邦军队袭击四法院大楼的时候，他也在场。内战结束几个月之后，却在都柏林的山中发现了诺埃尔的尸体，这是未解之谜；据推测，这是一次政治报复行动。但年轻的利马斯由此进入公众视线，他战术原则清晰敏锐、组织能力强，1924年第二次参选都柏林南城议会时的高票当选充分体现了这一点。那次是以所谓的"打酱油"的新芬党的名义；但自1927年开始，他代表爱尔兰共和党坐上议席，并一直做了39年都柏林内城选区代表。他的职业生涯非常成功，在都柏林的共和党中获得越来越广泛的支持，其中最关键的，是赢得并保住了广大工人阶层的支持。在20世纪20年代，工党在各大政党中间从官面上保持尴尬的中立；得到的回报就是1932年屈指可数的几个议员席位。工党选择支持少数派共和党政府，是考虑到后者在工业保护、失业救济、加强社会福利和增加住宅建设项目等方面的承诺。

爱尔兰共和党在都柏林拥有长期选举优势的历史开始了——尽管在中产阶级聚居的城市郊区却不太明显——这种优势地位使得共和党能够在随后的16年持续执政，并且直到21世纪都一直是国家的主导政治力量。从都柏林的角度，你可以将爱尔兰共和党取得成功的1932年，看作是旧手艺人和小资产阶级芬尼亚共和主义胜利的一年。自此，都柏林各个主要社会团体的选举权在不知不觉中被剥夺了。共和党在都柏林取得胜利，可能就是一些空谈的结果，比如共济会是"科斯格拉夫政府的傀儡"，也是在"大选中构成不法行为的元素"。但共和党成功地重塑了受欢迎的共和形象，并没有因此受到任何影响。利马斯是新政党中的本地人。对他而言，施政目的很明确，就是解决失业与工业发展的问题；至于文化复兴这样的小事情，则留给他人去办。利马斯和党内很多人一样，曾极力反对教会干预政治，而且声势很大；德瓦勒拉则保证说为保持其激进共和的形象，新政府不再接受天主教会势力的影响。因而严谨、得体的政府对守圣餐的教徒持欢迎态度，这一立场帮助国会度过了一段短暂的全民疗伤时刻。

爱尔兰共和党的激进思想在当地产生的影响力令人喜忧参半。住宅建设的步伐在1932年之后是肯定加快了，但这并不是都柏林特有的现象。政府非常注重劳资关系，在1936年制订了与工会交好的就业立法，劳资关系在这之后达到极致。城市里的工资收入，无论是技术工人还是一般工人，尤其是建筑业的工人，扣除物价因素后，在10年里似乎增长很多。纵然如此，也没能阻止1937年那场长达6个月的灾难性的罢工行动；罢工最终在利马斯的介入下结束，罢工的工人却没得到什么好处。在其他行业，即使那些不易组织的女佣和在银行与百货商场上班的女服务员，也因生活成本上扬而作出反应。于是她们在那一年也强烈要求提高工资。

新政府决定在1932年开始全面征收保护性关税，这在全城引起了恐慌。虽然都柏林仍然是全国的商业要津，但还是难以判定批发业务实际上遭受到多么严重的破坏。有人预测英国政府对此会采取针锋相对的策略，于是有人开始怀疑那些依赖出口的大企业会缩减他们在爱尔兰的业务。就吉尼斯公司而言，有传言说这家公司要完全从爱尔兰撤出。自从1913年初该公司在曼彻斯特征收了大幅地块以来，这些谣言就开始流传。征地的举动在一定程度上是由于《地方自治法案》的政治不确定性引起的，只是没有后续动作。但是，吉尼斯公司的销售量虽很大，在20世纪20年代却呈整体下滑的趋势，丧失了至为重要的英国市场份额。1932年，英国的威胁使问题变得复杂化。其实并非出于爱尔兰保护主义的直接推动，而是因为倘若都柏林的酿造公司不将其部分生产线转移到海峡对岸，英国会对其产品征收进口关税。这样的措施达到了预期效果，促使吉尼斯的董事会在极度机密的情况下在伦敦选下一个地块，筹建单独面向英国南方市场的酿酒厂。利马斯在1934年征税方案即将公开的前几天才得到通知，但他已无力回天了。酿酒厂1936年在伦敦西北部的皇家公园（Park Royal）处开业。都柏林的工厂依然是酿酒厂的主体。虽在出口贸易受阻，但其员工队伍到20世纪30年代早期仍接近2400人，未受到什么不利影响。只是吉尼斯公司几乎不再有任何新职位需要招聘新人。然而该公司可能从爱尔兰进一步撤资的潜在威胁不言而喻，这样却有助于维持与共和党政府和全市最大的产

39

在1913年的罢工和1916年的复活节起义中,雅各布饼干厂始终处于风暴中心。尽管如此,其在内战中的就业人数一直最大。年轻女工队伍极其浩大,主要来自自由区和西南郊纵深地带;她们特别喜欢该企业先进的社交环境和医疗服务,还有厂内游泳馆。只是,企业不雇佣已婚妇女。

业之间的良好关系。对雅各布饼干厂而言，该厂确实于1913年在英国的安特里开办了分厂，至少是考虑到爱尔兰的政治不安定性这一随附因素；在1932年早期该厂决定扩大那里的产量。在整个20世纪30年代，主教大街上该厂的生产一直强劲；就业人数保持在2500人左右。实际上，爱尔兰饼干业的巨头在糖果糕点的高额关税刺激下开始了向糖果分类转化的多样化策略。然而，雅各布饼干厂必须与辉格会教徒竞争。这些竞争对手有的来自芳润－吉百利巧克力公司（Fry-Cadbury's），这家公司于1933年建立了爱尔兰子公司并在北海滨建起了大型巧克力生产厂；还有的来自阿靓巧克力公司（Urney Chocolates），他们在塔拉特生产巧克力。

首届自由邦政府选择性制订的关税已经对都柏林产生了影响，催生了新的轻工行业。1923年对烟草施行进口关税，促使帝国烟草公司开始为自由邦市场制造香烟——先从1923年建在自由区的一个小厂开始；然后大约在1925年，其普莱耶分公司（Player's division）在格拉斯内文开建了一座大型工厂；其威尔斯分公司（Wills division）于十年后在南环路上建了一间工厂，装潢效果极有艺术品位。同一时期，贝尔法斯特的加莱赫烟草集团（Gallagher's）的卷烟通过避税政策，于1931年在东墙路建设了地标建筑"弗吉尼亚之家"。威士忌的情况却恰恰相反：对进入英国市场的爱尔兰产品征收关税（以及美国的"大禁酒"行动）摧毁了都柏林古老的酿酒业：苏格兰人拥有的凤凰公园酒厂在1921年关张；合伙创建于1890年的都柏林酿酒公司在老城区将两家酿酒厂联合在一起，其中琼斯路工厂位于拉姆康德拉巷，公司于1926年倒闭。倒闭后只留下两家生产都柏林威士忌的企业——约翰巷的"能量"（Powers distillery）与史密斯菲尔德附近的尊美醇——两家公司的订货量也都在下降。

"大萧条"时期实行全面贸易保护，只会导致更为严厉的税率操纵。在利马斯的领导下，工商部改造成工业开发机构，全新出台的法律和行政手段，旨在快速创建自给自足的自然经济，排除外资的参与。毫不奇怪,在接下来的几年里,全国的制造业就业率在一个世纪以来首次跃升。只是,吸引工业投资的行为过于急功近利,而且常常执行力很差;考虑到都柏林和伦敦之间(在土地年金问题上)展开的灾难性贸易战,这样的结果可能是难免的。贸易战严重冲击了农村收入,这个问题直到1938年才最终解决。新政策的一个主要内容是工业发展的分权问题,但并未成功解决。1926至1936年间,自由邦制造业中就业率净增长约有三分之二发生在都柏林市和郡(约13000个新增就业岗位);20世纪整个30和40年代,自由邦工业产出的一半以上来自都柏林市和郡(尽管市场份额有所下降)。因此,利马斯式工业化在战前的表现形式是对资本的青睐,而不是共和党所支持的农业中心区(而且内阁同僚,特别是格里·博兰,尤其对此感到不满)。

多数新兴产业非常弱小,所涉及的技术很快可以学会。据1948年对都柏林市、郡"受保护产业"的五百一十六家企业所做的调查显示,每个企业平均只有35名员工(几乎成为国家模式)。其他一些吸引人眼球的发展项目则是例外,如在夏洛特码头新建的爱尔兰玻璃瓶厂(1936完工,聘用大约400名员工)。新产业中三分之一以上的就业岗位在成衣业:1931到1936年间,都柏林市、郡的企业数量和整体就业人数都翻了一番。绝大多数是女性,在1936年这些从业人员至少有四分之一不到十八岁。相比之下,钢铁行业的新增就业机会主要是为男性创造的,加之建筑业的复兴,使得就业人数增加了一倍多。新兴的一些企业家,如海曼·雅各布维奇(Hyman Jacobovitch),都是移居者。尽管在首都征地费用更高,新移居者还是能够接受的,因为他们青睐都柏林的地理位置和都柏林拥有的大量技术工人储备、交通网络、家门口的市场,还有接近工商管理部门官员的便利条件。这些新兴企业多数是劳动力密集型,动力要求是电能而非水能。所以,除了西北和西南郊区新开发的各个住宅区附近有成片的工厂外,全城范围内也是星罗棋布。

共和党主导的产业浪潮也给都柏林带来了相应好处。在1932年之后的几年中,一度无所事事的爱尔兰证券交易所增加了空前数量的上市企业,其中很多是符合新投资管制要求的爱尔兰/英国合资企业。出现了一些像亚瑟·考科思这样的公司律师,专门从事这一领域的工作。靠专业赚钱的机会正是给那些既有专业知识又愿意推动政府政策的人士创造的。银行在提供贸易信贷时即使带着高度怀疑的态度,但还是极为配合。受政府直接干预的唯一金融服务部门是保险业。直到那时仍是英国的各保险公司占主导地位,没有竞争对手;直到1939,爱尔兰人寿保险公司(Irish Life)从一批规模很小且陷入财务困境的爱尔兰公司中脱颖而出,其大部分股权是国有控股。

对于共和党的高度干预政策,商界人士的反应比较克制,这一现象初看起来颇令人吃惊。其中一个原因可能是国际上普遍存在的经济危机感,所以也就能接受乱用出怪招的作法。如此这般,岂不是让做生意的新教徒家族平添对官方的丝丝冷淡,甚至排斥之意吗?共和党肯定先是煽动人们对共济会员的恐惧和厌恶,很快所有生意场上的新教徒都会受到影响。利马斯和博兰曾是圣高隆邦骑士(Knights of St Columbanus),这是一个刚刚成立,且具有兄弟情谊的组织,总部原本在贝尔法斯特,20世纪20年代早期就在都柏林扎下根了。其使命有点像南非的秘密兄弟会,在企业和其他天主教影响力不足的社会领域谨慎地推动天主教的发展。这样的行为是否对公共政策产生影响,值得怀疑(德瓦勒拉就十分反对秘密社团);随着共济会和骑士团在商界不断地壮大各自的组织,他们发出的越来越强的声音无形中削弱了中立组织如商会的领导力。尽管如此,利马斯的立场十分鲜明——他对共事的人很忠诚,对不与他共事的人,无论他们属何党派或教派,他一律保持戒心。引人注目的是,建筑行业里新教徒开办的像克拉姆普顿公司和布鲁克斯·多马公司这样的企业,是建筑商的供货商,在20世纪30年代的建设大潮中成为最大的受益者。比利咖啡店(Bewley's cafés)建在格拉夫顿街新址,装修奢华,甚至所有窗户用的都是哈利·克拉克①所绘彩色玻璃,以致于咖啡店不得不举债度日,不过即便如此,也保持了十年的辉煌。咖啡店1927年开业,很快就吸引了大量忠实顾客。

有一家叫做"爱尔兰医院彩票中心"(Irish Hospitals' Sweepstake)的新企业,无任何欠债、无需额外保护,只依靠市场兴衰过活。这是爱尔兰商界的一个稀奇实例。彩票业务在爱尔兰属于合法(从1930年起),在英国却是非法的。彩票的注压在马会精英赛的结果上,举办赛马会在都柏林不受任何惩罚。"爱尔兰医院彩票"发起人的想法是为都柏林公益医院筹资。到1930年的时候,这些医院普遍存在不同程度的财政问题。教会虽有不同意见,但事实证明该筹资方案是非常成功的;理查德·达根是都柏林一位卓有成就的赌马业者,以前在欧洲大陆开过赛马博彩,所以现在负责管理爱尔兰医院彩票。除他以外的约瑟·麦克格拉斯(Joseph McGrath),曾是志愿军和前政府的部长。还有后勤方面的天才,斯宾塞·弗雷曼上尉(Captain Spencer Freeman)。彩票销售的成功有赖于以下几个因素:成功发展在英国和美国的爱尔兰侨民关系;利用先前爱尔兰共和军的人际关系销售彩票并转移资金;特别在为幸运的中签者指派参加精英赛赛马的时候,采取高超技巧催生公众热情、增加媒体关注度。这项运作的特点是财务运作手段必须精明,三位董事因此变得非常富有,那时候暴发户还是很稀奇的。他们在1932年收购了爱尔兰玻璃瓶公司(Irish Glass Bottle Company)并独资控股一个灯泡厂(Solus),还参股都柏林的一家洗衣店,这也只是稍稍公开展示了一下他们的财政实力。其间,都柏林第一座新一代医院大楼,就是坐落在霍利斯街的国立妇产医院(the National Maternity Hospital),其建设资金主要是从这些收益中获

---

① Harry Clarke(1889—1931),爱尔兰著名彩色玻璃艺术家和插画家。十九世纪末至二十世纪初风靡欧美的"工艺美术运动"(Arts and Crafts Movement)主要代表人物之一。

得的。这家医院已有半个世纪的历史，而且有着浓厚的天主教气息，以前只是几所 18 世纪的旧房子。后来这些房子全部被拆了，场地甚至扩大到梅里恩广场的安特里姆会所（Antrim House）。为了建造新的全电气化医院，只保留了一些壁炉框架和墙饰。

设定市政边界

《都柏林有看法》(*Dublin Opinion*) 在 1922 年 3 月面世。这本杂志绝非现代城市里开先河的调侃型读物，但的确有其独到之处：在内战期间，这本杂志内容怪、文风柔，经常发表有预见性的文字，而且活泼有趣。到 1926 年，月销量竟达到四万册，逾 40 年几无对手。杂志首任编辑亚瑟·布斯（Arthur Booth）曾是电车公司的职员；最多产的漫画家查尔斯·凯利是公务员，与汤姆·柯林斯一起，都是杂志的主要撰稿人。他们最显著的特点是，不再使用诽谤手段，于是也因此很少再遭受政治人物怒气冲冲的攻击。他们创造的略具讽刺性的政治漫画被后世一再效仿。《爱尔兰政治家》(1923—1930) 的宗旨则更为严肃一些。编辑是叶芝的老朋友 AE[①]。他是一位艺术家、诗人和持中间立场的公共知识分子；该周刊风格亲切且符合国际品味，成为政治人物、作家和艺术家的主要论坛。其中一部分人被吸引，缘于 AE 提倡爱尔兰要发展多元化文化；另一些人则宁愿忽略他对英裔爱尔兰传统的捍卫。(当麦涅·朱厄特 [Mainie Jellett] 的画作第一次在都柏林展出时，AE 只是因着对立体主义的本能反应，而一反常态地表达自己绝难容忍的立场)。另一份一直保持生命力的杂志是《都柏林杂志》(1923—1958)，具有与南区新教徒/犹太教的相似背景，只有一个编辑，叫谢默斯·奥沙利文。由他精心打理的这个平台几乎集结了所有下一代的诗人和作家。只是该杂志后来变得谨慎起来，而且免谈政治。

---

① 乔治·威廉·拉塞尔的笔名。

虽然如此，审查制度还是不期而至。经过神职人员的游说，自由邦政府于1923年开始推行电影审查制度。同年，当地针对乔伊斯的《尤利西斯》写了一篇评论，拟定在《都柏林杂志》上发表，最终被奥沙利文的老板撤稿。写这篇评论的作者是康·利文撒尔（Con Leventhal），后来另建了自己的杂志社《汽笛》（*Klaxon*），最终文章得以付印面世。利文撒尔还参与《明天》(1924) 杂志的创刊。那是另一份搞文化颠覆的杂志，在曼彻斯特印刷。之前塔尔博特报社（Talbot Press）曾阻止刊发一篇（叶芝写的）嘲笑当代主教们的匿名文章。出版社实行的类似审查制度反映了可能失去教会业务的焦虑心情。1899年成立的天主教真理学会（Catholic Truth Society）和1911—1939年存世的《天主教新闻快报》长期以来发了很多福音单张，一直以抨击"不良作品"为目标，并将攻击扩展到现代主义和任何藏有新教影响的蛛丝马迹上。这是来自天主教和新教教徒的联合压力，使政府改变了当初不情不愿的立场，于1929年建立了针对书籍和杂志的国家审查制度。起草的立法案实在糟糕，最后的结果也证明那只是一把钝刀子。但以进口英国杂志为主业的进口商伊森却暗地里采取了配合态度。而各个。毫无疑问，20世纪30年代多数被禁的书籍是文学作品，并非色情作品。然而，政治反对派并没有给予他们什么支持。叶芝的抗议却声声不绝，当1925年将离婚确立为非法时，他的抗议声达到高潮。如此手段恰恰被视为天主教主教能够直接影响科斯格拉夫政权的证据，叶芝因此向参议院提交了著名的《辩解书》，维护爱尔兰新教徒的传统以及被他宣称正遭受终极威胁的本阶层人（"绝非等闲之辈"）。

对抗"不良作品"的战斗与反对离婚非法化问题不同，得到了更为广泛的支持。甚至当耶稣会信徒理查德·德韦恩辩称国民当时（1925年）的道德意识比20年前散漫得多时，连《爱尔兰时报》也支持了这一看法。德韦恩在都柏林经营一家工人疗养院。他写道：

> 和其他地方一样，这里的家庭观念变淡了。在爱尔兰，

这样的趋势又因近几年社会和政治的动荡后果益发恶化。教会对年轻人的影响几近丧失。对娱乐的狂热追求让他们通宵达旦,奢靡之风盛行。年轻一代愿意做各样冒险。道德堕落的现象如年轻女孩中有喝酒习惯的人越来越多,甚至……"整夜泡在舞厅"……

德韦恩可能是众多游说者里最能坚持的,他呼吁对外国媒体进行管制,对公共舞厅加以限制,坚信这样的措施能够保护处于危险中的儿童。同样地,资深的电影审查员曾经说,他主要关心的是如何保护容易受到伤害的年轻人,当他禁止发行"黑道影片"时,脑海里总是浮现着"周围贫民区的儿童成群结伙地去皮尔斯街的电影院"这样一幅画面。这场关于"不良作品"的辩论中还有一条次级主题——节育,人们认定其与性滥交相关。在1929年,僧侣统治下的等级制度给人施加了极大的压力,不允许进口并销售避孕药具。倡议计划生育的文学作品均通不过审查,政府却暗暗拒绝真正实行进口类似药具的禁令。然而,在1935年,爱尔兰共和党最终开始实施该禁令。在性行为上的认识产生如此大的变化,这是真实的还是想象的?内阁在1926年讨论了关于性传染病流行的报告,报告内容令人震惊。事实上,在十年间,因性病就医的人数急剧增加。弗利街街道1925年夏天发生了非常奇特的事情——"净化"蒙托[1]行动。这是警方针对妓院非常有组织的一次取缔行动;另有一场针对年轻妓女的"再教育"项目的配合行动。该项目由从新近组建的圣母军[2]中抽调的天主教平信徒负责实施。都柏林的自由邦警察(在年轻局长威廉·墨菲领导下)

---

[1] Monto,都柏林一时盛名的红灯区绰号,限定在塔尔波特大街、亚眠街、加德纳街和肖恩·麦克德莫特大街之间的范围。

[2] Legion of Mary,天主教平信徒法兰克杜夫在爱尔兰的都柏林成立的"罗马天主教圣玛利亚运动",是由完全忠诚于天主教会并为教会服务的志愿人员组成的国际联盟。

与圣母军志愿人员间的这种亲密合作，在1922年前是不可想象的；但关闭蒙托红灯区的战役好像对都柏林的性交易影响有限，原来的性交易只是变得不再那么赤裸裸而已。到20世纪30年代，因卖淫被逮捕的数量确实越来越低。正如马利亚·乐迪（Maria Luddy）所指出的，那曾在维多利亚时代古老的、用来挽救"失足妇女"从良的妓女感化院，现在已经转为主要收容普通百姓中的未婚妈妈。通常就是在收容所开办的洗衣店作短期监禁或稍长时间的拘留，这也是她们的家人所期望的、合宜的藏身方式。

政府在1931—1932年期间举办听证会，决定成立卡里冈委员会（Carrigan Commission），以考量提高最低合法性交年龄（age of consent）。爱尔兰警察署长约恩·奥达菲提供了大量性犯罪方面的统计数据，证实20世纪20年代是历史上起诉率最高的阶段，尤其是涉及青少年的犯罪。在全国范围的浪潮中，都柏林只是一隅而已。这个主题相当敏感，卡里冈报告也从未曝光过。这多半是为了避免引起社会改良派的恐慌，他们在都柏林是专注青少年卖淫问题和青少年强奸案受害者保护问题的。若任凭类似性行为横行，讲道台上宣扬的爱尔兰妇女定要守贞的主导思想必被外界的颓废事实削弱。史丹利·里昂在其关于1941年和1942年都柏林出生率的调查报告中，给如何看待这个议题提供了某种新角度：按照英国的城市标准，都柏林3.9%的黑户率（几乎肯定被低估了）还是很低的，只是稍高于爱尔兰全国平均数（约3.5%）。58%"奉子成婚"的新娘不到二十五岁；已婚妈妈们与之相比，只有16%的人与其年龄相等。但是，在所有已婚妇女中，婚前性行为头胎率相对较高，有18%；对应的婚后一年头胎率则是57%；婚后两年以上头胎率仅为15%。总而言之，里昂关于都柏林战时人口出生率的统计，反馈出农村模式的晚婚，而且婚后完全没有生育控制；这里同时也强烈暗示未婚先孕可能是大量城里人办婚礼的前因，意在避免做未婚妈妈的耻辱。在战争期间，都柏林的卖淫嫖娼现象沉渣泛起，人们对此颇有微词。但是相较于对道德警察更深的恐惧，前者同样也是被夸大了。

禁止"不良作品"的战役从根本上始于性道德的范畴，后来与盖尔文化复兴主义者对"文化保护政策"和对英美媒体进行控制的呼求混为一谈。即使爱尔兰共和党在1931年也创办了《爱尔兰日报》，但都柏林街头每天销售的伦敦出版的各种日报仍可能比都柏林出版的各种日报量大。伦敦的《伦敦星期天报》的销售量（哪怕是在1930年《世界新闻报》[News of the World] 被禁之后）也远远超出阿比街出版的《周日独立报》(Sunday Independent)。所有进口杂志从1932年开始征税，各种日报的征税则从1933年开始。这种措施至少降低了各种英国日报三分之一的销量，而都柏林的三种报纸销量则因此大增。四处肆意泛滥的英美通俗文化却未受到太大影响。英国妇女的时尚杂志和青少年连环画仍然雄霸各个书报摊。虽有电影审查制度，电影院的生意却好过以往：1934—1935年，都柏林以新整修的萨沃伊为首的34座电影院每天接待超过三万人次的观众。它成了声名显赫的埃利曼家族控制下的娱乐圈的一部分；1921年，该家族在战前仅为电影放映院的萨克维尔街深处增建了标志性的都市酒店和舞厅，到1939年他们共拥有八家影院，成为现在时尚娱乐业的主导力量。继英国联合企业ABC集团放弃埃利曼公司的多数股权（但仍然保持着密切关系）之后，埃利曼家族在1934年接管了皇后电影院，1936年接管了欢乐剧场电影院，1939年接管了皇家剧院。埃利曼家族是都柏林犹太人中的名门望族，他们十分精准地了解观众的需要，却小心避开教徒或审查官员的搅扰。重新翻建后的皇家剧院观众席超过三千，成为人们追求新奇事物的焦点场合。跟随纽约"无线电城音乐厅"[①]的步伐，皇家剧院也采用廉价门票和国际综艺节目定期交换的作法打造自己的风格，这个举措颇为成功。1939年9月3日，牛仔吉恩·奥特里骑着

---

① Radio City，无线电城音乐厅，位于美国纽约曼哈顿洛克菲勒中心第六大道1260号，曾是当时最棒的旅游目的地之一。

梦幻之马"冠军"，一边唱歌一边走上皇家剧院的台阶，推广自己最新的音乐剧西部片，吸引了成千上万的观众。但是，新近战争爆发以及国际旅行禁令让这一切戛然而止。

电影院和舞厅让城市动起来：从 1936 年开始对舞厅实行严格的许可证制度；这些小舞厅多是创办人相对低廉的风投企业。其现场乐队的音乐多是受美国文化启发创作的。都柏林市到 1937 年共发放了五十四张舞厅许可证，而都柏林郡则发放了三十九张。正是这些电影院和舞厅让新搬到郊区居住的年轻人蜂拥回城。如一位女工所记，她那时候"与社区的各样团体玩得特别开心。而现在的女孩和男孩一样，在十六岁后就离开家，在城里这间舞厅跳跳、那间舞厅跳跳，又盘桓于各家影院，如此种种。"

除此以外，还有无线电，刚一开始就受政府管制。爱尔兰公共广播公司（2RN/Dublin）[①]1926 年开始广播，起初的预算捉襟见肘，1928 年搬到邮政总局大楼。然而，信号太弱，直到 1933 年阿斯隆发射机面世，都柏林城外并科克城地区才慢慢收到信号。自此以后，收音机就成了一种社交必需品。在 1939 年，自由邦约有 40% 的许可证持有者住在都柏林地区，这说明几乎每两户人家就有一台无线电收音机。爱尔兰广播公司在都柏林之外越来越受欢迎，不仅促成新的民族认同感，而且借此机会将都柏林中产阶级受人尊敬的价值观念灌输到了爱尔兰乡下的院落与厨房。

特伦斯·布朗仔细考量 20 世纪 30 年代的思想史之后，得出结论说，"都柏林再次证明此地不是留人的地方"。前几十年曾经有过的刺激感与造反的压力好像丧失了。然而事实绝非如此，曾经的思潮并没有片刻退缩。1933 年 8 月，由自由邦军团退伍军人为主组成了一个新的机构——国民警卫队（National Guard），是共和党政府并爱尔兰共和军的劲敌。他们计划身穿蓝色衬衫，摆列法西斯式队形，从梅里

---

① 爱尔兰公共广播公司的股票交易名称是"2RN/Dublin"。

恩广场游行到格拉斯内文进行示威。在被德瓦勒拉无情免职之前,其指挥官约恩·奥达菲一直是警察局长。

身着蓝衬衫的国民警卫队(蓝衫党)与爱尔兰共和军的支持者们进行了几个月小规模的混战。自由邦政府有足够理由担心游行示威者在政治上别有意图,遂查封了该机构,并在大街小巷布满了警察。奥达菲首先动摇了,而军队和警察却依然保持对新政权的忠诚,自此再也没有人胆敢挑战政府权威。

都柏林真的就在沉闷中变得如此平静了吗?布朗论证的结论是,异端邪说被边缘化了,那些有蛊惑力的各种倾向现在有四散的趋势。除了遭受审查的威胁,全国文化机构的预算都很拮据,公私赞助者对艺术事业的支持也微乎其微,几乎没有任何使人鼓舞的地方。哈利·克拉克于1931年早逝(他的彩色玻璃作坊比他更久存于世)。他的赞助人拉奇·沃尔德伦富有英雄色彩,于1923年早逝。他的图书和艺术收藏品散失殆尽。国立图书馆曾经是革命前知识界的中心,这时候却是更没有生气,也是更穷破的单位了,国立博物馆的工作人员在很长时间内也是越来越少。科隆高威伍德学院毕业生多马·博得金的职业生涯引人深思:他是休·莱恩的侄子,像他叔叔一样也是艺术收藏家和批评家,在而立之年就做了国家美术馆的董事,并于1927年成为兼职的董事长。只是他在1935年离开爱尔兰,就任伯明翰美术馆主席;但在离开之前,他对家乡政府对美术馆和博物馆的忽视发泄了自己不满。(战后不久,他就将其打造成一个强势的部属美术机构,能监督一切公共投资的文化机构;1951年成立了更适合承担这样责任的艺术理事会)。阿比剧院的辉煌日子也如昨日黄花;新成立的盖特剧院(Gate Theatre)1928年开业,向更富有冒险精神的都柏林观众推出当代和主流欧洲戏剧,试图以此在都柏林扎根。其运作规模不大,但照其实力来说已算相当成功。在早期,盖特剧院确实吸引了一些杰出的人才,特别是丹尼斯·约翰斯顿。他是受过剑桥和哈佛教育的年轻长老会律师,对共产主义者具有强烈同情心。丹尼斯的第

希尔达·罗伯茨作品《格拉夫顿大街》。在爱尔兰自由邦的早期，都柏林最初的零售街上还是老商号和老派顾客占主导地位。顾客个个衣着讲究，而这，竟然是他们的下意识行为。

一个实验脚本着重描写罗伯特·埃米特在20世纪都柏林的复活,阿比剧院不作任何理会,盖特公司则在1929年以《老太太说不!》(The Old Lady Says No!)为剧名上演。其表现主义手法显然让观众感到困惑;把埃米特塑造成受蒙蔽的傻瓜形象,这种肆意攻击的方式也让观者大为不悦。这里与主流舞台相比,实在是另一片天地。约翰斯顿在都柏林的短暂职业生涯中,还写了另外两个剧本并做过电影导演。他在1936年前在伦敦为英国广播公司工作(在那里他几乎爬上最高层)。

因此,对于受过教育、富有创造力和充满野心的都柏林人来讲,再没有比伦敦和巴黎诱惑力更大的城市了。另外,爱尔兰公共服务、警察,甚至都柏林市政厅等,现在都被控制在从下面各省迁来的人手里,这点让他们益发感觉不安。公务员从下到上的任命,自1924年以来都是由特别权威的国家委员会委派,但这个新的精英系统并不能减轻人们这样的质疑,即在与基督教兄弟会学校的毕业生竞争相同职位的时候,都柏林总体上仍受外界政治家与有名望家族影响,有英国教育背景的人尤其不受待见。艺术世界肯定不会成为一潭死水。古老的皇家都柏林学会艺术学院在1854年被英国科学与艺术部接管,然后由爱尔兰教育部接手——现为众所周知的大都会艺术学院(the Metropolitan School of Art)——1936年曾更名为国立艺术学院(National College of Art)。不过它虽有伦斯特议会大楼的荫庇,资金上仍是缺乏。但这里却聚集了一批天才教师。在更广阔的艺术世界里,更多希望放在了德默德·奥布莱恩(O'Brien, Dermod)身上。他是威廉·史密斯·奥布莱恩的孙子,按照其本身的能力,他是一位略为保守的美术艺术家:他在1907年创办了"艺术俱乐部",成为画家和戏剧民谣永远的庇护所。在1916年爱尔兰皇家学会灾后重建以及重新发掘其教育使命的事情上,他是关键人物。他的上级,八十多岁的莎拉·珀泽(Sarah Purser)是位医生,也是艺术赞助人,而且是梅斯佩尔街颇有声望的贵妇人。她劝说科斯格拉夫将国有的查尔蒙特会所赠送给都柏林市,后来它成了都柏林现代艺术馆(1933年开业)。她和多马·博得金作为主要的参与者长期战斗在一线,负责处理休·雷恩藏品的法律问题并将藏品带回都柏林(直到1959年才与英国国家美术馆谈定和解协议)。

直到20世纪30年代,前统一派都柏林人肯定感觉被边缘化了。这个过程其实很平和,偶尔穿插一些戏剧性事件,如公共场所的皇家雕塑遭到毁坏(1928年休战日那天爱尔兰共和军发动了威廉雕像爆炸案;1937年,在绿地公园乔治二世雕像身上发生了同样的事情);但更引人注目之处则是,自由邦上院因新教徒成分的加大而衰败,而德瓦勒拉在1936年毫不费力就废除了它。诚然,按1937年的新宪法选举出来的首任总统是德格拉斯·海德,他是圣公会教徒,也是盖尔人联盟的创始人,至死一直是无党派人士。有宗教信仰的少数派群体在日常工作之余潜心享受自己的社团文化,这文化基于教区、教会、会堂、学校、体育和慈善,并且这种宗派壁垒在20世纪30年代得到进一步加强。抵制"保皇派"企业的公开战役(尤其是新芬党在1928年组织)的非同寻常;《爱尔兰时报》的字里行间偶尔会透露出脆弱的敏感情绪,但总的来说,并不比在小学校强行推广爱尔兰语受到的反感更甚。然而,读者们从"威斯特摩兰街的老夫人"[①]处得到莫大满足;该报从1907—1954年只有两名编辑,都是十分务实且颇有见地的评论家,他们并不完全喜欢所面对的现实,但却完全委身于自己的报社。实际上,与旧政权有关联的其他机构获益匪浅:比如皇家都柏林学会,重新在博尔思布里奇附近舒适地安定下来,到20世纪20年代会员就有了爆发性增长,出席讲座和朗诵会的人数飙升。人们对赛马的偏爱一如既往地超越了对政治的兴趣。

停战日的实施折射出形势的变化。麦克雷迪将军的军团从爱尔兰撤离的时间是1922年。很久以后,成千上万的老兵及其家人每年11月11日都要聚集。连续几年,学院绿地公园是庆祝的中心场所,接

---

① 《爱尔兰时报》的绰号。

着是圣司提反绿地公园,最后是凤凰公园的威灵顿雕像处。但是,这些军事组织的公开亮相与联合王国国旗的过度使用颇具挑衅意味,完全是为共和党谋取利益。英国退伍军人协会(British Legion)成立后开始在停战日派发虞美人花悼念为国捐躯者。在这样的场合下,无论是共和党还是新芬党的残余都要组织对立性的抗议活动——有人假装一脸无辜地派发复活节百合①,另有人则发动暴力,甚至针对派花的退伍军人协会的展厅和商店实施纵火。出于对公共场合秩序混乱的担忧,德瓦勒拉政府在1933年禁止退伍军人协会公开展示联合王国的国旗。尽管仍能允许老兵游行,但参加正式活动的人数已经越来越少。各项宗教仪式现在也都转移到圣公会大教堂和教区教堂室内举办了。勒琴斯设计的国家纪念馆位于艾兰德大桥,十分宏伟壮观,于1939年最终完工,这主要归功于安德鲁·詹姆森的努力以及科斯格拉夫总统的早期支持。这座桥并没有举办任何形式的通车仪式。

从1919年开始,学院绿地公园每到停战日总会成为很热闹的地方。圣三一学院和都柏林学院大学的学生们在两分钟默哀的时间里总是先就彼此的政治观点对骂,然后亮明各自效忠的对象,不惜彼此为敌。到20世纪30年代早期,这里仍能吸引众多群众前往围观,爱尔兰共和军的支持者们也不时地煽风点火。两所大学在战后都得到长足发展,国立大学在校生数量从1916—1917年的1017人发展到1929—1930年的1520人;随后,理学院的大部迁到梅里恩大街,而阿尔伯特农学院(Albert Agricultural College)(包括其大片的农田)则迁到格拉斯内文之外,国立大学校园的实际规模得到了极大扩张。自由邦政府首任内阁成员有很多是都柏林大学的毕业生,也有很多被任命为法官以及改革后公务员系统的上层职位。在1932年后,厄尔斯福特排屋与德瓦勒拉政府间的关系远没那么亲密——有太多教授与科

---

① 复活节彩蛋(Easter Egg)、复活节兔子(Easter Bunny)、复活节鲜花,特别是复活节百合花(Easter Lily)是这一节日的象征。

斯格拉夫的政党有关联，德瓦勒拉的首任内阁只有一个都柏林大学的毕业生。倘若说都柏林大学不再是中心舞台，那么圣三一学院则像是完全受到了冷落，成为外表高傲内里腐烂的旧政权的残留物。本来在1920年与伦敦达成协议，有望得到巨资注入以偿还战后债务并改善学院的教学设施，现在因为政权的更迭这种前景成了泡影（在《条约》的谈判过程当中，许多财政细节都被忽略了，看起来此为其一）；而自由邦政府则将注意力放在解决稀缺资源的压力上，远超过帮助这所老校与牛津、剑桥的竞争上。但某些深远的变革还是帮到了圣三一学院：爱尔兰国立大学各学院在1913年全面引入爱尔兰语课程作为必修课；尽管科克学院和高威学院前景黯淡，圣三一学院在20世纪20年代却首次实现在校生近一半不是圣公会学生的局面。女性学生也几乎达到最多，约占在校生总数的四分之一。整体来说，圣三一学院的学生人数在大战后急剧增加，到1930年与都柏林学院大学持平；圣三一学院所招的学生中80%以上都是在爱尔兰出生的人，且均匀分布全岛，仅从这一点上，做得比都柏林学院大学要强。

学校的文化孤立性可能确实被夸大了——德瓦勒拉1934年就十分高兴地主持了一场学生辩论赛（他告诫拥挤的听众说，"我们希望圣三一学院毕业的学生不把自己的心思意念集中于另一个国家"）。1937年他启动了新图书馆，就挨着学校的战争纪念馆（National War Memorial）。的确，那些摇旗反对独立的学生并非全部代表。在1938年一次不太科学的关于圣三一学院学生态度的民意调查中，在"政治观点"一项，有超过一半的学生称自己是"模糊的粉红色"或是爱尔兰共和党、工党或其他共和党派的支持者；"几乎每个人"都读过《爱尔兰时报》，很多人读过《新政治家》（New Statesman）和《爱尔兰日报》（"体育版"）。至于"为什么入学该校"一项，"几乎半数是……为着某种固定职业做预备"。有超过五分之二的学生出身于专业人员家庭，所以这样的调查结果几乎就没什么值得惊讶的了。至少这方面是没什么变化。

第十一章

转入现代：1940—1972

柏拉图的洞穴[①]？

艾弗庄园是都柏林最后一处私人宫殿，由第二位艾弗伯爵鲁伯

[①] 在《理想国》第七卷，柏拉图作了一个与洞穴相关的比喻来描述人类受过教育和没受过教育的情况。他说，设想有这样一个大洞，通过一个长长的通道与外部世界相连，整个通道能够挡住任何阳光进入洞内。一组囚徒背对着出口，面向远处的墙壁。他们的四肢被套上了枷锁，并且他们的头颈也被固定住，无法转动，因此看不到他人，实际上也看不到自己身体的任何部分，而只能够看到面前的墙壁。他们在如此的环境下终其一生，不知道其他任何东西。在洞穴中，他们身后有一把明火。他们不知道自己和明火之间隔着与人一般高的土墙，在墙的另一边，人们头顶东西走来走去，东西的影子被火光投射到囚徒面前的墙壁上，人们的嘈杂声也回响到墙壁那边囚徒们的耳朵里。柏拉图说，这样一来，囚徒们一生中所感觉或经验到的唯一实在就是这些影子和回声。在此情况下，他们自然而然地会以为这些影子和回声成了全部的现实，他们能够谈论的，就是这种"现实"以及对这种"现实"的经验。如果有一个囚徒挣脱了枷锁，由于他一生在半暗半明中禁锢太久，只要他转过头来，就会感到痛苦不堪呆若木鸡，火光使他眼花缭乱。他会因此而手足无措晕头转向，只想转身重新面对墙壁，因为那里才是他所认为的现实。倘若把他从洞穴中完全带到光天化日之下，他更是两眼漆黑无所适从，很长一段时间后才能看东西或认东西。然而，要是在上面的世界呆久了再重新回到洞穴，他面对黑暗一时又会感到两眼漆黑，对于那些仅仅以影子和回声为现实的囚徒而言，他所经历的一切简直是天方夜谭。要认识这一隐喻，就必须认识到，人类囚禁在自己的身体之中，并且与其他的囚徒朝夕相伴，任何人都无法辨别相互之间的真实身份，甚至也无法辨别自己的身份，人类的直接经验不是关于现实的经验，而是存在于人类的思维之中。

特·吉尼斯先生于1939年馈赠给国家。当年9月份举办了一个为期三天的物品拍卖会，成为一个时代的终结，连路易十六的家具都在讨价还价中被贱卖了。政府将庄园分配给当时由德瓦勒拉直接主管的外交事务部（Department of External Affairs），其欧陆风格的内饰与正在发展的外交部文化相得益彰。但是，外交部在1939年的重点却是拒世界于门外，而不是去结成什么危险的联盟。中立政策赢得了议会里几乎全部的支持，只是在都柏林市民中反对者大有人在。据报，在第二次世界大战爆发的头几天就有成千上万的年轻人乘邮船离开爱尔兰，而他们中多数人当时正值预备役。而且无论当时还是其后都没有不让那些想入伍英国皇家军团的应募者乘上开往贝尔法斯特的火车（虽然有大批平民是为了去英国的工厂和建筑工地闯世界）。都柏林在1939年还有大约五百名德国公民，其中一部分是犹太难民，但另有相当一部分是国家社会主义[①]的忠诚拥趸。最臭名昭著的阿道夫·马尔（Adolf Mahr）是著名的考古学家，自1934年任国立博物馆馆长；不过他还是利用时间领导纳粹党的海外党员组织部，并且针对爱尔兰的政治形势按月撰写报告。

他在1939年9月回到德国度假直到战争结束，负责监督向爱尔兰的无线电广播。"复活的建筑师"（Ailtirí na hAiséirghe）是爱尔兰本土唯一的法西斯组织。该组织1940年从盖尔人联盟的一个激进分支演化而来，1942年成为独立组织，由怀才不遇的会计师杰拉尔德·奥康宁汉姆（Gearóid ó Cuinneagáin）领导。该组织非常像"希特勒青年团"[②]，其公开影响力远超过其人数所代表的意义。

欧洲最北部大多数城镇的市民们很快就饱受全面战争与无差别空

[①] 其缔造者是二战德国领袖阿道夫·希特勒。他创造的国家社会主义也包含很明显种族主义的影子，在其自传《我的奋斗》一书中有详细论述。

[②] Hitler Youth，德语Hitler-Jugend，缩写HJ。希特勒青年团是纳粹党于1922年成立的准军事组织，其任务是对13—18岁的男性青年进行军事训练，为德国的对外战争做准备。并为纳粹党提供后备党员。

袭的极度恐慌,都柏林却很轻松地避开了打击,爱尔兰海周围的其他城市甚至都无法与之相比。德瓦勒拉从1939年起实行正式中立政策,并且在1940—1941年间在英国军队的高压下成功生存下来,使都柏林得以继续保持高度隔离状态。在战争爆发后的早些年间,都柏林几乎没有任何防空措施;而且,无论是德军、英军或美军的地面进攻,爱尔兰军队的抵抗能力也实属勉强。遭受进攻后的城市联动应急方案迟迟没有出台。都柏林在1941年的确经历了三个晚上的空袭,与1月和5月德国轰炸英国系列城市的后期状况十分吻合,炸弹像雨点一样落在特雷纳和南、北环路一带。5月份的轰炸最为严重,离贝尔法斯特空袭才六个星期,那次空袭中有九百多人丧生,有差不多三千名难民涌进都柏林。德莫特·莫兰是拉姆康德拉巷的一名学生,从他写给凯利郡父母的信里我们可以看到他关于都柏林在5月夜里受到的第一次轰炸的描述:

> 防空炮火拖着长长的光束企图封锁任何侵犯我们严守中立的行动,却是徒劳。柯林斯镇的防空军团投入了战斗。海防军团也投入了战斗。头顶上一直嗡嗡作响的空袭警报威胁着我们美丽的首都。防空军团有更多的高射炮投入了战斗,然而…还是有炸弹在呼啸中从天而降!我实在不知道下一刻会发生什么,只能守候…最后四枚炸弹落到北斯特兰德区[①],二十八人致死,多人受伤,约有300幢房屋被毁(显然,是英国的无线电干扰造成飞行员迷失了方向)。

都柏林更多的物质财富免遭破坏,但是六年"紧急状态"的累积效应比第一次世界大战附带效应的影响大得多。燃油匮乏、食品短缺、重要原材料和新闻用纸的供应也更为紧张,战后这种经济混乱持续了两

---

① North Strand district,北斯特兰德区,都柏林城里北部的一个区。

年以上。

利马斯的拿手项目在战争爆发的最初几个月后开始成型：在基尔代尔大街建设一座宏伟的内阁办公大楼给工商部使用。该项目的建设是在1934年原则上一致通过的，但让他大为光火的是，工期推迟到1939年，直到1942年才彻底完工。大楼外表庄重，辅以引人入胜的系列浮雕，浮雕将神话故事与工业文明交织在一起；浮雕上最显眼的是向天空放飞机的光之神卢格（Lugh）。作者加百利·海耶斯（Gabriel Hayes）是两个幼儿的母亲。她是原位雕刻的大理石壁画。所雕刻的代表爱尔兰忙碌生活的人物都是男性，在大门口拱心石上则刻画了雌雄同体的爱尔兰人。女性劳动力对最近工业活动的增长至关重要，雕像中代表人物是一个纺纱工和一个年轻的卷烟分拣员。但是让有孩子的母亲离家在外工作的前景与战前几年的政府思路完全背道而驰。女性工作机会已经因1936年的法案受到严重损害，该法案推翻了1919年的法定措施，要求妇女结婚后退出公共事业，因此她们无望再就业，寡妇也一样，而且所有妇女都不允许做某些类别的工作。爱尔兰妇女工人联合会（Irish Women Workers Union）并左翼共和党人的抗议活动几乎无人响应。

利马斯在他的办公大楼初具规模的时候离开了工商部，因为他在战争爆发后的头几天就被调到了新的物资供应部。紧急状态立法赋予他横扫一切的权力，包括工资和物价控制，对进口产品、配额消费品的监督，以及对上市公司的管理，甚至可以规定其利润水平。他在战争期间一直担此职务。1942年，他接管了基尔代尔大街的新办公大楼及其600名员工。利马斯极有理智，他很清楚倘若私营企业不能推动经济发展，或者不愿意为国家利益服务的时候，国家就应该承担起这个责任。他的政绩包括：成功建立一些半国营机构，像1927年组建负责市政电力生产的爱尔兰电力供应局（ESB），在香浓水电站投入使用后负责其国家电网的运营；另有1936年组建的爱尔兰航空公司。事实证明，政府参与经营的"半国营"企业没有产生都柏林商人们所

第十一章 转入现代：1940—1972

警告的任何破坏性后果。随后六年，他也就毫无顾忌地放大政府的经济调控作用。

管理经济是足以使人胆怯的一项任务：一方面要对外显示让人难以挑剔的外交中立形象；另一方面还要尽量保证在无需让步作为回报的情况下，能够从某个交战国得到关键的物资补充。爱尔兰政府在谈判时手里的好牌不外乎是拥有大量的搬运工、黄油和瘦牛肉。真正的考验是1941年。那年英国政府将一种隐性经济紧缩政策强加给爱尔兰，打破了德瓦勒拉信守中立的承诺，削减了小麦、钢铁、煤炭和工业原材料的供应，一时之间海面上几乎看不见爱尔兰籍商船，炼油厂也几近关门。1941年新年左右，都柏林的加油站已经无油可供，煤炭品质也直线下降，面包价格直升，茶叶几乎断货。采取汽油配给的极端措施一下子清空了大街上的小汽车；20世纪30年代就到处都是的公共汽车也不得不让位给有轨电车；通勤火车也减少了，而且经常晚点，进城玩的时间再难保证。印刷工学徒罗里·道尔（Rory Doyle）回忆道："皮革的质量太糟糕了！人们需要打鞋掌或钉鞋钉保护皮鞋。人群路过奥康奈尔大街时鞋底发出的声音让人听着实在不敢恭维。"直到1942年才引入食物配给制度，只是到了那个时候，已经不再涨工资（1940年早期，在都柏林市政厅有一次为期两个月的激烈罢工。此后工资停涨），而且失业越来越多，尤其是依赖于进口零部件的新兴工业企业，工人们的健康已经开始受到损害。在郊区的工人新村尤其可以感受到其影响，在那里无论房租还是食品价格都比城里高。尽管在1942年底前最艰难的日子已经过去，危机对较为贫弱家庭的实质影响却愈演愈烈。伤寒病在50年销声匿迹之后于1943年卷土重来，肺结核患者增多，佝偻病和坏血病成为常见病，婴儿死亡率衰退到20世纪20年代早期水平（肠胃炎是最主要的直接原因）。

1940年后的建筑项目和规模急剧缩减，概因燃油短缺推升水泥和砖块价格，贷款已成为稀缺之物。就市政厅的里亚尔托项目（后来的法蒂玛大厦［Fatima Mansions］）而言，计划的是15个楼群，1940—1941年做的场地预备并基础浇筑，只待战后建筑材料价格实惠的时候再最后完工。在之后的战争持续期间，市政厅恢复了以前对老旧存量住宅进行整修的方针，尤其是加德纳大街和夏季山庄地区的房子，延长了分租公寓的出租寿命。到1942年为止，已经有大量的建筑工人会同有手艺的技术工人跨过海峡去英国：部分人受雇于市政工程或战时工业部门，收入不错；其他人则应征入伍。因此，到了1943年，都柏林的男性失业率仅是1939年的三分之二。只是，在英国提供的主要是男性胜任的工作：据记载，同期都柏林的女性失业率翻番。对于大南方铁路公司而言，在战争第一年就见证了大量铁路工人报名参加爱尔兰防卫军团的事；1943年则是高峰年，他们成批地（人数没有以前多）到北爱或英国参加英国皇家军团。

利马斯采取的最果断的举措与该经济领域有关。他利用非常时期的权力在1942年向大南方铁路公司（GSR）强行指派了一位拥有独断权力的总经理，珀西·雷诺兹（Percy Reynolds），他是1916年复活节起义时的老兵，曾经在20世纪30年代成功地创建了一个私营公交运输公司。大南方铁路公司的董事会主要由世代显贵的新教徒构成，在战争爆发后的前期出现了很多明显的运营问题，饱受指责；他从他们手里接管了公司。大南方铁路公司拥有一个大型的卡车运输队，还有一个更大规模的省级公共汽车运输车队，公司已经接受了铁路运输业务萎缩的境况，只是还不够痛切。雷诺兹是金斯布里奇出来的经理人，性格坚强、能力超群。在他的监管之下，铁路运输与运河交通双管齐下，他在艰难环境下沉着以对，最重要的是保证都柏林的油荒不至陷入绝境。彼得·芮格尼（Peter Rigney）记录了这个值得大书特书的过程：从1942年开始，每年夏天都有成千上万吨泥炭用特别改制的火车皮从内地和西部沼泽地区运到都柏林，大多储存在凤凰公园的露天货场。这些煤炭存货极为宝贵，是为铁路公司自己以及皮津屋发电站预存的，发电站使用民用燃气的配额极

第十一章 | 转入现代：1940—1972

为有限。都柏林的大规模疏散方案同样也是以铁路运输为中心：到 1942 年已经出台成形的应急方案，就是在接到通知后的三天之内，将十四万五千人运离都柏林；长期预留 190 节车皮以期快速应对任何空袭。

"都柏林在死去，可怕的审查制度，还有狭隘的小家子气毁掉了这里所有的活力。"贝蒂·钱塞勒是盖特剧场的台柱子之一，这是 1942 年她写信给未来的丈夫丹尼斯·约翰斯顿的话，"没有人想去战斗，到处都是喝多了的热衷踢盖尔式足球的醉汉，而皇后酒吧……"偏执、麻醉、轻浮、四处游荡，这就是作家们所描写的战时和之后都柏林人的形象，充满矛盾，令人不解。旅行限制前所未有，当然让那些有条件去国外旅行的人感到无比沮丧；毫无疑问，这样的限制也使都柏林患上"幽闭恐惧症和躁动不安症"，这正是伊丽莎白·鲍恩归纳的都柏林的特点。只是她和钱塞勒对都柏林的见证比较让人摸不着头脑——时而暗示仅凭理智办事的呆板，转而又讲只是一种颓废的异国景象。恼人的政治审查在战争期间始终都存在，这是人所共知的——直接影响了靠广告收入生存的电影院、报纸以及通过邮政递送的私人信函业务——但克莱尔·威尔斯证明的却是审查制度温和到了什么程度，对贪图享受的都柏林来讲，有各种充满活力的剧院，还有重新焕发青春的管弦乐音乐会，更有爱尔兰电影协会（在 1943 年都柏林约有九百名会员），这些地方放映不受审查的内部电影，甚至现代派"生活艺术"团体（Living Art group）都能在 1943 年举办第一次年度展览以示抗议，抗议那些他们视为呆板的、控制着爱尔兰皇家学会的保守势力。同时，埃利曼家族不断地挖掘培育本土喜剧天才并且扩大戏曲种类，使得偌大的皇家剧院天天顾客盈门。

至于广播电台，尽管爱尔兰电台仍是资源不足，而且其新闻服务受到严格监控，现在却拥有管弦乐队和一个定期换演剧目的剧团，成为都柏林最主要的文化机构。有无线电的都柏林人能收听英国广播公司（BBC）的广播，而且听了很多，多是新闻以及战时娱乐节目；他们不时还能收听德国广播,收听弗兰西斯·斯图尔特[①]和其他都柏林流亡者用很奇怪的英语播出的节目。在战争开始的几年间,当天边海外的惊人事件一一解开的时候,虚幻和孤立的感觉可能最强烈;但到1944年,这样的情况已经大为好转。驻英和平人士和艺术家、美国大兵周末旅行的时候会越过边境,与都柏林的小小外交使团里无所事事的人们一起消散在诸如红岸、雅梅茨、优尼康餐馆以及各个口碑不错的酒吧里。这使都柏林的部分地区让人感觉像是北方的卡萨布兰卡。但也有许多人认为自己失去了自由,怨恨不断。

战争留下的最著名文化遗产《贝尔》(The Bell)杂志是1940年出版的时事评论月刊。其财政支持者皮达·奥唐奈(Peadar O'Donnell),是来自多内加尔郡著名的左翼共和党人;其编辑则是来自科克郡的共和党人知识分子肖恩·奥法莱恩(Seán O'Faolain)。《贝尔》发行量从未超过三千份。在整个紧急状态期间,该杂志的评论文章对于发生的即时事件尽量做到了客观中立,为读者提供关于当代爱尔兰国内外文化、社会和政治方面毫不添油加醋的评论。该杂志同样出版诗歌和小说。编辑谴责愚蠢的审查制度,但其优势却在于能够游离于神职人员或政治立场之外评论即时事件,同时还擅长报道变革社会中不为人注意的方方面面。而且,虽然是由新教作家撰稿,这家杂志是一个真正的后殖民地时期的企业;杂志鞭笞入里,反对"爱尔兰的小国寡民思想"(Little Irelandism),不以讨好都柏林读者为目的,却是面向各省各地心胸宽阔的爱尔兰人。虽然该杂志有助于打造战争期间都柏林的文化凝聚力,然而其评论文章的活力却反证了这个主题。

在20世纪30年代,奥唐奈一直是爱尔兰共和军的首领人物。尽管爱尔兰共和党占主导地位,共和军还是不得不重组。只是他的共和

[①] Francis Stuart(1902—2000),是爱尔兰作家,其小说被描述为具有强烈的现代主义思维,去世前荣获爱尔兰最高艺术荣誉;1942—1944年在纳粹德国工作。其生活经历为他带来巨大争议。

社会主义概念输给了这个使命狭隘的绝对军事组织,该组织1938年由肖恩·拉塞尔领导,他曾经是1916年起义时在白金汉街上战斗的老兵。狂热的政治倾向使得他固执追求简单的军事斗争方法。因而,他后续采取的保全德国军事支持的努力就完全合乎逻辑,也在预料之中。在往返美国、德国和俄罗斯的旅途中间,拉塞尔很少待在国内;但却是他的激情鼓动,使50名爱尔兰共和军勇士在1939年12月袭击了凤凰公园的弹药库,并缴获上百万发弹药。到那个时候,爱尔兰共和党与共和军之间旧时的亲密关系早已逝去,但是空袭却让政府下定决心在紧急状态期间拘禁共和军的活跃分子,进一步压缩其特别势力。这些活动分子有的在都柏林,多数在卡里奇营地。八百多人被拘留,他们确实是被隔离起来;但是这种严苛的制度却塑造了下一代的文学天才,最著名的当属来自克拉姆林,名叫布兰登·贝汉(Brendan Behan)的一个不守规矩的年轻人。他是爱尔兰共和军历史上体力最不灵巧的共和党人之一,但却发出都柏林最真实的工人阶级声音:"公开形像…像讽刺作家拉伯雷一样辛辣幽默、愿开玩笑、知识渊博。在私底下…麻烦成堆而且不理头绪,他的实际表现更是滑稽。"

突破

市议员汤姆·凯利(Tom Kelly)出生于汤曾德街分租公寓,自1905年起就是亚瑟·格里菲斯的亲密盟友。1932年作为爱尔兰共和党的议会代表重返政坛,但在议会却很少讲话。但是在1941年他去世的前一年,开始在议会向歪曲都柏林的论调开火("可能的理由是里面都柏林代表太少了");他拒绝接受可怕的赤贫是缘于本土这样的解释,辩称之所以贫困现象严重,乃是因为外来人口,乃是因为太多的农村青年涌进城里——为他们提供居所就是一个麻烦——政府或许应当效法美国,直接管理(并投资于)都城。另有一些人当时希望就都柏林地方政府调查法庭(Local Government [Dublin] Tribunal of Inquiry)(1935—1938)作出的激进建议采取行动,就是整合都柏林包括整个市区并都柏林郡,组建都柏林大区议会,作为"致力于自我救赎而非受制于地方政府的财政与规划权力机关"。这个建议被束之高阁,遭到市政厅内部财政上与地方政府部政治上的双重反对。随后只是作出两项较小改革:霍斯半岛在 1940 年归入都柏林;市长的职权范围扩大,在履职市长职责的同时还要求他管理都柏林郡的事务。都柏林的《发展计划纲要》(Sketch Development Plan)最终在 1941 年出台。

这份起草于 1939 年仅六十二页篇幅的小文件是三十年辩论结果之结晶。文件是在市政厅的命令之下出炉的;市政厅则是藉 1934 年的《城乡规划法案》(Town and Regional Planning Act)赋予的权利委派"专家顾问们"制订的一份区域性发展规划。首席执笔人再次落在帕特里克·阿伯克龙比身上。他利用这个机会重新回顾了 1914 年的各种想法,并根据实际情况加以改良:汽车行业的崛起、空中旅行带来的影响、固定轨道交通重要性的减弱。《纲要》再次论证,应该鼓励大量中产阶级成为都柏林的居民,新建工人住宅应该安置在郊区;交通枢纽应该西移,并且新建一个"中心内环系统";应该重新发挥各码头的作用(指定一间天主教堂专用于奥蒙德码头),另外要建设更多的路桥。市区所需公园与活动场地得到进一步精确地调整,而且就外环路大规模扩张(特别是格里菲斯与柯林斯大道)问题举行了听证会;规划监管要确保新建筑物与老旧建筑保持和谐,而且要尊重"华丽砖房所拥有的静美尊严要保持乔治王朝建筑风格"(尽管《纲要》同样建议整平议会街西侧,为建设新市政厅大楼让地方)。同早先的各式蓝图不一样的是,1941 年的《纲要》拥有官方身份。当 1943 年《纲要》公开发布的时候,市长赫能(P. J. Hernon)没有刻意夸大纲要的独创性;也没有夸大纲要的潜在可能性,即纲要并非仅做战时状态的应景改造,而要具有地标意义。

城镇规划委员会随即淡化了阿伯克龙比的大胆想法,市政厅上下都拒绝采用 1934 年法案所赋予的更大范围的职权进行城镇规划,表面上给出的理由是成本。甚至一直到 1957 年也没有拿出一个关于首都的发展规划,当初的规划只是在法律胁迫下的作为。1934年的《规划法案》并没有赋予地方机构任何义务发展城乡规划的能力,而且当时所有的爱尔兰城镇都一样,区域性规划方案的制定普遍滞后,当然这反应了较深层次的问题。对于城里并区域性层面规划方案的整体概念,两个主要政党的政治家们以及地方政府的公务员们均持怀疑态度,或是因为紧随严密的土地区划系统之后或许隐藏着补偿费用,或是因为对于具有潜在约束力的战略部署恪守承诺所隐含的政治监控上的损失。工党领袖多马·约翰逊是个例外;利马斯在1930年表现出对城市绿化带（green belts）的一定兴趣;到了20世纪40年代,年轻的厄斯金·奇尔德斯亦是如此,他们都是住在都柏林的政治家,但在当时却极为罕见。在1934年和1939年的法案通过之后,很多人为其通过并实施而热心奔走,其中多数是具有专家背景（经常是新教徒）的都柏林人;有人讲,他们受英国的影响过大,因而失去了自主创见所能产生的影响力。在《爱尔兰时报》上,他们或许能收到热烈的响应,在制定规划方案上却没有收到任何赞成票。

从短期看,1939年《方案》的主要建议没有得到实施。地方政府机构直到1963年的《规划法案》（*Planning Act*）出台前都没有制定规划方案的义务。事实上,直到20世纪80年代,地方政府改革才被提上议程;20世纪90年代初,地方政府才最终同意建立新架构,将都柏林的郡治划分为四个单元（都柏林市、芬加尔郡、南郡与邓莱里/拉斯当郡）,它们依次由都柏林地区管理局协调（但这不过是"一纸空文,第二天早上卷起来放在一边就不作数了"）。1939年《法案》的影响力的确在某一方面存在了很长时间:规划要求建立一条"绿化带",也是"农业预留地",起自市中心往外四英里处,在四至六英里的宽度内,严格控制任何开发,只允许带内卫星城镇扩大（从东北部的马拉海德到西南部的塔拉特）。《法案》支持国家采用监管手段,对大都柏林的人口设定上限,即76.53万人,加上卫星城镇人口61500人。尽管市政厅选择将其规划职责限制在都柏林辖下人口50000以上的郡级市镇；都柏林的规划人员也接受了绿化带的逻辑，而且在战后的辩论中经常使用这个词汇。都柏林规划官员米迦勒·奥布莱恩（Michael O'Brien）在 1950 年声称，自从该《法案》以来，"我们已经扎紧了城市的篱笆墙，并且已经形成一致的观点，就是（作为大都会的）都柏林人口数量最多为 62 万人"，这个数字低于阿伯克龙比所预测的人口上限。战后的各条主干道，尤其是沿着大运河的南环路建设，都要归功于该《法案》。只是直到 20 世纪 60 年代，关于卫星城的听证会一直被驳回。在都柏林北面，还有机场这个特殊问题。随着交通体系的兴建，约在 1947 年作出决定，在机场跑道二点五英里的半径内（后来减少）限制任何开发行为，却显出了因严格土地区划而造成的巨额赔偿问题。阿伯克龙比的综合预测继续影响到水和污水排放的投资决策，至少持续到 20 世纪 60 年代（而从 1936 年到 70 年代期间，作为在职的唯一规划官员这一事实，奥布莱恩或许对这种连续性起到促进作用）。因此，在接下来的二十年里，阿伯克龙比的方案是默认的总体规划，对 1957 年达成的都柏林官方"规划方案"产生影响，主要涉及道路改善，并作为迈尔斯·赖特、科林·布坎南和下代规划顾问们讨论 20 世纪 60 年代都柏林未来的起点。

盖特剧院在 1939 年的夏天上演了一部以当代都柏林为背景的现实主义话剧《迈若博恩巷》（*Marrowbone Lane*），实在不同寻常。作者罗伯特·科利斯（Robert Collis）可不是奥卡西，他的剧本描述了都柏林分租公寓的极度贫困状态，还有当局未能解决这种状态的不作为问题。演出进行了四个星期，这种做法必定会引起争议。据他自己介绍，他是受斯坦贝克[①]以及《愤怒的葡萄》[②]的激励。三年后，科

[①] 约翰·恩斯特·斯坦贝克，John Steinbeck，20 世纪美国作家，1962 年诺贝尔文学奖的获得者。代表作品有《人鼠之间》《愤怒的葡萄》《月亮下去了》《伊甸之东》《烦恼的冬天》等。
[②] 《愤怒的葡萄》以经济危机时期中部各州农民破产、逃荒和斗争为背景。小说标题中的"愤怒"便是对导致人们贫困的不公现象的强烈抗议。

利斯的另一部话剧《手摇风琴》(The barrel organ)登上欢乐剧场的舞台，讲的是结核病问题。科利斯是一名儿科医生，在都柏林医疗界非比常人，他在伦敦和巴尔的摩都曾获得丰富的专业经验。在回到都柏林后，他不遗余力地宣传关于恶劣居住条件与儿童健康之间的必然联系。他是一个宣传组织"市民住宅建设理事会"的创办会员之一。他有两个著名的盟友：前共和党活动家和终身医疗先驱凯瑟琳·林恩，她在1919年的流感之后立即创办了圣乌坦母婴医院(St Ultan's Mother's and Children's Hospital)，这是一家专业妇女儿童医院；另一个是桃乐茜·斯托普福德·普赖斯(Stopford-Price, Dorothy)，1937年将卡介苗接种引进到圣乌坦医院，这是一场真正的革命（在她的指导下，该医院1949年被选定领导一场全国性的消除未成年人肺结核的活动）。当然，公共卫生改革存在着一个非常古老的传统，就是靠医护人员的推动；而科利斯和林恩的不同之处在于他们将先进的医学知识、跨宗派的良好政治关系与完美的宣传结合在一起。贯穿战争岁月，科利斯一直推动都柏林贫困儿童医疗需求的解决方案；从1943年开始对两个以上孩子的家庭实行普遍的儿童津贴，其影响力恐怕比后世的慈善行为更为广泛。不安分的科利斯同时登记在红十字会名下，是最早参加解放贝尔森[①]战斗的医生之一。

都柏林市政厅1943年出台了1939年版《住宅报告》(Housing Report)。在没有得到确认的情况下，采用了科利斯的住宅建设委员会倡导的许多政策。另一位名叫狄龙的医生在看过报告后，斥责所谓的"广大公众"依然否认23000家城市家庭仍在忍受着臭气熏天、鼠患丛生的环境，这些家庭的男人总是"最后受雇，却总被最先解雇……他们年幼的子女在十四岁就辍学，仍然处于难以置信的愚昧状态。他们没有机会受雇于某个稳定的行业；穿着破烂，说话口齿不清，满面肮脏，常常不诚实，最后结局是走向街头，成为帮派团伙的

---

① Belsen，与相邻的村庄贝尔根(Bergen)一起，都是德国二战时期纳粹的集中营。

成员，成为让社会工作者绝望、让警察闹心的人。"如同科利斯的戏剧，这样的霍布斯式肖像（登在1945年耶稣会季刊《研究》上）的描述就是为了起到令人震惊的效果。狄龙认为国家与市政府对于应该对糟糕的政策和政治信心的缺乏承担责任。这必须放在更大的住宅建设背景上。都柏林全城的住宅密度极度不均衡。在霍纳1936年画的都柏林地图上，显示范围从东北部每公顷土地450人以上的蒙特乔伊监狱到每公顷土地约70人的拉斯敏斯和博尔思布里奇区；在都柏林，人口密度最高的地方还是在城中村（每公顷土地超过200人）。这一切将从20世纪50年代开始改变。能够指示1936年后住宅全面改善的指标就是人数／居室比。在这里我们能看到，从长期来看，每间居室的平均人数在下降：这个数字1936年在城市化的郡级市区域（不含邓莱里郡）是每居室1.26人，到1946年下降到1.14人。在接下来的15年里，1961年有一个更大的下降率，为0.93人，然后该数字稳定多年。大都柏林的人口增长率从1946到1961年更为降低，越发加重了这种趋势；郡级市邓莱里郡和都柏林郡到1961年总人口达到了718333人，这个数字仍然比阿伯克龙比1939年《法案》建议的上限低很多。最重要的一点，住房改善的最终结果消灭了分租公寓——尽管到1961年还不彻底，但已经开始转化。

无论是在公共住宅建设上还是私营建筑行业的扩张上，1948年都标志着阶跃式的变化。技术工人的匮乏、建筑材料的匮乏、恶劣的天气（尤其是1946—1947年严冬）和信贷紧缩都推迟了战后建设的反弹，而都柏林的政治气氛则是希望尽快结束艰苦生活，并与战争时期那些熟悉的面孔决裂。新的政党参加了1948年的大选，共和之家党（Clann na Poblachta）在都柏林媒体出尽了风头。这是一个左翼共和党，在主张社会改良的现代化议程的同时，要求在政府里彻底消除爱尔兰共和党的影响力。它推动大幅增加特别是卫生方面的公共开支，把爱尔兰创建为事实上的福利国家。共和之家党在都柏林的选举中表现不错，以大约五分之一的选票赢得六个席位（全国总共十个席位),但比众人预期稍不如意。尽管如此,它还是第一届多党联合政府(1948—1951)的初级合伙人,而其中一个都柏林的代表是一位年轻医生,没有任何政治经验,被任命为刚刚成立的卫生部部长。这就是雄辩机智的诺埃尔·布朗恩(Noel Browne)医生;在他任职期间,通过系列措施大大加速了结核病根除计划:免费治疗结核病患者;进行现代化改造并扩大专用的结核病疗养院;在西都柏林(巴利欧文)为儿童患者筹建了一个有250张床位的大型医疗设施。几十年来,结核病的发病率一直在下降;尽管有许多人参与了这项工作,但后来布朗恩还是被当成征服了这场天灾的白衣骑士。他还为爱尔兰的母亲和儿童制定了免费的全国保健计划。但事实证明这是一个极端的步骤,步子走得有点儿快了。随后发生的因专业医疗利益和更具破坏性的天主教等级制度引起的抗议风暴直接导致他在1951年4月的辞职以及随后不久联合政府的垮台(第二届共和党政府则悄然引入淡化版的《母婴保健计划》)。具有讽刺意味的是,在战后婴儿死亡率戏剧性改善阶段即将结束的时候,政治烽火大爆发。有一连串因素推波助澜:战后孕期营养的改善,并工人阶级中母乳喂养率上升;市政办的婴幼儿保健单位和地方公共卫生护士制度也似乎是重要关键。

工党在1948年组建多党政府时已经控制了极其重要的地方政府部;而短命的部长提摩太·约瑟·墨菲,也是一个西科克郡人。他满怀布朗恩医生那样的激情承担起消灭都柏林贫民区的事业。都柏林是他执行国家十年住宅建设计划的重头戏,既包含地方政府大楼,也有私人部门。市政厅同意每年建设三千套住宅的目标(大概是1932—1939年建筑量的两倍)。他们在头一年实现了目标;在1950—1952年间,尽管在落实资金上困难重重,他们还是尽力贷到1500万英镑,将住宅建设计划继续维持下去。只是最后结果证明,20世纪50年代原来是:虚假繁荣的十年;由于财政紧缩和信贷紧缩至少停止了两次经济扩张(分别于1952和1956年)的十年;频繁更换的部长们制定摇摆不定政策的十年;某些年份(因为大量人口移民英国造成)劳力短缺,而其他年份则有劳资纠纷和失业抗议的十年;也是让市政厅一直头痛的十年。这期间,市政厅使尽浑身解数去落实必要的资金贷款,以期维持政府1948年首先承诺的建设项目。然而,大量项目在1950年代的前五年就完成了;而且到克拉姆林和卡夫拉的大规模延伸带以及郊区的工人新村雏形已经改变了都柏林的形状,这些郊区尤其指的是西南部的沃克音斯堂镇、克曼汉姆外西边的贝雷佛蒙特、西北部的芬格拉斯,以及东北部的白厅、安坦和库洛克／拉哈尼。在这十年里市政厅参与了近乎五十个住宅建设项目,有的是直接管理,多数是采用的私营承包商,有老字号也有新起之秀。单就贝雷佛蒙特的建设一项,就有至少五家建筑商参与其中。这些新的房产从表面上看与战前的项目没有多大区别,但是混凝土砖、预应力混凝土龙抬头连接段并铝制窗框的引进加速了建筑的过程。但是,正如麦克马纳斯(McManus)所指出,尽管有这样的标准,像克兰普顿这样的大型家族式企业仍然能保持严谨的学徒制结构和能打硬仗的技术队伍。

没有协商一致的城市规划或都市规划机构,而政客们却又孜孜以求地渴望新增施工项目。于是,基础设施建设因此存在成为瓶颈的危险。与学校建设、娱乐空间、供水、污水处理和道路建设有关的这类情况屡屡发生。克拉姆林是第一片大规模的郊区住宅区,经历了战前所有这些公共事业的赤字,最令人难受的是自来水屡屡断流。水资源确实能制约城市经济增长。1935年,瓦尔特利水库(Vartry reservoir)开始供不应求。从波希娜布利纳(Bohernabreena)的老拉斯敏斯水库和大运河抽水补充实在是杯水车薪。但是,当市政厅说服爱尔兰电力供应局签订了联合协议之后,未来的解决方案将在1936年实现:在利菲河的源头普拉夫卡(Poulaphouca)建造水库,进一步提高水力发电的能力和扩大威克洛山区向都柏林西部郊区新村充沛供水的能力。该计划于1944年完成,立即使都柏林的供水量提高了四分之一。但战后在北部地区的扩张引发了供水的新问题,一直到20世纪60年代中期只是采取了很多权宜之计;当与爱尔兰电力供应局签订了另一个大协议之后，新建的莱克斯利普水库得到批准使用，从而满足了蓬勃发展的芬格拉斯和巴利芒（Ballymun）郊区新村的用水需求。污水处理同样是威胁北地区开发的一个关联问题。经过历年的辩论，在墨菲部长执政期间地方政府部原则上同意在贯穿北部郊区新村到大海边沿线，构筑一条排污主管道。在1952年项目建设开始之前，其规模已经被迫扩大了。直接结果是城市边界得到扩张，把巴尔多伊尔、库洛克和芬格拉斯全都纳入怀中（都柏林胃口要大得多，却被郡议会拒绝了）。"都柏林北部排水系统项目"（North Dublin Drainage Scheme）是由市政厅直接管理的，在当时可是规模宏大的项目。污水总管横贯于布兰查斯镇和卡布拉与圣安妮海岸之间，用四个泵站沿着海湾排往萨顿和霍斯，通过霍斯港探入大海的排放口排到大海；这条主管道上有若干支线汇入。工程最终结算费用约在二百万英镑，项目高峰期曾有一百一十五名雇工，负责监督的是少数的几个市政工程师，终年超负荷工作。帕克·内维尔在天之灵应该会安心了。尽管知道工程规模宏大，设计者们还是低估了未来发展的势头。

繁荣增长期

20世纪40年代末期曾有短暂的繁荣，随后十年的总体概况则是经济上忽冷忽热、农村人口大量流失。可能这种描述有些夸张，但肯定具有20世纪50年代都柏林的悲观特性。文学与文化的世界通常很小，多是描写男性，而且比以往任何时候都更集中在一些酒吧和俱乐部（酒吧仍然是绝对的男性空间）。帕特里克·卡文纳是莫纳亨郡一个贫穷补鞋匠的儿子。他1931年第一次徒步流浪到都柏林，见了一些"诗人"，然后带了一些书回家——二十年后，他有效捕捉到那方天地里小圈子的排外情绪，体现在自己的作品里。他是脾气古怪的乡下人，也是抒情感性的诗人，这完全颠覆了都柏林的官场文化，也颠覆了自娱自乐的艺术赞助人的形象。布莱恩·奥诺兰（O'Nolan,

Brian），笔名佛兰·奥布莱恩，是又一个从阿尔斯特到都柏林的外地人，比卡文纳年轻几岁，表面上看他在公务员岗位上事业更加成功，最终成了地方政府部城镇规划部门的负责人。他以不同的笔名用爱尔兰语和英语写作；他发现在他成为《爱尔兰时报》的第一专栏作家后自己以"迈尔斯·纳·戈帕林"为笔名的习作才开始备受赞赏（起先用爱尔兰语，从1941年起直到1966年去世主要使用英语写作）。在"后现代"一词凭空出现之前，奥布莱恩的作品完全体现出自己博学多才、好奇心强、文学修养厚重、嬉笑怒骂皆文章的特点。他通过其专栏文章和后来的习作创造了一个具有超现实主义特点的虚拟世界。他像卡文纳一样完全颠覆了形式文化——尽管他从各方面看都是一个"内部人"，而且得到了利马斯在党内的老对手肖恩·麦克恩蒂（Seán MacEntee）的默默支持。

倘若20世纪50年代是让多数都柏林人倍感失望的岁月，那么都柏林在60年代的变化，则让所有人都大感意外。有一些统计数据能说明这件事实。大都柏林在1951至1961年间发展得异常缓慢，核心郡级市区域却根本就没什么发展（在1951至1956年间人口丧失了2.2%，后五年则停滞不前）。市界外南部郊区新村是出现明显增长的唯一区域，穿过特雷纳到斯蒂洛根，各种私人新开发的住宅项目星罗棋布，业主入住率就是判断标准。在下一次的人口普查中，人口增长率飙升：大都柏林人口年增长率在1961到1971年之间约1.7%，相比20世纪30年代上次人口顶峰增势颇为明显。增长的支撑因素之一是20世纪60年代平稳的婴儿低死亡率，使都柏林接近于全国平均水平。都柏林的发展还很不平衡，城中村人口在流失，郊区的新、旧新村建设更是助长了这种趋势：运河区1936年人口占郡级市人口的54.5%，到1971年却降为18.9%。在所有这些区域中，人口数量绝对是在下降，其中罗托纳达、伍德码头、南港区（South Docks ward）的人口下降情况最为严重。

同时，都柏林私人注册的小汽车在1950年达到25000辆，到

第十一章 | 转入现代：1940—1972

1960年实现翻番；接着，在随后的十年里连续以9%的年增长率快速增加。到1970年，汽车的出现改变了中产阶级的生活方式，拉近往返郊区新村的距离，疏解了以往公共交通对居住方式的限制。有廉价汽油可用，二手汽车市场也开发得越来越大，自行车作为短途通勤主要手段的日子已经过去了。新近城镇化的地区也在以前所未有的效率扩张。规定较低的房屋密度、预留更多用于建设附属便利设施的土地，这些举措不只是意味着降低了市政压力，其实也是对农业用地的强取豪夺。据霍纳估测，在1940到1971年间，每年有八百英亩农村土地被转为待开发用途。到20世纪70年代早期，都柏林已然蔓延上百平方英里，是1841年空间维度的十倍。规划控制系统引进得太慢，甚是可悲，结果造成土地流转进程监控无力，现在不得不付出高昂代价。回到1925年，以前地方政府委员会的一位官员就曾警告过都柏林的"离心趋势…每辆小汽车或公共汽车都是一种刺激，对山峦和海洋的开发应该是深思熟虑和有序的，而不是像以前那样随心所欲"。规划派狂热人士在20世纪20年代仍然认为制定土地使用条例还来得及，该条例将囊括都柏林并保护力所能及范围之内的村庄和农村环境。四十年后，事情就很明显了，若真的存在控制这种增长的机会，显然已经错过了。

20世纪60年代早期的经济改善清晰可见，多数人将之从政治上归纳为利马斯最终在1959年从德瓦勒拉手中接管爱尔兰共和党领导权的结果。在他指导下，战前保护主义和紧缩的经济政策快速转换。现在新的正统观念是计划经济、外商直接投资、关税降低、促进出口、对往海外移民人数减少和高失业率降低提高预期。利马斯可能很幸运；许多政策在1959年之前已经开始变化，更重要的是，寻求这种战略变化的国际环境尤其有利。肯尼迪总统在1963年6月成功访问爱尔兰，这不只是一个年轻的流亡海外的游子回归，还有更值得庆祝的——虽然肯尼迪是在伦斯特议会大楼发表热情洋溢的演讲，但因电视直播，对全国公众的热情产生巨大影响。无论新经济气候的产生

作家安东尼·克洛宁眼中所见：1954年6月16日布鲁姆日[①]，诗人帕特里克·卡文纳在公爵街戴夫·拜尼的酒吧外面坐镇指挥。布鲁姆日五十周年庆典，声势浩大，有马拉的出租车队护卫，在圣蒂库弗[②]的圆形石堡里轮流进餐作为开始。对乔伊斯作品的反对意见盛行一时，这次活动就是有针对性的一次反击。

[①] Bloomsday，6月16日是一年一度"布鲁姆日"，为纪念20世纪爱尔兰小说家詹姆斯·乔伊斯巨著《尤利西斯》而产生，6月16日是《尤利西斯》的主人公利奥波德·布鲁姆在爱尔兰街头游荡的日子。每年的这一天，世界上六十多个国家的乔伊斯爱好者都会聚在一起，举行各种各样庆祝活动。

[②] Sandycove，都柏林海边胜地之一。

和收入的增加有什么样的根本原因，都柏林在20世纪60年代都从爱尔兰大范围的经济复苏中受益多多。利马斯政府作出了巨大努力，确保经济规划取得工会支持。1964年通过的全国性三年工资协议非常慷慨，成为发展过程中的里程碑。该协议使家庭实际收入始终高于通货膨胀；而且平均工业工资与顶级专业人员收入之间的差距开始变小；工薪家庭也能使用消费信贷与分期付款购买汽车和电视。更重要的是，这些年可视为连接20世纪末叶的一座桥。到那时，多数都柏林人开始有能力接受大宗消费、具有世界级品味、性别趋于平等、价值观越来越世俗化。

但是这种转变让传统信仰的守护者极度不安。在独立的头二十年里，都柏林的天主教会由爱德华·伯恩（Edward Byrne）领导：他天生是一个勇气过人的人物，既不像前任沃尔什那么独断，也不像他那样会耍政治手腕，也不像1940年接任他黑石学院校长职务的约翰·查尔斯·麦奎德。他一直得到朋友德瓦勒拉适时，以及策略性的支持。麦奎德在职三十二年，比一个世纪以前的卡伦任职时间更长。但两人都一样，有点儿害羞，却充满正能量，公平执政，而且果决刚毅，确定了教会在都柏林的主导地位。他出身医学世家，对艺术有着浓厚的兴趣。尽管他参与过成百上千的建筑项目，但他艺术方面的特长却鲜有表现。不管怎样，他确实对公共卫生，特别是城市里穷困阶层的公共卫生表现出前所未有的兴趣。由于食品和燃料供应缩水，他在1941年初召集了大约四十个天主教慈善机构，并负责监督在都柏林设了二十七个食品救济中心（food centres），第一年提供了二百多万顿饭食。重点是，他特别是在紧急情况下帮助孕妇和儿童。这为三十年来他个人所参与的众多公共卫生方案定下了基调。最引人注目的是1956年在克拉姆林开业的儿童医院，还有教会在达尔特利街经营的卡梅尔山医院（Mount Carmel Hospital）。儿童医院有三百二十四个床位，以及教区捐赠的土地；芒特卡梅尔医院后来成了妇产医院，是城南许多家庭的首选医院。他一切努力的潜台词是为了排除世俗或跨宗教机构的影响力——无论是作为战时代行粮食仓库职责的圣约翰战时流动医院（St Ambulance Brigade），还是合并起来的圣乌坦婴幼儿医院与哈考特街儿童医院所造成的威胁。对这些机构，他应该没什么影响力。

但是，正如迪得莉·麦克马洪所指出的，大主教麦奎德（Archbishop McQuaid）对于发生在周围明显的社会潮流虽能理解却不赞成，而且他的偏执态度毫无疑问并不适用。他干预了1958年都柏林戏剧节的方案（按计划应该上一年举办），反对《尤利西斯》的舞台方案提案和奥凯西新剧的部分片断，导致整个戏剧节全部取消。看起来这可能是大主教府（Archbishop's House）的成功，但此举激怒的人群远不止乔伊斯和奥凯西的拥趸。主教如此公开地展示其权势的确不同寻常，大主教通常都是私下里运用其影响力，而且他的手段通常如此有效也是缘于其手段的隐秘性。他永远在关注的是保护羊群的信仰和道德——不是不让他们改信新教（这已经是过去的事了），而是让他们远离无神论的共产主义、各种形式的跨海峡颓废媒体，以及酗酒和吸毒，这一切都反映了他的关注焦点是工人阶级的问题。在1951年的国家《母婴保健计划》的激烈辩论中，他是风暴的中心——他已经反对了1947年提出的前一个版本的提案，反对的依据不仅因为这样一个计划可能为引入的计划生育服务提供掩护，而且是出于对国家侵犯家庭生活的极度厌恶。他在整个任职期间以极其强硬的形象漠视各样新教机构，打击、压制跨教派团体，并从1944年开始积极执行天主教徒不得入学圣三一学院的禁令（特例除外）。

他对都柏林和教区生活的最大影响表现在对教区创建过程的监督上。麦奎德发展了二十三个新城市教区，这个记录前所未有。随之而来的是修建教堂方案。按照传统，以往都是本地筹资，但是从20世纪60年代中期开始，改由专业的募捐人筹措。如此一来，教区的财政就感受到相当大的压力。他的前任极力主张在梅里恩广场或在任何其他位置建造一座新的天主教堂。鉴于教区面临的财政压力，他拒绝执行这样的决定，也毫不奇怪。在麦奎德任大主教期间，天主教中学的大发展同样让人印象深刻：整个教区的学校总数在 1946 到 1966 年之间翻了一番，在 60 年代末期得到进一步加速发展。彼时政府出台了免费入学方案（都柏林直接处于公共管控之下的技术/职业学校也迅速发展壮大，只是没有教会管理的学校发展得快）。虽然麦奎德不像他的朋友德瓦勒拉那样热衷于爱尔兰语言的复兴，但在他的主持下，建立了四所提供中等教育的天主教学校，全爱尔兰语教学，都非常有名——在都柏林北部有成立于 1928 年的圣凯瑟琳中学（Scoil Chaitríona）和成立于 1931 年的圣玛丽中学（Coláiste Mhuire）；在南部有成立于 1968 年的圣约翰中学（Coláiste Eoin）和成立于 1971 年的小耶稣中学（Coláiste íosagáin）。分别是两所女校和两所男校。除了第一所以外，其余三所都具有强烈的基督教兄弟会[①]背景。他们彼此之间保护并加强了整个公共服务领域倡导语言复兴的群体，尤其抵挡了来自各省的竞争。

20 世纪 40—50 年代的报纸记录了学校启动以及医院扩建时大主教所做的各种工作。世俗政权至少直到 20 世纪 60 年代都没有财力，也可能是不愿意投资到构建社会结构上，教会精打细算地安排着这些支出，而这样的社会设施则是市民所需要的，他们在不断地与战后英国的进步作比较，这一比较显示出本国的不足越来越大。很难想象，倘若天主教会也是漠然置之的话，会产生什么样的社会后果。克兰里弗神学院从来也没有如此繁忙，都柏林的大街上也从来没有见到过诸多的修女与教士，他们大部分是为越来越扩大的郊区新村服务的神职人员、教育或医疗服务行业的工作人员。麦奎德 1972 年退休的时候，修女僧侣的总数接近高峰值：在他的主管教区有 567 位在俗教士，还有不少于 297 名神职人员、修女和兄弟会人员组成的宗教社群。到 1970 年，有关未来的一个先兆已经很明显：有了教会的干预，那些

[①] 1684 年在法国创立的从事贫民教育的天主教世俗团体。

不服管教的孩子们身上已经产生了变化。从卡伦的时代以来，就有无数不幸的孩子被法院遣送到天主教机构。他们要么是"缺乏父母的关爱、穷困、无人照顾、逃学……轻微犯罪"，要么就只是因为家庭贫困。在麦奎德刚开始作主教的时候，各管教所人满为患：马拉海德路的安坦管教所是全国最大的一所，1940年收容了820名男童，全都放在农场和车间里紧张劳作。只是安坦管教所规模太大，管理也极其不佳；负责管理的基督教兄弟会人员未得到很好的培训，人手严重不足，经常公开辱骂自己看管的孩子，有的甚至是性爱狂魔。在20世纪60年代早期，谣言起初尚未流传开来，麦奎德在私下里曾严厉斥责该机构的作为。到1969年前的这十年，管教所人员大幅减少，兄弟会作出关闭该管教所的决定。这也许是根据社会是否富裕、是否更具人性化的衡量标准，拘留所这样的地方开始失宠，而收养和寄养的替代方案则变得更为常见。其实也暗示公众对以前不可侵犯的教会机构的态度，开始变得挑剔起来。然而，像安坦管教所一样的机构，是等了好多年以后，其总体问题才全面暴露出来的。

立与破

"现代主义"可能一直就是麦奎德的敌人，只是在他治下的都柏林出场太慢。战争年代各种艺术形式百花齐放，人们的创造性也得到充分发挥。战后，随着欧洲大城市越来越多的机会，艺术创造性开始衰退。无论是私人或是政府，国内的艺术赞助都很有限。整体趋势是建立标准化，而不只是进行艺术实验。战后比较杰出的建筑践行者是鲁滨逊、基夫、德韦恩以及高级合伙人约翰·罗宾逊。后者曾是1932年圣体大会的正式设计师，也是1938年在博尔斯布里奇（Ballsbridge）建设的医院彩票中心总部（Hospital Sweepstake headquarters）的设计师。他受大主教拜恩的委托，建造了一系列精美的教堂。其中多数是新罗马式风格，但有一些教堂加入了当代的细

42

圣体大教堂，建成于1941年，服事拉姆康德拉巷新发展的北部教区。这是一座无与伦比的教堂建筑，墙外的花岗岩布满了艺术装饰。设计人是罗宾逊、基夫和德韦恩。在大主教麦奎德漫长的任期里，这座教堂从建筑风格上看，是他在都柏林所建众多教堂中，最引人瞩目、最鹤立鸡群的一个。

微元素（如1941完工的拉姆康德拉巷的基督圣体堂）。其装饰艺术一流，最突出的当是1928年在多利埃街上建造的天然气公司展厅（Gas Company's showrooms）和1939年在卡·赫布拉哈大街建造的餐饮学院（College of Catering）。鲁滨逊本人对于老都柏林并非情有独钟。1942年在对改造梅里恩广场建设天主教堂进行考证时，他谈论到周围的排屋，说："过去的时代过去了——乔治王朝艺术风格的时代已经过去，任何寻求不朽的努力都是毫无意义的……它们必须拆除，什么也不会留下……"

鲁滨逊的设计反映出客户折中和通常保守的口味，与都柏林下一代的顶级建筑师形成鲜明对比。迈克尔·斯科特是一个了不起的人物，他是职业演员（短期）、艺术家、建筑师和近半个世纪的文化赞助人。他是训练有素的建筑师，但又是一位天生的演员。他在1930年第一次受托为栖身在罗纳达圆形剧场旧礼堂的盖特剧院设计一个永久的家。在30年代的后期，他参与了若干电影院和新建皇家剧院的装修工作。但格罗皮厄斯[1]和勒·柯布西耶[2]现在成了他的灵感。与利马斯的友谊让他受托为1939年纽约世博会设计爱尔兰馆（World's Fair: Irish Pavilion），这一作品获得了极大的成功。然而，他的代表作是全国汽车站，受托于1946年，彼时正是爱尔兰运输系统铺张奢华的年月。爱尔兰运输管理局（CIE）是国有交通管理机关，其前身是大南方铁路公司。这座车站要建在比斯福特广场一个敏感的地点。其国际化风格大胆泼辣，材料使用大胆无二，成本花费极高，在专家学者和公众中间引起了很多争议。正如他在印奇科专为爱尔兰运输系统设计的底盘制造厂，在都柏林中心汽车站（Busárus）外修建

---

[1] Gropius，德国建筑师，包豪斯建筑学校的创始人，是现代主义建筑的先驱人物之一。
[2] Le Corbusier，原名Charles-Édouard Jeanneret，查尔斯·爱德华·让纳雷，是瑞士-法国建筑师、设计师、画家、市政规划专家、作家，也是现代主义建筑的先驱人物之一。

的公交车站成了一个累赘，宽敞的办公空间大部分被重新分配给政府使用。大楼在1953年完工，极其豪华精美。幸亏其具有吸引人眼球的现代主义外表和优越的地理位置，它被认为是新都柏林的象征性符号。他的公司后来承建的公共项目，甚至1966年完工的阿比剧院的重建工程，都没有产生类似的效果。肖恩·罗瑟里认为斯科特"更像个乐队指挥而不是建筑师"，因为"他自己并没有做多少，事实上他将一批非常有才华的人聚集在自己周围，大量激发了他们的创造性思维，促成了事情的发生"。都柏林中心汽车站项目即是如此，至少有六个年轻的助手（在威尔弗雷德·坎特维尔和凯文·福克斯带领下）实际承担了所有创造性的设计工作。建筑师唱独角戏在都柏林展现个性的时代已经过去了。以个人身份而言，斯科特是一位极具影响力的艺术创新大家，因为他"高度重视力量"，具有个人魅力和开放性的艺术头脑。除了其他许多因素之外，他也是都柏林"视觉如诗艺术展览会"①背后的推动力量，这是1967年第一次在皇家都柏林学会举办的阵容浩大的当代国际艺术展。然而不同于鲁滨逊的是，斯科特后来也投身到18世纪建筑遗产保护的事业当中。

战后都柏林建设中难度最大的建筑项目之一，完全是靠这位年轻的英格兰建筑师以一己之力得以成全，使其既能呼应历史，又能借以建立国际声誉。这就是圣三一学院新的中心图书馆项目。完全出乎意料，德瓦勒拉在战后会支持圣三一学院兴建图书馆的需要，并且在1947年通过了国家基金的第一期发行方案（多党联合政府即有动议于第二年取消；1951年德瓦勒拉再次执政的时候给予恢复）；德瓦勒拉特别留意圣三一图书馆的建设，因其藏书的空间即将告罄。鉴于此，与国立图书馆合资的想法浮出水面。但大主教麦奎德持反对意见，终结了这个合资方案。圣三一学院接着就（带着《凯尔斯福音书》[*Book of Kells*]）在大西洋两岸四处巡回筹资，但是很难保证与政府提供的

---

① Rosc，Poetry of Vision.

资金一比一配套。1960年发表了一份雄心勃勃的设计纲要，其结构在高度和线条上与相邻的两栋建筑要协调；而那两栋大楼则具有极为强势的建筑特色，分别是伯格设计的图书馆和伍德沃德与迪恩设计的博物馆。在设计竞赛的时候共收到二百一十八份建筑方案，二十八岁的保罗·科拉利克（Koralek）夺魁。他生于维也纳，在英国接受教育。最后他还担任了这个项目的建筑师。他负责建设的图书馆1967年在德瓦勒拉主持下开馆，这个项目是创造性运用混凝土和曲面玻璃的实物教学课，在混凝土使用的细节与想象大胆的室内设计上可以明显看出勒·柯布西耶建筑大师的影响力，而且其与周围老建筑的风格浑然一体，实属难能可贵。

其他任何当代建筑几乎都没有涉及如此规模的国际竞争，都柏林大多数新建的公共建筑都是由当地公司设计和建造的。在不断变化的天际线上真正留下印记的，是德斯蒙德·菲茨杰拉德，他是都柏林机场第一航站楼（1940年）的设计师。相对于艺术家，他更像是数学家。他惯于精打细算，体贴客人的特别需要。在此基础上，他赢得委托建造两种类型的建筑，这对于战后都柏林都是新奇的：商业写字楼和私人公寓。谈到后者，就是位置靠近多尼布鲁克大桥的"圣安公寓"，可能是都柏林建设的第一组豪华公寓，小心翼翼地为如画的彭布罗克风景添上了一笔重彩。但是菲茨杰拉德建造的写字楼，尤其是1965年建的12层奥康奈尔大桥会所（O'Connell Bridge House）和1970年的迪奥列尔会所（D'Olier House），从视觉上都是突兀地矗立在都柏林市中心，与跻身的古街旧景完全不搭调。

在20世纪50至60年代的近二十年里，菲茨杰拉德曾任都柏林学院大学建筑学教授。但他在1969年突然辞去这一教职。这显然是那场"温和革命"的一个实际结果——1968—1969年期间，由于厄尔斯福特排屋的空间太过狭小拥挤，学生们纷纷走上街头，掀起抗议浪潮。部分学生领袖是无政府主义者，还有一些是年轻的社会主义者，大部分人则成为自愿观察员。学生们提出的许多问题很现实也很

第十一章 │ 转入现代：1940—1972　　581

专业，只是某些学生领袖在演说里把贝克莱主教与索邦神学院混在一起。但正如道纳尔·麦卡特尼观察到的，最应引起注意的，是20世纪30年代与60年代之间，学生们在情感上的前后对比：战前，在完全天主教化的校园里，学生中的积极分子一直是右翼支持者，他们对具有世俗倾向的教授百般挑剔（尽管若干学者还是审查委员会成员，也是天主教新闻人物）。从1960年起，学生社团开始流露出反教权主义的姿态。到20世纪60年代中期，即使神学生、修女和僧侣仍占学生全体的八分之一，学校已经形成更为自由的世俗氛围。米迦勒·蒂尔尼在1947—1964年期间担任校长。他个性专横，飞扬跋扈，是导致上述结果的主要因素。由于他个性好斗，肆意打压异见者，一心要解除1908年的议案，要将都柏林学院大学改造成一所独立的天主教大学，并在这一点上，得到了大主教麦奎德的竭力支持，因此，激进的学生攻击学校领导层，说他们是在"受头发花白、牙齿脱落、老态龙钟之人的控制"，并非空穴来风。

蒂尔尼没有实现将都柏林学院大学改造为天主教大学的愿望，但他却尽力把学校从狭窄的城中心向南搬离了两英里。学校1933年收购了贝尔菲尔德用作操场，这原是布雷路旁边的一小片郊区物业。旧校址周围寸土寸金，没有财政能力扩建，蒂尔尼就策划着一点点地收购贝尔菲尔德周边的房屋和别墅。从1949年开始运作，最终面积达到近三百英亩。对于学校从城中心到城外整体搬迁的计划，公众与政治家们一直争论不休，贯穿了整个50年代。但是蒂尔尼主意已定，决不放松，最终胜出。政府部门1960年正式批准搬迁方案，一切尘埃落定。政府拨付的新校区建设资金却姗姗来迟，1964年首先完工的是理学院，而艺术学院则拖后到1970年。学生的抗议活动就发生在大规模扩招之前，扩招之后南边校区一直就是一个建筑工地。

继都柏林1961年引入邮政编码系统之后，新成立的贝尔菲尔德校区又成为都柏林文化地理历史发展的关键要素。校区的西边是都柏林6#地区（D6），这些地方气候清爽宜人，以前归拉斯敏斯市政厅管辖。倘若皇家剧院的戏剧能够相信的话，这里就是讲"拉格口音"人的故乡。这个地方见证了20世纪40年代以来私人中端住宅的大规模扩张历史。贝尔菲尔德东面和北面则是都柏林4#地区（D4），包括差不多过去彭布罗克镇的全部、博尔思布里奇、砂砾山、多尼布鲁克和梅里恩山。"D4"在整个爱尔兰被认为是新老资金的汇聚地，是追求顶级时尚和颠覆性自由主义价值观的地区。在这大杂烩的文化中充斥着诸多元素。在兰斯唐路的橄榄球圣地是本地区的地标性建筑，距离不远就是美国人开的洲际酒店（Intercontinental Hotel），该酒店拥有315间客房，1963年开业。再就是让人叹为观止的圆形蜂窝式建筑，1964年成为美国的新大使馆。很快一大批中等规模的办公楼受吸引前来落户，若干银行和保险公司入驻其中。在多德河两岸分别是都柏林皇家学会办公区和医院彩票中心大楼；再外围是大量优质中学（其中一些刚从市内搬过来），有几所是新教背景，大多数是天主教会主办。但在20世纪60年代都柏林4#地区的文化中心在蒙特罗斯，该地被国家电视公司选中。在这个地址上，由斯科特·塔隆与华克建筑设计公司的罗尼塔隆设计了一座朴素的现代主义大厦，这是广播电台委托建设的诸多项目之一。广播电台附设的电视台在1961年底开始播放节目。在初创时期，电视台尽量与教会和政府保持距离。爱尔兰电视台也成功地打破了建于20世纪50年代的英国电视台的绝对统治地位。

都柏林天际线上矗立着成千上万的天线，接收各电视台发射的信号。虽然在建台早期，爱尔兰电视台有超过半数的播放时间是转播进口的节目，它仍是文化革命的中介；其影响力远远超过母公司广播电台，它的节目时而给人惬意温馨，时而让你惊悚尖叫，爱尔兰各地方省份都能欣赏到现代文化，最著名的当属星期六晚上的访谈节目。都柏林城中村里即使是最贫穷的家庭很快也有了一台电视机。

给爱尔兰广播电视台（RTE）（国家广播电台1966年改名为爱尔兰广播电视台）带来巨大伤痛的，正是城中村。一部名为《陶卡街》

的肥皂剧在电视台连续播放了好多年,相当可靠地唤醒了工人阶级对生活的希望;但后来有个纪录片团队在1969年制作了一部步步惊心的新闻调查片,揭露警察对于新型犯罪视而不见,比如违法拆借资金(moneylending),并且至少有五百个放债人使用暴力手段恐吓债务人。那肯定不是一种新现象;在紧急状态期间,就有传言都柏林存在非法放贷的事情。这部纪录片的生动之处在于,它引发的政治风暴以及随之组成的官方调查法庭(这个法庭在某种程度上极不公平,将精力集中到错误的新闻实践上,而不是潜在的社会问题上)。《马丁·克拉克斯顿生命中的一个星期》是爱尔兰广播电视台1971年播出的一部歌剧纪录片,产生了更大的影响力。该剧用简约的方式讲述了一个类似的故事,是关于城中村的贫穷、感化院、某些街道和地产因一些雇主而蒙上污名,也是关于都柏林内北部1#地区与阳光明媚的南部之间社交差距的故事:"在福克斯洛克(Foxrock)婴儿不会被鼠咬。"

到1971年,那些旧的分租公寓几乎消失殆尽。1963年6月发生的系列事件加速了它的消亡。月初,在博尔顿大街有一座房子坍塌,压死了两名妇女;十天后,连下几场数十年不遇的大暴雨,芬尼亚大街又有一处分租公寓坍塌,压死了两名年轻女孩。"清除贫民窟"行动在随后的抗议游行中宣布了一些标语,市政厅迅速宣布数百座住宅为"危房",大约900个家庭以及326名个人需要立即异地安置。这成为政府必须解决的问题,利马斯也确实将压力交给了并不完全尽心的地方政府部长尼尔·布莱尼身上。作为紧急措施,国家直接参与住宅建设,拓宽了国家建设局(National Building Agency)的职权范围,这个机构负责处理都柏林面临的这个危机。最主要的成果是巴利芒,都柏林北部边缘以前阿尔伯特大学土地上设计的新郊区新村,这地是专门从都柏林学院大学收购的。胜出的设计是四层、八层和十五层的组团公寓楼,总共36栋,外加400栋洋房。到1970年,已经建成3265个单元。他们的建筑模式受法国风格启发,建设的塔楼占据了头条新闻;它们与都柏林的任何建筑都不一样,与上一代的别墅加花园的理念形成了鲜明的对比。当 1967 年那七栋十五层的楼群完工时，即被视为完胜分租公寓的标志。每一座塔楼都以 1916 年复活节起义的英雄命名。它们都是精心建造的并采取集中供热，给生活赋予了新希望。然而，当 1969 年这些楼被移交给都柏林市政厅时，问题开始显现：小区绿化很差，电梯不可靠，暖气也有故障；而且，更关键的是，到位的商业或教育设施太少了。直到 20 世纪 70 年代才开始出现广受欢迎的镇中心，到这一步租户数量（比 30 年前克拉姆林的情况更糟）才发生了重大变化。园林建设中没有树木、花园，缺乏足够的娱乐空间。国家建设局也算略经风霜，在塔拉特、库洛克和基巴拉克（Kilbarrack）等边缘郊区继续推行小规模的标准化住宅建设。

然而，通过对 1971 年人口普查结果进行详细分析，约瑟·布雷迪（Joseph Brady）发现社会上的弱势群体仍然住在城中村的主要地区（尤其是住码头区的受监护的未成年人）；这里失业率高，轻微犯罪多，汽车保有量较低。虽然生活在 20 世纪的公共房屋而不是公寓，但多数是两室住宅，往往是老年户主。码头工人的数量从 20 世纪 40 年代开始下降（当时已经有大约 3000 人无所事事），到 20 世纪 70 年代中期，工作岗位更是仅剩六分之一。大大小小的制造企业因为土地升值不得不削减规模并搬迁到西部郊区，从城里来的廉价工人常常赶不上方便的通勤车，整个城中村工业就业率自 20 世纪 60 年代初起就直线下滑。在郊区，他们可以从新成立的地方当局那里获得劳动力；单论人口，到 1971 年其数量是城中村的两倍，新村居民多是大家庭，平均年龄更年轻，贫困程度也相对较低。布莱迪的分类体系在 1971 年之前还将"旧中产阶级郊区新村"和"新自住郊区新村"列为截然不同的城市功能区，当时这两个新村拥有城市五分之二的人口，这块"平地"成为人口不断增长的过渡地带。但是，公开发表的人口普查资料并不能说明这些社会鸿沟的深浅以及它们之间社会流动性水平的高低。美国社会学家亚历山大·汉弗莱斯在 1949—1951 年间在都柏林做了广泛的实地调查，他极为慎重地判断有越来越多的作坊式家庭向社会上层流动。但是，据罗伊·吉尔里对20世纪60年代的全国性研究表明，相对于农村进城的移民数量爱尔兰当地人的流动性反倒很低。这是一个惊人的发现，反映了市内各个社会群体接受的教育存在非常强烈的差别。伯特伦·哈钦森在1969年得出了类似的结论：那就是，各省到都柏林的移民，尤其是各省移民到都柏林的城里人，其"社会地位往往高于都柏林本地出生的居民"，反映出富裕的农民现在往英国移民的少了，因此都柏林的教育资源出现瓶颈。在城南辛格街上有城里最好的基督教兄弟会学校；在城北则有奥康奈尔学校，专门培养演艺人员、商业精英和公共服务人员。这两类学校都很成功，但却掩盖不了这样的事实，对于这些仅具有半熟练或不熟练技术背景的外乡人来讲，相对于获得高职教育而言，他们仍属外乡人。一直到1950年，他们在城里小学毕业的人中有55%没有继续接受任何中等教育：技术工人家庭的女孩子们，她们的压力是得退学去工厂上班；男孩子们，则开始做学徒工。有个少管所的孩子曾在1951年告诉汉弗莱斯，对于多数手工艺家庭来讲，倘若必须在女孩和男孩中间选择一个去上中学的话，都会选择女孩，"因为这样她更有可能获得良好婚姻……而这样的机会对女孩更重要。男孩若是选对了行业，又有能力的话，怎么都能混得不错……"他发现，总体情况下，家里大一些的孩子更可能退学，被家长逼着去上班。汉弗莱斯发现，在劳工家庭里，小学毕业之后能够继续学业的孩子肯定是男孩，但只是读中等技校，而且不会超过一两年。与预见的相反，他发现"白领"家庭所有的十几岁少年都上过中学。1950年后，随着职业技校和中学的蓬勃发展，再加上1967年实行的免学费措施，都柏林的入学率还是有所改善。只是在1971年的时候，城里14岁学生退学比例仍高达41.5%；都柏林43.5%的成年人口仍然没有受过中学教育，占比几乎升至城里人口的四分之三。因而对于最低退学年龄在1973年升至15岁产生了实际影响。

都柏林在20世纪60年代经历了惊人的变化，从达姆大街向南到

43

通过建设高层楼房的激进方法解决公共住宅紧张问题,这种具体针对都柏林住房改善问题的作法已然成为全国性解决方案。在巴利穆恩的早期年日,七座塔楼里住满了年轻的夫妇和年幼的儿童,玩耍的空间变得非常宝贵。

运河、向东绕着圣司提反绿地公园到博尔思布里奇的老商业区变化最大。在都柏林猝不及防间,写字楼突然间驾临城市;按国际标准的建设给中心城市的街道景观造成的后果简直是灾难性的。这些后果引起国际媒体非常消极的反应。战后兰克影片公司收购了埃利曼的皇家剧院。这里曾是一座巨大的展现装饰艺术的建筑,现在在原址上建设了最大的单一街区。他们选定的方案是先行拆除这座二十五年之久的老建筑,然后再在原址上开发:最终建成霍金斯会所(Hawkins House),这个建筑物高达十二层,可出租面积 126000 平方英尺,每平方英尺可租一基尼金币,建筑成本 75 万英镑;用环保活动家弗兰克·麦克唐纳的话来说,那"就是都柏林有史以来建设的最可怕的一堆垃圾"。这种高楼事实上严重破坏了城市天际线的风景,市政厅规划部门后来采取措施对所有新建筑物实施严格的高度控制。但就在这时,1965 年,运输工会在巴特桥附近河畔最敏感的位置建设的现代主义建筑行将完工:由建筑工程师设计的自由厅(Liberty Hall)大楼高达 16 层,高耸入云。

整个都柏林在 1960 到 1985 年期间建起近 200 座写字楼。许多写字楼都是建在花费数年收购积存的场地上;在积存土地期间,许多主要街道益发显得破烂不堪。若干因素助燃了写字楼市场的繁荣:有战后英国城市作榜样——英国类似的在城中心密集开发的现象已经司空见惯,在伦敦尤其如此,并且在开发过程中已经建立起财产和技术方面的房地产开发专业知识规范。接着,又有 1958 年颁布的《办公场所法案》(Office Premises Act),所有神职人员和行政人员的雇主必须履行新赋予给他们的法律责任,该法案将许多旧房子里现有的办公室置于法律管控之外。在芬尼亚大街事件发生之后,都柏林市政厅对那些断定为危房的建筑采取了更加激进的政策。最后,银行、保险公司以及政府、公共服务部门和半国有部门对办公空间的需求相当旺盛(请注意,都柏林的文职工作人员占比职工总数从 1946 年的 9.9% 提高到 1971 年的 17.6%)。利马斯及其圈内人士坚定地认为,加大城市重建力度对就业有好处，有利于塑造爱尔兰的形象，甚至也使他们得以适时犒赏自己的支持者。时光虽如白驹过隙，现在却仍然搞不清楚60年代时政府部长们与党派支持者在房地产开发领域是如何暗通款曲、合谋共赢的。世界不大，又是新游戏，监管力量薄弱，行事规则自然弯曲。在那些看似平淡无奇的企业名称背后是一群人数虽少但却极为活跃的玩家，新的财富王朝更迭兴起，多数都与爱尔兰共和党有关联。早期发财的掘金者鱼龙混杂：有北凯利郡人约翰·伯恩。他在来都柏林之前在伦敦开舞厅掘了第一桶金；也有战时的前坦克指挥官蒙特·卡瓦纳（Mont Kavanagh）。到1970年，开发商已然成了媒体和公众的敌对对象，只是混凝土搅拌机的轰鸣声仍然此起彼伏、不绝于耳。

在若干大型建筑企业里排名第一的是总部设在博尔思布里奇的克兰普顿公司。到60年代中期，这家老牌的新教徒公司雇用了大约700人，其中半数以上是熟练的手艺人，部分又是技艺精湛的木匠；公司同时开工的项目一般有二十几个，这些木匠多数在这些项目里工作。路得·麦克马纳斯记录下了这段历史人性的一面：这些工人与爱尔兰共和党主导的快速发展的商业世界相得益彰；是他们将这些项目开发成了精品。科伦公司另一家老牌的新教徒建筑企业，其发展同样如鱼得水，每个重大开发项目常规雇用近150人。正如约翰·沃尔什所言，这些建筑企业在港口现代化进程中发挥了关键作用；更准确地说，是重新设计了其中新建的外接部分，以适应"滚装"渡船（ro-ro）的需要。最早20世纪50年代的这类设施因装卸作业已经变得陈旧不堪，岁月已深；科伦公司的设计更先进，而且赶在1968年不列颠与爱尔兰邮轮公司（B&I）汽车轮渡开业之前完成建设。随后不久，科伦公司在大概三十六英亩的填海土地上建设了两个巨型集装箱码头。整个港口的功能在短短十年之内就发生了转变。整体船舶吨位从1938年的270万吨升高到1972年的590万吨，只是船舶数量增长较为缓慢：这只能说明，到远至坎布里亚（Cumbria）的内地采购煤炭和其他必需商品需要更大型的船只。

到20世纪60年代，都柏林已经确立的职业构成已然彻底改变。对于工薪阶层的男性来说，所有形式的临时工作都大大减少；对于女性来说，自20世纪30年代以来，尤其是全职住家保姆等家政服务从业人数急剧下降。到1957年为止，"肉牛露天交易市场"在应季的时间交易将近25万吨的肉畜，在20世纪60年代则急剧下降。城外交易市场越来越普及，肉牛批发方式发生了变化；而储备牛出口量增加，则使英-爱肉牛贸易的性质发生了变化。1973年，肉牛露天交易市场归于沉寂，接着便被拆除。在盛行保护主义的20世纪30年代，都柏林的轻工业蓬勃发展；到了60年代却未从政府政策中受益，一直原地踏步，没什么发展。英国与爱尔兰在1965年签订《英-爱自由贸易协定》，虽然为爱尔兰制造商设定了五年的宽限期，但是威胁到许多针对国内市场的加工企业——巧克力厂商和汽车装配企业都清楚知道他们的好日子已经屈指可数。即使是发展最成功的战后产业格兰·阿比，在1970年时的前景也不容乐观：这家企业是巴恩斯兄弟创立的，开始是1939年在克兰布拉希尔街（Clanbrassil Street）创建的一家小型服装制造企业，战争结束后，搬到以前曾为郊区的塔拉特，专做男士针织服装。格兰·阿比加盟第一家全国性连锁超市邓恩斯商铺[①]，并在20世纪60年代成为教科书中的成功案例——扩大了产品范围，并开拓海外市场，最终成为上市公司，到60年代末，共有1100名郊区员工。工业企业大量迁往郊区，在芬格拉斯和城西南的朗迈尔路（Long Mile Road）两侧建立了成片的工厂群，里面的工人通常是年轻人，而且女性比例偏高。软饮和糖果制造商都迁出城里，吉百利从东墙路迁到库洛克；雅各布饼干厂也在1975年废弃了历史悠久的主教大街厂区，在塔拉特选了一块更灵活的厂址，科伦在此地

---

① Dunnes Stores，也叫邓恩斯，是爱尔兰都柏林的一家连锁商店，开业初期主要经营食品、服装与家居用品。

创建了国内最大的工业园区，并吸引若干国际热门蓝筹股票公司（如IBM、惠康、通用汽车）定居于这个水资源丰富的园区。能量与尊美醇（Jameson & Power）两家公司通过与科克酿酒公司的新合作，在20世纪70年代初完全放弃在首都的生产。老牌公司中，只有吉尼斯酿酒厂按兵不动。另有一家相对较为年轻的企业杰弗逊·斯莫飞特纸板箱与包装物料制造商，由于专司瓦楞纸并需要利用自由贸易的政策，因此除了在多德河下游的厂区，城里的基地继续保留下来。这是小微工厂在保护主义盛行时代的经典案例，在20世纪60年代抓住了国内和英国的机遇，并于1964年成为上市公司，在新一代企业中以非同寻常的方式发展成为一个庞大的跨国企业集团，这个全球性的企业已然超越了爱尔兰市场，但仍保留了在都柏林6#地区的基地。

爱尔兰妇女解放运动和爱尔兰计划生育协会（Irish Family Planning Association）1969年在都柏林成立。她们在舆论界有支持者，事实上也的确有许多人在媒体机构工作（比如《爱尔兰时报》）。战前对节育和淫秽作品严格控制，都柏林中产阶层多年来对此公开质疑，诟病已久；1967年文学审查控制大大放松，但对解释计划生育的文章或书籍的限制在十多年后才被解除。但是信奉天主教的医生只在有限的情况下才会开避孕药的处方。罗马教皇1968年发布《人类生命通谕》（Humanae vitae），其一刀切的禁令引起鼓动人心的教改者采取直接行动来对抗节育限制。1969年有七名医生在梅里恩广场悄然开设了一家"生育指导诊所"（Fertility Guidance Clinic），免费向妇女提供避孕建议和帮助，以此避免法律公诉。但最著名的事件发生在1971年，当时有47名的妇女从贝尔法斯特坐火车回来，在亚眠街站与海关官员发生冲突时，用大量的避孕套戏弄他们。在70年代结束之前，都柏林有一本杂志宣称该城正在进行一场性行为革命。有民调显示，在十八至三十四岁年龄段的都柏林女性中，现在有57%的人认为在某些情况下可以允许婚外性爱，甚至有更多的人相信这种现象比五年前更普遍。另类的性解放，同性恋合法化，似乎还很遥远；但是在英国媒体开放态度的推动下，这个问题起码在 20 世纪 60 年代就进入了公共视野。但无论法律如何规定，在战争期间曾有一个公开的同性恋艺术家小圈子；经营盖特剧院 30 年之久的老夫妻米歇尔·麦克·利亚姆莫伊尔（Micheál Mac Liammóir）与希尔顿·爱德华兹就让人琢磨不定，爱尔兰电视的普及则更加提高了麦克·利亚姆莫伊尔的标志性地位。然而，直到 1993 年同性恋才得到法律保护；为了实现这一里程碑式的目标，在都柏林和斯特拉斯堡曾进行了长达十六年的史诗级的法律之战。

大主教麦奎德 1972 年退位，过了一年多就去世了。到那时候，拉姆康德拉巷的主教府就成了比较清静的地方，都柏林天主教会的最后一个王子已成为媒体永久争议的人物，人们对他高举主教权威的观点既害怕又不喜欢；他自己反过来也发现电视里的新世界和公众人物形象都是那么令人厌恶。在他创建的许多学校里接受过教育的一代都柏林人中没有人表现出对他的特别忠诚。在 1966 年复活节起义五十周年之际，麦奎德和政治保守势力都有最后的机会把他们的影响力铭刻在这座城市的历史上。然而，无论麦奎德还是彻底的革命家利马斯全都没有选择揭露事件的真相。爱尔兰共和军在利马斯首相执政之初发动的零星"边界战役"可能只是一种警告；1966 年 2 月由爱尔兰共和军小组策划的对纳尔逊记念柱的爆炸性破坏，则让人失去高调行事的勇气。与忠诚于莫斯科的爱尔兰工党（Irish Workers' Party）联盟的"马克思主义康诺利青年运动"公开进行街头抗议，热闹异常。这也是时代变革的预兆。利马斯传达的安抚性信息外表看起来现代感很强，但在共和党或社会主义者圈子中并非没有受到挑战。1966 年复活节起义的庆祝活动汇聚了大约六百名老兵，像是大型阅兵活动，还有二十万群众。事实证明活动进行得平静、有序，超乎想象。阿比剧院在原址重建，剧院开始完全依靠国家财政补贴。当两个月后重新开业的时候，即使是半个世纪前的骚乱故事，也可以搬到德瓦勒拉总统面前的舞台上被毫无恶意地被讽刺一番。在帕内尔广场修建一座纪念花园（Garden of Remembrance）的计划收到了各种设计方案，开始的时候只是私下倡议，最后终被政府采纳。在纪念花园正式开放的仪式上，包括了祝福的环节。由于麦奎德的缘故，使整个活动不变味地成为一件天主教事务。同年早些时候的大型纪念活动之一，是学院绿地公园的一场雕像揭幕典礼。这是爱德华·德兰尼的绝世佳作——新教徒、青年爱尔兰人运动发起人托马斯·戴维斯的铜铸雕像。紧跟着第二年，他为沃尔夫铸造的略有颠覆性的雕像最终在圣司提反绿地公园的东北角揭幕，沃尔夫是新教徒、联合爱尔兰人组织的奠基人。

利马斯在1966年末退休，五年后去世。在他执掌政权的年代里，无论是在利奥柏斯城的赛场上还是都柏林的马展，无论是在拉塞尔的罗兰饭馆还是谢尔本酒店，在他治下的城市处处无拘无束地展示着新财富。到现在历史学家仍然在辩论，如此结果真是这位出身于卡佩尔街、禁酒嗜烟、爱马如命之人所希望的吗？

第十一章

千禧年之城：1972—2000

衡量都柏林

"千年古国，百万人丁"：1988年举办庆典，记念维京殖民首次在利菲河岸定居。纪念活动基于历史事实，虽是无害但却存在重大误读。关于都柏林人口规模的判断接近标记点：在大都柏林，也就是包括都柏林市区和都柏林郡的地区，人口从1971年的852219人上升到1991年的1024429人，到2002年则是1122821人。迈尔斯·赖特在1967年为都柏林制定的区域规划中设计的地域更大，城区将包括威克洛郡北部、米斯郡南部和基尔代尔郡北部。为推进这一规划方案，赖特建议在都柏林城区与四座拟议中的卫星城塔拉特、克劳道金、卢坎和布兰查斯镇之间修建系列保护性的楔形绿化带（很像阿伯克龙比式绿化带）。他提议每个城镇都应该允许人口增长到六到十万居民。据赖特预测，他方案里区域（城区、郡和通勤居民区）的整体人口到1985年可达120万。这个观点比较靠谱：实际上到1971年就已经跨越了百万人口的标记点，但是都柏林城区与都柏林郡的人口增长其实在减缓：1981—1996年的人口增长仅为5.5%。其中原因之一是毛出生率，都柏林在20世纪80年代同共和国其他任何地方一样首次出现大幅下降。然而，在现在被指定为都柏林大区（GDA）的更广泛地区，即都柏林、米斯、基尔代尔和威克洛四个郡，在同样的十五年里人口增长了9%。但这种增长水平若按20世纪60年代的都柏林标准也是略显一般。

即使都柏林的人口规模与整个爱尔兰共和国相比不再增长——20世纪大部分时间即是如此——拥有百万人口的都柏林也完全可以称为欧洲特大型城市。都柏林（含都柏林郡）人口1936年接近占全国人口的五分之一（19.7%）；这个份额在1961年因农村移民和各省人口停滞上升到25.5%，接着通过60年代的蓬勃发展到1971年增加到28.6%，这已经是最顶点了。都柏林（含都柏林郡）实际上在2002年拥有差不多一样的人口份额。相比之下，含四个郡的大都柏林区人口份额从1936年的26.1%上升到1971年的35.7%，并继续大幅上升直到进入80年代。然而，到世纪末之前，这种增长也几乎稳定了下来（到2002年，占共和国人口的39.2%）。

无论这种稳定的原因是什么，它反映了政策的成功，因为权力下放仍然是所有政党的标准目标。但在这方面未被认识到的是，长期建立的福利分权，特别是都柏林人向国内其他地区净转移支付的税后收入，缩小了大都市区和所有其他地区之间的收入差距，可能会对移民情况产生一些影响——有关社会公平的争议除外。从省里漂到都柏林，曾几何时，是人口增长的有力因素。但到20世纪后期，则变得不那么重要了。1971年，都柏林（含都柏林郡）有超过四分之一的人口是出生于其他31个郡（26.3%）。到2002年，这个数字下降到了16.8%；如果再扣除临时暴涨的大学生人口，这个比例会更低。爱尔兰之外出生的人口比例也在提升：临时的学生人口可能也对这一升降趋势产生影响。本世纪的最后几年发生了第一波国际移民浪潮，规模之大，自17世纪末胡格诺派教徒迁入以来从未出现过：有来自亚洲的学生和非洲的难民，也有众多欧盟的工人利用1992年之后开放的欧洲劳动力市场来到都柏林淘金。多数是青壮年，部分人计划继续奔波，多数选择安定下来。"彩虹都柏林"终于名至实归。

倘若总体人口呈平稳增长趋势,那么都柏林市区的发展则不过尔尔。阿诺德·霍纳(Arnold Horner)提出,从1973年至1988年期间,每年在土地城镇化面积上实现跨越式发展,每年变更土地用途约1100英亩,远高于1936年至1972年的年平均值。与此同时,城中村人口继续流失;直到20世纪90年代因税收而驱动的城市改造计划,城中心公寓楼群如雨后春笋冒出,大大改变了人口流动模式,这种下降趋势才得以逆转。回顾往事不难看出,弱化和监管不力的实体规划体系与基于1937年宪法的法律制度的有机结合虽然能够给予私有财产权一定水平的保护,但是在土地价值快速变化的年代,对于城市边缘地区的优化管理简直就是灾难性的。

在此期间,通胀虽然不均衡,但持续时间较长,整体生活水平得到前所未有的提高,受益者与非获益者之间生活水平的差距越来越大——五分之四的都柏林人有自住房或是私人对外出租住房的租户,他们是受益者;另外五分之一在市政厅或地方当局提供的住房居住,他们是非获益者。同过去相比,现在的住房条件与收入水平之间存在更强的相关性。随着手工工作岗位的减少,失业率水平在20世纪70年代开始上升,在80年代更加恶化,并持续性居高不下,直到20世纪90年代中期。彼时18%买了保险的劳动力可以领失业救助金。据采用20世纪90年代早期数据的一份报告估计,城里居住地方当局提供住房的家庭中,67%的生活水平低于贫困线,但无可否认,采用的贫困标准与半个世纪以前的截然不同。但它仍然是城市生活永久不平等的一个标志。居住地方当局提供住房的租户被定义为"穷人"的可能性是自住房主或抵押贷款买房者的三十五倍。事实的确如此,随着建筑热潮的急剧发展,只是在世纪末的最后三年,失业率才开始明显降低,并且持续了很长时间。

城里另外一个让人头疼的难题是交通拥堵。一份1971年发表的《都柏林交通运输研究》报告,标记了新思维方式的诞生:报告提出建设一条外环轨道解决城里交通堵塞问题,并借此改变通往港口和机场的交通方式。按照设想，这条路线需要在都柏林湾下进行大量的隧道工程。该报告引起了一片哗然。早期的反对派多数将矛头指向隧道建设，认为可能对南部海岸环境造成灾难性影响。建设隧道这部分计划最终被废弃了，但是报告中的第一部分在1986至1990年间变成了城西的C型高速路，现在被戏谑地称为"西部停车路"。随后的十五年将要建设向东北和东南延伸的高架桥。早在第一批汽车驶过之前，这条M50公路（M50 motorway）就有了可预测的效果，能够大幅改变城市的财产价值、通勤模式和基本经济地理。M50公路最大的受益者之一是新城镇塔拉特，是迈尔斯·赖特1967年挑选的未来卫星城之一。塔拉特在70和80年代早期的增长混乱不堪，等到1994年新的南都柏林郡议会（South Dublin County Council）总部搬来的时候，它已经发展了多样化的零售、商业和教育设施，还有一个高等教育机构。然后在1998年，一座巨型医院定居于此，该医院将米斯郡、阿德莱德郡和哈考特街的儿童医院合并一处。

经过三十年对城里其他老牌志愿医院（如圣文森特医院、杰维斯街医院、帕特里克·邓爵士医院）的整合与重新安置后，形成了一座医院综合体，全都重现或被重新塑造出现代化的郊区形象。除了医院，其他服务机构也逃到了郊区——有联营银行（落户于博尔思布里奇皇家都柏林学会地盘上的爱尔兰联合银行［AIB］与选址沙津［Sandyford］的造币厂）、保险公司和老牌的新教徒学校（特别是卫斯理、都柏林高等学校和圣安德鲁斯），全都在20世纪70年代南迁。唯有圣三一学院，尽管面临学生数量大幅增长，仍然坚定地留守在市中心。但也许几十年来对大都柏林区影响最大的单一事件，是1989年计算机芯片巨头英特尔公司作出将其欧洲制造工厂设在莱克斯利普的决定。该厂1993年开工，很快其员工人数就比高峰时期的吉尼斯酿酒厂还要多，有大约4500人。英特尔的入驻对都柏林西部和基尔代尔北部产生了巨大的倍增效应。之前，国家工业发展局（IDA，Industrial Development Authority）已经招来若干大的计算机企业落户都柏林地区（以及科克郡、香农郡和戈尔韦郡），但其对英特尔的成功招商和落地才是吸引全球硬件（后来也有软件）公司群入驻的催化剂。尽管该地区规划混乱、交通到处堵塞、生活成本昂贵，而且通信设施不健全，却能产生如此的进展，这也反映出都柏林一定程度上的吸引力。尽管对工业分权问题仍然长期保持为宣传上的承诺，爱尔兰国家工业发展局在20世纪60年代和70年代初对都柏林的偏见在1978年得以扭转。大都柏林区的许多基础设施的赤字，直到1993年最终在欧盟结构基金（Structural Funds）的帮助下得到解决。

复活的都柏林

城区四面扩张、核心区去工业化，那么作为社会实体的都柏林在20世纪末是否濒临死亡？或者，倘若不死，那是否可以理解为都柏林地区百万居民共享的历史联结和社会认同感在缓慢终止？或者，正如该城著名建筑师之一的亚瑟·吉布尼（Arthur Gibney）在1988年所提问题，即该城"因来自穷乡僻壤的内地居民过多而超限运转"，而他们又用其各省的价值观（比如行政管理、警察队伍和党派制度）处事，没在城市出生，文化背景又"明显非城市化"，他们能够共同追求更好的排除大众价值观的道路吗？他认为，土著都柏林人的大规模郊区化，使得"城市生活的神话和记忆消失殆尽"。有些道路修筑方案需要抄近道，因而将传统社区分割开，对社区影响比较大。除此之外，一些世代相传的社区性文化元素也变得越来越弱化。甚至早在半个世纪之前，美国社会学家亚历山大·汉弗莱斯就指出，睦邻友好的情景正在消失，尤其是在新的住宅区；家族亲属网络也日渐萎缩。但到20世纪末叶，拥有天主教背景的都柏林更为明显的现象是，宗教活动日渐减少，对神职人员的尊重也日渐缺乏。教皇约翰·保罗二世在1979年开始爱尔兰之行，初临都柏林之时，在凤凰公园威灵顿纪念碑前看到上百万的百姓，或许他会认为从未有过如此壮大的天主教国家。但现实是神学院在减少，显然将来的情况会更加糟糕。在接下来的几十年中,因宗教领袖思想保守,都柏林教会的地位也在不断被削弱;接着,神职人员的大量性虐儿童事件又被法庭曝光;紧随其后有越来越多的证据表明,在管教所和由天主教修会主办的妓女感化院里长期存在残忍暴力行为,这一状况甚至可以回溯数十年。位于拉姆康德拉的海柏公园女修道院(High Park convent)(曾为管教所)1993年将部分地皮卖给了开发商,结果从修道院墓地里挖出了133具尸体,都是被收容管教的"失足妇女",从而引发了一场激烈的公开争议。这些女性的数量和身份无法确认,令人尴尬,她们中的大多数或所有人都在修道院的对外营业洗衣店里辛勤工作了多年。因着这些事件,以前看作禁忌的话题现在被揭开,许多曾经只能私下怀疑的事件现在成为不断争论的公众议题。所有这一切可能造成的连带影响在2000年应该还没有完全显现,可以看见的是教会弥撒的出席率在下降,使得麦奎德治下的许多大教堂未老先衰。

城里劳工组织控制力的下降幅度也不算小。国家与大的行业工会之间的关系在整个利马斯时代得到大大加强,会员增加的趋势大概持续到1980年。虽然到世纪末这些工会作为"社会参与者"在制定公共方针时起到的作用越来越大,但会员总体数量却急剧下降。许多国际性"朝阳"产业和大型连锁商店都将工人入工会列为非法行为;更为普遍的是,由于制造业的衰落以及政府机关和专业用工的增加,行业协会的纪律和工艺协会的家庭传统日渐削弱。工会控制之下的最大堡垒依然是公共服务,在城市经济中的重要性持续增加。

国民认同感及本位忠诚度正被商业化和技术变革以更为通俗的方式削弱。英国时装和休闲产品方面的跨国公司采用低利润率和低劳动力成本的政策,在爱尔兰大行其道。这些英国公司包括百和仕(BHS)、玛莎百货(Marks & Spencer)、罗兰爱思(Laura Ashley),而一些原来耳熟能详的老字号却在亨利街和格拉夫顿街寿终正寝。老牌百货商场如斯威策(Switzers)和科莱丽大厦的生存尽管得益于首次启用女性进行了多年的经营管理,但还是越来越成为国际特许经营商的保留地。更多较小的专业类店铺经过70年代通货膨胀和80年代大萧条的轮番打击，早已风华不再。外出就餐的形势也是如此，拥有近七十名专业厨师的贾米特餐馆在1967年关门，第一家麦当劳店随后于1974年开张。战后都柏林兴旺一时的高级美食是巴黎御膳，到70年代中期即杳无踪影；拉塞尔酒店是美食家艾戈·罗内（Egon Ronay）早期推崇的地方之一，也于1974年拆除。接着出现新派料理（nouvelle cuisine），只是选在更小、更精致的地方，大部分位于南部郊区。城里仍然保留着商业气氛浓郁的夜生活，只是在20世纪60年代，这里所有流光溢彩的地方曾经都是舞厅，其中比较出名的有"四省"（Four Provinces ballroom）、"国民"（the National ballroom）和灯光灰暗的"奥林匹克"（Olympic ballroom），最后全部被迪斯科舞厅终结。到了20世纪80年代，更是变得七零八落；利森街乔治王朝建筑风格地下室开办的十七家俱乐部倒是形成了一个"条状"区，迎合着各种各样的深夜欲望。然而，却是郊区新村的一个工薪阶层舞厅上了1981年2月的世界新闻头条，就是位于安坦新村的星尘舞厅（Stardust ballroom）：该舞厅最多容纳三千人，发生大火的当晚现场有八百人，结果四十八人死亡、一百二十八人重伤。

  航空客运（air travel）的飞速发展同样产生深刻的文化影响。爱尔兰航空公司（Aer Lingus）牢牢扎根于都柏林，现在仍然是一家致力于旅游业建设的国有机构。作为旅游目的地，都柏林的发展从20世纪50年代开始就与该航空公司的推广以及与酒店经营者的紧密合作密切相关。北美洲的航空公司首先推出创意，在20世纪50年代初推广都柏林（进而爱尔兰）作为旅游目的地。但是从1960年开始，爱尔兰航空公司开始经营北美业务，随之成为促进旅游市场发展的主要推动者。走出爱尔兰享受阳光假日和包价旅游的兴起要晚一些。20世纪90年代初，总部设在爱尔兰的欧洲最大的廉价航空公司，也是商业运输公司瑞安航空（Ryanair）发起的促销活动，空中旅行在都柏林开始变得便宜起来，使得社会各阶层的家庭都可以负担得起远方度假的路费。后果之一就是都柏林机场业务的巨额增长（整个 20 世纪 90 年代，旅客年增长率为 9.7%）。带来的另一个轻度影响则是在本土的家庭娱乐活动减少了。直到 19 世纪 60 年代，天一变热，无论是布雷还是梅里恩海滨（Merrion Strand）或是多利芒特（Dollymount）都能吸引大量的人出城游玩。现在，野浴或维多利亚历史遗迹游早被抛在一边了。

从 20 世纪 70 年代开始，距离变得越来越不成问题，这一趋势简直是革命性的。即使到了 2000 年，人们也未曾充分认识到其中蕴含的深刻意义。一直到 20 世纪 80 年代，都柏林人（通常是爱尔兰人）都不得不接受国家电话资源尤为不足的局面。所以，一俟移动电话面世，就表现出极大的热情，趋之若鹜。在这样一个交通超负荷却人口低密度的城市，即使存在着隐性社会成本，无论长途还是本地通话成本的降低都有助于减少相对而言的经济劣势。根据以上种种情况，在千禧年之际，人们真的可以把都柏林当做社会有机体来谈论吗？空荡荡的教堂、被遗忘的同业会所、一模一样的马路长街和郊区商场、弥漫消毒水气味的啤酒馆和国际化的咖啡店？然而，还是存在一些令人信服的理由让我们得出积极的观点的。

政治现状是，爱尔兰人的国家和爱尔兰人的政府自 20 世纪 70 年代起就享有大大提高的威望和国际形象，为其都城带来光彩、利益和骄傲。无可否认，北爱尔兰危机的蔓延使得爱尔兰共和党政府于 1970 年分崩离析，也在一定程度上暴露出串通起来武装北部爱尔兰共和军临时军团的谋划危及了共和国的政治稳定。更令人震惊的是 1973 年和 1974 年在都柏林市中心发生的一系列汽车炸弹爆炸事件；其中最后一次发生在 1974 年 5 月 17 日，分别在塔尔波特街、帕内尔街和拿骚街的三次汽车炸弹爆炸导致 26 人死亡。爆炸发生在"北爱尔兰忠英工人大罢工"（Loyalist Workers' Strike）期间，涉案车辆全是当天早上在贝尔法斯特被盗的，炸弹袭击背后的动机并不明确。死亡人数如此之多令市民数周惶恐不安、不知所措；与英国暗通款曲的嫌疑让人难以置信，后来虽然变得不那么难以理解，但也从未得到解决。都柏林在 20 世纪 70 年代的确在许多方面感受到了北爱问题带来的各种附带影响，尤其是应起诉罪大幅增长、破案率却下降、军火非法扩散等。

但这也是欧洲势力进入都柏林的十年。在爱尔兰和英国加入欧洲经济共同体两年后，爱尔兰就在都柏林堡热热闹闹地举办了一次欧共体理事会会议，爱尔兰政府于 1975 年首次担任欧共体主席。加入欧共体的时候适逢北爱动乱期并第一次石油危机之后，尽管遭到民主党左翼的反对，在都柏林得到的公众支持比在伦敦更强烈。该次会议被视为爱尔兰外交上的一场胜利。此后每隔几年就召开一次的欧洲理事会议促使公共工程处（Office of Public Works）不断地翻新都柏林堡；然后在 1990 年首脑会议之前，其他的政府大楼也得到维修，进行了扩建和现代化改造；都柏林学院大学最终也放弃了梅里恩街理学院的大楼。爱尔兰时任总理查尔斯·豪伊（Charles Haughey）也得以按折扣价保全了他自己的爱丽舍宫。

20 世纪 80 年代的十年里，政府像走马灯一样处于更迭当中。议会也不稳定，但"格雷戈里交易"（Gregory deal）却未必不是都柏林的红利。议会里的政治家豪伊是一个富有（或者看起来像）的共和党人（或者至少是民粹派的），主导议会十几年。但在 1982 年 2 月的议会选举上却需要关键的一票才能重新执掌政府。在他这一代人中，他是最具有争议性的人物；他步步谨慎，赢得并掌握了权力，关键之处他倒是总能化险为夷。他竟然从不太可能的托尼·格雷戈里处博得了支持：格雷戈里从小住在城北的分租公寓，先是获得了奥康奈尔学校的奖学金，然后又获得了都柏林学院大学的奖学金，并在 20 世纪 60 年代成为一名天资聪颖的教师和共和党活动家，当时他主要的精力放在都柏林住房行动委员会（DHAC）上。他绝不是第一个推动对城中村进行特别治理的人，但无论是他不懈的游说，还是他传奇的一生都是非同寻常的。很少有从分租公寓出来的人能够受雇于较高水平的公共服务行业工作。1982年,格雷戈里以左翼无党派身份赢得了一个议席,以平民身份孤身进入伦斯特议会大楼。不到几个星期他就同意将至关重要的一票投给豪伊以换取一系列的承诺:包括政府为城中村大约2000座房屋提供改造资金;开发目前废弃的海关码头区,政府需要收购的这个地块面积27英亩,能够创造3746个就业机会。这个契约非同寻常,花费能达到成百上千万。连十多年来一直试图将自身打造成开发商的港口与码头委员会都感到受了欺骗。然而,当年年底豪伊政府就崩盘了,随之破产的还有格雷戈里计划。但是,1982年注入都柏林市政厅住房预算的国库资金却无法收回,而且在达成"交易"协议后的数年里,在一些最破败的棚户区里建造起部分精致、低密度的公共住房,比如夏季山庄和城市码头教区的棚户区。都柏林的内在问题引起全国百姓的注意。

1986年的《城区改造法案》是加勒特·菲茨杰拉德(Garret FitzGerald)联合政府作出的决策,引发了更多争议:这次改造引入了一套税收激励措施和投资优惠,旨在促进对部分码头区、城东北以及水运码头全线进行商业开发;就格雷戈里计划设立了专门的自治机构,即海关码头发展局(Custom House Docks Development Authority),完全独立于市政厅之外。豪伊在1987年重掌政权之后采取并扩充了这一政策,格雷戈里现在成了被动的后台观察员。他的城中村重建不仅仅为媒体或专业城市规划人员提供了令人叹服的案例,而且,他还一直重点关注有关手工业者就业的悲惨现实和他们持续较低水平的受教育程度。1979年,城北部失业的年轻男性中,白粉成瘾现象惊人蔓延;随着市中心犯罪率飙升,市里监押人口在十年内翻了一番(蒙特乔伊监狱老旧的单人牢房也得住几个人)。贩毒团伙的经验越来越丰富,他们直接从流行的麻醉剂中获利。这为中央政府增加了干预城中村事务的紧迫感。然而,80年代的历届政府关注焦点在于政治颠覆分子,而不是非法毒品批发商,因此在许多工人新村的社区,海洛因消费司空见惯。

第十二章　千禧年之城：1972—2000

但即便没有格雷戈里的宏大重建计划，一大批重要的市中心项目也可以缓解这个时代出现的离心倾向：其中两个项目完全是商业化运作，另外两个则是由政府机构主导。这些商业项目的效果是可以预见的：在主要的购物区硬生生地插入两个大型零售中心——1981年在亨利街兴建的伊莱克购物中心和1988年在格拉夫顿街的街头兴建的司提反绿地公园购物中心（Stephen's Green Shopping Centre）。二十年来，土地收购、并购交易、法律纠纷、大量的破产和公开争议，跌宕起伏、高潮迭起，经济社会发展的过程是丑陋的，但经证明获利较高。伊莱克购物中心项目是1964年市政厅遗留下来的一项既天真又异想天开的计划，利用强征力量在卡佩尔街与奥康奈尔街之间的整个区域进行自主开发。20世纪80年代兴建的两个购物中心面积都很大（司提反绿地公园购物中心可提供一百个单元），而且每个购物中心都建设了新颖的带雨盖的停车位。有了这两个购物中心后，在中心区内购物消费更自由了。都柏林在当时存在大约二十八个郊区购物中心的竞争，大多数都是复制了1966年在布雷路开业、具有创新意识的斯蒂洛根购物中心的经营模式。

后来，在20世纪80年代，政府策划的两个项目改变了城中村的面貌：位于海关码头地块的爱尔兰金融服务中心（IFSC）与位于奥康奈尔桥西侧，利菲河南岸的圣殿吧项目。这两个项目由法定代理机构管理，完全不受市政厅的控制；开发过程完全处于公众监督之下，不过即便如此都难免受到争议，尤其是它们都与查尔斯·豪伊有关联。豪伊在1987年重新执政之前仍然沉迷于在码头区建立一个特别经济区的想法；在五年前的"格雷戈里交易"中，这个想法就占很高地位，可以将这块飞地在一定的时间段内，以公司税折让的方式提供给国际上的银行和金融机构。很快，在利菲河岸边这块二十七英亩的地块上，爱尔兰金融服务中心就建成了。事实证明，这是一个时机恰当的举措，在20世纪90年代吸引了伦敦金融城的一些大牌公司；这些公司愿意在爱尔兰找一个可与伦敦金丝雀码头（Canary Wharf）媲美的地方实现后勤管理职能。最初的开发机构还建起公寓住宅和一座酒店，主要是面向在新区工作的年轻专业人士。都柏林港区发展局1997年成立，这是一个改造后的机构，工作范围更加广泛，是一个成功的案例。在接下来的十年里，爱尔兰金融服务中心以东的下港口区得到完全改造，破烂的码头区被开发成连片的办公处所。该项目由一系列公私合作伙伴提供资金，随着私人开发的东点商业园区（Eastpoint Business Park）在50英亩新填海土地上的建成，溢出效应进一步朝北扩展。在公交开通前，全都柏林几乎无人注意港区的整个开发过程。由于各律师事务所、股票经纪和各国银行全部东移到国际金融服务中心地区，位于达姆大街和学院绿地公园附近，达两个世纪之久的古老商业区突然失去了耀眼的光环。在20世纪即将结束之际，可能比任何其他城市的开发都好——先河北自河南的码头区大规模重建，活脱脱"一个迷你新加坡……现在从老都柏林的边缘脱颖而出"，象征着建筑商与银行家们难以遏止的乐观激情。事实很快证明，从前的判断是错误的。

圣殿吧与众不同。达姆大街与利菲河之间这片在17世纪晚期形成的街道网络已然破烂不堪，在1976年被爱尔兰运输公司选作都柏林公共汽车总站的最佳场地；当有人出卖附近的店铺和住宅时，运输公司就开始大量收购。短期商铺租户开始在这个地区占主导地位；虽是具有伦敦波多贝罗街或纽约格林尼治村的波希米亚风情，但是居民却没有几个人。然后，环保主义者与当地贸易商组成的联盟在1986年先是游说市政厅，再是政府，要求挽救该地区并对其开发施行特殊的税收政策。有人说服豪伊，提出爱尔兰运输公司必须退出，这一想法进一步推演为：圣殿吧区将成为"河左岸"的文化中心并得到欧洲结构基金的资助——一切创新型城市改造项目现在都可以利用该基金。圣殿吧街物业公司是一家非营利性机构，成立于1991年，旨在实施这一计划。在接下来的八年里，欧洲大陆与爱尔兰国家财政分别在这28英亩的地块上投资2200万和1500万爱尔兰镑，用于文化和

国际金融服务中心：1988年9月由"爱尔兰总理查尔斯·豪伊"奠基，将动机各异的开发商、融资人和高级公务人员聚集起来，共同支持这个宏伟的河畔重建计划。该计划将在二十年里对内河港口进行彻底改造，将中心商务区向下游转移，而且能够为约25000人提供直接就业机会。

基础设施建设。圣殿吧街物业公司也大量借贷,投资该地区的商业零售业和住宅开发项目,后续商业投资超过一亿爱尔兰镑。由十四位毕业于都柏林学院大学年轻的科班建筑师组成的联合体G91(Group 91 consortium,也称"Group 91")赢得了初赛,设计新文化区和步行街。他们凭借极高的天赋在旧城区的海滨制造了一个非常独特的街区,有十个文化中心和三个露天广场。

他们的设计方案深受当时盛行的欧洲建筑现代主义评论家的影响,这些评论家拒绝生硬的功能主义和刻板的城市区划,而是强调对城市结构的继承和街道设计的行人为上原则。从商业角度看,新圣殿吧区的改造一炮走红——创造了新的财富,高端公寓盘踞房价之首,住宅人口在20世纪90年代期间增长了10倍。该区的酒吧和餐馆在国际媒体上名声在外。到2000年,所有人都清楚地看到,G91设想的文化理论与利菲河畔"不夜城"的现实之间存在巨大差距。在1990年最初申请欧洲基金的时候,无意中设想的"青年休闲消费需求"相当成功地淹没了"新都市主义"(New Urbanism)的崇高理念。

当然,郊区新村开发同样存在很多热点。批发零售等商业活动越来越多地集中在20世纪50年代首次开发作为工业区的地方,特别是城西南方向的芬格拉斯和隆迈尔路沿线。城北的机场仍保留为国有体制,成为重要的附带就业中心。倘若20世纪50年代开始的,将都柏林打造成欧洲主要航空枢纽这个富有想象力的计划得以成功,需要分割剥离的可能性会更大。在巴利芒旁边的前阿尔伯特大学是另一个催化剂:其85英亩的地皮是都柏林大学出售的,当时都柏林学院大学的农业学院南迁过了利菲河,原址在1979年成为新成立的技术学院的校园。该校在1989年发展成为都柏林城市大学,商科、理科和工科齐头并进,一定程度上解决了城北低水平的高等教育问题;校园围着中心花园展开,设计方案极为成功,由充满灵感的设计师迪尔德丽·奥康奈尔一手打造。

在城南,贝尔菲尔德的大规模发展势不可挡,但因为只是在

45

从霍斯港到市区然后朝东南到布雷的老郊区,其间的铁路线在1981—1984年间改造为电气化铁路。"都柏林地区快轨"(DART)后来向北延伸至马拉海德,向南延伸至格雷斯通斯。尽管起初受到质疑,但客流量很快就超过预测。DART帮助定义了东南郊区的中产阶级世界,并且DART口音成了乘坐拥挤快轨列车上下班青年群体的方言。

基础设施完好的老市区里面，对邻近地区的影响仅仅是房价大涨。再往南一些，靠近福克斯洛克和利奥柏斯城赛马场（Leopardstown Racecourse）的沙津工业园在20世纪60年代是不同寻常的商业开发选择，坐落于邓莱里拉斯当市政边界之内并靠近未来兴建的M50公路，最终（约三十年后）结果证明利润率极高，而且可以预见到，对于将市内主要街区的零售店铺置换到南部郊区的各个新村大有裨益。

梦幻都柏林

但更无形的东西呢？他们在重塑都柏林的创意中扮演了什么角色呢？自19世纪开始的大型观赏性体育运动，给都柏林人带来的是分裂而非团结。橄榄球运动在地位较高的天主教或新教徒中学里蓬勃发展，都柏林互为竞争的橄榄球俱乐部从这些中学吸收人才，并在当地竞争中茁壮成长。该项法则一直扎根于城南的中产阶级世界，甚至兰斯唐路举办的冬季国际赛在90年代体育运动商业化开始之前，也只具备局部吸引力。在整个20世纪，虽是被动，足球运动在都柏林有着更强大的球迷队伍。1921年爱尔兰独立之后，成立了爱尔兰足球协会（FAI），有八个专业俱乐部参加联赛。都柏林的各足球俱乐部都与大型企业（如吉尼斯酿酒厂、雅各布饼干厂）关联在一起，或者从各自所在的特定地区吸引大企业的支持，如林森德附近的舒尔本足球俱乐部；广大南部郊区的三叶草流浪者足球俱乐部（Shamrock Rovers）；印奇科与克曼汉姆的圣帕特里克俱乐部；拉姆康德拉巷与白厅的家乡农场俱乐部（Home Farm Football Club）；以及吸引广大北部地区支持的波希米亚人俱乐部。但是，当电视将英格兰甲级联赛的比赛带入每个家庭时，大众对于足球的兴趣变得高涨起来；尤其在80和90年代让爱尔兰人欢呼雀跃的时刻，国家队教练杰克·查尔顿运筹帷幄，指挥爱尔兰国家队在兰斯当路体育场进行了一场杀死歌利

第十二章 ｜ 千禧年之城：1972—2000

亚式[1]的赢球壮举（即使那些足球英雄很少是本土的球星）。甚至偶尔有人提起将某个英格兰超级联赛俱乐部迁往都柏林（最为著名的实例是，在20世纪90年代后期，爱尔兰足协最终决定阻止都柏林的一家财团将英格兰温布尔登足球俱乐部引入到都柏林）。

就盖尔人竞技协会而言，凭借其强大的俱乐部和郡级系统的支持，都柏林队实力强大。他们始终有能力让都柏林城和都柏林郡上下沸腾不已。但是直到20世纪50年代以前，都柏林各队都是以来自各省的队员为主，所以并不一定能成为最好的队，无论是在俱乐部杯或郡锦标赛中，也无论是曲棍球、盖尔式足球或板球赛（爱尔兰妇女的一项运动，规则略有不同），都柏林队都很少甚至得到过银杯。到20世纪50年代，都柏林默默无闻的地位发生了变化，圣文森特俱乐部（St Vincent's club）的超强实力开始让球迷们充满信心。该俱乐部1931年在马里诺郊区新建的花园式郊区新村成立，不同寻常之处在于它刻意地拒国脚们于门外。凭借基督教兄弟会教练的得力训练以及马里诺宽敞的训练场地，圣文森特为都柏林足球队提供了大部分球员。在20世纪50年代后期这些球员在全国锦标赛上取得了绝对优势的地位，从而在都柏林首次培育了一定程度的"情感部落"，并引入了"诺克纳哥精神[2]"。大约7.3万观众1958年在克罗克体育场（Croke Park）见证了爱尔兰橄榄球锦标赛决赛时都柏林队战胜了德里队，站在场外听高声喇叭的有将近2.5万人。赛后庆祝活动采用了点篝火与游行等乡村做法，但主要集中在马里诺和多尼卡尼（Donnycarney）。盖尔人竞技协会就此在全城长期受到普遍的欢迎，20世纪70年代有众多俱乐部在下一轮全国比赛中获胜，由此可见一斑。那时，人们整日可以见到都柏林队的双蓝色队旗在橄榄球中心场地高高飘扬。克罗

---

[1] 《圣经》中大卫以小搏大，以弱胜强，杀死巨人歌利亚。

[2] The Spirit of Knocknagow，《诺克纳哥》是1879年出版的一本爱尔兰小说，反映了大饥荒之后爱尔兰人民迫切期望土地自治的战斗精神。

克体育场虽然在30年代和50年代分别做过现代化改造，但仍然难以应对每年秋天锦标赛上吸引的大量观众（1961年的爱尔兰橄榄球锦标赛决赛看台上挤进了九万多的球迷）。从1993到2005年，该体育场彻底重建，耗资二亿六千万欧元，其中58%的款项是爱尔兰橄榄球协会全国筹资委员会筹来的，余款的大部分用的是国家彩票。到2000年，在城北早已经成为最为显著的地标，其显要性不仅在于欧洲最大的体育场之一，而是出于业余运动组织之手所建造的最大建筑物。在竣工之日，一改立项时抵制"外国"运动项目的初衷，却向它们敞开了大门；这是实力而非劣势的显示。

都柏林队的拥趸一手打造了希尔16（Hill 16）这个传奇神话，这是克罗克体育场北边的开放看台，据说是用奥康奈尔街的碎石建造的。精选的队歌名为"可爱的莫莉·马隆"，这是杜撰出来的风尘女子。无论是在报刊上、舞台上还是无名的街头艺人口中，以这种方式进行人格建构并进一步将不同文化特征加诸其公民身份（不论是"市民"还是"都柏林人"）之上，是经久不衰的游戏。都柏林自20世纪20年代以来出现了一大批杰出的表演艺术家；他们的艺术创作植根于都柏林，又依靠这座城市取得了不斐的名声。在向世界推广都柏林文化历史的过程中，他们不仅为提升都柏林在全球的形象做出贡献，而且无形地改变了都柏林人的自我定位。奥凯西（O'Casey）创作的戏剧在阿比剧院的演出和诠释就是早期实例，部分人甚至带着自己的演技到了好莱坞。在戏剧表演史上，吉米·奥迪亚（Jimmy O'Dea）独树一帜：他出生于布瑞治福特街（Bridgefoot Street），从1918到1964年一直从事戏剧表演。在欢乐剧场的舞台上，他表演的哑剧引领风骚至少20年；并且在爱尔兰和英国到处巡演。他表演的舞台人物包括街头小贩"库姆街的骄傲——包打听马立根"[①]。他在街头

---

① Biddy Mulligan, pride of the Coombe，吉米根据谢默斯·卡瓦纳20世纪30年代创作的同名歌曲改编。

如鱼得水。如同他那些同在阿比剧院演出的同侪，奥迪亚也从舞台成功转型到银幕，只是从未长期离开都柏林。作他配角的莫琳·波特（Maureen Potter），在舞台和电视荧屏之间游走，十分活跃。在六十余年的职业哑剧表演舞台上，她精心培育、精雕细刻的"都柏林人"形象——无论是雄壮的男性，还是粗鄙的女性，都能轻轻掀开都柏林城的面纱，让观众看见面纱下面的阶级鸿沟。

在20世纪60年代，都柏林出现了一群音乐团体，为这座城市吸引了不同人群的注意力：都柏林人乐队（the Dubliners）于1962年成立之初仅是一个歌颂乔伊斯作品的民谣团体；1963年成立的酋长乐队是采用传统乐器和旋律的五人乐队。两个乐队都开始在城里举行小型现场演出，并且接受当地唱片录制合约（尤以酋长乐团为例），久负盛名，而且远扬海外。它们一时声誉鹊起，引起海外百姓对爱尔兰民谣和爱尔兰传统音乐的普遍关注，也使得音乐酒吧成为都柏林（和爱尔兰）旅游业的主要元素，一时间成百上千的酒吧应运而生，全都模仿梅里恩街的奥多诺德酒吧（O'Donoghue's）。接着就是都柏林摇滚乐队（Dublin rock）的诞生：瘦李兹摇滚乐队（1969—1985），这个生机勃勃的乐队由菲尔·莱诺特（Phil Lynott）领导，莱诺特用他迷人的声音引领了一代人（在他离世近20年后在格拉夫顿街口为他竖立了一座雕像）；另一个是新城之鼠乐队（1975—1986）（*Boomtown Rats*），这个都柏林的第一个朋克乐队（punk）对周围人的伪善充满愤怒和蔑视，都柏林各个高校校园都曾回响过其震耳欲聋的音乐，后来他们迁去伦敦。新城之鼠乐队成立一年后，U2乐队成立。队友水平参差不齐，均来自城北新教徒开办的综合性学校，他们刚开始录制的唱片也是面向当地人。后来名扬海外，那是艰苦卓绝奋斗之后才获得的成功。但是他们在都柏林当地则早已被奉若神明，1985年夏天在克罗克体育场举办演唱会的时候就挤满了（来自各地的）五万余名拥趸。乐队成员穿戴的都柏林传统服装，虽是随便，却也谨慎地保留了城里人的存在感——他们毕竟有能力发掘新的才艺人员，这些伯乐，有的还是酒店老板和人所周知的房地产开发商。在幕后支持音乐产业的（音乐确实发展成产业了），有 1977 年开办的双周刊《热点新闻》(Hot Press) 音乐杂志。该杂志历史悠久，值得信赖；杂志内容融合左倾评论、焦点新闻调查和音乐行业业内新闻，生动展现都柏林音乐舞台的不断变化。1992 年之后，爱尔兰广播电视公司开始尝试以现代表演方式，将传统音乐最直观地进行商业化处理，这就是"大河之舞"。起初的创作只是作为爱尔兰广播电视公司主办的"欧洲电视网歌唱大赛"(Eurovision Song Contest) 的幕间间奏曲。"大河之舞"在世界各地的演出长盛不衰，其风格已经构成现场舞蹈表演的独特类别。

"大河之舞"的表演场地位于下游码头的"点库剧院"，起先是一座铁路旧仓库 (Point Depot)，后来在 1988 年由当地的运货商哈里·克罗斯比开发，作为承办大型音乐表演的场所（可容纳八千五百人）。该剧场可容纳观众的人数是国家音乐厅 (National Concert Hall) 的七倍，国家音乐厅 1981 年在厄尔斯福特排屋区，前都柏林学院大学的大会堂开业。如同半个世纪前的皇家剧院，点库剧院演出的许多剧目出自短期逗留的国外来访者。在 20 世纪 80 年代，很多讲英语的国家成为流行音乐和青少年文化的热点中心，都柏林则与之不同，并没有什么地方特色和种族多样性来丰富自己的流行音乐。爱尔兰的流行音乐当然吸取了本土的音乐传统，并且时常出现意想不到的令人兴奋的效果。但是，来自克拉姆林的小男孩菲尔·莱诺特则非比寻常，他身上额外增加了他父亲的加勒比血统，而且得意于自己的异国形象。他的一首《旧城》(Old Town)，歌词喜忧参半，在 1982 年发行，随后出了录像磁带：镜头中的他，时而在格拉夫顿街的人群中旋转起舞，时而伫立于南大墙外一条小渡船上。这是都柏林青少年文化全盛的最强表现之一，但却暗示了都柏林城及其艺术家在流行音乐方面的脆弱性是多么不堪一击。若干星期之后，最后一班跨河轮渡停运。其后不到四年，莱诺特因吸毒过量而死。

莱诺特早已搬离工人阶层居住的普通人世界。但是，"世纪之末"①的作家们却从中吸收了灵感。德莫特·博尔格（Dermot Bolger）1990年出版了史诗小说《回家的旅程》(*The journey home*)，由芬格拉斯这个被边缘化的青年编辑一手打造；该小说毫不留情地鞭挞了都柏林城的道德空虚、被毒品侵蚀和极度腐败堕落的现状，指出其唯一的救赎办法就是退回到先前的农耕世界。罗迪·多伊尔还通过一系列叙事小说，直白但很动人地描写了城北工人阶级的生活。最早是1987年他个人出版的《承诺》(*Commitments*)，然后在1993年凭借《童年往事》(*Paddy Clarke ha ha ha*)获得布克文学奖。改编后的电视和电影作品（第一部作品是在巴利芒拍摄的《承诺》）广受赞誉。对于受其吸引的观众而言，多伊尔笔下的巴里镇才是真正的都柏林。他的故事通常是在经济边缘化和宗教信仰或政治意识形态几乎完全缺失的背景下通过斗争的方式解决家人间、几代人间和性别间的冲突。最终，一切的矛盾冲突都通过颠覆性的幽默、自我认知以及文化落后甚至充斥暴力状态下的毫无伪装得以平息。由于多伊尔笔下的巴里镇除了输入性的大众文化之外缺乏文化参考点，其更广泛的吸引力在于，它可能是克利希苏布瓦赫②或任何大都市远郊穷途末路的工薪族居住区。

多伊尔很快又从那个世界转向历史，转向1916年，在1999年出版了《一个名叫亨利的明星》(*A star called Henry*)。除了1925年利亚姆·奥弗莱厄蒂（LiamO'Flaherty）的《告密者》(*The informer*)之外，受都柏林革命时期启发而作的小说并没有什么影响，任何试图大规模捕捉都柏林城市历史的创作努力都笼罩在《尤利西斯》的巨大阴影下，难以逃脱。

但的确有一个文学项目做到了这一点，那就是詹姆斯·普伦基特1969年的大作《娼妓之城》。这本书可能并非批评文学的杰作，却是

---

① fin de siècle，法语，尤指19世纪末叶或具有19世纪末期特征的思想或习俗。
② Clichy-sous-Bois，巴黎郊区的一个非洲裔社区，没有高速公路、铁路甚至主干公路交通与之相连，基本处于隔绝状态，2005年曾发生骚乱。

两个都柏林：1977年在圣司提反绿地公园，一位路过的牧师在注视菲尔·莱诺特。该场景的抓拍出自与莱诺特的"瘦李兹摇滚乐队"合作制作专辑封面的摄影师之手。

一部宏伟史诗,在唤起人们对 1913 年都柏林那段历史的记忆上,它对当时的读者以及后来的电视观众都产生了巨大影响。作为一名年轻的工会工作者,普伦基特曾与年迈的詹姆斯·拉金同事。后来他利用自己电视制片人的技能生动再现了大罢工年月的宏观场景。《娼妓之城》是全球畅销书,销售量超过 25 万册,这要归功于其可读性、幽默感以及图解式的城市阶级划分方法。如同狄更斯晚期的史诗级作品,该小说给人的印象是讲解具有时代感的道德故事,也成为大多数都柏林人看待发生在 1913 年的各种事件的透视棱镜。爱尔兰广播电视公司投入重资在 1980 年将小说改编成剧本,拍成电视剧,销售到三十多个国家,其知名度益发如日中天。然而到目前为止,20 世纪都柏林人中最畅销书的作者却是梅芙·宾奇(Maeve Binchy)。她与多伊尔一样都做过教师,但相似之处也仅此而已。在开始文学生涯之前,她是一名很有天赋的记者,平装本畅销小说在全球市场的发展如火如荼,她是受益者。1990 年出版的《朋友圈》首次披露了她的幻想世界,那是追求享乐的南都柏林郡的延伸,是社会不安定而不是物质没有保证的世界。她书中描写的各个人物,因受宗教信仰、过失内疚和传统社会束缚,没日没夜地饱受精神折磨,他们的生活状态都混乱不堪。

然而,在 20 世纪 90 年代,有一本书在本地开始畅销。所带给人们的,是一个完全不同的世界:《70 岁的年轻人:芬戈尔伯爵夫人伊丽莎白回忆录》(Seventy years young: Memories of Elizabeth, Countess of Fingal)记述的正是世纪初上流社会情趣盎然的生活。该书 1937 年在伦敦首次发行,当时并未引人注意。在都柏林经历天翻地覆的变化之后,该书开始吸引越来越广泛的注意力。到 20 世纪 90 年代,因为宗教信仰而造成的社交或社团性分裂几乎了无踪影。与新教徒都柏林有关的主要机构,比如圣三一学院、《爱尔兰时报》、皇家都柏林学会、皇家都柏林高尔夫俱乐部、爱尔兰银行,全都毫无例外从以往的教派之争中解脱出来,即使某些符号和文化习俗让人们想起过去,后人的感受更可能觉得是珍贵，而不是憎恨。《爱尔兰时报》（The Irish Times）的情况就很有教育意义。这份报纸从 20 世纪 20 年代起就属于商业报纸，但到 20 世纪 60 年代之前该报纸的忠实读者却一直都是新教徒。然后，凭借道格拉斯·盖吉比（Gageby, Douglas）（自认为是沃尔夫·托恩式的新教徒共和党人）在编辑业务上强大的领导力，再加上人们对于需要一份宣传自由且世俗化的早报，《爱尔兰时报》的发行量日趋提高，其他日报则日渐衰落。到 20 世纪 90 年代末期，每天的销售量已经超过十万份。对于都柏林的中产阶级，还有一切希望追赶中产阶级生活的人来说，不论男女，这份报纸成了首选。《爱尔兰日报》（Irish Press）是一份新闻报道质量很高的报纸，然而在 1994 年倒闭了，这进一步稳固了《爱尔兰时报》的主导地位。在《爱尔兰时报》的崛起过程中，存在着一个讽刺之处——在 70 年代通货膨胀期间，其财政生存能力受到严重怀疑。在并非出于严格商业原因的情况下，另一家同样颇有声誉的机构，爱尔兰银行，默默地伸出援手助其摆脱了困境。当时和之后在该报发声最为热烈的一些作者，都是经过《麦吉尔》（Magill）这个温室培育出来的。《麦吉尔》是一本独特的鼓励百家争鸣的政治月刊杂志，从 1977 年开办到 20 世纪 90 年代结束。在 80 年代波谲诡异的政治环境里，发布很多独家报道和尖锐的评论，广受好评。起主导作用的编辑是文森特·布朗，他的选战新闻徘徊在辉煌和痴迷之间，像新近的沃蒂·考克斯一样，他揭露当权者的虚荣心及其腐败行为，手下的记者们比多数都柏林的媒体更钟情于解析北爱危机。

认识都柏林

在极为官僚的城镇规划名义下，都柏林人与古城一样，正在消失……那些身处象牙塔里的人高高在上，像对待移动的棋子一样随意处置我们，太过分了……我们谈论的正是如此疯狂的城镇规划,虽是为汽车和投机者提供了便利,却忽略了最重要的事情,即任何伟大城市都应该具有的核心力量——她的百姓……

这是在自由区居住了一辈子的拉里·狄龙(Larry Dillon)在1973年写下的一段话。他是一种新现象的先驱人物——游离于地方党政结构之外的社区活动家,批评(他认为)中央和地方政府追求的政策侵害了工薪阶层的利益。狄龙猛烈抨击贪大求全的道路拓宽计划,造成房地产投机和短期土地撂荒的土地用途管制规则,以及将市内百姓赶到郊区的住房政策。在狄龙的时代,人们一直时断时续地发动请愿运动,要求政府进行城市改造(格雷戈里交易因此提前进行)。自由区就是一个因此受益的地区,在那里兴建起来一些小规模公共住宅区。促成这种激进态度的直接原因,是20世纪60年代风行的各种抗议活动,特别针对的问题包括政治因素对住房政策的干扰以及针对历史遗址毁坏的非政治性抗议。左倾的新芬党利用住房短缺问题在都柏林赢得公众支持,并且应运而生的都柏林住房行动委员会成为一个极左翼联盟,主张对"投机者"采取直接打击行动,并鼓励那些列在市政厅等待名单里的人占居空置房屋。至少在1969年就有一次,该党发布了可以占居的具体地方,"外国鬼子和寄生虫们拥有那些空置的剩余房产,他们来到这里,把我们的城市撕成碎片,就是为了建那些华而不实的写字楼和奢华的茶楼酒肆"。

这种公民抗议的传统始于1961年,当时爱尔兰电力供应局公布将拆除下菲茨威廉街上十六户的排屋,以建设机关综合总部。作为全国闻名的成功单位,爱尔兰电力供应局享有公众的很高评价。显然是经过几十年的沉淀,该计划的大胆设想,有些人非常认可:处在争议旋涡中的房屋是标准的古典排屋,最早可追溯到18世纪90年代;房屋状况还相当好,只是不适合现代办公而已。抵制他们拆迁的是重新成立的爱尔兰乔治王朝建筑协会,这个团体除了名称外与1914年之前的那个机构几无共同之处。该协会由吉尼斯家族及其社交圈子的成员领导。他们的主要观点是：那些要被拆除的乔治时期砖结构排屋，自北向南朝山脉延伸超过半英里，形成了独特的景观，任何现代化的替代物都会彻底破坏这样的风景。乔治建筑协会在市长官邸集会，很拥挤，具有各派政治色彩的艺术家和演员纷纷发言，官邸的房东彭布罗克伯爵传来支持的意见。然而，建筑协会却未能保全政治或专家方面的支持，媒体意见也开始分化。爱尔兰电力供应局举办了该项目的建筑设计方案竞赛，本地初出茅庐的建筑设计师山姆·斯蒂芬森和亚瑟·吉布尼最终胜出。斯蒂芬森的观点很明确，那些要拆除的房屋根本就是"粗制滥造"的，保护主义者的"滑稽行为"极为荒谬。但是在市建筑师达西·汉利（Dáithi Hanly）的建议下，市政厅拒绝支持拆除计划，却不料竟然被地方政府部部长推翻。结果，1965年开始拆除行动。这绝不是综合开发名义下的第一次拆除尚好的18世纪地产；毕竟，在世纪之初，当时的政府不也为了建设理学院而拆除了上梅里恩街上的十三栋房屋吗？

如果说菲茨威廉街的拆迁通过报纸与都柏林市政厅之间的争斗就能得到解决，那么下一场战斗则是在现场刀兵相见了。这次的提议是拆除圣司提反绿地公园里的一组精美房屋，预备做办公用地开发；这些房屋始建于18世纪60年代，位于公园东侧，蜿蜒进入休姆街。这样的开发绝不是该区的首例。这些房屋只是《1967年城市开发规划草案》中列出的相对规模较小的建筑群。准备拆除其中一幢国有权属的房屋（圣司提反绿地公园45号）的时候，有附近都柏林学院大学建筑系的一伙学生复制了都柏林住房行动委员会的战术，占领了该房产，并在那里待了六个月，度过了1969年的冬天和1970年的春天。不同于菲茨威廉街一例，学生们得到国际关注，赢得了强有力的公众与政治势力的支持。当时的地方政府部长凯文·博兰德得到"佩戴绶带的伯爵及其夫人们和左翼知识分子组成的联盟"的支持，在对峙过程中对示威者发起强势抨击，称他们为"审美劫持者""骄奢淫逸的学生"。

大家都知道博兰德口中的乔治王朝臣民是什么意思。他的论点在于，倘若规划许可撤销，政府需要支付的赔偿将给予保障性住房建设直接的打击。6月份，物业公司试图强行攻占该房屋，但未获成功，只是拆下了屋顶。但占住者很快重新占领该建筑。若干天之后，经过政府调停，提出了各种和解方案：所有建筑物都将被拆除，但修改后的规划许可将"尽可能保持街道景致现有质量和特征"，即复制街道上的墙立面；这种妥协让人难以置信，很难让所有人都满意，但起码这件事算是告一段落了。非常遗憾的是，在该决定的影响下，20世纪70年代开发了一批类似的，没有突出风格的仿制砖结构办公楼，严重影响了新郊区住宅的"乔治王朝"建筑风格。

在这一点上，市政厅再次悬而不决，拒绝为新地区卫生机构按比率提供配套资金。在1969年至1973年间，都柏林由一位专员与管理团队一起经营。规划方案的审查过程因此进一步简化。成立于1966年的都柏林公民团体与离奇古怪的行业月刊《建设》是仅有的异见声音，致力于限制写字楼开发造成的巨大破坏。休姆街的老住户之一迪尔德丽·凯利（Deirdre Kelly）于1970年成立了活力城社团（Living City Group），并成为未来十年活跃在街头和法庭上最无畏的社区活动家。她于1975年出版的，备受争议的《请放开都柏林》（*Hands off Dublin*）也是她发声的平台。在许多受到大规模开发和/或主道路拓宽计划威胁的地区，成立了业主协会（tenant association），与保障性住房区域的房客协会类似。各政党也开始卷入到类似的活动中，但通常很谨慎。幸亏有这种公民行动，规划法和市政厅的工作程序才得以获得更广泛的理解，某些居民协会使用该法达到良好效果。上利森街业主协会观察到附近伯灵顿路上雄伟的维多利亚式房屋被拆，最终成功抵制了将该社区整体改造成另一系列写字楼的方案。

下一场战役，也是20世纪后期都柏林城市保护上最重要的议题，就是伍德码头。该码头与乔治时期无关，却是中世纪和维京时期的建筑。事件的背景是市政厅长期以来存有一个宏大计划，期望将其分布在十多个地点的各个行政管理部门以及6500名员工中的大部分统一集中到一个园区。1939年的规划方案确定议会街是合适的场址，而且从1956年开始，市政厅开始在西边紧挨着的地方购置土地。十二年以后，一切就绪只待当地开发商竞拍。最终山姆·斯蒂芬森竞拍获胜。项目拖延日久，并且征地也大费周折，市政厅管理层现在只能决意推进，也清楚正在开发的是码头上游明眼可见的敏感场址。只是，对于即将拆除建筑物的地基下面是否存在三百年以上且具有更早考古价值的可能性，官方好像根本没做任何考虑。在繁华大街旁边的山上，20世纪60年代进行道路拓宽时所作的考古调查（实施过程明显缺乏政界支持）也已经证实这些11和12世纪的房基下不可能藏有无主的珍宝，也不能有诺曼时期前有城墙城市的物质文明的超级证据。事实却证明，伍德码头的冲积粘土下面，确实掩盖了一个内容更丰富、历史更悠久的时间囊[①]。

在法律挑战与政府介入、重新设计与预算压力之间，项目一再迟延。1973年最早挖出来的部分城墙只是增加了对场址选择的怀疑。由都柏林学院大学历史学家马丁神父领导的施压团体"中世纪都柏林之友"（Friends of Medieval Dublin）于1978年收到法院判决，宣布该场址将建设国家纪念碑。在接下来的几年里，对市政厅拆迁规划的抗议活动分化了城中人们的看法，人们开始举行街头游行，有一次吸引了大约二万人，他们共同公开抨击市政厅的规划方案。引起混乱的焦点在于，受到威胁的乃是场址隐藏的历史，而不是史蒂芬森拟建建筑的美感问题——像是四个巨大的碉堡蹲在河上，与周围环境看起来极为不协调。市政厅最终取得场址的合法拥有权，经过三个月的宽限期之后，推土机于1980年开始清理场地。幸亏抗议活动造成的拖延，得以收集了大量的考古证据，但到此为止这只是没有受到干扰的一小

[①] time capsule，又称时光胶囊、文物胶囊、时代文物密藏器，是国际通行的纪念重要事件的一种方法。

部分。史蒂芬森设计的两栋十层的"野兽派板楼建筑"迅速建成,另两栋的方案则被弃用。斯科特塔隆与华克建筑设计公司的建筑师们对设计方案进行了修改,最终于1994年建成一栋更为柔和,更易于接受的河畔建筑。

伍德码头是考古保护的败笔,但却改变了官方和政治团体对城内遗产的态度。直接影响了1979年地方选举的结果,当时选出的45人中有五名是"社区"候选人,其中有几个是在伍德码头工作的。在媒体日益支持的情况下,《爱尔兰时报》的环保记者白衣骑士弗兰克·麦克唐纳在1985年就都柏林三十年的房地产开发历史写了一份长达339页的新闻调查,《都柏林的毁灭》(*The destruction of Dublin*),成为畅销书。市政机关在1995年前全部迁入伍德码头的市政办公楼(Civic Offices),市政府的指导思想出现前所未有的变化,从主要关注交通管理、道路拓宽、停车场建设、排水系统和保障性住房供应转向城中村改造和遗产管理等较为柔性的问题。这里曾经云集了会计师、道路工程师和测量员,现在则是建筑设计师、城镇规划师和环保工程师的影响力暂露头角。胜选的市议会从感情上强烈支持环境保护,而且,伍德码头的尴尬景况直接导致了1988年都柏林建城千年庆典决策出台。所有的烟花和热闹的庆祝活动背后,一个标志性的政治转折点确实出现了。城市管理者与环保监督者之间的冷战结束,官方转变角度开始承认都柏林早期历史的文化和商业价值。

起码有部分政界人士同样发现历史遗产与环境保护的重要性。晚年的查尔斯·豪伊就是一例。1987年他拯救圣殿吧脱离爱尔兰运输系统之手,并于1988年建立了国家文化遗产委员会(National Heritage Council),斥巨资支持海关大楼和都柏林堡的修复计划。针对该城历史的官方重估最终使得都柏林在1991年被选为"欧洲文化名城"(毕竟在许多这样自上而下的举措中,欧洲货币才是关键的新因素)。也是在那一年,都柏林作家博物馆在帕内尔广场开幕,任命了首位城市考古学家，位于克曼汉姆的老国王医院中学如凤凰涅槃般重生，最终被改造成为爱尔兰现代艺术博物馆（Irish Museum for Modern Art）。圣殿吧街物业公司在河岸边开始文化遗产拯救和改造工作。第二年，都柏林公民信托基金会成立，在众多文化遗产保护团体中，唯有其最为关注建筑方面的保护工作。但是这些举措没有一样得到市政当局的财力支持；多数只是政府决策，有一些则是对可以利用的欧洲资金作出的投机性回应。但在伍德码头的市政办公大楼成为都柏林行政中心后，如何翻新市政厅却难以决策，这充分反映出市政管理人员思维方式已经发生了重大变化。市议会（就是现在的样子）决定清除自 1851 年接管该建筑以来市政所做的几乎所有改造的效果，将其恢复到作为皇家交易所时质朴的新古典主义样式。在 150 年后的 2000 年，托马斯·古利设计的伟大圆形大厅首次全部对外开放。

然而，由于官方重新发掘都柏林的历史，在法庭公开审理的一系列腐败案件中曝光了地方政府尤其是都柏林郡部分郊区历年的丑闻，让人充分感受到 20 世纪 50 年代以来监管薄弱的代价到底有多大。当 20 世纪 90 年代貌似一切都已过去的情况下，后账竟然还是得到了清算。那一时期，30 年北爱内战最终和解，经济开始复苏，移民海外的潮流结束，一位女总统[①]上任（也是休姆街保护古建筑抗议者之一）。站错地方的购物中心（我们都知道"利菲河谷购物中心"[Liffey Valley Centre]选的地址就位于其定向服务社区的边缘）以及不当的道路安排存留至今，最显而易见的是在部分建成的"内切线道路"方案（Inner Tangent Road scheme）中过度拓宽的帕内尔街。矗立在这条奇形怪状的林荫大道上的破败店铺和房屋却是各国商贩的温床，都柏林的唐人街由此诞生；很快在世纪之交的时候，大批韩国和尼日利亚商

[①] 指玛丽·罗宾逊（Mary Robinson），1990—1994 年任爱尔兰第 7 任总统，也是爱尔兰第一位女总统。

贩也如雨后春笋成片地冒了出来。

等到都柏林庆祝真正的千禧年盛典时，出现了两个颇为对立的提议。一个提议是在奥康奈尔桥附近的利菲河畔竖立一座发光的电子钟，为新时代倒计时读秒；另一个提议则是再建一个纪念碑替代消失日久的纳尔逊纪念柱。河畔座钟是大败笔（river clock fiasco），因为它总是停摆，还未等到千禧年来临，就不得不拆除。替代纳尔逊纪念柱的是一座高达121米的不锈钢尖塔，这座"光之纪念碑"（Monument of Light）在晚上甚至从远郊区都可以看到。2003年建成时即被称为世界上最高的雕塑。其规模确实缩小了奥康奈尔街的垂直度。但它并不承载任何当地或都柏林的文明元素，也不像纳尔逊纪念柱那样可以攀爬。它完全拒绝涂鸦艺术家。游客可以就近聚集，却只有在远处才能产生观赏效果。对某些人来讲，这样的雕塑暗示这是一座没有历史沉淀的城市。

相比之下，1988年的都柏林千年庆典中最令人难忘的事件之一，则是新铸造的一座铜像入驻格拉夫顿街尾，犹太裔市长本·布里斯科（Ben Briscoe）为之揭幕。虽然之前没有公开竞标，甚至没有经过可行性辩论。然而，这座城市中从未有一座公共雕像受到如此欢迎，至少从大学绿地公园的"奥兰治的威廉"之后就没有了。白天卖牡蛎、晚上卖身的莫莉·马隆，被女雕塑家珍妮·莱茵哈特（Jeanne Rynhart）塑造成丰满、健壮的雕像。只是，为什么是莫莉·马隆呢？早在20世纪80年代之前，关于她的一首民谣就成了都柏林各项运动赛事支持者的最爱；伍德码头示威者横穿都柏林游行时唱的就是这首歌，也是都柏林建城千年庆典时官方采用的赞歌：旋律不错，真实体现了都柏林的坚韧性，又或许是一种离经叛道的模糊暗示？尽管市政厅声称她是17世纪后期真正存在的人物，但传统观点仍然认为她只是19世纪晚期音乐厅里杜撰的角色。这首民谣首先出现在美国的出版物上，显然是一个苏格兰人所写。她难道还是一个被悄悄地"出口转内销"的爱尔兰裔美国人？使她声名鹊起的民谣可能确实始于19

世纪后期,但实际上,"甜蜜的莫莉·马隆"比较年长而并非如雕刻那般年轻。她至少出现在18世纪晚期的一本轻体诗诗集里,甚至可能还有更早与之有关的线索。因此,她的过去像所有优秀的历史书一样,都有点逗弄人的感觉。

图书在版编目（CIP）数据

都柏林：沧桑与活力之城/(爱尔兰)大卫·迪克森著；于国宽,巩咏梅译. -- 上海：上海文艺出版社,2021

(读城系列)

ISBN 978-7-5321-7916-9

Ⅰ.①都… Ⅱ.①大… ②于… ③巩… Ⅲ.①城市史－都柏林 Ⅳ.①K956.2

中国版本图书馆CIP数据核字(2021)第028511号

Dublin: the making of a capital city by
DAVID DICKSON
Copyright: ©David Dickson, 2014
This edition arranged with
Profile Books Ltd
through Andrew Numberg Associates International Ltd.
Simplified Chinese edition copyright:
2021 SHANGHAI LITERATURE AND ART PUBLISHING HOUSE
All rights reserved.
著作权合同登记图字：09-2016-319号

发 行 人： 毕　胜
策 划 人： 林雅琳
特约编辑： 金　天
责任编辑： 林雅琳
封面插画： 黄书琪
封面设计师： 黄吉如

书　　　名： 都柏林：沧桑与活力之城
作　　　者： (爱尔兰)大卫·迪克森
译　　　者： 于国宽　巩咏梅
出　　　版： 上海世纪出版集团　上海文艺出版社
地　　　址： 上海市绍兴路7号　200020
发　　　行： 上海文艺出版社发行中心发行
　　　　　　 上海市绍兴路50号　200020　www.ewen.co
印　　　刷： 苏州市越洋印刷有限公司印刷
开　　　本： 890×1240　1/32
印　　　张： 21.75
插　　　页： 5
字　　　数： 585,000
印　　　次： 2021年2月第1版　2021年2月第1次印刷
Ｉ Ｓ Ｂ Ｎ： 978-7-5321-7916-9/K.0425
定　　　价： 139.00元
告 读 者： 如发现本书有质量问题请与印刷厂质量科联系　T:0512-68180628